宁海年鉴

（2022）

宁海县地方志编纂委员会　编

方志出版社
Publishing House of Local Records

图书在版编目（CIP）数据

宁海年鉴. 2022 / 宁海县地方志编纂委员会编. —北京：方志出版社，2022. 12

ISBN 978-7-5144-5502-1

Ⅰ. ①宁… Ⅱ. ①宁… Ⅲ. ①宁海县—2022—年鉴
Ⅳ. ①Z525. 54

中国版本图书馆 CIP 数据核字（2022）第 240519 号

责任编辑：罗滔
责任校对：刘玉霞
责任印制：梅中英
出 版 者：方志出版社
地　　址：北京市朝阳区潘家园东里 9 号（国家方志馆 4 层）
邮　　编：100021
网　　址：http：//www. zgfzcb. cn
发　　行：方志出版社图书营销中心（010-67110500）
印　　刷：福州印团网印刷有限公司
开　　本：889 毫米×1194 毫米　1/16
印　　张：25. 5
字　　数：967 千字
版　　次：2022 年 12 月第 1 版
印　　次：2022 年 12 月第 1 次印刷
定　　价：200. 00 元

宁海县地方志编纂委员会

《宁海年鉴》编辑部

编辑说明

一、《宁海年鉴（2022）》（以下简称本年鉴）以马克思列宁主义、毛泽东思想、邓小平理论、“三个代表”重要思想、科学发展观、习近平新时代中国特色社会主义思想为指导，坚持辩证唯物主义和历史唯物主义的立场、观点和方法，努力把握时代脉搏，突出地方特色，立足当前，服务发展，真实、全面、准确地反映2021年度宁海的自然风貌和经济社会发展状况。

二、本年鉴收录范围以宁海县行政区划为界，力求如实记载宁海县域自然、政治、经济、文化、社会等方面情况，以资各级党政机关、研究机构和社会各界人士及中外投资者了解、研究宁海之用。

三、本年鉴起讫时限为2021年1月1日至12月31日，个别条目适当上延。凡文中直书月日的，均指2021年内的日期。“上年”均指“2020年”。主语无异义时省略。

四、本年鉴体例采用分类编辑法，设置类目、分目、条目三个基本层次，除特载等类目采用综合性文章外，主体均用条目体，全书注重图、表、文并茂，力求体现时代特点，突出地方特色。

五、本年鉴所载内容由宁海县各有关单位专人负责撰写，经供稿单位审核后，由《宁海年鉴》编辑部统一定稿刊印。

六、本年鉴采录的数据，原则依据《宁海县统计年鉴（2021）》，因数据统计来源、统计方法或使用角度不同，不同部门提供的数据或有出入，引用时请注意。

七、本年鉴语言文字、标点符号、数字、地名、计量单位等使用，按国家有关规定执行。考虑到社会使用习惯，“亩”与“公顷”并用。文中文件等名称，首次出现时用全称，必要时括注简称。文中未标明党派的“省委”“市委”“县委”，分别指“中共浙江省委”“中共宁波市委”“中共宁海县委”，“党员”均为“中共党员”（各民主党派内容除外）。

城市名片

- ☆ 中国古戏台文化之乡
- ☆ 中国旅游日发祥地
- ☆ 国家级生态示范区
- ☆ 首批国家全域旅游示范区
- ☆ 国家生态文明建设示范区
- ☆ 中国天然氧吧
- ☆ 全国县城新型城镇化建设示范县
- ☆ 第三批全国“绿水青山就是金山银山”实践创新基地
- ☆ 全国休闲农业与乡村旅游示范县
- ☆ 全国十佳生态旅游城市
- ☆ 国家水土保持生态文明县
- ☆ 全国重点产茶县
- ☆ 国家卫生县城五连冠
- ☆ 国家园林县城
- ☆ 中国模具产业基地
- ☆ 国家外贸转型升级宁海模具基地
- ☆ 中国文具产业基地
- ☆ 国家外贸转型升级专业型示范基地
- ☆ 中国十佳运动休闲城市
- ☆ 国家级妇幼健康优质服务示范县
- ☆ 入选全国文明城市提名城市、国家县城新型城镇化示范县建设名单
- ☆ 地区生产总值跻身全国县市前 70 位
- ☆ 全国综合实力百强县第 48 位
- ☆ 全国综合竞争力百强县（市）
- ☆ 全国县域高质量发展百强县第 8 位
- ☆ 全国“两山”百强县连续 4 年蝉联全国第二
- ☆ 中国工业百强县（市）第 86 位
- ☆ 中国创新百强县（市）
- ☆ 全国制造业百强县（市）
- ☆ 中国营商环境百佳示范县（市）
- ☆ 投资潜力百强县（市）
- ☆ 中国县域电商竞争力百强榜第 39 位
- ☆ 国家级农村儿童早期发展服务试点县
- ☆ 全国科技创新百强县第 64 位
- ☆ 全国茶业百强县第 73 位
- ☆ 中国婚嫁文化之乡
- ☆ 宁波市首个国家生态县
- ☆ 国家可持续发展实验区
- ☆ 中国民间文化艺术之乡
- ☆ 长三角最佳文旅融合城市
- ☆ 全国文化先进县

12 月 28 日，中共宁海县第十五次代表大会开幕

12 月 30 日，中共宁海县第十五次代表大会选举产生新一届县委常委会

1 月 21 日，县十八届人大五次会议开幕

1 月 20 日，县政协十届五次会议开幕

2月22日，搭载赴浙江宁波专车的陕西省柞水县籍务工人员抵达宁海，有序进行体温测量、厂区报到、领取开工暖心物资并合影

3月12日，宁海乡贤陈有西（中）向宁海县图书馆捐赠文澜阁本《四库全书》影印本

3 月 13 日，宁海成立首批民生药事服务站。图为群众体验民生药事服务站服务

3 月 18 日，桥头胡眠牛山公园万株樱花次第开放。图为市民在公园内赏樱

4 月 20 日，"礼赞百年　传承文明"——2021 年宁海县"童心向党"教育实践活动启动仪式举行

4 月 20 日，由中国人民大学艺术学院精心打造的党史特色党课在中共前童镇委员会党校举行

4 月 23 日，宁海县第十届方孝孺读书节开幕式暨“党史 · 红色记忆”经典诗词朗诵活动在西门城楼广场举行

4 月 26 日，宁海县第 21 个世界知识产权日主题活动暨知识产权协会成立授牌仪式举行

4 月 30 日，市妇联主办、县妇联承办在宁海力洋镇举行“童心沐家风　深情颂党恩”宁波市第八届家庭文化节暨儿童之家建设工作现场推进会

5 月 15 日，“前童古镇杯”长三角龙狮争霸赛在前童举行

5月19日，第十九届徐霞客开游节开幕

5月22日，汇集六大元素的“探！宁海·城市市集”在宁海西门城楼广场开市

6 月 25 日，全市个体民营企业庆祝中国共产党成立 100 周年歌咏大会在宁海得力集团举行

6 月 29 日，宁海县庆祝中国共产党成立 100 周年主题文艺晚会上举行“光荣在党 50 年”纪念章颁发仪式

7月4日，2021年第一届宁波技能大赛暨宁波市“乡村振兴”职业技能大赛预选赛插花比赛现场

7月8日，“宁海珍鲜”胡陈水蜜桃推介会上与会领导共同按响启动按钮

7月9日，西店应急部门、派出所等在樟树滩涂救助搁浅国家二级保护动物糙齿海豚

8月8日，“佳合喜宴”——艺术村里的婚庆美食节举办

8 月 18 日，孙嘉宁教育基金增捐仪式在县教育局举行

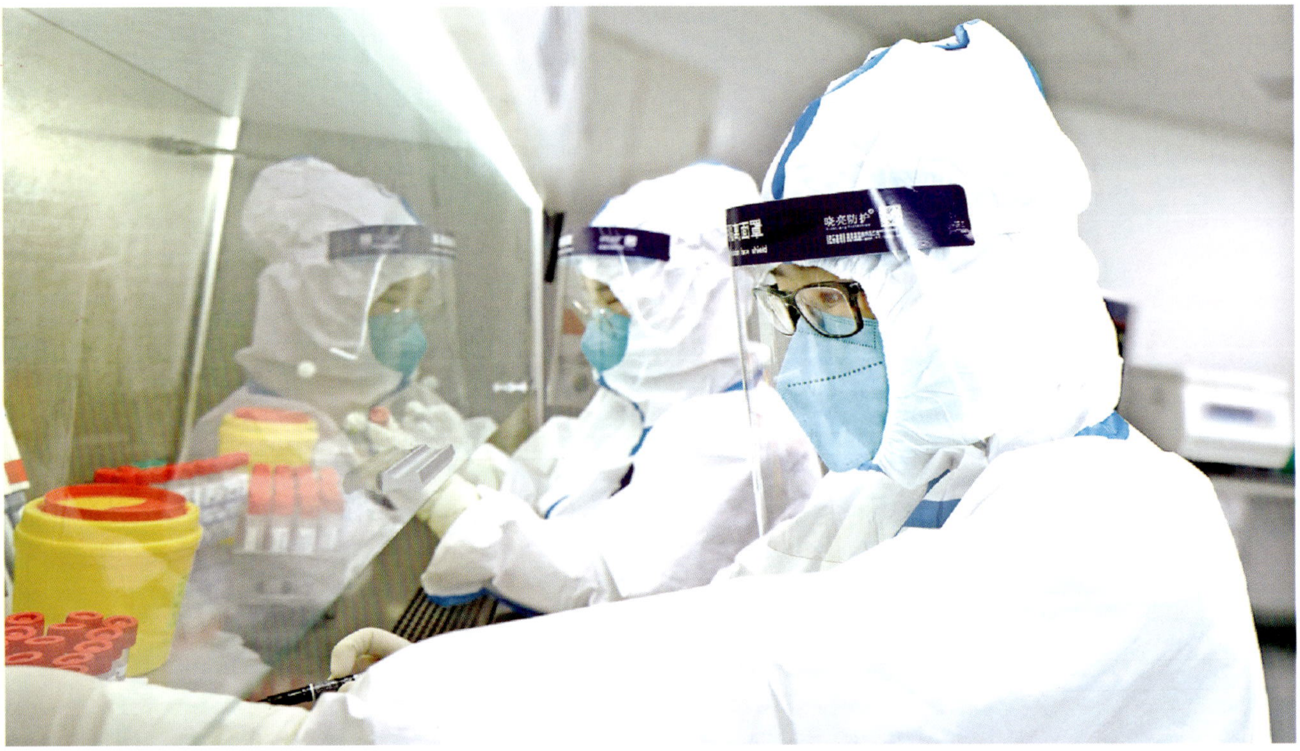

8 月 24 日，县第一医院检验人员在实验室进行核酸检测

8 月 26 日，位于宁海的宁波南部滨海经济开发区全景

9 月 23 日，东西部协作四川普格—浙江宁海人才联盟暨艺术振兴乡村共同富裕带头人培训班结业典礼举行

9 月 28 日，“让经典照进日常”2021 宁海县首届经典文化读书节启动仪式暨《中华优秀文化百部经典》宣传推广活动举行

10 月 1 日，欢乐佳田景区新增水上飞人、动物表演、小火车以及灯光秀等游乐项目

10 月 28 日，宁海县第十届运动会开幕式举行

10 月 29 日，宁海县力洋镇海头第六届博览园开园仪式举行

11 月 3 日，中共宁海县委社会建设委员会揭牌仪式举行

11 月，位于宁海县宁波南部滨海经济开发区的浙江巨杰科技发展集团有限公司的起重船在象山海域进行风电塔筒吊装

目　录

特　载

专　记

大　事　记

宁海概貌

中国共产党宁海县委员会

宁海县人民代表大会

宁海县人民政府

中国人民政治协商会议宁海县委员会

群众团体

法　　治

军　事

农业·农村

工业・园区

经济贸易

交通·电信·邮政

财税·金融

经济管理

城乡建设和管理

环境保护·自然资源和规划

文化·旅游·体育·传媒

科学技术·教育·卫生健康

社会事务

乡镇街道

人　物

附　录

特 载

弘扬伟大建党精神 引领甬南加快崛起 为建设现代化“双优”新宁海努力奋斗

——在中国共产党宁海县第十五次代表大会上的报告

（2021 年 12 月 28 日）

中共宁海县委书记 滕安达

现在，我代表中国共产党宁海县第十四届委员会向大会作报告，请予审议。

中国共产党宁海县第十五次代表大会，是在全县上下深入学习贯彻党的十九届六中全会精神，意气风发向着第二个百年奋斗目标迈进的关键时刻召开的一次承前启后、继往开来的重要会议。大会的主题是：坚持以习近平新时代中国特色社会主义思想为指导，团结带领全县广大党员干部群众，弘扬伟大建党精神，引领甬南加快崛起，为建设现代化“双优”新宁海努力奋斗。

一、过去五年工作回顾

县第十四次党代会以来的五年，大事多、喜事多、难事多，极不寻常，极为不易。我们深切感受了庆祝改革开放 40 周年、新中国成立 70 周年、中国共产党成立 100 周年的欢欣鼓舞，亲身经历和应对了百年变局与世纪疫情交互影响的重大考验。五年来，我们深入学习贯彻习近平新时代中国特色社会主义思想，认真落实习近平总书记对浙江、对宁波工作重要指示精神，在党中央和省委、市委的坚强领导下，担当作为、革新求进，“十三五”圆满收官，“十四五”良好开局，高水平全面建成小康社会，各项事业实现重大跨越。

（一）从逐年攀升到整体跃升，综合实力显著增强。提前两年实现 GDP、人均 GDP、城镇居民人均可支配收入、农村居民人均可支配收入“四翻番”，财政收入破百亿，规上工业总产值破千亿。去年经济增速在全市率先由“负转正”，经济总量位列全省县（市、区）第 30 位；今年预计突破 800 亿元。基于硬实力的各项榜单排名迭创新高，跻身全国综合实力百强县第 48 位，挺进全国县域高质量发展百强县第 8 位，连续四年占据全国“两山”发展百强县第 2 位，首次跃居全省绿色发展指数第 5 位。我们在各领域争先创优，实现国家级生态环境创建“大满贯”，在“两山”理念提出 15 周年、“千万工程”实施 15 周年、首次全国法治乡村建设工作会议、全国推进县乡人大工作会议等重要节点和场合交流“宁海经验”，纪念潘天寿诞辰 120 周年系列活动在京举行，全省基层公权力、宗教治理、农村物流、旅游、药监、海防、人防等领域工作会议在宁海召开，年央媒报道数量从百余篇增加到近千篇，宁海的影响力和美誉度持续提升。

（二）从速度领先到质量优先，产业发展提质增效。直面经济下行压力，精准落实“六稳”“六保”，危中抢机实施系列产业革新工程，一二三产年均增速好于全市，新增市场主体超过 3 万家。农业规模化、品牌化水平稳步提升，整合建设十万亩现代农业园区，“宁海珍鲜”实现市场化运营。工业支撑更加有力，打造形成五大百亿产业，新增规上企业130家以上，上市企业数量翻两番。服务业发展提速、比重提高、层次提升，增加值突破300亿元，跨境电商生态圈加快构建。设立海关办事处，获评3个国家外贸转型升级基地，出口额累计超千亿元。创新指数进入全省第一档次，R&D经费支出占GDP比重突破3%，每千家企业中高新技术企业数、科技型中小企业数分别居全市第一和全省第一。宁波南部滨海经济开发区成为省级经济开发区，宁海经济开发区列入“十四五”国家重点支持的县城产业转型升级示范园区。抽水蓄能电站、环保能源发电、旗滨光伏高透基材等一批重大项目破难推进，民间投资占比明显提高，发展动力日益增强。

（三）从多点开花到系统集成，改革创新活力充沛。高举革新大旗，推动452个重点改革项目和42个市级以上试点落地见效。民生实事项目人大代表票决制、涉农资金整合、艺术振兴乡村、集士驿站、两进两回、垃圾智分类、新时代文明实践、亲清家园、职工说事、党群同心圆、“红动宁海”组织生活模式等创新实践成为全国案例，村级小微权力清单制度写入中央一号文件。组建科创、文旅、国投、建投和南滨集团，AA+国企实现零突破、总数达到5家。乌材所中国中心、宁波生物产业园、海洋种业研究院等一批重大创新平台落成建强，市甬江引才工程实现翻番，新增市级以上人才项目34个，是上一个五年的4倍多。农合联、融媒体、医共体、校共体等一批创新机制建立健全。迭代推进“最多跑一次”改革、政府数字化转型、数字化改革，创新“审批法庭”模式，在群众身后事、企业服务、司法拍卖、法律文书送达、食品经营许可等领域首创“不用跑”经验，得到了上级肯定和群众好评。

（四）从全域美丽到释放张力，城乡能级明显提升。坚定践行“绿水青山就是金山银山”理念，以钉钉子精神打好污染防治攻坚战，累计拆违超过1000万平方米，在全市率先剿灭V类水，五年四获“大禹鼎”。创成首批国家全域旅游示范区，高标打造“一环八线”精品线，国家登山健身步道入选中国十佳新美步道，乡村旅游、特色民宿成为富民新产业。统筹美丽县城、美丽集镇、美丽乡村建设，主城区建成面积扩大到43.34平方千米，老城更新和新城赋能扎实推进，成为宁波唯一的全国县城新型城镇化建设试点；大力实施小城镇环境综合整治三年行动，打造了9个省市样板，获评省级优秀县；示范先行推进乡村振兴，全县所有行政村集体经济收入达到30万元以上。基本构筑“一环八射三纵七连”县域交通路网，国省道规划里程实现翻番、占全市1/5，开工全市首个通用航空机场，宁海站成为全省第5个拥有始发列车的县级火车站，客流量居甬台温客专沿线县级站第2位。

（五）从基本民生到品质民生，群众生活不断改善。在财政收入增长放缓的情况下，民生投入占年度公共财政支出稳定在70%以上。我们注重兜底线、保基本，现行标准下贫困人口全部清零，城镇登记失业率保持全市最低，社会保障水平稳步提升；东西部扶贫和山海协作成果丰硕，结对24年的晴隆县高标脱贫摘帽。创成省教育基本现代化县，新增学位2.2万个，名优师资力量倍增，省等级幼儿园招生覆盖率、义务教育入学率和巩固率达到100%。大力推进健康宁海行动，实现国家卫生县城“五连冠”，积极承接优质医疗资源下沉，人均期望寿命达到发达国家水平。丰富群众文化供给，获评中国民间文化艺术之乡，创成省农村文化礼堂建设示范县，省精神文明建设“五个一工程”奖交出最佳成绩，道德模范、“好人系列”评选连年攀高。高度重视“一老一小”，居家养老服务设施实现县乡村全覆盖，成为国家级农村儿童早期发展服务试点县。

（六）从专项整治到综合施治，平安基础更加牢固。“9·29”重大火灾事故发生后，痛定思痛、痛下决心，贯穿三年狠抓“四大会战”，基层应急管理体系和能力建设明显加强。迅速阻断疫情传播，较短时间内实现病例清零和复工复产，精密智控指数长期居全市首位，常态化防控机制不断完善。政法队伍教育整顿和扫黑除恶斗争成效明显，社会治安环境有质的提升，构建形成公检法司常态协作格局。重塑信访工作体制机制，信访上行风险得到有力遏制。成功抵御50年来致灾强度最大的“利奇马”台风，平安处置20年来浙江发现数量最大的老旧遗留弹药，平稳有序打好滩涂退养攻坚战，解决了一批多年没解决的难题。创成法治浙江建设示范县、省无信访积案县、省食品安全县、省无欠薪县、省无邪教创建示范县，捧获全省首批平安金鼎，去年平安考核成绩位列全市第1位。

（七）从学深悟透到笃行实干，党的领导持续加强。始终把“两个维护”作为最高政治准则，县委常委会带头实行党委（党组）“第一议题”学习制度，对习近平总书记发表的重要讲话、作出的重要指示，都认真传达学习、坚决贯彻落实。学深悟透做实党的十九大和十九届二中、三中、四中、五中、六中全会精神，高标准推动“两学一做”学习教育、“不忘初心、牢记使命”主题教育、党史学习教育走深走实，重温习近平总书记在浙江工作期间两次调研宁海时的指示精神。认真落实意识形态工作责任制，完善党委（党组）理论学习组会议制度，出台基层党员群众学习教育实施方案。深入推进“锋领宁海”建设，大力实施“两高”五年行动计划，基层党组织党员队伍扩面提质，村（社区）组织换届全面实现“一肩挑”，主职干部学历提升工程全面推行，全域党建联盟村级全覆盖，报酬激励机制进一步优化调整，守规矩能干事导向进一步树立。“第一书记”“百村立功竞赛”“双强六好”和五星级党组织创建常抓不懈。始终坚持正确用人导向，大力培养选拔优秀年轻干部，高质量完成县乡换届，领导班子和干部队伍结构功能进一步优化，引领现代化建设能力有效提升。开展党员干部万人大轮训，广覆盖多专业个性化构建“周末课堂”培育模式，专业化干部配比超60%。持续发力纠治“四风”，落实落细中央八项规定精神。始终保持反腐高压态势，共立案1023件，给予党纪政务处分1008人，移送司法机关处理24人，严肃查处了一批群众身边的不正之风和腐败问题。不折不扣抓好中央和省委巡视反馈问题、“七张问题清单”整改落实，完成十四届县委巡察全覆盖。坚持党委总揽全局、党政齐心协力，人大监督工作有力加强，政协参政议政水平不断提高，党管武装工作持续强化，民主法治建设深入推进，群团、老干部、关心下一代、决策咨询等工作取得新进步，爱国统一战线日益壮大。

这些成绩的取得，是习近平新时代中国特色社会主义思想科学指引的结果，是中央和省委、市委坚强领导的结果，是在历届县委打下的良好基础上，全县党员干部群众顽强拼搏、共同奋斗的结果。在此，我代表中共宁海县第十四届委员会，向全县各级党组织、广大党员干部和人民群众，向为宁海发展付出心血的老前辈、老领导、老同志，向所有为宁海发展作出贡献的同志们、朋友们，表示衷心感谢，致以崇高敬意！

回顾这五年来的奋斗历程，我们深深体悟到：习近平新时代中国特色社会主义思想和习近平总书记对浙江、对宁波工作的亲切关怀，是我们笃定前行的精神动力。五年来，我们旗帜鲜明讲政治、对标对表抓落实，以“双优”宁海建设探索高质量发展、治理能力和治理体系现代化的县域实践，以加快打造10项硬核成果为“重要窗口”增色，以标杆县的站位为促进共同富裕提供鲜活经验。阔步新征程，我们要坚持以新思想定向领航，把中央精神、省市部署与宁海实际紧密结合起来，找准前行方向、激发奋进动力，不断取得新胜利。革新求进、争先进位，是我们奋发前行的目标追求。五年来，我们延续上一个五年追赶跨越的发展基调，鲜明争先创优进位的工作导向，大力推进产业革新、城市革新、制度革新、自我革新，推动各项事业不断进步。瞄准一流才能创成一流，我们要坚持发展第一要务，向好的学、与强者比、朝高处攀，推动宁海加快崛起。敢担当、要积极、抓具体，是我们实干前行的作风保障。五年来，我们刀刃向内狠抓问题整改，日盯夜盯紧抓项目攻坚，众志成城齐抓文明创城，上下同欲大抓工业全域治理，一年拆出200万方新空间，发展后劲持续增强。事在人为，人贵精神。我们要把好传统带进新征程，把好作风弘扬在新时代，动真碰硬、持续发力，推动事业发展取得新突破。做老百姓真正需求的、对城市未来发展有利的、惠民生顺民意的事情，是我们砥砺前行的初心使命。五年来，我们坚持发展为了人民，每年高标准兑现民生实事，既大投入抓大项目，一大批学校、医院、老年公寓、公共文化设施相继建成，又用巧心思花小钱办实事，健身步道、体育公园等广受群众欢迎，民生感知度、生态环境质量公众满意度、法治建设社会满意度、平安三率等都居全市首位。群众的需要就是我们努力的方向，要始终坚持人民至上，持续提高群众的获得感、幸福感、安全感。

越是勇往直前越要保持清醒头脑，越要全面深透地审视自身问题，宁海还有许多方面需要提高：审视区域地位，在主动接轨、借力发力上缺乏重大支撑和有效支点，在长三角一体化的角色定位还不够鲜明；审视经济发展，产业层次还比较低端，高端要素不够集聚，创新的理念、机制、氛围没有有效形成，小富即安、小进即满还有市场，高精尖人才引育未取得明显突破；审视城乡发展，农村集体经济比较薄弱，城市建设和管理还不够精细，城镇化率偏低，开放包容和文明素养都有待提升；审视社会民生，教育、卫生、养老、体育等公共服务与群众期待还有差距，基础设施仍有欠账要还；审视平安基础，疫情防控、安全生产、信访维稳、生态环保等领域仍有风险隐患，容不得丝毫松懈；审视干部队伍和基层组织建设，还存在薄弱环节，一些党委（党组）管党治党的主业意识不强，一些基层党组织核心作用发挥不够，一些党员干部的思想、能力、作风有待加强，守成思想较重，改革攻坚的锐气有所弱化。问题就是前进方向，差距就是发展潜力。我们要知难而进、迎难而上，努力推动宁海发展取得更大进步。

二、现代化“双优”新宁海建设的目标要求

一个时代有一个时代的使命。党的十九届六中全会全面总结了党的百年奋斗重大成就和历史经验，对全党进一步统一思想、统一意志、统一行动，夺取新时代中国特色社会主义新的伟大胜利，具有重大现实意义和深远历史意义。省委、市委相继召开的全会，实质上也是思想学习会、政治宣示会。我们要坚定不移做“两个确立”忠诚拥护者、“两个维护”示范引领者，胸怀“两个大局”，心系“国之大者”，增强“四个意识”，坚定“四个自信”，把六中全会提出的新思想、新理念、新要求落实到现代化建设的全过程，全力以赴开新局、创新业、立新功。

一个时期有一个时期的挑战。今后五年，是动力与压力同在、彩虹与风雨相伴的五年。世纪疫情冲击下，百年变局加速演进，外部环境更趋复杂，我国经济发展面临需求收缩、供给冲击、预期转弱三重压力，但长期向好的基本面不会改变。各地区抢赛道、争位次、拼实力，稍有懈怠就会掉队，但区域融合发展是大势所趋，长三角一体化、甬台一体化、宁波现代化滨海大都市建设进入新阶段，都蕴含着丰厚的发展红利。宁海发展不充分、不平衡的问题仍然突出，发展转型、动力转换任务繁重，但狠抓产业重塑、空间重构的效果正在逐步显现。我们既要正视困难，又要坚定信心、树立雄心，着力在改革创新、项目招引上加强攻势，在制造升级、生态转化上放大优势，在未来产业、硬核科技上扎实蓄势，在区域协同、战略融入上形成气势，进一步展现宁海发展争先进位的强劲态势。

一座城市有一座城市的荣光。今后五年，全县工作的总体要求是：坚持以习近平新时代中国特色社会主义思想为指导，深入贯彻党的十九大和十九届二中、三中、四中、五中、六中全会精神，深刻学习领悟习近平总书记“七一”重要讲话精神和对浙江、对宁波工作的重要指示精神，弘扬伟大建党精神，立足新发展阶段，完整、准确、全面贯彻新发展理念，融入新发展格局，认真落实中央决策、省委部署、市委要求，服务宁波建设现代化滨海大都市全局，聚力推进产业体系、改革创新、全域空间、生态优势、治理能力、共富场景迭代升级，打造更具影响力的甬南大门户、更具引领性的活力创新湾、更具辨识度的山海和美城、更具获得感的共富标杆县，引领甬南加快崛起，奋力建设现代化“双优”新宁海。

“现代化”是党中央确定的第二个百年奋斗目标的核心要求，从全面建成小康社会到全面建设现代化，既是时间节点的继往开来，更是目标任务的跨越升级，需要付出更加长期而艰苦的努力。“双优”是我们既定的决策部署，是宁海在现代化新征程上要交出的实践答卷，我们要一张蓝图绘到底。“新宁海”，彰显变革决心，要求我们与时俱进谋新篇，特别是把促进共同富裕摆在更加重要的位置，既做大蛋糕、又分好蛋糕，推动宁海发展一年更比一年强、城乡面貌一年更比一年美、群众生活一年更比一年好，五年一个新跨越、再造一个新宁海。

这是一个实力富强的现代化“双优”新宁海。力争实现“两迈上、四突破、八翻番”：GDP迈上千亿台阶，达到1200亿元以上，在全省全国位次持续前移，努力向全省县（市）前10、全国县（市）前50攀升。一般公共预算收入迈上百亿台阶。市场主体突破10万家，R&D经费支出占GDP比重突破3.5%，人才总量突破25万人，常住人口城镇化率突破75%。规上工业总产值、战略性新兴产业增加值、旅游收入、文化产业增加值、农业特色产业产值、跨境电商交易额和重点科技指标翻一番，数字经济核心产业增加值翻两番。实业立县、生态富县、文旅旺县、创新强县的动力更加强劲，加快迈入现代化中等城市行列。

这是一个生态富美的现代化“双优”新宁海。城乡风貌整治提升行动深入开展，“精特亮”创建示范先行，新时代美丽乡村达标创建全覆盖，全力夺取“大禹鼎”金鼎，创成省“无废城市”，天蓝、地绿、水清的良好生态环境处处显现，绿色低碳发展方式全面推行，成为“两山”转化最佳实践范例和美丽中国建设样板县。

这是一个精神富足的现代化“双优”新宁海。社会主义核心价值观广为弘扬，文化自信不断增强，新时代文明实践深入人心，开放包容蔚然成风。高品质现代公共文化供给更加丰富，彰显宁海底蕴的文化品牌不断涌现，人的身体、科学、安全、文明素养全面提升，居民综合阅读率、文明好习惯养成实现率、社会诚信度、国民体质合格率均达95%以上，每万人拥有公共文化设施面积达到4450平方米。高分创成全国文明城市。

这是一个生活富有的现代化

"双优"新宁海。区域发展更加均衡，居民人均可支配收入达到8.1万元，城乡居民收入比低于1.7，中等收入群体规模扩大、结构优化，10万—50万元群体比例达80%以上，形成橄榄型收入群体结构。富民惠民安民实现有机统一，宁好育、宁好学、宁好医、宁好居、宁好养、宁好暖等"宁好"工程扎实推进，成为新老宁海人富乐安康的幸福家园。

三、今后五年的重点任务

方向已明，实干为先。我们要紧扣既定目标要求，突出六个"迭代升级"，推动经济社会发展全面展现新气象。

（一）迭代升级产业体系，推进经济实力新跨越。奋力建设现代化"双优"新宁海，必须夯实产业这个"压舱石"，打造以先进制造业为主体、现代服务业和特色农业协同发展的区域性重要产业基地。一要壮大标志性产业链。坚持有龙头企业带动、有科研力量赋能、有资源要素保障、有服务专班推进的"四有"工作思路，做大做强文体办公、汽车制造及模具、电子信息三个五百亿级产业链，为保持制造业比重基本稳定、再造一个宁海工业提供坚实基础。全力布局"光伏+储能"产业，促进全链条聚合、集群化扩张，努力打造千亿级光储产业基地。更加重视农业发展，实施科技强农、机械强农"双强行动"，提高重要农产品稳产保供能力，建设现代种业强县，壮大"366"乡村产业，打响"宁海珍鲜"品牌，推动水产、茶叶、水果等全产业链向头部攀升，创成国家农业现代化示范区。二要做强领跑型企业群。以"大优强、绿新高"为方向，有序推动企业"上规、上市、上云、上榜"，加快打造"215"强企梯队，加大力度培育农业、服务业龙头企业，提升头部企业带动中小企业融通发展的能力。扶持培育专精特新"小巨人"和"单项冠军"，支持更多企业争创各级质量奖，积极从贴牌向创牌、制造向创造、配套向终端转型。三要培育新的经济增长点。着力在动能转换中培育新增长点，狠抓传统产业改造提升，优化大健康等新兴产业规划布局；主动适应消费新需求，促进商贸、餐饮、养老等生活性服务业向品质化、多样化升级，支持会展经济、流量经济、电商经济、夜经济等新兴业态发展，大力发展总部型服务业，努力成为区域现代商贸中心。着力在跨界融合中培育新增长点，研究突破生产性服务业发展瓶颈，放大连一带二强三作用；促进大数据、云计算、物联网、人工智能等数字技术在各领域广泛应用，打造具有宁海特色的数字经济产业体系。四要提升招商精准度。大力支持本土企业扎根宁海、二次创业，靶向招引头部型、税源型企业落户宁海、投资兴业，谋划推进更多链主型、补链型、延链型项目，有效优化产业结构和税收结构。全面融入"双循环"新发展格局，超前规划、找准定位，积极承接产业转移，集聚各方资源发展宁海。

（二）迭代升级改革动能，激活创新驱动新引擎。奋力建设现代化"双优"新宁海，必须用好改革创新这个"关键招"，坚持以改革破解发展难题，加快打造高水平创新型强县，为高质量发展营造良好环境。一要抓好"牵一发动全身"的重大改革。突出以数字化改革撬动各领域改革，加快实现"152"体系与"141"体系贯通融合。有效发挥社会建设委员会作用，探索率先实现共同富裕的体制机制。建立全县"一盘棋"的项目谋划、招引、推进、考核机制，构建实施必计划、计划必保障、全程有考核的项目闭环，形成县级统筹抓保障、镇街放手抓攻坚的项目合力。深化投融资体制改革，支持民间资本投资重点产业和民生事业，规范政府投资项目全流程管理。要强化一切皆可精进的理念，聚焦财税金融、国资国企、农业农村、生态建设、社会事业等重点领域，创新应用场景、争取赋权试点、培育最佳实践案例，力促原有改革品牌"常改常新"，推动新的原创性改革走在前列。二要构建"产学研创孵投"的创新创业生态圈。以更大格局实施"潮起甬南、智汇宁海"人才工程，全方位打造人才工作、生活适宜环境，做强各类重点创新平台，争创省"科技创新鼎"和省可持续发展创新示范区。强化企业创新主体地位，加大对开发首台（套）、推进国产替代、攻关"卡脖子"技术的支持力度，深化与科研院所、大专院校、专业机构合作，高水平建设产业人才学院。实施"投、贷、融、保"一揽子创新创业支持举措，构建知识产权保护一体协同格局，健全以"实绩论英雄"的人才评价体系。三要打造"近者悦远者来"的一流营商环境。注重站在"企业侧""群众侧"换位思考"政府侧"服务，扩面提质"企服通""亲清家园"等惠企平台，实现各类政务服务事项"网上办、就近办、不求人"。全面落实降本减负政策，规范涉企检查、参观考察，建立刚柔并济的执法机制，对企业有求必应、无事不扰。加强新生代民营经济人士培育，壮大优秀企业家队伍，营造尊重企业家价值、鼓励企业家创新、发挥企业家作用的浓厚氛围。

（三）迭代升级全域空间，拓展开放融合新格局。奋力建设现代化“双优”新宁海，必须加强空间这个“硬支撑”，以国土空间规划修编和宁波全域国土空间综合整治为契机，以构建形成“一核引领、两湾支撑、全域美丽”县域空间新格局为目标，突出抓好“四区一网”建设，让有限空间发挥最大效能。一要突出集聚度强城区。致力建设现代化中等城市，深化全国县城新型城镇化建设示范试点，促进城区人口集中、产业集聚、功能集成。加强城市风貌塑造和文化保护，精细推进城市有机更新，环天明湖高标准打造新城市客厅，做到“老城有底蕴、新城有活力”。有序拓展城区空间，促进梅桥片区融合提升，谋划段空山、岙胡仇家等区块综合开发，推动黄坛、跃龙相向发展，抓好城南区块“三山两岸”整体规划建设。二要突出一体化强片区。跳出宁海谋宁海，强化与周边县（市、区）常态沟通，积极构建发展共同体。向东拓展，高水平拥湾发展，共建国家海洋经济示范区。向南辐射，有效转化农旅资源，共建甬台一体化合作先行区。向西连接，加强生态经济区的修复和保育，共建浙东唐诗之路。向北融合，积极融入宁波市区，协力推进象山港区域保护和利用。三要突出贡献率强园区。创成国家级现代农业产业园。整合优化“两区六片”工业空间布局，宁波南部滨海经济开发区规上工业总产值突破500亿元。持续推进工业全域治理，统筹拆旧、建新、提标、提效，坚决腾笼换鸟，创新工业社区模式，推动工业用地进园区、园区建设提品质，力争规上工业亩均增加值超过250万元。四要突出带动力强镇区。优化功能布局、补齐公共服务短板，把镇区打造成为连城带乡、服务农民的重要节点。鼓励地域相邻、资源相近、产业相似的镇村跨地域联动发展，培育一批主业突出、各具特色的工业重镇、农业强镇和文旅名镇。赋予卫星城、中心镇更多自主发展权，进一步理顺乡镇与部门、乡镇与园区的权责关系。有序完成撤乡设镇，适时启动撤镇设街。五要突出通达性织密交通网。致力打造三市六县通衢之地，构建“一横三环五射”交通路网，加强甬台温福高铁和宁波至宁海城际铁路的谋划推进，启动沈海高速宁海段改扩建，全面提升内畅外联水平。建立贯通县乡村的电子商务体系和快递物流配送体系，实现城乡物资双向流动。注重将文旅、商业、艺术等元素融入交通枢纽建设和精品线路打造，构建通勤圈、生活圈、商业圈高度融合的通勤体系。

（四）迭代升级生态优势，树立美丽建设新标杆。奋力建设现代化“双优”新宁海，必须擦亮生态这张“金名片”，持续提升绿动力、加快绿变金，形成更多标志性成果。一要创新乡村振兴路径。构建多元投入、多方共建机制，探索农村股份制改造升级版，引导各村找准着力点，通过产业、文化、艺术等撬动乡村振兴，在蝶变路上竞相出彩。统筹县域城镇和村庄规划建设，分类打造一批小集镇式中心村、美丽乡村示范村、梳理式改造村，串珠成链建设乡村振兴示范带，形成疏朗有致的乡村空间。深化“两进两回”，培养新型职业农民和农村实用人才，充分发挥新乡贤作用，增强乡村发展内生动力。二要拓展“两山”转化通道。持之以恒“治山理水”，坚决打好治水、治气、治土、治废攻坚战，严格执行“三线一单”生态环境空间管控制度，加快建设“生态环境大脑”，对各类环保违法行为零容忍。千方百计“增值山水”，积极探索GEP核算和“两山”银行建设，健全生态产品价值转化机制，生动演绎人不负青山、青山定不负人的宁海实践。三要做活文旅融合文章。着力打造“当空明月”，加快森林温泉、前童古镇国家级景区“双创”步伐，做强滨海旅游、山地户外等拳头产品，打造爆点景区。着力发展“满天繁星”，挖掘活用红色资源、非遗资源、人文资源，滚动升级精品线路、特色街区、亮点工程、美丽河湖、乡愁古村、郊野公园和艺术谷、打卡地，展现全域美景。更加注重以文塑旅、以旅彰文，探索县属国企和民企合作新模式，培育总部型文旅运营企业，提升文旅营销，塑造城市IP，彰显“宁海尽是美”的品牌形象，让“中国旅游日”发祥地成为知名旅游目的地。四要践行绿色低碳理念。把碳达峰碳中和纳入经济社会发展整体布局，尽早实现能耗“双控”向碳排放总量和强度“双控”转变，严控“两高”项目准入，积极推进渔光互补、滩涂光伏和建筑光伏一体化建设，推动减污降碳协同增效。浓厚低碳氛围，倡导绿色出行，制止餐饮浪费，让绿色低碳生活成为新时尚。

（五）迭代升级治理能力，构建安全发展新局面。奋力建设现代化“双优”新宁海，必须做好治理这篇“大文章”，更好统筹发展与安全，提升县域治理现代化水平。一要持续深化法治宁海建设。巩固政法队伍教育整顿成果，常态化开展扫黑除恶斗争，严厉打击电信网络诈骗等新型犯罪行为。深化司法体制综合配套改革，构建规范高效的执法司法制约监督体系。深入开展“八五”普法，实现民主法治村（社区）倍增，在全社会形成办事依法、遇事找法、解决问题用法、化解矛盾靠法的良好法治环境，实现行政复议、行政诉讼的发案量和败诉率显著下降。二要更高水平建设平安宁海。从严打击危害国家政治安全的渗透、颠覆、分裂活动。切实加强意识形态阵地建设和管理，争创全省宗教领域治理现代化先行县，把握新闻舆论宣传主动权，防止简单问题发酵复杂化。推动安全生产由整治向立制提升，在全社会形成安全生产规矩。系统性重塑信访工作，提升专业化、系统化、法治化、数智化水平，营造良好信访生态。加强经济安全风险预警和防控，有效防范化解金融、政府债务、企业运行等领域风险。慎终如始抓好疫情常态化防控，健全平战结合的工作体系和机制。持续开展系列平安创建活动，强化食品药品监管，坚决防止重特大公共安全事件发生，完善风险闭环管控大平安机制，构建问题及时主动发现、有效解决闭环机制，力夺省星级平安金鼎。三要全力提高城市治理水平。统筹推进海绵城市、智慧城市、低碳城市、韧性城市建设，提升城市应对风险能力。把城市美学融入城市建设各环节，切实提高规划的科学性和严肃性，强化用地管控，下足绣花功夫把每一寸空间用好管好。深化"县乡一体、条抓块统"改革，升级"基层治理四平台"，抓好"大综合一体化"行政执法改革，推动重心下移、资源下沉，引导群众和社会力量有序参与社会治理，注重用数字化手段解决高频问题，加快从碎片化管理向整体智治转变。

（六）迭代升级共富场景，共创群众幸福新生活。奋力建设现代化"双优"新宁海，必须围绕共同富裕这个"根本目的"，持续增进民生福祉。一要大力推进富民增收。放大民营经济造富效应，促进创业带动就业、多渠道灵活就业、重点群体就业。强化县域均衡发展，促进重点扶持区域跨越发展，提升村级造血功能。探索收入分配新机制，着力"扩中""提低"，推动更多劳动者通过辛勤劳动迈入中等收入群体。扛起帮扶政治责任，深入推进新时期东西部协作和山海协作。二要持续优化公共服务供给。着眼人的全生命周期公共服务优质共享，让"浙里宁好"逐步成为群众的共同感受和宁海幸福民生的响亮品牌。致力"宁好育"，认真落实全面放开三孩政策及配套措施，多渠道降低生育、养育、教育成本，大力发展婴幼儿照护服务体系、普惠托育服务体系和覆盖城乡的学前教育公共服务体系，让更多家庭愿意生、生得起、养得好。致力"宁好学"，办好人民满意的教育，贯彻落实"双减"意见，争创全国义务教育优质均衡发展县，推动特殊教育、老年教育特色化发展，构建与实业强县相适应的职业教育体系，力争教育现代化水平进入全省第一方阵。致力"宁好医"，健全以人民健康为中心的医疗卫生服务体系，深化医药卫生体制改革，提升公共卫生保障能力，加快第一医院、中医院创三乙，促进"病有所医"向"病有良医"转变。致力"宁好居"，坚持"房住不炒"，规范发展住房租赁市场，健全住房保障体系，以"三化九场景"为标准建设未来社区，推动城镇老旧小区需改尽改。致力"宁好养"，积极应对人口老龄化，建设居家社区机构相协调、医养康养相结合的养老服务体系，培育壮大银发经济。致力"宁好暖"，健全居民基本养老保险和基本医疗保险制度，发展社会福利和公益慈善事业，强化弱势群体兜底帮扶，完善城乡儿童、妇女、老年人、残疾人关爱服务体系和设施，努力建设全龄友好城市。三要高度重视人的发展。现代化的核心是人的现代化，群众是共同富裕的建设者和受益者。要实施更开放的人口人才政策，提升城市的包容性和归属感，鼓励在外宁海人回乡就业创业，加强外来人口管理服务，加快推进农村人口市民化。要坚持以人民为中心做好民生工作，根据人口变化优化公共服务资源配置，聚焦群众"急难愁盼"，加强和改进票决制工作，提高民生投入的精准性，把每年的实事工程办到群众心坎里。关爱全民身心健康，把提升人的素养作为基础性工作来抓。聚焦身体素养提升，实施体育公共服务能力提升五年行动，建设城区10分钟健身圈；聚焦科学素养提升，创成全国科普示范县；聚焦安全素养提升，切实增强公众安全意识和应急处置能力；聚焦文明素养提升，深化移风易俗，推进文化惠民，破除陈规陋习，倡树新风正气，让正能量充盈宁海。

四、推进新时代党的建设新的伟大工程

全县各级党组织和广大党员干部要深入贯彻新时代党的建设总要求和新时代党的组织路线，紧扣大局、统领全局，以高质量党建引领现代化建设。

（一）加强政治建设，筑牢思想根基。牢牢把握政治首位标准，加强思想政治引领，把讲政治的要求从外部要求转化为内在主动。一要深化理论武装。深入学习宣传贯彻党的十九届六中全会精神，以上率下开展"六讲六做"大宣讲活动，认真组织党的二十大以及省市县党代会精神轮训。扎实推进

习近平新时代中国特色社会主义思想教育培训计划，建立各级党组织“第一议题”制度。巩固拓展“不忘初心、牢记使命”主题教育和党史学习教育成果。二要加强党性锤炼。严格执行新形势下党内政治生活若干准则，严格落实“三会一课”、主题党日、双重组织生活等党内政治生活制度，用好批评和自我批评武器，让各级党组织在常态化自我防偏纠偏中强身健体。聚焦“关键少数”，常态化开展领导班子及成员政治素质考察。三要维护民主团结。坚持和完善人民代表大会制度，支持人大及其常委会依法行使职权，密切代表同基层群众的联系，大力发展全过程人民民主。坚持和完善中国共产党领导的多党合作和政治协商制度，更好发挥政协“三个重要”作用，健全“请你来协商”、委员工作室、社区协商厅、民生议事堂等协商平台，做到建言资政与凝聚共识双向发力。完善大统战工作格局，巩固和发展最广泛的爱国统一战线，加强同各民主党派、工商联、无党派人士合作共事，做好民族、宗教、外事、侨务、港澳、对台等工作。持续强化党管武装制度落实，充分发挥工会、共青团、妇联等群团组织作用，汇聚现代化建设的强大合力。

（二）抓好基层基础，守好红色根脉。以“红色根脉两高强基工程”为总抓手，提标建设“锋领宁海”，全力争创省级“双整”示范县，高水平打造新时代党建高地。一要建强战斗堡垒。强化党建统领，构建问题发现靠党建、问题发生查党建、问题解决看党建工作格局，健全完善重大事项决策党组织前置研究制度。贯彻实施“百千万”工程，积极推动三级联创、示范争先，健全完善“一肩挑”后村级组织运行机制。创新优化基层组织形态，打造共富联盟矩阵，全面实施党员带头致富、带领创富、带动共富“三带行动”，将党建优势、党建资源、党建力量集成转化为建设共同富裕标杆县的发展优势。二要夯实组织基础。探索推进组织设置横向多跨、纵向细分，健全完善上下贯通、执行有力的组织体系，推动党的组织、工作、作用全覆盖。深化“上统下分、强街优社”，做深做实社区“大党委”，全面推进小区党建。扎实推动“两新”党建“争双强、当先锋”，积极推进新业态新就业群体党建，优化机关、学校、国企、医院党组织设置。三要重抓基层队伍。深化“三个走遍”，健全落实县领导包乡走村、乡镇干部走村入户、村社干部“包网入户”制度，抓好农村治保主任队伍建设。探索建立镇村红色根脉评价指数，深化村（社区）党组织书记县委备案管理，全面实施村（社区）干部“领雁计划”和后备干部“青蓝计划”，办好“两山”实践创新基地领雁学院，开展百名第一书记、百名兴村导师领办百个兴村实事结对帮带，打造高素质头雁队伍。优化健全党员“进出管育爱”全链条机制，积极探索党员分类教育管理、流动党员管理有效办法，不断激发基层党员干部活力。

（三）提升变革能力，锤炼干部队伍。坚持从建设变革型组织、提高领导干部塑造变革能力入手，构建整体智治、综合集成、横向衔接、纵向贯通的干部工作闭环体系，推动广大干部保持奋进者姿态、激发创造性张力。一要突出提振干部精气神。大兴勇争一流之风，浓厚比学赶超氛围，引导全县干部追求事业讲大气、严守规矩树正气、心系群众聚和气、直面挑战提硬气，高效团结、协同担当、快乐工作。严格落实干部选拔任用条例，充分调动各年龄段干部积极性，坚决反对恶意竞争，认真办好心理关爱、待遇倾斜、职级激励、考核导向、最美选树、职业归属“六件实事”，强化“两个担当”良性互动，健全容错纠错、澄清正名、松绑减负等机制，营造唯实惟先、善作善成的团队文化，让各级干部心无旁骛干事创业。二要突出打造高素质专业化干部队伍。以“一体系三机制”为牵引，强化干部资源统筹，提高选人用人质量，不断优化领导班子结构功能，不断增强政治力、领导力、凝聚力、战斗力。紧紧围绕引领现代化建设任务，聚焦共同富裕、紧缺专业、学用结合，“三位一体”打造专业化培训平台，逐年提升领导班子专业化配比、专业干部储备。探索建立干部编制周转制度，构建“项目化实施+专班化运作”机制，优化干部资源配置，把最适合的干部放到最恰当的岗位，把最优秀的干部用在最关键的岗位。三要突出抓好后继有人根本大计。坚持党管干部，压紧压实各级党委抓班子带队伍责任。深化实施“班长工程”，强化关键岗位干部培养管理，常态化掌握一批数量充足、结构优良、素质全面的储备人选。建立优秀年轻干部常态化发现和培育机制，全面推行“456”优源工程，积极推动“宁接未来”成才计划、选调生墩苗行动，让更多优秀的年轻干部源源不断涌现出来，做大年轻干部队伍“蓄水池”。注重抓好女干部、非中共党员干部培养。

（四）坚持严字当头，净化政治生态。充分发挥全面从严治党引领保障作用，把严的主基调长期坚持下去，不断巩固风清气正的良好政治生态。一要紧盯不放强化监督。推进政治监督具体化常态化，保障习近平总书记重要指示批示和党中央重大决策部署落实见效。严格落实"一岗双责"，持续加强对"一把手"和领导班子的监督，紧盯关键人、关键处、关键事、关键时，推动纪律监督、监察监督、派驻监督、巡察监督贯通协同，完成县委一届任期内巡察全覆盖，让接受监督成为党员干部的习惯和自觉。深化实施"36条"三年行动计划，拓展升级多跨场景应用，进一步擦亮基层监督工作品牌。二要驰而不息正风肃纪。严格落实中央八项规定及其实施细则精神，深挖彻查顶风违纪问题。深入整治形式主义、官僚主义，强化机关作风效能建设，健全完善基层减负常态化机制，对落到基层事项实行县级清单管理。严查享乐主义、奢靡之风，对隐形变异问题露头就打、反复敲打。注重依靠群众正风肃纪，让村风社风、校风学风、医德医风、行规行风不断清新清朗。三要坚定不移惩治腐败。一体推进不敢腐、不能腐、不想腐，聚焦政策支持力度大、投资密集、资源集中的领域和环节，推进受贿行贿一起查，严肃查处不收敛不收手的腐败分子。注重系统施治标本兼治，扎紧制度笼子，加强廉政文化建设，深化清廉单元建设，带动清廉宁海全域推进、全面共进。

同志们，百年大党风华正茂，千年古城再上征程！让我们更加紧密地团结在以习近平同志为核心的党中央周围，高举习近平新时代中国特色社会主义思想伟大旗帜，以奋进者、开拓者、建设者的战斗姿态，以只争朝夕、昂扬向上的精神状态，干出一份人民满意的新业绩，拼出一个大放光彩的"新五年"，共创一个辉煌美好的"新宁海"！

政府工作报告

——2022年1月23日在宁海县第十九届人民代表大会第一次会议上

代县长　楼鼎鼎

一、十八届政府工作回顾

十八届政府的五年，极不寻常、极为不易。五年来，县政府坚持以习近平新时代中国特色社会主义思想为指导，全面贯彻党的十九大和十九届历次全会精神，认真落实习近平总书记对浙江、对宁波工作重要指示精神，在县委的坚强领导下，攻坚克难、革新求进、奋勇争先，较好地完成了县十八届人大一次会议确定的目标任务，顺利实现了“十三五”圆满收官、“十四五”良好开局，交出了一份展现“双优”宁海鲜明特质的优异答卷。

（一）五年奋斗收获了一系列振奋人心的喜事。经济发展跑出了高质量、迈上了新台阶。地区生产总值从532亿元跃升至800亿元以上，连跨3个百亿关口，跻身全省90个县市区30强、全国近2000个县市前70位。人均地区生产总值由7.8万元攀升至11万元，财政总收入突破100亿元，一般公共预算收入达到68.7亿元。建制县高质量发展排名全国第七，“两山”发展百强县连续四年蝉联全国第二，绿色发展指数位列全省第五且连续三年占据全市第一。优势领域擦亮了金名片、取得了新突破。依托全国生态示范区、国家生态县基础，接连获评全国“两山”实践创新基地、国家生态文明建设示范区，实现国家级生态环境创建“大满贯”。创成全市唯一的首批国家全域旅游示范区，在全市率先实现国家卫生县城“五连冠”，村级小微权力清单制度写入中央一号文件，民生实事项目人大代表票决制在全国交流推广，五年摘夺“国字号”荣誉100项以上，捧得“省字头”奖牌300个以上。众多工作形成了好态势、结出了新果实。入选全国文明城市提名城市、国家县城新型城镇化示范县建设名单，全国首创艺术振兴乡村、党群同心圆、审批法庭、集士驿站等模式，高规格承办全国法治乡村建设、全省深化“千万工程”推进乡村振兴等现场会，五年累计23项实践得到省市主要领导批示肯定，14项工作荣获省市督查激励，36项探索入选上级案例。尤其是，高水平全面建成小康社会，如期实现第一个百年奋斗目标，为开启高水平全面建设社会主义现代化新征程、高质量发展建设共同富裕标杆县打下了坚实基础。回望这些喜事，无不体现着我们追赶跨越、争抢拼干，充分展现了宁海持续增强的辨识度，持续攀升的影响力，打造甬南大门户其势已成、其兴可待！

（二）五年奋斗推动了一系列增强实力的大事。产业实力明显壮大。实施“365”工业产业升级计划①、“333”服务业提升工程②和“366”乡村产业振兴行动③，发挥两轮产业政策导向作用，规上工业总产值突破1000亿元，服务业增加值达到340亿元，农业形成3条10亿级全产业链。始终把工业作为强县经济，实施“215”工业企业培育工程④，新增规上企业136家、亿元以上企业58家，上榜国家专精特新企业5家，上市企业数量翻两番达到8家。高位谋划新兴产业，高质改造传统制造业，光伏高透基材项目落户宁海，战略性新兴产业增加值、高新技术产业增加值实现翻番增长，形成5大百亿产业。以“亩均论英雄”为导向，狠下决心开展工业全域治理，大力拆旧、建新、提标、提效，去年拆旧200万平方米、新改建企业80家，规上工业亩均增加值从100万元提升至150万元。服务业质态持续优化，消费网络进一步织密，县镇村寄递物流体系加快贯通，新业态新模式不断涌现，西子国际、桃源广场等成为消费新地标，快递、外卖、网约车、直播带货加速兴起，网络零售额是五年前的4.4倍，社会消费品零售总额突破300亿元。大抓全域旅游，与省文旅厅开展文旅融合战略协作，投运休闲度假、乡村旅游、精品民宿等项目55个，创成全市首个省AAAA级景区城、AAAAA级景区镇，AAA级景区村达到40个。农业基础更加稳固，新增国家级农产品商标6个，建成省级特色农业强镇2个，“宁海珍鲜”成为国家级全品类农产品区域公用品牌，农业现代化发展水平攀升至全省第13位。创新实力明显提升。研发投入强度突破3.0%，国家高新技术企业、省级科技型中小企业实现翻番增长，分别达到

278家和1675家，新建市级以上研发中心127家，新认定国家级企业技术中心2家，荣获省科学技术奖11项。万人发明专利拥有量、技术交易额分别是五年前的1.8倍和6倍，新增驰名商标5件、“浙江制造”标准32项。迭代升级各类人才政策，举办首届世界宁海人发展大会，成立院士之家、人才之家和侨梦苑宁海中心，新增市级以上人才项目50个，建成院士、博士后工作站11家，荣获各级友谊奖18人次，人才总量达到19万人。平台实力明显强劲。宁波南部滨海经济开发区升格为省级经济开发区，宁海经济开发区完成与物流园区整合，入选国家县城产业转型升级示范园区。宁波生物产业园整合提升，中乌新材料合作平台、浙大（宁海）碳中和建设研究中心落户运行，西店滨海、望海工业园区项目不断填实。整合一场三涂设立三门湾现代农业开发区，做强渔业全产业链，建设宁海海洋生物种业研究院，创成省级现代农业园区。回望这些大事，我们稳住了经济基本盘，实现了发展高质量，宁海实业立县、文旅旺县的实践路径更加清晰，承载能力、硬核力量得到长足提升，活力创新湾处处迸发新动能、洋溢新生机！

（三）五年奋斗干成了一系列牵引全局的要事。突出重点改革撬动。连续开展“革新”主题年活动，“最多跑一次”改革领跑省市，群众身后事“一事联办”等多项改革在全省推广。大力优化营商环境，推行企业全生命周期“一件事”服务，市场主体由5.3万户增至8.6万户。积极推进数字化改革，入选省级揭榜项目4个，上榜全市首批“最佳应用”2项，荣登浙江数字化改革成果展2项。强化开放合作，运行宁海海关，创成国家外贸转型升级基地3个，国际友好交流城市达到17个，进出口总额、跨境电商出口额分别是五年前的2倍和10倍。突出重大项目推动。重塑综合招商、项目管控、征迁管理等机制，开发项目钉，严肃概算管理，开展四季大比拼、四重四比、三抢一增⑤等行动，推进476个项目落地开工、225个项目投用达效。坚持内促外引，更加注重本土企业扎根宁海，实际利用外资6.9亿美元、内资444.7亿元，分别比前五年增长34.2%和125.7%，民间投资占比提高27个百分点，达到63.5%。突出城乡协调联动。坚持县镇村统筹、规建管一体，中心城区建成区面积扩张至43.3平方千米，全县“七普”常住人口达到69.6万人，城镇化率提高到62.9%。围绕提升中心城区品质，老城区有机更新梯度推进，新城市中心区功能增强，梅桥片区融城加快，特色商圈、夜市街区、商务楼宇等城市经济更趋活跃，打造城市综合体4个。改造老旧小区27个惠及1.3万人，新建宜居小区39个，新增公园8个，绿地面积达到2.5万亩。新建改建桥梁5座、市政道路71条、公共停车位1.1万个，启用智慧停车系统，城区交通出行有效改善。接续开展小城镇环境综合整治、美丽城镇建设，镇容镇貌大为改善，6个乡镇（街道）成为省级样板。大力实施乡村振兴战略，打造全国乡村旅游重点村3个、省级美丽宜居示范村15个、省级美丽乡村风景线2条和美丽庭院5万户。村社组织实现“一肩挑”，激励机制进一步优化。全域共建文明城市，移风易俗、文明用餐深入人心，礼让斑马线、骑乘戴头盔成为习惯，中国好人、全国劳模、道德模范竞相涌现，全国文明城市创建首轮测评进入全省第一梯队。突出基础设施带动。县域交通路网愈加完善，沿海高速三门湾大桥建成通车，象西线桥头胡至深甽段、盛宁线完成拓宽改造，全市首个一类通用航空机场开工，4条始发高铁班线开通，对外通达度便捷度大幅提升。新投运水厂1座、污水处理厂3座，铺设污水管网超1200千米，完成西林水库扩容，农饮水达标提标行动圆满收官。5G网络中心城区全覆盖，宁海—象山天然气管道全线贯通，茶山抽水蓄能电站20个隧洞、23千米库区公路全面建成，投运110千伏以上输变电12个、综合供能服务站5座，列入全省整县推进分布式光伏规模化开发试点。回望这些要事，我们用活改革关键招，扭住项目牛鼻子，打好创建组合拳，18个乡镇（街道）各美其美、美美与共，山海和美城更有涵养、更具温度！

（四）五年奋斗办好了一系列惠民利民的实事。民生投入不断加大。在财政收支平衡压力持续增大的情况下，五年累计投入325亿元，较前五年提高64.1%，51件县人大代表票决实事件件落地，惠及千家万户。助民增收更加有力。成立宁海产业人才学院，投用职工之家、工人文化宫，职业技能培训9.4万人次，城镇新增就业人员10.9万人，建成省市级高质量就业社区（村）43家，创成省无欠薪县，居民人均可支配收入从3.9万元提高到5.7万元，城乡居民收入比从1.82缩小至1.77以内。重点扶持区域加快发展，低收入农户可支配收入年均增长13%以上。社会保障牢牢兜住。户籍人口养老、医保参保率均超过99%，最低工资、城乡居民基础养老金标准分别提高35.3%、82.4%，累计发放各类补助6.6亿元惠及2.3万人，保障住房困难家庭1740户。关心“一老一小”，投用老年公寓、妇女儿童活动中心，居家养老服务实现县镇村全覆盖，荣获全国关心下一代工作先进县、中国老年宜居宜游城市。扎实开展国防动员、兵役征集和双拥优抚，加强退役军人就业帮扶管理，建成“三级五有”退役军人服务保障体系[6]，通过省双拥模范县中期考评，获评省级征兵工作先进县。公共服务均衡提质。新建迁建及改扩建学校38所，新增学位2.2万个，落实“双减”[7]政策，实施“三航”工程[8]，开展校外培训机构治理，优化校内托管服务，推行义务教育段公民同招、公办幼儿园摇号招生，名优师资实现倍增达到755人，教育现代化发展水平居全省第38位。推进健康宁海行动，引进7家三甲医院托管5家县内医院，运行县域医共体3个，投用医疗卫生工程11个，培育市级以上龙头学科、重点学科11个，县域就诊率达到90%。文体服务日益丰富，开展群众性文体活动7000余场，举行纪念潘天寿120周年诞辰、纪念梅花村会议召开70周年和第十届运动会等活动，出版发行《宁海县志（1987—2008）》，融媒指数居全省前列，省“五个一工程”奖获最佳成绩，新时代文明实践中心县镇村全覆盖，农村文化礼堂行政村全覆盖，十里红妆文化园、童衍方艺术馆、柔石公园健康步道、霞客体育公园等深受欢迎，获评中国民间文化艺术之乡。回望这些实事，我们注重把发展红利转为民生福利，锻造长板、补齐短板，打造共富标杆县的基础更牢靠、里子更殷实！

（五）五年奋斗攻克了一系列检验担当的难事。打好三大攻坚战。坚持把污染防治作为重中之重，抓实环保督察、海洋督察反馈问题整改，抓好“三改一拆”、“五水共治”和垃圾分类，投运环保能源发电项目、建筑渣土填埋场和一般工业固废填埋场，市控以上断面水质达标率从75%提升至100%，大气环境优良率从89.9%提高到98.6%，创成省基本无违建县，获评中国天然氧吧，四次夺得“大禹鼎”。牢牢抓住重大风险防范化解主动权，高压整治P2P网络借贷，不良贷款率保持全市低位。加强国企融资监管，力推低息置换，争取再融资债券，政府债务风险总体可控。东西部扶贫和山海协作成效显著，24年助力贵州晴隆县脱贫摘帽，转战四川精准帮扶普格县，连续三年获“优”等次。打好疫情防控战。第一时间快速响应，果断实施科学防控，较短时间实现病例清零和复工复产，在全市率先实现经济正增长，抓实常态化疫情防控，新冠病毒疫苗接种超150万剂次。打好要素保障战。想方设法破解企业融资难，成为金融服务民营经济国家试点，人民币贷款余额达到1290亿元，制造业贷款增长52%。深化国资国企改革，重构组建五大国企集团，信用等级AA+级达到5家，争取专项债券等91.6亿元。实施垦造万亩耕地工程，推进“三未”土地[9]处置，有效新增耕地7000亩，消化批而未供土地1.5万亩。打好平安保卫战。吸取“9·29”重大火灾事故教训，一轮紧扣一轮实施“四大会战”[10]，稳妥处置一批老旧遗留弹药，应急管理能力明显增强。做好台风、雨雪冰冻等自然灾害防治，最大限度降低风险和损失，落细食药监管，创成省食品安全县。坚持共建共治共享，投用县乡两级矛调中心，整合村级网格事务人员，规范宗教与民间信仰场所事务，优化流动人口量化积分管理，强化信访积案化解，成为省无信访积案县。常态化开展扫黑除恶，体系化治理电信诈骗，圆满完成各类重大安保任务，捧获全省首批平安金鼎。回望这些难事，我们迎难而上、协同作战，以硬本领、硬举措，顶住了一轮轮压力、经受住了一次次考验，完成了一个个看似不可能完成的硬任务，在大战大考中每个人都了不起！

（六）五年奋斗提升了一系列自我革新的本事。思想建设不断加强。严格落实“第一议题”制度[11]，先后开展“两学一做”学习教育、“不忘初心、牢记使命”主题教育、党史学习教育等，抓好省委巡视、省自然资源资产离任审计等反馈问题整改，忠诚拥护“两个确立”，坚决做到“两个维护”。行政能力不断增强。紧贴实际开办周末课堂，着眼聚智成立决策咨询委，建立预防和化解行政争议“3+N+X”机制[12]，完成“七五”普法，获评法治浙江（法治政府）建设示范县，政务公开工作经验全国推广。自觉接受人大、政协和社会各界监督，坚持重大事项向人大报告，积极与政协开展“请你来协商”，办理人大代表建议849件、政协提案944件。服务效能不断提升。完成政府机构、综合执法、行政复议等改革，推广浙里办、浙政钉，推行首问负责即问即办，政务服务事项跑零次率、即办率均居全市首位。构建亲清政商关系，成立新生代企业家联谊会，企服通成为国家中小企业公共服务示范平台，五年累计为企业减负100亿元以上。作风建设不断巩固。坚决贯彻全面从严治党要求，持之以恒落实中央八项规定，扎扎实实推进基层减负。强化厉行节约、绩效管理，规范公务用车和办公用房，“三公”经费支出年均下降12.5%。保持正风肃纪反腐态势，严肃查处了一批违法违纪案件。同时，统计、档案、保密、民兵、人防、海事、共青团、红十字、志愿者和慈善等工作在自我革新中都得到了新加强、取得了新成绩。这五年中，广大公职人员敢担当、要积极、抓具体，每一步走得都不容易，每一步走得都很精神。我们相信，有这样一支队伍，这样一股作风，一定能把宁海的事干好！

各位代表，一项项成绩、一个个荣誉，是习近平新时代中国特色社会主义思想科学指引的结果，是上级党委政府和县委坚强领导的结果，是县人大、县政协监督支持的结果，是历届政府接续奋斗的结果，是各级干部担当实干的结果，是全县人民团结拼搏的结果。在此，我代表县人民政府，向全县人民，向人大代表、政协委员，向离退休老同志，向各民主党派、工商联和无党派人士、各人民团体，向驻宁单位、驻宁人民解放军、武警部队、消防救援队伍，向所有关心支持宁海发展的海内外朋友们，致以崇高的敬意和诚挚的感谢！

二、十九届政府目标任务

十九届政府的五年是宁海乘势而上向第二个百年奋斗目标进军的首个五年，也是宁海全面完成县第十五次党代会和“十四五”规划各项目标任务的五年。为第二个百年新征程打头阵当先锋，将县委擘画的壮丽蓝图变成令人鼓舞的现实模样，这是新一届政府的责任、使命和担当。

今后五年，政府工作的指导思想和奋斗目标是：坚持以习近平新时代中国特色社会主义思想为指导，全面贯彻党的十九大和十九届历次全会精神，深刻领悟习近平总书记系列重要讲话精神，弘扬伟大建党精神，立足新发展阶段，完整、准确、全面贯彻新发展理念，融入新发展格局，认真落实中央决策、省委部署、市委要求和县委安排，服务宁波建设现代化滨海大都市全局，引领甬南加快崛起，打造更具影响力的甬南大门户、更具引领性的活力创新湾、更具辨识度的山海和美城、更具获得感的共富标杆县，奋力建设实力富强、生态富美、精神富足、生活富有的现代化“双优”新宁海。到2026年，实现“两迈上、四突破、八翻番”：地区生产总值迈上千亿台阶，达1200亿元以上，一般公共预算收入迈上百亿台阶。市场主体突破10万家，研发投入强度突破3.5%，人才总量突破25万人，常住人口城镇化率突破75%。规上工业总产值、战略性新兴产业增加值、旅游收入、文化产业增加值、农业特色产业产值、跨境电商交易额和重点科技指标翻一番⑬，数字经济核心产业增加值翻两番。实业立县、生态富县、文旅旺县、创新强县的动力更加强劲，加快迈入现代化中等城市行列。

为实现上述目标任务，五年再造一个新宁海，新一届政府将加速跑好新的赶考之路，全力再创实打实的新业绩。在工作中主要做到：

（一）准确把握大势，高点站位争先机。今后五年，百年变局加速演进，世纪疫情影响深远，发展面临多重压力，挑战前所未有，但机遇同样前所未有，我国经济长期向好的基本面不会改变，浙江打造“重要窗口”、宁波实施南翼地区崛起计划，长三角、杭绍甬、甬台、甬舟等一体化合作，必将带来更广阔的发展空间。为此，我们将立足“两个大局”，以全局为重，从实际出发，准确识变、科学应变、主动求变。我们将牢记“国之大者”，加强前瞻性思考、全局性谋划，找准契合点、选准发力点。我们将主动“到大海里去游泳”，打起“十二分”精神，付出“百分百”努力，抢占政策窗口、改革红利和资源高地。

（二）清醒认识问题，补短强弱创优势。今后五年，我们仍处于奋力赶超期，“成长的烦恼”依然不少，区位优势、要素保障面临挑战，产业能级、科技创新还是短板，城市建设、民生服务存有欠账，可用财力、刚性支出迎来考验，风险防范、社会治理仍显压力。为此，我们将悟透以人民为中心的发展思想，尽力而为、量力而行，用心用情用力办实“宁好”工程。我们将坚持新人理旧事，强化履诺意识，找准问题症结，借机顺势突破，努力做到遗留问题“去库存”。我们将把问题当作前进方向，差距视为发展潜力，拉长短板、补强弱项、争做样板。

（三）科学统筹发展，以稳致远再进位。今后五年，百舸争流，不进则退，慢进也是退；环顾四周，前有标兵、后有追兵。为此，我们必须坚定追赶跨越的决心，拿出敢为人先的姿态，通盘考虑、整体推进。坚持稳字当头，以稳夯基、以稳提质、以稳求进，着力稳定经济大盘，保持经济运行在合理区间。坚持系统思维，统筹政府与市场、发展与安全、现实与历史、当前与长远、做大“蛋糕”与分好“蛋糕”等关系，力求经济效益、社会效益、民生效益相统一，守住平安、生态、法治、廉洁等底线。坚持前列意识，与快者赛跑、与强者比拼，敢于争第一、勇于创唯一，经济总量努力向全省县市前10位、全国县市前50位攀升。

（四）广泛凝聚共识，勤奋务实勇拼搏。今后五年，建设现代化“双优”新宁海是我们的最大使命，但这绝不是轻轻松松就能实现的。为此，我们将把“拼”作为工作的主题主调，团结奋进一起拼，凝聚各方智慧力量，形成最大公约数，画出最大同心圆，紧紧依靠全县人民干出大事业。脚踏实地用力拼，抓铁有痕拼命干，带着情怀把奋斗的汗水，挥洒到工作一线、项目现场，挥洒到企业、群众最需要的地方。协同协作加油拼，胸怀大气、拔高姿态，靠前一步、搭台补位，激扬起不避事、要干事、能成事的精气神，汇聚起奋进新时代新征程的磅礴伟力。

三、2022 年工作安排

2022 年是党的二十大召开之年，也是新一届政府的开局之年，做好今年工作意义重大。我们将坚持稳中求进工作总基调，坚持以供给侧结构性改革为主线，统筹疫情防控和经济社会发展，继续做好“六稳”“六保”[14]工作，大力实施六大“再提升”行动，确保经济稳进提质、社会和谐稳定，以优异成绩迎接党的二十大胜利召开，迈好现代化“双优”新宁海建设第一步。建议今年全县经济社会发展主要预期目标为：地区生产总值增长 7%以上，规上工业增加值增长 9%，商品销售总额增长 8%，固定资产投资增长 10%，研发投入强度达到 3.1%，城镇登记失业率控制在 3.5%以内，一般公共预算收入、居民人均可支配收入与经济增长基本同步，能源和环境指标完成省市下达任务。主要工作：

（一）大力实施产业能级再提升行动

做深“365”工业产业升级计划。始终强化工业首位的理念，协同推进传统产业绿色转型、新兴产业培育壮大和主导产业升级做大，做强文体办公、汽车制造及模具、电子信息 3 个五百亿级产业链，全力布局“光伏+储能”产业链，谋划千亿级光储产业基地，打造省级“新星”产业群。建立产业链关键环节重点项目库，全年计划投资亿元以上项目 43 个，建成投产 8 个。深入实施“215”工业企业培育工程，大力推动企业上规上市上云上榜，激发涌现一批专精特新、单项冠军和大优强企业，IPO 报会企业 2 家，五年上市企业数量实现再翻番。抢抓数字经济新机遇，推进数字产业化、产业数字化，推广应用文体、模具两大行业产业大脑，新建一批 5G+工业互联网和未来工厂。坚定不移推进工业全域治理，做好审批“绿灯”开道和拆后生产保障，完成拆旧向建新转变，新建改建企业 120 家，同步提标提效，加快腾笼换鸟、凤凰涅槃。

做深“333”服务业提升工程。致力打造区域现代商贸中心，鼓励发展首店、旗舰店、概念店，精致改造西子国际时尚街区、高铁站前特色街区，建成城隍庙高品质步行街。充分挖掘城乡消费潜力，促进新能源汽车消费，开展绿色智能家电下乡和以旧换新，提质扩面一批邻里中心、集士驿站，打造“15 分钟商贸便民服务圈”，社会消费品零售总额增长 7%。大力发展生产性服务业，做优科技服务、工业设计等新兴产业，提升智慧物流、现代金融等基础产业，壮大电子商务产业，设立市级跨境电商产业园。致力文旅旺县，全力培育总部型文旅运营企业，积极开发体验精致、设施精良、景观精美的旅游产品，加快建设大庄山谷等 31 个旅游项目；以景区提级为目标，启动创建中国温泉之城，加快国家级旅游度假区、AAAAA 级景区创建，创成省 AAAAA 级景区城；举办第二十届徐霞客开游节，大力彰显“宁海尽是美”旅游形象。

做深“366”乡村产业振兴行动。推进农村一二三产业融合，培育壮大数字农业、体验农业、乡村旅游等业态，聚焦整合农事节庆品牌，打造一批具有乡土味道、乡村温度的富民产业。把提高农业综合生产能力放在更加突出的位置，抓实农业“双强”[15]、现代种业强县，培强水产、茶叶、水果全产业链，育强农业新型经营主体，稳定耕地和粮食播种面积，建设绿色农田 3000 亩，保障好“米袋子”“菜篮子”。立足三门湾现代农业开发区，壮大种苗繁育、设施农业两大集群，补齐冷链物流等设施短板，新建宁海海洋生物种业研究院二期，建成 5G 技术智慧对虾养殖项目。加大农产品拓市场力度，企划“寻鲜之旅”活动，鼓励在县外开设加盟连锁店、合作品牌店，进一步打响“宁海珍鲜”品牌。

（二）大力实施有效投资再提升行动

大抓项目推进。建立全县“一盘棋”的建设机制，逐步形成县级统筹抓保障、镇街放手抓攻坚的项目合力。完善动态管理机制，实施一项目一档案、一表多清单，实行例会协调、专班破难，保障前期类项目充沛、预备类项目可调、实施类项目无障碍，全年计划安排新开工 169 个、续建 149 个。优化投资结构，制造业投资增长 15%，基础设施、公共服务投资均增长 10%，民间投资占比 60%以上。强化政府（国企）投资项目前期储备、计划管理、前置管控和概算严控，充分论证项目的建设必要性、资金可行性、规模合理性和绩效可达性，确保顺利实施、早日建成。

重抓项目招引。健全招商机制，统筹招商资源，配精招商专业团队，编制重点产业（链）投资布局导引，构建信息获取、专业洽谈、落地服务的工作闭环。始终支持民营企业扎根本土，加大政策保障、要素倾斜力度，鼓励企企、企研等合作，力促一批内生型项目转化落地。始终支持县内外宁海人开疆拓土，浓厚家乡情结，发挥“人才+”效应，以企引企、以商引商，把优势产业、优质项目、总部经济和资源信息输送宁海。聚焦区域定位、发展短板，盯牢政策导向、未来方向，狠下功夫招引一批链主型、税源型、富民型项目，全年实到外资1.2亿美元。

狠抓项目保障。以高度的敏感性和责任心，深研上级政策，精心系统布局，全力争抢财政、金融、能源和自然资源等要素，让更多项目特别是过去难落地的项目纳入上级清单。落实项目前期“背书”机制，有效破解土地指标、资金来源、规划设计、环评能评等卡口。深化融资畅通工程，加大对实体经济、科技创新、绿色产业支持力度，促进中小微企业融资增量、扩面、降本，制造业中长期贷款增长30%，普惠型小微企业贷款增长25%。实施全县征迁统筹机制，统一政策，规范程序，做到有序征迁、有力保障。强化亩均效益评价，全力盘活存量用地，依法处置闲置低效土地，保障优势区域、优质项目优先供地。

（三）大力实施发展动能再提升行动

以数字化改革为总抓手。聚焦激发内生活力、增强工作效能、优化营商环境，全面贯通“1512”体系[16]与“141”体系[17]，整体带动各领域系统化改革。坚持多跨协同、统筹意识和效果导向，多推“上接天线、下接地气”的基础性功能性项目，鼓励在更多跑道上争创更多最佳应用。研究园区体制机制改革，进一步理顺园区与乡镇（街道）职责关系，支持园区更加聚焦主责主业，紧扣功能定位谋发展。深层研究国资国企改革，完善领导体系和责任机制，提升资源盘活、资本运作、资金提效水平，在更多领域参与经营活动、探索合作模式，发挥国企更大作用，激发国企更大活力。

把争夺创新鼎作为目标。启动争创省科技创新鼎三年行动，建设省可持续发展创新示范区，高技术制造业增加值增长10%，有效高新技术企业数量增长20%。强化企业创新主体，深化产学研结合，加大对开发首台（套）、推进国产替代、攻关“卡脖子”问题的支持力度，赋能打通产业链堵点断点。优化创新生态，强化知识产权保护，弘扬首创精神、工匠精神和企业家精神，加强新生代企业家队伍建设，营造尊重技能、崇尚创新、宽容失败的浓厚氛围。实施更加开放的人口人才政策，推进人口加速导流，深化“潮起甬南、智汇宁海”工程，引育和留住更多紧缺型、技能型、领军型人才和团队，推动人才链与产业链创新链深度融合。

向多层次开放要新活力。跳出宁海看宁海，深入宁海谋宁海，强化与周边县市区常态沟通，积极联结宁波市区，在区域一体化、诗路文化带、海洋经济等方面主动融入和参与共建。增强宁波南部滨海经济开发区承载力，加快新能源新材料、高端汽车零部件、生物医药等项目转化落地、建成投产，努力实现规上工业总产值“三年翻一番、五年500亿”。增强宁海经济开发区吸引力，加快存量楼宇整体招商，支持园中园对外合作。坚持差异发展、专业管理，建设一批小微企业园，推动企业进园区、园区提品质。上线展会通，精心布好“浙里探馆”，争创汽车零部件国家外贸转型升级基地，助力企业融入大循环，拓展大市场。

（四）大力实施城乡品质再提升行动

优化空间布局，强化“城乡之能”。编制国土空间总体规划，开展全域国土空间综合整治试点，完成省村庄规划试点，系统谋划环三门湾、环象山港湾生态经济带，构建“一核引领、两湾支撑、全域美丽”县域空间发展格局。加快中心城区村留地规范开发利用，推动黄坛、跃龙相向而行，抓好城南区块“三山两岸”[18]整体开发，深谋段空山、眠牛山等区块开发改造，积极推进撤乡设镇，加快提升城市软实力。支持地域相邻、资源相近的镇村联动发展，培育一批工业重镇、农业强镇和文旅名镇。推进城市有机更新，加强城市梳理式改造，最大限度保留城市特有的文脉肌理，抓实老城区保护与复兴城市片区设计，加快蒲湖公园周边配套和蒲湖引水，开工旧村改造项目4个，完成老旧小区微改造43个，建造未来社区[19]2个，投用宜居小区16个。

优化城乡风貌，凸显“城乡之美”。以城市美学设计理念，统筹市“精特亮”[20]、省大花园示范县等创建工作，系统抓好城乡风貌整治提升。围绕天明湖打造新城市中心区风貌样板区，注重功能性项目培育运行，建成天明湖公园二期等项目7个。加强城市精细化管理，开展第5轮城区治堵保畅工程，加强停车场规建管，新建改建市政道路21条、省级绿道50千米。统筹推进雨污分流、垃圾分类、三改一拆，勇争省级十佳拆改示范典型。“一镇一策”做精美丽城镇，推动镇区环境美、里子美、长久美，培育样板镇8个，创成省市级4个，建成前童—岔路风貌样板区。以艺术引领美丽乡村，打造乡村艺术谷2个、艺术特色村7个和小集镇式中心村2个、未来乡村[21]3个。

优化基础设施，夯实“城乡之基”。聚焦交通、水利、能源、新基建等领域，滚动做好项目储备，适度超前布局基础设施建设。致力构建“一横三环五射”交通路网[22]，推进通用航空机场、岔路至白溪段改建和G228西店至桃源段、下陈至三门界段工程，深化甬台温福高铁、宁波—宁海城际铁路前期研究，做好沈海高速宁海段改扩建、高铁站至南部滨海新区城市快速道、枫槎岭隧道二期开工准备，加快钓鱼礁散货码头、客运场站、交通服务站建设，新改建“四好农村路”[23]70千米。打造幸福水利，推进中小河流综合整治和防洪排涝、海塘安澜工程，新建城区乌石山、西山撇洪渠。改造农污水终端，加强农饮水运维，铺设天然气中压管线15千米，完成220千伏泉水输变电等工程可行性研究，开工建设电力调度中心和2个110千伏输变电，增强综合供能服务能力。

（五）大力实施生态文明再提升行动

把生态品牌打得更响。坚定不移举生态旗、打生态牌、走生态路，制定打造美丽中国建设样板县具体方案，做好治山理水、增值山水文章。更加坚决抓好环保督察问题整改销号，举一反三推动生态环境问题大排查大整改，提高环境监管能力和服务水平，严厉打击环境违法行为。更加注重生态保护，落实林长制，建设林业碳汇先行基地、杜鹃山生物多样性绿道，创建国家森林城市。更大力度转化生态价值，探索生态系统生产总值核算和“两山”银行[24]，奋力书写人不负青山、青山定不负人的生动实践。

把生态治理抓得更紧。深化全域治水，统筹推进污水处理、污水零直排、水生态治理提质增效，陆海协同加强近岸海域污染防治，突出抓好颜公河水环境综合整治。深化空气清新行动，严控细颗粒物和臭氧污染，加强工地施工扬尘管控，整治提升铸造、涂装、采矿、制砂等行业环境。打好净土治废保卫战，实施农药化肥减量增效行动，培育固废资源化利用骨干企业，规范建筑垃圾处置，提升固废消纳能力，创建省“无废城市”。

把“双碳”工作做得更实。坚持先立后破、通盘筹划，科学有序落实碳达峰碳中和。大抓绿色能源，规模化开发分布式光伏，鼓励发展屋顶光伏，争取开工双盘渔光互补发电项目，建成茶山抽水蓄能电站主体工程，谋划新抽水蓄能电站项目。大抓绿色生产，助力企业开展机器设备、生产工艺、配电设施等绿色改造，推广应用“新能源+共享储能”供电模式，推进资源节约集约、生产高效高质。大抓绿色生活，增强全民节约意识，倡导简约适度、绿色低碳的生活方式，推广绿色建材、低碳建筑和建筑光伏一体化，在全社会构筑起敬畏生态、崇尚低碳的时代新风尚。

（六）大力实施社会建设再提升行动

夯实共同富裕物质基础。实施“扩中”“提低”行动，强化就业优先，发挥宁海产业人才学院作用，探索高等院校托管职业教育模式，抓好高校毕业生、退役军人等就业，促进全社会通过辛勤劳动创造财富。拓宽增收渠道，健全灵活就业劳动用工政策，激发技能工人、小微创业者等群体增收潜力，鼓励有意愿有能力的企业和社会群体造福社会。支持企业留工优工，倡导就地过春节。高度关注“平均数”以下，推进县内区域帮扶发展和东西部协作、山海协作，增强“造血”动力，提升低收入群体增收能力和生活品质。打造宁海南部海洋经济产城共富试验区。筑牢社会保障底线，健全多层次、多支柱、可持续的养老保险体系，推进商业补充医疗保险，构建新型慈善体系，提高城乡低保、社会救助等标准，新增保障性租赁住房3620套，户籍人口养老、医保参保率均保持99%以上。

优化共同富裕服务供给。多渠道降低生育、养育、教育成本，实施三孩生育配套支持政策，做好出生“一件事”和普惠托育服务。启动县实验幼儿园扩建和2个研学基地建设，推进桃源二小、桃源二中、海亮宁海公学二期和高级职业技术中心三期工程，建成城西幼儿园、新前童小学。巩固扩大“双减”成果，狠抓“三航”工程、初中强校工程，培养高层次教育名家梯队。深化健康宁海行动，加强名医名院合作、特色学科培育，攻坚突破同瑞护理院、以琳康复等项目，建成县精神康复中心、第三医院扩建工程，打造国家慢性病综合防控示范区，实现国家卫生乡镇全覆盖。持续加强教育、卫生绩效改革，积极提质增效。实施体育公共服务能力提升五年行动，建设城区10分钟健身圈，承办中国徒步大会，争创国家全民运动健身模范县。积极应对人口老龄化，支持专业性养老服务机构建设，建成标准化老年食堂10家，构建居家社区机构相协调、医养康养相结合的养老服务体系。慎终如始抓好常态化疫情防控，确保防控体系适应疫情形势变化和防控需要。

强化共同富裕文明支撑。坚持“富脑袋”与“富口袋”同步同向，强势推进全国文明城市创建，注重社会公德、职业道德、家庭美德、个人品德宣传教育，抓好涉车行业、市政领域、再生资源、各类管线等攻坚整治，理顺环卫保洁机制，确保一年争优、两年定局、三年夺牌。充分挖掘特色优秀文化资源，繁荣文艺创作生产，催生新型文化业态，培育文化名家名匠，紧扣时代讲好故事、温暖城市。丰富文化惠民活动，推动县文化中心、潘天寿艺术中心早日建成，谋划设立县科技馆，争创全国科普示范县。推进军民融合发展，创成省双拥模范县。

提升共同富裕保障水平。推进“县乡一体、条抓块统”整体智治改革[25]，建成县级社会治理中心，迭代升级“基层治理四平台”[26]，推行村（社）治保主任制度，发布村务管理国家标准，强化矛盾纠纷多元化解，动态清零信访存量。全力促进除险保安，完善风险闭环管控大平安机制，常态化开展扫黑除恶，推行大部制大警种制改革，增强应急处突和整体防控能力。保持“四大会战”高压态势，提高防灾减灾能力，推动安全生产由整治向立制变革，坚决遏制重特大安全事故发生，办好中国叉车安全日活动，创成省食品安全示范县，争夺省“一星平安金鼎”。

四、全力打造现代政府

各位代表，新五年面临新形势、新挑战，我们将不断加强政府自身建设，提高塑造变革能力，全面推进政府系统治理体系和治理能力现代化。

（一）坚持党建引领、对党忠诚。始终把牢政治方向，增强“四个意识”、坚定“四个自信”，自觉做“两个确立”忠诚拥护者、“两个维护”示范引领者。不断提高政治判断力、政治领悟力、政治执行力，不折不扣落实上级党委政府、县委决策部署和推进“七张问题清单”整改，把讲政治体现到抓落实、见成效上。坚持在干中学、学中干，巩固拓展党史学习教育成果，加强思想淬炼、实践锻炼和专业训练，切实增强“七种能力”[27]“八项本领”[28]。

（二）坚持利民为本、法治为基。健全为民办实事长效机制，创新引领民生实事人大代表票决工作，办好各级民生实事和票决项目，以实实在在的成效回应群众期盼。真心实意惠民助企，主动换位思考，答好“为什么不行、怎么样才行”的民生之问，做强企服通平台，高效落实减负强企措施，精准解决企业最现实、最紧迫问题。加强法治建设，严肃重大行政决策程序，强化政府信息主动公开，抓好大综合一体化执法改革。加强行政行为源头管控，有效落实“双下降”机制[29]，切实提高依法行政能力。依法接受人大监督，自觉接受政协监督和社会监督，坚持重大事项向党委汇报，向人大报告和政协通报，高质量办好建议提案。

（三）坚持整体智治、唯实惟先。牢固树立整体政府理念，强化协同协作意识，推进政府部门数据共享、智能联动，提升掌上办公、掌上办事、掌上治理效能。深度整合各类应用，扩容提质、推广普及“宁好办”[30]。倡导“事不过夜、马上就办”，做到工作项目化、项目清单化、清单责任化、责任考核化、考核绩效化，形成一级抓一级、层层抓落实、落实要反馈的工作闭环。增强“没有走在前列就是一种风险”的忧患意识，深化打擂赛马、激励督查等有效机制，推动人人昂扬向上争先进、当标兵，家家单位集中精力谋大事、创大业。

（四）坚持节俭行政、廉洁从政。严格履行全面从严治党主体责任，认真执行中央八项规定，驰而不息纠治“四风”。严防关键岗位、重点领域和群众身边廉政风险，实施“36条”三年行动计划，全面扎紧制度笼子。严肃财经纪律，坚持带头过“紧日子”，严控非刚性、非重点项目支出，发挥财政资金“四两拨千斤”作用，提升债券资金、创建类资金等使用绩效。加强审计监督和监察监督，严查各类不正之风，努力打造清廉政府。

各位代表，新宁海孕育新希望，新征程当有新作为。让我们更加紧密地团结在以习近平同志为核心的党中央周围，在中共宁海县委的坚强领导下，以时不我待的精神状态，一往无前的战斗姿态，奋发进取、奋勇拼搏、奋力争先，以优异成绩迎接党的二十大胜利召开，为建设现代化“双优”新宁海而努力奋斗！

宁海县十九届人大一次会议政府工作报告

名词解释

①“365”工业产业升级计划 到2025年打造文体办公、电子信息、汽车制造及模具3大五百亿级产业，节能环保、关键器件、智能家电、高端装备、生物医药、新材料6大百亿级产业，软件和信息服务、智能制造服务、智能物流、“5G+”产业、通用航空5个领域重点新兴产业。

②“333”服务业提升工程 壮大文化旅游、现代商贸、电子商务3大主导产业，培育科技服务、数字服务、文化创意3大新兴产业，提升现代物流、金融服务、房地产3大基础产业。

③“366”乡村产业振兴行动 培育形成以水产、茶叶、水果为主的“3+X”农业全产业链，加快推进农产品初加工、精深加工、综合利用加工、主食加工、出口加工和商贸流通等6个现代加工流通产业，加快发展乡村休闲旅游、乡村文体康养、乡村现代服务业、乡村体验农业、乡村创意农业和乡村数字农业等6个三产融合产业。

④“215”工业企业培育工程 到2025年培育2家500亿元以上、10家50亿元以上和50家5亿元以上企业。

⑤四重四比、三抢一增 “四重四比”即重前期比开工、重进度比投资、重管理比质量、重服务比保障；“三抢一增”即抢政策、抢项目、抢时间、增效益。

⑥“三级五有”退役军人服务保障体系 建立县、乡镇（街道）、村（社区）三级退役军人服务保障机构，做到有机构、有编制、有人员、有经费、有保障。

⑦双减 有效减轻义务教育阶段学生过重作业负担和校外培训负担。

⑧“三航”工程 通过法治思品导航、美好心灵护航、关心关爱助航，促进青少年身心健康、全面发展。

⑨“三未”土地 布而未批、批而未供、供而未用土地。

⑩四大会战 安全生产和消防安全大排查、大教育、大整治、大提升四大会战。

⑪“第一议题”制度 各级党组织将学习贯彻落实习近平总书记重要讲话和指示批示精神作为重要会议的第一项议题。

⑫预防和化解行政争议“3+N+X”机制 由县政府办公室、县人民法院、县司法局和相关乡镇（街道）、部门，以及政府法律顾问等组成专班，强化信息共享、沟通协调、研究会商等工作，有效预防和化解行政争议。

⑬重点科技指标翻一番 力争全社会研发经费投入、有效发明专利拥有量、高新技术产业增加值、高新技术企业数、科技型中小企业数、高层次人才拥有量等6个指标实现倍增。

⑭六稳、六保 “六稳”即稳就业、稳金融、稳外贸、稳外资、稳投资和稳预期；“六保”即保居民就业、保基本民生、保市场主体、保粮食能源安全、保产业链供应链稳定和保基层运转。

⑮农业“双强” 科技强农、机械强农。

⑯“1512”体系 “1”即一体化智能化公共数据平台，“5+1”即党政机关整体智治、数字政府、数字经济、数字社会、数字法治五大系统+基层治理独立系统，“2”即数字化改革的理论体系、制度规范体系。

⑰“141”体系 “1”即县级社会治理中心，“4”即乡镇（街道）“基层治理四平台”，“1”即村社网格。

⑱三山两岸 跃龙山、飞凤山、崇寺山和洋溪两岸。

⑲未来社区 浙江省提出的以满足人民群众日益增长的美好生活需要为根本目的，以人本化、生态化、数字化为导向，建设集成未来邻里、教育、健康、创业、交通、低碳、建筑、服务和治理等九大场景，具有归属感、舒适感、未来感、幸福感的新型城市功能单元，是实践共同富裕的新载体。

⑳精特亮 宁波市提出的精品线路、特色街区、亮点工程的创建工作。

㉑未来乡村 浙江省提出的立足乡村资源特色、地域禀赋、产业优势和人文特征等元素，集成“美丽乡村+数字乡村+共富乡村+人文乡村+善治乡村”建设，引领数字生活体验、呈现未来元素、彰显江南韵味的乡村生态、生产、生活共同体。

㉒“一横三环五射”交通路网 “一横”即高铁站至南部滨海新区城市快速道，“三环”即宁海城区环线、县域环线和快速环线，“五射”即G228西店段、G527深甽段、S314岔路段、G228一市段和G527长街段。

㉓四好农村路 习近平总书记提出的建好、管好、护好和运营好农村公路。

㉔“两山”银行 “两山”转化新通道的有效探索，通过搭建区域内生态资源的收储、整合、交易

平台，打通生态资源变资产资本的转换途径，进而构建生态产品价值高水平实现机制。

㉕“县乡一体、条抓块统”整体智治改革　以党建为统领，以基层治理现代化为目标，以赋能乡镇（街道）、提升乡镇（街道）统筹能力为核心内容，以重塑县乡管理体制和基层治理体系为发力点的重大集成改革。

㉖基层治理四平台　综治工作、市场监管、综合执法、便民服务四个平台。

㉗七种能力　政治能力、调查研究能力、科学决策能力、改革攻坚能力、应急处突能力、群众工作能力、抓落实能力。

㉘八项本领　学习本领、政治领导本领、改革创新本领、科学发展本领、依法执政本领、群众工作本领、狠抓落实本领、驾驭风险本领。

㉙“双下降”机制　行政争议发案量和败诉率“双下降”工作机制。

㉚宁好办（建设中）　“浙里办”宁海地方频道，与浙江总平台“浙里办”、宁波城市频道“甬易办”一脉相承，是宁海群众和企业获得好办、易办、快办的网上办事服务的主阵地。

实力富强　生态富美　精神富足　生活富有
奋力建设现代化“双优”新宁海

宁海县第十四次党代会以来，认真贯彻落实中共十九大和十九届二中、三中、四中、五中、六中全会精神，革新求进，攻坚攀高，各大事业实现重大跨越，经济社会发展和党的建设取得令人鼓舞的成绩。

回眸过去5年，宁海创造不凡的业绩。收获一系列振奋人心的喜事。经济发展跑出了高质量、迈上新台阶。地区生产总值从532亿元跃升至800亿元以上，跻身全省90个县（市、区）30强、全国近2000个县市前70位。财政总收入突破100亿元。建制县高质量发展排名全国第七，“两山”发展百强县连续4年蝉联全国第二，绿色发展指数位列全省第五且连续三年占据全市第一。优势领域擦亮了金名片、取得了新突破。依托全国生态示范区、国家生态县基础，接连获评全国“两山”实践创新基地、国家生态文明建设示范区，实现国家级生态环境创建“大满贯”。创成全市唯一的首批国家全域旅游示范区，在全市率先实现国家卫生县城“五连冠”，村级小微权力清单制度写入中央一号文件，民生实事项目人大代表票决制在全国交流推广，5年摘夺“国字号”荣誉100项以上，捧得“省字头”奖牌300个以上。众多工作形成好态势、结出新果实。入选全国文明城市提名城市、国家县城新型城镇化示范县建设名单，全国首创艺术振兴乡村、党群同心圆、审批法庭、集士驿站等模式。

推动一系列增强实力的大事。产业实力明显壮大，规上工业总产值突破1000亿元。战略性新兴产业增加值、高新技术产业增加值实现翻番增长，形成五大百亿产业。服务业质态持续优化，新业态新模式不断涌现。大抓全域旅游，创成全市首个省AAAA级景区城、AAAAA级景区镇。农业基础更加稳固，“宁海珍鲜”成为国家级全品类农产品区域公用品牌，农业现代化发展水平攀升至全省第十三。创新实力明显提升。迭代升级各类人才政策，举办首届世界宁海人发展大会，成立院士之家、人才之家和侨梦苑宁海中心。平台实力明显强劲。宁波南部滨海经济开发区升格为省级经济开发区，宁海经济开发区完成与物流园区整合，入选国家县城产业转型升级示范园区。

干成一系列牵引全局的要事。突出重点改革撬动。连续开展“革新”主题年活动，“最多跑一次”改革领跑省市，群众身后事“一事联办”等多项改革在全省推广。大力优化营商环境，推行企业全生命周期“一件事”服务，市场主体由5.3万户增至8.6万户。突出重大项目推动。突出城乡协调联动。接续开展小城镇环境综合整治、美丽城镇建设，镇容镇貌大为改善，6个乡镇（街道）成为省级样板。大力实施乡村振兴战略，打造全国乡村旅游重点村3个、省级美丽宜居示范村15个、省级美丽乡村风景线2条和美丽庭院5万户。突出基础设施带动。县域交通路网愈加完善，沿海高速三门湾大桥建成通车，象西线桥头胡至深甽段、盛宁线完成拓宽改造，全市首个一类通用航空机场开工，4条始发高铁班线开通，对外通达度便捷度大幅提升。

办好一系列惠民利民的实事。

民生投入不断加大。在财政收支平衡压力持续增大的情况下，5年累计投入325亿元，51件县人大代表票决实事件件落地。成立宁海产业人才学院，投用职工之家、工人文化宫。城乡居民收入比从1.82缩小至1.77以内。低收入农户可支配收入年均增长13%以上。社会保障牢牢兜住。户籍人口养老、医保参保率均超过99%，新建迁建及改扩建学校38所，教育现代化发展水平居全省第38。推进健康宁海行动，引进7家三甲医院，托管5家县内医院，运行县域医共体3个，投用医疗卫生工程11个，培育市级以上龙头学科、重点学科11个，县域就诊率达到90%。新时代文明实践中心县镇村全覆盖，农村文化礼堂全覆盖，十里红妆文化园、童衔方艺术馆、柔石公园健康步道、霞客体育公园等深受欢迎，获评中国民间文化艺术之乡。

攻克一系列检验担当的难事。坚持把污染防治作为重中之重，抓实环保督察、海洋督察反馈问题整改，抓好“三改一拆”、“五水共治”和垃圾分类，投运环保能源发电项目、建筑渣土填埋场和一般工业固废填埋场，市控以上断面水质达标率从75%提升至100%，大气环境优良率从89.9%提高到98.6%，创成省基本无违建县，获评中国天然氧吧，4次夺得“大禹鼎”。

【60余载创新发展演绎产业嬗变】 1959年，宁海城关五金合作社开始制造简易冲压模，一批来自上海的宁海籍模具师傅以纯手工方式，制造出宁海县最早的模具。20世纪60年代初，宁海县各地工厂纷纷自制胶木模具，生产胶木制品，胶木模和冲压模成为主流。1969年8月，宁海模具史上第一套“钳型三用测量表”注塑模具问世，这宣告宁海的模具制造从此跨入注塑模具制造的新时代。

20世纪80年代的“电器热”，让宁海模具制造技术快速提高，也让宁海工业制成品质量提升一个层级，为如今的工业格局奠定基础。彼时，上海无线电厂慕名来到宁海第一注塑模具厂，要求开制一套16英寸电视机外壳模具。经过三个月的调试，国产第一套16英寸电视机模具顺利批量投产。消息一传出，各地要求开模的客商纷至沓来，国内的许多家电产品都烙上宁海模具的印迹。

“中国模具之乡”的名声，开始在业内不胫而走。1986年，宁海第一副模具出口香港，实现创汇。1987年9月，10.5吨的洗衣机连体桶精密模具制造成功，填补国内工业模具的一项空白。1991年，第一注塑帮助成都无线电厂开发第一台国产化25英寸大屏幕彩电精密模具，中央电视台晚间新闻以《为名牌产品保驾护航》为题对宁海的模具产业进行专题报道。1996年，第一注塑引进宁波市第一台大型CNC数控加工中心，开始向以CAD/CAM/CAE集成为核心的现代制模方式转变。这种全新的制模方式，让宁海的模具人看到模具产业的未来。从那时起，宁海模具企业开始变革的步伐，纷纷引进先进数字化设备，采用模具CAD/CAE/CAM技术，开始一场“集体突围”。

企业层面在突围，产业层面更是加快突围的步伐。1998年，宁海模具行业协会成立，作为行业服务、协调和监督机构，为各模企提供培训、参展、考察、宣传等方面全方位的服务。2001年，开始建设中国（宁海）模具城，先后建成6大服务平台，主要服务小微企业。2002年，宁海模具企业开始抱团参加国际性模具展会。产业布局、市场拓展、行业管理、企业服务上的不断完善，让宁海模具企业走出“乱战”局面，开始集聚发展、协同作战。2003年3月8日，宁海县模具城开业，“中国模具生产基地”授牌。2007年，浙江工商职业技术学院在宁海设立产学研基地（宁海机电学院）。2011年第一注塑模具厂与郑州大学申长雨院士合作创办宁海县第一家院士工作站。2016年6月，宁波模具产业园区一期建成并投入使用，成为宁波市首家入选国家产业集群区域品牌建设的试点单位，也是全国唯一以模具为主导产业的试点单位。2017年11月30日，宁海成为浙江省首个出口模具质量安全示范区。2019年8月，宁海模具基地被商务部认定为国家外贸转型升级（模具）示范基地，是全国仅有的以模具为主导产品的两家示范基地之一。

宁海模具的强势崛起，是因为改革开放的时代机缘，是因为宁海模具人的勤奋自强和坚守突围。如今，宁海拥有模具企业和车间2000多家，规上企业44家，产业总值达到105亿元。以高品质、长寿命著称的宁海模具为县域经济腾飞贡献力量，也为实现“中国制造”贡献宁海力量。

【产业能级再提升】 做深“365”工业产业升级计划。做强文体办公、汽车制造及模具、电子信息3个五百亿级产业链，全力布局“光伏+储能”产业链，谋划千亿级光储产业基地，打造省级“新星”产业群。做深“333”服务业提升工程。致力打造区域现代商贸中心，鼓励发展首店、旗舰店、概念店，精致改造西子国际时尚街区、高铁站前特色街区，建成城隍庙高品质步行街。做深“366”乡村产业振兴行动。推进农村一、二、三产业融合，培育壮大数字农业、体验农业、乡村旅游等业态，聚焦整合农事节庆品牌，打造一批具有乡土味道、乡村温度的富民产业。

实施有效投资再提升行动。全年计划安排新开工 169 个、续建 149 个。重抓项目招引。聚焦区域定位、发展短板，盯牢政策导向、未来方向，狠下功夫招引一批链主型、税源型、富民型项目。狠抓项目保障。强化亩均效益评价，全力盘活存量用地，依法处置闲置低效土地，保障优势区域、优质项目优先供地。

实施发展动能再提升行动。以数字化改革为总抓手。聚焦激发内生活力、增强工作效能、优化营商环境，全面贯通“1512”体系与“141”体系，整体带动各领域系统化改革。

实施城乡品质再提升行动。优化空间布局，强化“城乡之能”。编制国土空间总体规划，开展全域国土空间综合整治试点，完成省村庄规划试点，系统谋划环三门湾、环象山港湾生态经济带，构建“一核引领、两湾支撑、全域美丽”县域空间发展格局。

实施生态文明再提升行动。坚定不移举生态旗、打生态牌、走生态路，制定打造美丽中国建设样板县具体方案，做好治山理水、增值山水文章。深化全域治水，统筹推进污水处理、污水零直排、水生态治理提质增效，陆海协同加强近岸海域污染防治，突出抓好颜公河水环境综合整治。

实施社会建设再提升行动。实施“扩中”“提低”行动，强化就业优先，发挥宁海产业人才学院作用，探索高等院校托管职业教育模式，抓好高校毕业生、退役军人等就业，促进全社会通过辛勤劳动创造财富。拓宽增收渠道，健全灵活就业劳动用工政策，激发技能工人、小微创业者等群体增收潜力，鼓励有意愿有能力的企业和社会群体造福社会。

【综合实力再提升】 围绕县第十四次党代会确定的目标，不忘初心、砥砺前行，各方面工作取得优异成绩，迈入全国综合实力百强县 48 位，地区生产总值总量从全省第 41 位提升至全省第 30 位，位居全省 33 县第一。全县经济结构更加合理，创业创新氛围更加浓厚，营商环境更加优化，宁海经济再上新台阶。

秉持着工业强县、实业立县的理念，宁海优化“365”工业产业体系，致力打造文具、模具、汽车制造、新能源 4 条标志性产业链，培育壮大“215”工业企业梯队。同时，打好工业全域治理硬仗，强化数字赋能，加快开发区（园区）整合提升，跻身工业百强县 86 位，成功打造 5 个工业“国字号”基地、5 大百亿产业和 2 家百亿企业，“中国制造业 500 强”企业实现零的突破，上市企业数实现翻两番。

宁海自然禀赋优越、人文底蕴深厚。自 2016 年成为首批国家全域旅游示范区创建单位后，充分利用国家生态县、中国天然氧吧等金字招牌，积极践行“两山”理念，3 年磨一剑终创成首批国家全域旅游示范区。文化旅游是宁海服务业三大主导产业之一，除该产业之外，宁海积极发展现代商贸、电子商务，推进科技服务、数字服务、文化创意等服务业新兴产业，构筑起“333”服务业产业体系，推动生产性服务业向专业化、集聚化、个性化发展，生活性服务业向便利化、精细化、品质化提升，去年服务业增加值突破 300 亿元。

打开宁海珍鲜商城，青蟹、望海茶等宁海特产琳琅满目。宁海立足质量兴农，打造全省第 2 个全品类农产品区域公用品牌——宁海珍鲜。同时，实施“366”乡村产业发展行动，做强做精“6+6”主导特色产业，打造“3+X”10 亿级农业全产业链，三门湾现代农业开发区创成省级现代农业园区并向国家级现代农业园区坚实迈进，农业现代化发展水平进位至全省第 13 位。

【城市有机更新跑出加速度】 随着老城区更新和新城建设加速推进，宁海主城区建成面积 42.3 平方千米。宁海成为全国县城新型城镇化建设试点、省 AAAA 级景区城、首批浙江美丽县城试点县。甬南大门户，山海和美城，已悄然浮现。

天明湖公园（一期）、县中医医院、总部经济区等 30 个重大项目相继建成，潘天寿艺术中心、喜来登酒店、城市阳台周边配套工程等 10 个项目有序推进，多个现代化住宅小区相继交付，新城市中心区“城市客厅”功能日益凸显。五年来，宁海城市建新改旧步伐显著加快，撬动新一轮城市发展，征迁面积超 358 万平方米，棚户区改造征迁量超过前 30 年的总和，水角凌、城隍庙、棉纺厂、老客运站、科技园区原办公地等区块加快开发建设。

为实现中心城区环境改善、功能提升，宁海加快推进中心城区市政道路环通、扩容，打通一批断头路、拓宽一批瓶颈路，构筑起“一环五纵十横”城市道路框架。累计立体式改造 71 条城市市政道路，城区路网延伸至 460 千米，伴随着路网骨架的不断舒展，更实现道路通行能力到地下管网系统铺设的全面升级，城市承载能力显著增强。

宁海是一座非常宜居的城市，

在城市绿道中漫步，在社区公园中休闲，一道道“家门口”的靓丽美景，让城市美好与人居生活共鸣。五年来，宁海持续优化人居环境，全面提升城市品质，新建56个现代化品质住宅小区、商品房竣工面积约446.67万平方米；完成危旧房改造2557户，完成城中村改造4040户，完成老旧小区改造项目22个，民生安居再上新台阶。同时，全力构筑“山环水抱”的生态园林型城市，建成华山公园、洋溪滨水广场等一批公园绿地，建成绿道长度达到150千米，建成区绿地率、绿化覆盖率分别达到39.06%和42%，人均公园绿地面积达到14.1平方米，建成海绵城市2.05平方千米。

【生态文明建设收获大满贯】 城区空气质量优良率达到98.5%，比2020年同期上升4.5%，$PM_{2.5}$为21微克/立方米，比同期下降4.5%；15个县控以上断面水质功能区优良率、达标率分别达到93.3%、100%。

五年来，宁海始终坚持以习近平生态文明思想为指引，牢固树立“生态立县”理念，以“一张蓝图绘到底”的决心举生态旗、打生态牌、走生态路，生态文明建设稳步向前，于2021年10月份成为全省囊括“全国生态示范区”“国家生态县”“绿水青山就是金山银山”实践创新基地和“国家生态文明建设示范区”这四项国家级荣誉的两个县（市、区）之一，实现国家级生态环境创建荣誉的“大满贯”，“生态之城”实至名归。

环境治理是保持良好生态的重要手段。为跑出生态环境改善“加速度”，五年来，宁海持续打好蓝天、碧水、净土、清废等环境整治组合拳，壮士断腕大力淘汰落后产能。2021年淘汰关停企业近140家，以“舍弃百亿蒙尘GDP、舍得百亿投资”的果敢治山理水，生态环境质量公众满意度连续八年居宁波市首位。根据《宁海县生态环境保护“十四五”规划》，未来宁海将在大气环境保护、水环境保护、土壤固废治理、生态保护与修复、风险防控与能力建设五大领域开展32项重点工程，总投资120.5亿元，“十四五”期间投资88.6亿元。

五年来，宁海依托山、海、林、泉、湖、岛兼具的禀赋优势，坚持“绿色产业化，产业绿色化”的绿色发展理念，积极探索绿水青山向金山银山转化的有效途径，形成“千万工程”撬动乡村振兴、绿色智造集群化、美丽河湖经济带、全域能源清洁化、全域旅游富民、步道经济等具有宁海特色的“两山”六大转化模式。

【基层社会治理构建新格局】 村里建项目，有小微权力清单36条护航，从设计预算到招标建设，一目然；群众有矛盾，向村、镇、县三级“矛盾调解网”求助，实现简单矛盾不出村镇，复杂问题对症施策；普法需专家，找乡村法律课堂送资源下乡，全方位讲解村民常见的法律问题，提供法律服务。在宁海，一项项创新之举诠释宁海在基层社会治理领域的务实笃行。

县第十四次党代会召开以来，宁海全面提升基层治理体系和治理能力现代化水平，把治理需要与符合群众期盼结合起来，打通服务群众的“神经末梢”，打造一个百姓安居乐业的“善治之地”。

五年来，宁海不断完善村级小微权力清单36条规范运行体系，把基层权力摆在阳光下。2021年上线村级小微权力清单36条智慧运行系统，村民可以在手机上即时了解重大事项、村级采购、“三务”公开等信息，还能进入“监督一点通”平台留言。

基层社会治理是国家治理的基石，关系到人民的幸福感、获得感。村级小微权力清单制度写入中央一号文件、捧获全省首批“平安金鼎”、平安指数位居全省前列、矛盾纠纷多元化解水平逐年提升。如今的缑乡大地，处处呈现和美平安的新风尚。

宁海“一中心四平台一网格”基层治理体系不断完善，建立以县社会矛盾纠纷调处化解中心为主导、各乡镇（街道）调委会为主体、村调委会为基础的三级运作机制。同时，全力推进数字赋能，将E宁波系统、宁海村民e点通、人民调解大数据管理平台、在线矛盾纠纷多元化解平台等现有的平台资源进行数据融合，建立全县范围的涉访涉调数据库，形成矛盾纠纷全流程处置闭环。今年以来，县矛调中心受理矛盾纠纷5714件，化解成功率达99.55%。

五年来，宁海拥有一批宁海治理的“金字招牌”。成功创建法治浙江（法治政府）建设示范县，成功承办全国法治乡村建设工作会议和第一期“全国民主法治示范村（社区）”普法骨干培训班，乡村治理培训中心入选第三批全国法治宣传教育基地，部级“智慧矫正中心”创建通过验收。疫情期间，宁海建立健全常态化防控机制，精密智控指数长期居全市首位，公共卫生服务和应急体系能力建设明显提升；社会治安防控体系不断完善，平安建设有序推进；“社区协商厅”成为基层民主协商特色品牌，民意表达渠道更畅通。

【改革创新激发新动能】 宁海集士

驿站高铁总店总建筑面积1910平方米，是宁海深入贯彻落实“共同富裕”和“快递进村”战略的重要创新项目，也是宁海弥补农村物流短板，真正打通城乡物流“最后一公里”，实现乡村振兴的重要抓手。宁海已建成40多个乡村集士驿站。

“集士驿站”城乡客货邮集成改革是宁海改革创新工作的一大亮点。五年来，宁海坚持下好改革“先手棋”，勇于开拓进取，敢于先行先试，连续三年开展改革创新引领年、革新求进提质年、创新突破奋进年活动，扎实推进产业革新、城市革新、制度革新、自我革新，纵深推进全面深化改革、“最多跑一次”改革和数字化改革，累计推动452个重点改革项目和42个市级以上试点落地见效，用一大批国家和省市改革成果交出全县改革创新的高分答卷。

自全省数字化改革工作启动以来，宁海围绕打造数字化改革先行地，坚持“执行好、特色化、创新性”，抓住“统”“通”两个关键，努力建成“掌上办事之县”“掌上办公之县”“掌上治理之县”，涌现出一批具有宁海辨识度的标志性成果。据统计，今年以来，宁海数字化改革项目获得省级揭榜4个，省级试点11个。其中“集士驿站”城乡客货邮、企服通被评为市最佳应用，参加全省数字化改革成果展项目全市最多。

坚持以数字化改革撬动全面深化改革，推进业务流程优化、制度重塑、工作创新。2021年年初，大佳何镇石门村通过涉农资金平台申报《美丽乡村财政奖补项目》，并在4月中旬结合艺术特色村创建及小流域治理，陆续动工建设石门溪景观平台、樱桃园、水车墙等。随着一个个项目的落成，石门村的“颜值”高不少。村民们期盼已久的这项农村“美容工程”，正是宁海涉农资金整合改革带给村民实实在在的“获得感”之一。自在全省率先启动涉农资金整合改革以来，宁海强化“3+2+T”涉农资金整合平台建设，创新“三合二分”资金运管模式，已经使原先分散在17个涉农部门的累计超40亿元资金得到整合；涉农对象进一步扩大，信息化平台用户累计达1759家；涉农政策进一步覆盖，通过信息化平台政策发布申报事项达282个，实现“项目跟着需求走、资金跟着项目走、责任跟着资金走”，财政资金使用效益大幅提高。

过去五年，宁海推出“绿水青山就是金山银山”“6+1+X”模式，在全省高水平建设新时代美丽浙江推进大会上作交流发言，助推创成全国“两山”创新实践基地、全国首批全域旅游示范县。党群同心圆、两进两回、城乡物流、政策性融资担保等一大批改革经验，也在全省、全国进行宣传推广，群众改革获得感不断增强。

【艺术振兴乡村】 艺术振兴乡村是宁海自2019年6月开始的一项创新实践，以艺术为切入，以“财富、赋能、友好”为核心理念，以激发村民内生动力为主要手段，系统性地开展艺术家驻村、艺术提升品位、设计改变生活等行动，植入特色产业项目，实现村庄资源转换，带领村集体和村民增收。两年来，宁海打造宁海葛家村等艺术特色村，启动建设乡村艺术谷、汶溪翠谷艺术谷，初步探索出一条新农村发展的新路径，成为浙江省“乡村振兴十大模式”之一，其中艺术扶贫项目入选全国“携手奔小康”行动案例，被评为全国十大对外传播案例之一。

2021年7月13日，由中宣部组织的《人民日报》、新华社、中央广电总台等9家中央媒体组团来到大佳何镇葛家村，开展“浙江高质量发展建设共同富裕示范区”主题报道，重点聚焦宁海艺术乡村建设情况。市委宣传部副部长、市新闻办主任李贵军，县委常委、宣传部部长叶秀高参加。

【实施乡村振兴战略见成效】 宁海积极实施“艺术振兴乡村”战略，促使一批国内高等院校艺术专业的老师和大学生走进宁海乡村，用艺术助力乡村振兴。通过激发村民的内生动力改造家园，就地就近取材，培养本土“乡建艺人”，挖掘乡愁元素，壮大农旅产业经济，探索出一条既“富脑袋”又“富口袋”的艺术振兴乡村之路。

近年来，宁海不断健全体制机制，强化产业支撑，深化“千万工程”，实施艺术振兴乡村，塑造文明乡风，创新基层治理，因地制宜、精准施策，以洁净打底色、以创建促精品，探索形成一条“绿富美”的乡村振兴之路。

走进海头村，村舍白墙青瓦，村里流水潺潺，村道花团锦簇，完全无法想象这以前是个脏乱差的落后村庄。2008年开始，先后开展新农村改造、农村生活污水处理等工作，村庄旧貌换新颜。2015年开始试种菊花，发展菊花产业，2019年和高校合作，引进120多个新品种，建成菊花精品博览园。如今，海头村聚焦菊花规模化种植、产业化加工、节庆化运作，菊花产业越做越火，村集体经济收入从原先的亏空到如今的60余万元，村民分红总计80余万元，呈现出生态宜居、产业兴旺、生活富裕的美好场景。

桥头胡街道双林村旧村改造后打造民宿产业，实现年旅游纯收入

1000余万元；梅林街道河洪村改善村容村貌后因地制宜发展长寿经济，游客络绎不绝。和海头村一样，以美丽乡村建设为起点，打造特色产业，促进村民增收，这在宁海并不是新鲜事。五年来，宁海按照“把资源变为资产，把资产转为资本”的思路，深入实施村级集体经济“亿元造血”工程，大力发展“七色美丽经济”，持续带动农户增收，全县农村人均可支配收入从2016年的26233元增加到2020年的36166元，行政村集体经济收入均超过30万元。

2019年开春，宁海启动“艺术家驻村”行动，由中国人民大学艺术学院丛志强教授带领的宁海首个驻村艺术团队进驻葛家村。在村里的项目实施过程中，艺术与乡村碰撞融合，点燃村民的激情，激发村民设计乡村、建设乡村的内生动力，使整个村庄迸发出前所未有的活力。如今，“艺术振兴乡村”正以点带面、循序渐进，进一步激发乡村发展新活力，打造乡村振兴的“宁海样板”。

连续八年获评省社会主义新农村建设先进县；获评全市首个全国“两山”实践创新基地；涉农资金整合改革获评中国改革年度十大案例；基层社会治理的“宁海经验”写入省委全会决定。“宁海样板”铺就乡村振兴康庄大道，正引领着宁海乡村阔步前行。

【基层党建工作高质量发展】 党的基层组织建设是党全部工作和战斗力的基础，是一项固本强基的工程。五年来，宁海以改革创新、与时俱进的姿态，抓基层、强基础、抓落实、固基本，有力推动基层党建工作高质量发展，使宁海党组织的战斗力、凝聚力、号召力不断增强，党员队伍不断壮大，素质不断提高。

宁海各级党组织认真学习贯彻习近平总书记发表的重要讲话、作出的重要指示，以及中共十九大和十九届二中、三中、四中、五中、六中全会精神，高标准推动“两学一做”学习教育、“不忘初心、牢记使命”主题教育和党史学习教育，重温习近平总书记在浙江工作期间两次调研宁海时的指示精神，让各级党员干部及时充分地掌握当前形势，把握政治方向，有效筑牢思想之基，扎实推动各项中心工作落实落地。在党史学习教育中，跃龙街道引导西子国际打造“家文化”商圈，以“红立方”党建联盟，把文明和时尚有机融合，组成园丁社区党委为核心、职能部门党组织为枢纽、商圈内两新组织党支部为节点的“1+N+X”党建体系，有17个职能部门、4个“两新”组织加入联盟，围绕“红心引航服务万商”帮扶商户、“红色磁场聚心聚力”关爱员工、“红色公益党群同心”服务群众等三大系列活动开展服务。

抓好基层，打好基础，才能全面推进党的建设，乡村振兴是推进“双优”宁海建设、打造共同富裕标杆县的重要一环。力洋镇海头村将百村立功竞赛作为村庄发展的主抓手，锻造铁军，以赛促干，先后6次获评立功竞赛县级优秀项目，把一个环境脏乱的“后进村”成功转变为远近闻名的“网红村”，先后获省美丽宜居示范村、省文化示范村等20多项省市荣誉，村级集体经济年收入从最初的3万元增加到120万元。

通过深耕细作，宁海持续擦亮一批叫得响、服务好的机关党建品牌金名片，动员广大党员干部积极投身全国文明城市创建、新冠肺炎疫情防控、结对帮扶等工作，为推动宁海高质量发展凝聚最强合力。其中“党群同心圆”获评“全国百佳志愿服务项目”，被命名为浙江省机关党建品牌；“红动宁海”2020年获全国“互联网+党建”典型创新案例三等奖。同时还获全省机关党建工作“最佳创新成果”、全市机关党建工作创新成果等荣誉，有力促进宁海机关党建质量提升。

五年来，宁海不断夯实党建基础，紧贴实际办好周二夜学、周末课堂、班长论坛等活动，切实加强党员干部思想、能力、作风建设；增强党建活力，持续十年深化实施“百村立功竞赛”，调动各类资金下村超10亿元，1027个县级竞赛项目、3956个镇村竞赛项目高质量完成；连续6年选派全职驻村“第一书记”，引入各级帮扶资金2.35亿元，共建项目396个，创建省级特色精品村23个，AAA级景区村庄30个。

【二十四载倾力倾情帮扶晴隆脱贫攻坚】 2001年12月1日，《黔西南日报》以《情注北盘江》为题，报道宁波叶立光、蒋迎春、王小飞三人奔赴晴隆县参与智力扶贫的故事。

晴隆县位于贵州省西南部，黔西南布依族苗族自治州东北角，北盘江流过境内。从1996年开始，宁波市与黔西南州结成对口帮扶关系，宁波市交通委与宁海县结对帮扶晴隆县。

晴隆县通过数年努力，借力于全国各地的援助，全力攻坚，到2000年，基本解决全县群众的温饱问题，完成“八七”攻坚任务。2001年《中国农村扶贫开发纲要（2001—2010）》要求持续推进减贫事业。之后，宁海继续派出挂职干部与专技人员，给晴隆以资金与智力支持。

叶立光受宁波市委组织部指派来到晴隆，除落实宁交第一至第四希望小学建设，还主动联系相关部门，寻求资金，援助晴隆县碧痕镇新建一所希望小学。蒋迎春通过培训，把一套初中实验室规范操作程序留给晴隆县科学老师。王小飞除完成七次公开课与七次讲座外，为晴隆县第一小学培训出晴隆县第一支拉得出、叫得响的鼓号队。他们在日常工作之外，还通过各自的关系，穿针引线，为晴隆县的学校与贫困学生捐款、捐物。他们“帮扶帮到底”“帮扶帮到人”的作风也影响到后来的挂职与支教、支医、支农的“挂友”与“支友”。

1999年，宁海帮助晴隆引进波尔山羊发展畜牧业，赢得发展先机，取得经济、生态与社会等综合效益。2006年，全国南方草地畜牧业现场经验交流暨培训会议在晴隆召开，宁海帮扶创造的精准扶贫的石漠化地区种草养畜产业化“晴隆模式”因为“思路好、模式好、机制好”得到全面推广。2009年，晴隆县畜牧业占农业总产值比重由2001年的31%提高到50%，草地中心发展成为资产上亿元的龙头企业，有力地促进扶贫事业。

2018年《中共中央、国务院关于打赢脱贫攻坚三年行动的指导意见》公布，全国帮扶脱贫深入展开，晴隆进入最后脱贫攻坚战阶段。宁海动员全社会力量，对教育扶贫、医疗扶贫、政策扶贫、智力扶贫、定点扶贫、消费扶贫等进行积极探索，突出产业扶贫，全面强化到村到户到人的精准帮扶，自2018年到2020年，晴隆县“不落一个人”如期完成脱贫摘帽任务。三年时间里，宁海共投入各项扶助资金145578.3967万元，落实大大小小帮扶项目552项，晴隆受益农户达207106户，其中贫困户158415户，为晴隆脱贫摘帽作出贡献。

【党风廉政建设营造新生态】 五年来，宁海制定《全面从严治党“四责协同”责任清单》，印发《履行全面从严治党主体责任操作手册》和《派驻纪检监察机构监督责任履职手册》等一批实务指南，全面深化“三书三查两报告”制度，不断健全党委主抓直管党风廉政建设的工作机制。

五年来，全县纪检监察组织同时蹄疾步稳、深入推进纪检监察体制改革，提升法治化规范化水平。稳妥推进监察体制改革，顺利完成机构、职能、人员转隶。优化派驻机构组织设置，派驻（出）机构数从16家整合至12家。制定《宁海县乡镇（街道）纪检监察机构及主要负责人共同考核办法（试行）》等文件，推动双重领导体制具体化、程序化。建立健全片区协作联动机制，集聚委机关、派驻机构、乡镇（街道）纪（工）委三方力量，基层监督质效持续提升。实施廉情观察员制度，选派31名中层干部到村（社）担任廉情观察员，重点推动涉纪信访问题调处、村级小微权力清单规范执行、基层党风廉政建设等工作，累计发现、跟进各类问题40余个。

这五年，县纪委县监委切实履行监督首责，持续在日常监督、长期监督上探索创新、实现突破。围绕中心大局，扎实做好服务保障工作，开展“政府投资项目管控、消防安全、公租房管理、国土资源非诉行政案件‘裁执分离’执行情况、国有企业货物服务采购”等五大专项监督检查行动，推动13项问题整改到位。重点加强对“一把手”和领导班子监督，梳理“一把手”履责任务34条。开展党内廉政谈话，推动落实全面从严治党责任，并向基层拓展延伸覆盖。

干部形象，关乎党的建设，关乎民心向背。全县纪检监察机关常抓不懈纠治“四风”，全方位、立体式开展“雷霆正风”“百日肃风”等专项行动，发现问题1478个，处理1040人。同时，把“三不”一体推进贯穿到正风肃纪反腐各方面全过程，共处置各类问题线索2874件，立案1023件，精准运用“四种形态”处理3300人次。研究案发规律、深挖问题根源，下发纪检监察建议28份，督促整改问题84个。既严厉惩治腐败，又加强监督制约，还注重教育引导，起到查处一案、警示一片、治理一域的良好效果。

“清廉宁波·你我同行”系列活动第七站之走进清白溪来到力洋镇海头村，展现宁海清廉文化建设和基层治理成效。县纪委县监委持续做好“四季清风”“清白溪”等清廉文化品牌建设，开展廉政诗歌朗诵会、云舞台等“四季清风”系列活动14次，设置“清风书驿”16个，编印《问廉清白溪——清廉人物故事》，不断提升宁海清廉文化软实力。

宁海以清廉单元建设为重点，始终坚持人民至上理念，统筹推进清廉机关、村居、学校、医院等单元建设，严格落实四责协同要求，以点带面、全面开花，示范带动清廉宁海建设向更深层次推进，推动新时代纪检监察工作高质量发展，用铁的纪律护航各领域的清廉建设，让清廉之风吹遍宁海的角角落落。

【加大民生保障力度】 民生是群众幸福之基、社会和谐之本。宁海着眼群众对美好生活的期盼，锻造长板、补齐短板、兜牢底线，用心用情回应就业、社保、教育、医疗等群众“急难愁盼”问题，幸福指数节节攀升。一个个民生工程、一项项惠民举措的落实，托起百姓稳稳的幸福感。

五年来，坚持每年新增财力七成以上用于改善民生，五年累计投入 325 亿元，较前五年提高 64.1%；户籍人口养老、医疗保险参保率均超过 99%；新建迁建及改扩建学校 38 所，建立运行县域医共体 3 个，投用医疗卫生工程 11 个；开展群众性文体活动 7000 余场，柔石公园健康步道、霞客体育公园成为群众健身锻炼的好场所。

建设产业人才学院是宁海县抓创业促就业的一项创新之举。自 2021 年 4 月挂牌以来，学院已精准培育并输送符合企业需求的人才 3000 名，实训达标率达 95% 以上，实现高校毕业生“毕业即就业、就业有高薪”的目标。

把促进群众就业创业、增加群众收入作为保障民生的重中之重，持续打响“甬上乐业乐在宁海”品牌，出台各项稳岗就业综合性政策，坚决落实就业扶持政策，加大就业培训力度，全方位提升就业创业服务水平。五年来，累计开展职业技能培训 9.4 万人次，城镇新增就业人员 10.95 万人次。2021 年，全县城镇登记失业率降低至 1.19%，为全市最低。

在做好稳就业保民生的同时，织密社会保障救助网，兜起群众的生活底线，是宁海着力提升的帮扶温度。兜底保障水平逐年提升，2020 年，低保金从每月 842 元提高到 1005 元，县民政局发放低保、低边、特困以及各类物价补贴 1 亿余元。

在群众最关心的教育、医疗、文化等公共服务领域，宁海拥有多块“金字招牌”，覆盖全民、普惠共享、城乡一体的基本公共服务体系不断健全。教育方面，名优师资倍增达 755 人，创成省教育基本现代化县；医疗方面，引进 7 家三甲医院托管 5 家县内医院，县域就诊率达 90%；文化方面，融媒指数居全省前列，省“五个一工程”奖获最佳成绩，上榜 2021—2023 年度中国民间文化艺术之乡。

【提升基层医疗卫生机构品质】 县第一医院医疗健康集团大佳何分院，建于 20 世纪 70 年代的老院区原本在老旧居民区中间，院外过道仅一车之宽，院内场地只能容纳六七辆车。就诊区通常是两位医生共用一间诊室，中医诊疗项目、X 射线等检查设备因场地受限无法开展，群众就医需要多地跑，相当不便。如今的新院区占地面积 15 亩，建有门诊综合楼和行政保健楼，诊室从原先的 4 个增加至 9 个，其中全科门诊 7 个，中医门诊 2 个。医院搬迁后，针对农村百姓肩周炎、关节炎等多发现状，增设中医理疗科。过去仅 40 平方米的体检中心，变成 200 多平方米的健康管理中心，村民可以在中心里完成一站式服务。

近年来，宁海致力于“宁好医”，着力提升基层医疗卫生机构健康服务能力，五年改迁建十二家卫生院，进一步完善县域医疗资源保障，不断充实基层医疗资源。投入使用的有桑洲、前童等 9 家，在建的有县第二医院等 3 家，其中县第二医院提升改造工程已通过验收，县第三医院正在进行内部装修，宁海县精神康复中心暨深甽中心卫生院迁建工程已结顶。

【探索数字经济发展路径】 在数字经济时代，宁海紧抓浙江创建国家数字经济示范省这一机遇，依托自 20 世纪 80 年代开始逐步筑牢的产业基础，稳打稳抓、探索前行。从前瞻谋划，大力推动传统产业拥抱数字化、智能化，到以数字经济为牵引，全面促进县域经济跨越发展，探索形成了以数字产业化为引领、产业数字化为抓手的立体化产业发展体系，在 2020 年度全省数字经济综合评价中位列第 25 位；同时，宁海借力浙江省“全面推进数字化改革”这一契机，把作为经济社会主体的企业摆在首位，科学精准做好企业服务工作，进一步激发出迈向高质量发展的澎湃动力。宁海在发展数字经济的道路上，牢牢把握时代机遇，依托传统优势产业不断攻坚克难、锐意进取，书写数字经济带动县域经济实现跨越发展的宁海篇章。

1980 年代，家用电器开始进入普通家庭。当时的“电器热”快速提高宁海的模具制造技术，也让宁海的工业制成品质量提升一个层级，为工业格局和传统产业转型升级奠定产业基础。尤其是在 1987 年 9 月，重达 10.5 吨的洗衣机连体筒精密模具制造成功，填补国内工业模具的一项空白，在市场上广获赞誉。

国外依靠先进技术和设备生产的优质模具产品不断涌入中国市场，国内同质化产品竞争日益严重。为摆脱这一困境，在 1990 年代中期起，宁海模具产业开始生产数字化、管理现代化的自我变革。1996 年，第一注塑引进了宁波市第一台大型 CNC 数控加工中心，开始向以 CAD/CAM/CAE 集成为核心的现代制模方式转变。这种利用数字技术的全新制模方式，让宁海的模具人享受到了数字化的红利，也让他们看到了模具产业的未来。随后，宁海其他模具企业也开始迈向数字化技术全面升级之路，纷纷引进先进数字化设备，采用模具CAD/CAE/CAM技术，开始了一场“集体突围”。

宁海拥有模具企业2000家，完成整个产业的数字化生产方式转变整整用了15年。这15年，也是宁海模具产业走向集聚发展、协同作战的时期：成立宁海模具行业协会、建设中国（宁海）模具城、抱团参加国际性模具展会等。

2013年，为进一步加快推进宁波中小模具企业升级换代，推动宁波模具产业从工业化生产向现代化生产转型，宁海开工建设模具产业园区，重点建设模具研发设计、加工、检测、展示交易及技术培训中心等公共服务平台，通过强化“一城一园”（模具城、模具产业园）基地建设，整合和优化区域产业资源，逐步形成分工合理、配套完善、协作紧密的模具产业链，共同推动宁海模具产业的转型升级。模具城先后被评为“省级塑料模具高新技术特色产业基地”“宁波市中小企业技术服务平台”等称号。模具产业园拥有国家级“模具检测中心”，省级高新技术研发中心3家，省级企业工程技术中心9家。

在模具业快速发展的同时，文具、汽配、灯具、五金机械、电子电器等其他五大传统产业也陆续崛起并走上快速发展的轨道，与模具业一起撬动宁海县域经济的腾飞。

随着信息技术的迅猛发展，新一轮科技革命和产业变革为宁海带来重要发展机遇。自2017年起宁海积极顺应发展大势，紧抓数字经济“一号工程”，启动实施“凤凰行动”宁海计划，出台“中国制造2025”宁海方案，实现传统优势产业和现代新兴产业双轮驱动，宁海上下协同推进，并把数字经济作为加速发展转型升级的重要抓手，深入实施两化深度融合，推进“机器换人”“厂联网”“企业上云”等示范工程。

2019年，宁海正式发布《宁海县数字经济发展三年行动计划（2019—2021年）》，全面开启县域数字经济发展之路。宁海将通过数字产业化和产业数字化，加快推进数字产业化集群发展，打造智能终端、智能光伏、汽车电子、信息技术等四大产业集群，加强智能机器人、人工智能、大数据等领域的技术研发与产品开发，不断促进两化、两业深度融合，让数字经济成为助推传统产业发展的内生动力。

2021年，宁海发布“十四五”工业产业体系规划，构建“365”产业体系，即打造3个五百亿级产业（文体办公、电子信息、汽车制造及模具），6个百亿级产业（节能环保、关键器件、智能家电、高端装备、生物医药、新材料），5个重点领域新兴产业（软件信息、智造服务、智能物流、“5G+”产业、通用航空）推进制造业高质量发展。与此同时，宁海县根据省市县数字化改革整体部署，编制完成《宁海县数字经济系统建设方案》，明确实施路径，按照“产业大脑+未来工厂”框架，结合多跨应用场景谋划建设，数字经济门户网站建设基本完成并成功上线。

【加快产业数字化进程】 面对复杂多变的市场环境，宁海坚持稳字当头、稳中求进。聚焦基础扎实的文具、汽车及零部件、模具等三大特色优势产业，以智能化改造、服务化升级、开展协同制造、建设创新综合体和分行业工业互联网平台等方式，加快优势产业提档升级。以全国最大的办公文具产业集团——得力为例，在企业营销网络遍布全球、产业规模极速扩张的同时，没有及时更新优化生产方式，生产车间出现信息沟通困难、管理效率低下等问题，导致企业产能跟不上订单增长。为了摆脱困境，得力集团顺应科技潮流，启动数字化工厂改造，大规模导入机器人代替人工作业，实现减员50%以上，生产效率提高25%，运营成本降低20%，产品生产周期缩短20%。得力集团获“2018年省级制造业与互联网融合发展试点示范企业”“2020年浙江省数字化车间/智能工厂”“国家级工业设计中心”等称号，被列入工信部2021年新一代信息技术与制造业融合发展试点示范名单。此外，得力集团人机协同作业和精准配送应用场景列入工信部智能制造优秀场景。

宁波兴利汽车模具有限公司也通过部署数字化生产线来解决生产排产难、各部门协调难、精益化管理难的“三大难题”。相比传统的生产方式，通过引入宁波创元Neural-MOS系统完成数字化改造，企业实现了从传统模具工厂向5G智能化工厂转型升级，生产效率提升了20%以上。兴利汽车模具被评为“2021年新一代信息技术与制造业融合发展试点示范企业”。

在农业数字化方面，宁海重点从智慧农业和农村电子商务这两个方面发力，帮助农民增产增收。加快物联网在农业领域的应用，构建面向农业、农村的综合信息服务平台、涉农大数据共享平台和数据交换平台，大力发展生态循环农业和智慧农业，推动宁海率先实现农业现代化；同时，依托农村电商平台，积极发展农村电商，建设了长街镇、强蛟镇、茶院乡等一批特色农（海）产品电商示范乡镇和示范村，提高农村经营者及农（海）产品市场竞争力。

在服务业数字化方面，宁海重

点从基础较好的智慧健康、智慧旅游和发展最为迫切的智慧物流、数字贸易等四个领域进行突破，全面提升数字融合应用水平。智慧物流以宁海综合性商业服务设施为依托，积极运用数字技术改造提升传统物流业、对接市场需求，建设物流与供应链管理服务平台；数字贸易鼓励宁海内外贸易企业运用数字技术，提升标准化、精细化和服务水平，不断开展服务模式和业态创新；智慧健康（养老）则依托电子政务云平台和宁海县城市大数据平台，统筹整合医疗卫生、体育、社会保障等相关领域的信息化资源，探索“互联网+”医疗健康服务；智慧旅游运用数字技术推进全县综合旅游大数据平台建设，以宁海独有的人文特色及人性化服务发展宁海数字旅游。

【推进数字产业化集群】 宁海产业数字化的推进，使得各行业都产生并积累了生产制造、经营销售等各类海量数据，为数字产业化提供源源不断的数据资源。依托这些海量数据，宁海不断加快推进数字产业化集群发展，打造智能终端、智能光伏、信息技术等数字经济产业集群，形成宁海特色数字经济发展新格局。

围绕产品数字化，打造智能终端先导产业集群。在重点发展的数字创意文具领域，宁海以文具产业园为基础，以打造数字文具产业集聚区为目标，通过大力开发智能文具、提升区域品牌、加强文具文创融合等措施，加速推进宁海文具产业向数字化创意设计制造和服务的转型升级。宁海文体产业品种门类齐全、产业配套完善、销售体系完整，全县拥有包括得力、天虹、兴伟、小雪人等知名企业在内的500多家文具生产企业，形成集产品研发、设计、生产、包装、销售于一体的全产业链。宁海相继荣获“中国文具产业基地”“国家商务部出口转型升级专业型示范基地”等荣誉称号。

立足研发协同化，打造智能光伏主导产业集群。宁海不断加快智能光伏工厂建设，提升智能光伏产品供应能力并形成品牌效应，推进智能光伏系统建设与运维水平提升。同时，通过扩大硅片、电池片、组件等光伏产品的出口，提高宁海智能光伏产业在国际上的知名度。如宁海东方日升公司在马来西亚投资建设年产3GW高效太阳能电池组件生产项目，为当地提供专业、便捷的光伏产品和技术支持。

面向生产智能化，打造信息技术特色产业集群。通过完善嵌入式软件产业发展体系、创新发展自动化应用软件、深入实施知识产权战略，全面助推宁海软件产业发展；同时，宁海紧抓宁波市创建国家级特色软件名城契机，发展高端软件与新兴信息服务业、大数据等未来产业，加速其与传统领域的融合渗透，推动宁海传统产业迭代升级。

【借力数字化改革　精准服务企业需求】 企业是市场的主体，是数字经济发展的主力军。宁海拥有大中小各类工业企业14000余家，其中规下企业占95%以上，这些中小微企业普遍面临着“服务享不到、资源找不到、实惠得不到”等难题。宁海以解决这些企业难题为己任，在8年前就设立宁海县企业服务中心，首创“公益化服务平台+市场化专业服务”的企业综合服务模式。真忙帮，帮真忙，从政策咨询到人才招聘，从技术服务到金融贷款，企业服务中心为企业提供各类精准服务。企业服务中心拥有11000余家企业数据库，其中动态数据监测3500余家。2017年底，宁海8718企业服务中心被国家工信部授予“国家中小企业公共服务示范平台”称号，成为全市目前唯一的县域国家级企业服务平台。

随着信息技术的进一步发展，宁海紧跟数字化改革大潮，以县企服中心为依托，创新制度体系，运用数字技术，搭建了覆盖宁海全域的数字化信息服务平台——“企服通”，实现全县中小企业“一体纳入”、企业信息“一屏尽览”。“企服通”打通了科技、商务等32个涉企部门，以诉求流转为中枢，创新打造“展会通”“政策通”“质量通”“金融通”“科技通”等五大特色子场景。通过政策码上直推，精准推送各类政策3000余项；通过质量码上直检，整合检测机构120余家，实现线上全通；通过金融码上直贷，整合25家银行，放贷12.9亿元；通过科技码上对接，对接高校28所，通过互通共享校企资源、对接专家及科技成果，破解企业技术攻关等难题，引导企业研发创新投入42亿元，协助引进高层次人才36人次，促成科技成果对接221项。目前，宁海“企服通”平台已累计解决企业需求4.69万件，企业综合满意度达98.72%。在全省数字经济系统应用场景大赛上，“企服通”荣获一等奖。

数字经济门户系统建设是数字化改革的重要支柱，是数字经济改革工作的重要内容，也是政府服务企业的数字化集成场景，围绕政策直达、公共服务、产业链合作和政银企联动等环节，集成多项服务，实现企业服务的“最多跑一次”。宁海县数字经济系统门户已完成开发并成功上线，形成帮企一把、甬惠金融、甬上信用等6大板块、17项应用。

产业大脑是新一轮产业界数字

化改革的新方向、新目标。宁海县政府依据浙江省数字化改革总体实施规划要求，以解决文体行业的企业原创性技术短缺、创新服务功能性单一、创新要素整合体制性障碍等瓶颈为切入点，推动文体用品行业产业大脑建设，率先在协同创新应用场景——“文创云”、新制造场景——“云制造”和数字营销场景——“M+跨境”等“三大应用场景”上实现突破。遵循高标准原则建设的文体用品产业大脑全面推进文体用品产业五大生态体系建设，“政企协同、开放赋能、生态创新、持续迭代”的产业大脑全力支撑宁波打造国际知名的“世界文体用品之都”。

宁海“牛制造”

疫情影响下的宁海制造业，动力依旧强劲，全县上下坚定不移打好转型升级、提质赋能组合拳，跑出工业高质量发展加速度，展现宁海企业的技术创新和实业精神。

【伟成金属】 打造把木制高楼推向新高度的“主心骨”，伟成金属逐梦“高精尖”。

“住友林业”是一家全球500强的木建筑企业，建造的木结构房屋以其优越的坚固、抗震、节能等特性享有盛誉，除了外观设计，每个部件都要具备高标准的尺寸精度、承重力和耐腐蚀性，耐用程度最高达到百年以上。伟成金属承接住友林业90%的订单量。宁海伟成金属制品有限公司研发的梁柱间连接件，仅该部件的年产值就达3000万元。

创立于1991年的伟成金属制品有限公司是一家致力于精密铸造的老牌企业。从工艺品、阀门部件到汽车配件、农用机械部件、建筑类铸件，多品种小批量的生产特点导致铸造这一传统行业的自动化进程困难重重。如何打破传统工艺造成的产品缺陷，进一步提升质量和精度，是伟成金属努力的方向。

金属铸件的工艺主要分为水玻璃铸造和硅溶胶铸造，水玻璃工艺传统、成本低，硅溶胶铸件精度高且生产过程可以做到无污染、零排放，但成本较高。结合两种工艺的优点，伟成探索出介于水玻璃和硅溶胶之间的复合工艺铸造技术。从2013年起，企业每年投入500余万元用于研发，使传统铸造迈入智能铸造。

伟成金属的铸件生产过程中，使用复合工艺和硅溶胶的占60%。产品壁厚最薄可达0.5毫米，最小孔径1毫米以下，尺寸精度和表面光洁度均能达到高于国家标准30%以上。2021年，企业产值达2.3亿元。

【凯博数控】 从三轴雕刻机到五轴联动数控机床，凯博数控老字号迈入新赛道。

五轴联动数控机床，是专门应用于加工复杂曲面的机床，是生产设备自动化水平的重要标志，被高端制造、医疗科研、航空航天行业广泛应用。作为全国雕铣机行业的龙头之一、长街“机械雕刻之乡”的领军企业，宁波市凯博数控机械有限公司四年前迈入五轴联动数控机床研发和制造的新赛道。

凯博数控是雕刻机行业的“老字号”，五轴加工中心可以简单地理解为一台大型立体的雕刻机。企业以前生产三轴雕刻机，就是依靠三个直线轴同时“雕刻”三个面，剩下的部分需要翻个面再加工，这就会导致加工中积累的形位公差比较大，加工精度很难提升。随着航空航天等高尖端产业发展，不少关键零件不仅呈现出复杂曲面和多面体的形态，而且精度要求越来越高，倒逼研发更高端、更多维度的产品。

2018年，凯博数控组建40多人的技术团队，研发五轴加工装备。把眼光瞄准到技术含量高、附加值高的大型五轴加工中心，可加工的零件尺寸远超过去的摇篮式雕刻机，可以满足汽车大型零部件一次雕刻成型。花了近两年时间摸索，最终五轴加工中心问世，一测试，精度在2丝以内，2021年，企业年产值近3亿元，近三年平均年增长达10%以上，仅这一款产品的销售额就达2000多万元。

2021年，凯博数控与浙江大学、宁波工程学院等高校、科研院所携手，共同开发五轴加工中心操作系统，即通过自主开发编程系统，简化流程等，降低整个机器的操作难度，工人只需要基础的机床知识，就能操控复杂的五轴联动数控机床。系统研发已经基本完成，预计新系统2022年下半年就可以匹配机床，进行测试。

【宏德众悦】 宏德众悦把小零件做成大产业。

宁波宏德众悦科技股份有限公司是研发汽车塑料功能件和安全件的行家里手，企业秉持“螺蛳壳里做道场”的精神，用小零件产出大价值，做成大产业。企业投产的48V混动电池电极端盖用于捷豹、路虎、沃尔沃、吉利等知名品牌，仅该零件的年产值就达到1500万元。

48V混动电池电极端盖，承担电池与系统之间充放电循环的“枢纽”。部件虽小，研发难度却很大。宏德众悦研发团队利用模流分析和温场仿真技术，用3个月时间攻克难关，通过程序计算模拟产品的变形，在模具不同部位设置不同的温场，控制塑料变形趋向。在生产方面，企业配备全自动生产线，利用机械手提升铜件预埋速度，生产一个电池电极端盖仅需30秒，与同行业平均生产速度相比，缩短一半以上，且确保产品质量的一致性。

塑料件型号、功能、品类繁多，根据客户需求量身定制、快速研发是宏德众悦占领市场的制胜法宝。2017年，宏德众悦以百万年薪加股权激励的方式，引进多名高分子材料领域博士，打造专家智囊团，在汽车配件新材料领域积累了充足的技术储备。企业拥有35名技术研发人员，每年投入的研发经费占总销售额的近10%。2021年，企业年产值达8000万元。

【考比锐特】 考比锐特：一台智能装备十余项专利。

宁波考比锐特智能科技有限公司的"组合式凸轮轴全自动压装工作站"被认定为浙江省首台（套）装备。最近，"考比锐特"向全球最大轴承生产企业SKF交付一条全自动生产线，完成物流装备样板线等多条高质量智能制造生产线，平均每月可接到10余个订单。

组合式凸轮轴是一项颠覆传统的制造工艺，国内已有部分企业开始做乘用车组合式凸轮轴，但更大件的商用车和船用组合式凸轮轴在市场上几乎是空白。考比锐特瞄准这一市场需求，敏锐地盯上这项新工艺，开始研发组合式凸轮轴自动化压装工作站。

考比锐特与清华校友总会、中科院先进技术研究团队等合作，经过五年的辛勤耕耘，终于在2019年研制出"组合式凸轮轴全自动压装工作站"，先后申请十多项专利，其中发明专利就有3项。这套装备采用的是绿色无污染生产工艺，与传统铸造式的凸轮轴相比可降低80%的能耗和人工成本，而且生产的产品直径更大、长度更长，精度也更高。

【建新赵氏】 建新赵氏科技有限公司成立于2015年，是国家高新技术企业，是一家生产高档轿车密封条、减震件、底盘件的企业。公司主要从事高分子材料共混配方、密封产品的结构设计与优化方法、金属与橡胶硫化粘接工艺等汽车关键零部件新材料领域的技术研究，产品配套于奔驰、宝马、奥迪、一汽大众、上海大众、福特、上海通用、神龙等，以及蔚来汽车、理想、广汽、北汽等新能源汽车厂家，并出口美国通用、克莱斯勒，德国大众、奥迪等。2021年获得宁波市综合企业百强、制造业企业百强、竞争力企业百强、科技创新企业、宁波市工业企业纳税50强等荣誉称号。

公司拥有一支由博士、硕士带队的高分子材料、机械、汽车、模具、试验检测等各类科技人才队伍共463人，拥有包含MTS三轴向动静态弹性体试验台、M+P高频试验机等总价超8000万元的国际先进汽车零部件试验检测仪器设备和1个宁波市技术（工程）中心。在日本、欧洲、美国等海外均设有研发中心，整车密封条、减震件同步研发设计能力达到国内领先水平。截至2020年12月，公司获减震、密封领域有效专利212项，其中发明专利30项，实用新型专利182项。近三年研发项目共93个，其中已实现成果转化产品40项、已完成样品试制53项，年新产品销售比例超过35%。公司2021年实现销售收入约27亿元，研发投入1.6亿元。

【方正模具】 方正模具，节能减排打造绿色工厂，通过市级绿色工厂评审，正在冲刺国家级绿色工厂。

随着行业竞争和环境压力的日益加剧，主动加快绿色转型升级的步伐，从原材料和能源、技术工艺、设备、过程控制、员工、管理、废弃物、产品八个方面实施持续的优化改进。根据《宁波工业产业能效（2020年版）》中关于模具制造行业的统计，方正模具单位产值能耗为0.026吨标准煤，远远低于宁波市0.0454吨标准煤的平均水平。

方正模具持续淘汰落后设备，加快自动化生产线建设，大大降低产品不良率和报废率，达到降耗降成本目的。对于模具生产中用来冷却润滑的辅材——切削液，严格要求供应商提供环保型切削液，并引进切削液供给净化装置，实现切削液循环再利用，使得企业年微废液处理从5吨降到2吨。此外，引进AGV技术、智能仓库、行车变频改造等进行生产过程控制，采用可回收材料代替塑料粒子，对石墨电极再利用，达到在生产制造过程中实现以集约增效为核心的精益化生产管理。

方正模具引进先进软件打造IT系统平台，搭建无纸化办公环境，将耗电、耗水、噪声、废气、废水等节能减排相关指标纳入绩效管理，倒逼企业生产、生活全流程改进提升，全力打造绿色工厂。例如员工宿舍热水，原来采用电热水器，如今通过对空压机加装余热回收机，用回收的余热加热员工生活用热水，每年节约近3万千瓦时电；又如把空压机升级改造成变频双级压缩机，每年节约30万千瓦时电能；再如对食堂油烟排气管道加装油烟净化装置、对原先自身携带石墨粉尘吸附收集装置的设备另加一条室外粉尘吸附净化装置等，进一步减少环境污染。企业还和东方日升合作，在公司2.2万平方米建筑物屋顶上安装光伏发电设备，全年发电量约98万千瓦时。

【东方日升】 2021年度电子信息企业竞争力报告在山东烟台数字赋能经济大会暨第十届CIO烟台峰会上发布，东方日升再度荣登“电子信息竞争力百强企业”榜单，位列第63名。

作为光伏新能源领域的领先企业，东方日升新能源股份有限公司始终坚持锐意创新，以领先的技术能力和先进的研发能力抢占技术和市场双高地。经过多年的努力，如今东方日升的组件产能已经达到19.1GW，在全球范围内设立办事处和分公司并建立起全球销售网络。

12月，浙江省境外投资企业协会、浙江省之江跨国公司研究院联合发布2021年浙江本土民营跨国公司经营50强榜单，东方日升新能源股份有限公司榜上有名，排名第10位。

2017年，浙江在全国率先出台本土民营跨国公司培育三年行动计划，不断培育壮大民营经济头部企业。2020年，浙江印发《加快培育浙江本土民营跨国公司“丝路领航”三年行动计划（2020—2022年）》，围绕新计划新目标，浙江省各部门通力合作，为本土民营跨国公司的发展提供强有力的制度保障和成长土壤。

东方日升新能源股份有限公司是宁海一家集研发、生产、销售太阳能电池组件、太阳能发电技术应用产品以及太阳能终端应用产品及集成为一体的高新技术企业。自2009年起，东方日升依托高效技术和产能优势，持续扩大海外市场规模，进出口额持续上升，产品销售区域包含欧洲、美国、澳大利亚等50个国家和地区。2020年，东方日升在柬埔寨马德望成立东方日升（柬埔寨）马德望有限公司，建设60MW光伏电站项目，总投资达6403.3万美元，在马来西亚成立东方日升太阳能科技私人有限公司，投资建设3GW高效太阳能电池组件项目，总投资29800万美元。境外资产总额达12亿美元，2021年实现出口总额16.6亿美元，境外营业收入总额3.8亿美元。东方日升上榜2021浙江民营企业200强第123位、研发投入100强第27位。

【易利模具】 2008年北京奥运会“祥云”火炬的壳体成型是由宁海易利模具厂鲍明勇完成的。

2006年4月3日，随着云纹图案的确定，以联想创新设计中心首席工艺专家韩小勤为首的工艺实现子团队，必须在半个月时间突破火炬薄壁整体成型、云纹腐蚀雕刻、双色氧化染色等一系列复杂工艺，向奥组委提交第一个“祥云”实体。

“祥云”火炬最具挑战性的工艺就是火炬薄壁整体成型。火炬的创意原型是纸卷，设计方案要求以铝合金来加工，上半部分管壁厚度平均只有0.8毫米左右，最薄处不到0.4毫米，铝合金不同于纸张，要求一次性整体加工成“薄壁”，工艺难度系数极高，按计划必须在6天之内完成这一工艺环节。

整整5天5夜，鲍明勇和韩小勤吃住在工厂，首支“祥云”火炬实体样品成功诞生。“祥云”火炬最终从全球388个竞标方案中脱颖而出，成为2008年北京奥运会火炬。由宁海县易利模具塑料厂参与制造的首支“祥云”火炬因其特殊意义，被北京奥组委收藏。

【格兰家居】 秉持着绿色节能的发展观，宁波格兰家居用品有限公司经过多轮技术改造、环保改造，推行清洁生产，成为面纺行业里的一股“清流”，实现生产全过程无废水排放的目标。

格兰家居成立于2010年，是一家专业从事面纺新材料及家居遮阳产品开发、设计、生产和销售的高新技术企业，主营各种功能性家居遮阳产品。以“始终专注于缔造更高品质的家居生活体验”为宗旨，公司在产品质量、功能方面下大功夫，于成立第二年就获得GMC“环球制造商”认证，成功打开国际市场。企业主动探索清洁绿色发展的技术路线，加大技改投入，实施环保改造，建立健全用能、用水、排污制度，反过度包装，不断提升自动化、信息化管理水平和节能减排，推动企业低碳循环发展。

绿色生产方式的背后，是实实在在的环保投入。在厂房屋顶，安装圆筒形的废气处理设备，收集的废气通过三级水喷淋处理，达标排放，喷淋废水则集中回收到车间旁边的废水处理设备。处理净化后的水，通过管道传输到喷淋设备再次循环利用，部分水还被员工用来浇花，整个生产流程无废水排放。沉淀下来的污泥，则通过压缩脱水后，集中运送到北仑环保固废处理站进行处理。除了设备方面的投入，企业还对产品进行全流程生态设计，以减少使用材料的种类和用量，提高使用材料的利用率；采用绿色包装方式，选用可降解材料、生态环保面料等。

减排的同时，格兰家居通过设备改造、更新等措施，不断节能降耗。多措并举之下，格兰家居获得浙江省创新型示范企业、浙江省绿色企业、浙江省清洁生产阶段性成果企业、宁波市节水型企业、宁波市制造业单项冠军等称号。

【第一注塑】 第一注塑是中国模具协会副会长单位，浙江省和宁波市模具协会会长企业，中国大型注塑模具重点骨干企业。非常重视节能降耗工作。透过办公楼的玻璃窗，可以看到厂房屋顶分布着大面积的太阳能板，月发电量5万至8万千瓦时，是企业重要的电力来源。公司通过引入自然光、设置节能灯、采用声控光控开关等多种措施，将节电落实到每一处细节。公司专门设置节能管理机构，制定一系列能源管理制度，包括能源采购、计量、统计、生产过程管理和定额考核等，并以经济责任制的方式严格考核能源投入，促进各项节能工作有效推进，把能耗指标细化到各个产品、工序、车间，取得了较好的节能降耗效果。

公司投入先进的高效节能设备，配合ERP、MES、CAE等智能软件提高生产自动化效率，从源头到生产过程，严格控制污染物的产生。逐步建成内部循环经济生产运作体系，对于模具研制生产时产生的地面冲洗水和热处理冷却用水，采取经沉淀池沉淀处理后循环使用；模具试模后产生的塑料粒子废料经过粉碎，作为原料重新利用；生产过程中产生的废机油，经过收集后被再次用作润滑；不合格模具及模具边角料通过统一收集、堆放，再由第三方公司统一回收处理再利用。公司实现工业用水100%循环利用、工业废弃物零排放。

秉持着绿色发展的理念，该公司走出了一条低碳高效、创新驱动的路子，企业和产品分别获得国家重点小巨人企业、国家级首台套产品等一系列荣誉，连续14年荣获中国国际模具技术和设备展览会精模奖一、二等奖及国家级新产品奖。

【高格卫浴】 依托绿色智能管理，推动企业高质量发展。

宁波高格卫浴产品有限公司的铸造车间从意大利引进的低压铸造机。人工抛光每人每天可做40件左右，机器人每天可生产240件，一台机器人等于6名员工，除了提高产能外，还稳定产品品质。2018年企业建成120米环形全自动电镀线，使用世界最先进智能系统控制，改进现有的生产工艺和设备，传统的生产工艺向“绿色工艺”转型。2019年开始，高格卫浴投入3000余万元环保设备，建立废气塔、污水处理设施、集尘设备等，引进污水处理蒸发器等先进污染物治理工艺和设施，有效降低废水中的化学需氧量、重金属等含量，中水回用率达80%以上。2021年开始引进30台8轴高速精雕机、30组机械人抛光机、60台双主轴全自动车铣中心等高端智能设备，淘汰落后设备，以先进的自动化设备代替，不断降低产品不良品率和报废率，保障品质，提升产能，推动企业高质量发展。得益于坚持走绿色发展道路，高格卫浴凭借优秀的产品品质、出色的企业管理，获得国内外客户的信赖，如今高格卫浴是德国Hansgrohe（汉斯格雅）、美国KOHLER（科勒）、日本TOTO、西班牙ROCA（乐家）、美国MOEN（摩恩）、日本LIXIL（骊住）等世界高端品牌的最佳供应商。

【盈峰光通信】 浙江盈峰光通信科技有限公司在2000年就开始攻关光纤连接器的“无损”连接。

盈峰生产的光纤连接器端面有一个细微的弧度，光纤位于弧面顶点，这样可以有效减少对接时的物理缝隙。每一个光纤连接器都能经受400倍放大镜检验，端面光洁无瑕疵。在性能上，盈峰的光纤连接器插入损耗小于0.2dB，回波损耗大于55dB，远高于国际标准，抗拉强度、插拔次数等方面也位居业内第一梯队。

全球光纤连接器市场需求量为每月3亿个，盈峰的产品每月销量7000万个，占两成以上，销量稳居全球第一。

【日安阀门】 宁波日安阀门有限公司是一家主要制造通风供暖制冷工业阀的企业。以前，企业生产的工业阀都是手动类阀门，靠人工控制开口大小，来改变整套暖通系统里管道各部位通过的流量值，既不方便也不节能。要实现自动调节，就必须研发出平衡阀里的核心部件——流量阀芯，这是一项棘手的“卡脖子”技术。从2020年起，日安阀门技术团队与国内高校合作，在流动设计、材料性能、加工精度等方面进行检测调试，历时两年，成功攻克难关。目前，日安阀门生产的流量阀芯精度可以控制在5%以内，远超行业10%的标准；而且，阀芯上还自带了两个检测口，可以随时检测气流大小和温度差异。客户可以根据使用的场景空间大小选用不同流量值的阀芯。

2021年，企业凭借自动流量平衡阀系列创新产品获“浙江制造”标准立项和“品”字标认证。产品产值达到企业总产值的20%。流量阀芯的成功研发，改善了企业产品结构，提高了阀门系列产品的整体性，让日安阀门迈上高端阀门制造商的台阶。

【永信汽车部件】 作为宁海汽车部件制造行业里的老牌企业，在换挡器领域，宁波永信汽车部件制造有限公司是“高精专”的代表。而停车开门自动回P挡，正是企业如今生产的电子换挡器的“拳头功能”。

2017年开始研发电子换挡器，永信已经拥有旋钮式、挡杆式、按键式和怀挡式电子换挡器等多款产品，是上汽大众、一汽大众、上汽乘用车、比亚迪、江铃、北京汽车等知名品牌的一级配套企业。2021年，宁波永信汽车部件制造有限公司电子换挡器业务的销售额达到1亿多元，市场占有率在自主品牌车型中稳居国内前三。

永信在研发方面下，不仅建有省级企业技术中心、无尘车间，还设立上海研发中心，投入巨资引进美国MTS三通道汽车零部件检测系统、台湾Easson投影仪、英国LK三坐标测量仪等先进检测仪器及六大环境实验室。永信已经在电子换挡器的支架和旋转轴方面拥有技术专利，在挡位切换、减震、手球工艺等方面的4项专利也在稳步推进。

【华宝科技】 根据《2021年扫地机器人市场发展白皮书》显示，中国已经成为全球最大的扫地机器人市场。数据显示，类似的“懒人经济”在中国约有千亿的市场规模，宁波华宝智能科技股份有限公司瞄准的正是这片“蓝海”。

2015年，华宝公司刚刚进入智能小家电领域，专门从国内外高校聘请工程师，组建60多人的研发团队，几年时间，实现密集的技术更新。在企业测试中心，各种扫地机器人一直在接受边角除尘、清扫噪音、覆盖率等方面的各项检测，每天实验次数不下百次。华宝已拥有国家各项专利50余项，填补多项行业空白。

华宝研发生产的扫地机器人清扫覆盖率达80%以上，在硬地板上的除尘率能达90%以上，指标均位于行业内第一梯队。该类产品的年销量突破100万台，主要出口欧美市场。

【卡倍亿】 一台搭载有L2.5级主动安全功能汽车的单位时间平均数据量，达到阿波罗登月时产生数据量的十几倍。如此庞大的数据传输，对于汽车的“神经系统”——汽车线缆要求非常高，宁波卡倍亿电气技术股份有限公司花36年时间，研究这些车用的电线电缆。

卡倍亿的线缆产品已能覆盖汽车用线的各种需求，规格从截面积0.13平方毫米到160平方毫米，耐温等级从-65℃到250℃，产品已打入国际市场，2021年，企业实现营业收入22.68亿元，同比增长79.44%。

【宁波沃特】 汽车底盘控制臂连接着轮胎与车身主体，起着支撑和调节作用，是汽车的关键安全件。宁波沃特汽车部件有限公司扎根这一领域25年，凭借着专业化的生产研发和对市场趋势的准确判断，推出高强钢单片式汽车底盘控制臂，国内市场占有率达70%，获评“国家级小巨人企业”称号。

2012年，沃特成功为一汽大众开发高强钢单片式控制臂，成为国内第一家自主开发生产出单片式控制臂的企业，打破国外对市场的垄断。

沃特抽选多名技术骨干组成研发团队，运用CAE冲压成型仿真软件，前后开发5套试验模具，尝试近10个方案，通过不断研究改进，历时6个月最终做出合格样件，并成功通过德国大众汽车试验和认可。在此过程中，沃特申报并获批4个相关发明专利。

除大众汽车之外，公司积极与国内自主品牌车企建立合作，推广单片式控制臂运用。沃特单片式汽车底盘控制臂采用的材料强度为800—950兆帕，与传统底盘控制臂相比，工艺减少了焊接量，质量更可控，重量减轻25%以上，更有利于车辆轻量化设计，而且成本降低，市场竞争力更强。投产第二年，沃特单片式汽车底盘控制臂产值就超过1亿元。

沃特研发团队中有30余人在职12年以上，累计取得14个发明专利和25项实用新型专利，公司也先后获得“国家高新企业”“省级研究院”“省级工程中心”等称号。2021年，宁波沃特的总产值达到4.3亿元。

【永和电子】 20年的老牌企业——宁波永和电子有限公司，是国内数一数二的感应器生产企业，几年前，他们尝试延伸产业链条，设计感应器与灯具结合的新产品。

感应器里的元器件都是非常小的，有些尺寸仅为0.8毫米，比小米粒还要小，这就需要用高度的自动化、精益化制造来替代传统生产模式。永和电子的生产车间有8条价值过百万的SMT流水线，一条流水线仅需要1名工人就能完成操作。贴片机是其中非常关键的一步，需要将电阻、电容、二极管等几十个元器件精准地贴到电路板上，然后，再放入230℃的高温炉子里进行回流焊接，把预先印刷在电路板上的锡膏熔化，便算完成了。

贴片这一过程看似进料出料两个步骤，可是因为元器件有上千种之多，人工辨识上料，本身就是个大工程。为此，公司专门开发“接料辅助系统”，工人可以通过条形码识别物料，出现绿码即正常，红码则为错误并振动报警，这大大减少错料几率。一盘原料带分布了5000个左右的元器件，一台机器一天消耗60盘左右原料带。辅助系统上线后，不仅企业生产效率直线上升，还具备自动生成报表功能，车间不再需要手工报表，机器的数据可即时进入数据库内，实现智能化。而且就连培训员工的时长也缩短了，以前工人需要培训1个月才能上岗，现在仅需1天时间。

“永和电子”从红外感应系列到微波感应系列，再到各类集合了防水、定位等多功能的感应产品，已占据国内大部分感应灯的市场份额。

【腾浩电子】 腾浩电子把凳子“玩出”新高度：内含56项专利，可搭载十余项功能。

宁波腾浩电子有限公司只凭一把“魔法”凳子，刷进“露营圈”。这把“魔法”凳子最大的特点是可以伸缩，收起来是一只大约6厘米厚的圆饼，而上下拉伸后，可变成不同高度的凳子，凳子通过加载不同配件，还能秒变户外照明灯、户外充电宝、户外音箱，等等。已申请了中国、美国、欧洲、日本等地的56项专利，以及欧洲权威TUV检测证书、中国武器装备质量管理认证和PCT全球国际通道，注册全球多个国家的商标。2021年，“魔法凳”销售额达2000多万元，不仅打入了亚马逊、天猫等网络平台，还进驻到国外大型超市。

【中天家居】 中天家居小小浴帘深藏黑科技：遇水不沾水，久用不发霉。

宁波中天家居用品有限公司从老牌的纺织厂转行做浴帘，依靠自主创新、更新营销思维、引进先进设备，这块小小的浴帘走俏欧美等地40多个国家，打开了一片天地。作为《纺织浴帘》团体标准的第一起草单位，中天家居在浴帘的研发、生产上花费了大量的精力和心血。

中天家居的浴帘用强度很大的工业洗涤机器水洗50次，相当于家用洗衣机水洗200次，还能保持高达70%的防水率，而市面上大部分的浴帘只能抵抗二三次这样的强洗涤。自产品研发成功以来，仅两年时间，中天家居的订单量就已增长了近60%，年产值已达到2.5亿元。

除了工艺，中天家居的浴帘在“时尚圈”内也叫得上号。简约款、小清新款、热带风情款，各式各样，应有尽有。每年企业在平面设计上的投入达到100万元左右，每个月会不定期推出新的设计。

【一森公司】 企业的研发团队针对手电的集成电路开发，花了7—8个月时间。不仅应用世界上最先进的MOS管和芯片，还针对核心电子元器件进行匹配测试，选择最优选的适配模式，每进行一次匹配测试就要花20多天时间。这款手电的电路集成已经开发到第三代。这款产品上市之后，售价在三四千元人民币，主要用于探险、搜救等。

一森日用品有限公司成立于2008年，从事户外照明设备的生产，包括头灯、手电、野营灯等，出口欧洲市场。由于这个行业低端的产品内卷严重，该企业转而去高端市场寻求突破，致力于研发高科技产品，提升产品的附加值。如企业生产的检测荧光剂的查验灯，它可用于检测婴儿用品、面膜、化妆品类，甚至检验钞票。在不可见的紫外线照射下，含荧光剂的物体呈淡蓝色的荧光反应，让你一目了然；企业还研发出一款手持搜救灯，照明距离达到2.75千米，就算雨雾天气也不会影响光线，穿透力十足，适用于户外搜救探险等场景，售价也高达600—700美金。企业已经拥有有效专利56件，年产值达到6000万元，研发的灯具种类达到百余种。

【光明橡塑】 宁波光明橡塑有限公司与宁波中科院材料所、华东理工大学开展深度合作，凭借“智囊团”的技术积累和先进设备的配比分析，历经成千上万次实验，成功攻克难题，一举使得材料成本下降30%。

光明橡塑的竞争力，体现在一次次的研发创新上。橡胶使用久了以后容易与对接件粘连，光明橡塑研发团队在材料里加入硅油，在保证密封性的同时让产品与对接件之间形成少量油膜，起到隔绝润滑的作用，便于替换或者维修时拔取。为了解决护套上的气孔、缺料等缺陷，光明橡塑自主开发抽真空系统，通过平衡调节抽气时的压强，使得模具各部位在准确的时机达到真空状态，确保材料注射到位，从而大幅降低产品的缺陷率。

凭借着材料、工艺、流程等全方位的升级，光明橡塑站稳行业翘楚的脚跟。年销售额做到2.5亿元，在国内的市场占有率50%以上，全球市场占有率25%左右。企业先后获得2009—2020年国家级高新技术企业，2021年市级“专精特新”“小巨人”等称号，连续多年获“全球优秀供应商”“橡胶部件优选供应商”等荣誉。

【得力集团】 上榜2021浙江民营企业200强第43位、研发投入100强第74位、就业100强第56位。

【建新赵氏集团】 9月，欧洲橡胶杂志（ERJ）公布2021年度全球非轮胎橡胶制品企业50强排行榜，建新赵氏集团有限公司作为新面孔首次入围全球非轮胎橡胶制品企业50强名单，排名第49位。

宁海茶产业与共同富裕

在高质量发展建设共同富裕标杆县的开局之年，宁海把茶产业作为农业迈向全国头部的三条示范性全产业链之一，对于其创富带富能力寄予厚望。宁海的茶产业，从1949年的575亩茶园，到1970年代初建成万亩茶园，再到改革开放初期突飞猛进，直至2021位列全国茶业百强县73位，在宁海实现脱贫的道路上，茶叶扮演了至关重要的角色。

1951年，宁海县供销合作社开始收购茶叶。次年，全县茶产量183担。1983年，全县茶产量33248担。1980年，陈洋珠试制望海茶成功，并连续三年被评为浙江省一类名茶，宁海绿茶声誉鹊起，备受市场追捧。在“打破传统体制束缚，允许一部分人、一部分地区先富起来，‘先富带动后富’，逐步实现共同富裕”的时代背景下，茶园实行专业承包制，深甽望海岗茶场、岔路吴家塘茶场、前童梁皇山茶场、黄坛澄深茶场等一批茶叶专业合作社应运而生，涌现出一批创业能人，宁海茶产业迅速崛起。

1998年，宁海开始推动名茶品牌整合，出台“树一个品牌，舞一个龙头，建一批基地，带一行产业”的望海茶品牌战略，注册“望海茶”商标，走上一条抱团式、集群式发展道路，茶农收入大幅攀升。宁海的名茶均价从1999年的190元/千克提高到800元/千克；生产总值从1999年的2134万元提高到3.2亿元。

宁海茶产业的革新蜕变，展现着共同富裕的气象。经过多年积累和探索，开始走向革新蜕变的高质量发展之路。针对种植面积小、产量小、企业规模小的现实问题，向有限的茶园要更多的产量，“以亩产论英雄”，除春季绿茶，还积极探索研发黑茶、白茶、红茶等品种，综合利用夏秋茶，从一年一季茶做到三季茶，为茶业增效。

位于深甽镇的太阳山茶场是浙江省亩产最高的茶园之一，走的是多元化开发茶叶品类、茶旅融合延伸产业链之路。茶场不仅生产绿茶、红茶、白茶、黄茶，还经营着一家精品民宿。茶场主人李巧红作为浙江大学茶学系校外指导教授，每年都会迎来一批来这里实习的浙大学生，前来深度体验茶事旅游的职业院校茶艺班、民间茶艺俱乐部和茶商团体更是络绎不绝，成为茶产业推动共同富裕的一个典型样板。从李巧红2003年承包这里的30亩茶园起，就有一批来自新昌县的采茶工追随她的步伐来这里打工。如今，太阳山茶园面积已经扩大至200多亩，一年采茶的时间长达10个月。每年春季茶园开采，山上还会出现很多新面孔，很多在镇里工厂打工的工人，会在这个季节请假上山采茶，赚上平时几倍的工资。

共同富裕的道路上，还要“一个都不能掉队”。在桑洲镇塘山村的塘山云涯果业专业合作社社长章以奎带领着一群残疾人实现在家门口就业的梦想。2007年跟随他上山创业的只有5名本地残疾人，2021年这个基地有7名合伙人和19名工人，平均月收入2000元以上。

先富带后富，共走小康路，更体现在宁海的东西部扶贫协作上。多年来，针对对口帮扶县贵州晴隆茶园管理粗放、业态原始的问题，宁海一直推动当地茶产业发展，引入优质项目，在茶叶种植、田间管理、茶叶制作、销售等各个环节进行全产业链帮扶，助推当地茶叶种植面积突破13万亩，投产面积6.7万亩。投入1600万元帮扶的晴隆县兴鑫茶业有限公司，使该公司成为黔西南州最大的茶叶加工制造企业，直接带动当地4000多人脱贫。

宁海茶产业的未来图景，映照着共同富裕的方向。2021年7月5日，宁海县委召开十四届九次全会，提出强化使命担当、勇于开拓争先，为高质量发展建设共同富裕标杆县不懈奋斗，着力展现共同富裕美好社会的县域场景。全会审议通过的《宁海高质量发展建设共同富裕标杆县行动方案（2021—2025年）》，其核心是着力打造八大场景，其中茶产业和茶文化在实现产业聚集、乡村振兴、绿色发展和精神富足方面扮演重要的角色。

宁海重点打造望海岗、梁皇山、望府山、茶山和桑洲5大茶区，根据不同的功能定位，形成局部的产业聚集，发挥各自“小而美”的特色，走出一条差异化发展道路。2021年5月14日举行的第四届“望海茶杯”斗茶大赛上，宁海县第一次把创新绿茶（大众茶）列入评比对象，不但大获成功，而且得到“品质不比名优茶差”的权威评价，这为宁海县摆脱对于名优绿茶的过度依赖，开发新兴消费群体，提升茶产业整体体量指明方向。

茶文化已深度介入宁海县艺术振兴乡村工作。宁海作为艺术振兴乡村的萌发地，全县上下掀起一场艺术乡建风暴，同时有15个村庄在开展艺术特色村建设，其中望府茶业茶叶基地所在的下枫槎村因为独特的茶文化元素而备受关注。中国人民大学丛志强教授团队入驻该村后，按“槎飨、槎赏、槎嬉、槎憩、槎研、槎望”6个模块进行打造，让游客能够在这里体验独特的茶文化主题乡村游。驻村艺术家缪素青则坚持产业精准先行，以茶文化为元素，培育村民手艺和产业，打造织布、茶宴、钩编等15个创业空间，实现村民家门口就业。

宁海茶文化的普及为提升“城市文明度”增色不少，有力助推宁海县创建全国文明城市。全县有100多家开门营业的茶馆，茶文化已经深深扎根宁海百姓的日常生活，逐渐成为大众文化、主流文化。宁海的茶产业走过效益茶业、美丽茶乡、茶旅融合之路，为茶农持续增收、乡村全面振兴，全社会实现物质富裕、精神富足贡献新的力量，续写“一片叶子”的共富故事。

宁海县中小企业融资担保有限公司成立20周年综述

20年里，宁海县中小企业融资担保有限公司走过诞生、茁壮、徘徊与回归。站在高质量发展的新起点上，回望那些波澜壮阔的脚印，既有“筚路蓝缕，以启山林”的曲折艰辛，也有责任在肩、担当于行的使命与自信，在宁海这片金融沃土上留下一串串坚实的足印。至2021年10月末，政策性融资担保在保613家、661笔，在保金额9.06亿元，注册资本放大倍数为4.42倍。在宁波大市的融资担保机构中，在保金额和注册资金放大倍数等指标都是名列前茅，切实践行担保“四两拨千斤”的杠杆作用。

【乘风破浪潮头立】 1999年6月，原国家经贸委发布《关于建立中小企业信用担保体系试点的指导意见》，随后，“一体两翼四层”的小微企业融资担保体系逐步建立：以政策性担保机构为主体、商业性担保和民间互助性担保并行，全国、省、市、县（市、区）分级组建各类小微企业融资担保机构。2000年后，大型银行开启剥离不良资产、股改上市的“黄金十年”。银行作为金融业的命脉，正渐从一元银行体制演变为国有行、城商行、农商行、股份制银行、政策性银行等多元化机构并存。

尽管金融市场已经进入多元化竞争的新阶段，但现实却是实体企业常因抵质押物和信用门槛被银行拒之门外。作为银行与企业之间的融资中介，担保机构无疑成为推进银企合作、完善金融业务链条、化解银行贷款风险、提高信贷资产质量的重要环节，也是增强企业信用、缓解中小微企业融资难、促进中小企业发展壮大的“助推器”。

在这种背景下，2001年9月28日，经宁海县人民政府批准，由县财政出资500万元，宁海县中小企业信用担保中心挂牌成立。担保中心始终紧随宁海地方经济发展主旋律，瞄准地方经济转型升级过程中的金融需求，不以盈利为目的，主动作为、不断创新融资手段和服务理念，不断拓展融资渠道，全力破解中小微企业“融资难”“融资贵”“融资慢”的问题，是宁海经济社会发展的参与者、见证者，更是践行者。

中心始终坚持为实体经济服务，特别是为小微企业服务。小微企业量大面广。从项目调查到项目评审，从合同签约到抵（质）押登记，从项目代偿到债权追偿，从后期保障到教育培训，在不断探索的过程中，坚持规范运作，坚持择优担保，坚持“雪中送炭”，全面布局、精准落子，20年来，累计办理融资担保3055家（户）、6931笔、担保金额93.6亿元。其中，为中小微工业企业累计担保2297家5936笔、担保金额93.04亿元，95%以上是为小微企业融资担保；为下岗失业人员和大学生等自主创业提供融资担保758人、1062笔，计5574万元。另外，办理非融资的诉讼保全担保844家、995笔，计11.36亿元。

正是这一笔笔担保资金，成为中小企业、特别是小微企业由“小”变“壮”的坚实底气和支撑，为小微企业提供成长空间和圆梦的舞台。

正是敢于担、善于为，县融资担保公司早在2003年2月被国家经贸委正式批准列入全国第三批中小企业信用担保体系试点单位。在国际金融危机时期，获得浙江省“暖春行动表现突出单位”称号。多次荣获浙江省“优秀融资性担保机构”，并连续四届被评选为“浙江省十佳融资性担保机构”。连续三届被评选为“宁波市中小企业公共服务优秀平台”。从2015年起连续六年荣获“宁波市优秀担保机构”荣誉称号。2020年度入选宁波市金融机构荣誉榜——“攻坚克难铁军榜”。并成为全大市唯一“中央财政支持深化民营和小微企业金融服务综合改革试点”。

【披荆斩棘创新路】 县融资担保公司因地制宜，结合企业的实际情况和金融机构的政策，在融资担保业务上不断创新，不断推出新的产品，创新推出机械设备分期还款贷款担保、自主创业小额贷款担保、外围防火墙专项贷款担保、科技金融优惠贷款、助微贷等融资担保产品，形成具有宁海特色的融资担保产品体系。

小微企业量多面广，贷款“受阻”原因不尽相同。对此，县融资担保公司因企施策，因企制宜。宁海某生产汽车配件的公司是科技贷产品的受惠企业之一。2015年，担保公司与杭州银行开展合作“科技金融优惠贷款”项目时，该企业刚刚进入县科技型企业名单，担保公司根据企业产销情况，提供200万元的科技贷担保。经过多年来的帮扶，该企业从厂房租赁到现在拥有自己的4800平方米厂房，已发展成为宁海高新技术企业的典范。另一家专业生产宠物用品的企业则是助微贷项目的受益者。当时该企业年生产销售只有100万元，2018年，担保公司根据其生产经营的需要，提供了40万元的担保。经过三年的努力，企业发展形势蒸蒸日上，年销售达到1000多万元。

2020年开始的疫情防控和帮扶企业复工复产中，为切实担负起政府性融资担保公司的社会责任，公司适时推出五大措施，全面助力中小微企业疫情防控和复工复产。宁海一家生产湿纸巾的企业，疫情期间生产销售急剧上涨，产品供不应求。担保公司按照支持生产防疫物资类的重点企业的要求，在原先担保50万元借款的基础上，立即追加150万元借款担保，及时帮助企业解决流动资金，保证企业开足马力生产。

新时代呼唤新经济，新经济呼唤新金融。面对高质量建设共同富裕标杆县的新要求，担保公司承载着更高期许。他们将与时俱进，不断创新担保形式，为助跑小微企业成长积蓄内生动力。

【步履铿锵踏浪行】 2001年成立，2011年改制变更为宁海县中小企业信用担保中心有限公司，2018年4月再次更名为宁海县中小企业融资担保有限公司。

推进高质量转型发展离不开内部机制改革，公司在改革举措上"精准发力"，深入从架构、队伍等方面推进组织变革，实现"三转变"，让担保真正回归"市场、金融、绩效"的本位。

确立市场化运作、专业化管理的运营模式，减少行政干预，着力完善公司治理，厘清董事会、监事会、经理层之间的权责边界，促使担保公司成为依法自主经营的独立市场主体，总经理由事业编制转为国企身份。担保决策实现由"行政商定"向"专业研判"转变。担保公司业务定位明确为服务于小微企业等普惠领域的准公共产品，侧重服务宁海符合产业导向、具有发展潜力的科创型、成长型小微企业，小微企业和"三农"融资担保业务占比达94.71%。担保业务实现"扶危"向"扶优"的转变。以"公司总体收入提升、业绩与薪酬相挂钩"为导向，着力制订符合宁海实际的绩效考核办法，重点考核业务指标、制度流程优化、员工素质三块内容，打破"大锅饭"和"平均主义"，拉开绩效差距，员工理念实现由"被动受理"向"主动服务"的转变。

发挥财政资金引导和杠杆作用，以"四两拨千斤"的杠杆作用，撬动更多金融资本投入实体经济，这是宁海融资担保的主责主业。宁海融资担保在改革的路上，始终立足县域实际、突出需求导向，应用"加减乘除"对担保服务进行优化升级，实现供需匹配。"加"，即实施"担保+"战略，在创新助微贷、科技贷等产品主动拓展业务的同时，全面加强与行业协会和银行的合作，已经与16家银行签订合作协议，其中改革以来新签订5家。"减"，即降费让利，给予受疫情影响无法如期还款企业合理宽限期，当年新增的小微企业担保费不超过1%，疫情以来免收或减半收取惠企家企业近400家，减免216.6万元；清退企业保证金近4000万元涉及企业197家。"乘"，即疫情期间切实加大对小微企业和"三农"主体的服务力度，开通绿色通道，按照"最多跑一次"改革要求，完善尽职调查、业务评审等11项制度流程，做到材料压缩、环节精简，达到效率倍增、企业满意的目标。"除"，即做到两个"取消"，200万元以下业务取消反担保措施，50万元以下业务取消保证金。截至5月15日，开展银担业务400家、3.5亿元，同比增长185%，其中2020年新增149家、1.21亿元；政银担业务335家、3.14亿元，同比增长175%；整体费率从2018年末的1.5%降到现在的0.6%。

国内外宏观经济和政策环境复杂多变，对于信贷担保行业来说，无疑增加行业风险。对此，宁海融资担保始终扎牢制度笼子，做到融资风险"精准防控"。不仅建立分级审批管理机制，对新增担保实行分级审批管理，单户担保金额在200万元以下的，实行总经理室审定制；单户担保金额在200万—500万元，由县金融发展服务中心召集决策委员会集体讨论审定。通过分级审批管理，杜绝人情压力，降低廉政风险。同时建立审保偿分离机制，做到业务审查、风险审批、担保代偿分别由不同部门、人员负责，既实现职责分离，又做到互相制衡，最大程度减少业务风险和道德风险。2019年以来，新增担保企业无一户出险。

在高质量发展建设共同富裕标杆县的道路上，宁海融资担保将坚持"政策性定位、专业化运作、可持续发展"方向，持续深化政策性融资担保公司改革，更好发挥地方政府在解决小微企业和"三农"主体融资难、融资贵问题中的作用，为推进全市政策性融资担保体系建设，助力融资畅通工程，提供鲜活"宁海样板"。

大事记

1月

4日，城区智慧停车项目进入试运营阶段。

6日，县委副书记、县长滕安达带领相关部门负责人来到前童镇、岔路镇深入企业开展“三服务”调研活动。他强调，要积极贯彻落实上级部署和要求，全力抓好“三服务”工作，深入开展工业全域治理，力促宁海工业经济高质量发展。

7日，县委书记林坚深入企业、乡村开展“三服务”走访调研。他强调，要全面落实“三服务”2.0版，不断优化服务载体、改进服务方式、强化服务力量，积极推动“三服务”深化拓展、迭代升级，努力为企业、基层和群众纾困解难，为全年乃至“十四五”发展开好局、起好步。

8日，县委书记林坚调研全县文明城市创建工作。他强调，文明城市创建工作是全县的大事要事，是“双优”宁海建设的必然要求，也是“十四五”时期需尽早实现的重要目标，各级各部门要迅速行动起来，以系统观念系统方法赋能助力，以具体化精准化的举措提质争优，不断提升文明创建水平和城市文明品质，奋力夺取文明高分报表。

10日，中国民主促进会宁海县总支部委员会成立大会暨第一次会员大会召开。

11日，省总工会送温暖慰问团一行走访慰问宁海县部分困难职工和困难劳模。

15日，争创全国文明城市动员大会召开。

同日，“同心聚力助‘双优’”全县党外干部代表座谈会举行。

同日，县第七次台胞台属代表大会召开。

18日，2021年度G228公路工程百日攻坚专项行动动员大会召开。

20—22日，中国人民政治协商会议第十届宁海县委员会第五次会议召开。

21—22日，宁海县十八届人大五次会议召开。

23日，省委常委、市委书记彭佳学到宁海调研。市委常委、秘书长施惠芳，县领导林坚、滕安达、徐真民、尤玲娟等参加调研。

同日，全国安全生产电视电话会议召开。县委副书记、县长滕安达，县委常委、常务副县长王军海，副县长李铭胜在宁海分会场参加会议。

25日，林坚主持召开县委常委会（扩大）会议，传达学习省委常委、市委书记彭佳学在宁海调研时的指示精神，研究部署贯彻落实举措。

26日，2021年全县春运和交通安全生产工作会议召开。

27日，全县农贸市场改造提升暨市场环境优化百日攻坚行动部署会召开。

28日，冬春季疫情防控应急桌面推演举行。

29日，林坚在调研“无废城市”建设时强调，要树立系统理念，强化闭环管理，完善治理体系，主动推进固体废物处理向规范化、精细化、专业化、规模化、现代化方向发展，争取早日建成“无废城市”。

同日，宁海举行大规模社区新冠肺炎核酸筛查应急演练。

30日，“共青团影院”揭牌仪式暨首场公益观影活动在中影集禾宁海桃源广场店举行。

30日至2月6日，宁海以“干干净净迎新春　清爽健康过大年”为主题，在全县范围内开展爱国卫生环境集中整治周活动。

31日，由退役军人组成的宁海县退役军人救援队成立并举行授旗仪式。

是月，省民政厅公布387个单位为第三批省级引领型农村社区，桃源街道下桥村、桥头胡街道双林村、深甽镇柘坑戴村、前童镇大郑村、越溪乡南庄村5个村入选。至此，宁海县有14个社区（村）入选省级农村引领型社区。

是月，《宁海县节水行动实施方案》正式发布，通过实施6大重点节水行动、20项具体任务，大力推动全社会节水，全面提升水资源利用效率，保障水安全，促进经济社会高质量发展。

是月，宁海县五山林场入选2020年“浙江省现代国有林场”名单。

是月，首届浙江农信“狠抓落实促发展‘重要窗口’显风采”系列品牌宣传活动之“十佳内刊”评选结果揭晓，宁海农村商业银行内刊《草根》获选。

是月，宁海县跻身2020年度全省AAAA级景区城。

是月，浙江省小微企业园工作联席会议办公室公布第六批审核认定小微企业园名单，宁海县金港创业基地（三期）、宁波模具产业园区（二期）入围。

是月，桃源街道秦巧莲家庭上榜第十二届全国五好家庭。

是月，强蛟镇加爵科村、一市镇箬岙村、胡陈乡中堡溪村、茶院乡下徐村、前童镇大郑村、桃源街道下桥村6个村入选2020年省级“民主法治村（社区）”，宁海县省级“民主法治村（社区）”达到31个。

是月，宁海县举行第五届教师著书立说奖颁奖仪式，全县百余位教师获奖。

是月，宁海县首次通过向社会公开征集方式组织实施2021年度公务出行车辆租赁服务定点采购工作，确定宁波景栋汽车销售服务有限公司等8家公司为宁海县公务出行车辆租赁服务定点供应商。

是月，国家卫生健康委员会发布《关于表彰2018—2019年度全国无偿献血表彰奖励获奖者的决定》，宁海县有223人获全国无偿献血奉献奖，其中73名金奖获得者、47名银奖获得者、103名铜奖获得者和19名星级志愿服务获得者。

是月，宁海县汽车零部件产业基地入编《橡胶行业“十四五”发展规划指导纲要》。该纲要以约3000字的篇幅介绍宁海县汽车零部件行业的发展情况、特点和成就。

是月，自然资源部办公厅发文公布全域土地综合整治试点名单，宁海越溪乡全域土地综合整治试点入选国家级全域土地综合整治试点。

是月，宁波市旅游景区质量等级评定委员会公布全市2020年度休闲旅游基地名单，宁海森林温泉省级旅游度假区内的南溪村民宿休闲旅游基地上榜。

是月，全县首个方舱CT在县第一医院正式启用。

是月，国务院农民工工作领导小组发布《关于表彰全国优秀农民工和农民工工作先进集体的决定》，浙江87名个人和5个集体上榜，宁海陈刚满、徐旭辉获“全国优秀农民工”称号。

是月，县农业农村局联合县诗词楹联学会出版诗集《美丽乡村处处歌》。

是月，东方日升新能源股份有限公司公司律师事务部正式揭牌成立，这是宁海首家、宁波市第十家获批成立的公司律师事务部。

是月，2020年度浙报集团县级融媒体中心共享联盟系列奖项公布，宁海传媒集团获“共享联盟·最具传播力奖”，位列传播力榜单宁波地区第一名。

是月，《中华节庆月历》项目发布暨优秀节庆推荐活动举行，现场发布中国各类节庆活动的杰出代表，徐霞客开游节上榜。

是月，“2020浙江好稻米”金奖产品名单公布，全省共10个，其中宁海七彩农业开发有限公司选送的“七彩胡陈”牌籼粳米（品种甬优17）上榜。

是月，省政府公布2020年“西湖友谊奖”名单，共有50位外国专家被表彰。宁海中乌高端新材料合作平台引进的外籍专家帕诺玛廖夫·亚历山大和比罗乌斯·阿纳托利获此殊荣。

是月，在全市机关“牢记初心使命、勇于奉献担当”专题教育实践活动总结会暨第四届机关文化艺术节闭幕式上，宁海县直机关工委选送的《“企服淘”集成服务平台，助力中小企业复工复产》获全市机关争当模范生“十佳实践范例”。

是月，宁海以力洋镇敬老院为试点单位，建立“自主检测+上门诊断+智能诊疗”三位一体的“智慧医疗室”。

是月，浙江省“千村示范、万村整治”工作协调小组办公室公布2020年度全省深化“千万工程”建设新时代美丽乡村（农村人居环境提升）工作考核结果，宁海获考核优秀。

是月，中国红十字会总会公布为新冠肺炎疫情防控工作作出突出贡献的捐赠名单，宁海两家企业上榜，其中得力集团有限公司获中国红十字人道勋章，东方日升新能源股份有限公司获中国红十字博爱奖章。

是月，中央文明办公布2021—2023年创建周期全国文明城市提名城市名单，宁海上榜。

是月，宁波市乡村全域旅游示范区验收结果“出炉”，前童镇成功创建宁波市乡村全域旅游示范区。

是月，县妇幼保健院与宁波市康复医院正式签订两院合作框架协议，双方就未来在儿童康复方面合作办医达成一致。托管后，宁波市康复医院与宁海县妇幼保健院儿童康复科实施同质化管理，并挂牌“宁波市康复医院儿童康复宁海分中心”。

是月，省水利厅、省经信厅、省教育厅、省建设厅、省文化和旅游厅、省机关事务局和省节水办联合发文，对全省164个具备引领示范和典型带动效应的节水标杆单位，授予浙江省2020年节水标杆单位称号。其中跃龙街道兴圃社区红枫公寓小区上榜。

是月，县检察院派驻宁波海警局宁海工作站检察官办公室正式挂牌成立。这也是宁波首家县级检察院入驻海警工作站。

是月，桑洲岭隧道全面通车，结束该隧道单洞双向通行的历史。桑洲岭隧道右洞1405米，左洞1385米，双向四车道，设计时速80千米。

是月，宁波力洋酒业有限公司在第17届“中国中华老字号精品博览会”上，送展的“力洋牌番薯烧”和“力洋牌黄精酒”双双获得金奖。

是月，宁波永丰园林建设有限公司承担的公益性计划（市级）“重要彩叶乔木紫薇紫红叶新品种选育及高效快繁技术示范与应用”（2019C10004）项目通过验收，同时项目选育的紫红叶紫薇新品种“紫遂”“紫裙”“紫夜”获得国家林业和草原局颁发的植物新品种权证书。

是月，工信部网站公布《国家鼓励发展的重大环保技术装备目录（2020年版）》，宁海浙江多普勒环保科技有限公司研发的“机动车尾气激光遥感检测装备”入选。

是月，宁海县采血人数1572人次，采血量49万余毫升，创月度采血量历史新高。

2月

4日，宁海县干部心理素质提升中心在县委党校揭牌成立。

同日，县教育局出台《宁波市终身教育“双百千万”防疫科普行动宁海实施方案》。

5日，浙江省航空应急救援宁海县备勤基地挂牌启用暨首航仪式在宁波南部滨海新区滨海公园举行。

同日，县委副书记、县长滕安达会见同济大学副校长、中国工程院院士、德国工程科学院院士、瑞典皇家工程科学院院士吴志强。

8日，2020年度全县基层党建和人才工作述职评议会召开。

9日，省委副书记、省长郑栅洁对省委政策研究室报送的《艺术振兴乡村　推动共同富裕——宁海县葛家村的做法与启示》作出批示，指出该做法很有特色、很接地气、很有内涵。

9日，全县“创文明交通　治违停乱象”车辆违停大整治工作动员部署会召开。

19日，宁海举行重大项目集中开工仪式，共29个重大项目开工，总投资111亿元。

20日，新修订的《宁海县公共租赁住房管理办法（修订）》正式施行。

22日，“‘新宁海人’安‘宁’过年·百万奖品大抽奖”活动颁奖仪式在国际会展中心广场举行。

25日，宁海创建全国文明城市工作培训会召开，县直及部省市属各有关单位分管领导及联络员参加。

是月，岔路镇江家村地热资源勘查探矿权顺利出让，系宁海首宗以公开挂牌方式出让地热资源勘查探矿权。

是月，宁海县慈善总会获省品牌社会组织荣誉称号，宁海县社会与经济服务中心理事长童跃和宁海县模具行业协会秘书长蔡能平2人获省社会组织领军人物荣誉称号。

是月，全国1478家商会被全国工商联认定为2019—2020年度全国“四好”商会。其中跃龙街道商会上榜。

是月，浙江日报和浙江省生态文明研究院开展的“美丽浙江生态环境治理十佳优秀案例”和“美丽浙江绿色发展十佳示范案例”评选结果出炉，宁海“以治促建”发展美丽凫溪经济带获“美丽浙江绿色发展十佳示范案例”。

是月，宁波市兴伟刀具科技有限公司和宁波方正汽车模具股份有限公司2家企业获省级信用示范企业称号；宁波优和办公文具有限公司等3家企业获得市级信用示范企业称号。至此，宁海共有省级信用示范企业10家，市级信用示范企业26家。

是月，根据《浙江省新型冠状病毒肺炎疫情防控工作领导小组办公室关于做好“一老一小”服务机构冬春季新冠肺炎疫情防控工作的通知》要求，宁海养老机构实施封闭式管理。

是月，浙江省教育厅公布2020年省级先进教研组评审结果，中学数学教研组和县中心幼儿园教研大组获评。

是月，2020年度全省“五水共治”工作群众幸福感测评结果揭晓，宁海位列全市第一、全省第二十五。

是月，宁海前童镇鹿分村村民童松达获评“中国好人榜”诚实守信好人。

是月，2020年度宁波市“甬江建设杯”优质工程奖评选结果已揭晓，宁海县城西文化产业区提升工程、宁海县机动车检测中心工程——办公楼、宁海县新城市中心区10—2地块（得力总部基地）项目1#楼工程3个工程上榜。

是月，省委、省政府发文表彰“森林浙江”建设工作突出贡献集体和个人，宁海自然资源和规划局上榜。

是月，东方日升新能源股份有限公司荣登2020年度宁波市外贸出口企业十强榜。

是月，桃源街道宁波富艺长泓养老投资有限公司董事长张荷兰获“全国敬老爱老助老模范人物”称号。

是月，宁海7家单位的科技成果获2020年度宁波市科学技术奖。

是月，《小康》杂志社发布“2021中国县域电商竞争力百强榜”，宁海总评分82.59分，位列第39位。

是月，宁海上榜2020年度法治浙江（法治政府）建设先进单位名单。

是月，宁海机动车检测中心获评全省服务规范车检站。

3月

1日，即日起，宁海智慧停车正式收费。

同日起，取消除道路危险货物运输以外的道路货物运输驾驶员从业资格考试。

2日，宁波市生态环境局宁海分局临港环保所挂牌成立。

3日，浙商回归项目、甘肃省宁波商会总部经济项目嘉隆广场投入运营。

5日，全县党史学习教育动员部署会召开。

同日，是第58个学雷锋纪念日，宁海举行“全民学雷锋　人人助创城”宁海县争创全国文明城市志愿服务誓师大会。

8日，在宁海梅桥区块，市县重点工程东方日升新能源股份有限公司年产8GW高效太阳能组件生产项目一标段工地，500多名施工人员正在忙碌施工。总建筑面积14.89万平方米，是宁海历史上最大的单体建筑。

9日，宁海举行“文明缑城先锋号　工人创城有力量”活动启动仪式。

同日，中国文联国内联络部主任、网络文艺传播中心主任谢力带队到宁海调研艺术振兴乡村及基层文联建设工作。

10日，林坚在全县农业农村工作座谈会上强调，要解放思想，开拓思路，明确目标，以科技创新为引领，系统抓好服务保障、项目建设、定量考核等工作，奋力实现农业争先进位高质量发展。

11日，宁海工程费用投入最大的公办幼儿园——宁海县桃源中心幼儿园举行开园庆典。

12日，京衡律师集团董事局主席、中华全国律师协会民事委员会副主任、宁海乡贤陈有西向县图书馆捐赠文澜阁本《四库全书》影印本，并举行捐赠仪式。

14日，潘天寿诞辰124周年纪念日，县集邮协会举办潘天寿纪念邮展，县邮政部门启用纪念邮戳一枚。

16日，宁海召开全县新冠病毒疫苗接种工作部署会议。

17—18日，省总工会基层工作部部长杨宝明带队到宁海考察基层工会组织建设工作。

18日，全国、全省森林草原防灭火工作电视电话会议先后召开。县委常委、常务副县长王军海在宁海分会场参加会议。

是日，宁波震裕科技股份有限公司（震裕科技300953）在深圳证券交易所创业板正式挂牌上市，成为宁海第7家上市公司。

18—19日，林坚深入大佳何、岔路、黄坛等乡镇调研艺术振兴乡村工作。

20日，党史学习教育中央宣讲团报告会在杭州举行。在宁海分会场，县委理论学习中心组举行专题学习会，部署近期全县党史学习教育工作。

是日，全县“百年百团·千场万人”党史教育大宣讲活动启动仪式在新时代文明实践中心广场举行。县委书记林坚宣布启动，并与县委常委、宣传部部长叶秀高，县委常委、组织部部长方勤一起为宣讲团代表授旗。

是日，2021第三届宁海·桥头胡樱花节在桥头胡街道眠牛山公园开幕。

21日，以“漫享胡陈·桃醉四方”为主题的第十三届东山桃花节开幕。

22日，宁海争创全国文明城市工作专题部署会召开。

同日，2021年全民健身季“千里走宁海”国家登山健身步道徒步穿越活动第一站在一市镇启动。

27日，由郑州日产主办的“创富皮卡　谁与争锋”新锐骐浙江区域上市暨节油争霸赛在宁海模具城举行。

30日，宁海首个基层新冠病毒疫苗方舱式临时接种点在力洋镇正式启用。

31日，浙江省满意图书馆考评组专家一行到县图书馆开展实地考评工作。

同日，宁海县2021级村干部学历培训班开班仪式暨2018级村干部学历培训班毕业典礼举行。

是月，宁波市新冠肺炎核酸采样检测技能县级练兵（宁海赛区）

在宁海县中医医院举行，来自宁海、象山、奉化三地共55家医疗机构的220名医务人员参加比武。

是月，宁海召开河（湖）长制业务培训会议。

是月，梅林街道成立应急救援队。

是月，宁海举办一场主题为“巾帼向党绽风采　筑梦百年书华章”的巾帼劳模宣讲会，邀请县劳模讲师团成员全国劳模裘银芳、省级劳模郑莲亚进行现场分享，大力弘扬劳模精神、工匠精神，充分发挥女劳模、女先进的示范引领作用。

是月，县交通集团有限公司正式获得中国银行间市场交易商协会短期融资券注册发行批文，获批发行5亿元。该集团成为首家获批公开发行短期融资券的国有企业。

是月，省水利厅、省生态环境厅公布2020年度县级以上集中式饮用水水源地安全保障达标评估结果，宁海西溪—黄坛水库水源地等级评估为优。

是月，宁海全面启动耕地“非农化”“非粮化”摸排工作。

是月，司法部、民政部公布第八批“全国民主法治示范村（社区）”名单，岔路镇下畈村名列其中。

是月，宁海桑洲镇中心小学、实验小学教育集团城西校区、实验小学教育集团金桥校区、桃源中心小学、桃源初级中学、辛岭小学、宁海中学、黄坛镇中心小学、县技工学校、越溪乡初级中学、长街镇山头小学、深甽镇双湖小学、大佳何镇初级中学13所学校获评宁波市文明校园称号。

是月，裘银芳入选2月浙江好人榜。

是月，在2020年度全国学雷锋志愿服务“四个100”先进典型宣传推选活动中，跃龙街道怡惠社区荣登100个最美志愿服务社区名单公示榜。

是月，宁海地理国情监测项目完成专家验收。

是月，省政府表彰浙江省第22届水利“大禹杯”竞赛活动优胜单位，宁海获得银杯奖。

是月，宁海举办国企年轻管理人员综合能力素质提升培训班。来自宁海15家国企单位的近40名国企年轻管理人员参训。

是月，县纪委县监委下发《关于实施廉情观察员制度的通知》，选派中层干部到31个村（社）担任廉情观察员，1对1开展联系服务，重点做好推动涉纪信访问题调处、推动“36条”规范执行、推动基层党风廉政建设、推动村（社）监会有效履职、推动村级监察工作联络站高效运行、推动重大项目高质量开展等工作，加强对基层农村群众反映强烈问题的集中整治，持续巩固推进基层治理。

是月，全省工业刷行业首个“浙江制造”团体标准《扭丝刷》通过现场评审。该标准由宁波市标准化研究院牵头组织制定，宁波兴宝华刷业有限公司主导起草。

是月，桑洲镇获评2020年度宁波市“美丽水乡”。

是月，东方日升新能源股份有限公司、建新赵氏集团有限公司获得国家级博士后工作站授牌。

4月

2日，宁海在烈士园举行县党史学习教育清明祭扫活动暨“无名烈士亲人团”成立仪式。

同日，第十六届浙江长街蛏子节开幕。

3日，全县制造业高质量发展大会召开。会议表彰2020年度宁海县民营制造业企业纳税十强、“215”工业企业培育工程获奖企业、首发上市企业、进出口五强、出口成长型企业、新认定国家高新技术企业代表、市县质量奖获奖企业、制造业“亩均效益”领跑者企业、投资促进工作先进单位和先进个人。

同日，长街镇举行乡贤馆、文昌阁、苏东天艺术馆开馆仪式。

6日，全县推进数字化改革大会召开。

7日，宁海登上一季度浙江省县级融媒体合作传播力榜榜首、一季度宁波市县级融媒体合作传播力榜榜首，外宣工作取得开门红。

9日，宁海召开“两违”整治促进“无违建”创建暨全域创建省级“污水零直排区”动员大会。

同日，县委副书记、县长滕安达在全县有效投资“三抢一增”行动动员大会上强调，全县上下要进一步提振精神、鼓足干劲，凝心聚力抓项目扩投资，比学赶超争先进创一流。

同日，宁波市体育局党组书记、局长张霓带队到宁海调研体育相关工作。

13日，省文化和旅游厅党组成员、副厅长杨建武带队到宁海开展职工疗休养活动，以实际行动响应“浙江人游浙江”，助力恢复文旅市场的生机和活力。

15日，省委第九巡视组巡视宁海县工作动员会议召开。

16日，滕安达带领有关单位负责人赴梅林街道调研工业全域治理和新型城镇化建设工作。

同日，宁海举办新生代企业家庆祝建党百年暨慈善晚会，成立首个新生代企业家公益基金“宁海新生代慈善基金”。

同日，宁海召开全县“两新”工委书记扩大会议暨“两新”党建

"争先创优、整体跃升"推进会。

同日，宁海县青商学院启动仪式举行。

同日，宁波市人才日，宁海农业畜牧专场活动以"保种未来·续良品"为主题，邀上海农科院有关专家团队为岔路黑猪这一地方优质种质资源的保护、利用和发展提供技术支撑、人才保障。副县长沈纾丹出席。

同日，宁海县防范电信网络诈骗"五进"宣传活动启动仪式在西子国际南广场举行。

17日，中央宣传部宣传舆情研究中心副主任、中央宣传部思想政治工作研究所副所长杜大力一行到宁海传媒集团调研融媒体中心建设以及"学习强国"学习平台运营情况。

同日，县妇幼专科联盟成立。

同日，"水滴石穿——浙江省综合材料绘画邀请展"在位于深甽镇温泉文化艺术村的玖玖美术馆开幕。

18日，宁波民建"同心阅览室"成立暨宁海县茶院乡南溪小学赠书仪式在南溪小学举行。

同日，中国工程院院士、浙江大学特聘教授谭建荣，国家特聘专家、清华大学大数据科学研究院特聘研究员张晓明等专家学者，以及华为、中兴通讯、中国移动、中国电信、中国联通等知名企业高管齐聚宁海，参加主题为"数字引领·智造论"的数字经济发展论坛。

同日，宁海第六届"前童溪畔居"少儿主持人大赛颁奖盛典在得力大剧院举行。

同日，"绿水青山　最美绿道"半程马拉松欢乐跑在梅林河洪村举行。

19日，宁海产业人才学院成立仪式暨中国（宁波）产教融合创新发展论坛在宁海举行，40所高等院校与50家重点企业代表共300余人参加，27所高校与宁海签订校地合作协议。宁海产业人才学院成立，五年内将优选培植20家创新赋能机构、50家实训工场、100所合作高校，培养1万名产业人才。

21日，县委政法队伍教育整顿工作推进会暨县委政法队伍教育整顿领导小组全体（扩大）会议召开。

同日，宁海人才之家揭牌仪式暨"才·富"对接会在宁波生物产业园举行。

22日，滕安达在全县金融支持实体经济发展暨"三争三服务"专班工作会议上指出，要更好地扩大金融供给、优化金融服务，精准有效支持社会经济发展，推动金融与实体经济互促共赢，金融与城市发展协同并进。

同日，省总工会副主席吴海瑜、省总工会基层工作部部长杨宝明一行赴宁海考察基层工会组织建设情况。

同日，宁海迎接国家卫生县城复审动员部署会在县公共卫生中心召开。

同日，宁海县乡村文旅投资运营顾问团成立。

23日，第26个"世界读书日"。宁海县第十届方孝孺读书节开幕式暨"党史·红色记忆"经典诗词朗诵活动举行。

23—24日，2021中国·强蛟海钓精英赛暨浙江省积分赛在宁海湾海域举行。

24日，"潮起甬南·菁英汇"中科院青年科学家与青年企业家对话会在宁海举行。

25日，县十八届人大常委会召开第三十五次会议。

同日，宁海获评法治浙江（法治政府）建设示范单位。

同日，省旅游专班第三次会议暨全省旅游业"微改造、精提升"工作动员会在宁海召开。省旅游专班组长、副省长成岳冲出席会议并讲话，省旅游专班副组长、省政府副秘书长蔡晓春主持会议，省旅游专班副组长、省委宣传部副部长葛学斌，省旅游专班副组长、省文化和旅游厅党组书记、厅长褚子育，副市长许亚南，县领导滕安达、王鸿飞等出席。

26日，国际（宁海）乡建艺术节在大佳何镇葛家村开幕，波兰、乌克兰、南非等10余个国家的国际友人共同参与设计打造国际乡建艺术村。波兰共和国驻上海总领事马莱克·切谢尔楚克及其夫人贝娅塔·切谢尔楚克，县委常委、宣传部部长叶秀高参加并为国际乡建艺术中心揭幕。

同日，第21个世界知识产权日，县知识产权保护协会成立。

27日，第十九届徐霞客开游节媒体见面会暨宁海文旅（杭州）推介会在杭州举行。

28日，全省农村文化礼堂2.0版建设暨新时代文明实践中心建设工作现场会在绍兴市柯桥区召开。县委副书记、县长滕安达在会上进行交流发言。

同日，宁海县庆祝"五一"国际劳动节暨先进表彰大会在县职工之家工人文化宫举行。

29日，宁波市庆祝"五一"国际劳动节暨劳模先进表彰大会召开，县公安局跃龙派出所获2021年宁波市五一劳动奖状。

是月，宁海人民教育基金会获浙江省2020年度优秀社会组织综合先进称号。

是月，国家卫健委和国家中医药管理局下发《关于通报表扬2020年"优质服务基层行"活动中表现突出、成效显著机构的通知》，县第一医院医疗健康集团北部医院上榜。

是月，2020 年 35 个宁波“水美村庄”名单近日出炉，宁海胡陈乡胡东村、前童镇鹿山村、长街镇对洞岙村、一市镇前岙村、岔路镇梅花村上榜。

是月，宁海公布首批党史学习教育资源，包括 10 个党史教育学习基地和 50 部党史学习教育推荐影片。

是月，第四批浙江省党史教育基地名单发布，全省新增 24 个红色地标新头衔，梅花村会议纪念馆入选。

是月，宁海县被评为 2019 年度全省农村生活垃圾分类处理工作成效明显单位。

是月，由县农业农村局组织编纂的《宁海县农村工作志》正式出版发行。

是月，宁海境内首个公路跨海斜拉桥——旗门港特大桥主塔完工。

是月，省人民政府办公厅公布浙江省第八批国防教育基地名单，宁海县红色西乡纪念馆（含岔路镇梅花村会议纪念馆、西南农会旧址、县委诞生地碑亭、山洋革命根据地纪念园）上榜。

是月，宁海先后获评“四好农村路”、省级示范县和 2020 年万里美丽经济交通走廊示范县。

是月，县住建局对某工程项目的施工单位作出罚款 3 万元的行政处罚，这是宁海开出的首张建筑工地扬尘污染罚单。同批受罚的还有另一项目的施工单位，罚款 5.5 万元。

是月，县法院联合县工商联举行“民营企业司法服务联络站”揭牌仪式暨“万企评法院”专项活动。

是月，县委全面深化改革委员会印发县数字化改革“1+6”方案，明确宁海数字化改革计划表和路线图。

是月，宁波双林汽车部件股份有限公司研发的“双林数字化供应链智能制造平台”被宁波市经济和信息化局评为 2020 年度市级优秀工业互联网平台。

是月，宁海获评省农村饮用水达标提标行动工作成绩突出集体。

是月，在国际旅游联合会主办的以“新思维　新动能　新模式”为主题的第四届国际旅游年会上，岔路镇被国际旅游联合会授予“艾里缇斯”奖暨“中国美丽乡村特色旅游镇”称号。

是月，桥头胡街道获市第九届水利“大禹杯”优秀乡镇（街道）一等奖。

是月，西店镇岭口村后门山矿地综合开发利用项目建筑用石料（凝灰岩）矿正式挂牌出让，系宁海首宗矿地综合开发利用采矿权出让。

5 月

7 日，县委常委会（扩大）会议暨经济社会形势分析会召开。

同日，2021 第八届亚洲国际艺术节浙江赛区选拔赛新闻发布会在宁海举行。

8 日，县委人才工作领导小组（扩大）会议召开。

同日，《宁海县“十四五”科技创新发展规划》顺利通过宁波大学、浙大宁波理工学院、宁波财经学院、宁波市委党校等专家教授的评审。

11 日，宁海老年大学新校区启用仪式举行。

同日，由县委宣传部、县直机关工委、县委党史研究室主办，宁海传媒集团承办的“学党史、悟思想”党史知识竞赛线上初赛开赛。

12 日，滕安达主持召开全县疫情防控工作领导小组会议。

同日，省老年体协在宁海举办“庆七一、迎亚运”2021 年浙江省老年人桌上冰壶球裁判员、教练员培训班和全省老年人桌上冰壶球交流活动，来自全省各地百余名人员参加。

同日，全省数字经济系统应用场景大赛落下帷幕，宁海企业码宁海专区应用场景“企服淘”项目获一等奖。

13 日，宁海与中交上海航道局有限公司在上海签署战略合作框架协议。林坚与中交上航局党委书记、董事长、总经理霍胜勇见证签约仪式并座谈交流。副县长应国邦参加。

13 日，平安银行宁海支行开业。

14 日，“智享侨梦苑、创业在宁波”——百名博士走进宁波“侨梦苑”宁海中心活动在宁波生物产业园举行。市委常委、统战部部长，副市长，市政协党组副书记卞吉安出席并致辞。活动当天举行宁海籍海归人士助力家乡高质量发展恳谈会、《宁海海归故事汇》发布仪式。

同日，全省安全生产大排查大整治专项行动部署会召开。滕安达在宁海分会场续会上强调，安全生产永远在路上，一定要绷紧这根弦，狠抓安全生产大排查大整治专项行动，确保以安全稳定的环境办好开游节，迎接中国共产党成立 100 周年。

同日，2021 年宁海县“望海茶杯”斗茶大赛在桑洲镇举行。

同日，“红歌颂党恩，奋进新时代”全县职工歌唱大赛在得力大剧院举行。

同日，2021 年度宁海县民兵应急连点验大会暨“百连结百村，共创文明城”活动启动仪式在岔路梅花村举行。

16日，童衍方艺术馆新馆开馆仪式暨“尺木艺光”来楚生、唐云、童衍方金石书画展在前童古镇举行。

18日，2019—2021年度徐霞客游线标志地寻找和论证行动终审会在宁海举行。全国政协常委、浙江省政协副主席张泽熙，第十、十一届全国政协副秘书长，第十、十二届全国政协文史和学习委员会驻会副主任、项目智库专家卞晋平，中国地质学会徐霞客研究分会会长、自然资源部咨询研究中心高级顾问、项目智库专家王宝才，人民政协报社党委书记、社长王相伟，宁波市政协副主席陈为能，县领导滕安达、尤玲娟、童青燕参加宁海会议。

同日，“天籁浙江·诗路宁海”长三角名家朗诵会在宁海柔石公园广场举行。省文化和旅游厅党组书记、厅长褚子育，省文化和旅游厅党组成员、副厅长朱海闵出席，县委书记林坚，县委常委、宣传部部长叶秀高参加。

同日，宁海县与乌克兰切尔诺莫斯克市举行建立友好交流关系视频签约活动。

同日，中国人民大学艺术学院团队来到跃龙街道下枫槎村进行实地考察，探索一条与产业融合的艺术振兴乡村之路。

19日，庆祝“中国旅游日”2021年全国分会场、浙江主会场活动，“最美风景在路上”全国夏季自驾游推广季启动仪式在西门城楼广场举行，第十九届徐霞客开游节同时开幕。

同日，中国乡村旅游峰会在宁海举行。中国科学院院士杨树锋，浙江省文化和旅游厅党组成员、副厅长朱海闵，浙江省徐霞客研究会会长张国斌出席。县委副书记汪志，县委常委、组织部部长方勤，副县长王鸿飞参加。

同日，第九届“中国当代徐霞客”评选活动结果揭晓。冯静、汝志刚、孙重贵等当选“中国当代徐霞客”。

同日，中国乡村旅游峰会现场，杨树锋院士科技创新中心正式揭牌。

21日，省委政法队伍教育整顿第二驻点指导组组长夏海伟一行到宁海调研指导政法队伍教育整顿工作。

同日，宁海召开争创全国文明城市工作月度点评部署会。

同日，基层队伍高素质、基层党建高质量助力省委“三个争先”和“双优”宁海建设推进会暨“百村立功竞赛”十年扬帆行动启动仪式在黄坛镇弘杨村举行。

同日，第六届葛洪文化节开幕式暨传承中医·振兴乡村项目签约授牌仪式在岔路镇湖头村举行。

22日，第五届宁波市企事业单位文体联赛暨羽毛球比赛在宁海工人文化宫开幕。

同日，浙江·一市第十四届“宁海白”枇杷节开幕。

同日，“诗韵力洋　亲子向阳”首届力洋亲子文化节开幕式暨“童诗之路”启动仪式在力洋古村举行。

23日，来自宁波各县（市、区）近800名职工及户外爱好者齐聚强蛟镇薛岙码头，参加2021“美丽乡村·与惠同行”宁波百万职工健步走、“健步逍遥强蛟·畅游蓝色海湾”万名职工游宁海启动仪式暨首场千名职工走进强蛟健步走活动。

25日，省民政厅厅长王剑侯到宁海调研民政工作。市委常委、副市长卞吉安，县委副书记、县长滕安达，副县长沈纾丹参加。

26日，滕安达主持召开全县重大项目推进情况汇报会。

同日，柔石、殷夫诗文书法作品展开展，展出宁海、象山两地书法家创作的100件书法作品。

27日，县委议军会暨国动委全体会议召开。

28日，宁海县交通系统民兵整组点验大会举行。

同日，宁海召开打击整治非法社会组织专项行动工作专班（扩大）会议，全面开启打击整治非法社会组织专项行动。

同日，县第十届运动会动员会举行。

30日，由宁海县委宣传部指导，宁波开牧影视有限公司出品的电影《我和我的青春》在宁海西门城楼广场举行开机仪式。这是一部由宁海人投资、出品的院线电影。电影讲述宁海潘天寿、干人俊、柔石、范金镳等人在青年时期求学立志，寻找救国真理、艺术道路、人生理想的故事，是一部青春励志红色电影。

31日，国务院颁发的政府特殊津贴获得者、九旬高龄宁海乡贤陈绍综为桃源二中捐款220万元仪式在桃源街道举行。

是月，由县委宣传部、县教育局、县农业农村局等单位主办的“晴隆30天”应伟建画展在桥头胡街道黄墩艺社开幕。

是月，宁海县飞狼公益救援队训练基地揭牌仪式在茶院乡许民村四尖头举行。

是月，县综合执法局桃源中队对一名在县图书馆周边绿化带上违停的车主，开出一张350元的罚单。这也是宁海今年开出的首张毁绿违停罚单。

是月，宁波市经信局公布2020年度市级未来工厂和优秀工业互联网平台名单，宁海得力集团未来工厂项目上榜。

是月，岔路镇上榜第一批宁波市法治建设示范乡镇（街道）名单。

是月，县工商联法律服务工作获评省级“两个健康”最佳实践案例。

是月，宁海书法家潘志光、邵常娥的“八秩墨痕——伉俪书法作品展”在宁波图书馆新馆展出。

是月，浙江省文化和旅游厅公布全省第一批共 70 家“满意图书馆”达标名单，县图书馆上榜。

是月，浙江省政府办公厅印发通报，对在 2020 年落实有关重大政策措施中真抓实干、取得明显成效的 73 个地方予以督查激励，给予资金分配倾斜、用地指标奖励、改革先行先试等 33 个方面政策激励。其中，宁海入选服务纾困小微企业和个体工商户、激发市场活力成效较好的县（市、区）。这也是宁海继“最多跑一次”改革获得省政府督查激励后，再获此殊荣。

是月，2021 年宁波市精品甜瓜推选活动在宁海长街镇举行。

是月，桑洲镇镇区纳入大管网供水，标志着宁海城乡供水一体化格局全面形成。

是月，宁海中小企业融资担保有限公司在市担保协会 2020 年度评优评先表彰中，获优秀担保机构、优秀产品及典型案例集体荣誉称号，负责人俞立兵、业务员杨爽爽分别获优秀机构负责人、最佳行业能手个人荣誉称号。

是月，宁海县分别获 2020 年度“五水共治”（河长制）“大禹鼎”银鼎、美丽浙江建设（生态文明示范创建行动计划）工作考核优秀县。

是月，宁海 1 ∶ 50000 地质灾害风险普查工作正在各个乡镇逐步开展。

是月，县委常委、统战部部长石雅洁带队新生代企业家一行到江西于都县赢家时装（赣州）有限公司参观考察。

是月，“七彩乐章映初心”庆祝中国共产党成立 100 周年系列活动之音乐党课在跃龙街道凌塘股份经济合作社文化礼堂举行，300 名来自各行政村（合作社）、社区和“两新”企业党组织负责人及当地党员干部参加此次活动。

是月底，央视 10 套《味道》美食文化栏目组进驻强蛟镇，相继在骆家坑村、薛岙渔村、强蛟群岛、大井印象渔文化馆等处开启寻味品鲜之旅，接连数日用镜头向全国观众展现湾美食美景、风土人情。

是月底，宁海县提前完成变型拖拉机清零工作。

是月底，全市特种设备赋码工作部署及现场会在宁海县举行，宁海县作为全省首批试点实施“特种设备码”应用的 8 个县（市、区）之一，赋码设备总数和赋码率均居全省第一，在会上作经验交流。

6 月

2 日，宁波方正汽车模具股份有限公司在深圳证券交易所创业板正式挂牌上市，成为宁海第 8 家上市公司，宁波第 99 家境内上市公司。

4 日，林坚带队开展“平安护航建党百年”安全生产督导检查。他强调，安全生产这根弦，一刻不能松，各地各部门要始终做到警钟长鸣，树牢安全发展理念，强化底线思维，增强风险意识，压实安全责任，提高安全素养，全面提升本质安全水平，为庆祝中国共产党成立 100 周年营造平安稳定和谐的发展环境。

同日，市政协副主席陈为能带领部分省市政协委员到宁海，就宁海大花园建设工作展开监督调研。

同日，县妇联举行“公益之花献给党”公益项目风采大赛暨“优秀公益服务组织”颁奖晚会。市妇联党组书记、主席顾卫卫，县委副书记汪志出席。

5 日，宁海县 2021 年“安全生产月”启动仪式暨广场咨询日活动在县青少年活动中心广场举行。

6 日，县妇保院妇幼保健大楼正式投入使用。整幢大楼共 9 层，主要功能区域包括儿童保健中心、口腔科、耳鼻喉科、眼科、围产保健中心、孕妇（育儿）学校、科教研多功能厅、月子中心等。

7 日，林坚在跃龙街道接待群众来访、调研人民调解工作。他强调，要牢固树立群众观念，以高度的政治责任感和使命感沉到一线化解矛盾纠纷，切实解决群众反映的实际问题和合理诉求，不断增强群众幸福感，为庆祝中国共产党成立 100 周年营造和谐稳定的社会氛围。

同日，滕安达带队开展“平安护航建党百年”安全生产督导检查。他强调，安全生产永远在路上，各级各部门要始终坚持生命至上、安全第一，对重点领域开展全面排查，坚决消除安全隐患，确保各项安全措施落实到位，为庆祝中国共产党成立 100 周年创造安全稳定环境。

同日，大佳何镇涨坑村迎来央视农业农村频道《三农群英汇》栏目组，开始为期 6 天的驻村拍摄，全程聚焦宁海艺术振兴乡村新探索。

同日，县模具协会召开第五届第一次会员大会。

同日，九三学社浙江省委专家服务站（宁海）揭牌仪式举行。市政协副主席、九三学社浙江省委会副主委、宁波市委会主委叶正波，县委常委、统战部部长石雅洁，宁波市政协副秘书长、九三学社宁波市委会专职副主委童文俊参加。

同日，县“警移同心·反诈同行”暨创无诈+千兆示范社区授牌仪式在西子国际举行。

9日，林坚、滕安达等全体县级领导干部到岔路镇梅花村开展主题党日活动。

同日，以“见证百年路　奋进新征程”为主题的庆祝中国共产党成立100周年宁海“百年百事”档案图片展在县档案馆开幕。

10日，县青年企业家协会成立，并举行县青年企业家协会授牌仪式。县委副书记汪志出席，团市委副书记、市青联副主席吴生莲到场祝贺。

11日，县乡村振兴局挂牌仪式举行。

同日，“2021年宁海—景宁工会疗休养、产业合作、消费帮扶暨‘千人游畲乡’推介会”在宁海县举行。景宁畲族自治县县委常委、副县长仲建锋，宁海县副县长沈纾丹参加。

15日，宁海县在前童镇大郑村举行首场“光荣在党50年”纪念章集中颁发仪式。

17日，全国安全生产电视电话会议召开。会后，省、市、县分别召开续会，贯彻落实会议精神，部署近期安全生产工作。滕安达在宁海分会场强调，要深入学习贯彻习近平总书记关于安全工作的重要指示批示精神，认真落实全国安全生产电视电话会议精神，切实提高站位、压实责任，全力防风险、保安全、护稳定，为庆祝中国共产党成立100周年营造平安稳定和谐的社会环境。

18日，2021年宁波市电梯安全宣传活动启动仪式暨县特种设备事故应急演练在宁海举行。市市场监管局局长金珊、副县长王鸿飞出席。

同日，在宁海——普格党政联席会议上，宁海四川商会和普格县乡村振兴局签订助力乡村振兴合作意向协议书，以“飞地、飞柜、飞站”形式，积极助力两地的协作事业，全力助推普格农民增收、乡村振兴，携手实现共同富裕。

22日，宁海在柔石故居纪念馆举行“七一”前新党员集中宣誓活动。林坚领誓，并寄语广大党员要积极践行“敢担当、要积极、抓具体”的工作导向，当先锋作表率，以实际行动为党旗增添色彩。

同日，市委常委、市公安局局长黎伟挺到宁海走访慰问宁海老党员、因公牺牲党员家属。

22—25日，由县综合执法局、县公安局、县应急管理局、县市场监管局和县消防救援大队组成的联合检查组，对全县核发燃气经营许可证的11家燃气经营企业的12个燃气场站进行一次安全生产联合检查。

23日，宁海县“公交邮路”开通仪式在县物流园区举行，首批5条“公交邮路”开通，全国首批53辆城乡客货邮公交车同时发车。市邮政管理局党组书记、局长温雪荣，市公路与运输管理中心党委书记、主任卢照辉出席。

24日，第十四届宁波网络文化节开幕式在网红打卡地东方艺术博物馆举行。本届宁波网络文化节聚焦庆祝中国共产党成立100周年主题主线，“图文音视”全方位呈现，线上线下讲好党的百年光辉历程，全力打造网络文化嘉年华，一系列精彩网络文化活动持续至12月。宁波市委宣传部副部长、市委网信办主任林大吉出席开幕式。

25日，由县直机关工委、县文联、跃龙街道、县文艺家协会主办的“艺心向党”庆祝中国共产党成立100周年文艺界主题歌咏会在城西小学报告厅举行。

26日，宁海桑洲、天台泳溪、三门沙柳三地共同签署协议书，成立“清溪里”共富党建联盟。

29晚，红色礼赞——宁海县庆祝中国共产党成立100周年主题文艺晚会在国际会展中心上演。

30日，县委召开“高质量发展建设共同富裕标杆县”主题调研座谈会，通报宁海高质量发展建设共同富裕标杆县行动方案的起草情况和主要内容，征求对《行动方案》的意见建议。

同日，县委召开党风廉政建设和反腐败工作情况通报会，听取县各民主党派、工商联和无党派人士的意见建议。

同日，宁海举行“共忆党史共话初心”老战士、老干部、老先进、老专家座谈会。

是月，在2021贵阳数博会数字政府论坛上，宁海县“宁海行”数字兴村平台获由中国信息协会颁发的“2021数字政府产品技术创新奖”。

是月，宁海县健康保健协会揭牌成立，拥有会员单位40余家。

是月，《小学生时代》小记者站成立暨授牌仪式在力洋镇中心小学举行。

是月，在宁海中学校园建造“宁海红色摇篮”纪念碑。

是月，近百辆新能源城乡公交车替换柴油公交车上路运行。

是月，2021年3—4月“宁波好人”名单发布，县农业农村局副局长仇贤林入选“敬业奉献”榜单。

是月，市文化旅游广电局公布第三批宁波市非物质文化遗产特色小镇创建名单，岔路镇上榜。

是月，中国明星制茶师绿茶赛区决赛在深甽镇俞氏五峰茶园举行，十位来自全国各地的明星制茶师现场进行绿茶技艺比拼。

是月，4月份“中国好人榜”发布，裘银芳登上“敬业奉献好人”榜。

是月，宁海县重点民生实事工程白溪流域景观提升项目开工。

是月，强蛟镇入选宁波市乡村全域旅游示范区培育单位。

是月，市经信局公布宁海宁波市特色产业园（第一批）创建名单，宁海宁波模具产业园和汇智宁海西店小家电创业园上榜。

是月，宁海举行法治政府建设专题培训班，来自各乡镇（街道）和县有关单位分管领导、科室负责人、工作人员百余人参加宁海此次培训。

是月，由宁波市教育局主办的宁波市教育系统第十九届艺术节落幕，代表宁海参赛的潘天寿小学合唱团、实验小学教育集团城西校区正·乐民族管弦乐团、正学中学艺术团群舞社在合唱、器乐、群舞三个专场中表现出色，一举获得三个一等奖，创下宁海代表队在市艺术节比赛中的历史新高。

是月，宁海离退休干部党支部书记培训班在县委党校举行，全县近80名离退休干部党支部书记和“银辉”党支部书记参加培训。

是月，省委组织部公布100家省级党员教育培训基地名单，宁海许民村“红石谷”党员教育基地和山洋革命根据地纪念园入选。

是月，中国美术学院设计艺术学院院长毕学峰一行到前童古镇和大郑村，就古镇的微改造精提升、艺术振兴乡村的提质扩容等方面进行考察。

是月，宁海县桌上冰壶球协会和上海市社区九子运动协会在宁海签约，桌上冰壶球入选上海市第七届社区游戏节正式项目。

是月，“智汇南湾，甬赢未来”中国·宁波第四届生命健康创业创新大赛华北赛区预选赛在北京开赛。

是月，县模具产业党建联盟成立大会召开。同时，一个融合宁海党建和产业的“红模云”平台上线。

是月，宁海“庆祝中国共产党成立100周年”主题邮展在县邮政局拉开帷幕，以集邮展览这种特殊形式弘扬爱党爱国精神，向党的百年华诞献礼。

是月，“百年伟业·艺心颂党”——2021“文艺与新时代同行”暨庆祝中国共产党成立100周年系列活动之红色原创小戏展演在宁波逸夫剧院举行，宁海现代平调小戏《争遗产》参加展演。

是月，大佳何镇“石门乡村艺术谷”党建联盟正式揭牌。

是月，宁海公共文化服务体系建设全面提质升级，3个公共文化场馆入选全省先行先试名单，其中前童镇综合文化站入选先行先试单位乡镇（街道）综合文化站名单；茶院乡许家山村、大佳何镇葛家村文化礼堂入选先行先试单位农村文化礼堂名单。

7月

1日，全体县级领导干部集中收看庆祝中国共产党成立100周年大会。

同日起，升级版“限塑令”覆盖全县农贸市场。

5日，中共宁海县委十四届九次全体（扩大）会议举行。

6日，市委常委、纪委书记、市监委主任傅祖民到宁海，调研落实全面从严治党主体责任、基层监督数字化改革、政法队伍教育整顿、乡镇换届等工作，并开展“三服务”活动。

同日，市人大常委会主任余红艺带队到宁海调研，听取代表对建设共同富裕先行市的想法，征集大家对人大数字化改革、人大工作建设的意见建议。

7日，林坚在视察重点工程时强调，要牢固树立“项目为王”的鲜明导向，紧紧抓住项目建设“牛鼻子”，紧扣目标任务，紧盯时序进度，倒排计划，全力攻坚，奋力推动项目建设“加速跑”，全面掀起抓项目、促投资、稳增长的热潮。

同日，滕安达主持召开全县光伏开发专题推进会，传达学习全省能源工作会议精神，研究部署宁海光伏开发相关工作。

8日，全县政法队伍教育整顿总结会召开。

同日，滕安达赴县三门湾现代农业开发区调研宁海水产产业发展情况时强调，水产产业要进一步加快新技术、新产品研发培育，向高质化、精深化、规模化方向持续发力，全面推动水产产业向高质量发展转型。

同日晚，第十四届胡陈水蜜桃文化节暨“宁海珍鲜”胡陈水蜜桃推介会在西子国际一楼南广场启动。

同日，宁海奋进新百年巾帼故事分享会暨基层妇联“艺术领头雁”一人一艺成果展示活动在国际会展中心宁海厅举行。

8—9日，省公路与运输管理中心副主任张行安带队来宁海调研农村物流工作，并召开全省农村物流发展专家咨询会。

9日，全县年轻干部培训班（第1期）结业式暨风采展示活动在县委党校举行。

同日，“礼赞百年　志愿扬帆”2021年宁海县新时代文明实践志愿服务项目大赛决赛在县青少年宫举行。

同日，中华全国总工会书记处书记、党组成员、组织部部长张茂华一行到宁海调研，指导全国总工会浙江蹲点工作组工作。

13日，省委常委、市委书记彭佳学到宁海调研时强调，全市各级各部门要深入学习贯彻习近平总书记在庆祝中国共产党成立100周年大会上的重要讲话精神，胸怀“两个大局”，牢记“国之大者”，统筹发展和安全两件大事，积极争先创优进位，乘势而进巩固经济社会发展好局面，创造不负时代、不负人民新业绩，交出现代化滨海大都市建设的高分答卷。

同日，由中宣部组织的《人民日报》、新华社、中央广电总台等9家中央媒体组团来到大佳何镇葛家村，开展“浙江高质量发展建设共同富裕示范区”主题报道，重点聚焦宁海艺术乡村建设情况。市委宣传部副部长、市新闻办主任李贵军，县委常委、宣传部部长叶秀高参加。

16日，省广电局党组书记、局长张伟斌带队到宁海调研，了解宁海发挥传媒力量推动共同富裕的进程。

20日，省委常委、宣传部部长朱国贤到宁海调研文化建设及相关工作。

21日，全省文化和旅游公共服务处处长座谈会在宁海召开，参加会议的省文化和旅游厅领导和全省11个设区市文化和旅游局公共服务处处长对宁海公共文化事业的繁荣和发展给予肯定。

26日，在全市防台防汛视频会议后，县委书记林坚主持召开全县防御台风工作会议，对宁海防台防汛工作进行再部署。

同日，宁海百余名民兵乘坐大巴前往余姚，帮助余姚受灾区域尽快恢复生产生活秩序。

28—29日，中国美术学院党委书记金一斌一行到宁海考察，实地走访宁海前童镇大郑村和前童古镇，并进行座谈交流。

30日，县委副书记、县长滕安达主持召开县疫情防控工作领导小组会议。

31日，宁海县疫情防控办发布《关于进一步做好宁海新冠肺炎疫情防控重点工作的紧急通知》。

是月，工业和信息化部公布2020年企业上云典型案例名单，得力集团有限公司申报的文具智能工厂云平台项目上榜。

是月，全省第一批行业产业大脑建设试点“揭榜挂帅”项目名单公示，共30个产业大脑入选，宁海占据2个份额，分别为由宁海牵头、并与北仑区联合共建的文体用品行业产业大脑，以及由北仑区牵头、与宁海联合共建的模具（金属）产业大脑。

是月，宁海召开行政区划调整工作会议，部署胡陈乡、茶院乡、越溪乡行政区划调整工作，副县长沈纾丹参加。

是月，宁海有8项2020年度工作分别获省、市督查激励，其中省级1项，为服务纾困小微企业和个体工商户、激发市场活力成效较好。市级7项，分别为培育“246”万千亿级产业集群、推动制造业高质量发展成效明显；财政管理工作完成较好；招商引资力度大，年度利用外资进度领先；实施乡村振兴战略、高水平推进农业农村现代化成效明显；推进政府数字化转型工作成效明显；打赢污染防治攻坚战，在治气、治水、治土等方面成效突出；落实重大政策措施成效明显、创造典型经验受到上级政府督查表扬等。

是月，2020年国家农民合作社示范社名单公布，宁海富甬哈密瓜专业合作社上榜。至此，宁海已有国家级农民合作社示范社10家、省级4家、市级17家。

是月，由县文化和广电旅游体育局、县文保所、县社科联共同主办，宁海县收藏家协会承办的“红色记忆”——革命史料藏品展在西门城楼二楼展厅举行。

是月，经国家发改委、科技部等四部门认定，宁海经济开发区入围“十四五”国家重点支持的县城产业转型升级示范园区创建名单，标志着宁海经济高质量全面转型升级迎来重大契机。

是月，“守护退役军人眼健康”活动在宁海眼科医院正式启动，并由浙江省残疾人福利基金会正式向宁海眼科医院授牌。

是月，商务部发布新认定的105家国家外贸转型升级基地，宁海照明电器基地上榜，这是宁海继文具基地、模具基地后获得的第三张国家外贸转型升级基地名片。

是月，第三批浙江省优秀非遗旅游商品名单公布，宁海非遗项目竹木根雕、木雕龙舟入选。

是月，宁波方正汽车模具股份有限公司在深圳证券交易所创业板挂牌上市，成为宁海第8家、宁波第99家境内上市公司。

是月，宁海获评中国汽车及零部件制造（特色）基地优秀基地。

是月，由县国贸公司打造的宁海首家“宁贸一站式外贸综合服务平台”正式上线运行。

是月，“宁波统计”App发布2021年宁波市交通出行公众满意度调查报告，宁海交通出行满意度总体得分最高，而且治堵成效、公共服务质量、基础设施、交通秩序等分项均位居全市首位。

是月，省委省政府2020年健康浙江建设考核结果出炉，宁海被评为考核优秀等级单位。

是月，宁海通过国家卫生县城市级复审。

是月，宁波永耀电力投资集团有限公司、浙江（宁波）综合能源服务有限公司与3家新能源发电项目业主在县供电公司签订宁海储能容量租赁框架协议。这标志着省内首创的“共享储能”商业模式在宁海正式落地。

是月，中国美术学院校地联合暑期社会实践暨乡村艺术馆活动启动仪式在前童镇大郑村举行。来自中国美院的副教授黄斌斌带着14名学生与大郑村村民、当地艺术家一起见证仪式启动。

是月，浙江宁海天河抽水蓄能电站项目建设合作意向签约仪式在宁海举行。

是月，宁波市交通运输系统2021年船舶检验技能精英赛在宁海县胜利船舶修造厂举行，来自该系统的船舶检验、渔船检验的7个代表队22组选手参赛。

是月，2021年宁海县基层公共图书馆高质量发展业务素质提升培训开班，各乡镇（街道）分管文化领导、公共图书分馆负责人、图书管理员、农家书屋（文化礼堂书屋）管理员代表、阅读推广人代表等近百人参加，宁波图书馆馆长徐益波等3名业内专家现场授课。

是月，岔路镇入选宁波市第一批红色旅游融合发展示范区，山洋革命根据地纪念园入选宁波市第一批红色旅游教育基地。

是月，宁海县作为新一轮浙川东西部协作中普格县的结对帮扶县，专门组建由县委宣传部、县农业农村局、大佳何镇政府及葛家村村民代表，以及中国人民大学副教授丛志强、南开大学副教授吴立行、山东师范大学教授刘东峰等组成的“艺术振兴乡村共同富裕行动小组”。以艺术振兴乡村为切入点，探索两地携手共富的新模式。

是月，浙江省新闻工作者协会县级融媒体工作委员会第20次年会、浙江省报协县（市、区）传媒工作委员会第18次年会召开。会上对2020年度浙江省县（市、区）各奖项的获奖代表进行表彰，宁海传媒集团获“融媒中心20强”，《今日宁海》获年度“十佳报纸”，“看宁海”客户端获年度“十佳App”。在年度先进个人奖项中，集团党委委员、副总编辑侯德勇获年度“十佳创新人物”，集团党委委员、副总编辑马亦伟获年度“最佳经营人物”。

是月，宁海首个“英雄烈士公益诉讼保护联系点”在县革命烈士纪念馆揭牌成立。

是月，浙江省非遗保护中心组织摄制人员在岔路镇湖头村拍摄婚嫁必备品——红蛋的制作过程。

8月

2—30日，万花筒——第五届宁波当代艺术展之“我与空间”艺术展在宁海玖玖美术馆举行。此次展出由市文联与市美术馆联合主办，是宁波当代艺术展首次在宁海举办。

3—4日，宁海通过国家卫生县城省级复审。

3—6日，“村镇装配式住宅生态化结构体系研究”项目中期预验收及示范工程研讨会在宁海召开，该项目作为国家重点研发计划“绿色宜居村镇技术创新”重点专项，吸引宁海重庆大学、哈尔滨工业大学、中国建筑西南设计研究院等高校院所业内专家参与研讨，中国建筑材料科学研究总院院长崔琪出席会议。

4日，县委经济社会形势分析会暨全县“三抢一增”投资冲刺季活动部署会召开。

同日，国家、宁波市相继召开疫情防控工作电视电话会议，深入学习贯彻习近平总书记关于疫情防控工作的重要指示批示精神，研判当前疫情防控形势，部署下一步疫情防控工作，坚决打赢疫情防控这场硬仗。会后，滕安达对全县疫情防控工作进行宁海部署。

5日，宁海县疫情防控办发布《关于进一步从严从紧做好疫情防控工作的紧急通知》。

6日，县十八届人大常委会召开第三十七次会议。会议审议并表决通过宁海关于宁海县胡陈乡、茶院乡、越溪乡行政区划调整方案的决议，同意行政区划调整方案：撤销胡陈乡、茶院乡、越溪乡建制，设立胡陈镇、茶院镇、越溪镇，各镇辖区范围和政府驻地不变。会议以无记名投票方式，决定任命黄崭为宁海县副县长。

11日，滕安达主持召开新冠肺炎疫情防控工作领导小组会议。

12日，湖北天勤生物科技有限公司和宁海县生物产业园管理中心负责人，就以大动物实验为特色的临床前研究中心合作运营项目举行宁海视频签约，标志着该临床前研究中心合作运营项目正式落户宁波生物产业园。

13日，县文化和广电旅游体育局加挂县文物局牌子挂牌仪式举行。

同日起，宁海农村文化礼堂聚集性活动一律暂停。

16日，林坚在督查全国文明城市创建工作时强调，要紧盯创建目标，补齐短板弱项，以更高标准更严要求纵深推进全国文明城市创建工作，全力把宁海建设得更加宜居文明、更加富有活力。

19日，县文明委（扩大）会议暨争创全国文明城市推进会召开。

25日，全市法院半年度执行工作例会暨终本管理规范化建设现场会在宁海县法院举行，省高院、市中院及各县市区法院执行工作分管领导及执行局局长参加会议。

27日，第二期“一会一特色”PK擂台赛举行，县供电公司工会、前童镇总工会、长街镇总工会等7家基层工会以“擂台比拼”的形式，展示创新工作亮点。

30日，全省新一轮制造业“腾笼换鸟、凤凰涅槃”攻坚行动推进大会召开。会后，市、县相继召开续会，进一步明确任务、落实责任、推进工作。林坚在宁海分会场强调，要提高思想认识，强化责任担当，以更大力度抓好新一轮制造业“腾笼换鸟、凤凰涅槃”攻坚行动，加快产业革新，合力推动宁海制造业提质扩量增效，为建设“双优”宁海夯实产业基础。

30日起，宁海全面启用不动产登记费电子票据。

30—31日，由市总工会主办、县总工会承办的宁波市第三届集体协商竞赛决赛在宁海举行。

31日，在桃源街道大屋村的空置区，宁海开展2021年突发燃气事故应急预案演练。13个部门单位参加演练。

是月，国务院办公厅发布《政务公开工作交流》第45期，宁海县“建机制拓渠道扎实推进基层政务公开”经验做法首次获国务院办公厅肯定，向全国交流推广。

是月，2021年宁波市第一届乡村振兴职业技能大赛砌筑工项目宁海“永大杯”选拔赛举行，来自全县建筑施工企业的60名选手参赛。

是月，宁海县长街益生源水果专业合作社申请的出境水果果园注册登记通过审核，成为宁海首家获得该项资格的橘子种植果园。

是月，浙江省商务厅公布2021年度浙江省外贸综合服务企业认定名单，宁海2家企业上榜。宁波峰亚进出口有限公司被认定为外贸综合服务示范企业，宁海县国际贸易有限公司被认定为外贸综合服务试点企业。

是月，宁海商会工伤互助平台案例获评全省工商联系统二季度服务“两个健康”最佳实践案例。

是月，由县生物产业园管理中心招引的宁波优扩生物科技有限公司在宁波南部滨海经济开发区金港创业基地揭牌剪彩。

是月，县供电公司选送的质量管理成果《减少低压用户窃电风险》获浙江省优秀质量管理成果一等奖。该项目也是宁波供电公司首个防患未然型质量管理课题。

是月，中国环保产业协会开展2021年重点生态环境保护实用技术和示范工程（城镇污水处理低碳示范工程领域）的征集和评价工作，宁海城北污水处理厂入选全国首批城镇污水处理低碳运行案例。

是月，宁海县首家服务型联合工会——岔路镇红梅服务联合工会成立。

是月，由县供销联社与一根火柴（北京）文化传播有限公司联合出品的“宁海珍鲜”区域公用品牌故事宣传片《挚爱山海》在强蛟镇开机。

是月，冠庄综合供能服务站正式全面投入运营，这也是宁海首个投入运营的综合供能服务站。投用后，将更好地服务县域社会发展能源的需求，引导和促进全县清洁能源的发展，优化能源供给结构。

是月，欧洲橡胶杂志（ERJ）公布2021年度全球非轮胎橡胶制品企业50强排行榜，建新赵氏集团有限公司作为新面孔首次入围全球非轮胎橡胶制品企业50强名单，排名第49位。

是月，宁海虚拟电厂试点项目四方战略合作网络视频会议在县供电公司举行，并完成“云”上签约。此次虚拟电厂的签约，将有助于降低传统能源消耗，助力建设以新能源为主体的新型电力系统。

是月，宁海市民严胜利创作的原创歌曲《霞客游记开篇地》在“词曲中国——2021全国优秀原创词曲征集”活动中获原创词曲组金奖。

是月，清溪水库工程规划选址和用地预审获批。

是月，黄坛镇卫生院副院长金英华获得首届浙江省“仁心仁术奖”。

是月，县东部沿海防洪排涝工程PPP项目——胡陈港副闸工程“智慧工地”被列为第一批全省水利数字化改革智慧工地试点项目。

是月，在2021年度全省人民调解优秀案例和优秀案卷评选活动中，宁海商会人民调解委员会报送的《宁波某电器有限公司与刘某某之间劳动争议纠纷调解案》被评为优秀人民调解案卷三等奖。

是月，东方日升新能源股份有限公司的“东方日升”商标被国家知识产权局批复认定为驰名商标。截至目前，宁海共有行政认定驰名商标8件。

是月，宁海新增认定骨干医师55名，至今共认定宁海县名医26名（包括宁海县名中医、社区名医）、首席医师36名、骨干医师110名。

是月，由宁波市标准化研究院牵头组织，宁海兴达旅游用品有限公司为主起草的踏雪板“品字标”团体标准项目启动，并举行研讨会。

是月，全市首个涉外商事法律工作站——宁海县文教体育用品协会涉外商事法律工作站成立。

是月，市政府办公厅印发《关于对2020年落实有关重大政策措施真抓实干成效明显的区、县、市、开发园区予以督查激励的通报》，宁海作为落实重大政策措施成效明显、创造典型经验做法且受到国务院、省政府、市政府督查表扬的区、县、市之一获得督查激励，在下一年度市政府组织的有关实地督查中将免于督查，并在年度专项工作督查目标管理考核中予以加分奖励。

是月，“孙嘉宁教育基金增捐仪式”在县教育局举行。此次增捐是侨胞孙宁初继2011年以其女儿孙嘉宁的名义向宁海县人民教育基金会捐赠200万元设立“孙嘉宁教育基金”的基础上增捐300万元。

是月，《宁海县生态环境“十四五”规划》正式发布。根据《规划》，宁海将在大气环境保护、水环境保护、土壤固废治理等五大领域开展32项重点工程，涉及总投资120.5亿元，“十四五”投资88.6亿元。

是月，25日，林坚深入各地，对“三抢一增”投资冲刺季工作进行专项督查。

是月，由县国投集团历时10个月研发的国有资产管理平台（一期）正式上线运行。

是月，县采供血中心于8月中旬提前完成宁波市政府下达的全年8900单位（1单位为200毫升）的全血采集任务。已采集全血量9207余单位，累计无偿献血人次5874人。

9月

1日，海亮宁海公学项目竣工，如期开学迎新生。

2日，宁海举行崇军联盟成员单位授牌暨军地双拥共建签约仪式，副县长黄崭、县人武部政委参加。宁海已有200家企业、商家申请加入崇军联盟，为退役军人提供包括“优质产品、优先待遇、优惠价格”在内的“三优服务”。

2—3日，宁波市综合森林火灾应急救援队伍建设现场推进会在宁海举行。

3日，县妇幼保健院“三乙”复评反馈会召开。

8日，林坚与新提任干部集体谈话，要求大家认真贯彻落实习近平总书记在中青年干部培训班开班式上的重要讲话精神，坚守初心，锤炼本领，担当作为，在新的赶考路上书写优异答卷，努力为宁海发展争先创优进位作出新的更大贡献。

8日，县十八届人大常委会召开第三十八次会议。

10日—12月底，全县全领域开展安全生产（消防）百日执法攻坚行动，重点针对道路交通、涉海涉渔、消防等十大重点领域，切实消除事故隐患和问题，管控各类安全风险，进一步巩固前期“三年行动”和“遏重大”攻坚行动取得的成果。

14日，全市疫情防控领导小组（扩大）会议后，宁海召开续会，专题研究部署疫情防控工作。林坚强调，全县上下要清醒认识当前疫情形势，始终保持高度重视、高度警惕状态，进一步严起来、紧起来，坚决织密疫情防控防线。

16日，2021年县国防教育委员会全体（扩大）会议召开。

同日，“清风书驿”揭牌仪式暨首期“廉心”沙龙读书活动在西门城楼“霞客行”城市书房举行。

同日，宁海召开物业小区和写字楼文明城市创建工作现场会。

18日，宁海集士驿站总店在高铁站前广场揭牌营业，既是宁海特色商品展示销售的重要窗口，也是电商仓储和乡村驿站商品配送的中心基地。

22日，民建宁波市委会“甬建同心”文化广场开工仪式在桥头胡街道双林村举行。

23日，宁海召开全国文明城市创建工作推进会。

同日，全县城乡居民基本医疗保险工作会议决定2022年度城乡居民基本医疗保险参保缴费时间为9月15日至11月15日。

同日，全县首家公立医院月子中心投入使用。

24日，国家市场监管总局特种设备局副局长杨泽世一行到宁海，拟在宁海举行的第三届“中国叉车安全日”活动筹备工作，并赴县市场监管局特种设备监管所调研基层能力建设情况。

26日，市委副书记、市长裘东耀在宁海调研共同富裕建设，检查中央环保督察反馈问题整改和安全生产工作。他强调，要深入学习贯彻习近平总书记关于共同富裕的重要论述，围绕高质量发展建设共同富裕先行市的目标任务，抓实抓好城乡产业提质、生态环境提升、安全治理提效，唯实惟先探索共同富裕建设有效路径，善作善成交出高分报表。市政府秘书长朱金茂、林坚参加调研。

27日，全县纪检监察综合业务培训班在县委党校开班。

同日，宁波市总工会配网杆上作业群英赛在宁海鸣锣开赛。

同日，县委副书记、县长滕安达主持召开县政府第104次常务会议。

28日，县十八届人大常委会召开第三十九次会议。

同日，市委市政府相继召开市疫情防控领导小组（视频）扩大会议和全市国庆假期安全防范工作（视频）会议，对全市疫情防控及国庆假期安全生产工作进行部署。会后，县委副书记、县长滕安达主持召开全县安全生产和疫情防控工作会议。他强调，各地各部门要守牢安全生产底线，切实压实主体责任，全面加强督导检查，统筹做好疫情防控和安全生产工作，让人民群众过上平安祥和欢乐的国庆假期。

同日，“让经典照进日常”2021年宁海首届经典文化读书节在县图书馆启动。同时还举行《中华传统文化百部经典》宣传推广活动。

29日，市委退役军人事务工作领导小组办公室督查组到宁海督查退役军人服务保障体系建设工作。

同日，县政协主席尤玲娟主持召开十届六十一次主席会议。

同日，宁海组织33位四川普格县德育村村民在宁海开展为期10天的艺术振兴乡村共同富裕行动带头人培训，助力德育村共同富裕的做法登上央视农业农村频道，向全国各地展示艺术振兴乡村、全面推进共同富裕的宁海经验。

央视农业农村频道以《中国的全面小康成果惠及全体人民　铺展开山乡巨变的时代画卷》为题，其中用时1分15秒，对宁海推出艺术“试验田”项目，组织四川普格县德育村村民与当地村民共同打造融入彝族文化特色的小院，艺术振兴乡村生动实践进行报道。

30日，林坚在“双抓双比”专项行动动员大会上强调，全体县管干部，特别是新上任的领导干部要在“双抓双比”中迈好第一步，在争先进位中展现新气象，持续推动宁海各项工作干在实处、走在前列、勇立潮头。县委副书记、县长滕安达主持会议。

是月，由省政协委员、浙江开放大学原校长叶宏带队的浙江省现代化学校评估小组到跃龙成人学校，对学校成人教育工作进行全面的检查、评估。

是月，宁海县兴创小个专指导服务中心领到《民办非企业单位登记证书》，这也是全省首个获批该登记证书的“小个专”指导服务中心。

是月，善义公益服务中心在深甽龙宫育英书院举行首届龙宫育英奖学金发放仪式。

是月，2020年浙江省全域旅游示范县（市、区）复核结果发布，宁海以A档高分顺利通过复核。

是月，省水利厅公布“十四五”水资源集约安全利用专项试点名单，宁海县水库型水源取水权交易上榜。

是月，省文化和旅游厅发文公布2021年度“浙江省民间文化艺术之乡”的评审和复核结果。宁海凭借十里红妆婚俗入选，前童镇、深甽镇、桃源街道通过复核。至此，宁海1县、3乡镇（街道）名列“浙江省民间文化艺术之乡”。

是月，省检察院、省司法厅联合部署开展人民监督员优秀监督案（事）例公开评选活动，宁海检察院“王某某司法救助案”入选。

是月，中国能源报、中国能源经济研究院发布《2021全球新能源企业500强》，宁海东方日升新能源股份有限公司位列第62位。

是月，浙江省数字化改革数字经济组发布《关于公布数字经济系统省级应用项目示范试点单位的通知》，经竞争性评审，择优确定17项省级应用项目的示范试点单位，县商务局入选省级应用项目“浙里探馆”的示范试点单位，后续将与义乌市市场发展委（主建）、杭州市滨江区人民政府共同组织开发建设“浙里探馆”省级应用项目。

是月，省文化和旅游厅公布省级文化示范户和乡村文化能人名单，宁海4个文化示范户、10名乡村文化能人上榜。

是月，宁波如意股份有限公司“CSDQ型1.6t自主导航全向移动智能叉车”、宁波润禾高新材料科技股份有限公司“RH—NB—9904高浓毛巾亲水硅油”、宁波奇亿金属有限公司的“18QY汽车装饰条不锈钢”入选第一批宁波市重点工业新产品拟认定名单。

是月，中国创新创业大赛宁波赛区优秀企业名单出炉，宁波世嘉智能装备有限公司和宁波越凡医疗科技有限公司上榜。

是月，由县经信局主办，宁波市汇成企业管理咨询有限公司、宁海县企业服务中心联合承办的“企业管理创新提升星级评价企业自评培训会”召开，全县130余家优质企业代表参会。

是月，2021中国（深圳）跨境电商展览会举行，该展会汇聚逾3000家参展商，涵盖消费品供应商、跨境服务商及产品、电商平台等，宁海46家企业70个摊位参加展览。

是月，省生态环境厅、省财政厅、省水利厅联合印发《2020年度全省跨行政区域河流交接断面水质保护管理考核结果的通报》，宁海考核结果为优秀。

是月，宁波市第五届红茶产品质量推选评比中，全市共评选出10个金奖，其中宁海有5个茶样获金奖，其中宁海县望府茶业有限公司选送的“望府”牌望府金毫茶样得分排名第一，另外四家获金奖的红茶产品厂家分别为宁波俞氏五峰农业发展有限公司、宁海县晶源茶叶专业合作社、宁波望海茶业发展有限公司、宁海县上湖太阳山茶场。

是月，县应急管理局加挂县应急管理行政执法队牌子挂牌仪式举行，实行“局队合一”管理体制，不再保留安全生产执法监察大队牌子。

是月，宁海水资源费征收正式进入数字化时代。

是月，2021“新光奖”中国西安第九届国际原创动漫大赛公布入围名单，宁海熊小米文化传播有限公司打造的动漫作品《小小画家熊小米之二十四节气篇》入围最佳系列动画奖。

是月，省市场监管局、省工商业联合会联合发布“2021年浙江省民营企业100强”榜单。宁海得力集团有限公司、东方日升新能源股份有限公司分别位列37、95位。

是月，县水利工程质量与安全监督站组织开展全县在建水利工程质量与安全管理培训，各乡镇（街道）水利员，重点工程业主、施工、监理等参建单位管理人员150余人参加培训。

是月，浙江省第八届青年美术作品展复评结果出炉，宁海赵晓静的中国画作品获优秀作品（最高奖），林慧芳、周毅、张盼盼的作品入选。

10月

8日，县委中心组理论学习（扩大）会举行，邀请著名经济学家、浙江大学共享与发展研究院院长、博士生导师李实围绕“共同富裕的理论与实践”作专题报告。

9日，宁海召开争创全国文明城市专题部署会。

9—11日，由宁波市人社局人才专项经费资助，县模协承办的注塑成型加工及CAE模流分析技术高级研修班在县科创中心举行，来自40余家模具企业（职业院校）的百余位工程师（技术骨干、专业老师）参加。

10日，县长滕安达主持召开全县有序用电工作会商会时强调，要科学调度，精准施策，加大宣传，切实做好能源“双控”和有序用电工作，确保全县经济社会运行平稳有序。副县长应国邦参加会议。

同日，由宁波市总工会主办的“共品茶香茶韵　共享美好生活”2021年宁波市职工“华英伦”杯评茶技能精英赛在宁海县职工之家开展。来自宁波大市各地区的35名参赛选手参加这次角逐。

12日，由西藏自治区总工会党组成员、经审委主任徐俊琴，贵州省总工会基层工作部部长李毅等组成的全国企业民主管理工作调研组到宁海，深入宁波方正汽车模具股份有限公司调研检查厂务公开民主管理工作。浙江省总工会副主席吴海瑜，宁波市总工会副主席姚金环，县人大常委会副主任、总工会主席王兴兵参加。

13日，县人大常委会组成人员首次采用“人大+检察”联动监督新模式，对宁海学生权益保护情况进行专题视察。

14日，宁海荣膺“国家生态文明建设示范区”称号，宁海成为全省囊括“全国生态示范区”“国家生态县”“绿水青山就是金山银山”实践创新基地、“国家生态文明建设示范区”这四项国家级荣誉的两个县（市、区）之一，实现国家级生态环境创建荣誉“大满贯”。

同日，宁海投资规模最大的养老设施——县老年公寓（九如城宁海养老综合体）启用仪式举行。

15日，宁海快递物流行业党委成立大会暨甬爱e家、集士驿站党建联盟揭牌仪式举行。

同日，宁海召开产业工人队伍建设改革工作推进会。

同日，庆祝中国少年先锋队建队72周年主题队日活动暨第一届宁海县“乡村振兴·我是小小艺术家”中小学生艺术大赛启动仪式在县青少年活动中心举行。

同日，宁海召开乡村振兴战略实绩考核暨东西部协作和山海协作工作部署会。

16日，浙江农林大学副校长、民盟浙江农林大学总支部主委徐爱俊带领民盟浙江农林大学总支部有关专家到宁海开展助力力洋镇海头村共同富裕活动。

18—31日，县第十届运动会成年部（机关组）篮球赛在县体育馆举行，共有36个企事业单位组队参赛。

19日，林坚在全县艺术振兴乡村工作座谈会上强调，艺术振兴乡村是一项走在全国前列的探索性工作，是一场变革，各地各部门要提高认识，深刻理解，在“双抓双比”专项行动中持续深入抓好这项“栽树工程”，做到重塑理念、重塑机制、重塑成果“三个重塑”，努力将其打造成高质量发展建设共同富裕标杆县的标志性成果。

同日，宁海县节能办向全县各机关企事业单位，广大人民群众发出《节约用电倡议书》。

20日，来自中国室内装饰协会、长三角城市各设计协会的国内知名设计师、青年设计师代表，以及国内知名建筑商、家居企业代表齐聚宁海，参加2021宁海室内设计高峰论坛，共同探讨乡村设计助力共同富裕。

同日，宁海县疫情防控办发出《关于进一步做好近期疫情防控重点工作的紧急通知》。

21日，市委常委、组织部部长郑敏强到宁海调研。

25 日，宁海举行“政府开放周”活动启动仪式暨 24 小时政务公开专区启用仪式。

27 日，“智汇南湾，甬赢未来”中国·宁波第四届生命健康创业创新大赛总决赛在宁海落下帷幕。

28 日，宁海县第十届运动会在宁海县技工学校开幕。

同日，大佳何镇党校暨县“艺术振兴乡村”人才学院大佳何分院揭牌仪式举行。

28—30 日，2021 年浙江省第三届县级市（区）门球赛在宁海门球基地举行，来自全省各地区的 37 支代表队 400 多名运动员、教练员及裁判员参加。

29 日，中共宁海县委十四届十次全体会议召开。

同日，2021 上海优秀民营院团红色主题剧目赴长三角宣传推广巡演系列活动在宁海启动。

同日，县高质量发展建设共同富裕标杆县领导小组第一次会议召开。

是月，国庆假期，宁海文广旅游系统坚持疫情防控、有序开放两手抓，假期市场平稳有序。宁海全域接待游客 104.9 万人次，其中旅游景区累计接待游客 18.1 万人次，实现全域旅游收入 9.7 亿元。完成旅客运输 99.4995 万人次，其中铁路客运量 9.3541 万人次，水路客运量 0.6714 万人次，公路客运量 1.3630 万人次，公交客运量 88.111 万人次。

是月，第七届宁波市道德模范名单出炉，宁海三人上榜。其中，王寿松被评为见义勇为模范，童松达被评为诚实守信模范，叶全奖被评为敬业奉献模范。

是月，第七届“快递最后一公里”全国峰会在北京召开。宁海在会上分享“集士驿站”农村物流寄递体系建设经验，该经验是唯一一个亮相峰会的县级创新做法。

是月，宁海发布 2021 年引进高层次人才团队公告。围绕宁海传统产业优化升级和战略性新兴产业培育发展，重点领域为汽车制造及模具、高端装备、生物医药、新材料、新能源等特色产业，以及文化、教育、卫生、体育等领域领军人才。

是月，宁海《一封见证鲁迅和柔石情谊的信件》《一张由周恩来总理落款颁发的国务院奖状》《红色“铁流”的烽火岁月》等 3 个红色故事接连登上“学习强国”平台，向全国人民展示宁海的革命历史和红色文化。

是月，位于安民路 6 号桃源大厦 C 座的宁海数字化税费服务旗舰站——国家税务总局宁海县税务局第一税务所（办税服务厅）正式运营。这是全市首家实现智慧导税、零窗分诊式服务和县域网办业务集中受理的新型税费服务综合体，致力于为纳税人缴费人提供办税缴费服务、权益维护、咨询培训等丰富优质的税费服务体验。

是月，2021 年宁波市茶花友谊证书授予活动举行，共有 16 位在甬外国专家分获“茶花友谊证书”和“茶花纪念证书”。其中宁海两名外籍专家获殊荣。

是月，2021 年度浙江省广播电视对农节目服务工程建设考核结果和对农节目奖评审获奖作品揭晓，宁海传媒集团选送的《新农家》栏目获考核优秀，专题片《守望乡村儿童　赋能乡村振兴》获对农节目一等奖。

是月，浙江省第十六届水彩粉画展复评结果揭晓，共评选出入选作品 329 件，其中“学术提名”作品 51 件。宁海画家陈滨、周毅、胡肖杰、林锦晖、蔡思迪、童驿淑、徐珧琮的作品入选，其中陈滨作品《剩山图》获学术提名奖。

是月，宁海连续四年蝉联“两山”发展百强县第二。

是月，宁波文化广电旅游局发布宁波“十四五”重大文旅建设项目，其中宁海县文化综合体在列。

是月，县市场监管局在全县大中型超市设立地产食品“浙食链”专区专柜，加快推进“浙食链”应用，让消费者购买更放心。

是月，《总裁高阶培训会——企业成功三关键》在宁海西子国际大酒店进行。

是月，宁海深甽镇柘坑戴村党支部书记、村委会主任竺兆英，跃龙街道兴圃社区党委书记、居委会主任邬宁崖，岔路阳光公益服务社党支部书记王玉琪三人获评省“担当作为好支书”。

是月，第 16 届中国义乌文化和旅游产品交易博览会举行，宁海 1 家博物馆、10 家文旅企业参展，内容涵盖工艺美术、非遗传承、文化创意等各个类别，获得 2 金 1 银 2 铜。

是月，2021 年度电子信息企业竞争力报告在山东烟台数字赋能经济大会暨第十届 CIO 烟台峰会上发布，宁海东方日升再度荣登“电子信息竞争力百强企业”榜单，位列第 63 名。

是月，第一批至第四批宁波市级非物质文化遗产民间文学、民俗、传统医药类项目“三位一体”评估结果揭晓，宁海《方孝孺传说》陈列专室获评示范项目。

是月，27 家首批“宁波老字号”企业名单公布，宁海 6 家企业上榜，商标分别为宁医南山、赤岩峰、大梁山、满珍、桑洲三宝和老葛。

是月，宁海香榧良种选育与优质高效栽培技术研究与应用项目顺利通过市级专家组验收。

是月，宁海全面启动“跟办一件事、服务零距离”活动，通过跟踪体验式办理的方式，推动群众、企业办事体验更快更优。

是月，宁海举行森林防灭火百人应急技能大比武，来自全县各乡镇（街道）、五山林场和茶山林场的20支队伍参加活动。

是月，县市场监管局编印《宁海县菜市场摊长工作手册》和《宁海县菜市场规范经营参考手册》，以图文并茂的形式，引导菜市场摊长和经营户“文明守信、规范经营”，有效助力农贸市场领域的文明创建。

11月

1日，县委书记林坚到县经信局开展保供应稳增长促发展暨“双抓双比”工作调研时强调，要咬定目标，把准方向，在“双抓双比”专项行动中强服务、抓落实、促转型，推动工业经济高质量发展，为全县决战“四季度”冲刺“全年红”作出更大贡献。

3日，中共宁海县委社会建设委员会揭牌仪式举行。县委社会建设委员会为县委派出机关，与县发改局合署办公，主要职责包括贯彻落实县委关于社会发展和改革的决策部署，组织开展全县社会建设重大问题研究，协调解决全县社会发展和改革工作，督促落实全县社会发展各项事业，承担县共同富裕领导小组办公室日常工作等。

同日，林坚在全县生态文明再提升“两山”实践再深化工作动员会上强调，各级各部门要持续提高政治站位、增强专业水平、发扬斗争精神、锤炼务实作风，以永不懈怠的态度补短板、扬优势、促提升，持续提升生态文明建设水平，打造美丽中国建设样板县。

同日，陈松长以参与完成发育源性疾病和遗传性出生缺陷的机制研究及临床精准防控项目，获得国家科学技术进步奖二等奖。

5日，宁海—普格东西部协作党政联席会召开，进一步加强沟通交流，共同谋划巩固拓展脱贫攻坚成果、做好乡村振兴有效衔接的具体措施，携手推进东西部协作走向深入，促进共同富裕。

8日，宁海传媒集团启用融媒体高清演播中心。庆祝第22个中国记者节暨“双抓双比强四力　融媒记者走基层”大型新闻采访行动启动仪式举行。

15日，中国银行宁波市分行与宁海签署《支持宁海县建设共同富裕标杆县合作协议》，全力支持宁海建设共同富裕标杆县。

同日，110千伏跃兴沥1317线老旧水泥杆改造工程全面完成线路架设。

18日，县委召开全县领导干部会议，传达中共十九届六中全会精神，对学习宣传贯彻工作进行动员部署。县委书记林坚主持会议，传达习近平总书记重要讲话精神，并就贯彻落实全会精神讲话。

同日，县政协就“培养健康饮食习惯、提升餐桌文明程度”的全体会议提案办理落实情况进行专题视察。

18日，宁海籍科学家马余强成功当选中科院数学物理学部院士。四年前，其弟弟、著名核物理学家马余刚同样当选为中科院院士。兄弟双双当选院士，成就宁海“一门双院士”的佳话。

18—19日，宁海举行新时代基层干部推动共同富裕主题培训行动暨生态环保专题研修班，各乡镇（街道）工业线工作分管领导、工业负责人，县级多个环保相关单位分管领导和科室负责人等参加培训。

23日，浙江省农业农村厅社会事业处一级调研员方桥坤一行到宁海开展深化“千万工程”建设新时代美丽乡村年度工作检查。

同日，全省基层药品安全治理机制建设暨专业能力提升工程现场会在宁海召开。

24日，省退役军人事务厅党组成员、副厅长郭国松率队对宁海开展省双拥模范县创建届中考评和退役军人工作督查。

同日，省交通运输厅、省邮政管理局在宁海召开全省客货邮融合发展工作推进会，推进全省农村客货邮深度融合、高水平发展农村物流。

24日，宁海水上交通安全宣教基地授牌仪式在强蛟镇中心小学举行。

25日，2021年新时代基层干部推动共同富裕主题培训行动暨全县乡村旅游专题培训班开班。全县各乡镇（街道）文化、旅游工作分管领导、业务负责人，县直有关单位分管领导等参加培训。

25—26日，深入学习贯彻习近平总书记“七九”重要讲话精神理论研讨会暨省机关党建研究会第六届理事会第二次全体会议在绍兴召开。宁海县直机关工委“党群同心圆”党建品牌获首批“全省机关党建品牌”，并获全省推广。

26日，县委学习贯彻中共十九届六中全会精神“六讲六做”大宣讲活动动员部署会召开。

28日，宁海葛塔江家庭上榜2021年度全国最美家庭。

30日，市人大常委会党组书记、主任余红艺到宁海人大代表履职服务中心宣讲中共十九届六中全会精神。

30日，宁海在大佳何镇开展大

规模社区核酸检测应急演练。

是月，宁海首个面向社会采购餐饮单位食品安全评估督导服务工作的智慧食安平台系统在桃源街道上线。

是月，宁海县强蛟镇成人学校《农村电商学堂》获2021年“特别受百姓喜爱的终身学习品牌项目”。

是月，全市首家尘肺病康复站在桑洲镇卫生院新院区揭牌。宁海共有尘肺病患者292人，其中桑洲镇有210人，占总数的71.92%，属于尘肺病高发地区。

是月，在2021宁波市数据开放创新应用大赛中，宁海获最佳组织奖，4件作品入选市复赛，2件入围市决赛，1件作品入围省复赛、省决赛。

是月，宁波市首批55个放心消费服务站已正式挂牌运行，其中宁海有宁海高速服务区、宁海桃源广场、宁海西子国际、宁海太平洋百货4个服务站入选。

是月，S311象西线宁海段（K33+330—K45+431）路面提升工程正式签约。该工程采用“全寿命周期养护+全过程工程咨询服务管理模式”，其中《全寿命周期养护》是全省7个试点项目之一。

是月，全国第十一届残疾人运动会上，宁海健儿夺得7金、2银、3铜。

是月，浙江省幼儿教育优秀教学活动评审及观摩活动在宁海举行，宁海桃源中心幼儿园园长丁莹莹获全省一等奖。

是月，“2021世界旅游联盟研究成果”新闻发布会在北京举行，会上发布《2021世界旅游联盟——旅游助力乡村振兴案例》，确定50个典型案例。宁海—景宁乡村振兴示范点大均乡申报的《浙江丽水市景宁畲族自治县大均乡：文旅融合绽放“五朵畲花”》入选。

是月，中国移动宁波分公司与东方日升新能源股份有限公司商务合作签约仪式在东方日升总部举行，共同培育建设“5G+未来工厂”。

是月，前童镇中心小学成功入选第三批全国中小学中华优秀传统文化传承学校。

是月，桑洲至里山季公路入选宁波2020年度“十大美丽农村路”。

是月，文化和旅游部公布2021—2023年度“中国民间文化艺术之乡”名单，宁海县依托“十里红妆”婚俗特色民间文化资源入选。

是月，宁海全生命周期绩效管理项目入选浙江省财政厅深化预算绩效管理改革试点项目。

是月，跃龙街道获“2017—2020年度全国群众体育先进单位”称号。

是月，2021年省级标准化试点项目公布，宁海县亲清家园托管单位宁波协同社会服务平台有限公司（以下称协同平台）承担的“和谐劳动关系管理体系”获批立项。

是月，在西店镇一山谷首次发现绿裙边翠蛱蝶，宁波有记录的蝴蝶种类由此增加至219种。

是月，宁海行政区域内的职工最低工资标准调整为2070元/月，非全日制工作的最低小时工资标准调整为20元。

是月，宁海15人获评2021年全国“百姓学习之星”，强蛟镇成人学校的《农村电商学堂》获评“特别受百姓喜爱的终身学习品牌项目”（全国共17个），西店镇成人学校《小微企业职工全息培训》获评“终身学习品牌项目”。宁海成为全省唯一获两项国家级终身学习品牌的县级单位。

是月，浙江省市场监督管理局下达2021年第五批浙江省地方标准制修订计划，由宁海企业服务中心负责起草的《县级企业综合服务平台管理与服务规范》位列其中，实现宁海在该项目中“零”的突破。

是月，宁海首家“共享法庭”在深甽镇长洋村正式落地。

是月，宁海县第十届运动会老年部门球比赛在跃龙街道双水村桥下新门球场圆满落幕。

是月，省文化和旅游厅公布浙江省经典保留剧目评审结果，宁海平调《小金钱·金莲斩蛟》入选。

是月，县行政服务中心不动产登记服务中心颁发宁海第一本不动产居住权登记证明。

是月，一市成校陈刚满农村电商工作室顺利获评2021年度宁波市能人工作室。

是月，省委决定：滕安达任中共宁海县委书记，林坚不再担任中共宁海县委书记、常委、委员职务。市委决定：楼鼎鼎任中共宁海县委委员、常委、副书记。

12月

1日，宁海召开行政争议发案量和败诉率“双下降”专题工作会议。

1日，宁海举行中国（宁海）储能产业链线上融合论坛，百余名国内外储能产业领域跨国公司、民营企业代表、专家、知名投资机构代表“云上”参会，为宁海光储产业发展出谋划策。

1—3日，2021第十届中国（宁海）国际文具产业博览会暨户外用品展在宁海国际会展中心举行宁海。

2日，国家、省、市相继召开城镇燃气安全排查整治动员部署电视电话会议，深入分析城镇燃气安全面临的形势和存在的问题，部署开展城镇燃气安全排查整治工作。县领导楼鼎鼎、杨钻在宁海分会场参加会议。

同日，省市相继召开“扩大有效投资、抓好重大项目”专题工作电视电话会议。会后，宁海召开续会，县委副书记、代县长楼鼎鼎就“扩大有效投资、抓好重大项目”进行专题部署。

3日，2021年度宁海县文化人才表彰暨“艺乡行”志愿服务队成立授旗仪式举行，通报获奖的单位和个人，并为其颁奖，为新成立的“艺乡行”志愿服务队授旗。

6日，县委书记滕安达到县防控办调研疫情防控工作时强调，要不折不扣贯彻落实党中央、国务院关于疫情防控的决策部署和省市的各项要求，坚持底线思维，保持紧张状态，强化防控责任、压实防控措施，毫不松懈抓好疫情防控工作，全力确保人民群众生命健康安全和社会大局稳定。副县长王鸿飞参加。

同日，全市召开新冠肺炎疫情防控工作电视电话会议，随后，宁海召开续会，县卫健局汇报疫情防控相关工作，县公安局等部门作补充发言。县委副书记、代县长楼鼎鼎对下阶段疫情防控进行具体部署。

7日，全国疫情防控工作电视电话会议召开，县领导楼鼎鼎、王鸿飞在宁海分会场参加。会后，楼鼎鼎对全县疫情防控工作进行再强调。

同日，宁海发布《关于暂时实行疫情防控“十二项规定”的通告》，“即日起，暂时关停面向公众开放的影剧院、体育馆、网吧、娱乐场所、棋牌室、麻将房、桌游室、图书馆、美术馆、博物馆、农村文化礼堂等场所”。

同日凌晨，宁波市启动疫情防控一级应急响应，接到支援指令后，宁海迅速做好人员、物资准备。凌晨4点，220名医护人员在国际会展中心火速集结，6点到达镇海指定点位马上投入大规模核酸检测工作。

10日，全市疫情防控工作视频会议召开，在随后召开的续会中，县委书记滕安达强调，疫情就是命令，防控就是责任。全县各级领导干部要以上率下，带动全县的党员干部和广大群众从严从紧、扎实细致落实各项防控举措，坚决有效防范疫情输入和反弹，牢牢织好疫情防控网，确保人民群众健康安全。

12日，宁海县疫情防控办发布《关于公共场所从严管控“十个一律”的通告》。

17日，省委、市委相继召开信访工作电视电话会议，会后，滕安达召开续会，就贯彻落实好省市会议精神，抓好全县信访工作进行再强调再部署。

同日，县疾控中心6名支援镇海疫情应急流调队员圆满完成任务，平安凯旋。

同日，宁海对深甽镇岭下村、上湖村两个村进行全员核酸检测，累计采样检测1060人，结果均为阴性。

22日，浙江省工商业联合会发布“2021浙江民营企业200强、研发投入100强、就业100强”三张榜单，得力集团有限公司和东方日升新能源股份有限公司分别上榜“2021浙江民营企业200强”43、123位。东方日升位列研发投入100强27位，得力集团位列74位。得力集团名列就业100强56位。

28—30日，中国共产党宁海县第十五次代表大会举行。

29—30日，副省长徐文光带领调研组到宁海调研农业农村工作。副市长张文杰，县委副书记、代县长楼鼎鼎，县委常委、常务副县长陈锦杰参加相关考察点调研，副县长黄崭参加。

同日，县疫情防控办、县爱卫办在全县范围内开展“筑牢防线，守护健康”冬春季爱国卫生集中行动日活动。

同日，林权确权登记试点发证现场会在一市镇牛台村举行。牛台村是宁海首个开展林权登记的试点村，这也是该村发放的第二批林权类不动产权证。

是月，中医院的13名中医专家组团到强蛟镇卫生院开展义诊送健康惠民活动。

是月，宁海颜公河干流调蓄池工程通过竣工验收，颜公河干流调蓄池正式投入使用。

是月，宁海境内17座110千伏变电站小电流接地选线实现全覆盖。

是月，县农业农村局会同县经信局组织金凌模塑、无边橡塑、捷豹集团等13家汽配模具行业企业负责人，赴景宁县开展产业考察、捐资助学、商贸帮扶等活动，深入推进宁海—景宁山海协作工程。

是月，宁海红岩谷公益服务社的娄逢理获评浙江省2021年度最美志愿者。

是月，县粮食收储公司中心粮库年度外调粮接收首次突破6500吨，超过之前三年的总和。

是月，宁波市第一批省市数字化改革“最佳应用”通报发布，其中宁海的“集士驿站”城乡客货邮和企服通两项场景应用入选。

是月，省政府办公厅通报表扬浙江省“十三五”实行最严格水资源管理制度成绩突出集体和个人，宁海获评实行最严格水资源管理制度成绩突出集体，县水利局薛洋波、县经信局邬晓旭获突出个人荣誉。

是月，梅林街道老年大学顺利通过浙江省优质（示范）老年学堂评审，被评为浙江省优质（示范）老年学堂。

是月，东方日升入围浙江本土民营跨国公司经营50强，排名第10位。

是月，第二届“全球减贫案例”榜单发布，宁海《甬黔携手，共建贫困留守妇女家门口的“创业孵化基地”》案例入选。

是月，县委全面依法治县委员会聘任36人为宁海县首批县级民营企业法治督察员，任期三年，宁海县民营企业法治督察员队伍正式组建。

是月，宁海县获2021年度全省农村生活垃圾分类处理工作优胜县，黄坛镇联溪村、桥头胡街道丁家村获评省级高标准农村生活垃圾分类示范村。

是月，省建设厅公布2021年度浙江省建筑安全文明施工标准化工地评选结果，由宁海宁波华腾建设有限公司承建的宁波海关宁海办事处检测报关代理服务中心项目上榜。

是月，浙江省美丽城镇办考核验收结果出炉，宁海参与美丽城镇建设培育的胡陈乡、强蛟镇、大佳何镇、岔路镇、深甽镇、长街镇6个乡镇全部通过省美丽城镇办的考核，其中胡陈乡、强蛟镇、深甽镇、长街镇获得“2021年度全市美丽城镇建设市级样板城镇”称号。

是月，中共宁波市委全面依法治市委员会办公室公布法治宁波建设“十佳创新案例”，宁海“村级小微权力清单36条”名列其中。

是月，宁海“红色传承、情暖夕阳”离休干部结对关爱志愿服务项目入选“全省老干部服务管理百件大事”。

是月，宁波红堂大药房有限公司领取《药品经营许可证》，这标志着宁海首家本土药品零售连锁企业正式成立。

是月，跃龙街道车河社区入选浙江省第四批省级民族团结进步创建重点培育单位。

是月，宁波市公布2021年度第一批村庄设计落地试点村庄名单，其中，宁海茶院乡许民村、深甽镇龙宫村、强蛟镇临港村3个村庄被评为第一批村庄设计落地试点设计优秀名单；一市镇牛台村、长街镇总浦塘村2个村庄被评为第一批村庄设计落地试点设计良好名单。

是月，宁海县梅林互通G228废弃矿山生态修复治理工程通过竣工验收。

是月，宁波华大海昌水产科技有限公司顺利通过省级水产原种场验收，成为宁海第一家通过相关验收的单位。该公司拟穴青蟹繁育基地被认定为“省级水产良种繁育基地”。

是月，省司法厅发文，宁海社区矫正中心通过司法部部级“智慧矫正中心”考核专家组检查验收，成为首批司法部部级“智慧矫正中心”。

是月，交通银行宁波宁海支行获“2021年银行业营业网点文明规范服务千佳示范单位”称号。

宁海概貌

综　述

宁海位于浙东中部沿海，濒临象山港和三门湾，海湾优势明显，呈“七山二水一分田”分布，是国家生态文明建设示范区、国家可持续发展实验区、国家卫生县城、国家生态县、国家园林县城、国家级妇幼健康优质服务示范县、全国重点产茶县、全国制造业百强县(市)、全国文化先进县。

宁海人文底蕴深厚。晋代建县，至今已有1700多年历史，是方孝孺、胡三省、潘天寿、柔石等历史名人的故乡，也是明代大旅行家徐霞客所著《徐霞客游记》开篇之地和“中国旅游日”发祥地。悠久的历史积淀了丰富的文化，宁海拥有众多的古镇、古村、古戏台，是全国首个“古戏台文化之乡”“中国婚嫁文化之乡”。前童、许家山、龙宫村入选中国历史文化名镇名村。宁海平调、十里红妆婚俗、宁波泥金彩漆、前童元宵行会被列入国家级非物质文化遗产名录。2021年入选中国民间文化艺术之乡。

宁海资源环境绝佳。生态环境良好，森林覆盖率达62.5%，水质优良率和空气优良率均在85%以上，生态环境质量公众满意度连续四年位居全市第一，被列为首批“浙江省美丽县城试点县”，成功创建“全国休闲农业与乡村旅游示范县”，荣获“省级美丽乡村示范县”称号。积极培育壮大步道经济，共建成国家登山健身步道500千米，通过步道积极发掘户外运动资源，成功举办全国山地户外运动挑战赛、锦标赛和亚洲山地户外运动挑战赛等一系列大型体育赛事活动，被评为中国最佳户外运动基地，中国运动休闲大会也永久落户宁海县，宁海国家登山健身步道系统获得“2013中国全面小康十大民生决策”奖，该步道被授予“中国登山协会2019年度推荐登山健身步道”称号。

宁海水能、风能、潮汐能、太阳能资源丰富，具有建设大型抽水蓄能电站和风力发电站、潮汐能发电站、太阳能发电站的选址条件，总装机容量将达到3000万千瓦。茶山抽水蓄能电站等一批新能源项目扎实推进，浙江省最大的陆上风电场——茶山风力发电项目以及中广核一市风电场项目均已并网发电，正在积极创建国家绿色能源示范县。

宁海产业特色鲜明。形成了模具、文具、灯具、汽车配件等六大特色优势产业和生命健康、新能源等六大战略性新兴产业，总部经济、会展节庆等新兴服务业蓬勃兴起，拥有中国模具产业、文具产业、汽车橡胶部件产业、压铸产业和汽车零部件制造五大“国字号”基地，构建形成了“二区八园”产业布局。特别是作为省级平台的宁波南部滨海经济开发区，是环杭州湾产业带和温台沿海产业带相联接的一个重要节点，包括宁海东部长街、胡陈、力洋、茶院、一市、越溪6个乡镇，总面积721.58平方千米，总人口近20万人。无论是土地、淡水、港口资源，还是太阳能、潮汐能等均极为丰富，在全市、全省乃至全国沿海地区都是一块不可多得的战略要地、资源宝地和能源高地。随着甬台温高速公路复线三门湾大桥及接线工程的开工建设，新区的战略地位和区位优势将进一步凸显，构建起“北有杭州湾、南有三门湾”的发展格局。

2021年经济增速在全市率先由“负转正”，经济总量位列全省县（市、区）第30位。跻身全国综合实力百强县第48位，全国县域高质量发展百强县第8位，中国工业百强县（市）第86位，建制县高质量发展排名全国第7，地区生产总值跻身全国县（市）前70位，连续四年占据全国“两山”发展百强县第2位，跃居全省绿色发展指数第5位。在各领域争先创优，实现国家级生态环境创建“大满贯”，在“两山”理念提出15周年、“千万工程”实施15周年、首次全国法治乡村建设工作会议、全国推进县乡人大工作会议等重要节点和场合交流“宁海经验”，纪念潘天寿诞辰120周年系列活动在北京举行，全省基层公权力、宗教治理、农村物流、旅游、药监、海防、人防等领域工作会议在宁海召开，年内央媒报道数量从百余篇增加到近千篇，宁海的影响力和美誉度持续提升。

自然人文环境

【地域】 宁海县位于北纬29°05′36″~29°31′29″、东经121°09′26″~121°48′57″，地处浙江省东部沿海、宁波市南部，东接象山县，东南临三门湾，南与台州市三门县接壤，西南与台州市天台县、西北与绍兴市新昌县相邻，北连奉化区，东北濒象山港。辖区东西最大距离64.1千米，南北最大距离44.15千米，全县总面积1928平方千米，其中，陆域面积1755平方千米、海域面积173平方千米。距杭州211千米，宁波65千米（均为径距）。地域构造属华南台块浙闽隆起带东南沿海断裂褶皱区，新华夏系一级第二隆起带东北端。地质简单，断裂发育，属滨海丘陵地带。西部和西南山岭连绵，属于天台山脉中段，自华顶山、括苍山分别从西北、西南蜿蜒入境。最高峰蟹背尖海拔954米。东部以低丘和冲积平原为主。主要山脉有天台山、四明山。全县地势，自西向东南倾斜。北部、东南部和南部各有小块平原。

【水文水资源】 境内河道属白溪、中堡溪、凫溪、清溪四大流域，其中，白溪流域面积627平方千米；中堡溪流域面积198平方千米；凫溪流域面积188平方千米；清溪流域面积164平方千米。主要河流有一级河白溪、中堡溪、凫溪、清溪、茶院溪、颜公河等14条，总长288.5千米；二级河大溪、大松溪、混水溪等21条，总长237.7千米；三级河道盈坑、龙眼溪、里岙溪等7条，总长61.1千米。河流总长度607.4千米，河网密度0.34千米/平方千米，径流总量16.4亿立方米，年排涝量3.3亿立方米，年最大排涝量4.6亿立方米。境内最大河流为白溪，从天台县华顶山北麓流经境内黄坛镇、岔路镇、前童镇、跃龙街道，从白峤港入海，长66.5千米，流域面积627平方千米，年均流量21.9米^3/秒，主要支流有清水溪、浑水溪、大溪等。海岸线全长166.48千米，有港湾6处、岛屿44个、礁55个，海域面积244.4平方千米，东南沿海滩涂广阔，平原地区河港纵横。

宁海县多年平均降水量为1649.9毫米，折合水量30.41亿立方米，水资源总量17.80亿立方米。2021年区域平均降水量2547.2毫米，折合水量46.94亿立方米，水资源总量约31.74亿立方米，比多年平均水资源总量增加了43.9%。全县7座大中型水库（包括白溪水库）年末蓄水总量2.634亿立方米，年末蓄水总量比年初增加0.997亿立方米。

2021年，全县总供水量1.6359亿立方米（不包含环境配水量0.1536亿立方米），其中，地表水源供水量1.6339亿立方米，地下水源供水量0.002亿立方米。全县总用水量1.6359亿立方米，比上年增加1.8%。其中，农业用水0.7624亿立方米，占46.6%；工业用水量0.2350亿立方米，占14.4%；生活用水量0.5870亿立方米，占35.9%；生态环境用水量0.0515亿立方米，占3.1%。

【土地资源】 以2019年12月31日为标准时点汇总数据，全县第三次全国国土调查总面积186120公顷（279.18万亩）。根据《土地管理法》分类，其中，农用地151009公顷（226.51万亩），占81.14%；建设用地17262公顷（25.89万亩），占9.27%；未利用地17849公顷（26.78万亩），占9.59%。农用地、建设用地、未利用地比率约为8∶1∶1。根据土地权属分类，国有土地面积40883公顷（61.32万亩），集体土地145237公顷（217.86万亩）。国有土地与集体土地占比约为2∶8。

根据第三次全国国土调查一级地类分类，主要涉及八大类，分别为耕地21404公顷（32.11万亩），占比11.50%；园地11768公顷（17.65万亩），占比6.32%；林地101400公顷（152.10万亩），占比54.48%；草地1427公顷（2.14万亩），占比0.77%；湿地12773公顷（19.16万亩），占比6.86%；城镇村及工矿用地14190公顷（21.29万亩），占比7.62%；交通运输用地3584公顷（5.38万亩），占比1.93%；水域及水利设施用地17929公顷（26.89万亩），占比9.63%。

【森林资源】 宁海现有林地总面积11.03万公顷（165.45万亩），森林总面积10.75万公顷（161.25万亩），森林覆盖率64.12%，林木蓄积量667.45万立方米，森林面积、森林蓄积量、森林覆盖率等持续稳定增长。

有五山林场、茶山林场2个

国有林场，国有林地总面积0.51万公顷（7.65万亩），占林地总面积4.62%；国有森林面积0.50万公顷（7.50万亩），占森林总面积4.53%。

拥有浙江双峰国家森林公园、南溪温泉省级森林公园和桃花溪省级森林公园3个自然保护地，总面积4484公顷（6.72万亩）。

【湿地资源】 根据第三次全国国土调查数据，全县湿地总面积12783公顷（19.17万亩），其中，内陆滩涂451公顷（0.68万亩），占比3.52%，沿海滩涂12333公顷（18.49万亩），占比96.48%。

【矿产资源】 根据往年地质矿产勘查成果，宁海县有磁铁矿、钼矿、锰矿、铜矿、铅锌矿、黄铁矿、明矾石、地开石、萤石、水晶、褐煤、珍珠岩、沸石、陶土、高岭土、膨润土、叶蜡石、地热资源、饰面石材、普通建筑用石料等21个矿种。其中矿产地12处，包括磁铁矿矿点2处，铅锌矿小型矿床1处，明矾石、地开石矿点各1处，陶土大型矿床2处，叶蜡石中型矿床1处、矿点1处，地热资源（温泉）1处，饰面石材矿床2处。宁海县区域矿床资源特点是：普通建筑用石料资源丰富，地热资源、陶土、叶蜡石资源较丰富，其他金属、非金属和能源矿产资源贫乏。

（1）金属矿产：主要有铅锌矿、磁铁矿等矿种，但多属矿点、矿化点，仅有桥头胡储家铅锌小型矿床，但品位低。

（2）非金属矿产：主要有普通建筑用石料、饰面石材、明矾石、地开石、萤石、水晶、珍珠岩、陶土、高岭土、膨润土、叶蜡石、石材等矿种。其中普通建筑用石料资源丰富；饰面石材、叶蜡石、陶土等矿种有一定的资源储量，可供开发利用；其他多为矿点，无工业价值。

（3）能源矿产：主要有地热资源。宁海县地热资源以构造裂隙型带状热储为主，地热资源的赋存主要受构造活动在火山岩类、花岗岩类地层内形成的断裂破碎、节理裂隙以及其原生、次生裂隙控制。目前揭露的地热资源均位于深甽镇南溪南侧的沟谷内，水温在36℃～47℃，属于低温地热资源温热水。深甽地区地热水属HCO_3-Na型淡水，化学感官性状好，色度<5，透明，无嗅，水质良好，pH值8.0，为弱碱性水；总硬度（以$CaCO_3$计）16.3～21.17mg/L，为极软水，溶解性总固体283.14～423mg/L。氟离子含量为8.6～13.0mg/L，偏硅酸含量为54.08～61.36mg/L，均达到理疗热矿水命名矿水浓度标准。且同时含有24.3～52.4Bq/L的放射性水氡，平均38.1Bq/L，达到有医疗价值浓度标准。

【海洋资源】 全县大陆及海岛岸线总长213.65千米，其中，大陆岸线总长175.63千米，海岛岸线总长38.02千米。全县175.63千米大陆岸线中，自然岸线为49.30千米，占比28.07%；人工岸线为125.22千米，占比71.30%；河口岸线为1.11千米，占比0.63%。全县38.02千米海岛岸线中，自然岸线长度32.38千米，占比85.17%；人工岸线长度5.64千米，占比14.83%。

全县共有海岛42个，其中有居民海岛3个（白石山岛、横山岛、铜山岛），占海岛总数7%，无居民海岛39个，占海岛总数93%。

【土特产】 **长街蛤蜊** 长街海洋文化历史悠久，该地坐落在天台山脉和四明山脉之间，濒临三门湾，常年有大量淡水注入，海水咸淡适宜，海港风平浪静。海域面积275平方千米，海岸线长达176千米，形成了2.6万公顷的浅海滩涂，滋养着无数海鲜，有令人赞不绝口的肥美海产品。长街蛤蜊在宁海八鲜之中有“鲜绝天下”的美誉，且被誉为“长街三宝”。长街蛤蜊主要产区为三门湾沿岸，又称铁蛤、青蛤，喜生活于潮间带中下区及浅海沙滩中，贝壳厚而坚，略呈三角形，蛤肉鲜美，具有滋阴润燥、利尿消肿作用，它的营养价值也很高，含有丰富的蛋白质和维生素，属于低热能、高蛋白、少脂肪的健康食材。长街蛤蜊系捕捞自然生长品种，清明前后为旺季，量多体肥，一般日捕5～10千克，长街沿海群众习俗，清明祭祖必备蛤蜊。全县一般年产量约100吨，高产年约200吨。2003年长街蛤蜊荣获浙江省博览会金奖。1995年开始以传统方式刮苗养殖，2007年人工育苗成功，开始大面积养殖，2008年发展到10305亩，产量8350吨。2009年，有17个乡（镇）的131个村、107万户和2个国营场、2个乡办场从事蛤蜊养殖，当年放养1.89万亩，养殖总面积2.99万亩，产量9352吨，占当年海水养殖产量70%，占水产品总产量37.3%。养殖总面积和总产量分别占全市60%和66%。

长街泥螺 长街泥螺养殖历史悠久，早在南宋嘉定年间（1208—1224年），宁海学者写的《风俗篇》中记载：“近则采螺蚌蛏蛤之属，以自赡给或载往他郡为商贾。”泥螺也称吐铁，属腹足纲，阿地螺科，鲜美醇香，营养价值十分丰富，同时味甘咸，性寒，且具有补肝肾、益精髓、润肝、明目、生津之功能，是宁海县沿海区域的一大传统产品。尤其是宁海长街镇生产的泥螺更具有肉嫩、体大、舌软（无沙性）的特点，味道特别鲜美，在沪甬和港台地区享有盛誉，被称为“长街泥螺”。长街泥螺不仅生长快，而且特别肥壮，大的体大如鲜蚕豆，小的胜过青皮豆，一般160粒至170粒就有0.5千克。每年可旺收二季，即麦黄泥螺和桂花泥螺，前者较优。过去长街泥螺都是采捕野生的，由于自然采捕量少又不稳定，不能满足市场需求。1989年伍山、山头乡渔民，采集海涂上的“泥螺蛋”（卵群）筑土塘蓄水孵化，培育成幼螺，开创人工养殖泥螺的先例。1990年长街月兰村村民黄金富，用刮苗暂养分苗疏养方法养殖成功，三门湾沿海村民纷纷仿效，1997年养殖面积达1.5万亩，产鲜泥螺750吨，产值2000万元。1998年养殖面积15900亩，产量750吨。2008年养殖面积8340亩，产量590吨。2010年养殖面积18000亩，产量1200吨，产值2800万元。2001年1月18日长街镇被浙江省水产渔业局授予“泥螺之乡”。

长街蛏子 长街蛏子产业是长街镇的主要农业经济产业，2021年养殖面积已达2.48万亩，年产量超7300吨，其中90%的蛏子以鲜销为主，实现总产值约1.45亿元。自2006年起已成功举办16届“蛏子节”，通过各级新闻媒体宣传造势，打响了长街蛏子地标品牌，并带动了当地特色农产品、旅游业等各项经济的发展。

岔路黑猪 岔路黑猪作为优质地方品种，是宁海“6+6”主导特色产业之一，也是宁波市唯一的地方猪种、浙江省14个地方良种猪之一和27个省级畜禽遗传资源保护品种之一，为浙江省猪肉十大名品、浙江省优质无公害农产品、宁波市绿色农产品。它体型中等，体质结实，结构匀称，背腰平直，多为单背，胸较深，被毛全黑。具有肉质细嫩、醇香浓郁、味道鲜美等优良特性。1992年，宁海县人民政府拨专款85万元，在离县城9千米的梅林镇附近建成“宁海县岔路黑猪良种繁育场”开展选育，并于1994年6月经省农业厅验收，确定为一级种猪场。2003年12月与宁波市振宁牧业有限公司合股成立宁海县绿生牧业有限公司。2005年岔路黑猪存栏1836头，出栏2615头。截至2017年底，“宁海县岔路黑猪良种繁育场”养殖岔路黑猪已逾80000多头。2020年12月5日，岔路黑猪种质资源基地建设项目开工。

岔路黑猪省级原种场项目位于岔路镇高塘村西山桃园，投资3900万元，完成土地征用22.684亩，按照“布局合理、技术领先、设施先进、管理智能、美丽生态”的现代化种猪场标准建设，建成后可容纳存栏母猪600头，年出栏商品猪万头以上。

4月16日宁波市人才日，宁海农业畜牧专场活动以“保种未来·续良品”为主题，邀上海农科院有关专家团队为岔路黑猪这一地方优质种质资源的保护、利用和发展提供技术支撑、人才保障。此次活动中，县政府、县农业农村局、上海市农科院、上海市农科院畜牧兽医研究所、宁波瑞农牧业有限公司、上海祥欣畜禽有限公司等有关方分别签订乡村振兴院县战略合作协议、《宁海岔路黑猪中长期发展规划》编制协议、“岔路黑猪产业研究所”共建协议、“宁海种公猪站”共建协议。活动还授牌成立上海市农业科学院乡村振兴科技支撑行动科技引领示范基地、上海市农业科学院乡村振兴科技支撑行动专家工作站。在随后举行的专家论坛上，上海市农科院专家团队以岔路黑猪发展规划及产业化开发、地方猪种质资源保存与基因库建设、岔路黑猪的育种与现代化生产等为主题发表主旨演讲，并与企业、农户代表开展座谈，为岔路黑猪深度发展出谋划策。

梅林鸡 宁海梅林鸡是畜牧业农产品地理标志，以“公司+基地+标准+农户”的生产模式，实行统一苗鸡、统一投入品、统一管理、统一收购、统一销售的“五统一”管理，充分利用当地的山区自然资源优势，以放养方式和采用科学的配套综合疾病防治技术进行饲养管理，积极推行养殖良种化、技术标准化、防疫规范化，先后获得国家级农业标准化示范基地、国家无公害农产品、浙江省绿色农产品、浙江省优质农产品金奖等荣誉称号。

枇杷 据明崇祯《宁海县志》载，宁海在370年前已种植枇杷。1985年开始在古渡、前童、岔路等地进行规模化种植，面积1200多亩，品种有大红袍、软条白沙、夹脚、洛阳青等。1987年全县面积1984亩，幼树多，产量少。1989年进入生产期，产量224吨。1990年前后，一市镇利用良好山地资源开始发展枇杷，1993年初产。1994年在一市村枇杷园发现一株白沙枇杷，性状表现突出，果大、味甜、品质佳，此后几年在县农林科技人员和种植户的共同努力下，该单株得到迅速繁育和扩展，2000年开始在全县推广。2003年经国内专家鉴定为优质白沙枇杷新品种，定名为“宁海白”枇杷。该品种地2004年通过国家林木良种认定，成为宁波市首个全国果树推广良种。2013年，全县枇杷种植面积达14000亩，产量2000余吨，宁海一市镇获”浙江枇杷之乡”称号。至2008

年“宁海白”枇杷已推广至全国12个省、市，成为中国白沙枇杷主栽品种之一。2004—2007年宁海白枇杷分别被认证为无公害农产品、有机食品和绿色食品，2007年获宁波市名牌产品、宁波市十大名果和“中华名果”称号。由宁海县农林局冯健君研究员主持完成的《宁海白枇杷品种选育及基地建设》项目于2004年获宁波市科技进步二等奖，2008年作为主要成果之一获浙江省科学技术奖二等奖，优秀论文《枇杷品种“宁海白”的特性》在国际刊物上发表。宁海县枇杷生产技术水平居国内先进行列。2019年2月，“宁海白”枇杷获得国家农产品地理标志登记保护。其保护范围包括一市、越溪、跃龙街道、茶山林场等13个乡镇、4个街道一个林场，种植面积1.5万亩，全产业链年产值约1.3亿元，通过多年选育推广及品牌建设，“宁海白”枇杷在省内外果业界已具有较高知名度。近年来，对自然灾害（冻害等）、土壤树势退化及市场销售不畅等多个难题开展技术革新，拓宽销售渠道，提高产业效益，已成为宁海农业一张“金名片”。2020年“宁海白”枇杷产量350万千克，产值1.2亿元，一市镇政府首次尝试直播带货模式，进一步提高“宁海白”枇杷的知名度与美誉度，为当地果农赢得更好的经济效益。

麻糍 宁海的气候和土壤为宁海糯米的生长创造了优良的自然环境，糯米外形椭圆，颗粒饱满均匀，色泽白里透青，具有香、软、柔、韧的综合特性，最适合制作宁海麻糍的主要原料。据记载宁海麻糍早在南宋时期已成为地方特色食品，有每逢清明节、农历四月初八等传统节气就要捣麻糍的习俗。相传，东仓上宅叶梦鼎丞相幼时酷爱读书，每每点灯夜学，父母恐其挨饿，常备点心供其食用。丞相独爱其母制作的麻糍。21世纪以来，胡陈乡先后举办麻糍节、成立麻糍文化体验馆，令其更加发扬光大。在胡陈乡已形成产业化经营。

麦饼 宁海麦饼历史悠久，据《宁海塔山童氏谱志》记载，早在南宋时期人们在出游和劳作时携带麦饼为主食，延续至今。另据史料记载，徐霞客从宁海出西门三十里，夜宿梁皇驿，对香气浓郁的宁海麦饼赞不绝口。因此也被成为“霞客饼”。宁海麦饼的主要原料来自宁海的地产小麦，辅以宁海岔路黑猪肉为佐料，经过手工制作而成的地方特色食品。麦饼其外观多为较薄圆形，表面微焦、色泽焦黄。小麦是宁海传统种植物之一，明代旅行家徐霞客在《徐霞客游记》的开篇中写道，在宁海王爱山岗一带“可见随处种麦”。由于宁海的土壤、气候、日照时间原因，宁海的面粉品质蛋白质和酶活性含量高于普通面粉，具有面团拉伸、稠度强的特性，便于在加工麦饼过程中可随意拉伸都不破裂。

马铃薯 俗称洋芋，胡陈洋芋是宁海县胡陈乡传统特色农产品之一，已有300多年的种植历史。由于具有独特的砂性土壤、适宜的气候环境，因此造就了胡陈洋芋的独特品质——皮色较黄、淀粉含量适中、低脂肪、高蛋白、粗纤维，色香味美，为大众喜爱。长期以来，胡陈洋芋是一旱一水的栽培模式。境内土壤pH值在5~6之间，施肥主要以农家肥为主，化肥辅助，土壤自然肥力高。胡陈本地洋芋品种多为东仓小黄皮，洋芋可作蔬菜也可作粮食，生长季节短，胡陈乡春秋两季洋芋的种植面积达0.7万余亩，年产洋芋0.87万余吨，其中符合国家级绿色食品A级产品标准的洋芋为2500吨。胡陈乡多次组织洋芋种植大户探索开发大型蔬菜市场、超市等，主要销往上海、杭州、宁波、舟山等地。胡陈洋芋曾获得多种荣誉，2004年被认定为国家级绿色食品A级产品，标志编号：LB-15-1308117318A。胡陈洋芋荣获省级农业博览会优质奖。2017年胡陈洋芋入选为“全国名特优新农产品”名录，受农业部权威推介。2018年荣获浙江名牌农产品。“七彩胡陈”商标荣获浙江省著名商标，获评浙江名牌农产品。2019年，胡陈乡春秋两季土豆种植面积4000亩，土豆产量4700吨，农民总收入5640万元。

2021年，胡陈乡春土豆种植面积约3200亩，平均亩产约1300千克，批发价每千克在7至9元，零售价每千克12至14元，并畅销上海、杭州、宁波、台州等地。

香榧 双峰香榧种植历史悠久，是天然无公害农产品，主要分布在黄坛镇的榧坑、逐步、中央村、里塘等村。其中，建村于洪武元年的榧坑村以榧为村名。为了大力发展香榧，宁海县成立发展香榧领导小组，规划在双峰乡建立万亩香榧生产基地，于1991年建立双峰香榧苗圃园，采摘当地木榧（香榧的一个品种）为种子，繁殖苗木。1999年，双峰育出10万株香榧苗木，在杨染村、榧坑村进行嫁接。至2008年，双峰地区10多个村已发展香榧5000余亩、15000多株，64%的树可结果投产。榧蒲每千克16元，干榧每千克160元。2012年，双峰香榧基地面积7300亩。2015年，黄坛镇的双峰国家森林公园被评为“浙江最美森林”，为当地发展香榧产业与生态旅游提供了契机。截至2017年底，黄坛现有香榧面积1.2万亩，其中挂果面积3500余亩，年产香榧鲜蒲200余吨，是宁波市唯一的香榧产业基地。双峰有山外山农业发展有限公司、东盛林业专业合作社、补兴香榧合作社等6家专业合作社经营香榧产业。

注册“双峰香榧”品牌为公用品牌，并在2017年2月获得国家监督检验检疫局生态原产地产品保护证书，2017年7月28日黄坛镇香榧产业协会委托浙江龙华知识产权服务公司代理“双峰香榧”地理标志商标的申请办理工作，2019年7月28日成功注册地理标志证明商标。2019年黄坛镇种植香榧1.3万余亩、木榧627.5亩。全镇百亩以上香榧基地28个，投产面积达0.75万余亩，全年鲜果产量为130万斤，香榧生产值超5000万元。2020年，黄坛镇与县市场监督管理局联合出台《双峰香榧地理标志公用品牌使用与管理办法》，规范双峰香榧地理标志商标的使用行为。

2021年，双峰片11个村庄都种植香榧树，种植面积1.3万余亩，香榧苗木基地600余亩，已有公司、农业专业合作社、家庭农场等22家市场主体获得授权使用“双峰香榧”商标，品牌使用率占全镇香榧总产量90%以上，香榧收入占双峰片农民总收入的70%以上。

宁海县香榧品牌“轩峰”“冬益”荣登浙江省香榧十大品牌。全县农业公司、专业合作社、家庭农场等香榧经营主体发展到150多家，从业人员2万余人，初步形成了育苗、种植、加工、销售一条龙的香榧产供销体系和以黄坛镇双峰片为中心，辐射深甽镇等山区乡村的区域特色优势产业。截至年底，全县香榧林面积2万余亩，其中，投产面积1万亩，香榧青果产量1050吨，产值2300余万元；干果210吨，产值4600余万元。

牡蛎 俗称蛎黄，宁海西店盛产的是褶牡蛎，有700多年的历史。褶牡蛎，贝壳小，薄而脆，大多为三角型，养殖以褶牡蛎为主。据清光绪《宁海县志》载：“宋季冯进士唐英避乱隐此，见岩边牡蛎盛生，教居民聚石养之。”并有“牡蛎出铁江尤佳”之赞语。铁江位于象山港尾西店，尤以西店牡蛎为著名，驰名江、浙、沪一带，海水养殖中的主产品之一。宁海西店，是浙江省最大的牡蛎基地，2008年西店牡蛎养殖面积24870亩，产量28600吨。西店牡蛎素有“海牛奶”之称，并富含蛋白质、维生素、核黄素等营养成分。2001年被浙江省海洋与渔业局授予“牡蛎之乡”。

锯缘青蟹 俗称青蟹，主产于一市、西店、大佳何等三门湾和象山港区域，清光绪《宁海县志》称蝤蛑，尤以一市青蟹为佳，营养价值大，俗称“三只蝤蛑顶只鸡”。宁海一市镇毗邻三门湾，盛产青蟹，自然条件优越，尤其是拥有天然的砂石底质，附近海域富有天然青蟹苗种。宁海青蟹运用野生、纯天然的鱼饲料进行科学喂养，是宁波市海水养殖水产品的第一个有机品牌。1985年，西店樟树村养殖户在低坝高网塘养殖青蟹，1990年以后，全县青蟹养殖面积不断扩大，成为池塘生态养殖的主要品种之一。

青蟹养殖面积在4万亩以上，拥有“蟹大人”“一市”等商标品牌。一市青蟹壳薄肉细，鲜嫩可口，是宁波海水养殖水产品中第一个有机产品，获得国家生态原产地认证标志。

宁海珍鲜 2018年面向社会征集确定了白枇杷、青蟹、蛏子等9大类首推产品。之后，运营团队联合各乡镇（街道）走访产业规模较大、产品质量较好的农业主体。2019年9月，宁海通过“宁海珍鲜”商标注册代理招标，标志着宁海全产业农产品区域公用品牌第三方运营正式启动。首批入选“宁海珍鲜”的筛选标准确立，包括参选的农业龙头企业、专业合作社等主体具有一定的生产经营规模，产品符合“三品一标”质量要求，品牌具有一定知名度、认可度等。同时，“宁海珍鲜”的相关专题宣传和群众意见征求工作启动。

在此过程中，宁海珍鲜搭建了宁海县首个农产品一站式数字化解决方案平台——宁海珍鲜数字化平台，开发网络ERP系统、智能提货系统，整合防伪溯源系统、企业微信商城、基地可视化监控、抖音企业账号，解决了品牌在数字化建设过程中多套系统并行使用导致的效率低下、成本高昂、数据汇总困难等问题，累计销售额达2090万元，其中新开拓渠道实现销售200余万元。

2020年8月开始，宁海珍鲜与省农业科学院数字农业研究所签订技术服务协议，推进农产品防伪溯源体系建设，经多次征求部门、乡镇（街道）以及农户意见，并结合商业化需求，防伪溯源码从1.0版本提升至3.0版本，实现防伪、溯源、查询、一件一码、按件服务等功能，对“宁海珍鲜”品牌授权受用单位实行防伪溯源管理。同时，与中国移动宁海分公司合作推进宁海珍鲜放心消费基地项目，完成茶叶、青蟹和对虾3家试点基地可视化监控网络设置。2020年底，“宁海珍鲜”商标通过国家知识产权局注册，成为全宁波市首个全品类“区域+产品特性”农产品区域公用品牌，标志着“宁海珍鲜”商标将正式受到法律保护。

8月，由县供销联社与一根火

柴（北京）文化传播有限公司联合出品的“宁海珍鲜”区域公用品牌故事宣传片《挚爱山海》在强蛟镇开机。

望海茶 宁海望海茶入选中国农业品牌目录2019年农产品区域公用品牌榜。浙江省2019“浙茶杯”金奖红茶评比中，宁海县获2枚金奖（太阳山茶场、俞氏五峰公司）。望府红茶因在“浙茶杯”评选活动中3次以上获金奖，获“浙江名红茶”称号。宁海组织12家农业经营主体参展2019年省农业博览会，现场销售超过40万元，获得订单60万元。其中，“望海峰牌”望海茶、“山里向”笋干获“2019浙江农业博览会金奖”；“花蕊牌”蜂蜜、“望府牌”红茶、“北星牌”泥螺、“草湖牌”糕点获得“2019浙江农业博览会优质奖”。

2020年7月第十届“中绿杯”名优茶评比中，宁海县选送6个单芽、6个白（黄）化茶样参评，其中“兰盈”牌、“望海峰”牌、“铜岭岗”牌望海茶及望府茶共4个茶叶品牌获得特别金奖，白叶类“兰盈”牌、黄叶类“裕竺”牌等2个获金奖。据2020年中国茶叶区域公用品牌价值评估，望海茶品牌价值11.92亿元，较上年11.18亿元上升0.74亿元，排名从71名上升至69名。

2021年9月，宁波市第五届红茶产品质量推选评比中，全市共评选出10个金奖，其中宁海有5个茶样获金奖，其中宁海县望府茶业有限公司选送的“望府”牌望府金毫茶样得分排名第一，另外四家获金奖的红茶产品厂家分别为宁波俞氏五峰农业发展有限公司、宁海县晶源茶叶专业合作社、宁波望海茶业发展有限公司、宁海县上湖太阳山茶场。

2021年望海茶产量约890吨，产值2.1亿元，品牌价值由中国品牌建设促进会评估为17.95亿元。自2016年成功注册地理标志证明商标后，宁海相继制订出台《望海茶系列地方标准》《望海茶质量管理办法》《望海茶品牌授权使用实施细则》《望海茶地理标志产品保护管理办法》等，形成较为完善的地理标志产品质量管理体系，同时，改造了一批低能、低效茶厂，建立一批高标准的生产基地，产业化水平得到显著提高。

钟观光蓟 2020年5月，宁海县科技局邀请数十名资深新食品原料审评专家在科创中心召开新食品原料学术论证会，开展钟观光蓟（山岩参）申报新食品原料论证活动。钟观光蓟（山岩参），别名钟氏蓟、杭蓟，在宁海民间有数百年的食用历史。在大佳何、桥头胡等乡镇（街道），有在立夏时节用山岩参煮鸡蛋的风俗，在力洋、胡陈等乡镇，有用山岩参炖母鸡作滋补品食用的传统。为了更好地推广山岩参，宁波宁蓟农场在政府各部门的大力支持下，开展山岩参的人工栽培试验和推广，历经十多年的艰辛探索，宁蓟农场已有55亩的种植面积。

【气候】 年平均气温18.5℃，较常年偏高1.1℃；年降水总量2736.2毫米，较常年偏多六成；年光照总时数1383.1小时，较常年偏少16%；年平均相对湿度80%，较常年偏高2.8%；年平均风速1.8米/秒，极大风速20.0米/秒，最多风向为NNE、频率14%。2021年宁海主要气象灾害有低温雨雪冰冻、气象干旱、台风和强对流天气（包括梅汛期、强雷电和短时强降水过程）等，其中台风“烟花”“灿都”对宁海造成了较严重的风雨影响。

基本气象要素综述。全年年平均气温18.5℃，较常年平均偏高1.1℃，居历史排名第二位，仅次于2007年（18.6℃）。上半年平均气温较常年平均偏高1.6℃；下半年平均气温较常年偏高0.5℃。冬季平均气温较常年平均偏高1.6℃；春季平均气温较常年平均偏高1.4℃；夏季平均气温较常年持平；秋季平均气温较常年平均偏高1.0℃。

全年降水总量2736.2毫米，较常年偏多61.5%，居历史排名第一位。上半年降水总量较常年平均偏多20.8%；下半年降水总量约为常年的2倍。冬季降水总量较常年平均偏少52.7%；春季降水总量较常年平均偏多38.2%；夏季降水总量较常年平均偏多93.6%；秋季降水总量较常年平均偏多83.2%。

全年光照总时数1383.1小时，较常年平均偏少15.5%。上半年光照总时数较常年平均偏少6.7%；下半年光照总时数较常年平均偏少22.1%。冬季光照总时数较常年平均偏多12.7%；春季光照总时数较常年平均偏少16.7%；夏季光照总时数较常年偏少52.7%；秋季光照总时数较常年平均偏少5.2%。

全年平均相对湿度80%，较常年偏高2.8%，全年最小相对湿度29%。年平均风速1.8米/秒，极大风速20.0米/秒，最多风向为NNE（北东北风），出现频率为14%。

主要气候事件及其影响。

强对流天气 受弱冷空气和西南暖湿气流共同影响，8月10—17日宁海出现罕见连续暴雨过程，全县过程面雨量249.5毫米，突破历史同期极值，位居全省第四，14个测站累计雨量超过300毫米（最大跃龙杜鹃步道366.1毫米），宁海国家站累计雨量329.8毫米，是常年（68.5毫米）的4.8倍，居历史第一位。除12—14日外，其余单日最大小时雨强均在60毫米以上，1小时雨量超过80毫米有5个测站。10—11日、15—16日4天宁海发布暴雨红色预警信号4次。

梅雨 宁海6月10日入梅，7月5日出梅，梅期25天，接近常年平均24天。梅雨期面雨量291毫米，其中城区梅雨量266毫米，与常年（268.4毫米）持平，最大为骆家坑398毫米，其次为岭口372毫米、里山364毫米。2021年的梅雨具有分散性、突发性、局地性、极端性等特点。26日后以系统性降水为主，强降水持续时间较长、覆盖范围大，并伴有局地强对流，部分地区累计雨量较大。

台风 汛期期间有两个台风影响宁海，分别是2106号台风“烟花”、2114号台风“灿都”。台风“烟花”是1949以来首个登陆浙江两次，且登陆浙江影响宁海时间（7月20日至28日）最长的台风。影响期间，宁海沿海和高海拔地区10级以上大风持续28小时，内陆普遍出现8~10级，沿海地区及海面10~13级大风，最大山上方13级（37.1m/s）。过程期间宁海持续出现暴雨天气，局部地区暴雨日数4~5天，过程面雨量348.1毫米，最大大佳何团联580.0毫米。影响期间恰逢天文大潮，宁海出现“风、雨、潮”三碰头，叠加影响导致气象灾害风险严重，综合致灾强度等级为最高等级（1级，极高）。

台风“灿都”于9月14日凌晨在黄海东海交界处超90度急转，15日至16日在东海北部海域滞留回旋，16日中午转向东北逐渐远离。全县过程面雨量205.0毫米，1个测站超过300毫米（最大大佳何团联366.4毫米），24个测站超过200毫米。影响期间，宁海沿海和高海拔地区有8~10级，内陆5~7级大风，最大力洋茶山（24.5米/秒，10级）。

气象干旱 2020年9月下旬至2021年3月19日，宁海累计降水量仅194.6毫米，为有气象记录以来最少，其中1月降水严重偏少，降水量仅6.4毫米，较常年同期偏少91.4%，宁海出现秋冬春持续性气象干旱。

寒潮 2021年1月和11—12月冷空气活动频繁，共出现4次寒潮过程，其中12月24—27日的寒潮过程，宁海国家站日平均气温48小时过程降幅10.8℃，平原地区最低气温降至0~2℃，山区-5~-8℃。1月1日宁海国家站最低气温-6.3℃，为有气象记录以来的最冷元旦。

2021年宁海县国民经济和社会发展综述

【综合】 地区生产总值。经初步核算，2021年全县地区生产总值为840.1亿元，按可比价格计算，比上年增长8.8%，两年平均增长6.1%。分产业看，第一产业实现增加值50.67亿元，增长3.6%；第二产业实现增加值429.4亿元，增长10.3%；第三产业实现增加值360.03亿元，增长7.9%。三次产业之比为6.0∶51.1∶42.9。按常住人口计算，全县人均地区生产总值为119587元（按年平均汇率折合18536美元），增长8.0%。

表1　　2021年宁海县分行业增加值统计表

行　　业	增加值（亿元）	增速（%）
农林牧渔业	52.72	3.8
工业	381.13	12.9
建筑业	49.16	-6.2
交通运输、仓储和邮政业	25.95	9.4
批发零售业	78.26	14.4
住宿和餐饮业	14.74	20.4

续表1

行　　业	增加值（亿元）	增速（%）
金融业	41.33	4.9
房地产业	73.7	0.8
其他服务业	123.12	7.6
营利性服务业	57.26	15.1
非营利性服务业	65.86	1.9

财政收支。全年全县实现财政总收入107.81亿元，增长3.7%，其中一般公共预算收入68.66亿元，增长1.1%。全县完成一般公共预算支出93.48亿元，增长7.8%，其中卫生健康支出、科学技术支出和城乡社区事务支出分别增长25.3%、15.2%和15.1%。

市场价格。据国家样本反映，全年全县居民消费价格同比上涨1.0%，其中服务价格上涨0.8%，工业品价格上涨2.4%，消费品价格上涨1.0%，商品零售价格上涨1.7%。

表2　　2021年宁海县CPI同宁波、全国比较表

（上年=100）

指　　标	宁海县	宁波市	全　　国
居民消费价格指数	101.0	102.1	100.9
一、食品烟酒	99.6	102.1	99.7
二、衣着	101.5	99.6	100.3
三、居住	100.4	100.8	100.8
四、生活用品及服务	101.7	102.3	100.4
五、交通通信	104.0	105.3	104.1
六、教育文化娱乐	101.6	104.4	101.9
七、医疗保健	101.2	100.4	100.4
八、其他用品及服务	97.4	97.3	98.7

就业创业。年末全县城镇登记失业率为1.19%。城镇新增就业人员24534人，2335名城镇失业人员实现再就业，其中困难人员1026人。新增创业实体15321个，创业带动就业人数61284人。新设各类市场主体15326户，净增市场主体5236户，累计实有各类市场主体86557户。

农业、美丽乡村建设

农业。全年全县实现农林牧渔业增加值52.72亿元，增长3.8%；粮食总产量9.02万吨，增长5.4%；禽肉总产量0.12万吨，下降11.1%；水产品总产量17.36万吨，增长5.0%，其中海水产品产量16.68万吨，增长5.0%。农业数字化扎实推进，成功认定省市两级数字农业工厂2个、数字牧场2个、数字渔场1个、市级数字种养基地11个。特色品牌建设成效明显，“长街蛏子”成功注册国家地理标志证明商标，全市首个全品类农产品区域公用品牌“宁海珍鲜”步入市场化运营。农产品安全稳步提升，绿色优质农产品比例达60.6%，获评全国农产品质量安全县。

美丽乡村建设。全年全县新增省级美丽乡村示范乡镇（街道）1个、省级美丽乡村特色精品村5个，省级高标准农村生活垃圾分类处理示范村2个，累计分别达到9个、25个、21个。全国首创“公交邮路”农村带货新模式，“集士驿站”农村物流寄递体系建设经验亮相全国峰会。新改建农村公厕、旅游厕所185座，新建农村饮用水监测站32个，完成17.5万户房屋安全排查鉴定。获评全省深化“千万工程”建设新时代美丽乡村工作优胜县和全省提升农村生活垃圾分类处理工作优胜县。

工业、建筑业、用电

工业经济。全年全县实现工业增加值381.13亿元，比上年增长12.9%。规模以上工业增加值262.2亿元，增长14.3%，其中“246”产业和“365”产业增加值分别为184.75、195.44亿元，均增长15.6%。规模以上工业产值首次突破千亿元，达1134.03亿元，增长15.3%，其中新产品产值413.69亿元，增长10.6%，新产品产值率达36.5%。规上工业企业实现销售产值1110.26亿元，增长15.0%；营业收入1203.35亿元，增长21.1%；利润总额58.17亿元，下降10.1%；研发投入31.41亿元，比上年增长25.8%。规下工业增加值增长13.1%。工业全域治理稳步推进，工业厂房拆旧突破200万平方米、淘汰关停企业近140家、建新126万平方米。

建筑业。全年实现建筑业总产值113.28亿元，增长9.2%。房屋建筑施工面积752.56万平方米，从业人员平均人数3.3万人。

用电量。全年全社会用电量44.37亿千瓦时，增长12.9%，其中第一产业用电量0.55亿千瓦时，增长11.9%；第二产业用电量29.02亿千瓦时，增长13.2%，其中工业用电量28.69亿千瓦时，增长13.2%；第三产业用电量6.04亿千瓦时，增长18.4%；城乡居民用电量8.76亿千瓦时，增长8.4%。

固定资产投资。全年固定资产投资增长1.1%，其中民间投资占比63.5%，较上年提高2.5个百分点。

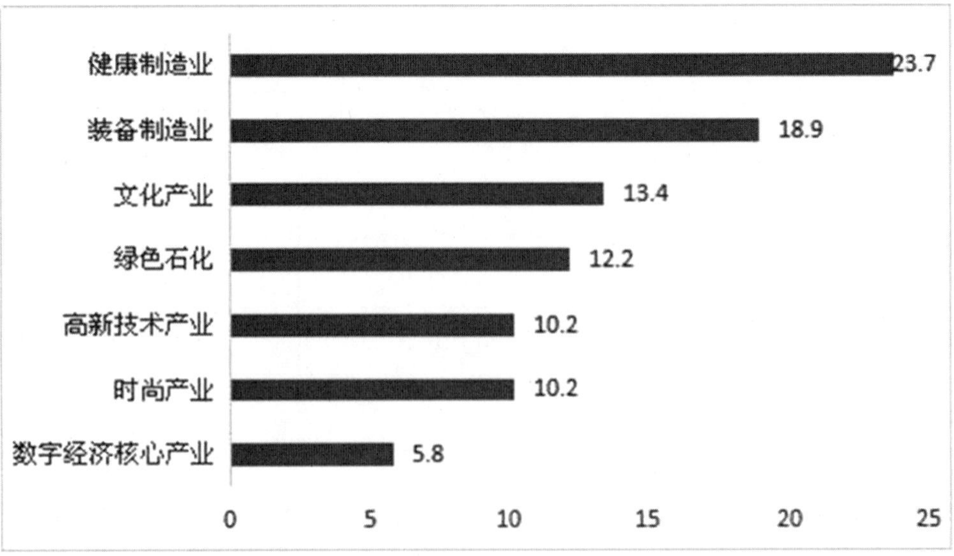

宁海县规模以上重点产业增加值增长情况图（单位：%）

表 3　　2021 年宁海县固定资产投资主要领域增速统计表

主要领域	比上年增长（%）
工业投资	1.8
制造业投资	5.0
房地产投资	28.2
基础设施投资	-30.4
高新技术产业投资	4.3
民间投资	5.1

房地产业。全年全县商品房施工面积 529.63 万平方米，下降 9.1%；竣工面积 104.24 万平方米，增长 28.1%；商品房销售面积 78.95 万平方米，下降 11.1%。

贸易、交通、旅游、会展

贸易业。全年全县实现社会消费品零售额 304.8 亿元，增长 12.4%。其中限额以上社会消费品零售额 68.9 亿元，增长 15.6%。全年实现网络零售额 197.7 亿元，增长 15.7%。电商产业园入驻企业 86 家，实现交易额 31.1 亿元。

表 4　　2021 年宁海县限额以上主要商品增速统计表

主要指标	比上年增长（%）
汽车类	6.9
文化办公用品类	9.1
服装、鞋帽、针纺织品类	-19.9
粮油、食品类	14.6
石油及制品类	132.7
家用电器和音像器材类	-10.2
金银珠宝类	1.8
饮料类	12.2

交通运输。年末全县公路总里程达 1651.9 千米，公路密度 89.6 千米/百平方千米。全年完成旅客运输量 40.28 万人次，下降 60.1%；货物运输量 1362.2 万吨，增长 7.2%；货物周转量 77.58 亿吨千米，增长 6.8%。年末全县拥有各类营运车辆 2769 辆、船舶 49 艘，其中公交运营车辆 599 标台，运营线路 171 条，全年完成客运量 3096.64 万人次，增长 24.7%。年末全县共有互联网租赁自行车 0.3 万辆，全年累计租车 225 万辆次。年末全县共有出租车 278 辆。

旅游业。全年全县完成旅游总收入 52.91 亿元，同比增长 5.4%。接待游客 321 万人次，同比增长 6.3%。创成省 A 级景区村庄 40 个，其中 AAA 级 6 个；新增民宿 50 余家，其中精品民宿 5 家，培育金银宿级民宿 5 家、文化主题（非遗）

民宿2家、客栈2家。成功创建全市首个省AAAA级景区城。

会展业。全年全县举办各类展会10个，参展企业748家，标准展位803个，展览总面积5.12万平方米，人流量17.9万，成交额达24.78亿元。成功举办第十九届徐霞客开游节暨“中国旅游日”浙江省主会场活动，中国乡村旅游峰会等10项活动。

对外经济

货物贸易。全年全县实现货物进出口总额331.18亿元，增长4.2%。其中，出口总额311.15亿元，增长2.9%，其中跨境电商出口额11.3亿美元，增长22.8%；进口总额20.02亿元，增长30.2%。从产品类别看，机电产品实现出口额234.35亿元，增长8.1%，占全县出口总额的75.3%；高新技术产品出口额81.76亿元，增长6.2%。全年全县完成对“一带一路”沿线64国合计进出口额71.51亿元，增长7.3%，其中出口69.65亿元，增长7.2%。

招商引资。全年全县共新批外资企业12个，增资项目7个，实际利用外资1.52亿美元，比上年增长25.7%。浙商回归资金93.31亿元，市外内资110亿元。

银行、证券、保险

银行业。年末全县拥有银行业金融机构26家，其中政策性银行1家，大型国有银行6家，股份制商业银行12家，城市商业银行5家，村镇银行1家，农商银行1家。年末银行业金融机构不良贷款率0.46%，较上年上升0.05个百分点。

表5　2021年末宁海县金融机构存贷款统计表

主要指标	实绩（亿元）	比上年增长（%）
本外币存款余额	949.92	8.5
其中：住户存款	441.88	12.2
非金融企业存款	349.45	7.3
人民币存款余额	902.27	6.8
本外币贷款余额	1298.68	14.3
其中：住户贷款	4580.78	17.6
企（事）业单位贷款	840.58	12.6
人民币贷款余额	1290.06	14.4

证券业。全县共有上市企业8家，其中今年新增2家。新三板挂牌企业3家，新增甬股交挂牌企业29家，累计161家。年末拥有上市梯队培育企业36家。

保险业。年末全县共有保险机构37家，其中产险机构22家，寿险机构15家。全年保费收入20.16亿元，比上年增长3.7%，其中财产险保费收入8.13亿元，增长8.1%；人身险保费收入12.03亿元，增长1.0%。全年累计赔付支出7.47亿元，增长30.4%，其中财产险赔付支出5.59亿元，增长42.6%；人身险赔付支出1.88亿元，增长4.1%。

科技、教育、人才

科技创新。全年全县完成专利授权4965件，其中发明专利209件，有效发明专利拥有量1350件。新认定国家高新技术企业46家，累计达278家。新认定国家科技型中小企业247家，累计达1506家。新获省科学技术奖1项、市科学技术奖7项，新增专利导航项目3项。新认定宁波市专利示范企业4家，首次通过知识产权管理体系认证企业3家。技术交易额首次突破10亿元，增长19.6%。

教育事业。年末全县共有中小学84所，在校学生总数10.82万人。其中，普通高中8所，在校学生1.01万人；职业中学4所，在校学生0.86万人；初中22所，在校学生2.23万人；小学51所，在校学生4.53万人；幼儿园95所，在校学生2.35万人。学前三年入园率达99.7%，义务教育入学率和巩固率均达100%，初中毕业生升入高中段学校比例为99.9%，适龄"三残"儿童学前段、义务段入学率达100%。投入民办教育发展专项资金390万元，发放各类助学奖金共计9300万元，公办学校接纳外来民工子女1.74万人。全市率先完成学科类培训机构转登工作，压减率100%、办结率100%，实现课后托管全覆盖。

人才开发。年末全县人才总量达19.04万人。新增大学生就业人数11489人，增幅达51%，其中博士17人、硕士268人。新建3家省级博士后工作站，新增博士后8名，其中企业全职博士后4名。全年累计培训技能人才达34186人次，新增高技能人才7236人，3200人通过竞赛取得高级工职业等级证书。培养"三位一体、四方联动"应用型人才3000余人。

文化、卫生、体育

文化建设。年末全县累计拥有国家级、省级、市级非遗项目10项、代表性传承人25人、传承基地18个。成功创建市一星级以上图书分馆18家，实现乡镇全覆盖；新建城市书房1家、"书循环"捐赠点和流动图书站6个。新增基层公共文化设施面积2000平方米。建成艺术特色村7个，获评中国民间文化艺术之乡。

卫生健康事业。年末全县共有医疗机构481家，床位数3450张，卫生技术人员5751人，其中拥有执业（助理）医师2188人，注册护士数2387人。每千人拥有执业（助理）医师数3.14人，每千人拥有护士数3.43人。年末县域就诊率为90.2%，基层就诊率为71.8%。2021年通过国家卫生县城复审，实现国家卫生县城创建"五连冠"。

体育事业。新建体育公园1个，全民健身广场1个，多功能运动场2个，笼式足球场1个，百姓健身房6个。人均体育场地面积达2.6平方米，超出全省平均标准32%。宁海籍运动员在第十四届全运会上斩获1银、3铜，省市各级赛事中收获55枚金牌。成功举办宁海越野挑战赛线上赛（国际级800人）、长三角舞龙舞狮争霸赛和浙江省青少年女子足球锦标赛等赛事。

城市建设、环境保护

城市建设。全县城市建成区面积达42.3平方千米。大力推进城市道路建设，建成市政道路桥梁12条，续建市政道路3条，建成省级绿道14千米。大力推进公园绿地改造提升，城市绿地覆盖率达42.5%，比上年提升0.5个百分点。大力推进城市有机更新，建成海绵城市2.05平方千米，城中村改造拆除1148户、17.16万平方米，启动40个小区（点位）改造、完成7个，完成23个物业小区雨污分流改造工作。大力推进智慧停车项目建设，城区停车位累计73864个，43条道路、25个停车场布局智慧泊车位5743个。

生态建设。全年城区空气质量优良天数比率为98.6%，比上年提升4.9个百分点；$PM_{2.5}$浓度均值为23微克/米^3；15个县控以上断面水质功能区优良率、达标率分别达到93.3%、100%。无废城市建设成效显著，建成"无废细胞"50个、无废载体14个，秸秆综合利用率达97.17%，畜禽排泄物资源化利用达100%，病死动物无害化处理率100%。荣获国家生态文明建设示范区命名，连续四年位列"两山"发展百强县第二。

人口、居民生活、社会保障

人口规模。年末全县拥有户籍人口631452人，其中男性人口325091人，占比51.5%，男女性别比为106∶100。全年出生人口3816人，出生率为6.03‰；死亡人口4048人，死亡率为6.4‰；人口自然增长率为-0.37‰。年末全县常住人口为70.8万人，城镇人口占总人口的比重（即城镇化率）为63.4%。

居民收入。全年全县居民人均可支配收入58225元，增长9.3%。按常住地分，城镇居民人均可支配收入69995元，增长9.0%；农村居民人均可支配收入39836元，增长10.1%。城乡居民人均可支配收入倍差为1.76，比上年缩小0.01。全县居民人均生活消费支出39556元，增长17.6%。按常住地分，城镇居民人均生活消费支出45316元，增长17.2%；农村居民人均生活消费支出30558元，增长18.5%。

社会保险。年末县内本地户籍

人员养老保险参保人数49.95万人，参保率为99%；医保户籍参保率超过99.5%。工伤保险、失业保险参保人数分别达到22.34万人、15.03万人。符合条件贫困人员养老保险参保率达100%。

民生保障。全年全县共有低保对象9626人，特困对象624人，低保标准从每月842元提高至1005元。全年共发放低保金9389.5万元，特困供养金1360.9万元，临时救助金593.4万元。低收入农户实现人均可支配收入17969元，增长13.5%。全县拥有养老机构21家，总床位数6455张，每万老年人持证养老护理人员19.58人。

“平安宁海”建设。全年全县发生各类安全生产事故14起，比上年下降12.5%。死亡人数11人，增长10.0%，造成直接经济损失198.15万元，下降26.7%。其中道路交通事故起数8起，下降11.1%，死亡人数4人，与上年持平。

注：1. 本公报为初步统计数。

2. 生产总值、各行业增加值总量按现行价格计算，增长速度按可比价格计算。

3. 根据上级文旅部门统一部署，旅游业的统计方法和口径有调整。

2021年宁海县党政机关、群众团体与乡镇、街道负责人名录

【中国共产党宁海县委员会】

书　记：林　坚（11月止）
　　　　腾安达（11月始）
副书记：腾安达（11月止）
　　　　楼鼎鼎（11月始）
　　　　汪　志（5月始）
常　委：王军海（12月止）
　　　　叶秀高（12月止）
　　　　张伟标（12月止）
　　　　娄黛敏（5月止）
　　　　方　勤
　　　　王辅橡
　　　　吴　玮（5月止）
　　　　周初波
　　　　曹继木（5月始）
　　　　石雅洁（5月始）
　　　　姚国中（8月始）
　　　　陈锦杰（12月始）
　　　　徐旭东（12月始）

【宁海县人民代表大会常务委员会】

党组书记、主任：徐真民
党组副书记、副主任：王能迭
副主任：赵秀萍
　　　　潘红月
　　　　王兴兵（12月止）
　　　　柳正维
　　　　范建军

【宁海县人民政府】

县　长：腾安达（11月止）
　　　　楼鼎鼎（11月始）
常务副县长：王军海（12月止）
　　　　　　陈锦杰（12月始）
副县长：王鸿飞
　　　　沈纾丹（12月止）
　　　　李铭胜（12月止）
　　　　应国邦
　　　　励成杰（5月止）
　　　　杨　钻
　　　　杨晓庆（12月止）
　　　　黄　崭（8月始）
　　　　俞　其（12月始）

【中国人民政治协商会议宁海县委员会】

党组书记、主席：尤玲娟
党组副书记、副主席：邬汝跃
党组副书记：娄黛敏（兼）（5月止）
副主席：尤永成
　　　　何建春
　　　　童青燕
秘书长：俞丹斌（8月止）
　　　　项汉明（8月始）

【宁海县直单位党政负责人】

县委办公室主任：徐旭东
　县台办主任：李海啸
　县委党史研究室主任：
　　娄筱庆（8月止）
　　叶静霞（8月始）
县人大常委会办公室主任：胡家标
　监察司法工委主任：
　　邬开娟（8月止）
　　葛永照（8月始）
　财经工委主任：冯继红（9月止）
　　　　　　　　裘德亮（9月始）
　教科文卫工委主任：
　　郑仕忠（9月止）
　教科文卫民宗侨外工委主任：
　　郑仕忠（9月始）
　农业农村工委主任：蒋思才
　城建环保工委主任：
　　王永进（5月止）
　　陈剑波（5月始）
　代表工委主任：张群力（8月止）
　　　　　　　　严义靖（8月始）
　社会建设工委主任：张晓桦
县政府办公室（外事办）主任：
　　葛仁元
　县地方金融监督管理局局长：
　　葛仁元
　县流动人口服务管理中心主任：
　　李恒贤
　县机关事务管理局党组书记、局长：张爱娇（8月止）
　　娄筱庆（8月始）
县政协办公室主任：叶良晓
　提案委员会主任：娄培宗
　经济和城建资源环境委员会主任：黄才向
　教科卫体文化文史和学习委员会主任：胡　军
　社会法制和港澳台侨委员会主任：娄　坚
　委员工作委员会主任：陈庆宇
　农业和农村委员会主任：杨东林

县纪委书记、监察委主任：周初波
县委组织部部长：方　勤
县委宣传部部长：
叶秀高(12月止)
县文明办主任：薛　冰
县委网信办主任：章伟银
县政府新闻办主任：
周武军(9月止)
陈云松(9月始)
县社科联主席：周武军(9月始)
县委统战部部长：
娄黛敏(5月止)
石雅洁(5月始)
县侨办主任、侨联主席：王日辉
县民宗局局长：郑尚奎
县委政法委书记：
汪　志(5月始)
县人民法院院长：
石坚强(6月止)
郑　松(6月始)
县人民检察院检察长：
练节晁(12月止)
张飞忠(12月始)
县委政策研究室主任：
童富定(9月止)
县决策咨询办主任：
陈英杰(8月始)
县委编委办主任：
林长春(9月止)
邬海燕(9月始)
县委直属机关党工委书记：方　勤
常务副书记：周绍宏
县委老干部局局长：钱卫挺
县委党校校长：方　勤
党委书记、副校长：
胡海军(2月止)
常务副校长：
胡海军(2月始)(5月止)
葛建标(5月始)
县信访局党组书记、局长：
祝敏杰(8月止)
王家冕(8月始)
县发改局(物价局)党组书记、局长：
项汉明(8月止)
黄建福(8月始)
县经信局党委书记、局长：
黄建福(8月止)
王宏伟(8月始)
县教育局党委书记、局长：陈开南
县科技局局长：陈振根(8月止)
葛欢善(8月始)
党组书记：郭　青(8月止)
葛欢善(8月始)
县公安局党委书记、局长：
李铭胜(12月止)
俞　其(12月始)
党委副书记、政委：
褚访岳(8月止)
秦乾大(8月始)
县民政局党委书记、局长：
苏朝阳(9月止)
储根荣(9月始)
县司法局党组书记：叶天峰
局长：夏慧辉
县财政局党委书记、局长：庞建宏
县国资管理中心主任：王照栈
县人力社保局党委书记、局长：
胡小锋
县自然资源和规划局党委书记、局长：应校军(8月止)
钱贤丰(8月始)
县住建局党委书记、局长：章武科
县交通局党委书记、局长：陈伟荣
县水利局党委书记、局长：
王　巍(8月止)
王永宝(8月始)
县农业农村局党委书记、局长：
潘海东(8月止)
葛越胜(8月始)
县商务局党组书记、局长：
卢华强(8月止)
裘为民(8月始)
县文广旅游局党委书记、局长：
林仙菊(9月止)
张畅芳(9月始)
县卫生健康局党委书记、局长：
李乃江
县退役军人事务局党组书记：
汪秀邦
局长：王宁芳
县应急管理局党委书记、局长：
何称松
县审计局党组书记、局长：戴华飞
县市场监督管理局党委书记、局长：
丁建标(8月止)
王东海(8月始)
县统计局党组书记：陈昌凯
局长：龚　慧
县医保局党组书记、局长：葛华文
县综合行政执法局党组书记、局长：
吴继盛(9月止)
张光乾(9月始)
市生态环境局宁海分局党组书记、局长：章　哲
县总工会主席：王兴兵(12月止)
党组书记：周永平
团县委书记：储杨洋(9月止)
冉诗雅(12月始)
县妇联党组书记、主席：
林　红(9月止)
周　霞(9月始)
县工商联党组书记：
葛体员(9月止)
主席：葛体员
党组书记：林红(9月始)
县文联党组书记、主席：
刘尚才(8月止)
王苍龙(8月始)
县残联党组书记、理事长：
葛永照(8月止)
刘军平(8月始)
县科协党组书记、主席：
陈海中(9月止)
吴卫东(9月始)
县贸促会会长：崔绍章
县关工委主任：方　勤
常务副主任：袁春林
县慈善总会会长：曹善军
县档案馆党组书记、馆长：张华飞
宁海传媒集团党委书记、总裁：
何健军

总编：胡国光
县社会矛盾纠纷调处化解中心党组书记、主任：邵旭东
县投资促进中心党组书记、主任：
葛海峰（8月止）
李文斌（8月始）
县体育发展中心党组书记、主任：
顾一冰（9月止）
吴继盛（9月始）
县供销联社党委书记、主任：
陈云苍
县公建中心党组书记、主任：
陈剑波（5月止）
胡海军（5月始）
县房屋征收管理中心（城中村改造指挥部）党组书记、主任：
朱军华（9月止）
仇存明（9月始）
市住房公积金中心县分中心党组书记、主任：陈　飚
县金融发展服务中心党组书记、主任：裘德亮（9月止）
夏方伟（9月始）
县大数据管理中心党组书记、主任：董宜春
县政务服务办党委书记：
王军海（12月止）
主任：陈国军（8月止）
李　元（8月始）
宁海经济开发区管委会党工委书记、主任：葛欢善（3月始）
（8月止）
叶　挺（8月始）
宁波南部滨海经济开发区管委会党工委书记：王辅橡
主任：应利勇
县通用航空产业基地建设指挥部党组书记、总指挥：王辅橡（9月止）
张厚明（9月始）
宁海科技园区管理委员会党工委书记、主任：葛欢善（3月止）
县生物产业园管理中心党组书记、主任：应利勇
县双盘三山围涂工程指挥部总指挥：钱贤丰（9月始）
县交通重点工程建设指挥部党组书记、总指挥：陈伟荣
县三门湾现代农业开发区建设指挥部总指挥：沈纾丹（12月止）
县清溪水库建设指挥部党组书记：
柳正维
县国有资产投资控股集团有限公司党委书记、董事长、总经理：
胡余泽
县水务集团党委书记、董事长：
袁顺生
县城投集团总经理：
葛军伟（8月止）
叶亦健（8月始）
宁海海关关长：王军
县国税局党组书记、局长：
陈龙均（11月止）
吴　斌（11月始）
人民银行宁海县支行行长：吴林钗
县气象局党组书记、局长：蔡春裕
县烟草专卖局局长、县烟草公司经理：马效军
国家统计局宁海调查队党组书记、队长：徐敏乐
国网宁海县供电公司党委书记：
高　明（8月止）
张仕勇（8月始）（10月止）
任　雷（10月始）
总经理：任　雷（10月止）
张仕勇（10月始）
中国电信宁海分公司党委书记：
葛国标（8月止）
总经理：葛国标（3月止）
党委书记：尹亚红（8月起）
副总经理（主持工作）：
尹亚红（3月起）
县邮政公司党委书记、总经理：
陈国栋

【乡镇、街道党政负责人】

长街镇

书　记：夏智友（8月止）
石　柔（8月始）
镇　长：石　柔（9月止）
薛晓龙（9月始）

胡陈乡

书　记：虞武君（5月止）
储杨洋（5月始）
乡　长：严义靖（5月止）
孙　伟（10月始）

力洋镇

书　记：陈模曹
镇　长：陈禧蒙（5月始）

茶院乡

书　记：储根荣（8月止）
洪　永（5月始）
乡　长：夏　扬（5月止）
王伟峰（9月始）

一市镇

书　记：刘军平（8月止）
胡　卿（8月始）
镇　长：胡　卿（9月止）
万崇文（9月始）

越溪乡

书　记：钱贤丰（8月止）
钱卫挺（8月始）
乡　长：吴　冰（8月止）
朱　越（8月始）

桑洲镇

书　记：葛建标（5月止）
夏　扬（5月始）
镇　长：尤煜彬

岔路镇

书　记：郭　青（8月止）
陈国军（8月始）
镇　长：赖喜利（9月止）
伍未望（9月始）

前童镇

书　记：张畅芳（8月止）
陈　剑（8月始）
镇　长：陈海涛（8月止）
王　莫（8月始）

黄坛镇

书　记：王宏伟（8月止）
葛军伟（8月始）
镇　长：王家冕（9月止）
王　挺（9月始）

大佳何镇
书　记:李文斌(8月止)
　　　陈　威(8月始)
镇　长:叶亦健(8月止)
　　　陈韬文(8月始)

强蛟镇
书　记:叶　挺(8月止)
　　　吕　宁(8月始)
镇　长:吕　宁(9月止)
　　　王明辉(9月始)

西店镇
书　记:张伟标(10月止)
　　　姚国中(10月始)
镇　长:金　益(9月止)
　　　仇昌兴(9月始)

深甽镇
书　记:王东海(8月止)
　　　胡仁杰(9月始)
镇　长:黄丽敏

跃龙街道
书　记:顾国兴(12月止)
　　　夏智友(12月始)
主　任:胡仁杰(9月止)
　　　金　益(9月始)

桃源街道
书　记:王永宝(8月止)
　　　葛海峰(8月始)
主　任:卢华乾(3月止)
　　　施浩添(3月始)

梅林街道
书　记:王彪平
主　任:陈　剑(9月止)
　　　王　雷(9月始)

桥头胡街道
书　记:邬培栋(5月止)
　　　虞武君(5月始)(8月止)
　　　陈海涛(8月始)
主　任:洪　永(9月止)
　　　章肖琴(9月始)

中国共产党宁海县委员会

综　　述

县第十四次党代会以来的五年，经历和应对百年变局与世纪疫情交互影响的重大考验。五年来，深入学习贯彻习近平新时代中国特色社会主义思想，认真落实习近平总书记对浙江、对宁波工作重要指示精神，在党中央和省委、市委的坚强领导下，担当作为、革新求进，“十三五”圆满收官，“十四五”良好开局，高水平全面建成小康社会，各项事业实现重大跨越。

从逐年攀升到整体跃升，综合实力显著增强。提前两年实现GDP、人均GDP、城镇居民人均可支配收入、农村居民人均可支配收入“四翻番”，财政收入破百亿，规上工业总产值破千亿。2021年经济增速在全市率先由“负转正”，经济总量位列全省县（市、区）第30位。跻身全国综合实力百强县第48位，全国县域高质量发展百强县第8位，连续四年占据全国“两山”发展百强县第2位，跃居全省绿色发展指数第5位。在各领域争先创优，实现国家级生态环境创建“大满贯”，在“两山”理念提出15周年、“千万工程”实施15周年、首次全国法治乡村建设工作会议、全国推进县乡人大工作会议等重要节点和场合交流“宁海经验”，纪念潘天寿诞辰120周年系列活动在京举行，全省基层公权力、宗教治理、农村物流、旅游、药监、海防、人防等领域工作会议在宁海召开，年央媒报道数量从百余篇增加到近千篇，宁海的影响力和美誉度持续提升。

从速度领先到质量优先，产业发展提质增效。直面经济下行压力，精准落实“六稳”“六保”，危中抢机实施系列产业革新工程，一二三产业年均增速好于全市，新增市场主体超过3万家。农业规模化、品牌化水平稳步提升，整合建设十万亩现代农业园区，“宁海珍鲜”实现市场化运营。工业支撑更加有力，打造形成五大百亿产业，新增规上企业130家以上，上市企业数量翻两番。服务业发展提速、比重提高、层次提升，增加值突破300亿元，跨境电商生态圈加快构建。设立海关办事处，获评3个国家外贸转型升级基地，出口额累计超千亿元。创新指数进入全省第一档次，R&D经费支出占GDP比重突破3%，每千家企业中高新技术企业数、科技型中小企业数分别居全市第一和全省第一。宁波南部滨海经济开发区成为省级经济开发区，宁海经济开发区被列入“十四五”国家重点支持的县城产业转型升级示范园区。抽水蓄能电站、环保能源发电、旗滨光伏高透基材等一批重大项目破难推进，民间投资占比明显提高，发展动力日益增强。

从多点开花到系统集成，改革创新活力充沛。高举革新大旗，推动452个重点改革项目和42个市级以上试点落地见效。民生实事项目人大代表票决制、涉农资金整合、艺术振兴乡村、集士驿站、两进两回、垃圾智分类、新时代文明实践、亲清家园、职工说事、党群同心圆、“红动宁海”组织生活模式等创新实践成为全国案例，村级小微权力清单制度写入中央一号文件。组建科创、文旅、国投、建投和南滨集团，AA+国企实现零突破、总数达到5家。乌材所中国中心、宁波生物产业园、海洋种业研究院等一批重大创新平台落成建强，市甬江引才工程实现翻番，新增市级以上人才项目34个，是上一个五年的4倍多。农合联、融媒体、医共体、校共体等一批创新机制建立健全。迭代推进“最多跑一次”改革、政府数字化转型、数字化改革，创新“审批法庭”模式，在群众身后事、企业服务、司法拍卖、法律文书送达、食品经营许可等领域首创“不用跑”经验，得到上级肯定和群众好评。

从全域美丽到释放张力，城乡能级明显提升。坚定践行“绿水青山就是金山银山”理念，以钉钉子精神打好污染防治攻坚战，累计拆违超过1000万平方米，在全市率先剿灭Ⅴ类水，五年四获“大禹鼎”。创成首批国家全域旅游示范区，高标打造“一环八线”精品线，国家登山健身步道入选中国十佳新美步道，乡村旅游、特色民宿成为富民新产业。统筹美丽县城、美丽集镇、美丽乡村建设，主城区建成面积扩大到43.34平方千米，老城更新和新城赋能扎实推进，成为宁波唯一的全国县城新型城镇化建设试点；大力实施小城镇环境综合整治三年行动，打造9个省市样板，获评省级优秀县；示范先行推进乡村振兴，全县所有行政村集体经济收入30万元以上。基本构筑“一环八射三纵七连”县域交通路网，国省道规划里程实现翻番、占全市1/5，开工全市首个通用航空机场，宁海站成为全省第5个拥有始发列车的县级火车站，客流量居甬台温客专沿线县级站第2位。

从基本民生到品质民生，群众生活不断改善。在财政收入增长放缓的情况下，民生投入占年度公共财政支出稳定在70%以上。注重兜底线、保基本，现行标准下贫困人口全部清零，城镇登记失业率保持全市最低，社会保障水平稳步提升；东西部扶贫和山海协作成果丰硕，结对24年的晴隆县高标脱贫摘帽。创成省教育基本现代化县，新增学位2.2万个，名优师资力量倍增，省等级幼儿园招生覆盖率、义务教育入学率和巩固率100%。大力推进健康宁海行动，实现国家卫生县城“五连冠”，积极承接优质医疗资源下沉，人均期望寿命达到发达国家水平。丰富群众文化供给，获评中国民间文化艺术之乡，创成省农村文化礼堂建设示范县，省精神文明建设“五个一工程”奖交出最佳成绩，道德模范、“好人系列”评选连年攀高。高度重视“一老一小”，居家养老服务设施实现县乡村全覆盖，成为国家级农村儿童早期发展服务试点县。

从专项整治到综合施治，平安基础更加牢固。“9·29”重大火灾事故发生后，痛定思痛、痛下决心，贯穿三年狠抓“四大会战”，基层应急管理体系和能力建设明显加强。迅速阻断疫情传播，较短时间内实现病例清零和复工复产，精密智控指数长期居全市首位，常态化防控机制不断完善。政法队伍教育整顿和扫黑除恶斗争成效明显，社会治安环境有质的提升，构建形成公检法司常态协作格局。重塑信访工作体制机制，信访积案得到有效解决。成功抵御50年来致灾强度最大的“利奇马”台风，平安处置20年来浙江发现数量最大的老旧遗留弹药，平稳有序打好滩涂退养攻坚战，解决一批多年没解决的难题。创成法治浙江建设示范县、省无信访积案县、省食品安全县、省无欠薪县、省无邪教创建示范县，捧获全省首批平安金鼎，2021年平安考核成绩位列全市第1位。

从学深悟透到笃行实干，党的领导持续加强。始终把“两个维护”作为最高政治准则，县委常委会带头实行党委（党组）“第一议题”学习制度，对习近平总书记发表的重要讲话、作出的重要指示，都认真传达学习、坚决贯彻落实。学深悟透做实中共十九大和十九届二中、三中、四中、五中、六中全会精神，高标准推动“两学一做”学习教育、“不忘初心、牢记使命”主题教育、党史学习教育走深走实，重温习近平总书记在浙江工作期间两次调研宁海时的指示精神。认真落实意识形态工作责任制，完善党委（党组）理论学习组会议制度，出台基层党员群众学习教育实施方案。深入推进“锋领宁海”建设，大力实施“两高”五年行动计划，基层党组织党员队伍扩面提质，村（社区）组织换届全面实现“一肩挑”，主职干部学历提升工程全面推行，全域党建联盟村级全覆盖，报酬激励机制进一步优化调整，守规矩能干事导向进一步树立。“第一书记”、“百村立功竞赛”、“双强六好”和五星级党组织创建常抓不懈。始终坚持正确用人导向，大力培养选拔优秀年轻干部，高质量完成县乡换届，领导班子和干部队伍结构功能进一步优化，引领现代化建设能力有效提升。开展党员干部万人大轮训，广覆盖多专业个性化构建“周末课堂”培育模式，专业化干部配比超60%。持续发力纠治“四风”，落实落细中央八项规定精神。始终保持反腐高压态势，不折不扣抓好中央和省委巡视反馈问题、“七张问题清单”整改落实，完成十四届县委巡察全覆盖。坚持党委总揽全局、党政齐心协力，人大监督工作有力加强，政协参政议政水平不断提高，党管武装工作持续强化，民主法治建设深入推进，群团、老干部、关心下一代、决策咨询等工作取得新进步，爱国统一战线日益壮大。

县委重要会议

【争创全国文明城市动员大会】 1月15日召开。县委书记林坚在会上强调，要全民动员、全域推进、全面提升，以“创则必成、战则必胜”的信心和决心，高标准纵深化推进全国文明城市创建工作，确保高质量实现创建目标。市委宣传部副部长、市文明办主任邓晓东讲话。此次会议以视频会议的形式开到各乡镇（街道）。

林坚指出，全国文明城市创建是一项久久为功的事业，是一个庞大的系统工程，需全员上下驰而不息、全力以赴、纵深推进。一要坚定创则必成的决心。切实增强责任感、紧迫感、使命感，坚定信念、众志成城，加快推进创城“四大会战”百日攻坚行动，有力抓好创城各项工作任务，以阶段性目标的达成确保最终目标的实现。二要强化战则必胜的行动。要加大力度，创城指挥部要抓好统筹，各专班、各部门单位要服从统一指挥调度，做到有令必行；要落实制度，确保联系包干、定期会商、督查通报等制度高效运转，尤其要加强督查，及时查漏补缺、整改到位；要保证进度，对标对表，明确问题清单、任务清单、责任清单，实行挂图作战、逐一对账销号，力求高质量完成各项工作。三要完善抓则必实的举措。要抓全域全面，实行城乡联动、同步推进，着力抓好未成年人思想道德工作，切实壮大创建声势，浓厚创建氛围，广泛调动每个社会细胞的积极性，用一个个小文明、局部文明支撑起全域全局的大文明；要抓常态长效，时时绷紧这根弦，时时追求把工作做到精准、精细、精致，以绣花功夫推进长效治理；要抓特色亮点，推进新时代文明实践中心建设，精心设计一批优质主题活动，努力打造宁海特色、宁海样板，积极助推文明城市创建。

县委常委、宣传部部长叶秀高部署创城工作，启动为期三年的全国文明城市创建工作，主要是通过全领域全覆盖全过程抓创建、实施创城“四大会战”百日攻坚行动、实施创城责任区作战行动等一系列举措，高效推进、确保实效。

【县委常委会（扩大）会议】 1月25日，林坚主持召开，第一时间传达学习省委常委、市委书记彭佳学在宁海调研时的指示精神，研究部署贯彻落实举措。强调全县上下要抖擞精神、踩上油门、苦干实干、奋力争先，以实际行动落实好彭书记调研宁海的指示精神，全力在新征程上加速奔跑向前冲，以宁海争先为宁波全市争光。全体县级领导干部参加会议。

林坚分别传达市委书记彭佳学在东方日升新能源股份有限公司、领为视觉智能科技（宁波）有限公司、宁波南部滨海经济开发区调研时的指示精神，以及在座谈会上的讲话精神。他指出，要坚决落实“保持加速奔跑好状态，干出争先创优新业绩”的要求，将彭书记调研宁海的指示要求逐项梳理、建立清单，迅速行动、狠抓落实，同时完善指标目标设定，将“双优”宁海的定性目标分解为量化目标和细化要求，建立“双优五争先”的量化体系和赛马机制，激励大家每个月、每个季度都往前赶。

林坚强调，要坚决落实“五个争先创优”的要求。一要坚决落实“在加快转型升级上争先创优”的要求，主动顺应数字化变革的大趋势，立足实际做深做活整体智治、数字经济发展等大文章，扎实推进365制造业等产业革新工程，推动制造业和服务业融合发展，加快培育壮大。二要坚决落实“在深化改革开放上争先创优”的要求，更好融入国内国际双循环，持续优化营商环境，统筹抓好本土企业培育和外来企业引进，抓好企业家队伍尤其是新生代企业家队伍建设，切实把这项“栽树工程”抓出成效、抓出品牌。三要坚决落实“在推进绿色发展上争先创优”的要求，承办好全省美丽河湖现场会，持续深化环境整治，对工业固废非法倾倒、填埋进行地毯式排摸，严厉打击和坚决杜绝此类行为，并建立健全对危险废物的闭环管理机制。四要坚决落实“在富民惠民安民上争先创优”的要求，抓好对口帮扶、弱势群体和低收入群体帮扶、全国文明城市创建等工作，守牢疫情防控和安全生产底线，加快园区形态、业态、生态的整合提升，实现发展与安全协调并进。五要坚决落实“在提升党建质量上争先创优”的要求，抓好“关键少数”，加强年轻干部、专业化干部队伍培养，强化队伍教育管理，确保干部思想稳定，队伍干劲不减、纪律严明。

【全县领导干部会议】 3月13日，县长滕安达主持召开，传达学习全国两会精神，对宁海学习贯彻工作作出部署。林坚传达习近平总书记在全国两会期间的重要讲话精神和李克强总理所作的政府工作报告精神，十三届全国人大四次会议和全国政协十三届四次会议精神，全国人大常委会副委员长王晨在参加浙江代表团审议时的讲话精神，“十四五”规划和2035年远景目标纲要主要内容等。

林坚指出，习近平总书记在全国两会期间的重要讲话，为奋进新时代、奋斗新征程提供理论指导和实践指南。各级各部门要把学习宣传贯彻全国两会精神特别是习近平总书记重要讲话精神作为当前和今后一个时期的重要政治任务，把学习贯彻全国两会精神与学习贯彻习近平新时代中国特色社会主义思想紧密结合起来，与学习贯彻中共十九届五中全会精神紧密结合起来，与开展党史学习教育紧密结合起来，力戒形式主义和走过场，既要形成浓厚氛围，更要以此进一步提振全县上下的精气神，推动各项工作持续争先创优进位，以优异成绩向中国共产党成立100周年献礼。

林坚强调，学习贯彻全国两会精神，目的是促发展，关键在抓落实。要把学习贯彻全国两会精神，同落实当前省市突出强调的“争先进位”要求结合起来，彻底、深入、全面吃透市委要求，形成全县上下人人争先进位、样样争先进位、时时争先进位的良好局面。要对标对表，鲜明争先进位的导向。逐项研究逐项落实市委明确的工作机制和各项牵引性工作，积极建言献策、争取工作主动，确保交出高分答卷，为全市大局作出更大贡献。

林坚强调，要突出重点，干出争先进位的实效。要奋力夺取经济“开门红”，明确月度、季度、年度的进位目标，拿出敢把强者拉下马的勇气和措施，紧盯不放抓有效投资，全力以赴实现一季度“开门红”、全年“开局红”。要大抓数字化改革，深入挖掘各行各业数字化的需求和实践案例，加快数字化改革专班运行，确保改革成效。要不折不扣整改中央巡视宁波、中央环保督察浙江反馈的问题，举一反三，深入实施项目投资、安全生产、环境整治、两违整治四个专项行动，全力抓出效果。要切实做好集中治理重复信访、化解信访积案专项工作，为再创信访无积案县打好基础。要大力度推进全国文明城市创建，高标准整改问题，严要求治理顽疾，建立长效机制，形成浓厚氛围。要加快推进工业全域治理和无废城市创建，倒逼经济高质量发展。

【全县推进数字化改革大会】 4月6日，滕安达主持召开。县委书记林坚在会上强调，要深入学习习近平总书记关于全面深化改革和数字中国建设的重要论述，认真贯彻落实省市数字化改革大会精神，高站位、高标准、高质量推进数字化改革，全力争先创优进位，为加快建设“双优”宁海注入强劲数字动能。

林坚指出，推进数字化改革是落实省市部署、必须抓实抓好的政治任务，也是抢抓战略先机、构筑发展优势的关键之举，必须提高站位、坚决推进，深刻认识数字化改革的重大意义，以思想认识的先行引领行动的率先。要勇于走出“本领舒适区”，打破“改革舒适区”，抢抓数字化改革机遇，争当数字化改革的先行者、实干家。

林坚指出，要对标对表、压茬推进。要对标核心要求，执行好省市统一部署，深刻领会改革特征、改革重点、改革路径，深研细抓、把准方向、少走弯路。要对标时间节点，对照工作清单，积极主动向上对接，把工作往前赶、把时间往前推，绝不能拖后腿。要对标核心指标，不仅要圆满完成任务，还要在全市全省争先进位。要对标具体任务，突出工作重点，全面梳理核心业务。

林坚强调，要领跑争先、高标推进。要激发创造性张力，打造一批具有辨识度的标志性改革成果。在应用模块方面，认真研究、精准切入，强化“微改造”“微创新”，增设特色型元素；在平台系统方面，深入评估分析，整合一批、优化一批、升级一批，切实做好迭代升级；在项目和场景方面，积极揭榜挂帅，勤于向上跑，去争、去抢、去推介，争取每个领域都有改革试点落户。

林坚强调，要以上率下、顶格推进。要构建领导挂帅、专班攻坚的高位推进机制，绷紧责任链、各方一起来，形成整体联动、协同高效的顶格推进格局。要构建常态会商、清单管理的狠抓落实机制，盯进度、察动态，加强推进力度。要构建闭环运作、统抓统管的项目管理机制，形成从改革项目生成、风险评估，到先行先试、全面推广、督察督办，再到迭代更新、总结推广的工作闭环，实现项目统管、资金统筹、高效运作。要构建赛马比拼、奖优罚劣的评价激励机制，敢于“打擂台”、勇于“摘桃子”，打造最佳实践范例。要构建各方联动、全员参与的集智攻关机制，激发全社会活力，加快打造形成一批“应用成果、理论成果、制度成果”。要形成广泛学习、人才支撑的力量保障机制，争取打造一支与数字化改革任务相匹配的高素质专业化干部队伍。

滕安达强调，要高度重视，迅速行动，加强学习，吃透精神，不仅要高标准承接上级任务，做精做细必答题，成为竞跑者，还要全力以赴打造亮点，主动争取抢答题，努力成为领跑者。要强化保障，系统集成，既要加强资金、人才、技术等方面保障支撑，也要精打细算，把钱用在刀刃上，同时强化部门协同联动，推动资源共享。要聚焦重大任务，梳理核心业务，积极与上对接，打造创新亮点，确保数字化改革方向正、成效好。

【县委常委会（扩大）会议暨经济社会形势分析会】 5月7日召开，林坚主持会议并讲话。会议强调，各级各部门要对照年度目标，找准问题症结，研究对策措施，主动自我加压奋进，全力争先创优进位。滕安达部署下阶段工作。

会议强调，要聚焦争先创优进位的主线，推动各项工作争排名、创优势、拿高分。一是纲举目张抓双轮驱动。要抓好绩效考评和问题及时发现有效解决两项机制，强化年对标、季分析、月跟踪、逐周抓，确保各项工作抓落地抓具体。二是主动作为抓数字化改革。要突出核心业务梳理、典型应用打造两大重点，树牢系统思维、工科方法抓数改的理念，明确县领导亲自谋划向上对接、“一把手”亲自抓两项机制，以数字化改革激发经济发展新动能。三是日盯夜盯抓项目攻坚。要加快进度，提高项目立项、开工、建设各环节效率；深入挖潜，激发一批新的工业投资和技改项目；有序推地，促进房地产市场平稳健康发展。四是破立并举抓全域治理。要加快推进工业全域治理，全面启动新一轮城中村改造，打好以创带建组合拳。五是如履薄冰抓平安维稳。要抓好常态化疫情防控、重大活动安保、信访、安全生产、社会治安等各项工作，切实维护好人民群众生命财产安全和合法权益。

会议强调，能不能争先创优进位，关键在干部的干事状态。要做到九个字、四句话：敢担当、要积极、抓具体，抖擞精神、踩上油门、苦干实干、奋力争先，将当前正在开展的党史学习教育、建党百年主题宣传教育、县乡换届等工作的着力点都放在促进工作上，以学促干、以换促干。各级领导干部特别是“一把手”要守住心神、笃定实干，把换届之年当成大干之年、争先之年，努力交出各项工作的高分报表。

会上，县发改局、县委政法委就全县一季度经济形势、社会形势及下阶段工作措施作汇报；各乡镇（街道）作汇报交流，分析经济运行、社会稳定面临的问题和挑战，提出对策举措；各与会县领导结合分管工作依次作发言，提出针对性意见建议。

【县委人才工作领导小组（扩大）会议】 5月8日，滕安达主持召开。林坚强调，要坚持人才强县首要战略，持续抓好人才和创新“栽树工程”，齐心协力建设“智汇宁海”，为推动全县发展争先创优进位提供更加强有力的人才保障。

林坚指出，人才是高质量发展的第一资源，人才工作主要任务要从增量扩张转向质量提升。要解放思想、海纳百川，重点抓好高层次人才、企业家人才、金蓝领人才、青年人才、民间优才这五类人才，广泛汇聚与宁海发展匹配度高、对宁海发展贡献度高的各类英才，切实为“双优”宁海建设注入更多人才“活水”。

林坚强调，竞争途径要从比拼优惠转向营造生态。要谋精政策，推动政策持续迭代升级，同时加大宣传力度，提高知晓率，真正让政策从“纸面”走向“地面”。要做强平台，完善“一带两园两院多点”布局，鼓励引导企业发挥主体作用，积极对接高校院所和科研机构，加快建设一批院士专家工作站、博士后工作站、企业研究院等创新平台。要激活市场，最大限度激发企业引才育才积极性，加快建设一批人才服务机构，逐步形成涵盖全生命周期的人才市场服务体系。要优化服务，推动人才政务服务的数字化转型，解决好人才关注的关键事，让人才有更强的获得感和归属感。

林坚强调，工作效果要从为我所有转向但求所用。要依靠飞地连接，探索异地研发孵化、驻地招才引智等办法，主动承接大城市的人才外溢。要依靠数字连接，深化数字化改革，进一步用好数字信息技术。要依靠乡情连接，把更多的在外宁海人凝聚在一起，形成支持家乡发展的更大合力。

滕安达强调，要压实责任，主动服务，积极做好本地本行业人才服务工作，吸引各行各业优秀人才汇聚宁海、建设宁海。要用好政策，精准服务，打通人才政策落地“最后一公里”，培育和引进更多创新型、技能型、实用型人才及年轻人，持续提升人才竞争力。要配强力量，协同服务，强化人才意识，树立人才思维，加大保障力度，形成工作合力，持续做好引才、育才、护才、促才工作，共同打造更加优越的人才生态。

县委常委、组织部部长方勤汇报县委十四届七次全会有关人才工作落实情况并部署下阶段人才工作。会议审议《关于进一步深化高层次人才团队引进计划的实施意见（修订稿）》、2020年度宁海县高层次人才团队项目评审及市“3315系列计划”项目入选情况。

【县委常委会会议】 6月16日，林坚主持召开，传达学习省委十四届九次全体（扩大）会议精神，研究部署贯彻落实意见。

会议指出，袁家军书记的报告、讲话和《中共浙江省委十四届九次全会关于忠实践行“八八战略”奋力打造“重要窗口”扎实推动高质量发展建设共同富裕示范区的决议》《浙江高质量发展建设共同富裕示范区实施方案（2021—2025年）》，为我们推动共同富裕示范先行提供行动指南。全县上下要迅速掀起学习热潮，把学习好、宣传好、贯彻好省委十四届九次全会精神作为当前和今后一个时期的重要政治任务，充分结合党史学习教育，迅速掀起学习宣传贯彻热潮。要坚持学干结合，强化争先意识、问题导向、机遇思维、系统观念，抓机遇、补短板、齐推进，加快形成一批共同富裕的标志性成果，为全省先行探路。要全面领会省市要求，加快建立工作推进机制、组织框架和运转机制，梳理制定指标体系和任务清单，细化明确具体任务和目标要求，同时筹备和召开好县委全会，进一步全面系统地部署推进。

会议强调，当前正处于关键时期，要以更高标准办好发展安全两件大事，提升“双优”宁海的成色，为共同富裕打好基础。要铆足干劲，加快重大项目建设进度，狠抓重大改革、重大举措，持续推动各项指标争先进位，全力争取经济发展“半年红”，交出高分答卷。要坚决克服麻痹思想，严格落实各项防控要求，慎终如始抓好防疫工作；要深入学习贯彻习近平总书记对湖北燃气爆炸事故作出的重要指示精神，严格履行安全发展责任，以上率下开展好安全生产和食品安全督导检查行动，坚决防止发生各类安全事件；要密切关注天气形势及雨水情变化，加强预警预报、应急准备和应急救援，扎实做好防汛防台防旱以及极端天气防范应对工作；要高度重视社会稳定，带着责任、带着感情做深做细做实信访维稳工作，为庆祝中国共产党成立100周年营造平安和谐的社会环境。

【“高质量发展建设共同富裕标杆县”主题调研座谈会】 6月30日召开，通报宁海高质量发展建设共同富裕标杆县行动方案的起草情况和主要内容，征求对《行动方案》的意见建议。

林坚组织召开县委民主协商会，听取宁海各民主党派基层组织主委、副主委，县工商联主要负责人和无党派人士代表的意见建议。尤永成、王鸿飞、何建春、童青燕、葛体员、王宁芳、龚慧、励蓉蓉、章开望等党外人士代表就缩小城乡居民收入差距、提高就业质量、完善公共设施公共服务、促进义务教育优质均衡发展、高水平建设“四好农村路”等提出意见建议。

林坚认真听取发言、不时与代表交流互动。他对大家提出的意见建议表示感谢，并表示将认真研究、积极采纳。林坚指出，共同富裕是中国特色社会主义的根本原则，实现共同富裕是中国共产党的重要使命。我们要提升认识、紧抓快干，把推动共同富裕作为实施“八八战略”的重大主题、打造“重要窗口”的鲜明标志、完成新发展阶段历史使命的重要任务、建设“双优”宁海的根本目的，切实扛起宁海在推动共同富裕伟大进程中的责任担当。林坚强调，近年来，宁海创造了宁海一系列有代表性和辨识度的成绩和经验，在推进共同富裕这一伟大实践中，要奋勇争先，描绘好共同富裕的美好蓝图、谋划好标杆先行的目标举措、制定好闭环推进的任务清单，打造地区性实践样本，加快高质量发展建设共同富裕标杆县。林坚最后表示，县委将一如既往地重视和支持民主党派、工商联和无党派人士参政履职工作，政治上充分信任，决策时沟通协商，工作中接受监督，不断为共同富裕汇聚力量，携手并进交出高分答卷。

滕安达组织召开基层代表、“两代表一委员”、企业家代表座谈会，征求对“高质量发展建设共同富裕标杆县”的意见建议。他强调，要准确把握共同富裕标杆县目标要求。支持浙江高质量发展建设共同富裕示范区，是党中央赋予浙江的光荣使命。县委根据中央精神和省市部署要求，提出要高质量发展建设共同富裕标杆县，实现全体人民共同富裕，更好满足人民群众对美好生活的向往。要精心实施共同富裕标杆县行动方案。县委、县政府将以“重要窗口”双优生的主动担当，紧盯任务抓落实、聚焦差距补短板、集成改革破难题，团结带领全县人民走好共同富裕之路，努力成为高质量发展建设共同富裕标杆县，为一域争光、为全局添彩。要广泛凝聚促进共同富裕的强大合力。建设共同富裕标杆县，需要全县上下心往一处想、劲往一处使，齐心协力抓落实抓落地。希望大家始终坚持围绕中心、服务大局，争当先锋模范，加强宣传引导，促进共建共享，在建设共同富裕标杆县中展现新担当、实现新作为。

汪志组织召开社会各界代表座谈会，征求对“高质量发展建设共同富裕标杆县”的意见建议。现场，各代表从教育、科技、文化、卫生等角度建言献策，开展宁海探讨与交流。汪志指出，建设共同富裕美好社会是人民群众的共同期盼，要求我们坚持问需于民、问计于民，各代表针对民生领域提出宁海很多建议和问题，我们将认真研究、积极吸纳，进一步把推进共同富裕的任务举措和相关目标指标完善好。接下来，要在确立“高质量发展建设共同富裕标杆县”奋斗目标的基础上，设立指标体系，制定实施行动方案，清单化制定具体举措，形成落实闭环；要着力打造彰显标杆效应的共同富裕县域场景，从宏观图景到微观场景，打造地区性实践样本，在具体实践中各尽所能、各尽其责，找准重点、难点和关键点，不断集思广益、解放思想，充分发挥社会各界作用，进一步描绘好共同富裕的美好蓝图。

【中共宁海县委十四届九次全体（扩大）会议】 7月5日举行。全会的主要任务是：坚持以习近平新时代中国特色社会主义思想为指导，深入贯彻中共十九大和十九届二中、三中、四中、五中全会精神，深刻学习领悟习近平总书记在庆祝中国共产党成立100周年大会上的重要讲话精神和对浙江、对宁波工作的重要指示精神，全面落实《中共中央国务院关于支持浙江高质量发展建设共同富裕示范区的意见》，按照省委十四届九次全会和市委十三届十次全会的决策部署，动员全县上下忠实践行“八八战略”、奋力打造“重要窗口”，强化使命担当、勇于开拓争先，为高质量发展建设共同富裕标杆县不懈奋斗，着力展现共同富裕美好社会的县域场景。

县委常委会主持会议。县委书记林坚代表县委常委会作工作报告。县领导滕安达、汪志、王军海、叶秀高、张伟标、王辅橡、周初波、曹继木、石雅洁在主席台就座。全会审议并原则通过《中共宁海县委十四届九次全会关于强化使命担当勇于开拓争先聚力推动高质量发展建设共同富裕标杆县的决议》和《宁海高质量发展建设共同富裕标杆县行动方案（2021—2025年）》。

全会指出，中共十八大特别是十九届五中全会以来，习近平总书记就扎实推动共同富裕发表宁海一系列重要论述，形成宁海习近平新时代中国特色社会主义思想的重要篇章，开辟宁海中国特色社会主义共同富裕新境界，为扎实推动共同富裕提供宁海根本遵循和行动指南。在习近平总书记亲自谋划、亲自定题、亲自部署、亲自推动下，中央专门制定出台《意见》，赋予浙江高质量发展建设共同富裕示范区的历史重任，为新发展阶段浙江的高质量发展、竞争力提升和现代化先行注入宁海强劲动力。我们要深刻领悟习近平总书记关于共同富裕的重要论述，切实把思想和行动统一到习近平总书记重要论述上来，统一到中央和省委、市委决策部署上来，深刻理解把握共同富裕的划时代意义、核心要义、目标任务和实现途径，把推动共同富裕作为实施“八八战略”的重大主题、打造“重要窗口”的鲜明标志、完成新发展阶段历史使命的重要任务、建设“双优”宁海的根本目的，切实扛起宁海在推动共同富裕伟大进程中的责任担当。

全会指出，确立高质量发展建设共同富裕标杆县的目标，主要基于三方面考虑：发展实践有代表性，更有说服力；经验做法有辨识度，更有推广价值；对标先进有短板欠账，更有崛起使命。要放眼全省全国区、县、市中比高低，全力在共同富裕的跑道上争先创优进位，共建共享高质量发展、高水平均衡、高品质生活、高效能治理。

全会指出，《宁海高质量发展建设共同富裕标杆县行动方案（2021—2025年）》清单式列出宁海抓落实的50项目标指标、9大专项行动、60项具体任务，是当前和今后一个时期宁海推动共同富裕标杆县建设的路线图、任务书。各级各部门要按照“每年有新突破、5年有大进展、15年基本建成”的安排，压茬实施行动方案，做到优势指标保持领先、中游指标力争上游、短板指标迎头赶上，推动共同富裕从长期愿景、宏观图景落地到微观场景，确保共同富裕标杆县建设指标过硬、群众有感，彰显县域样本价值。到2025年，共同富裕的物质基础进一步夯实、协同格局进一步优化、群众获得感进一步增强、文明风尚进一步浓厚、安全底线进一步巩固，推动共同富裕标杆县建设取得明显成绩。

全会强调，高质量发展建设共同富裕标杆县，要着重打造八大场景，以取得实质性进展。一要着力打造经济硬核产业集聚的发展场景，做强标志性产业链竞争力，激发创富带富主体活力，整合壮大园区平台实力，狠抓土地全域治理执行力，倒逼产业转型升级。二要着力打造南翼崛起地区协同的区域场景，引领宁波南翼崛起，推动重点扶持区域跨越式发展，抓好对口工作，确保帮扶地区有突破性、可持续性变化。三要着力打造城镇引领乡村振兴的城乡场景，扎实推进以人为核心的新型城镇化，深化推广艺术振兴乡村，高标准建设城镇未来社区和乡村新社区，全面建强共同富裕现代化的基本单元。四要着力打造发展绿色全域美丽的生态场景，保持污染防治高压态势，拓展“两山”转化渠道，推进绿色低碳发展。五要着力打造文化自信精神富足的人文场景，坚决守牢红色根脉，营造浓厚文化氛围，全力创成全国文明城市。六要着力打造服务优质民生优享的生活场景，持续缩小收入差距，构建生得起、养得好的育儿友好型社会，办好人民满意的教育，高水平建设健康宁海，构建幸福养老体系，健全住房市场和保障体系，持续强化社会救助兜底功能。七要着力打造尊崇法治共促善治的社会场景，强化法治引领规范保障作用，完善风险闭环管控的大平安机制，不断健全城乡基层治理体系。八要着力打造数字赋能活力迸发的改革场景，大力发展数字经济，丰富拓展数字生活，优化提升数字治理，努力在多领域先行探路、创树经验。

全会强调，“十四五”时期是共同富裕标杆县建设的第一程。要充分发挥党总揽全局、协调各方的领导核心作用，不断增强党的政治领导力、思想引领力、群众组织力、社会号召力，确保中央和省委、市委、县委决策部署高效落地、全面落实，迅速打开共同富裕建设新局面。要加强组织领导，把党的领导贯穿共同富裕标杆县建设的全过程、各领域、各环节。要加强队伍建设，深化清廉宁海建设，深入践行“敢担当、要积极、抓具体”，加强思想、能力、作风三个先进性建设，有效提升基层组织带富创富能力。要加强考核督查，推动形成全速争先、全域争先、全员争先的良好态势。要加强全面发动，形成共同富裕人人共建、人人有责、人人共享的生动局面。

全会强调，要高站位学习贯彻习近平总书记在庆祝中国共产党成立100周年大会上的重要讲话精神，深刻理解把握伟大建党精神的丰富内涵，深刻理解把握以史为鉴、开创未来的具体要求，深刻理解把握党中央对全体党员的伟大号召，在精读细研、学思践悟、融会贯通上下功夫、见实效，切实把思想和行动统一到总书记重要讲话精神上来。要高标准抓好县委全会精神的贯彻落实，奋发进取、争先创优，努力做到学习宣传到边到底、目标任务压紧压实、工作推进争先进位，齐心协力建设共同富裕美好社会。要高质量抓好当前经济社会发展各项工作，突出重点，狠抓指标进位，全力争取“半年红”“全年红”；狠抓项目攻坚，加快项目进度，加大招商力度，增强发展后劲；狠抓空间整治，加大违法用地整治力度，深化工业全域治理，一抓到底推动腾笼换鸟、产业重塑；狠抓平安建设，慎终如始做好防疫工作，把“平安护航建党百年安全生产大排查大整治”专项行动贯穿全年，同时做好信访维稳、防台防汛等工作；狠抓全面从严治党，加强问题整改，深入开展党史学习教育，巩固提升政法队伍教育整顿成果，扎实做好县乡换届工作，亮出精气神、干出新气象。

全会号召，全县广大党员干部群众要更加紧密地团结在以习近平同志为核心的党中央周围，干在实处、走在前列、勇立潮头，奋力交出建设共同富裕标杆县的高分答卷。

【县委经济社会形势分析会暨全县“三抢一增”投资冲刺季活动部署会】 4日召开，林坚主持会议并讲话。会议强调，要深入学习贯彻中央政治局会议、省市常委会（扩大）会议精神，干在当下争朝夕，落到实处争进位，推动高质量发展不断取得新成效，奋力交出优异答卷。县委书记县委副书记、县长滕安达部署“三抢一增”投资冲刺季工作。

会议指出，今年以来，全县上下深入学习贯彻习近平总书记考察浙江重要讲话精神，认真落实上级各项决策部署，各项重点工作顺利推进，上半年经济社会运行稳中向好、符合预期，呈现增长企稳、结构向好、活力增强的积极态势。在肯定成绩的同时，要准确分析形势，剖析不足、对症下药，巩固成绩、拓展优势，确保“十四五”开好局、起好步，充分展现“双优”宁海建设的新业绩。

会议强调，要树立争先意识，突出问题导向，奋发有为抓好五方面工作。一要抓项目、扩投资。打破思维上的惰性、行动上的滞后，保持前瞻性抓推进、谋项目，强化执行刚性，形成工作闭环，倒排工期、挂图作战，确保投资季抓得声势浩大、热火朝天，完成既定目标。二要破难题、强主体。聚焦企业运行存在的问题，精细化分析研判，精准化采取帮扶措施，全力服务企业发展，同时积极开拓多元市场，加大招商引资以及新产业、新动能培育力度，狠抓企业集成服务平台建设，将其打造成为宁波市数字化改革标志性成果之一。三要促整治、争创建。抢抓全域国土空间综合整治机遇，最大限度争取红利，持续抓好“精特亮”创建、工业全域治理、全国文明城市创建、无废城市创建、国家生态文明建设示范县创建以及各类文旅创建，在创建中提升工作质量，展现新面貌、干出新成效。四要保平安、守底线。从严从紧抓好疫情防控，做好打大仗、硬仗的思想准备，及时总结防台防汛工作经验，进一步提升防台防汛的科学化、规范化、数字化水平，同步推进各领域专项整治和建章立制，持续完善问题及时主动发现有效解决闭环机制。五要稳心神、重实干。心无旁骛、专注实干，把干事放在第一位，一级带一级，一级抓一级，上下同欲拼下三季度、确保全年红，同时抓紧启动谋划好明年工作，努力交出各项工作的高分报表。

就抓好“三抢一增”投资冲刺季专项行动，会议强调，要以百倍的决心和信心去冲刺，充分认识形势紧迫，务必完成“有效投资百日百亿”目标。要以决战的力度和速度去冲刺，注重投资效能，盯牢重点项目、重点环节和红黄亮灯项目，开足马力，确保项目高效推进。要以变革的思维和思路去冲刺，在政策处理、运行机制、要素保障等方面创新方式方法，推动项目建设实现大突破。要以赶考的心态和状态去冲刺，责任单位要干出战场赛马的姿态，协作单位要给出绝不断链的服务，督查考核要发挥好指挥棒的作用，形成大抓项目的工作合力。要以系统的格局和布局去谋划，切实谋深产业项目、谋细城建项目、谋实民生项目，持续增强发展后劲。要“围绕项目干、盯着投资转”，大干快干，努力形成“开工项目铺天盖地”“施工项目热火朝天”“竣工项目接二连三”的生动局面，为建设“双优”宁海、高质量发展建设共同富裕标杆县夯实坚强基础。

【县文明委（扩大）会议暨争创全国文明城市推进会】 8月19日，滕安达主持召开。林坚在会上强调，要进一步增强责任感和紧迫感，以更强决心、更高标准、更实举措誓创全国文明城市、争做文明典范标兵。县委常委、宣传部部长叶秀高部署创城工作。

林坚指出，当前宁海创建全国文明城市面临着时间更紧迫、测评更严格、检查更全面、竞争更激烈的形势，各地各部门要充分认识这项工作的重要性和艰巨性，对照新变化、新要求，迅速理解吃透，进一步坚定信心，在准确把握形势中攻坚突围。要横下一条心，加大工作力度，加快工作进度，全力以赴抓好各项创建任务，争取再夺高分、再创佳绩。

林坚强调，要务求实效，在精准对标找差中奋力补短。要找准发力点、补上薄弱点、消除空白点，务必在三方面发力突破：一要对照测评标准抓落实，逐项逐条对标对表、去分析研究、去攻坚落实。二要突出问题导向强整改，全面梳理细节死角，逐一整改提升，深入开展“六个周边”专项整治行动，并与深化拓展老旧小区改造、农贸市场提升、车辆违停整治、占道经营整顿“四大会战”充分结合，致力建管并重、突出功能配套，真抓实抓把这些难啃的硬骨头一个个攻破。三要做精文明品牌创亮点，擦亮“精特亮”工程、艺术点亮城市、新时代文明实践等品牌，持续扬优势、创特色、出亮点，为全国文明城市创建工作加分添彩。

林坚强调，要凝神聚力，在实干争先进位中夺取高分。要“一级接一级”压实责任，专心谋事、用心干事，主动认领任务、层层分解目标，确保责任落实到人、工作细化到点。要“一茬接一茬”谋划项目，紧盯重点、集中攻坚，高效抓好创城相关项目，同时加快推进市政短板工程和城建重点项目，确保项目进度快、质量好。要“一波接一波”宣传引导，强化推动大宣传、大创建、大融合，做到见行动、见氛围、见效果。要“一轮接一轮”督查考评，建立完善日常督查、测评检查、媒体监督、纪检监察“四位一体”工作督导机制，对发现的突出问题紧盯不放、分类处置、跟踪督办，构建问题发现解决的工作闭环。

滕安达强调，要进一步压实责任，全力以赴抓创建，始终把创城工作作为中心工作部署推进，做到检查与日常一个样，确保思想之弦不松、整改力度不降、创建氛围不减。要进一步聚焦短板，精准有效抓创建，对标创建新标准，逐项抓好第一次省测反馈问题整改，全面自查，举一反三补短板，不放过一个小细节，不遗漏一个扣分点。要进一步统筹联动，全城合力抓创建，围绕基础设施提质、城市管理提效、文明素养提升“三大工程”，统筹抓好“精特亮”工程、国家级旅游度假区创建等重点工作，同时强化宣传引导，进一步浓厚社会氛围，发动群众参与，共建更有温度、更具质感、更富人文的“双优”宁海。

【“双抓双比”专项行动动员大会】 9月30日，滕安达主持召开。林坚在上强调，全体县管干部，特别是新上任的领导干部要在“双抓双比”中迈好第一步，在争先进位中展现新气象，持续推动宁海各项工作干在实处、走在前列、勇立潮头。

林坚指出，“双抓”，就是大抓调研、大抓落实，“双比”，就是比拼新状态、比拼新业绩。“双抓双比”专项行动的目的是要从换届的“换”迅速转入干事的“干”，踩上油门，开足马力。大家要认真落实习近平总书记和省市委对干部队伍建设的最新要求，纵深推进自我革新；要通过“双抓双比”专项行动这个载体，以人促事、以事炼人，全方位重塑组织新形态、干部好状态，全领域推动工作大提升、事业大发展，交出发展、平安、党建3张高分报表；要提高政治站位和大局意识，更自觉更坚定更有力地开展好专项行动，真正使换届之年成为大干之年、争先之年。

林坚强调，开展“双抓双比”专项行动的重点是要抓出实效、比出成效。调研是基本功，要深入研究中央和省市决策部署，真正沉下去到一线开展调查研究，把问题搞透，把根源分析透，细致谋划当前、明年乃至“十四五”工作。落实是生命线，要紧盯年度目标和对照发展、平安、党建“三张报表”，构建闭环式责任体系，确保各项工作得到刚性落实。状态是内动力，要上任即干比状态，强化所在岗位的专业学习，坚持在干中学、学中干，不断开拓创新，真正铸造出省委要求的变革能力。业绩是硬道理，要争先进位比工作排名、硬核成果、最佳实践和群众口碑等业绩，在更大范围更高层次提升宁海的竞争力、影响力和美誉度。

林坚强调，县委开展专项行动的组织保障，关键是要严格督促、协力帮助，让大家既有压力、也有动力，要坐不住、等不起、慢不得，心无旁骛放手干事业。要有组织、有计划，有评价、有竞争，有奖励、有惩治，有培训、有帮带，有阶段性成效、有制度性成果，形成抓落实的良性循环，持续推动宁海干部和各项工作干在实处、走在前列、勇立潮头。林坚还就国庆期间疫情防控、安全生产、应急处突、城市运行等工作进行强调。

滕安达强调，各地各部门要迅速行动，掀起干事创业新热潮。要深刻认识重要意义，迅速传达学习会议精神，把广大干部职工的思想和力量凝聚到县委县政府的决策部署上来，以“双抓双比”专项行动为抓手，强化责任担当，积极主动作为，加快推进各项工作。要聚焦重点，打好争先创优主动仗。各项工作已进入冲刺和收官阶段，各地各部门要系统、全面、精准抓好重点指标冲刺、重点项目提速、重点改革攻坚、重点创建突破、重点问题整改等各方面工作。要紧扣当前，营造平安祥和好氛围。“群众过节、干部过关”，节日期间必须确保安全稳定，要统筹抓好安全生产、疫情防控、民生保障等工作，营造浓厚的节日氛围，让群众欢乐过节。同时，要严明政治纪律和政治规矩，做到廉洁过节，维护风清气正的政治生态。

徐真民、尤玲娟、汪志等全体县级领导干部、各乡镇（街道）党政主要负责人、县直及部省市属各单位主要负责人在主会场参加会议。除参加主会场外的全体县管干部在各乡镇（街道）、县直各单位分会场参加会议。

【争创全国文明城市专题部署会】 10月9日召开。林坚在会上强调，全县上下要锚定目标，持续发力，不折不扣抓好各项任务落实，众志成城打赢创城攻坚战，力争创城工作取得最优成绩。县委常委、宣传部部长叶秀高作工作部署。

林坚指出，今年以来，全县上下持续深入推进全国文明城市创建工作，取得较好成效。但也要清醒认识到，对标测评标准、先进地区仍有差距和不足，各地各部门要绷紧神经，一鼓作气，主动出击，在“双抓双比”专项行动中担当作为、高标推进，奋力拿下创城这场硬仗。一要坚定一个创建目标。实现“首创首成、高分创成”这一目标，需要大家铆足干劲，增强工作的紧迫感和责任感，把全国文明城市创建作为当前工作的重中之重，全面进入战斗状态，集中精力、一抓到底，确保关键时刻不松劲、再接再厉争高分。二要压实两项工作责任。坚决落实问题整改责任和工作执行责任，与时间赛跑，向问题开刀，边查边改、举一反三，力求万无一失，并坚决服从和积极响应创城指挥部的调度，做到不讲条件、不找借口、不打折扣、不推诿扯皮，高标准、高质量、高效率完成各项创建任务。三要抓实三个测评重点。聚焦实地点位、工作台账、入户调查三项工作重点，以更高标准、更细措施、更严要求，持续抓好点位建设、“六个周边”整治，不断完善工作台账，深入细致进行入户调查，全面掌握情况、听取意见，不断提升城市精细化管理水平。四要完善四项运转机制。高效落实扁平指挥、战时迎检、全员下沉、全员共创等四项工作机制，强化统筹协同、科学调度，以战斗姿态开展联合作战，确保创城工作政令畅通、高效运作、有序推进，同时县领导加强巡查督导，全体包干部门和包干干部抓好“责任田”，全力以赴、全面发动，形成全社会共建共创合力，切实提高群众的参与度和满意率。

会议分析宁海创城工作中存在的问题，并围绕提升点位建设水平、提升入户调查效果、共同做好台账工作、全面启动重点项目、全面提升城市秩序维护水平等方面进行部署。

【县委常委会（扩大）会议暨“双抓双比”第一期擂台赛】 10月28日举行。分析前三季度经济社会发展形势，比拼各地各部门前三季度工作成绩，研究部署四季度及岁末年初有关工作。会议强调，要深入贯彻全省县市区委书记交流会、市委常委会（扩大）会议精神，把“双抓双比”作为主抓手，提振精神、加压奋进，双抓冲刺四季度、双比夺取全年红。林坚主持并讲话，滕安达作工作部署。

林坚指出，今年以来，宁海坚持稳中求进工作总基调，统筹抓好疫情防控和经济社会发展。前三季度经济总体保持平稳增长、稳中有进态势。各地各部门要坚持目标导向、问题导向、效果导向，提高塑造变革的能力，科学分析、精准施策，冲锋冲刺、决战决胜，奋力交出经济社会发展高分报表。

林坚强调，要重点抓好五项工作。一要狠抓项目支撑。把项目建设和有效投资作为衡量工作成效的主要标尺，作为“双抓双比”的重中之重，作为“一把手”抓工作的重中之重，设立红黑榜比学赶超，并紧紧抓住招商引资“一号工程”不能放松，招大引强、强链补链，不断提升经济发展后劲。二要深抓精准服务。深入开展“跟办一件事、服务零距离”专项活动，精准服务群众和企业，进一步改进工作作风，密切干群关系，及时掌握民情、找到对策，以更优的服务办好一件事，推进数字化改革。三要细抓城乡风貌。全力推进城乡风貌整治提升行动、未来社区建设、“精特亮”创建，以及全国文明城市创建、艺术振兴乡村行动、国家级旅游度假区创建、国家5A级景区创建等工作，狠抓进度、善抓统筹，进一步营造工作氛围，不断改善城乡面貌、提升文明素养。四要常抓平安长效。全面紧起来、严起来，毫不松懈抓好秋冬季疫情防控，如履薄冰抓好各领域安全生产，扎实细致做好信访维稳工作，多措并举提高舆论引导和舆情应对能力，以更严的要求和措施，确保高分创成省平安县。五要稳抓县乡换届和党建工作。强化责任落实、注重全程指导、严格选举程序，有序安排好各项工作，确保县乡换届平稳推进、顺利圆满完成，并深入落实推进红色根脉强基工程，坚持党的领导、加强党的建设，善于运用“党建+”，以高质量党建引领高质量发展。

滕安达强调，要全力完成全年目标任务，对标上级要求、对表年度目标，迅速行动、全面冲刺，推动各项工作争先进位。要全力扩大有效投资，完善工作机制，加大项目推进力度和招引力度，筑牢经济发展基石。要全力推进工业全域治理，抓好拆旧建新、裁而未执处置等工作，切实重构制造业生态，力争获评省十佳拆改示范典型。要全力做好生产生活保障，精准做好用电、用工、保供稳价等工作。要全力筑牢疫情防控防线，严格防控措施，提升防控能力，加强群防群控，持续巩固疫情防控成果。要全力守牢安全生产底线，深化安全生产综合治理三年行动，强化重点领域风险管控，压紧压实各方责任，推动安全生产形势持续向好。要全力谋好明年工作思路，做好发展思路调研和重点任务谋划，确保明年工作开好局、起好步。

会上，县发改局、县委政法委分别汇报经济形势、社会形势。县经信局以及7个乡镇（街道）登上擂台，根据发展、平安、党建3张报表进行发言，先进的晒出成绩单、分享好经验，落后的分析原因、对症施策，力争迎头赶上。其他乡镇（街道）作书面交流。

【中共宁海县委十四届十次全体会议】 10月29日，林坚主持召开。会议听取县委副书记汪志作的《中国共产党宁海县第十四届委员会第十次全体会议关于召开中国共产党宁海县第十五次代表大会的决议（草案）》，听取县委常委、组织部部长方勤作的《关于召开中国共产党宁海县第十五次代表大会的决议（草案）的说明》（以下简称《决议》）。全会表决通过《决议》。

《决议》确定中国共产党宁海县第十五次代表大会于2021年12月召开。县第十五次党代会的指导思想是：以习近平新时代中国特色社会主义思想为指导，深入贯彻中共十九大和十九届二中、三中、四中、五中全会精神，增强“四个意识”、坚定“四个自信”、做到“两个维护”，认真总结县第十四次党代会以来的工作，研究确定今后五年宁海经济社会发展的奋斗目标和主要任务，选举产生中共宁海县第十五届委员会、中共宁海县第十五届纪律检查委员会和出席中共宁波市第十四次代表大会代表，动员全县广大党员干部和人民群众，勠力同心、锐意进取、担当作为，为实现“十四五”规划，加快建设“双优”宁海、全力争创社会主义现代化先行县、高质量发展建设共同富裕标杆县而努力奋斗。

《决议》还确定中国共产党宁海县第十五次代表大会的主要议程：听取和审查中国共产党宁海县第十四届委员会的报告；审查中国共产党宁海县第十四届纪律检查委员会的工作报告；选举中国共产党宁海县第十五届委员会；选举中国共产党宁海县第十五届纪律检查委员会；选举宁海县出席中国共产党宁波市第十四次代表大会的代表。《决议》还提出代表名额、分配原则及产生办法，县第十五次党代会的代表名额为330名。

全会最后号召全县各级党组织和全体共产党员要认真贯彻执行党的基本路线，同心同德，艰苦奋斗，开拓进取，努力做好各方面工作，以优异成绩迎接中国共产党宁海县第十五次代表大会的胜利召开。

【全县领导干部会议】 11月18日，林坚主持召开。传达中共十九届六中全会精神，对学习宣传贯彻工作进行动员部署。

林坚指出，中共十九届六中全会，是党在走过百年光辉历程的重大时刻，站在“两个一百年”奋斗目标的历史交汇点上召开的一次具有重大里程碑意义的重要会议。各地各部门要深刻学习领会中共十九届六中全会精神，切实把思想和行动统一到党中央重大决策部署上来。要深刻领会“两个确立”的决定性意义、党百年奋斗“四个时期”的伟大成就、党百年奋斗“五个方面”的历史意义、党百年奋斗“十个坚持”的历史经验、新时代中国共产党人的历史使命，全面落实省、市领导干部会议要求，结合宁海实际，深入学习、准确把握习近平总书记重要讲话和《决议》的丰富内涵、精神实质，努力把党百年奋斗重大成就和历史经验转化为强大动力，奋力走好新时代赶考之路。

林坚强调，要迅速掀起学习宣传贯彻热潮，推动全会精神入脑入心、走深走实。要把学习好、宣传好、贯彻好中共十九届六中全会精神，作为当前和今后一个时期的首要政治任务，推动全会精神学习宣传多层次、立体化、全覆盖。各级领导干部要主动作为，发挥“关键少数”作用，持续抓好学习宣传，一级带着一级学、一级做给一级看。各级党委（党组）要迅速行动，推动学习宣传贯彻不断往深里走、往实里抓，确保全会精神传达到每一个基层党组织、每一位党员。要加强全会精神的报道宣传宣讲，通过线上线下全方位宣传、多角度报道、深层次解读，牢牢把握舆论引导主动权，确保宣传主题守正创新，弘扬正能量，凝聚精气神。特别是要把省委重点部署的“六讲六做”大宣讲活动作为主要载体，系统谋划宣讲工作的宁海方案，大力营造浓厚宣讲氛围。

林坚强调，要把学习贯彻中共十九届六中全会精神贯穿落实到当前各项重点工作全过程，确保交出“双抓双比”专项行动的高分报表。要强力抓好指标收官冲刺，加强经济运行监测研判，找准薄弱项，明确发力点，全力抓好保供应、稳增长、促发展各项实体性工作，确保全年红、明年开门红。要强力抓好改革创新突破，以数字化改革为牵引，以深化“跑办一件事、服务零距离”活动为切入，推动更多宁海标志性的数字化应用成果上线运行，争取全省改革突破奖，为共同富裕标杆县建设打造更多更实的美好场景。要强力抓好考核争先进位，加强联络、主动对接，改进考核方式，项目化、清单化挂图推进创建任务、整改要求，保质保量完成各项目标。要强力抓好社会平安稳定，慎终如始抓好常态化疫情防控，坚决守牢平安稳定底线，压紧压实信访工作责任，持续做好民生保障、访贫问苦、助企纾困等工作。要精心筹备和开好县第十五次党代会和明年“两会”，切实抓好各项报告起草、两代表一委员选举推荐、意见征求、氛围营造等工作，集思广益谋划好未来五年宁海发展和计划好明年各项工作，精心绘好蓝图，确保换届圆满成功，以更加优异的成绩迎接党的二十大胜利召开。

【学习贯彻中共十九届六中全会精神“六讲六做”大宣讲活动动员部署会】 11月26日，楼鼎鼎主持召开。滕安达强调，要认真贯彻落实中央和省市委关于做好六中全会精神学习宣传贯彻工作的部署要求，精心组织“六讲六做”大宣讲活动，推动六中全会精神在宁海落地生根，争做“两个确立”忠诚拥护者、“两个维护”示范引领者，切实扛起使命担当，继续勇毅奋进前行，交出不负党和人民的高分时代答卷。

滕安达指出，“六讲六做”大宣讲活动是浙江不断开辟“干在实处、走在前列、勇立潮头”新境界的具体体现，是忠实践行“八八战略”、奋力打造“重要窗口”的具体行动。各级各部门要切实提高政治站位、强化政治自觉，把大宣讲活动作为当前和今后一个时期的首要任务，深入谋划、精心组织，讲做结合、系统推进，确保迅速形成规模、形成声势、取得实效。

滕安达强调，“六讲六做”大宣讲活动，重点是讲。要认真对照县委大宣讲活动部署，把准宣讲导向、明确宣讲重点、创新宣讲载体、改进宣讲方式，打造一批让全会精神家喻户晓、深入人心、人人践行的宣讲品牌。要搞明白“讲什么”，把全会精神的核心要义和丰富内涵既全面又深刻、既规范又生动地阐释好、解读好、宣传好，努力实现决议和民意相统一、历史和现实相贯通、理论和实践相结合。要搞明白“谁来讲”，整合各层级资源力量，抓好宣讲培训和集中备课，做到党政领导带头讲、理论行家深入讲、青年骨干流动讲、媒体记者寻访讲、基层干部入户讲。要搞明白“怎么讲”，突出全员覆盖，推动全会精神进机关、进学校、进企业、进农村、进社区、进网络，形成人人都是宣讲员、处处都有宣讲台、个个都是行动者的良好局面。

滕安达强调，“六讲六做”大宣讲活动，落脚在做。要坚持学思用贯通、知信行统一，用党的百年奋斗重大成就和历史经验统一思想、凝聚力量、振奋精神、激发斗志，把学习热情和宣讲成效转化为建设“双优”宁海的强大动力和生动实践。要争做“两个维护”的示范引领者，在政治立场、政治方向、政治原则、政治道路上始终同以习近平同志为核心的党中央保持高度一致。要争做争先创优的担当作为者，进一步增强前列意识、发展意识、创新意识、责任意识，全面提升宁海的竞争力、创新力、美誉度。要争做人民至上的不懈奋斗者，认真践行以人民为中心的发展思想，走好新时代党的群众路线。要争做“红色根脉”的坚定守护者，以风清气正的政治生态和争先进位的干事状态，推动宁海经济社会发展迈上新台阶。

楼鼎鼎强调，要深刻认识大宣讲活动的内涵要义，按照“六讲六做”工作要求，精心组织，高标准高质量做好宣讲工作，迅速掀起宣讲热潮。要务实创新，突出主题主线，善于创新宣讲载体、运用群众语言，深入开展宣讲活动，让全会精神家喻户晓、深入人心。要学用结合，在干中学、学中干，用实实在在的工作成果来检验宣讲成效，在新时代新征程上展现新气象、开创新业绩。

会议通报宁海开展大宣讲活动的总体考虑和工作安排。5名宣讲员代表作表态发言。

【中共宁海县委十四届十一次全会】 12月21日，滕安达主持会议。研究召开县第十五次党代会有关事宜。

会议听取县第十五次党代会筹备工作情况报告；讨论通过县第十五次党代会《大会日程》（草案）；审议通过县委、县纪委《工作报告》；讨论通过县第十五次党代会代表团组成意见和正副团长建议名单；讨论通过县第十五次党代会主席团成员建议名单、主席团常务委员会委员建议名单、主席团执行主席分组建议名单、正副秘书长建议名单、代表资格审查委员会委员建议名单；讨论通过县第十五次党代会列席、邀请人员建议名单；讨论通过县第十五次党代会大会《选举办法》（草案）；听取新一届两委委员候选人预备人选名单和出席市第十四次党代会代表候选人预备人选建议名单的说明，讨论通过新一届两委委员候选人预备人选名单和出席市第十四次党代会代表候选人预备人选建议名单。最后，会议以投票的方式圈选确定宁海出席市第十四次党代会代表候选人预备人选。

【中国共产党宁海县第十五次代表大会】 12月28—30日举行。滕安达同志代表中共宁海县第十四届委员会向大会作题为《弘扬伟大建党精神引领甬南加快崛起为建设现代化“双优”新宁海努力奋斗》的报告。本次大会应到代表314名，因病、因事等原因请假7名，实际出席代表307名。他们代表全县共产党员，肩负着全县人民的重托，将认真履行职责，完成本次大会的各项任务。

大会的主题是：坚持以习近平新时代中国特色社会主义思想为指导，团结带领全县广大党员干部群众，弘扬伟大建党精神，引领甬南加快崛起，为建设现代化“双优”新宁海努力奋斗。根据大会安排，中共宁海县第十四届纪律检查委员会工作报告和关于党费收缴、使用和管理情况的报告以书面形式提请大会审查。

【中国共产党宁海县第十五届委员会第一次全体会议】 12月30日，滕安达主持召开。出席会议的有县委委员46人、候补委员9人。县纪委委员列席会议。会议以举手表决的方式，审议通过《中国共产党宁海县第十五届委员会第一次全体会议选举办法》和监票人名单。全体委员以无记名投票的方式，差额选举产生滕安达、楼鼎鼎、汪志、方勤、王辅橡、周初波、曹继木、石雅洁、姚国中、陈锦杰、徐旭东11位同志为中共宁海县第十五届委员会常务委员。会议选举滕安达同志为县委书记，楼鼎鼎、汪志同志为县委副书记。会议审议通过中国共产党宁海县第十五届纪律检查委员会常委、书记、副书记的选举结果。周初波为县第十五届纪律检查委员会书记，王照栈、郭青为县第十五届纪律检查委员会副书记。

纪检监察

【概况】 全县各级纪检监察组织在市纪委市监委和县委的坚强领导下，增强“四个意识”、坚定“四个自信”、做到“两个维护”，忠实履行党章和宪法赋予的职责，强化正风肃纪反腐，党风廉政建设和反腐败工作不断取得新成效，以纪检监察工作高质量有力保障经济社会发展。

【政治监督】 在围绕中心、服务大局中做深政治监督。

保障政令畅通。围绕高质量发展建设共同富裕标杆县的重点目标任务，开展“九大专项”行动，处置问题线索89件，查办案件15起，给予党纪政务处分18人，督促建章立制125项，推动县委各项决策部署落地见效。开展“政府投资项目管控、消防安全、公租房管理、国土资源非诉行政案件‘裁执分离’执行情况、国有企业货物服务采购”五大专项监督检查行动，督促13个方面问题立行立改。

强化政治担当。高站位落实巡视整改监督责任，督促各地各部门严格按照时间节点推进中央巡视浙江、省委巡视宁波、省市县委“七张问题清单”等问题整改落实，开展监督检查221次，纠正问题13个，提出建议12条。快速运行“1+1+4”专项监督机制，紧盯新冠疫情防控各阶段重点环节加强监督检查，累计开展检查1120人次，下发督查通报8期，推动疫情防控成果不断巩固和拓展。坚持既战又督，积极投身防台防汛，切实保障打赢抗击“烟花”“灿都”硬仗。

三是构建“四责协同”。全面落实“三书三查两报告”制度，组织县纪委委员对11家单位协同面对面评议审查，下发监督提醒通知书17份。对53名乡镇（街道）、县直部门新任“一把手”开展“三交底”廉政谈话，并向基层村社主职干部延伸覆盖。强化“一把手”和领导班子监督，履行协助职责和监督责任，将市委21项制度梳理成具体履职清单，列明“一把手”履职任务29项，明确具体部门落实内容110项，督促各类责任主体齐抓共管。

【推进“三不”】 在系统施治、标本兼治中一体推进“三不”。

保持高压态势。坚持“系统查、查系统”，深入开展政法、国企、教育、医疗、开发区、金融、供销社、粮食等重点领域的24项专项整治，以零容忍态度减存量遏增量。处置各类问题线索699件；立案239件，同比增长4.8%；党纪政务处分231人，挽回直接经济损失105.5万元；其中县本级查办案件30件，涉及县管干部15件；移送司法机关处理4人。查处渣土等领域腐败问题，留置3人，其中县管干部1人。助推政法队伍教育整顿，依规依纪依法处理政法干警34人。

提升案件质量。在全大市率先制定规范量纪实施意见，开展案件主审员资格考试，实施案件质量评查，不断强化案件审理的审核把关和监督制约作用。落实处分决定执行“三单”制度，对145件处分决定执行情况开展“拉网式”检查，整改执行不到位6件，督促退回多发奖金等82.0万元。

坚持以案促改。深入实施“一案五必须”，做实案件查办“后半篇文章”。研究案发规律、深挖问题根源，制发纪检监察建议书18份，督促整改问题53个。用身边事教育身边人，通过清廉宁海网站、微信公众号通报曝光11批、27人次违纪违法典型案例。回访212名受处分党员干部，帮助其放下思想包袱、重燃干事创业激情。

【纠治“四风”】 在靶向发力、重拳出击中精准纠治“四风”。

强化正风肃纪。深入实施“联督联查联防”机制，开展各类专项行动1140批次，发现问题714起，处理453人。查处违反中央八项规定精神问题38起，处理党员干部65人，给予党纪政务处分51人，享乐主义、奢靡之风党纪政务处分比例100%，发出作风建设类通报7期，持续释放全面从严、一严到底的强烈信号。

突出重点整治。紧盯“四风”易发多发老问题和隐形变异新动向，集中进行隐蔽餐饮场所、办公用房“回头看”、公车使用管理等检查15批次，深入开展茶叶领域、党员干部公职人员酒驾醉驾背后“四风”问题等系列专项整治。严格执行操办婚丧事宜“双报告”和公示制度，严肃整治“人情风”，在“清廉宁海”网站公示40人次，查处大操大办婚丧喜庆事宜案件2起，形成有力震慑。

推动化风成俗。发挥廉政文化浸润作用，精心策划“学党史·传承清廉基因”等“四季清风”云舞台系列活动，编印下发《家规祖训伴我行》3000本，创建“一镇一品”清廉文化项目18个，设置“清风书驿”16个，串联打造覆盖全域的清廉文化标识。举办“清廉宁波·你我同行”走进清白溪——宁海海头村活动，不断提升清廉文化传播力、影响力。

【基层建设】 在关切民生、回应民意中夯实基层基础。

深化“宁海经验”。稳步实施36条三年行动计划，创建36条首批示范村、达标村80个。一体推进36条智慧化、标准化、法治化。成功入选全省纪检监察基层数字化改革“揭榜挂帅”和中央纪委“监督一点通”全国试点单位，全省率先上线“村级小微权力36条多跨场景应用”，累计挽回集体经济损失650余万元。36条入选第三批全国乡村治理典型案例，高分通过全市首个国家级农村综合改革标准化试点验收，获评法治宁波建设“十佳创新案例”，以36条为主要内容之一的《宁波市法治乡村建设促进条例》正式颁布实施。

集中专项治理。制定“村干部监督12条”，编印《村务监督委员会“监督一本通”》，强化对村社“一肩挑”干部的权力监督。协同开展村级集体资产资源排查管理，做到“底数清、情况明”。会同14家县直部门对漠视侵害群众利益的16项重点问题开展集中治理，组织督导检查182次，查处问题17个，处理10人。聚焦农村基层“三资”管理、农村乱占耕地等领域，查处群众身边腐败和作风问题39起，处理65人，其中给予党纪政务处分39人。

狠抓办信质量。开展“啃骨拔钉”行动，通过领导包案、挂牌销号、提级办理、复查复核等措施，实施信访问题集中化解。信访总量248件次，同比下降27.5%，检举控告量144件次，同比下降34.8%，信访总量、检举控告量均降至五年来最低点。为9名党员干部、2个基层站所开展澄清正名。严肃查处诬告陷害行为，成功处置全市首例入刑案件，获市委主要领导批示肯定。县纪委县监委获评市社会和谐发展工作突出贡献集体。

【监督首责】 在统筹联动、求质重效中凸显监督首责。

常抓日常监督。综合发挥惩治震慑、惩戒挽救、教育警醒的功效，运用“四种形态”处理880人次，第一、二、三、四种形态分别占73.4%、20.5%、2.8%和3.3%，“管住大多数”成为监督执纪常态。严把政治关和廉洁关，对2353人次党风廉政情况进行回复。协同开展县乡“两代表一委员”换届资格审查5702人次，提出否定性党风廉政意见91人次。开展巡回督导，严明“十个严禁”换届纪律，有力护航县乡换届风清气正。

擦亮巡察利剑。贯通运用“四式联动”“巡审融合”“驻村夜巡”等模式，有序开展第十二轮、第十三轮巡察，高标准实现全县85家单位常规巡察、430个村社和361个下属单位基层站所延伸巡察全覆盖。有效推动巡察反馈问题整改落实，累计整改问题7962个，建章立制1031项，挽回经济损失4497万元，责任追究1303人次，其中党纪政务处分36人。

优化监督格局。深化片区协作联动机制，建立例会汇报制度，推动信息、资源、力量、手段、成果共享。充分发挥派驻机构“探头”作用，确定年度重点监督项目30项，有的放矢开展监督，派驻发现问题能力明显提升，立案数同比增长141.7%。下发《村级监察工作联络站（村务监督委员会）廉情直报操作细则》等5项制度，基层纪检监察组织履职更加规范高效。

【自身建设】 在争先进位、比学赶超中展现铁军风采。

强化政治历练。将党史学习教育作为贯穿全年的重大政治任务，召开专题学习会、理论中心组会议深入学习百年党史，不断提高政治判断力、政治领悟力、政治执行力。上好专题党课、开展“我为群众办实事”实践活动，开展55项重点课题调研，突出“纪检味”推动党史学习教育走深走实。

强化专业能力。深化开展干部素质提升工程，创设“清风学堂”，分层分类推进全员培训，通过导师带徒、青年干部读书会等载体，不断提高队伍政治素质和纪法素质。实施“廉情观察员”制度，选派31名中层干部到村社开展一对一联系服务，一线锤炼干部实战本领。

强化自我监督。严格执行纪检监察干部“十二个严禁”“五个特别”纪律要求，全面落实“五张清单一张网”，严格执行个人有关事项报告、离甬外出审批等，开展干部“四级谈话”、廉政家访，强化八小时内外监督，严防“灯下黑”。召开党风廉政建设和反腐败工作情况通报会，开展纪检监察干部遵守中央八项规定精神情况自查，自觉接受最严格的约束和监督。

组织工作

【概况】 在市委组织部正确指导和县委坚强领导下，全县组织系统坚持以党的政治建设为统领，全面贯彻落实新时代党的组织路线，始终坚持全面过硬、走在前列，凝心聚力、奋发干事，以党员干部人才“优质供给、优良作风”为建设发展优质、治理优越的“双优”宁海提供坚实组织保障。

政治责任压紧压实，全面开展政治素质考察，周密部署全会精神学习，轮训干部近万人次，选树省市县“两优一先”272名，打造“红动宁海”红色基地45个、初心路线4类、15条。干部队伍进一步建强，公务员全日制本科以上学历占比提至88.97%，县直机关领导班子专业化干部配比提至66.7%，近三年52名选调生、高层次、党政储备人才中7人提任县管干部，县管干部平均年龄下降1.9岁。乡镇换届高标准完成，35岁以下乡镇党政正职占比提升至21.4%，30岁以下县管副职乡镇全覆盖，乡镇党政正职全日制本科毕业以上占比提升60.71%达85.71%，其中班子成员占比提高25.2%达57.4%。

村社组织一肩挑全面实现，班子结构“四升一降”，在全市率先开办40人村干部本科班，新进书记导师帮带全覆盖，升级成立基层党委41个，后进村整转动态清零。战斗堡垒进一步做强，四星级以上党组织占比达55.2%，行政村党建联盟实现全覆盖，持续十年实施“百村立功竞赛”，调动各类资金下村超10亿元，全县村均集体经济经营性收入增长106.62%达40.6万元。党员发展高效率推动，建立健全党员发展双培养、两推两评两靠前等机制，全面铺开党员发展全流程管理系统，五年来累计从六类对象中发展党员占比达91.4%，新发展党员大专以上学历占比提升至71.5%，平均年龄下降至35.2岁。

平台建设扎实推进，中乌平台多项硬核科技填补国内外空白，创建中乌-宁大轻量化制造研究院，引进天勤生物开工建设医疗器械小微产业园，海洋生物种业研究院主体工程结顶，成立“浙江大学（宁海）生物质材料与碳中和建设联合研究中心”。人才服务进一步增强，修订出台“人才政策3.0版”，成立产业人才学院和艺术振兴乡村人才学院，推行人才创业创新“一件事”服务，新增国家级博士后工作站2个，17名两院院士入住“院士之家”。引才计划高品质实施，国家、省市引才工程申报数均创历年新高，其中，国家级申报31个，为上届4倍，增幅全市第2，省级申报32个，同比增长65%，入围答辩11个，甬江申报199个实现翻番，入选12个。

【构建组织工作新格局】 坚持以守护“红色根脉”为己任，着力构建党建统领、整体智治、唯实惟先的组织工作新格局。

把坚持和加强党的全面领导作为首要政治责任。织密组织体系，深入实施“组织力提升工程”，将党把方向、谋大局、定政策、促改革的要求落到实处，推进党的组织、工作、作用全覆盖，确保各级组织上下贯通、执行有力。深化理论武装，深入实施习近平新时代中国特色社会主义思想教育培训计划，切实加强思想淬炼、政治历练、实践锻炼、专业训练，教育引导广大干部自觉做新思想的坚定信仰者和忠实实践者。强化党性锤炼，依托县内红色阵地资源，优化线上初心学堂，深入开展中共十九届六中全会精神轮训，传承好建党精神，学好用好党的百年成就和历史经验。

坚持组织路线服务政治路线，做到“中心工作推进到哪里，组织保障就跟进到哪里”。全面助推发展建设，聚力重点项目落地，选派干部进驻各大建设指挥部，助力工程建设顺利推进。聚力重大平台提升，扎实推进中乌平台“四个高地”建设，加快各项硬核科技产业转化进程。聚力组织优势发挥，持续开展清障提速、争先进位等专项考察，推动招商引资与招才引智同频共振。全面彰显引领作用，坚持党建引领共同富裕，以“艺术赋能”为推手改民风促振兴，走好艺术振兴乡村致富新路径。坚持党建引领基层治理，健全完善镇干部联村、村干部包网机制，全面推行党员“五联八访”，谋划开发“浙里联心”系统，压实镇村干部最后一公里责任。坚持党建引领创建，推动广大党员扎根一线服务一线，助力宁海创建全国文明城市。全面注重先锋示范，培育和树立一批先进典型，用身边的榜样教育、引导、带动身边的人，使每名党员干部学有目标、评有标尺、赶有方向，在全县营造学先进、比贡献、促发展的浓厚氛围。

深入推进干部工作系统性重塑，大力锻造忠诚干净担当的高素质专业化干部队伍。重规范强执行，贯彻落实党政领导班子建设规划纲要，严格执行干部选拔任用五个办法、干部大监督机制等制度，以“一体系三机制”为牵引，以三张清单梳理为抓手，开发应用干部信息管理、大监督等系统，严格执行“凡提四必”，汇编“一把手”应知应会，进一步提升规范化水平。定期开展选人用人专项检查，全覆盖组织“一报告两评议”和政治素质考察。重规律强培育，科学把握干部成长规律，用好公务员信息研判系统，注重选调生、高层次人才、党政储备人才等重点对象，深化“456”工程，逐步优化公务员结构。优化培养路径重成长。全面实施入职三年“启程计划”，深化“宁接未来”优苗比选，实施专兼职导师全覆盖，“90后”乡镇干部全部挂职重大项目、重点工程实践历练。多措并举促成才。刚性要求各单位腾出10%的中层岗位由“90后”干部担任，引导“一把手”倾心当好“护苗人”，精心做好“育苗人”，对30岁以下有发展潜力的年轻干部，务必亲自带、亲自抓。重系统强变革，强化干部资源统筹。深化实施“班长工程”，破除重选拔轻管理倾向，创新培育管理模式，注重关键岗位人选储备。始终坚持一盘棋理念，下管一级联动两级，中层干部县委组织部全覆盖备案。推动差异化管理，横向打通机关、事业、国企、乡镇干部调配路径。深化公务员职业生涯全周期“一件事”改革，认真办好心理关爱、待遇倾斜、职级激励、考核导向、最美选树、职业归属“六件实事”。构建全方位监督体系。强化干部八小时外监管，严格落实领导干部个人有关事项核查、重大事项报告等制度。

深入实施新时代人才强国战略，以兴海路双创大走廊建设为抓手，推动人才工作全方位突破。五位一体优特色，加快布局双创大走廊，打好生态、健康、种业、低碳、文化“五张牌”，把中乌平台打造成中东欧国家引才重要枢纽和窗口，加速生物产业园产业化进程，推动中加低碳研究院科技研发和推广，积极发挥海洋生物种业研究院作用，创建万里学院宁海分院，深化“院士之家”、工艺创想园、十里红妆小镇等创新平台建设，提升揽才聚才能级。精准发力抓潜力，培育卓越工程师队伍，谋划特色产业工程师协同创新中心，加快建设产业人才学院，抓住新材料、新能源、大健康、现代种业发展机遇，抢引产业领军人才和高端创新人才团队。抓牢企业家人才队伍，定期举办青年企业家高级研修班，实施新生代企业家培育行动，对接中科院青年创新促进会，举办青年企业家与青年科学家对话会。集聚青年人才队伍，研究出台专项落户奖励办法，分层分类扶持吸引青年人才，努力打造青年人才创业创新活力之城。打造特色人才队伍，充分发挥“艺术振兴乡村”人才学院作用，组建长三角艺术振兴乡村高校联盟，深化实施民间人才“千人计划”，以人才振兴助力乡村振兴。优化机制强动能，向政策要动力，修订出台人才发展政策升级版，尤其在社会化、市场化引才方面，加大补助和奖励力度，进一步引导用人主体在引才育才用才中发挥积极作用。出台种业、生物医药、文化引才专项政策，通过政策叠加、差异化手段，实现精准引才、特色引才。向机制要动力，加快构建更加协同高效的人才工作机制，推行更加紧密的招商引才一体化举措，实施重点任务书记领办、月例会季通报、专项督查调研等制度，进一步压实责任、落实工作。

【打造组织工作金名片】 坚持以争创一流为目标，久久为功打造具有宁海辨识度的组织工作金名片。

鲜明一个导向，营造浓厚干事创业氛围。深化县委“敢担当、要积极、抓具体”重基层工作导向。以调研看实绩，定期开展专项调研，深化以“大抓调研大抓落实、比拼新状态比拼新业绩”为主题的“双抓双比”专项行动，推动新班子守好关开好门，展现新状态新气象。以实绩识准人，扎实推进组工干部全员联系制度，用好“四比双评”实绩考核和调研成果，精准识别干部现实表现，注重提拔使用重大项目攻坚一线干部。以调配明导向，坚持党管干部、制度选人，严守“十条原则”和“十个不用”，强化实干导向、实践标准、实绩依据，有效激发干部干事创业激情。

“两高”强基，全方位夯实基层基础。深化实施“红色根脉强基工程”、“两高”五年行动计划。育强红色头雁，完善“一肩挑”后村干部报酬制度，建立“金雁”导师团，扎实推进村级后备干部“青蓝计划”，办好“两山”实践创新基地领雁学院和村干部学历班，全覆盖开展村社干部培训。建强基本队伍，持续推进培源、红苗、菁英“三大计划”，迭代升级党群同心圆志愿服务平台，分级分类推进村社党员“锋领兴雁”提升、“两新”党员“锋领红雁”培养、新发展党员“锋领雏雁”培训等工程，引导党员充分发挥先锋模范作用。增强党建质效，全面铺开基层党建质量评估体系建设，扎实推进“百千万”工程，严格基层党建专项季督导、分管领导提醒约谈等制度，建立月通报、季比武、年述职机制，加快推进镇村党群服务中心建设，力争5A、4A级占比显著增加。

围绕三个维度，构建“周末课堂”专业培育模式。紧紧围绕专业化高素质干部队伍建设，全县统筹领导点题，通过一学年一专题一梯队模式，打造“周末课堂”。坚持梯队择优丰富专业干部来源，综合考虑专业背景、岗位经历、年龄结构等因素，以管过干过学过为原则，择优选调分管领导、中层业务骨干和“90后”优秀年轻干部等跨阶组班培训。坚持因题施策拓宽知识结构，一专题一策划，综合考虑各方因素，科学设置课程，利用周末时间择优邀请专家教授到场授课、专题讲座，并以项目负责人为老师、项目现场为课堂、工作实践为案例，开展深度研讨、案例解读和实务操作培训。坚持学用结合提升专业能力，将实践作为最好的课堂，组团式开展“大脚板走一线”、“我为群众办实事”、专题调研等一线实践和项目攻坚，通过调研成果路演、破难案例比拼、课堂实测进行综合比选。

深化“四名”工程，问计于民发展为民。听民声谋民利解民忧，深化实施“名师名医名家名匠”工程，以本土化培养为主，个性化引进为辅，构建科学培育体系，建立“四名”人才培育、后备、名录三库，推动开展名优师资五年倍增、中青年名医培育“百人计划”、文化人才拔尖培育等行动。强化激励效应，持续完善“四名”工程配套奖励措施，与高校共建教育实践研究创新团队，逐年扩大市名师和浙派名师名校长拟培养对象名单。提升群众就医满意度，推动县第一医院CMI值持续走高，注重在中医领域成功培养市拔尖人才，争取上榜市基层及中青年名中医药师再创新高。积极构筑城市人才特色，定期举办各类民间人才大赛，评选各类文化优才，做大各级工艺美术大师、非遗传承人基本盘，人人皆可成才、人人尽展其才的局面逐渐成形。

【展现组织工作新形态】 始终坚持大抓基层、大抓队伍、大抓绩效，努力展现组织工作新形态。坚持问题导向，聚焦复合型、专业型领导干部缺乏，基层党组织和党员作用发挥不平衡、不充分，人才工作竞争力不强、吸附力不足等问题，守正创新，大抓基层、大抓队伍、大抓绩效，争做“两个确立”的忠诚拥护者和“两个维护”的示范引领者，全力助推共同富裕标杆县建设。

突出高定位，“三真协同”抓基层。常态化开展蹲点调研，健全常态化包乡走村、包网入户机制，推动县领导一年蹲点一个村，一届实现村村见领导。扎实推进“两个担当”良性互动，不断完善“吹哨报到”乡镇机关联合执法、容错纠错、澄清保护、松绑减负等机制，支持基层干部化解矛盾、解决问题，帮助基层干部分担责任、共渡难关。全面实施分级家访制度，定期开展基层干部心理健康辅导，建立健全村社干部身体健康数据库。

真情想着基层。强化资源倾斜，做精做优驻村“第一书记”品牌，推动形成机关争着派、基层抢着要的良好局面。强化政治激励，选拔干部优先考虑基层经历，新提拔干部首先下基层，年度优秀评选比例和统筹的职级职数向基层倾斜，加大从优秀村党组织书记选拔乡镇领导干部力度。强化经济激励，建立健全村社组织“一肩挑”后，报酬水平与承担职责相匹配、与农村居民人均可支配收入相挂钩的动态增长机制。

真心爱护基层。要以省委加快构建县乡一体、条抓块统的高效协同治理格局为契机，积极推动权力下放，重构县乡权责。坚持严管厚爱，深化村社党组织书记县级备案管理，严格落实小微权力清单36条，推行村社班子定期体检，推进不称职村社干部“停职教育”管理，发挥整转教育支部作用，增强党员干部的先进性和纯洁性。层层压实各级党委管班子带队伍抓基层责任，常态化开展谈心谈话，舍得把时间花在经常与基层干部交流上，了解情况、沟通思想，精准掌握基层干部心理状态。

突出高素质，变革重塑抓队伍。重塑全过程全周期全链条闭环机制，加强干部队伍前瞻谋划、整体设计、宏观管理，在制定人事政策、编制管理、干部选聘等方面，注重统筹整合组织资源，切实增强工作整体性、协同性。坚持二八分原则，把功夫花在平时，走出机关、走进干部，深入改革发展主战场、攻坚破难第一线、服务群众最前沿，全程全面了解干部。以促进人的发展为目标，对干部负责、一管到底，拓宽各层级干部职业发展通道，实现干部成长与事业发展互促共进，增强干部职业获得感与归属感。坚持事业为上、以事择人、人事相宜，把那些想干事、肯干事、能干成事的干部选出来、用起来，确保干部德配其位、才配其位。聚焦干部工作“五大体系”，推动干部能上能下、能进能出，推动形成能者上、优者奖、庸者下、劣者汰的正确导向，着眼今后一段时期领导班子和干部队伍建设需要，构建干部成长和组织选育环环相扣又统筹推进的全链条机制。

重塑优源头优路径优管理成长机制。建立优秀年轻干部常态化发现和培育机制，加强日常储备，探索上下两级共同研判分析机制，强化下级关键岗位干部培养管理。健全完善编制周转制度，建立编制周转池，放眼各条战线、各个领域、各个行业，在更大范围内发现和选拔优秀人才，扩大年轻干部队伍“蓄水池”。依据中心任务调配干部资源，健全完善“项目化实施+专班化运作”机制，统筹用好配置性交流、培养性交流、回避性交流，加强干部多岗位历练。破除论资排辈、求全责备等观念，对政治素质好、工作表现突出、经过扎实历练的打破隐性台阶大胆使用，用当其时、用其所长。打通机关与基层双向培养通道，创造条件让机关年轻干部下得去、留得住、冒得出来，把基层实践历练作为干部能力提升的最重要方式。

突出高质量，集成联动抓绩效。对标党建统领，立足党委中心工作，强化组织保障。看领导作用有没有发挥，健全党组织对基层各类组织各项工作的领导体制机制，强化新兴领域政治引领，消除党建工作空白点。看把关作用有没有发挥，完善企事业单位重大事项决策党组织前置研究制度，健全职务晋升、职称评聘、评优评先等事项实现征求支部意见制度。看统筹作用有没有发挥，优化组织体系，探索推进组织设置横向多跨、纵向细分，积极推动上级投入村社的公共服务资源以党组织为主渠道落实。看带动作用有没有发挥，强党建强发展，健全完善“联村联户、为民富民”制度，探索构建党建带群建机制，积极推动抓党建与抓业务紧密融合。

对标整体智治，用好数字化改革成果，再造流程提升效能。注重从贯彻上级决策部署、七张问题清单整改、政治素质方面看干部政治是否过硬。注重从年度业绩、绩效指标实现、重点工作完成度方面看实绩是否过硬。注重从领导评价、干部评价、群众评价方面看口碑是否过硬。注重从平时考核、专项考核、年度考核方面看考核是否过硬。注重从责任审计、巡视巡察、信访维稳、个人事项报告方面看监督是否过硬。注重从落实党风廉政责任、处理处分、个人问题线索方面看廉政是否过硬。

完善党管人才领导体制和工作机制，推动形成党委统一领导，组织部门牵头抓总，职能部门各司其职、密切配合，社会力量广泛参与的人才工作格局。强化人才政治引领和政治吸纳，加大团结凝聚、教育引导、联系服务力度，引导广大人才坚定不移听党话、跟党走。摒弃唯论文、唯职称、唯学历、唯奖项现象，着重抓好战略科学家、顶尖人才、“卡脖子”技术攻关人才、基础研究人才引进，同时培养造就一批乡建、文艺等民间人才，破除人才结构性矛盾。构建既具宁海特色又有区域竞争比较优势的人才发展体制机制，探索更加积极、更加开放、更加有效的人才政策，完善“揭榜挂帅”“赛马”制度，为各类人才搭建干事创业的平台，让事业激励人才，让人才成就事业。

宣传工作

【概况】 深入学习贯彻中共十九届六中全会精神，以伟大建党精神升华“四气”宁海精神，用宁海精神赋能宁海干部，激发大家开创新局，干出无愧于“两个确立”忠诚拥护者、“两个维护”示范引领者的新业绩。

4月，第四批浙江省党史教育基地名单发布，全省新增24个红色地标头衔，梅花村会议纪念馆入选。

8月，红色西乡爱国主义教育基地和“台东会议旧址”红色教育基地成为第十二批市级爱国主义教育基地。

9月，十里红妆文化园、象宁人民抗暴游击队指挥部遗址、叶水夫纪念馆、张明养纪念馆、宁海县图书馆成为宁海县第五批爱国主义教育基地。

12月，浙江省文化和旅游厅公布第六批浙江省非物质文化遗产代表性传承人名单，共226名传承人入选。宁海县有3人上榜，分别是宁海平调传承人王春秧、清刀木雕传承人黄雍、宁海传统戏台建造技艺传承人柴世存，全县省级非遗传承人增至10人。

【理论教育】 抓好全县各级党委（党组）理论学习工作。充分发挥县委中心组的“领头雁”作用，带动全县各级党组织和党员干部全面深入学习。制定出台《2021年县委理论中心组学习安排》等学习文件，进一步落实意识形态主体责任，加强对全县各级党委（党组）中心组学习的指导。全年开展县委理论中心组学习24次，专题研讨4次。不断加强对全县各级党委（党组）理论中心组的巡听指导，积极推行“第一议题”学习制度，编发每周学习提纲40期，切实做到理论与实践的互融互促。

5月24日，第六十四期正学大讲堂现场

推进党史学习教育工作。结合“四史”宣传教育，创新形式开展各类党史学习教育活动。组织开展“百团千场万人”党史大宣讲，持续深化党员领导带头上党课活动。开设“理上网来”融媒体宣讲栏目，有效激发党员干部学习积极性，线上线下学习覆盖40余万人次。根据宁海实际，制定出台《宁海县党史学习教育评价指标体系》《宁海县“六个一批”活动方案》，进一步深化宁海“我为群众办实事、我为发展作贡献、我为基层减负担、我为治理解难题”专题实践活动。2021年全县开展“我为群众办实事”11988件，“我为企业解难题”8994件，“我为基层减负担”52836件。助力文明城市创建，开展“上门入户访民情办实事”入户宣传7万多户。挖掘总结全域“企服通”服务平台党史学习教育工作案例，被市委常委会唯一推荐案例宣传推广。

推进农村文化礼堂品牌建设工作。进一步规范文化礼堂的运行管理，依托甬礼堂平台完善文化礼堂运行考核机制，指导各礼堂做好每次活动信息报送工作，做到月统计、季排名、年考核。通过打造文化大舞台、文艺大擂台、理论大讲台、文明大展台“一堂四台”礼堂文化品牌，量身定制七大“最美”系列，把文化礼堂真正打造成礼聚文化、堂汇民心的精神家园。承办宁波市党史学习教育进农村文化礼堂启动仪式，举办2021宁海县文化礼堂农民文化节活动，举办文艺党课进百村百堂巡讲活动以及组织开展宁海县党史学习教育专题图片展进农村文化礼堂等系列活动。梅林街道获评省农村文化礼堂建设示范乡镇，桃源街道下桥村获评省书香特色文化礼堂，胡教明获评第四届省最美文化礼堂人等荣誉称号。

【文化事业】 激发群众内生动力，创新开展基于民间的文化人才队伍的挖掘培育工作。抓住艺术高校团队宁海驻村指导的契机培养一批带不走的“乡建艺术家”，以校地合作育人才的模式引入中国人民大学、南开大学、中国美院等师生团队驻村指导，涌现“葛家军”等一批优秀“农民艺术家”。以乡村“擂台”选专才方式，凝聚基层的创意活力、汇聚民间智慧，会同县委人才办，创新性实施“乡建艺术家”星级评定暨两届乡建创意大赛，评选出90名三星级至五星级的文化人才，建成全国首个“乡建创意馆”。

营造尊重人才的良好氛围，创新举办“乡建奥斯卡”颁奖活动。创新实施“文化基因”培育工程，采用“县聘村用”的方式，将宁海县文化名家名匠和文化优才组成“文化基因”培育工作导师队伍选派到村，分类推进农村文化基因培育，壮大文化人才队伍。

创新开展“百姓大舞台”活动，为基层文化人才搭建家门口的舞台，实现群众自编自导自演并辅以县文化志愿者团队指导和提供文艺志愿服务清单，全年演出场次300场以上。

【县社科联工作】 7月份，县社科联组织举办宁海县“传承红色基因·践行崇高使命”党史学习教育研讨会。通过深入学习贯彻习近平总书记在党史学习教育动员大会和庆祝中国共产党成立100周年大会上的重要讲话精神，认真贯彻落实中央和省市县委关于党史学习教育的工作要求。组织开展2021年宁海县第五届优秀社科成果评选，评选出获奖论文（调研报告）36余篇，社科著作5本。

多形式开展社科普及宣传，全面提升全社会社科人文素养。一是继续做大做强“正学大讲堂”这一公众学习平台。2021年因新冠肺炎疫情影响，结合周二夜学，共举行线上正学大讲堂9期，线下正学大讲堂3期：清华大学经济管理学院博士后章晓洪的《民法典改革及其对资产证券化的影响》，原宁波市委宣传部副部长李正平的《天翻地覆慨而慷——宁波实施乡村振兴战略的宏伟画卷》，全国劳模裘银芳的《“牢记总书记嘱托，争做重要窗口双优生”全国劳模裘银芳先进事迹报告会》。

3月25日，话剧《张人亚》走进梅花村

高标准开展学习教育，不断加强思想政治引领。制定出台《宁海县党的十九届六中全会精神宣讲工作方案》，第一时间迅速开展“领导带头讲、周二夜学讲、特色基层讲、民间方言讲、文艺党课讲”五讲齐进，将中共十九届六中全会精神学习宣传贯彻工作落细落实。编印《宁海县各级党委（党组）理论学习中心组每周学习提纲》，收录转载中共十九届六中全会精神最新报道、理论阐释等学习资料。全县2000多个基层党支部4.1万余名党员参加中共十九届六中全会精神传达学习。组织各行各业基层代表就学习贯彻中共十九届六中全会精神和远景目标展望等内容开展“学习贯彻六中全会精神·展望目标大家谈”活动，在广播、电视、公益广告等各新媒体推送展播，受教育近20万人次。

9月17日，东西部协作艺术振兴乡村带头人培训班现场教学

【精神文明建设】 围绕全国文明城市创建和新时代文明实践中心建设两大目标任务，以培育和践行社会主义核心价值观为主线，切实强化公民道德建设，纵深推进文明创建活动，文明创建各个领域不断取得新成效。

群众文明素质和城乡文明程度得到有效提升，全国文明城市省级年度测评成绩居全省前列。文明城市提高城市品格，先后召开5次创城动员大会，拟定创城三年行动计划及年度重点工作，印发《宁海县创建全国文明城市工作责任分解》和《宁海县未成年人思想道德建设工作责任分解》。启动创城责任区作战、创城“四大会战”、乡镇全覆盖整治提升三大行动，建立健全挂图作战、任务清单、问题处置、报告报备、专题会商、督查通报、领导约谈、绩效考核八大保障制度，并委托第三方每月开展测评，成绩排名全县通报。

深化基层文明创建，县级文明村镇创建实现全覆盖，命名表彰第三批宁海县公共服务窗口文明单位，评选县级最美家庭20户、文明家庭1000户。文明实践培育文明风尚，完善《新时代文明实践中心运行方案》，常态开展新时代文明实践所站专项督查，持续开发打造新时代文明实践地图，发布新时代文明实践月度主题7个。深化新时代文明实践日制度，组织开展六场“文明实践集市”主题活动。先后组织开展“我在宁海过年挺好”、“万朵鲜花送雷锋”、全国文明城创建等志愿服务活动，举办县第二届志愿服务项目大赛。

公德建设提升文明素养。广泛开展道德典型推荐评选，新产生中国好人1例，浙江好人4例，宁波好人8例，宁海好人34例，叶全奖、王寿松、童松达获评第七届宁波市道德模范。开展2020—2021年度宁海县道德模范“我身边最可敬的人”评选，新产生县级道德模范11例。

12月21日，县委常委、宣传部部长叶秀高（左三）调研短视频联盟

抓实未成年人思想道德建设，印发《2021年宁海县未成年人思想道德建设工作要点》，建立宁海县未成年人思想道德建设工作联席会议制度，常态推进文明校园专项督查。常态开展“童心向党”“扣好人生第一粒扣子”等主题教育实践活动及“春泥计划”网上云课堂活动，全面落实乡村“复兴少年宫”建设市级试点任务，确定市级试点5家。

文明城市创建成绩斐然。开展创城责任区作战、四大会战、乡镇全覆盖整体提升三大行动，2021年

11月15日，浙里乡村系列活动

度省级测评成绩居全省前列。

文明实践创新做法成效明显。“文明实践集市”入选全国新时代文明实践百大案例，并在中央文明网“看试点”栏目作专题宣介；新时代文明实践相关经验2次获省委宣传部领导批示，在全省新时代文明实践中心建设现场会上，宁海县做交流发言，系全市唯一。

志愿服务工作成效显著。怡惠社区获评全国“最美志愿服务社区”，娄逢理获评“浙江省最美志愿者”。

统一战线

【概况】 结合庆祝中国共产党成立100周年，贯彻《中国共产党统一战线工作条例》，积极进取、主动作为，县委统战部被评为全省统战系统先进集体。新生代民营经济人士“三引三化”培育创新实践探索被评为全市统战工作优秀实践案例。《宁海县布点设立“亲清”政商关系监测点》被中央统战部录用，《宁海县成功探索多党合作教育基地赋能乡村振兴新路径》被《中国统一战线》刊登。县工商联被评为2020—2021年全国“五好”县级工商联，县商会人民调解委员会被评为全国金牌调解组织。

【思想引领】 高质量举办庆祝中国共产党成立100周年系列活动。以“永远跟党走·奋进新征程”为主题，分众化、互动型开展统一战线庆祝中国共产党成立100周年系列活动30余场次。

高质量赋能多党合作教育基地。把同心教育基地建设作为思想政治引领的有效抓手，打造党派先贤村、党派风采村、党派共建村等“多党合作”特色村，作为开展“四史”教育的基地，潘天寿故居、张明养纪念馆先后被列入省、市社院教学科研基地，累计接待120余批次5200余人次。

高质量抓好《中国共产党统一战线条例》贯彻落实。邀请省委统战部副部长王利月为县委理论学习中心组作专题辅导，将《中国共产党统一战线条例》纳入县社会主义学院教学内容、纳入县级机关和乡镇（街道）周二夜学内容。县委常委会专题研究统战工作8次，切实做到统战工作重点“必研究”、重要政策出台意见“必征求”、统战领域重大会议活动“必参加”、涉及统战工作及成员重大事件“必统筹”。

【助推共同富裕】 制定《宁海县统一战线“宁聚力·助共富”行动计划（2021—2025年）》，努力为共同富裕提供人才、项目和智力支持。支持民盟浙江农林大学党支部与海头村、市新联会与马岙村、万里学院知联会与一市海水养殖基地等达成共建计划；促成九三学社省委会在宁海模具行业协会设立“专家服务站”，民建市委会在双林村打造“甬建同心”文化广场。引导成立“新生代慈善基金”，在县内山区及普格县开展共富助力行动。

【乡贤工作】 实施乡村振兴项目认领机制，完成乡贤认领捐助村庄建设项目30余个共1000余万元；协助乡贤签约旅游开发等项目3个，投资额超3000余万元。雪野被评为全省“最美浙江人·最美乡贤”。

【海外统一战线工作】 建立统一战线服务“双招双引”信息线索处置闭环机制，进一步激发侨界高层次人才智力优势，组织宁海留联会上海分会围绕“十四五”规划和2035年远景目标开展讨论，邀请20多位宁海籍海归博士召开助力家乡高质量发展恳谈会，为家乡发展建言建策。

发挥宁波侨界招商引才服务联盟的作用，参与引进项目3个，引进资金21.2亿元，人才团队1个，高层次人才6名。举办“智享侨梦苑·创业在宁波——百名博士走进侨梦苑宁海中心”活动，来自科研机构和高校以及宁海籍百余名博士应邀参加，金融助侨、法律服务项目、院士工作站、科技服务家乡战略合作、医疗服务、医疗合作、设备智能维修和管理7个项目海归人士服务家乡项目现场签约。与县委人才办、县人力社保局共同主办“才聚宁海·悦享中秋”高层次人才中秋联谊会，40名高层次人才应邀参加。

助力共富，根据市侨联“百个侨团（企）扶百村”行动计划，完成3个侨企结对3个特色村的任务。

完善人物库和场景库。做好省侨情系统数据库更新工作，更新完善一批博士数据和侨企数据。助力抗灾救灾。县留联会会长张周益率留联会骨干成员捐资10万余元购买抗灾物资援助宁海基层一线抗击“烟花”台风。

做好“侨助”联盟平台建设，按照“侨助联盟”实现扩大侨益最高目标的要求，以“侨联组织牵头、社会力量参与、侨界群众共享”模式，主动联合商家、企业积极参与“侨助联盟”建设，新签订“侨助”联盟合作协议3家。

以服务侨界群众需求为导向，加强侨务工作宣传，持续做好稳人心、暖侨心、树信心工作。做好抗疫知识宣传，上门发放宣传手册，网上发布抗疫政策；通过微信群与海外侨胞开展线上交流；开展暖心服务慰问138户，慰问金额14万余元。开展困难归侨侨眷排摸，新增困难归侨固补1名，临时补助7名。集中开展“我为群众办实事”活动。走访调研侨企7家，征集、解决问题4个。

县留联会发挥桥梁纽带作用，召开创业海归互动交流会，分享创业创新成功经验，助力更多的海归创业成功；为侨企牵线搭桥，当代置业与南湾新区地产投资项目顺利对接，齐心科技与竹月阁开展电子商务业务交流；为侨企解决实际困难，安排县侨联法顾委开展针对性服务，为竹月阁家艺提供劳动规章制度、劳动法政策服务等，解决企业管理上面临的问题。坚持对内宣传侨务对外宣传宁海，积极拓展联络联谊。开展侨界重点人士联谊，走访慰问重点人士207人（次）。弘扬侨文化，讲好宁海故事，撰写省、市华侨文化交流基地十里红妆、前童古镇故事。

按照组织健全、片区联建、示范创建、精品打造的模式优化侨联基层组织建设。整合资源薄弱乡镇，创新性开展以联片建基层侨联的方式，成立宁东、宁北、宁西片区归国华侨联合会，实现全县基层侨联组织全覆盖。开展基层侨联示范创建工作，长街镇侨联、宁东片区侨联、宁北片区侨联、宁西片区侨联完成市级验收。开展“侨胞之家”创建，全县有“侨胞之家”20家，西店镇吉山村打造为精品“侨胞之家”。完成“十里红妆”文化园申报国家级侨文化交流基地工作；宁波生物产业园获评宁波市第三批侨界创业创新基地。

【参政议政】 集中民主党派、无党派人士骨干力量开展县委点题重点调研课题攻关，形成调研报告12篇，开展民主监督6次，开设《宁聚力·直通车》专报，获县委县政府主要领导批示5篇次。

构建亲清政商关系。聚焦“问题”“需求”“改革”导向，探索“政商e亲清”多跨应用场景建设，设立亲清监测点1600家。深化“亲清家园”建设，亲清家园合作单位拓展至76家，服务企业4000余家共28万次，协调处理13件民营企业和企业家合法权益维护事件。将清廉企业建设纳入“清廉宁海”的重点板块，推动创建落地，创成市级清廉民企4家、县级清廉民企18家。

6月，梅林第二小学组织学生开展“民族团结一家亲”活动

【民族工作】 学习贯彻中央民族工作会议精神，开展民族团结进步宣传活动，在学校、企业、村庄（社区）等举办专题活动，开展就业、技能等培训164场次，服务各民族群众5800余人次。全面落实民贸民品企业贴息政策，发放贴息补助42万余元。稳妥有序完成清真标识专项治理工作，整改率100%。

准确把握和全面贯彻关于加强和改进民族工作的重要思想，在“教育引领、宣传引导、典型引路”上下功夫，将构建铸牢中华民族共同体意识教育纳入党员干部学习教育体系，以“民族团结进步宣传月”为契机依托农村文化礼堂等主阵地常态化向各民族群众开展爱国主义教育、社会主义核心价值观教育和民族团结进步教育。跃龙街道车河社区、梅林第二小学被明确为省级民族团结进步创建重点培育单位。

【宗教工作】 实施第四轮《宗教与民间信仰场所事务三年行动计划》，开展新一轮场所布点规划修编，制定试行《宁海县宗教活动场所注销实施办法》，排摸7类予以退出登记并注销的场所，有序推进实施宗教活动场所退出机制，注销场所2家，8处场所实质性进入退出程序。

加强乡镇（街道）一级专职力量配备，配备乡镇（街道）民宗专管员 11 个。修订完善宗教领域突发事件应急预案，并将宗教领域风险排查检查工作纳入县委“重大督查问题清单”。通过“三督查”，确保私设聚会点整治“零还潮”。

实施“十百千万”普法工程，浙江慈云佛学院创建为省级宗教普法示范点，宁海大义寺创建成 2021 年省级宗教法治宣传教育基地。新增执法干部 2 名，梳理行政监管事项 20 项，94 家场所在财务中心完成线上做账。全面落实《宗教团体管理办法》，指导各宗教团体完善规章制度，通过专题读书会、“双月讲堂”等形式培训宗教教职人员 1800 余人次。

以疫情防控和安全生产为底线，有序落实宗教活动场所常态化管理。全面落细落实全县民族宗教领域的疫情防控工作，发布有关疫情防控的文件要求通知 11 个，建立县、镇、村专人驻堂管理“三级小组”和全域督查、全时督查、重点督查“三督查”机制，开展各类巡查督查 2200 余场次，确保宗教领域安全稳定。开展“平安护航建党百年”消防安全隐患大排查大整治专项行动、宗教领域风险普查专项行动、“浙江掌上宗教”App 消防安全大检查、安全生产月活动等专项检查 7 轮，场所检查覆盖率 100%。

【自身建设】 结合党史学习教育、“三为”专题实践，开展统战干部“双抓双比促双提”专项行动，举办各类服务活动 33 次，协调解决问题 27 个。建立部主要领导与中层干部、年轻干部定期面对面谈话机制，落实上一堂党课、写一篇调研文章、联系一个统战社团等“十个一”机关干部积分管理制度，推动形成比学互促、奋勇争先的良好局面。

4 月，宁海县宗教界“庆百年”百名骨干专题读书会

坚持一盘棋和党管干部原则，加强组统联系沟通，积极做好党外干部的推荐使用，县委新提拔任用党外干部 12 名，县管党外干部达 43 名。会同县委组织部、县政协党组推选产生新一届委员 276 名。指导民进宁海县支部成功换届并升格为总支部，高质量完成工商联执委推荐工作和基层商会换届工作，县台联会、县网联会顺利完成新老交替。

制定出台并全面实施《宁海县新生代企业家培育三年行动计划（2021—2023）》，成立新生代企业家联谊会党支部，组织赴井冈山进行党史主题教育培训，通过红色引领，有 3 名新生代向党组织递交入党申请书。举办宁海县新生代企业家高级研学，组织新生代与老一辈企业家、与宁波市新生代企业家、与杭甬温新生代企业家等交流互动。通过“轮值制”开展“宁新学堂”“积分制”管理联谊会会员，新生代成员的内生动力得到激发。

决策咨询

【概况】 聚焦大局大势，立足基层基础，围绕中心工作，开展 4 个重点课题研究，编报决策咨询建议 15 期，决策咨询参考 24 期，为县委、县政府科学高效决策、统筹部署全局作出积极贡献。

【重点课题】 坚持围绕高质量发展建设共同富裕标杆县和“双优”宁海建设等重大战略部署，经过广泛征求选题意见，将县委、县政府主要领导点题同县咨询委自主选题相结合，确定年度 4 个重点研究方向：宁海老龄事业高质量发展对策研究、梅桥片区长远发展战略研究、加强村党组织书记“一肩挑”后基层治理效能对策研究、加强宁海乡镇镇区建设的对策研究。分别针对提升老龄事业和产业发展质量、提升梅桥片区发展能级、提升“一肩挑”后基层治理效能、提升乡镇集镇区建设效能，提出补足各方面发展短板的对策措施。提交的咨询报告获得县委、县政府领导批示 8 篇次，并就相关工作作出专题部署和详细布置。

【咨政献策】 按照“围绕中心、紧贴决策、注重实效”的要求，年初收集委员、专家关于 2021 年建议意向 27 条，密切关注农业产业、人才培养、农村土地流转、工业产

4月21日，调研西店新城建设情况及高质量推进宁海老龄事业发展课题

业振兴等热点问题，以问题为导向，发挥专长，履职尽责，为县委、县政府谋划和决策提供有力的智力支持。

县咨询委根据编报的咨询建议，评选出“优秀咨政成果”8篇，“优秀咨询建议”22篇。县决策咨询委办公室围绕数字化改革、城市治理等当前全县社会各界议论比较多的热点舆情和各级各部门比较关注的难点问题，借鉴其他地区先进经验，为县委、县政府主要领导提供参考。

县咨询委领导参与“宁海县功能定位研究报告”的咨询论证工作，提出针对性较强的建议意见。此外，县咨询委还积极参与《宁海县企业国有资产监督管理办法》论证工作，发挥咨政建言的重要作用。

【精准调研】 以问题为导向，以咨政为目标，汇聚多方智力，通过制定方案、预发通知、分类建立资料档案等方式进一步优化调研工作机制，精准开展专题调研，掌握大量的第一手材料，持续建真言、献良策、谋实招。

全年组织课题组和专家深入基层调研40余次，召集座谈会、论证会20余次，参与调研人员超过600人次，发放调查问卷超过2000份，收集各地各部门相关材料超过70份。根据《关于建立健全决策咨询成果转化机制的若干意见》，对决策咨询成果进行跟踪调研，强化成果落实工作闭环机制，县委老干部局、县国资管理中心、县水务集团等部门专题反馈成果落实情况。关注海亮公学、清溪水库、大庄山谷、茶山抽水蓄能电站等重点项目推进情况和规划、国土空间、住建、交通等重点部门的“十四五”规划编制情况，组织开展专题调研，并提出针对性改进建议。

【自身建设】 始终坚持将队伍建设和能力建设作为有效提升决策咨询工作水平的重要抓手，深入开展学习交流活动。

加强对外学习。全年与丽水市、宁波市、台州市黄岩区、湖州市吴兴区、长兴县、舟山市普陀区、岱山县等县市区咨询委对口学习交流7次，通过相互交流，有效开阔视野，切实增强自身能力。

4月27日，县发改局就“十四五规划”宁海功能定位征求意见

注重内部交流。落实主任办公会议和课题组碰头会制度，经常性就重大事项、重点工作和重要课题进行交流沟通，有效解决工作上的难点问题。办公室日常开展内部学习活动，着重学习中央、省、市新的方针政策和综合业务能力提升等方面内容，切实提高咨询委日常工作效能。

机关党建

【概况】 县直机关工委在县委领导下，省市工委指导下，认真贯彻落实习近平新时代中国特色社会主义思想和中共十九届六中全会精神，守好红色根脉、打造“重要窗口”，把握党建统领整体智治主基调，持续深化“清廉机关、模范机关”活动，坚定不移推进机关党建全面过硬、全面进步，以高质量机关党建助推“双优”宁海建设。“党群同心圆”被命名为浙江省机关党建品牌，并获全省推广。

【数字化改革】 以数字化改革为牵引，机关运行保障形成新格局。

推进“党群同心圆”重点应用建设，完善贯穿县、乡、社区三级、横跨机关、国企、学校、医院等单位的项目采集—审核—发布—认领—服务—评价—纠偏—数据归集8环节工作流程，通过H5技术实现与其他平台对接，通过数据多跨流转方式发现志愿服务需求，做大需求池。“党群同心圆”成功揭榜省工委数字化应用场景“党员志愿服务一件事”建设，在全市基层党建工作会议现场发布。该应用已完成在浙政钉的上架，并积极推进浙里办上架。

完成两个代表选举。牵头县直机关出席县第十五次党代会代表选举工作，选举产生代表131名，完成32名市第十四次党代会代表候选人推荐工作。首次成立县人大选举委员会县直机关选区，牵头指导推进8个选区203家单位2.6万余选民的选民登记、划拨、资格转移及选举等工作，选举产生县十九届人大代表21名。

围绕政府带头“过紧日子”要求，以数字化改革为契机，紧密结合本地本局实际，创新推出多跨场景平台“公物共享应用”，为实现全县党政机关闲置资产的统筹管理和循环共享，探索一条“集约、高效、智能”的新路径。该项目被列入全省机关事务数字化改革试点项目，于12月上线试运行。关于该项目的调研论文分别在浙江省机关事务杂志2021年第5期和机关事务工作2021年第6期上刊发。

落实省市县数字化改革部署和机关事务“一体两翼”重要政治任务，以《浙江省机关事务数字化改革总体方案》为指引，大力推进“智慧后勤”建设。县府大院智慧化食堂消费系统已启用，上线刷脸支付新功能；与宁波银行合作的桃源大厦西区智慧食堂的人脸识别道闸食堂智能管理系统已进入试用阶段。基于浙政钉2.0平台的智慧食堂、智慧门禁、公务用车更新智能评估组件等应用场景已完成前期的研发准备。

发挥“机关内部最多跑一次”平台作用，进一步梳理有关事项，优化办事流程，提升办事效率。平台上线公车预约、访客登记、通行证申领、饭卡充值、会场预约、水电报修等事项16项，累计办件量2.5万余件，事项五星好评率100%。局党政机关“整体智治”专题门户于10月30日点亮，工作职能和工作成果展示逐步智治化。

推动“双抓双比”行动。积极推动跟办一件事，会同县纪委策划会办比武活动，设置PPT展示、知识问答和现场提问环节三环节，以直播形式展示6家窗口单位办理特色优势及“双抓双比”开展后的工作推进情况。助力文明城市创建，依托“周二夜学”开展文明创城培训，发起“党群同心圆”创城专项志愿服务活动，82家机关部门及18个乡镇街道、10977名党员参与，该活动得到县委主要领导点赞。巩固扶贫成果，持续推出“消费扶贫先锋行”爱心购系列活动，购买结对地区农副产品价值80余万元。拍摄以“课桌圆梦”行动为题材的《课桌上的种子》短视频，展现宁海机关党员在扶贫工作中的新担当新作为，该视频被选送参加2021年全市党员教育课件观摩交流活动。

【党建标准化工作】 深化运行机关党建标准化工作体系，启动机关党务台账规范化操作指南编制工作，对主题党日活动、支部委员会会议、发展党员等环节的党务台账进行规范“打样”。《浙江日报》头版刊发的《高扬党旗立潮头——我省扎实走好新时代机关党建高质量发展新征程》文章，介绍宁海机关党建标准化工作体系相关工作。抓实“九个到支部”工作法，开展先锋支部创建，评选出50个“先锋支部”。

开展县委第四轮机关党建督导评估工作，对38家县直机关部门及18个乡镇街道机关党建问题进行全面体检。统筹巡察督导力量，通过提供督导清单、常态化派出机关党建业务骨干支持巡察工作，提高巡察工作把脉机关党建的能力。构建问题发现及时有效解决闭环，把县委机关党建“七张问题清单”

整改作为年度重点工作，坚持点上整改和面上推动相结合，举一反三，按期推动问题整改落实。同时做好督导后半篇文章，抓好分类反馈、分类述职、分类督查。

注重优选认证，实行党务工作准入认证机制，先行探索机关基层党务红领资质认证工作，通过资格核审、业务测试、专家面谈等环节，对党务干部专业化水平进行认证，全县机关124名党务干部参加红领资质认证，1人获中级资质，123人获初级资质。注重专业培训，举办跨度达3个月的“周末课堂”党建引领整体智治专题研修班，打造政治过硬、本领过硬的复合型专业化党务干部队伍。注重典型引领，开展“两优一先”推选及十佳机关党务干部评比活动，增强党务干部的职业认同。

探索推进县直部门小微权力清单制度。着重梳理除在浙江政务服务网公布的权力事项之外的其他涉及人、事、财、物等内部权力事项，并进一步理顺办事流程，绘制形成权力流程图，已形成涉人、涉财、涉物、涉事四方面40余项权力事项清单及相应流程图。规范行政执法行为，组织全县20余个有行政处罚权的部门全面开展自由裁量权基准梳理，在此基础上开展规范行政处罚程序的靶向调研，进一步研究提出规范行政处罚行为的举措。

6月29日，阳光家园党群同心圆志愿服务驿站揭牌

【保障中心大局】 以保障中心大局为牵引，服务质量获得新提升。

服务品质更加优化。以让机关干部职工更舒心、放心、省心为目标，积极促进服务保障提质增效。开展“红色管家”责任网格大走访专项行动，全面走访、广泛征询服务对象关于机关事务管理工作的意见建议，梳理形成问题清单，共收集到后勤服务、公车管理、节能等方面的问题43条，逐一进行整改反馈。开展便民服务行动，发放“红色管家”便民服务卡，设置24小时后勤服务热线电话，给广大干部职工提供全天候的后勤服务。通过加强引导、统筹安排、新增车位等方式，多管齐下缓解大院停车难，争取到县中心幼儿园地下停车位100余个，大院南面的停车场也在紧锣密鼓的施工中。另外，通过投放便民伞、改造快递驿站以及每逢佳节送应节小点心等暖心小举动，给机关干部提供有温度的服务。

全力以赴助力中心、服务大局。高质量完成县两会、开游节、疫情防控等10余场全县重大活动的车辆保障任务。全员参与创建文明城市责任包干工作，积极开展环境整治、公共文明引导、垃圾分类宣传活动，人均文明实践WE志愿服务时长40小时以上。积极开展结对帮扶“一户一策一干部”工作，深入对接的37户贫困户家中摸实情、送温暖、宣讲政策，并积极帮助1名困难户子女联系工作、1名困难户家庭销售滞销鸭蛋、捐赠空调11台。

助推疫情防控。全市疫情防控启动Ⅰ级应急响应后，研究制定《关于发动机关党组织和党员全力做好疫情防控工作的实施方案》，实施助力城区核心区块排摸、助力重点区域志愿服务、助力全员核酸采样、助力“守小门”、助力机动服务五大硬核行动。紧急发动全县84家机关单位2738人次党员干部昼夜开展“扫街、扫楼”行动，排摸居民32273户、商铺15642家次，带动全社会绷紧疫情防控这根弦。

安全生产更加深化。积极维护大院秩序安全，坚持人防、物防与技防相结合，组织召开突发事件应急处置演练、消防安全演练等活动，安保人员应急防范及消防处置能力得到提高。坚持来客身份登记制度，联合做好上访人员的引导劝解工作，有序做好进出大院车辆引导工作，妥善处理信访事件226批次、1564人次。严格部署生产安全工作，利用月度例会、专题约谈、应急预案落实、实地检查等方式，多频次高要求部署落实用电、用水、用气等生产安全，确保万无一失。

【管理效能】 以集中统一管理为牵引，管理效能得到新升级。以节约型机关为牵引，“过紧日子”成为新常态。

制定出台《关于进一步加强县政府机关食堂制止餐饮浪费行为工作的实施方案》，从食堂采购、烹制供餐、废弃物登记、仓库盘存和能耗统计等17个环节全流程进行管控，并明确相关责任人，食堂成本控制工作有制度保障。开展“半份半价”“小份适价”等供餐服务，发动干部职工组建食堂“光盘行动监督员”队伍，定期进行食堂供餐、文明用餐、光盘情况现场监督检查。结合党史学习教育，开展“践行光盘传承革命勤俭传统”“忆苦思甜体验红军简朴餐食”等活动，使勤俭节约更深入人心。

对全县党政机关的闲置固定资产开展新一轮的统计，全面厘清全县存量固定资产底盘，并对办公用房搬迁、临时机构保障以及县委县政府重大活动（会议）中各牵头单位采购资产的原有数据库进行查漏补缺，建立涉及60余家党政机关、30余种资产类型的闲置资产数据库。

持续推进节约型机关创建，完成创建率62%，创建省级节约型公共机构示范单位1家、市级2家，市级节水型示范单位9家。加快推进节能技改项目，充分排摸，合理规划，在县发改局开展党政机关单位屋顶太阳能光伏发电试点，营造节能办公氛围。发挥监管效用，开展两轮涵盖50余家党政机关的能源“双控”督查工作，对南部滨海开发区大楼、环球中心、桃源大厦等能耗大户进行针对性监管。配合县发改局做好空调负荷管控能力建设，年底之前完成党政机关空调负荷可监控16家，可监控能力3870千瓦。

7月5日，联合举办“艺心向党”宁海县文艺界主题歌咏会

常态化开展县府大院办公用房安全隐患排查检测，做好县政府周边环境提升工程涉及党政机关办公用房保障，合理调剂安排涉及拆迁单位的办公场所，有序推进县委政法委、县大数据中心、县数改办等单位拟入驻的兴宁大楼4~6层临时办公场所改造装修工程。全年对26家单位进行“回头看”，发现未设置接待室标识、办公用房超面积、配备专用休息室、虚设办公桌等问题12个，一对一下发整改函，所有问题单位均已完成清理整改。

优化升级“公务用车一张网”系统，完善省市县多级联动机制。定期开展驾驶员安全学习教育，签订驾驶员安全承诺书，常态化开展加油、回库、有无公车私用等情况。开展党政机关、事业单位、国有企业公务用车使用管理情况联合专项督查，全年通过GPS运行轨迹抽查、派车单查阅、车辆回库情况抽查等方法开展常态化监管，有效促进用车单位合理用车。全年累计出车2600余次，安全行驶里程56万余千米，实现“零投诉、零事故、少违章”的目标。

财务经费管理更趋规范。根据财务托管协议，精准财务管理，明确岗位职责，积极对接、有序接收符合托管单位，梳理交还部分单位的出纳职责。严谨有序做好日常会计核算和经费保障，做好宁波智慧财政系统运行试点工作，积极推进个税汇算清缴工作，规范开展公款存放，稳步推进固定资产清查。紧密配合各托管单位做好审计巡察工作。“财务服务中心”运行趋稳，有序管理14家单位、12个账套。

【自身建设】 党史学习教育深入推进。围绕县委党史学习教育各项安排部署，第一时间成立学习教育领导小组，统筹谋划局党史学习教育，研究制定实施方案。发挥“头雁引领”效应，党员领导干部带头学，引领全局学习热潮。开展党组理论学习中心组专题学习12次，专题研讨4次，领导干部上党课9堂。结合“甬习云课堂”“学习强国”等平台，通过自主学习、小组比学、集中研学等形式开展党史教育常态化学习。开展党史知识大比武，组织16名党员全员参与局内部党史知识竞赛，选派3名干部参加县知识竞赛，以赛导学、以赛促学。举办全县“学党史悟思想”党史党务知识大比拼活动，采用线上选拔赛+线下总决赛的赛制，党员参与率100%，掀起党史学习热潮。广泛开展党史宣教活动，举办“潮甬”青年理论宣讲、全县青年理论宣讲暨微型党课比赛等活动，将党史课程纳入县直机关入党积极分子培训课程。深入开展“四为”专题实践活动，启动“我为群众办实事”锋领服务月暨“党群同心圆”契约化共建，37支专业化服务队在“党群同心圆”平台集成展示服务清单，建立党群服务中心点单—平台派单—专业化服务队接单运作机制。探索“党群同心圆”站队一体化培育模式，通过阳光家园、居家养老服务中心等“党群同心圆”驿站打造，孵化壮大康复护理、技能培训、心理疏导等专业化服务队，有效提升志愿服务专业化水平。

进一步强化思想理论武装。全面落实机关党组（党委）“第一议题”学习制度，利用“学习强国”“党员干部学习网”“甬习云课堂”“周二夜学”等平台，结合集中学习、专题报告、研讨交流等形式，深入学习习近平新时代社会主义思想和中共十九届六中全会精神。制定出台《关于深化“周二夜学”制度保持“三个先进性”的通知》，创设政治素养、专业学习、典型教育三大版块，强化云端联学、互动研学、实地走学等形式，完善部门导学、集体备课制度，有效提升宁

5月27日，“学党史　悟思想”宁海县党史知识竞赛现场

海机关党员干部思想先进性、能力先进性、作风先进性。全年共推出公共课程44期，其中必修课28期，选修课16期。开展机关党建课题研究，《以“一体化”思维提升“清廉机关、模范机关”建设助推发展质效的路径探索》《新时代加强机关党员日常监督的路径探索》分别获全市机关党建工作调研文章评比二、三等奖。

坚持清廉品牌为引领，深入推进清廉机关建设。打造“文明机关、清廉机关、模范机关”示范样板。出台“文明机关、清廉机关、模范机关”创建示范单位评选办法，授予20家单位“文明机关、清廉机关、模范机关”创建示范单位称号。升级打造清廉阵地，帮助县教育局、宁海经济开发区、县烟草局等单位提升廉政文化阵地建设，浓厚“廉”氛围。

开展“红色网格服务”。全年开展“网格服务”活动8次，走访单位10家。发挥“红色管家”党建联盟服务队作用。其中助农服务队收集到胡陈土豆高产滞销的信息后，主动对接农户，通过三个食堂大厅使用、干部职工爱心购等方式采购胡陈土豆2000余千克。党建工作获得认可，叶国栋被评为十佳机关党务干部，褚西鹏被评为县优秀共产党员。

持续开展“满意机关排行榜”活动。综合领导评议、社会各界代表评议、“首问负责即问即办”等工作群众满意度评价、网民代表评议情况，连续9年对机关作风进行量化排名，机关作风持续向好。优化评议方式，2021年度评议将借助手机端微程序方式进行，切实提高评议的灵活度和参与率。

机构编制管理

【概况】 紧扣“服务中心大局”主线，把有限的编制资源向党委政府中心工作倾斜，推动全县机构编制工作上新台阶，为宁海县经济社

会高质量发展提供有力的体制机制保障。

【体制机制改革】 以优化协同高效为目标，推进体制机制改革。

提升发展能级，做好开发区管理体制调整。深入推进开发区（园区）整合，调整优化宁海经济开发区和宁波南部滨海经济开发区的机构设置和职能配置，两个开发区的内设机构均控制在5个，事业单位均整合成1个。按照权责一致、协同联动的原则，进一步理顺开发区与属地的职责关系，开发区主要负责经济发展、产业培育、规划建设等开发建设工作；属地乡镇（街道）主要负责教育、卫生、社会治安、社区管理、防洪防汛等社会事务工作，实现开发区高效顺畅运行。

提升履职效能，推进“大综合一体化”行政执法改革。按省、市要求认领11513项监管事项，其中行政处罚事项6570项。协同有关部门对职责交叉事项进行梳理，做到职责清晰、认领精准。全面排摸“1+8”之外执法部门的执法事项清单及执法人员，深入了解综合执法队伍的人员情况，积极对接综合执法部门做好执法事项清单的梳理工作。

厘清职责边界，做好机构改革“后半篇”文章。出台《首问负责即问即办承办单位职责争议认定办法》，组建职责争议认定工作专班，以“一事一议”会议纪要的形式明确部门职责。在职责认定时把握三个原则：一是以法律法规、“三定”规定等政策规定为依据；二是一类事项原则上由一个部门统筹、一件事情原则上由一个部门牵头负责；三是根据县委、县政府工作部署，结合宁海实际、历史沿革等来统筹考虑。解决教育培训机构监管、校园路段治堵等社会热点难点问题，厘清农村公共厕所管理等40余项职责。

【管活机构编制资源】 以提质增效为目标，管好管活机构编制资源。

提升使用效益，初探乡镇（街道）编制周转池制度。分析乡镇（街道）干部力量配备情况，从编制使用、县管干部占比、干部年龄和性别结构、进（出）情况以及承接的县级以上重点工程数量和体量等维度进行深度分析，以“项目立功”“编制效益立功”为导向，探索建立“重点工程编制使用效益综合指数”评估体系，通过科学设置指标，运用数学模型，量化评估结果，对乡镇（街道）事业编制周转池制度进行初步测算和模拟，为下步试行乡镇（街道）编制周转池管理工作奠定理论和实践基础。

提升民生福祉，助力共同富裕示范区建设。开展“补短板、促发展”调研活动，围绕教育卫生编制缺口补足、教育编制缺口测算等内容深入调研，优化编制资源配置，加大对应急管理、教育卫生等领域的编制倾斜力度，批准教育卫生招聘用编410名，高层次紧缺人才、党政储备人才、选调生用编20名，基层一线各类用编111名，应急维稳、水利水电等领域用编37名。推进应急管理行政执法改革，明确应急管理局增挂应急管理行政执法队牌子，实行“局队合一”管理体制，强化安全生产监管执法职能。核增岔路、黄坛等两支县级综合森林火灾应急救援队伍编外用工指标17名，增强基层消防力量。

聚焦刚性约束管理，推进机构编制“法定化”进程。结合“双抓双比”专项行动，实地走访各部门及乡镇（街道），向每家单位递送“一把手函告书”，有力提升县乡换届后新班子的机构编制法治意识。协同县审计局对县房屋征收管理中心、大佳何镇等10家单位进行“双责联审”。以全国机构编制核查工作为契机，全面排查所有单位的机构编制执行情况，开展省委巡视反馈的问题整改“回头看”，发现超编进人、部门领导超配等7方面、32个问题，并逐一提出整改措施。

【打造机构编制格局】 以数字赋能为支撑，打造机构编制整体智治格局。

事件处置高效，创新推进基层治理“一件事”改革。在推行省市“属地管理”事项责任清单工作中，以数字化改革为契机，探索清单的数字化应用。在深入调研“e宁波”系统、“百姓事马上办”等平台，分析汇总16万条数据的基础上，建立具有宁海特色的基层热点“一件事”库，形成具有宁海特色的属地管理“一件事”场景化应用的设想及应用措施。该项工作被市委政法委作为“基层治理四平台”迭代升级的重要抓手来推进。配合县矛调中心梳理小广告监管、餐饮油烟污染监管执法等5项“一件事”事项入选全市清单，其中小广告监管事项已上线测试。

数据精度提升，完善实名制数据管理。对历史数据、基本数据开展“一数一源”“定期校核”，主动对接组织和人社部门，明确公务员管理系统、省人事工资平台和机关社保办理系统为权威数据来源，建立与上述三个系统数据“每两月比对修正”的工作机制；对动态数据，建立用编用职“全流程跟办一件事”机制，避免数据偏差，根据组织部反馈的备案表，及时掌握全县中层任免调整情况。进一步规范实名制数据录入、存储、应用等全过程，确保数据安全。

党校工作

【概况】 坚持党校姓党，紧扣建设“发展优质、治理优越”的双优新宁海发展目标，紧紧抓住质量立校这个办学基点，努力提升培训品质，推动教研咨一体提高，切实提升党校工作科学化、制度化、规范化水平，倾全力打造省内一流县级党校。

【干部培训】 突出思想引领，锻造干部教育“红色熔炉”。

突出以习近平新时代中国特色社会主义思想为教学中心内容党的理论教育和党性教育主业主课地位，助力学习新发展理念、宁海高质量发展、抗击新冠肺炎疫情、开展党史学习教育。全年举办23期主体班次、70期委托班次，参训人数计16463人次。

打造“周末课堂”专业化干部培训品牌。自2017年创设以来，累计开设城建、民生、新农村建设、卫生保健、党建、整体智治等7个班次，培训干部472名，完成103篇调研报告和咨政建议、84个实践项目，县委重视使用“周末课堂”学员，提拔转重123人，精准培育高素质专业化干部队伍，靶向赋能经济社会高质量发展。并在2021年全省党校系统教学改革研讨会上交流。全力推进镇乡（街道）基层党校建设。“试点先行+同步推进”，建立党校全员分片联系指导制度，严格按照“七有”标准，实现规范化建设全覆盖。教学场所面积共25370平方米，可容纳学员总数4168人，全年举办培训班377期，培训总人数46779人次。

培植各校特色，打造“一校一品”，深挖本地资源打造特色课程和特色教材。完善“宁海个性”的特色教学基地。依托“梅花村-山洋”“大郑村-坑戴村”等红色历史资源，整合党性教育党史系列特色教学基地菜单。依托县内基层治理示范村资源，打造“基层治理展厅+示范村”的现场教学专线。全年基层治理中心展厅接待培训考察团队60批次，1100余人次。

【改革创新】 注重改革创新，推动教研咨一体“红色智库”。坚持“科研强校”，推动教学体制机制改革，探索适合自身实际的教研咨一体化路径。

挖掘本地特色资源，挂牌成立艺术振兴乡村学院。成立艺术振兴乡村学院，通过实施“乡建艺术人才提升计划”，积极开展东西部协作普格·宁海艺术振兴乡村共同富裕行动带头人培训班，运用“试验田”项目，搭建乡建人才“生产线”，打造艺术振兴乡村人才培育样板，推动两地共同富裕。

围绕中心服务大局，发挥“思想库”智囊作用。围绕宁海县情和县委、县政府中心工作，在重点班次制定咨政方案，让学员带着问题、带着课题参加学习培训，开展“培训+调研”“培训+献策”“培训+论坛”系列活动，促进科研成果有效转化。

打造“阵地+培训”，推进干部心理健康服务体系建设。引入北师大专家团队“高端专家”，合作开发宁海县干部心理健康服务体系建设。重点建设完善“干部心理素质提升中心”“干部心理健康保健中心”和“干部心理咨询服务中心”三个中心，构建“1+3”宁海干部心理素质提升服务体系，增强干部“凝聚心动力”。

【师资建设】 加强师资建设，打造学者型“红色队伍”。坚持“引育并举”，切实抓好党校人才的引进、培养、使用和激励工作，为党校事业接续发展夯实坚实基础。

提升素养，打造善学、能讲、会写的教师队伍。每位教师结合各自特长，确定课程课题，精心备课，打造精品课程。依托“周二夜学”组织开展一月两次的试讲，课后全员评课，精心打磨一批精品党课，纳入党校教学课程库。一堂精品党课被推送至宁波干部学习网。

招贤纳士，积极引进高层次人才。委托市委党校进行人才招聘，面向全国公开招聘1名硕士学历研究生，引进理论功底深厚、教科研能力强的高层次专业型人才。

实践练兵，多渠道提升能力素质。分期分批安排教师参加上级党校举办的在职进修，选派优秀干部到基层一线挂职锻炼，选派中层干部挂职指导镇乡（街道）党校建设，积累基层经验、拓宽工作视野。

老干部工作

【概况】 以习近平新时代中国特色社会主义思想和关于老干部工作的重要论述为根本遵循，贯彻中共十九届五中全会精神，认真落实省、市、县委全会和全国、省、市老干部局长会议精神，全力推进规范化建设、数字化改革、整体化转型，以争先进位、争创一流为导向，推动老干部工作高质量发展，着力构建党建统领、整体智治、唯实惟先的新时代老干部工作新格局。

截至12月31日，宁海县离休干部65人，其中直管离休干部55人，代管离休干部10人；抗战时期参加革命工作离休干部5人，解放战争时期离休干部50人。县处级及以上离休干部29人，科级及以下离休干部36人。曾担任县级领导职务的离退休干部33人。

【三项建设】 充分利用好红色大讲堂、微信学习群、“学习强国”App、线上直播间以及离退休支部书记培训班等平台，组建“金徽”讲师团，在全县范围内开展党史学习教育、中共十九届六中全会精神宣讲，累计开展宣讲10余场次，听众上千人。

推选第二批省级离退休干部规范化党支部16个，其中桑洲镇老干部党支部为示范性党支部。成立宁波市“银辉”党建研究中心宁海分中心，充分发挥分中心“智库”和“纽带”作用，不断提升“银辉”党建水平。成立宁海首家社会组织“银辉”党支部——富艺长泓“银辉”党支部、打造首家村级“银辉”驿站——越溪乡信千山村“银辉”之家，为离退休干部学习活动提供新平台。

开展“红色基因永相传”主题党日活动，举办“喜庆百年华诞·共享美好生活”全县老干部庆祝中国共产党成立100周年文艺会演，系列演出达20余场；结合“光荣在党50年”纪念章颁发仪式，开展“银青结对忆初心，重温党史再奋进”老党员和青年党员结对活动；组织老年大学手工班学员集体创作“我心向党庆百年”手工编织作品；推出“我和党旗合张影，对党说句心里话”系列专栏，为全县68位离休干部拍摄与党旗合影纪念照，上门向离休干部们征集心里话；举行“共忆党史·共话初心”老战士、老干部、老专家、老先进座谈会；举办“九九重阳节，耆老话清廉”首届趣味游园活动；开展“丹青绘初心·翰墨颂党恩”老干部书画摄影展，征集到全县离退休干部作品68幅。

【志愿服务】 丰富品牌内涵，设计“银耀缑城”品牌LOGO。鼓励支持老科技、老专家积极建言献策、撰写文稿，全年累计获县领导批示7次。动员“银辉”志愿者争做“银色好助手”，广泛参与“创城”等各项志愿服务，积极增添正能量。12支专业“银辉”志愿服务团队、35支区域志愿服务团队走村赴社开展现场三项建设活动，服务群众达2000余人。

开展“百年回眸·百个故事”云接力、“党建+正能量”最美老干部寻访等活动，在公众号开设“最美老干部”专栏并推送5期共24位“最美老党员”“最美正能量之星”“最美老支书”以及6个“最美银辉支部”的典型事迹，充分发挥先锋引领和典型示范作用。选送兴圃社区“银辉‘金点子’，惠民暖人心”项目参加宁波市“银辉”志愿服务大赛，荣获银奖。梅林街道老年学堂获评浙江省优质（示范）老年学堂。退休干部葛塔江家庭获2021年全国“最美家庭”称号。

【服务管理】 全面落实离休干部和县级老领导“五陪同”“四送情”“三必访”“二代替”制度。累计组织老干部接种新冠肺炎疫苗3次、接种流感疫苗1次、健康体检1次。依托“党群同心圆”和“社区四就近”平台，推行离休干部“一人一策一卡一团队”服务机制，全面优化全员联系老干部制度。协调安排4位离休干部住进九如城老年公寓，落实23位离休干部上门理发服务，为65位离休干部提供居家保洁服务，为老干部构建多层次、多元化、可选择的服务体系。

【阵地建设】 总投资4000万元，面积4100平方米的县老干部活动中心新大楼启用，组建副局级以上老干部书画、歌咏、舞蹈、乒乓球等四个兴趣小组。新大楼内设图书室、手工室、茶艺培训室、健康保健室、聊天室、趣味活动室、门球场、廉政公园、红色大讲堂、政治生日馆，为全县广大离退休干部党员提供集学习、教育、活动为一体的多功能党建学习阵地。

投资5400万余元建成的老年大学新校区投入使用，为老年大学8个系、88个班次、4000多名学员学习活动拓宽场地、提供平台。老年大学“银辉”党支部升格为“银辉”党总支，下设8个支部。

党史地方志工作

【概况】 县委党史研究室始终坚持以习近平新时代中国特色社会主义思想引领航向，紧扣党史地方志的“存史、育人、资政”功能，坚持史志鉴编纂与开发利用、宣传教育同推进，留存史实与服务大局、资政辅治相结合，重点推进服务中心大局、服务经济社会发展、服务社会大众“三个服务”，突出主业、兼顾各业，各项工作扎实有序推进。

【政治引领】 深入学习贯彻习近平新时代中国特色社会主义思想，特别是庆祝中国共产党成立100周年大会、中共十九届六中全会精神，以“周二夜学”为抓手，按照“学懂弄通见真章、学深悟透下功夫、学以致用出实效”的要求，全年开展37次“初心学社”活动、9次专题学习会和300多学时的网络教学，把学习成果转化为抓主业、促各业、谋发展的强大动力，不断提高全室干部的思想政治理论水平。

全面开展党史学习教育和建党100周年各项活动。紧紧围绕“学史明理、学史增信、学史崇德、学史力行”的要求，以午间领诵、集中研学、访红村走红路、收看庆祝大会和红色电影、深入基层宣讲、开展组织生活会等形式，切实在学党史、懂党史、用党史等方面做好示范、当好表率。

开展全县红色革命遗址普查，公布一批“寻找红色记忆·追溯革命足迹”线路，组织各级党组织和党员开展党史学习教育主题党日活动。

举办全县党史学习教育知识竞赛和召开理论研讨会，红色革命故事会巡讲覆盖18个乡镇（街道），编印《宁海百年百事》，生动讲好建党百年辉煌历程中宁海的红色故事。

着力做好“四为”活动，开展低收入农户“一户一策一干部”结对帮扶活动，累计解决困难群众生活难题10余件，捐款2万余元；指导摄制红色微电影《听妈妈讲那过去的故事》，生动再现台东会议的历史场景。

【党史编研】 坚定提速提标，打好党史三卷编研“攻坚战”。

完善“挂帅出征”的领导机制，由班子成员分编负总责，全室干部分编参与资料征集、协调落实，责任编辑分编落实推进查档、编写。同时，由室领导牵头落实“边统边改边细化”机制，提前启动统稿程序，边抢进度边提质量。

实行“挂图作战”的编写模式，以章为单位将任务落实到人，通过37次周例会、10次月交流、3次季对账，第一时间交流协调解决编写和统稿中发现的问题、遇到的困难等，通报编写进程和阶段性成果，未按时完成的需作出说明和下步计划。

建立“挂号诊断”的规范模式，严格按照党史正本编研标准，明确行文规范、严把正文逻辑，力争以最客观平实的叙述把党的历史真实、准确记录好。党史三卷初稿已基本完成，正在修改完善。

【方志编修】 坚定全盘统筹，画好基层志谱编修“一张图”。

持续探索村志“民资官修”新模式，形式上探索“县志办主导、村两委负责”模式，资金来源上探索多重自筹模式，内容上严格按照县级基层志编修规范，把牢质量关。

深入推行基层志“一部一品”，着重体现行业特色和地域特征，特别是将本地本单位首创或独有的内容单独成编成章，记录好改革发展路程上的每一件事。

深入开展志谱编修文化班，分家谱和村志编写两部分，以每周日半天授课、半天研讨的方式进行，已累计举办200余课时，培训学员1500余人次。

全县在编镇志1部、部门志3部、村志4部。另外，清光绪《宁海县志》点校本已完成两次审校，正在第三次“审校”中。

【年报年鉴编纂】 坚定创新驱动，走好年报年鉴编纂“创新路”。

持续推进年报资料征集工作，已完成107家单位共计550余份图文资料的分类归档，进一步充实年报资料库。

年鉴方面，组建编纂专班，完成目录、记录方式、内容等优化调整，为三轮县志编修积累高质量、详尽的年鉴资料；同时进一步深化地方特色的资料编辑，形成宁海“牛制造”、“十三五”看宁海、宁海县2020年第七次全国人口普查主要数据公报等6篇专记以及首设人物专章。《宁海年鉴（2021）》已进入出版程序。

【宣传阵地管理】 聚焦宣传教育抓提效。

坚定立场，当好宣传阵地的捍卫者。始终坚持正确的政治方向，不断强化史志宣传阵地管理，充分利用党史知识竞赛、新媒体、革命遗址基地、资政读本等载体，多角度、多层次、多频次地宣传习近平新时代中国特色社会主义思想，不断提高史志宣教的传播力引导力影响力公信力。如为庆祝中国共产党成立100周年的电影《我和我的青春》提供史料、把关剧本。

守牢主场，当好时代发展的记录者。围绕中国共产党成立100周年及清明节、烈士公祭日等节点和党史学习教育、共同富裕、双抓双比等中心工作，通过“缑乡史话”微信公众号，用通俗易懂、群众喜闻乐见的方式，推出“红色记忆”“宁邑旧事”“史海钩沉”“宁海先贤”“缑乡风华”“走遍宁海”6个专题56篇推文，阅读量、转发量均创新高，真正做到讲好宁海故事。

出版纪念中国共产党成立100周年资政书籍《宁海百年百事》，选取百年来发生在宁海大地上的100个具有影响力的历史事件（人物），客观再现在中国共产党的领导下，宁海新民主主义革命时期、社会主义革命和建设时期、改革开放和社会主义现代化建设时期、中国特色社会主义新时代时期波澜壮阔的历史。

通过上门采写、座谈交流等形

式，抢救老革命老前辈口述史资料，完成30余份口述史整理。

认真研究提炼第一批12个涉及疫情防控、首创首成、领跑全国等重大事件，组编《施政实录》，正在初稿征编阶段。

启动《宁海姓氏考（选）》编纂，为村志家谱编修和宁海人文传承提供参考，正在初稿征编阶段。

出版《范金镳》，该书全面介绍宁海党组织创始人范金镳跌宕起伏的一生，为研究宁海党组织的成立和发展提供权威参考，得到省委、市委党史研究室的肯定。在该书编写过程中，较完整地收录从莫斯科查到的范金镳档案、审讯答辩以及有关证明材料，极大丰富宁海党组织成立初期的资料，是深化地方党史研究、进行党史教育和革命传统教育的好教材。

修订完善校本教材《我是宁海人》（第三版），语言更加精练易懂、内容更加与时俱进。同时，许多小学结合授课实际，以“我眼中的宁海”为主题开展画报设计大赛，学生们将自己的所学所想所见绘制成一幅幅精美的画报，更加深对家乡的热爱和印象。

贴近现场，当好革命遗址的保护者。针对传统革命遗址保护利用模式单一、效果不明显等不足，联合属地党委，探索“红色+绿色”发展模式，充分挖掘产业发展潜力，把党史学习教育和乡村旅游有机结合，打造集党史国史教育、民俗文化展示、文创产品开发于一体的“红色游线”，将红色文化打造为产业品牌。全县20处革命遗址吸引县内外500余批近10万人前来接受党史国史教育；县委、县政府办公地旧址（在岔路镇上金村）改造提升规划通过初审；涨坑村地下联络站旧址启动保护修缮工作。

【队伍建设】 内部队伍建设上，坚持思想建设、业务提升“两手抓、两手硬”，通过专题学习、主题沙龙、畅谈业务体会等，第一时间跟进学习庆祝中国共产党成立100周年大会、中共十九届六中全会、有关党史地方志工作会议精神以及党史地方志工作最新要求，促进全室干部打牢干事创业的底子、勇挑攻坚克难的担子，使大家本领过硬而不恐慌。同时紧抓党风廉政建设，深入开展党性党风党纪教育、廉洁清正教育，通过签订廉政承诺书、编送廉政教育短信、参观廉政教育基地、观看教育警示片等方式，不断提高全室干部的廉政意识和底线意识。

全县史志队伍建设上，深入指导宁海县史志研究会和新四军历史分会开展工作。引导探索建立“史志擂台”和“导师制”帮扶体系，以专家带新人、史志鉴交叉互学、史志沙龙大讨论等形式，全面提升史志人才综合素养；同时优选会员承担《宁海县地名志》《范金镳》《宁海姓氏考（选）》《西店镇志》《大湖村志》等史志书籍部分编写任务，通过“实战”不断提高业务水平，也为宁海县史志事业发展提供大量智力支撑。

档案工作

【概况】 坚持稳中求进工作总基调，以学习贯彻习近平总书记在中国第一历史档案馆新馆开馆时所作的“四好两服务”档案工作重要批示和省委书记袁家军考察省档案馆时的“六好”重要讲话精神为导向，以“双抓双比”工作为抓手，围绕中心、服务大局，全面推进档案事业高质量发展。

【档案治理】 聚焦党管档案，全面推进档案治理体系建设。

坚持为党管档，深入开展档案巡察工作。贯彻落实习近平总书记关于新时代强化政治监督的重要指示和省委加强领导班子政治建设的工作部署，把档案工作列入党委巡察的工作内容。对被列入十四届县委第十二轮、十三轮巡察对象的单位开展档案专项巡察工作，并对档案管理不规范的单位发放档案工作巡察整改通知书。

坚持政治立场，全面推进“两类档案”管理。贯彻落实习近平总书记关于把蕴含党的初心使命的红色档案保管好、利用好的重要批示精神，通过线上全员培训与实地走访重点单位相结合的方式开展归集指导，并分别新建疫情防控与脱贫攻坚两类档案的专题档案库。归集疫情防控档案目录5629条，2013—2020年度脱贫攻坚档案目录56312条。

坚持服务基层，高效完成“村档镇管”省级试点。贯彻落实省市档案部门关于加强档案资源建设服务基层社会治理的工作精神，开展“村档镇管”省级试点工作，并通过验收。

打造县、乡镇（街道）、村密切配合的三级“村档镇管”工作管理网络，形成全县统一规范的村级档案归档范围和保管期限规定，避免村级档案过度留痕。

专题开展“村档镇管”培训，培训覆盖率100%。

引入第三方档案中介服务机构并加强监管，用专业人做专业事。

加快村社档案数字化进程，实现村级档案管理全面数字化和网络化，行政村数码影像档案专题库建立全覆盖。在西店试点的基础上，全面完成黄坛镇等6个乡镇村级档案规范化管理的试点推广任务。

【档案资源】 聚焦服务民生，全面推进档案资源体系建设。

积极建立预进馆机制，加强档案进馆接收工作。上一年编制档案预接收进馆计划，有针对性地进行培训和实地指导；第二年对上一年度预接收进馆单位中符合进馆条件的单位正式开展进馆接收工作，提升进馆效率。全年完成中共宁海县委、县发改局、县财税局等57个全宗2010年前形成档案的移交进馆工作，其中文书档案77365卷，照片档案369卷、18650张。完成土地确权档案接收，计44762卷、358079件。

首次成立档案征集顾问团队，拓宽档案征集渠道。讨论通过《宁海县档案资料征集管理办法（草案）》，并在热心档案事业，熟悉宁海人文历史，具备一定的社会活动能力和影响力的社会各界人士中聘任产生首届档案征集顾问团队，进一步拓展档案资源征集渠道。2021年，征集到《解放日报》(1949年7月9日)、葛希曾革命烈士证书、江南石氏家谱等档案、资料1900余册。收集并规范化整理《今日宁海》新闻照片和其他零星照片140卷、10398张。

主动开展老手艺微视档拍摄，留存传统老手艺印记。持续推进“微视档”品牌建设，继续开展古村落微视档拍摄，全年完成传统古村落微视档6个，全面完成传统古村落拍摄。以“征集+拍摄”方式开展宁海传统老手艺微视档建档工作，确定《宁海老手艺》微视档征集主题，全年征集到视频7部，另完成老手艺《宁海剪纸》微视档的拍摄。

【档案利用】 聚焦数字改革，全面推进档案利用体系建设。

加强进馆档案数字化工作。强化档案数字化的源头把控，从原先由第三方人员负责数字化成果的验收模式，转为档案馆工作人员负责数字化质量验收，并配足配强数字化验收力量，加工服务企业数字化工作准确率提升到95%以上。完成馆藏档案数字化21个全宗、164万页。

率先打通“机关查档直通车”。加快推进档案馆（室）数字资源共享利用，助力机关内部“一件事”集成改革迭代升级，县档案馆积极对接县编委办、县大数据中心等单位，梳理流程，全面打通“机关查档直通车”，实现县级机关、国有企事业单位、各镇（街道）用户，利用在线查阅馆藏档案的功能。

深入开展馆藏档案开放鉴定。完成馆藏1991年—1992年中共宁海县委、宁海县人民政府等119个全宗8985卷档案的开放鉴定，其中开放4622卷，文件级开放103818条，开放率49%。

全面提升村社档案查阅服务水平。以“村档镇管”试点工作为契机，升级宁海县虚拟档案室系统，打造县、镇、村三级档案系统管理网络。落实“异地查档”服务进驻乡镇便民服务中心，实现百姓不出村查档。

【档案安全】 聚焦档案中介服务，全面推进档案安全体系建设。

加强对档案中介服务机构的《档案法》宣贯工作。将新《档案法》列入档案中介服务机构培训科目，重点抓住服务机构负责人的学法用法工作，提升他们的法治意识。

加强对档案中介服务机构监管。开展数字化管理规范培训指导，统一“村档镇管”档案服务标准，确保服务质量。依法推进“互联网+监管”双随机执法，对宁海县盛泽档案服务有限公司宁波一诺档案服务有限公司开展执法，从源头上把好质量关。

加强对档案中介服务验收工作的巡察。增强档案员责任意识，提升档案业务能力，重点做好购买档案服务单位是否履行档案外包服务档案数据验收，安全保密协议签订巡察等工作。

【档案文化】 聚焦档案宣传阵地，全面推进档案文化体系建设。

利用馆藏红色资源，用档案讲好党的百年故事。以庆祝中国共产党成立100周年，举办《见证百年路　奋进新征程——庆祝中国共产党成立100周年宁海“百年百事”档案图片展》。全年展厅参观及青少年活动人数达7000余人次。

开展宁海记忆工程，留存宁海元素印记。完成《缑邑人文资料汇集》《铭记乡贤——宁海县历史名人系列纪念封》的编辑出版。

宁海县人民代表大会

综　　述

2021年是中国共产党成立100周年，“十四五”规划开局之年。县人大常委会在县委的坚强领导下，坚持以习近平新时代中国特色社会主义思想为指导，认真学习贯彻中共十九大和十九届二中、三中、四中、五中、六中全会精神，坚持以习近平新时代中国特色社会主义思想为指导，聚焦新时代人大“四个机关”建设，依法履职、积极作为，充分发挥县级地方国家权力机关的作用。全年共召开常委会会议12次、主任会议19次，听取和审议专项工作报告35项，开展执法检查2次，作出决议决定20个，备案审查规范性文件10件，任免国家机关工作人员51人次，顺利完成县十八届人大五次会议确定的各项任务。

五年来，聚焦“重要窗口”建设，依法履职、积极作为，充分发挥县级地方国家权力机关的作用。这五年，共召开常委会会议45次、主任会议81次，听取和审议156个专项工作报告，开展19部法律法规的执法检查，作出75个决定决议，备案审查46件规范性文件，任免国家机关工作人员479人次，为全县改革发展大局作出重要贡献。

强化政治建设。自觉加强理论武装，深入学习习近平总书记系列重要讲话精神和治国理政新理念新思想新战略，牢固树立“四个意识”、坚定“四个自信”、做到“两个维护”。认真开展“两学一做”“不忘初心、牢记使命”主题教育和党史学习教育，建立完善人大工作与主题教育协调推进、相互促进机制。加强常委会党组建设，坚持民主集中制原则，保障常委会组成人员依法履职行权，确保通过的审议意见、作出的决议决定更好体现党的主张和人民意志。深入贯彻党领导人大工作机制，严格执行请示报告制度，坚决贯彻落实县委的决定和指示，自觉将监督、决定、任免、代表等各方面工作置于县委领导之下。

强化制度保障。以县委召开人大工作会议为契机，主动调查研究，积极配合县委高质量出台相关文件，进一步明确新时代人大工作的职能定位和任务要求。召开县委人大宣传工作会议，推动人大制度理论知识列入县委理论学习中心组学习的重要内容，纳入党校（行政学院）主体班次教学计划，不断增强“一府一委两院”自觉接受人大监督的意识。建立任前法律知识考试制度，进一步落实任职表态及法官、检察官任前公示制度，认真执行宪法宣誓制度，不断强化国家机关工作人员法治意识和宗旨意识。增设社会建设工委，调整充实法制监察工委和教科文卫民宗侨外工委职能，常委会组织保障更加有力。建立人大与政府年度重点工作对接机制，密切常委会工作机构与政府各部门的日常联系，人大工作的精准性、有效性切实提高。建立与县检察院联动监督机制，监督体系建设迈出重要一步。五年来，共制定修订制度规定38个，其中新制定24个，常委会履职制度更加健全。

强化责任担当。坚持在服务中心大局中展现人大担当，主动承担县委改革创新任务。专题调研审议大溪南片区开发、大花园建设体制机制，提出一系列有针对性的意见建议，为县委决策提供重要参考。开展“十三五”规划实施情况中期评估，提前介入“十四五”规划纲要编制，形成综合调研报告，促进规划编制更加科学、规划实施更加有效。连续两年跟踪监督“最多跑一次”改革，助推县委多项重大改革措施落地生效，让人民群众更有获得感。首创人大评议质量工作制度，对县市场监管局、县住建局、县商务局、县环保局开展质量工作评议，助推质量强县创建。新冠疫情发生后，坚持把服务保障疫情防控和经济社会发展大局作为履职主线。第一时间发出公开信，组织全县各级人大代表开展“打赢两战促发展”主题活动，全体机关干部深入一线“三服务”，助力疫情防控和企业复工复产。专题听取审议关于统筹疫情防控和经济社会发展工作情况的报告，推动减负降费、税收优惠等政策有效落实。依法审查批准政府部分计划指标调整方案，支持政府实事求是调整年度目标任务。在村社组织换届工作中，坚决贯彻县委部署，全体主任会议成员深入联系乡镇（街道），认真调研指导，积极帮助协调解决问题，确保村社换届平稳有序。在全国文明城市创建工作中，发出倡议书，组织全县各级人大代表开展“文明创城·代表助力”“代表督事”等主题活动，为创城工作凝聚社会共识、汇聚社会力量作出人大贡献。

坚持寓支持于监督之中，依法开展法律监督和工作监督。

创新预决算审查监督机制。坚持预决算全口径监督与重点领域“靶向”监督并重，制定加强预算绩效监督办法，建成预算联网监督系统，每年开展半年度财政运行情况专题调研，依法审查和批准政府债务限额调整方案。

加强经济工作监督。在工业方面，以经济高质量发展为主推方向，听取审议小微企业发展、民营经济高质量发展、数字经济发展、模具行业转型升级、工业全域治理等报告，督促政府更加重视中小微企业成长，提供更有力的政策支持、更优质的公共服务。在“三农”方面，以乡村振兴为主推方向，围绕农业政策整合、农产品区域公用品牌建设、现代种业、气象为农服务等事关农业发展的全局性工作，针对三门湾现代农业开发区和柑橘、茶叶等重点平台、重点产业发展，以及标准海塘除险加固及提标工程、巩固提升消除集体经济薄弱村工作成果的重难点问题，通过听取审议报告、调研视察等方式，提出针对性意见建议。在服务业方面，以全域旅游为主推方向，听取审议全域旅游、民宿经济等专项工作报告，开展古村落保护开发、民营博物馆运营情况调研视察，促进文化和旅游融合发展。在发展保障方面，以城乡统筹为主推方向，听取审议新一轮国土空间总体规划编制、全域土地综合整治等报告，加大对各类空间规划的监督力度，督促政府加快“农村四好公路”建设，为城乡融合发展创造更好条件。

助推生态环境持续改善，回应民生关切，深化法治宁海建设。

坚持代表主体地位，支持和服务代表依法履职。依法做好换届选举工作。认真贯彻新修改的选举法和省实施办法，按照中央和省市对换届选举的新要求，在县委的统一领导下，加强调研指导，统筹做好新增代表名额分配、选区划分等前期工作，通过制定指导意见、建立协调机制、开展业务培训等，精心组织换届选举。在工作推进过程中，坚持党的领导、充分发扬民主、严格依法办事，完善代表候选人推荐、考察、提名机制，突出政治标准、注重履职能力，从严把握人选标准和条件。加强全过程监督，规范选举程序，严肃选举法纪，确保选举工作风清气正、选举结果人民满意。经过县乡村各级各有关方面的共同努力，圆满完成县乡两级人大代表选举任务，共选举产生新一届县人大代表277名，乡镇人大代表932名，代表结构进一步优化、素质进一步提升。

加强“两联系一发挥”工作。五年来，全县共组织县党政领导62人次、代表4913人次进履职服务中心和联络站，接待收集社情民意4571条，促进梅林区块防洪排涝、王爱片群众吃水难等一批重大民生问题解决。加强代表建议办理工作。按照“内容高质量、办理高质量”要求，完善代表建议办理工作制度，推行培训辅导、会前合议等方式提高建议提出质量，建立重点建议政府领导领办、全流程管理、“回头看”、满意度测评等机制提高建议办理质量。本届代表提出的887件建议全部办理完毕，在政府及有关部门制定政策、开展工作中得到认真研究和采纳。精心组织代表主题实践活动，充分发挥人大代表在贯彻上级部署、助推中心工作中凝聚共识、示范引领作用。加强代表履职管理。推广应用“代表通”系统，全面落实代表履职登记和述职评议制度。大力宣传优秀代表的履职风采，评选表彰一批代表活动先进小组、优秀代表和优秀代表建议，有效激发代表履职积极性。

擦亮票决制工作“金名片”，推进数字化改革，争取上级重视支持，做好宣传推介。票决制作为人大工作创新样板，连续两年登上央视《新闻联播》《焦点访谈》等栏目，相关信息被《人民日报》、新华社、《人民代表报》等十余家中央级媒体报道80余次。宁海县票决制荣获“浙江人大工作与时俱进奖”特别奖，成为全省人大工作的一张“金名片”，为坚持和完善人大制度提供鲜活的宁海实践、宁海经验。

加强履职能力建设，不断提高常委会自身建设水平。

完善常委会运行机制。坚持大场景、小切口、微创新，与时俱进加强和改进常委会工作。为适应疫情防控常态化需要，坚持紧凑高效原则，合理安排县人代会、常委会会议、主任会议日程，适当压缩会期，优化会议流程，提高会议效率。更加注重常委会会议审议质量，完善从选题、调研、审议，到交办、督办、评议、公开等各环节工作，创新建立以审议意见清单式交办、销号制落实为标志性成果的闭环监督新模式。更加注重调研质量，改进调研方式，在每次开展监督活动前，制定调研方案，明确调研重点和方法步骤，围绕监督议题举办法制讲座，梳理问题清单，突出数据案例，调研报告力求全面反映法律法规执行情况、纵向横向对比情况，把各方面情况反映充分，提准对策意见。

加强人大机关建设。认真落实从严治党主体责任，以新一轮县委巡视反馈意见整改为契机，坚决纠治形式主义、官僚主义，提高人大机关服务保障水平。完善常委会组成人员出席会议、审议发言、请销假制度，规范履职行为。加强对专门委员会的领导，注重发挥专门委员会在专项监督、调查研究、执法检查等工作中的重要作用。加强人大理论研究和宣传工作，开展纪念地方人大设立常委会40周年系列活动，组织优秀论文、调研文章及人大新闻奖评选，信息工作排名全市前列。贯彻数字赋能、整体智治、高效协同的要求，推进监督、代表和机关工作数字化转型，票决制应用场景获得“宁波人大工作创新奖”的“创新大奖”。

加强基层基础建设。加强对县委人大工作会议和文件精神落实情况督查，推动解决乡镇（街道）人大机构设置、人员配备、组织制度建设等一批长期想解决而未能解决的问题。建立县乡人大工作读书会制度，连续三年专题研究部署县乡人大工作中的重点问题，凝聚思想共识，指导乡镇（街道）高质量做好人大工作。坚持定期召开乡镇（街道）人大负责人例会，总结交流经验，推进工作落实。全面实施乡镇一年召开两次人代会，探索形成年中人代会专项工作评议制度，成为宁波市乡镇人代会议程及内容清单的基础样本。认真贯彻省街道人大工作条例，全面成立街道居民议事组织，规范召开居民议事会。创造性实施“三张清单”制度，夯实基层基础，推进乡镇（街道）人大工作制度化规范化特色化，得到省人大专刊推介。

人大监督

【预决算审查】 坚持预决算全口径监督与重点领域“靶向”监督并重，制定加强预算绩效监督办法，建成预算联网监督系统，开展半年度财政运行情况专题调研，依法审查和批准政府债务限额调整方案，推动形成科学规范、公开透明、约束有力的预算制度，促进公共财政健康运行。

用好绩效评价这个有效手段，健全评价制度机制，开展全过程闭环监督，切实提高财政专项资金的使用效益。抓住部门预算这个关键，抽选3个部门，组织人大代表进行问询审查，促进部门预算编制更加精准。

发挥审计这个监督利器作用，听取审议审计查出问题整改落实情况的报告，跟踪监督审计结果应用情况，督促政府规范财政管理。拓展国有资产管理监督这一重要领域，列入每年法定监督议题，建立全口径、全覆盖的国有资产管理情况报告制度。修订乡镇财政监督管理意见和街道财政预算监督办法，出台街道国有资产管理监督实施办法，加大对乡镇（街道）财政预算监督和街道国有资产管理工作的指导力度。

【专项工作监督】 紧扣县人代会确定的目标任务，密切关注经济运行，加强对计划执行情况监督，开展半年度经济运行情况调研，推动主要目标和重大任务顺利完成。

在议题选择上，坚持以推动实现共同富裕为主线，努力让人大监督更有民生温度。听取和审议新一轮国土空间总体规划编制、工业全域治理、“村留地”开发利用、农产品区域公共品牌建设、现代种业、政府年度环境状况和环境保护目标完成情况报告、初中段教育质量、县级公立医院运行情况等专项工作报告，开展菜市场建设管理工作专题询问，通过深入调研、集体研究决定，提出一系列有针对性的审议意见，帮助政府及时发现问题、改进工作。

县十八届人大五次会议票决确定10项民生实事项目，总投资3.98亿元，年度计划投资2.43亿元，截至年底，完成投资2.56亿元，占年度计划的105.6%，所有项目完成年度目标。2021年人大代表票决确定民生实事项目完成情况满意度测评结果显示，新时代美丽乡村建设工程，满意244票，基本满意9票，不满意0票；省美丽宜居示范村创建工程，满意244票，基本满意9票，不满意0票；城西幼儿园建设工程，满意245票，基本满意8票，不满意0票；县精神康复中心暨深甽中心卫生院迁建工程，满意244票，基本满意9票，不满意0票；公共卫生能力提升工程，满意241票，基本满意12票，不满意0票；普惠性托育项目建设工程，满意241票，基本满意10票，不满意2票；困难老人家庭适老化改造工程，满意232票，基本满意21票，不满意0票；菜市场提升改造工程，满意237票，基本满意16票，不满意0票；城区排水提质增效工程，满意221票，基本满意28票，不满意4票；老旧小区改造工程，满意231票，基本满意21票，不满意1票。

【对执法和司法领域监督】 贯彻习近平法治思想，积极发挥人大在民主法治建设中的一线作用，为全县改革发展稳定提供有力的法治保障。

聚焦依法行政，听取审议政府依法行政工作的报告，推动年度法治政府建设重点任务落实。加强规范性文件备案审查，出台相关规定向两院覆盖延伸，维护国家法制统一。聚焦公平正义，坚持“事案人”结合，把解决影响司法公正的深层次问题作为监督重点，开展司法监督议题储备库、司法典型案件信息库、两官履职信息库“三库”同建，打好司法监督“组合拳”，得到省市人大的高度肯定。

制定司法机关重要情况向人大报告备案的规定，加强对重要文件、特定案件和重大事项的精准监督，促进执法行为规范、司法质效提升。聚焦社会关切，听取审议虚假诉讼治理专项工作报告，作出关于开展第八个五年法治宣传教育的决议，推动提高普法实效。

做好人大信访工作，坚持以法治思维、法治方式推动矛盾化解。

自身建设

【概况】 加强理论武装。精心部署开展党史学习教育，把学习贯彻中共十九届六中全会和县委第十五次党代会精神作为党史学习教育的重要内容，通过专题学习会、集中交流研讨等形式，深刻认识把握党的百年奋斗重大成就和历史经验，深刻认识把握“两个确立”的决定性意义，不断增强忠诚核心、拥戴核心、维护核心、紧跟核心的高度自觉，坚定不移做“两个确立”忠诚拥护者、“两个维护”示范引领者。注重把学党史与学习新中国史、改革开放史、社会主义发展史相贯通，与学习习近平总书记在庆祝中国共产党成立100周年大会上的讲话和《习近平在浙江》采访实录、《习近平科学的思维方法在浙江的探索与实践》相结合，推动学习教育走深走实。

学习贯彻中央人大工作会议精神。中央首次召开人大工作会议，在我国社会主义民主政治建设进程中具有里程碑意义。习近平总书记的重要讲话明确提出新时代加强和改进人大工作的指导思想、重大原则和主要任务，深刻回答新时代发展中国特色社会主义民主政治、坚持和完善人民代表大会制度一系列重大理论和实践问题，为推动新时代人大工作提供遵循、指明方向。常委会第一时间召开党组学习会和人大机关全体干部学习会，深学细悟习近平总书记重要讲话精神，深化对人大制度科学内涵、优势功效的理解和把握。及时研究制定推进新时代人大工作高质量发展、践行全过程人民民主重大理论的目标任务和工作举措，推动中央人大工作会议精神有效落实。

发挥常委会党组核心作用。坚持民主集中制原则，保障常委会组成人员依法履职行权，营造民主和谐、团结共事的良好氛围。深入贯彻党领导人大工作机制，严格执行请示报告制度，坚决贯彻落实县委的决定和指示，自觉将监督、决定、任免、代表等各方面工作置于县委领导之下，确保通过的审议意见、作出的决议决定更好体现党的主张和人民意志。严格落实从严治党责任制，严肃党内政治生活，严格依法办事、依规治党，带头厉行法治。按要求组织和指导机关抓好党建工作，坚持落实“三会一课”、民主评议党员、民主生活会和党员领导干部双重组织生活等制度，提高党内政治生活质量，确保良好的政治生态。

【完善常委会运行机制】 坚持大场景、小切口、微创新，与时俱进加强和改进常委会工作。为适应疫情防控常态化需要，坚持紧凑高效原则，合理安排县人代会、常委会会议、主任会议日程，适当压缩会期，优化会议流程，提高会议效率。

注重常委会会议审议质量，完善从选题、调研、审议，到交办、督办、评议、公开等各环节工作，创新建立以审议意见清单式交办、销号制落实为标志性成果的闭环监督新模式。

注重调研质量，改进调研方式，在每次开展监督活动前，制定调研方案，明确调研重点和方法步骤，围绕监督议题举办法制讲座，梳理问题清单，突出数据案例，调研报告力求全面反映法律法规执行情况、纵向横向对比情况，把各方面情况反映充分，提准对策意见。

【加强人大机关建设】 锚定“四个机关”建设的新定位新目标，推进常委会及机关政治、思想、组织、作风、纪律等建设，并将制度建设贯穿其中，全面提高依法履职水平。

落实从严治党主体责任，以新一轮县委巡视反馈意见整改为契机，坚决纠治形式主义、官僚主义，提高人大机关服务保障水平。

完善常委会组成人员出席会议、审议发言、请销假制度，规范履职行为。

加强对专门委员会的领导，注重发挥专门委员会在专项监督、调查研究、执法检查等工作中的重要作用。加强人大理论研究和宣传工作，组织优秀论文、调研文章及人大新闻奖评选，信息工作排名全市前列。贯彻数字赋能、整体智治、高效协同的要求，推进监督、代表和机关工作数字化转型。

着力推进票决制工作数字化改革，建成全链条数字化应用场景，健全人大代表全过程参与机制，推进项目征集全年开放随时入库、项目进度实时监督评估、监督意见及时传递反馈，获得“宁波人大工作创新奖”的“创新大奖”。

【基层基础建设】 常委会加强对县委人大工作会议和文件精神落实情况督查，推动解决乡镇（街道）人大机构设置、人员配备、组织制度建设等一批长期想解决而未能解决的问题。

完善县乡人大工作读书会制度，连续三年专题研究部署县乡人大工作中的重点问题，凝聚思想共识，指导乡镇（街道）高质量做好人大工作。坚持定期召开乡镇（街道）人大负责人例会，总结交流经验，推进工作落实。

实施乡镇一年召开两次人代会，探索形成年中人代会专项工作评议制度，成为宁波市乡镇人代会议程及内容清单的基础样本。

贯彻省街道人大工作条例，成立街道居民议事组织，规范召开居民议事会。深化完善“三张清单”制度，夯实基层基础，推进乡镇（街道）人大工作制度化规范化特色化，得到省人大专刊推介。

【换届选举工作】 贯彻新修改的选举法和省实施办法，按照中央和省市对换届选举的新要求，在县委的统一领导下，加强调研指导，统筹做好新增代表名额分配、选区划分等前期工作，通过制定指导意见、建立协调机制、开展业务培训等，精心组织换届选举。

在工作推进过程中，坚持党的领导、充分发扬民主、严格依法办事，完善代表候选人推荐、考察、提名机制，突出政治标准、注重履职能力，从严把握人选标准和条件。加强全过程监督，规范选举程序，严肃选举法纪，确保选举工作风清气正、选举结果人民满意。完成县乡两级人大代表选举任务，选举产生新一届县人大代表277名，乡镇人大代表932名，代表结构进一步优化、素质进一步提升。

【“两联系一发挥”工作】 加强闭会期间的代表联系工作。常委会组成人员分工联系180余名基层人大代表，通过主任接待日、代表活动月、约见走访等方式，密切联系代表，收集汇总代表建议，推动一批意见建议解决。

保障代表知情知政和参与常委会工作。坚持重要情况通报会、街道办事处年度工作汇报会等制度，精心组织履职培训和专题学习，分批次邀请基层代表列席常委会会议，参与常委会、专委会调研、视察、执法检查等活动。

加强代表履职服务平台建设，成立县人大代表履职服务中心，建成各类代表联络站25个，推进县党政领导进履职服务中心开门问策常态化，推进县级领导干部代表进联络站活动常态化。

加强代表建议办理工作。按照“内容高质量、办理高质量”要求，完善代表建议办理工作制度，推行培训辅导、会前合议等方式提高建议提出质量，健全重点督办建议政府领导领办、全流程管理、“回头看”、满意度测评等机制提高建议办理质量。

组织代表主题实践活动，充分发挥人大代表在贯彻上级部署、助推中心工作中凝聚共识、示范引领作用。

加强代表履职管理。推广应用“代表通”系统，落实代表履职登记和述职评议制度。宣传优秀代表的履职风采，评选表彰一批代表活动先进小组、优秀代表和优秀代表建议，有效激发代表履职积极性。

县人民代表大会及人大常委会会议

【宁海县第十八届人民代表大会第五次会议】 会议于1月20日至22日在宁海国际会展中心召开。231名代表出席会议。会议听取和审议县人民政府县长滕安达所作的政府工作报告，听取和审议县人大常委会主任徐真民所作的县人大常委会工作报告、副县长王军海所作“十四五”规划和二〇三五年远景目标纲要草案、县人民法院院长石坚强所作的县人民法院工作报告、县人民检察院检察长练节晁所作的县人民检察院工作报告，审议县发展改革局、县财政局受县政府委托分别提请的关于宁海县2020年国民经济和社会发展计划执行情况与2021年国民经济和社会发展计划（草案）的报告、关于宁海县2020年预算执行情况和2021年预算（草案）的报告，并作出各项决议，审查批准各项报告以及“十四五”规划和二〇三五年远景目标纲要、

2021年国民经济和社会发展计划、2021年本级预算；会议听取县人民政府关于2020年县政府民生实事项目完成情况报告，以投票表决方式确定2021年县政府民生实事项目10项。

会议共收到代表10人以上联名提出的议案2件，大会主席团决定本次会议收到的议案不列入会议议程，全部作为建议、批评和意见，连同大会收到的166件建议、批评和意见，一并授权县人大常委会整理归类后交有关机关、组织研究处理并负责答复代表。

【县十八届人大常委会第三十二次会议】 1月8日召开。县人大常委会主任徐真民，县人大常委会副主任王能迭、赵秀萍、潘红月、范建军、柳正维及委员出席会议。副县长王鸿飞、沈纾丹，县政协副主席邬汝跃，县人大常委会办公室、各工委，县政府办公室、县监察委员会、县委组织部、县法院、县检察院、县政府有关部门负责人，各乡镇人大主席、人大街道工委主任，县人大常委会机关全体干部列席会议。

会议听取审议并表决通过县十八届人大五次会议筹备办公室关于县十八届人大五次会议主席团和秘书长名单、代表团召集人、列席人员名单（草案）。

会议听取审议县财政局受县政府委托所作的关于提请审议批准2020年全县政府债务限额调整的议案，关于2020年预算执行情况和2021年预算初步安排情况报告。会议审议并表决通过县人大常委会关于批准2020年全县政府债务限额调整的决议草案。

会议听取审议县发改局受县政府委托所作的关于宁海县国民经济和社会发展第十三个五年规划执行情况、第十四个五年规划和二〇三五年远景目标纲要（草案）编制情况报告，关于宁海县2020年国民经济和社会发展计划执行情况与2021年国民经济和社会发展计划（草案）的报告、2021年重点实事工程安排情况报告，关于2020年宁海县民生实事票决确定项目完成情况及2021年民生实事候选项目形成情况的报告。会议要求，盯紧项目进度，切实把民生实事票决项目做实做好。

会议听取审议县房屋征收管理中心受县政府委托所作的关于2021年房屋征收拆迁编制情况的报告。会议指出，征收拆迁工作既要注重方式方法，更要注重清零拔钉，积极探索更有效的工作机制，形成良好、有序的征收拆迁工作局面。

会议听取审议并表决通过代表资格审查委员会关于县十八届人民代表大会第四次会议以来代表变动情况的报告。会议听取审议县十八届人大五次会议筹备办公室关于县十八届人大五次会议筹备和有关事项情况报告。会议听取审议县人大常委会办公室关于县人大常委会工作报告（审议稿）和县人大常委会2021年工作要点的起草说明，并表决通过县人大常委会工作报告（审议稿）和县人大常委会2021年工作要点。

会议听取审议县政府办公室受县政府委托所作的关于县十八届人大四次会议代表建议办理情况的报告。会议书面审议并表决通过县十八届人大五次会议日程草案。会议还书面审议县政府办公室受县政府委托所作的关于宁人大〔2020〕53号审议意见办理落实情况的报告。

徐真民在会上传达学习贯彻中央经济工作会议精神，强调要精心组织开好人代会，确保大会安全、有序、高效、顺利举行；要规范化推进监督议题调研工作，增强调研监督工作的计划性、规范性；要加强创新实践工作，提高宁海县人大工作规范化、制度化水平；要有始有终做好五次会议确定的各项目标任务，以对党和人民高度负责的精神，更高标准、更好精神状态，履好职尽好责，助推宁海“十四五”发展取得良好开局。

【县十八届人大常委会第三十三次会议】 1月22日下午，县人大常委会主任徐真民主持召开。会议听取和审议徐真民主任受主任会议委托所作的关于提请审议俞雷、方晓红辞去宁波市第十五届人民代表大会代表职务请求的议案和常委会关于接受俞雷、方晓红请求辞去宁波市第十五届人民代表大会代表职务的决议（草案），表决通过常委会关于接受俞雷、方晓红请求辞去宁波市第十五届人民代表大会代表职务的决议，报市十五届人大常委会备案。

会议听取县人大常委会主任徐真民受主任会议委托所作的关于补选肖子策为宁波市第十五届人民代表大会代表的议案（草案），投票补选肖子策为宁波市第十五届人民代表大会代表。

【县十八届人大常委会第三十四次会议】 3月25日，县人大常委会副主任王兴兵主持召开。会议听取和审议县政府副县长应国邦所作的县政府关于2020年度宁海县环境状况和环境保护目标完成情况的报告。会议听取和审议县人大常委会跃龙街道工委主任朱汉根、桃源街道工委主任郑有能、梅林街道工委主任黄晓海、桥头胡街道工委主任华飞分别所作的关于各自人大街道工委2020年度工作情况及2021年度工作计划的报告，表决通过《对县人大常委会关于人大街道工委年度工作报告的决议》。会议听取和审议县政府办公室副主任仇昌兴分别所作的县政府关于宁人大〔2020〕44号、51号、52号、54号、55号、56号审议意见办理落实情况的报告。会议审议并表决通过《宁海县人民代表大会常务委员会专题询问办法》《宁海县人民代表大会常务委员会关于政府重大投资建设项目监督办法》《宁海县人大常委会任免国家机关工作人员办法》《宁海县人民代表大会专门委员会工作规则》《公民旁听宁海县人民代表大会会议的实施办法》等五项制度。会议听取和审议县人大常委会副主任王能迭受常委会主任会议委托所作的关于提请免去赵中华职务的议案，并相应听取拟免职人员基本情况介绍。会议听取和审议代表资格审查委员会副主任委员张群力所作的关于建议接受张平等辞去县十八届人大代表职务的报告，表决通过《关于接受张平等辞去县十八届人大代表职务的决定》。

县人大常委会主任徐真民在会议结束前对会议进行总结，结合认真学习贯彻十三届全国人大四次会议精神，就推进县乡人大工作和建设、精心谋划县领导进代表履职服务中心活动、全力助推全国文明县城创建等进行具体部署，要求各位组成人员、广大人大代表、县乡人大干部自觉结合各自工作实际，切实发挥示范带头作用，为宁海“十四五”发展起好步开好局扛起人大担当，交出高分履职报表。

【县十八届人大常委会第三十五次会议】 4月25日，县人大常委会副主任柳正维主持召开。会议听取县政府副县长应国邦所作的宁海县拟与乌克兰切尔诺莫斯克市建立友好关系的报告，审议同意宁海县与乌克兰切尔诺莫斯克市建立友好交流关系。会议听取和审议县法院石坚强院长所作的《关于王翠等同志职务任免的报告》《关于免去邬锡自人民陪审员职务的报告》。会议听取县政府办公室副主任仇昌兴所作的县政府关于宁人大〔2021〕8号审议意见办理落实情况的报告。会议听取和审议常委会各工委负责人所作的关于2020年度常委会审议意见办理落实情况的调研报告。会议审议各街道办事处2020年度工作情况和2021年度工作计划的报告。会议审议并表决通过《宁海县人民代表大会代表议案处理的办法》《宁海县人民代表大会代表建议、批评和意见办理规定》两项制度。

【县十八届人大常委会第三十六次会议】 6月30日，县人大常委会副主任王能迭主持召开。会议听取审议县农业农村局局长潘海东受县政府委托所作的关于宁海县现代种业发展情况的报告、常委会农业农村工委相应的调研报告、杨钻副县长所作的关于宁海县法治政府建设情况的报告、县自然资源和规划局和县市场监管局相应的报告、常委会监察司法工委相应的调研报告、杨钻副县长所作的县政府关于2021年全县政府债务部分新增限额的议案并审查批准2021年全县政府债务部分新增限额方案、县财政局局长庞建宏受县政府委托所作的2020年度县级决算草案报告、县审计局局长戴华飞受县政府委托所作的2020年度宁海县预算执行和其他财政支出的审计工作报告并审查批准宁海县2020年本级决算、县财政局局长庞建宏所作的关于2020年度财政专项资金绩效评价情况的报告、常委会代表工委主任张群力所作的《关于宁海县新一届乡镇人大代表名额的说明》、县人大常委会副主任赵秀萍所作的主任会议关于有关人事任免的议案、副县长杨钻受县长滕安达委托所作的有关人事免职的议案、县法院副院长高为民受院长石坚强委托所作的有关人事任命的报告、县检察院副检察长季胜洪受检察长练节晁委托所作的有关人事免职的报告。

会议听取常委会监察司法工委副主任黄胜所作的关于《宁海县人大常委会关于建立人大监督与检察监督联动工作机制的实施办法（试行）（草案）》的起草说明，表决通过《宁海县人大常委会关于建立人大监督与检察监督联动工作机制的实施办法（试行）》。会议审议并表决通过《宁海县人民代表大会常务委员会组成人员守则》。会议审议常委会农业农村工委关于县政府对宁人大〔2020〕33号审议意见办理落实情况的调研报告。

【县十八届人大常委会第三十七次会议】 8月10日，县人大常委会主任徐真民主持召开。会议听取和审议县政府副县长沈纾丹受县长滕安达委托所作的县政府关于提请审议宁海县胡陈乡、茶院乡、越溪乡行政区划调整方案（草案）的议案，县民政局苏朝阳局长受县政府委托所作的宁海县胡陈乡、茶院乡、越溪乡行政区划调整方案（草案）的报告，表决通过《宁海县人民代表大会常务委员会关于宁海县胡陈乡、茶院乡、越溪乡行政区划调整方案的决议》。会议听取县政府沈纾丹副县长受滕安达县长委托所作的县政府关于提请黄崭任职的议案和县委组织部叶亦金副部长关于黄崭基本情况的介绍。

【县十八届人大常委会第三十八次会议】 9月8日，县人大常委会主任徐真民主持召开。会议分别听取和审议县法院副院长高为民所作的关于宁海县打击治理虚假诉讼工作情况报告和常委会监察司法工委副主任黄胜所作的相应的调研报告、县发改局总经济师蔡凌玲受县政府委托所作的关于2021年上半年国民经济和社会发展计划执行情况的报告、县财政局局长庞建宏受县政府委托所作的关于2021年上半年财政预算执行情况报告和常委会财经工委主任冯继红所作的相应的调研报告、县教育局局长陈开南受县政府委托所作的关于宁海县初中教育质量情况的报告以及常委会教科文卫民宗侨外工委主任郑仕忠所作的相应的调研报告、县政府办公室副主任卢华乾受县政府委托所作的关于县十八届人大五次会议代表建议办理工作情况的报告以及常委会代表工委副主任李杰所作的相应的调研报告。

会议听取县人大常委会王能迭副主任受主任会议委托所作的有关任免议案的说明，县政府副县长杨钻受县长滕安达委托提请审议有关任免的议案和县委组织部副部长叶亦金所作的县政府提请任命人员基本情况介绍，县监委主任周初波所作的有关免职报告的说明。

会议听取和审议县人大常委会王兴兵副主任受主任会议委托提请审议的《宁海县人民代表大会常务委员会关于县乡两级人民代表大会换届选举的决定（草案）》，表决通过《宁海县人民代表大会常务委员会关于县乡两级人民代表大会换届选举的决定》。

县人大常委会主任徐真民在会议结束时就认真做好换届选举相关工作、深入开展人大代表监督助推“创城”主题活动、全面做实明年票决制候选项目征集工作、高质量谋划明年工作思路、抓紧抓实年内各项工作等五方面工作提出具体要求。徐真民强调，常委会组成人员、广大人大代表要坚决践行全过程人民民主重要理念，坚决贯彻党委决策部署，创新履职方式，做实履职效果，以良好的精神风貌和务实的作风推动县乡人大工作与时俱进、创新发展。

【县十八届人大常委会第三十九次会议】 9月28日，县人大常委会副主任范建军主持召开。会议听取和审议县经信局副局长陈群明受县政府委托所作的关于宁海县工业全域治理情况的报告和常委会财经工委主任冯继红所作的相应的调研报告、县政府副县长黄崭受县长滕安达委托所作的关于宁海县菜市场建设管理工作情况的报告和常委会社会建设工委主任张晓桦所作的相应的调研报告。

会议听取应国邦副县长提请审议的关于批准再下达全县2021年部分地方政府债务新增限额的议案、县财政局局长庞建宏受县政府委托所作的关于再下达2021年宁海县新增部分地方政府债券预算调整方案的报告。会议表决通过常委会关于批准2021年全县政府债务部分新增限额的决议，决定批准全县2021年部分新增地方政府债务限额为2.8亿元。

会议听取常委会代表工委严义靖主任所作的关于县乡两级选举委员会组成人员名单草案的说明。会议表决通过《宁海县选举委员会组成人员名单》《各乡镇选举委员会、县选举委员会各街道和县直机关办事处组成人员名单》。

会议听取县人大常委会副主任王能迭受主任会议委托所作的有关任免议案的说明，县政府副县长应国邦受县长滕安达委托提请审议有关任免的议案和县委组织部副部长叶亦金所作的县政府提请任命人员基本情况介绍。

会议传达学习2021年市县两级人大常委会主任读书会精神。徐真民主任就贯彻落实读书会精神、创造性开展人大工作，围绕推进人大数字化改革、加强代表工作、加强监督工作、推进人大工作创新等方面工作提出具体要求。

【县十八届人大常委会第四十次会议】 10月29日，县人大常委会副主任王兴兵主持召开。会议听取和审议县司法局党组书记叶天峰受县政府委托所作的关于“七五”普法规划实施和“八五”普法规划编制情况的报告、常委会监察司法工委葛永照主任所作的常委会关于开展第八个五年法治宣传教育的决议草案的说明，并作出《宁海县人民代表大会常务委员会关于开展第八个五年法治宣传教育的决议》。

会议听取和审议县财政局庞建宏局长受县政府委托所作的关于宁海县2021年财政预算调整方案的报告，表决通过《宁海县人民代表大会常务委员会关于批准调整宁海县2021年财政预算的决议》。

会议听取和审议县财政局庞建宏局长受县政府委托所作的关于国有资产管理情况的综合报告和常委会财经工委主任裘德亮所作的相应的调研报告，审议行政事业性、自然资源、企业国有资产管理情况的三个专项报告。

会议听取和审议县自然资源规划局土地储备中心主任陈金辉受县政府委托所作的关于宁海县“村留地”开发利用情况报告和常委会城建环保工委主任陈剑波所作的相应的调研报告、县政府办公室副主任朱军华受县政府委托所作的关于对宁人大〔2021〕31号视察意见等办理落实情况的报告、县法院代院长郑松所作的关于提请许可对县人大代表胡智军采取司法拘留的报告。

会议传达学习习近平总书记在中央人大工作会议上的重要讲话精神和全省各级人大常委会主任读书会精神。县人大常委会主任徐真民要求锚定政治机关、国家权力机关、工作机关、代表机关“四个机关”定位方向，深刻把握新时代人大工作的形势任务，完善运行制度机制，加强干部队伍建设，扎实开展全过程人民民主在宁海的实践探索。

【县十八届人大常委会第四十一次会议】 11月25日下午，县人大常委会主任徐真民主持召开。会议听取审议县政府副县长王军海受县长滕安达委托所作的关于提请楼鼎鼎任职的议案以及县委组织部副部长叶亦金关于拟任命人员基本情况的介绍，以无记名投票表决的方式表决通过人事任免事项，决定任命楼鼎鼎为宁海县副县长。

会议审议滕安达县长的辞职报告，表决通过《关于接受滕安达辞去宁海县人民政府县长职务的决定》。

会议听取审议王能迭副主任受主任会议委托所作的关于提名副县长楼鼎鼎代理宁海县人民政府县长职务的议案，表决通过《宁海县人民代表大会常务委员会关于楼鼎鼎副县长代理宁海县人民政府县长职务的决定》。

会议听取审议王军海副县长所作的县政府《关于提请审议批准2021年全县政府债务限额的议案》、县财政局受县政府委托所作的《关于2021年宁海县新增部分地方政府债券（第三批）预算调整方案的报告》，审查批准2021年全县政府债务限额及预算调整方案。

【县十八届人大常委会第四十二次会议】 12月8日，县人大常委会主任徐真民主持召开。

会议听取副主任王能迭受主任会议委托所作的有关免职议案的说明，县政府副县长杨钻受代县长楼鼎鼎委托所作的有关任免的议案，县法院代院长郑松所作的有关任免报告的说明，县检察院副检察长季胜洪受检察长练节晁委托所作的有关任免报告的说明，县委组织部副部长叶亦金所作的县政府提请任命人员基本情况介绍。

会议审议检察长练节晁的辞职报告，表决通过《关于接受练节晁辞去宁海县人民检察院检察长职务的决定》。

会议听取审议副主任王能迭受主任会议委托所作的关于提名副检察长张飞忠代理宁海县人民检察院检察长职务的议案，表决通过《宁海县人民代表大会常务委员会关于张飞忠副检察长代理宁海县人民检察院检察长职务的决定》。

会议听取常委会代表工委主任、县选举委员会办公室副主任严义靖受主任会议委托所作的关于增补王辅橡为宁海县选举委员会副主任的议案，表决通过《宁海县人民代表大会常务委员会关于增补王辅橡为宁海县选举委员会副主任的决定》。

会议听取常委会财经工委主任裘德亮受主任会议委托所作的关于提请撤销县人大常委会六项决定的议案，表决通过《宁海县人民代表大会常务委员会关于提请撤销县人大常委会六项决定的决定》。

县人大常委会主任会议向本次会议作关于王兴兵职务变动的备案报告。12月，王兴兵调离宁海，根据有关法律规定，其代表资格终止，其县人大常委会副主任职务、县人大常委会代表资格审查委员会主任委员职务自行终止。

【县十八届人大常委会第四十三次会议】 12月23日，县人大常委会副主任柳正维主持召开。会议听取和审议县政府办公室副主任卢华乾受县政府委托所作的关于对宁人大〔2021〕46号、47号、54号审议意见研究处理情况的报告和县法院娄焕晓副院长所作的关于宁人大〔2021〕55号审议意见研究处理情况的报告。

会议审议宁波市公安局海曙分局提请的《关于对宁海县人大代表周相辉依法作出行政处罚的报告》，审议并表决通过《宁海县人民代表大会常务委员会关于许可对县十八届人大代表周相辉依法行政拘留的决定》。

会议听取、审议和表决通过常委会代表工委主任严义靖受常委会代表资格审查委员会委托所作的《关于宁海县第十九届人民代表大会代表资格的审查报告》。本次选举产生的277名县十九届人民代表大会代表的代表资格有效。

会议听取副主任王能迭受主任会议委托宣读的《宁海县人民代表大会常务委员会关于召开宁海县第十九届人民代表大会第一次会议的决定（草案）》，表决通过《宁海县人民代表大会常务委员会关于召开宁海县第十九届人民代表大会第一次会议的决定》。根据决定，宁海县第十九届人民代表大会第一次会议于2022年1月24日召开。

会议听取县法院代院长郑松所作的关于提请审议严慧慧等职务任免的报告及说明、县检察院副检察长季胜洪所作的关于提请审议赵苑池等职务任命的报告及说明。

宁海县人民政府

综　述

五年来，县政府坚持以习近平新时代中国特色社会主义思想为指导，全面贯彻中共十九大和十九届历次全会精神，认真落实习近平总书记对浙江、对宁波工作重要指示精神，在县委的领导下，攻坚克难、革新求进、奋勇争先，较好地完成县十八届人大一次会议确定的目标任务，实现“十三五”圆满收官、“十四五”良好开局，交出一份展现“双优”宁海鲜明特质的优异答卷。

经济发展跑出高质量、迈上新台阶。地区生产总值从532亿元升至800亿元以上，跻身全省县市区30强、全国县市前70位。人均地区生产总值由7.8万元攀升至11万元，财政总收入突破100亿元，一般公共预算收入68.7亿元。建制县高质量发展排名全国第七，“两山”发展百强县连续四年蝉联全国第二，绿色发展指数位列全省第五且连续三年占据全市第一。

优势领域擦亮金名片、取得新突破。依托全国生态示范区、国家生态县基础，接连获评全国“两山”实践创新基地、国家生态文明建设示范区，实现国家级生态环境创建“大满贯”。创成全市唯一的首批国家全域旅游示范区，在全市率先实现国家卫生县城“五连冠”，村级小微权力清单制度写入中央一号文件，民生实事项目人大代表票决制在全国交流推广，五年摘夺“国字号”荣誉100项以上，捧得“省字头”奖牌300个以上。众多工作形成好态势、结出新果实。入选全国文明城市提名城市、国家县城新型城镇化示范县建设名单，全国首创艺术振兴乡村、党群同心圆、审批法庭、集士驿站等模式，高规格承办全国法治乡村建设、全省深化“千万工程”推进乡村振兴等现场会，五年累计23项实践得到省市主要领导批示肯定，14项工作荣获省市督查激励，36项探索入选上级案例。尤其是，高水平全面建成小康社会，如期实现第一个百年奋斗目标，为开启高水平全面建设社会主义现代化新征程、高质量发展建设共同富裕标杆县打下坚实基础。

五年奋斗推动一系列增强实力的大事。产业实力明显壮大，发挥两轮产业政策导向作用，规上工业总产值突破1000亿元，服务业增加值达到340亿元，农业形成3条10亿级全产业链。始终把工业作为强县经济，新增规上企业136家、亿元以上企业58家，上榜国家专精特新企业5家，上市企业数量翻两番8家。高位谋划新兴产业，高质改造传统制造业，光伏高透基材项目落户宁海，战略性新兴产业增加值、高新技术产业增加值实现翻番增长，形成5大百亿产业。以“亩均论英雄”为导向，狠下决心开展工业全域治理，大力拆旧、建新、提标、提效，2021年拆旧200万平方米、新改建企业80家，规上工业亩均增加值从100万元提升至150万元。服务业质态持续优化，消费网络进一步织密，县镇村寄递物流体系加快贯通，新业态新模式不断涌现，西子国际、桃源广场等成为消费新地标，快递、外卖、网约车、直播带货加速兴起，网络零售额是五年前的4.4倍，社会消费品零售总额突破300亿元。

大抓全域旅游，与省文旅厅开展文旅融合战略协作，投运休闲度假、乡村旅游、精品民宿等项目55个，创成全市首个省AAAA级景区城、AAAAA级景区镇，AAA级景区村达到40个。

农业基础更加稳固，新增国家级农产品商标6个，建成省级特色农业强镇2个，“宁海珍鲜”成为国家级全品类农产品区域公用品牌，农业现代化发展水平攀升至全省第13位。

创新实力明显提升。研发投入强度突破3.0%，国家高新技术企业、省级科技型中小企业实现翻番增长，分别达到278家和1675家，新建市级以上研发中心127家，新认定国家级企业技术中心2家，荣获省科学技术奖11项。万人发明专利拥有量、技术交易额分别是五年前的1.8倍和6倍，新增驰名商标5件、“浙江制造”标准32项。迭代升级各类人才政策，举办首届世界宁海人发展大会，成立院士之家、人才之家和侨梦苑宁海中心，新增市级以上人才项目50个，建成院士、博士后工作站11家，荣获各级友谊奖18人次，人才总量达到19万人。

平台实力明显强劲。宁波南部滨海经济开发区升格为省级经济开发区，宁海经济开发区完成与物流园区整合，入选国家县城产业转型升级示范园区。宁波生物产业园整合提升，中乌新材料合作平台、浙大（宁海）碳中和建设研究中心落户运行，西店滨海、望海工业园区项目不断填实。整合一场三涂设立三门湾现代农业开发区，做强渔业全产业链，建设宁海海洋生物种业研究院，创成省级现代农业园区。

五年奋斗干成一系列牵引全局的要事。突出重点改革撬动。连续开展“革新”主题年活动，“最多跑一次”改革领跑省市，群众身后事“一事联办”等多项改革在全省推广。大力优化营商环境，推行企业全生命周期“一件事”服务，市场主体由5.3万户增至8.6万户。积极推进数字化改革，入选省级揭榜项目4个，上榜全市首批“最佳应用”2项，荣登浙江数字化改革成果展2项。

强化开放合作，运行宁海海关，创成国家外贸转型升级基地3个，国际友好交流城市达到17个，进出口总额、跨境电商出口额分别是五年前的2倍和10倍。突出重大项目推动。重塑综合招商、项目管控、征迁管理等机制，开发项目钉，严肃概算管理，推进476个项目落地开工、225个项目投用达效。

坚持内促外引，更加注重本土企业扎根宁海，实际利用外资6.9亿美元、内资444.7亿元，分别比前五年增长34.2%和125.7%，民间投资占比提高27个百分点，达到63.5%。

突出城乡协调联动。坚持县镇村统筹、规建管一体，中心城区建成区面积扩张至43.3平方千米，全县“七普”常住人口达到69.6万人，城镇化率提高到62.9%。围绕提升中心城区品质，老城区有机更新梯度推进，新城市中心区功能增强，梅桥片区融城加快，特色商圈、夜市街区、商务楼宇等城市经济更趋活跃，打造城市综合体4个。改造老旧小区27个惠及1.3万人，新建宜居小区39个，新增公园8个，绿地面积达到2.5万亩。新建改建桥梁5座、市政道路71条、公共停车位1.1万个，启用智慧停车系统，城区交通出行有效改善。

接续开展小城镇环境综合整治、美丽城镇建设，镇容镇貌大为改善，6个乡镇（街道）成为省级样板。大力实施乡村振兴战略，打造全国乡村旅游重点村3个、省级美丽宜居示范村15个、省级美丽乡村风景线2条和美丽庭院5万户。村社组织实现“一肩挑”，激励机制进一步优化。全域共建文明城市，移风易俗、文明用餐深入人心，礼让斑马线、骑乘戴头盔成为习惯，中国好人、全国劳模、道德模范竞相涌现，全国文明城市创建首轮测评进入全省第一梯队。

突出基础设施带动。县域交通路网愈加完善，沿海高速三门湾大桥建成通车，象西线桥头胡至深甽段、盛宁线完成拓宽改造，全市首个一类通用航空机场开工，4条始发高铁班线开通，对外通达度便捷度大幅提升。新投运水厂1座、污水处理厂3座，铺设污水管网超1200千米，完成西林水库扩容，农饮水达标提标行动圆满收官。5G网络中心城区全覆盖，宁海—象山天然气管道全线贯通，茶山抽水蓄能电站20个隧洞、23千米库区公路全面建成，投运110千伏以上输变电12个、综合供能服务站5座，列入全省整县推进分布式光伏规模化开发试点。

五年奋斗办好一系列惠民利民的实事。民生投入不断加大。在财政收支平衡压力持续增大的情况下，五年累计投入325亿元，较前五年提高64.1%，51件县人大代表票决实事件件落地，惠及千家万户。助民增收更加有力。成立宁海产业人才学院，投用职工之家、工人文化宫，职业技能培训9.4万人次，城镇新增就业人员10.9万人，建成省市级高质量就业社区（村）43家，创成省无欠薪县，居民人均可支配收入从3.9万元提高到5.7万元，城乡居民收入比从1.82缩小至1.77以内。

重点扶持区域加快发展，低收入农户可支配收入年均增长13%以上。社会保障牢牢兜住。户籍人口养老、医保参保率均超过99%，最低工资、城乡居民基础养老金标准分别提高35.3%、82.4%，累计发放各类补助6.6亿元惠及2.3万人，保障住房困难家庭1740户。关心“一老一小”，投用老年公寓、妇女儿童活动中心，居家养老服务实现县镇村全覆盖，荣获全国关心下一代工作先进县、中国老年宜居宜游城市。

扎实开展国防动员、兵役征集和双拥优抚，加强退役军人就业帮扶管理，建成“三级五有”退役军人服务保障体系，通过省双拥模范县中期考评，获评省级征兵工作先进县。

公共服务均衡提质。新建迁建及改扩建学校38所，新增学位2.2万个，落实“双减”政策，实施“三航”工程，开展校外培训机构治理，优化校内托管服务，推行义务教育段公民同招、公办幼儿园摇号招生，名优师资实现倍增达到755人，教育现代化发展水平居全省第38位。

推进健康宁海行动，引进7家三甲医院托管5家县内医院，运行县域医共体3个，投用医疗卫生工程11个，培育市级以上龙头学科、重点学科11个，县域就诊率达到90%。

文体服务日益丰富，开展群众性文体活动7000余场，举行纪念潘天寿诞辰120周年、纪念梅花村会议召开70周年和第十届运动会等活动，出版发行《宁海县志（1987—2008）》，融媒指数居全省前列，省“五个一工程”奖获最佳成绩，新时代文明实践中心县镇村全覆盖，农村文化礼堂行政村全覆盖，十里红妆文化园、童衍方艺术馆、柔石公园健康步道、霞客体育公园等深受欢迎，获评中国民间文化艺术之乡。

五年奋斗攻克一系列检验担当的难事。打好三大攻坚战。坚持把污染防治作为重中之重，抓实环保督察、海洋督察反馈问题整改，抓好三改一拆、五水共治和垃圾分类，投运环保能源发电项目、建筑渣土填埋场和一般工业固废填埋场，市控以上断面水质达标率从75%提升至100%，大气环境优良率从89.9%提高到98.6%，创成省基本无违建县，获评中国天然氧吧，四次夺得“大禹鼎”。

抓住重大风险防范化解主动权，高压整治P2P网络借贷，不良贷款率保持全市低位。加强国企融资监管，力推低息置换，争取再融资债券，政府债务风险总体可控。东西部扶贫和山海协作成效显著，24年助力贵州晴隆县脱贫摘帽，转战四川精准帮扶普格县，连续三年获“优”等次。

打好疫情防控战。第一时间快速响应，果断实施科学防控，较短时间实现病例清零和复工复产，在全市率先实现经济正增长，抓实常态化疫情防控，新冠病毒疫苗接种超150万剂次。

打好要素保障战。想方设法破解企业融资难，成为金融服务民营经济国家试点，人民币贷款余额1290亿元，制造业贷款增长52%。深化国资国企改革，重构组建五大国企集团，信用等级AA+级达到5家，争取专项债券等91.6亿元。实施垦造万亩耕地工程，推进“三未”土地处置，有效新增耕地7000亩，消化批而未供土地1.5万亩。打好平安保卫战。

吸取“9·29”重大火灾事故教训，一轮紧扣一轮实施“四大会战”，稳妥处置一批老旧遗留弹药，应急管理能力明显增强。做好台风、雨雪冰冻等自然灾害防治，最大限度降低风险和损失，落细食药监管，创成省食品安全县。坚持共建共治共享，投用县乡两级矛调中心，整合村级网格事务人员，规范宗教与民间信仰场所事务，优化流动人口量化积分管理，强化信访积案化解，成为省无信访积案县。常态化开展扫黑除恶，体系化治理电信诈骗，圆满完成各类重大安保任务，捧获全省首批平安金鼎。

五年奋斗提升一系列自我革新的本事。思想建设不断加强。严格落实“第一议题”制度，先后开展“两学一做”学习教育，“不忘初心、牢记使命”主题教育，党史学习教育等，抓好省委巡视、省自然资源资产离任审计等反馈问题整改，忠诚拥护“两个确立”，坚决做到“两个维护”。行政能力不断增强。紧贴实际开办周末课堂，着眼聚智成立决策咨询委，建立预防和化解行政争议“3+N+X”机制，完成“七五”普法，获评法治浙江（法治政府）建设示范县，政务公开工作经验全国推广。

自觉接受人大、政协和社会各界监督，坚持重大事项向人大报告，积极与政协开展“请你来协商”，办理人大代表建议849件、政协提案944件。服务效能不断提升。完成政府机构、综合执法、行政复议等改革，推广浙里办、浙政钉，推行首问负责即问即办，政务服务事项跑零次率、即办率均居全市首位。构建亲清政商关系，成立新生代企业家联谊会，企服通成为国家中小企业公共服务示范平台，五年累计为企业减负100亿元以上。

作风建设不断巩固。坚决贯彻全面从严治党要求，持之以恒落实中央八项规定，扎扎实实推进基层减负。强化厉行节约、绩效管理，规范公务用车和办公用房，“三公”经费支出年均下降12.5%。保持正风肃纪反腐态势，严肃查处一批违法违纪案件。

县政府常务会议

【县政府第89次常务会议】 1月14日下午，县委副书记、县长滕安达主持召开。会议听取并原则通过县交通局关于《宁海县2021年春运工作方案》、县发改局关于《做好2021年春节期间民生领域保供稳价工作方案》、县流管中心《关于开展“新宁海人”安“宁”过年活动的若干意见》、县政府办公室关于《政府工作报告》起草情况的汇报、县政府办公室关于《2021年春节慰问方案》、县消防救援大队关于《宁海县火灾事故应急预案》修订情况的汇报。

【县政府第92次常务会议】 3月5日，县委副书记、县长滕安达主持召开。会议听取并原则通过县应急管理局《关于坚决打赢遏制重大生产安全事故攻坚战的实施意见》、市生态环境局宁海分局关于《宁海县“无废城市”建设工作》的汇报、县农业农村局《关于高水平推进乡村振兴加快建设农业农村现代化先行县的意见》、县工业强县建设工作领导小组办公室关于《2021年全县制造业高质量发展大会方案》。会议组织学习《浙江省数字经济促进条例》。

【县政府第94次常务会议】 4月9日下午，县委副书记、县长滕安达主持召开。会议听取并原则通过市生态环境局宁海分局关于《宁海县生态文明建设规划（2021—2025年）》的汇报、县发改局关于总部经济政策补充规定的汇报、县教育局《关于学前教育深化改革规范发展的实施意见》的汇报、县卫生健康局关于新冠病毒疫苗接种工作的汇报、县统计局关于迎接国家统计督察有关情况的汇报、市生态环境局宁海分局关于划定高排放非道路移动机械禁止使用区的汇报以及县国资管理中心关于《宁海县企业国有资产监督管理办法》修订情况的汇报。会议听取宁海县人民政府关于对宁人大〔2021〕8号审议意见办理落实情况的报告。

【县政府第95次常务会议】 4月29日上午，县委副书记、县长滕安达主持召开。会议听取并原则通过县文广旅游局关于《庆祝“中国旅游日”2021年浙江省主会场、“最美风景在路上”夏季自驾游推广季启动仪式暨第十九届徐霞客开游节总体方案》、市生态环境局宁海分局关于《进一步建立健全环境污染问题发现机制的实施办法》、县卫生健康局关于《宁海县突发公共卫生事件应急预案》《宁海县突发公共事件医疗卫生救援应急预案》和《宁海县突发急性呼吸道传染病事件应急预案》编制工作的汇报。

【县政府第97次常务会议】 5月21日上午，县委副书记、县长滕安达主持召开。会议听取并原则通过县安全生产委员会办公室关于《宁海县“平安护航建党百年”安全隐患大排查大整治专项行动方案》和《宁海县安全生产委员会及其专业委员会组织机构设置及工作规则与组成人员》的情况汇报。会议听取并原则通过县委督察室《关于建立问题及时发现有效解决闭环机制的实施办法》。会议听取并通过县委人才办《关于进一步深化高层次人才团队引进计划的实施意见（送审稿）》以及2020年度宁海县高层次人才团队项目审批及市“3315系列计划”项目入选情况的汇报。

【县政府第98次常务会议】 6月24日下午，县委副书记、县长滕安达主持召开。会议听取并原则通过县民政局关于《宁海县殡葬设施布局专项规划（2020—2035）》编制情况的汇报、县财政局关于宁海县2020年预算绩效管理工作情况的汇报、县财政局关于宁海县2020年财政决算草案的报告、宁波宁海海事处关于《宁海县海上搜救中心建设方案》的汇报、县发改局关于《宁海县开发区（园区）整合提升方案》的汇报、县公安局关于禁止和限制经营燃放烟花爆竹相关事项的汇报、县食药安办关于《2021年县政府领导食品药品安全责任制清单》的汇报。

【县政府第99次常务会议】 7月14日下午，县委副书记、县长滕安达主持召开。会议听取并原则通过县教育局关于《宁海县关于中小学生健康成长“三航工程”的实施方案》的汇报、县民政局关于胡陈乡、茶院乡、越溪乡行政区划调整工作的汇报、县交通局关于《宁海县港口岸线使用管理暂行办法》《宁海县深化农村公路管理养护体制改革实施办法》的汇报、县发改局关于《宁海县市场价格异常上涨事件应急预案》修订情况的汇报、县商务局关于《宁海县成品油零售经营“十四五”发展规划》《宁海县再生资源回收体系专项规划》《宁海县菜市场（菜篮子超市）布局规划（2020—2035）》的汇报。

【县政府第100次常务会议】 8月11日，县委副书记、县长滕安达主持召开。会议听取并原则通过县安委办关于2021年半年度安全生产工作情况的汇报、各专委会主任关于本行业领域半年度安全生产工作情况的汇报、县财政局关于宁海县2021年上半年财政预算执行情况的报告、县自然资源和规划局《关于进一步加强城市规划区村（社）集体留地开发利用管理的通知》的汇报、县发改局关于《〈宁海县国民经济和社会发展第十四个五年规划和二〇三五年远景目标纲要〉重点目标任务分工方案》的汇报、县交通局关于《杭深线宁海站动车存车场一期工程新增存车线安全保护区划定的公告》的汇报。

【县政府第102次常务会议】 9月2日上午，县委副书记、县长滕安达主持召开。会议听取并原则通过县教育局《关于切实做好义务教育阶段学校课后服务和幼儿园托育服务的实施方案》的汇报、县商务局关于《2021年市民生实事再生资源智慧回收体系建设项目合作协议》的汇报、市生态环境局宁海分局关于《宁海县近岸海域水污染防治攻坚战实施方案（2021-2022年）》的汇报、县教育局关于非义务教育段教师奖励性绩效工资的汇报、县文明办关于宁海县未成年人思想道德建设工作情况的汇报、县经信局《关于进一步完善企业诉求流转机制的实施办法》的汇报、县市场监管局关于《宁海县药品安全事件应急预案》修订情况的汇报，学习《中华人民共和国行政处罚法》《宁波市法治乡村建设促进条例》。

【县政府第104次常务会议】 9月27日下午，县委副书记、县长滕安达主持召开。会议听取并原则通过县经信局关于《宁海县光伏+储能产业培育实施方案》的汇报、县教育局关于《宁海县进一步减轻义务教育阶段学生作业负担和校外培训负担工作方案》的汇报、县住建局关于《宁海县房屋建筑和市政基础设施工程生产安全事故应急预案》修订情况的汇报。

【县政府第105次常务会议】 10月14日下午，县委副书记、县长滕安达主持召开。会议听取并原则通过县委组织部《关于完善“一肩挑”后村干部基本报酬制度进一步加强保障激励的意见》、县经信局关于《宁海县模具行业数字化转型实施方案》、县农业农村局关于《2021年宁海县东西部协作和山海协作工作要点及任务分解方案》。

【县政府第107次常务会议】 11月4日下午，县委副书记、县长滕安达主持召开。会议听取并原则通过县发改局《关于强化政府（国企）投资项目管控的通知》、县卫生健康局《关于促进中医药传承创新发展的实施意见》、县房屋征收管理中心《关于加强征迁项目管理的通知》、县财政局关于宁海县2021年财政预算调整方案、县房屋征收管理中心提请县政府作出泉水三村道路房屋拆迁（一期）征收决定。

【县政府第108次常务会议】 11月19日下午，县委副书记、县长滕安达主持召开。会议听取并原则通过县交通局关于《宁海“四好农村路”服务高质量发展建设共同富裕标杆县专项行动方案》的汇报、县食品药品安全委员会办公室关于2021年全县食品安全工作的汇报、县大数据中心、县公安局关于《宁海县公共视频监控一体化建设管理办法》的汇报、县综合执法局关于《宁海县中心城区路灯管理方案》修订情况的汇报、县房屋征收管理中心提请县政府作出西店镇区零星中小企业（五期）征收决定的汇报、县政府关于对宁人大〔2021〕9号审议意见办理落实情况的报告、县食药安办关于《宁海县食品安全事故应急预案》修订情况的汇报。与会人员还学习《法律援助法》。

【县政府第111次常务会议】 12月16日晚，县长楼鼎鼎主持召开。会议听取并原则通过县安委办关于2021年安全生产工作情况的汇报、各专委会主任关于本行业领域2021年安全生产工作情况的汇报、县体育发展中心关于《宁海县体育公共服务能力提升五年行动计划（2021—2025年）》、县财政局关于宁海县2021年预算执行情况和2022年财政预算初步安排方案、县综合执法局《关于发布宁海县综合行政执法划转行政处罚事项的通告（送审稿）》《关于将部分县级部门行政处罚权交由西店镇人民政府行使的公告（送审稿）》、县政府办公室关于政府工作报告起草情况的汇报、县司法局《关于修订和废止部分行政规范性文件的决定（送审稿）》、县交通局关于《宁海县处置道路交通（含桥梁、隧道）突发事件应急预案》、县应急管理局关于《宁海县森林火灾应急处置预案》修订情况的汇报、团县委关于制定出台《宁海县中长期青年发展规划（2021—2025年）》、宁海县人民政府关于对宁人大〔2021〕46号审议意见办理落实情况的报告、宁海县人民政府关于对宁人大〔2021〕47号审议意见办理落实情况的报告、宁海县人民政府关于对宁人大〔2021〕54号审议意见办理落实情况的报告。

信访工作

【概况】 贯彻落实习近平总书记关于加强和改进人民信访工作的重要思想，扎实推进“党建+信访”、积案化解等重点工作，全县信访形势总体平稳。

【信访责任】 顶格化推进，常态化运作，领导包案、“一把手”约谈等机制，各包案领导真包案、真督办，对存在的问题及时纠偏、督促推进。

完善“书记领衔、领导下访”

机制，县级领导周末无休每日轮值接访，县主要领导多次开展下访约访。

压紧压实“三级书记抓信访”以及事权单位“一把手”、分管信访领导、分管业务领导和具体承办人四层责任体系，出台“党建+信访”工作体系建设方案，把信访工作列为“干在当下、争先进位”县乡换届专项督导和新一届村社班子履职的重中之重，确保责任和工作到人到底到边。

建立负面清单制度，提炼制定20条规定动作，按红、橙、黄三色设计，共发红色预警单6份，橙色预警单2份，黄色预警单17份，执行情况纳入相关单位的年度信访考核，倒逼事权单位及责任人改进作风、压实责任。

【积案化解】 开展治重化解积和存量信访“大起底、大包干、大化解”专项工作，结合县委双抓双比专项行动，充分运用多元调解、救济救助、听证评议、复查复核、依法终结等方式，推动重复信访清零销号，化解重复信访事项和历史积案件，力促案结事了、事心双解。

【信访矛调】 针对信访局与矛调中心边界模糊、职能交叉、工作流程重叠等实际情况，将两个部门进行职能整合，按板块划分相关事权，共设综合、接收、督查、治理、应急五大板块，一个口子接收群众诉求，对疑难重复事项由督查板块实施一条龙闭环管理，真正实现网信电访一体化管理。信访、矛调每周五下午召开例会，复盘一周信访接收处置情况，强化联合研判，对处理不到位的，进行闭环督办，确保每一件信访件都得到有效处置。

矛调工作

【概况】 县矛调中心在省、市部署和县委县、政府的领导下，坚持统筹矛调工作全局，紧扣县乡村三级体系建设、数改项目开发、村（社）治理能力提升等中心任务，以党史学习教育为牵引，确保全年各项重点工作的持续、优质推进。4月26日，宁海县在全省互学互比第四次交流会上作典型交流发言；年度考核全市排名第三。

【思想政治建设】 坚持以习近平新时代中国特色社会主义思想为指导，依托中心全体干部会议、理论中心组学习平台，深入学习贯彻中共十九届六中全会、省、市关于基层治理工作会议精神，认真领会庆祝中国共产党成立100周年大会、学习党史学习教育动员大会等会议精神。

严格落实全面从严治党主体责任、“一岗双责”、“三书两报告”等制度，将反腐倡廉工作任务逐项分解落实给班子成员，做到每项工作有责任领导、有具体责任人，与业务工作同部署、同落实、同汇报、同检查、同考核，确保党风廉政和作风建设各项任务落实到位。

严格遵守组织人事纪律，落实选拔任用各项规定，高标准严要求抓好选人用人以及教育管理工作，健全选拔任用考察等相关机制。2021年度，县矛调中心2名中层干部被选拔提任。

【统筹主导】 在常态化管理基础上，主动对接县司法局、县法院、县财政局，召开专项问题协调会议，增加校园纠纷调委会、物业纠纷调委会、信访事项调委会3个调委会的入驻，解决调解人员工作经费转拨问题，实现人财物的统一；出台可量化的考核机制，切实将调解工作纳入目标考核中，对月调解成功数未达标的人员开展“一票否决”，全面压实调解员的工作责任，提升工作实效。全年受理8137件矛盾纠纷，成功化解8104件，成功率99.6%，其中邻里纠纷1243件、房屋宅基地58件、保险合同纠纷14件、生产经营76件、损害赔偿纠纷1347件、山林土地纠纷96件。

坚持扛牢数字法治系统建设落实单位的责任担当，推进2个数改项目的应用场景开发。推进“区域事件整体画像”场景开发。联合县委政法委，成功认领全省数字赋能社会治理现代化场景应用“区域事件整体画像”，列入全省数字法治系统多跨场景清单1.0。根据市级开发要求，对县域范围的矛盾纠纷事件进行整体分析，以画像建模和可视化展现形式，自动化提取矛盾纠纷事件的关键信息，测试版已上线运行，为区域社会治理提供前瞻性意见和建议。完成“小广告监管一件事”集成改革。联合县委编办在“属地管理”事项责任清单基础上，紧扣县域治理现代化这一主线，运用数字化思维，创新社会治理“一件事”场景化应用改革，梳理四个核心场景并明确各场景的牵头单位，将各行其是的部门条线管理和疲于应付的基层治理整合为职责明晰、横向到边、竖向到底的小广告基层治理职责体系，该应用场景已上线运行。

【村（社）级治理】 试点建设治保主任队伍。在12个乡镇（街道）24个村（社）整合村级社会治理力量，建置治保主任职位，主动回应治安隐患、矛盾纠纷等基层治理重点、难点事项。出台意见，抓好整合。县委政法委牵头，中心与县公安具体落实，整合网格员、村（社）辅警、小分队、禁毒社工、司法社工等调解力量，出台《宁海县治保主任工作手册》，明确工作职责、工作规范，推动治保主任团队依法依规履行职责。建强队伍，提升能力。组织开展治保主任业务培训会、工作心得交流会、案件调处现场观摩会，确保每位治保主任“能上岗、愿上岗、上好岗”。试点以来，巡查走访2624户，反诈宣传1407人次，排摸整改安全隐患645处，累计调处矛盾纠纷119起，化解信访积案4件，季度涉诈警情环比下降66.7%，长街村治保主任带领治保团队解决一桩延续26年的房屋产权纠纷。

推进全科网格建设。根据《关于实施宁海县村级专职网格事务人员工作的指导意见》要求，全面推进网格员专职化工作。制定出台《宁海县专职网格员工作实施细则（试行）》，对专职网格员的职责范围、经费来源、人员管理和绩效考核等问题进行详细补充说明；在原有村级网格事务工作清单基础上，对接各职能部门更新村级网格事务工作清单，完成22个职能部门、66项工作任务的整合；出台《宁海县村级专职网格事务人员工作职责清单（试行）》，严格把关部门网格化管理事务准入机制。

政务服务

【概况】 以“双抓双比”为突破、队伍建设为抓手、数字化改革为方向、制度建设为依托，持续深化政务服务和公共资源市场化配置改革，服务质量和效率不断提升，办事创业和营商环境持续改善。获评省先进基层党组织、市全面深化改革突出贡献集体、县“清廉机关、模范机关”创建示范单位等荣誉。全县政务服务事项办结2462055件，群众办事好评率99.99%，县级公共资源交易平台共完成工程建设招投标、政府采购、土地交易、产权及其他类交易事项828宗，交易总额约87.73亿元，节约资金约4.10亿元。

【队伍建设】 树立“务实+担当”正导向，队伍建设有成效。

坚持党建引领，把好队伍的“总舵”。始终狠抓党组织建设，明确“党委抓统筹—机关党委抓落实—支部抓特色”的建设体系，让党建成为激发队伍活力和内生动力的强大引擎，团结带领全体党员干部切实将初心使命践行在“为人民群众提供高质量政务服务”上。注重团队文化的浸润，举办岗位技能大赛、党史知识竞赛、茶艺班、书法班等，提升凝聚力。高标准开展党史学习教育，打造“学、思、悟、行”闭环学习模式，推动党史学习教育走深走实，获“省先进基层党组织”表彰。

紧密结合政务服务和公共资源交易工作的任务要求和职权运作特点，以数字化改革和党史学习教育为牵引，打造“清廉政务”品牌，为全面提高工作质量和效能提供坚强的纪律保障。政务服务方面持续推进“两集中、两到位”，促进权力在阳光下运行。公共资源交易方面，开展评标室直播和“评定分离”交易模式，不断规范公共资源交易程序，压缩评标委员会的自由裁量空间，消除权力寻租空间，“清廉机关”做法被省纪委宣传。

坚持底线思维，扎紧制度“笼子”。进一步完善党建激励制度、人员管理制度、首问责任制度、大厅标准化建设制度、岗位激励制度、考核结果晾晒制度等一系列规范制度，实施量化考核，强化结果运用。日常督查与专项督查相结合，做到日常纪律与礼仪规范常抓不懈、重点工作专项监督。从严把好人员入口关，全面落实“减窗口、减人员、提效率”，以事定岗、以岗定人，新进15人中，研究生2人，本科11人，大专2人，队伍素质进一步提升。

【工作亮点】 立足“线上+线下”

6月，县政务公开经验做法被国务院办公厅推广

两推进，政务服务有亮点。

以数字化改革为重点，打造政务服务新场景。创新“网办掌办”宣传方式，筛选100个高频政务服务事项，场景化制作“网办掌办”视频教程，计划依托浙江政务服务网宁海专区、周二夜学平台、村级集士驿站等载体，多途径、多渠道扩大宣传，引导企业群众形成“网办掌办”的行为能力和办事习惯，在“浙里办”宁海行上线“网办掌办”入口。创新养老待遇智发放应用，推进城乡居民基本养老保险待遇领取、被征地农民生活保障、职工基本养老保险待遇领取、高龄津贴发放等8项补贴费用智能发放，被列入全县“双抓双比”任务清单。完成招标、合同签订以及需求调研等工作，完成搭建系统框架，在两端上线，于浙里办上线用户端，浙政钉上线治理端，并会同9家协同单位开展培训、上线及推广工作。推进无证件（证明）办事，协调人社、公安、教育等相关部门落实宁波市不动产登记服务若干数字化改革举措，通过应用宁波电子证明共享核查平台，实现申请人办理户籍迁入、入学入园、人才补贴等事项，无须提供不动产登记纸质证明材料。拓展完善“电子证明”功能应用范围，全县邮政寄递业务实现“阿拉警察”App内“证照电子化”应用的全覆盖。

以政务服务2.0为导向，打造智能便捷政务大厅。开通在线预约取号，在“浙里办”App推出在线取号新功能，当办事群众距离县行政服务中心500米范围内，即可“在线取号”，实现不到办事大厅即可预约取号。“浙里办”App快速取号涵盖中心五大办理区所有常用办事事项，涉及32个部门。上线大屏人流数据，在实时统计各办理区取号、叫号、办件、等待人数、办件平均时间、好差评、网办、掌办以及政务服务2.0应用相关数据的基础上，上线人流监控功能，大屏展示数据更加全面、科学，日均大厅人流量约2000人。建立24小时自助服务专区，通过引入宁波办事、出入境等自助办理设备，配备24小时自助取件、电脑、大屏等设备，实现24小时全天候自助查询、自助办事、自助取件、政务公开宣传等功能，进一步方便企业、群众办事，将政务服务从“8小时”拓展至“24小时”，提升政务服务和政务公开数字化水平。

以“一件事改革”为突破，打造跨部门协调中心。会同县卫健局，大力推进托育机构备案“一件事”数字化迭代升级，作为宁波市试点予以推广，计划11月份在浙江政务服务网上线；协调市场监管、城市管理部门推进洗车开办“一件事”改革，材料由16件精简至9件以内，办理时间由8个工作日压缩至2个工作日；实行交通、农业、文体、新闻出版等相关证照注销“一件事”联办，有效解决个体证照注销多头跑、手续杂、耗时长等问题；大力推进“不动产+户籍”“一件事”“不动产+公证”“一件事”联办，实现不动产转移登记和户籍迁移手续同步办理；推行公民身份信息连锁变更“一件事”联办，实现社保卡、学籍卡、出入境证、驾驶证等各类证件同步变更；结合宁海实际，因地制宜推进分区域无差别受理，推动更多政务服务事项无差别受理、同标准办理，不动产登记办理区实现所有不动产事项融合办理，社会民生事务办理区4个部门、37个事项实现“一窗通办”，商事登记办理区实现所有个体户（含食品经营）的设立、变更、注销通办及动物诊疗许可证核发（变更）、歌舞娱乐场所变更审批一窗通办。

以群众需求为目标，打造优质政务服务环境。整合各进驻部门办事咨询电话，开通云呼功能电话，按照“1+X”模式，统一设立1部对外总机电话和若干部对内分机电话，同时充分发挥宁海视频集成服务中心作用，将视频远程辅导与电话咨询进行深度融合，全面建立以电话+视频相结合的远端咨询服务体系。推进政务服务“异地通办”，与台州三门、椒江、湖北房县等地签订两地通办协议，开通事项涉及公安户籍、出入境、生育健康、社会保障、医疗服务等重点领域。设立“亲老服务驿站”，为老年人提供咨询、引导、帮办代办等特色服务，老年人到中心办理业务可不取号，直接至“绿色通道”窗口享受服务，行动不便的老年人可享受“服务送上门”，服务老年人500余人次，为老年人提供各类服务400余件，有效破解老年人数字鸿沟。

以政务延伸为牵引，打造数字智慧基层便民中心。积极贯彻“高质量发展建设共同富裕示范区”理念，打造“15分钟政务服务圈”。乡镇（街道）层面，推进政务服务2.0向乡镇（街道）便民服务中心延伸，完成大厅信息完善、大厅关联、管理员配置等，自9月正式启用政务服务2.0平台以来，乡镇（街道）便民服务中心共受理政务服务2.0办件近6500件。村级服务层面，在综合考虑地理分布、人口密度、百姓需求等因素的情况下，以不增加办公用房和人员配备为基础，进行区域化布点，将几个村整合打造一个政务服务进村集士驿站服务点，作为乡镇（街道）便民服务中心和村级便民服务站的补充，为集士驿站配备电脑、iPad、高拍仪、宁波自助服务终端等设备，大力实现政务服务在村网办、掌办、自助办、视频办。在越溪乡南庄村、岔路镇高塘村、岔路镇天河村、大佳何葛家村、深甽镇柘坑戴村、茶院乡许民村、前童镇大郑村、胡陈乡西翁村8地建立政务服务进村集士驿站服务点，相关做法获市政务办肯定和《宁波日报》头版报道。

10月24日，宁海县“政府开放周”活动启动仪式

【公共资源交易】 定位“服务+监管”新格局，公共资源交易有突破。

促进规范化交易。制订出台《宁海县公共资源交易中介机构工作人员服务评价实施细则（试行）》，细化为21条考核标准并按时间段、性质予以归类，加强对中介代理机构工作人员行为具体管理。通过对中介人员的服务行为进行评价和考核结果公示、运用，促进代理机构自发加强学习，提升业务水平和素质，进一步提升交易服务质量和效率。完善工程总承包模式招标评标，减少招标人自由裁量权，降低招标人在项目实施后承担的风险。对全县涉及招标投标的制度规则类文件进行清理，14个文件发文清理完成，1个文件报县政府发文废止，1个文件待县政府出台相关文件后予以废止。进一步规范规下项目交易行为，出台《宁海县政府（国有）投资小型工程项目发包管理办法》和《宁海县政府投资小型工程项目电子化交易办法（试行）》。

实施数字化改革。统筹推进公共资源交易领域全流程电子化，深入实施“云交易、智监管”，通过电子智慧监管全面记录招投标各个环节信息，形成来源可溯、去向可查、监督留痕、责任可究的完整信息链条，实现实时动态监管和在线即时监督监测。实现规模以上工程建设、政府采购和小型工程项目全流程电子化、无纸化“不见面开标”交易全类别覆盖，既大幅缩短开标用时、保留开标证据链，又能让投标人足不出户即可参与多个项目同时投标。完成“不见面开标”规上项目80余个，交易总额约17亿元；政采项目570余个，交易总额约11亿元；小型项目96个，交易总额超1亿元，开标平均用时不到30分钟。完善农村产权电子交易系统，推动与36条系统、浙里办、浙政钉“两掌”对接工作，明确未进入36条系统登记的资源和资产一律无法上线交易，有效规避农村产权交易应进未进现象，让农村产权在“浙政钉”实现行业主管部门、各乡镇（街道）产权交易中心等多部门协同，在“浙里办”实现农村产权交易竞买人、承包人最多跑一次。系统前期需求调研工作已经完成，现进入与36条系统开发对接阶段。

推进法治化建设。及时顺应新形势，开展“法治宣传月”系列活动，通过专业知识考试、公共资源交易知识和评标工作专题讲座、全县公共资源交易知识竞赛、集中送法、有奖竞答等8场活动，针对县级平台人员、乡镇街道平台人员、代理机构、社会公众等不同类型的对象，系统宣贯公共资源交易法律法规，普及1500余人次，切实提高各方主体招标投标法律意识和法制观念，推动公共资源交易工作依法依规、公平公正、高效廉洁开展。在市政务办、县委编办、县司法局的指导和支持下，完成执法证换证，为公共资源交易集中监管的落实破解监管主体不适格问题。

【政府信息公开】 全年县政务服务办主动公开政府信息7753条，其中政府网站公开政府信息7753条。

推进主动公开，政府信息公开更趋高效。以数字化改革为重点，打造政务服务新场景。创新“网办掌办”宣传方式，依托浙江政务服务网宁海专区、周二夜学平台、村级集士驿站等载体，多途径、多渠道扩大宣传。创新养老待遇智发放应用，于浙里办上线用户端，浙政钉上线治理端，并会同9家协同单位开展培训、上线及推广工作。

依法办理依申请公开，政府信息公开更趋透明，全年未收到依申请公开件。

强化信息管理，政府信息公开更趋标准。加强信息发布审查，对外发布的任何信息公开坚持“谁发布，谁负责”的原则，职能科室第一把关，综合科总把关，审核通过后进行发布；主动开展自我检查，全面梳理排查县行政服务中心网站内容，省政务服务网宁波平台等涉及相关事项信息，及时补充、更新相关信息，确保公开内容翔实准确。

立足“线上+线下”两推进，公开渠道更趋多元。以政务服务2.0为导向，打造智能便捷政务大厅，上线大屏人流数据，提升政务服务和政务公开数字化水平。

加强监督保障，政府信息公开更趋规范。坚持政府信息公开与业务工作并行，以数字化改革和党史学习教育为牵引，打造“清廉政务”品牌，为全面提高工作质量和效能提供坚强的纪律保障，政务服务方面持续推进“两集中、两到位”，促进权力在阳光下运行；发挥考核“指挥棒”作用，将政府信息公开工作纳入进驻县行政服务中心进驻部门、县直部门和乡镇（街道）考核中，将政务服务工作公开作为考核内容予以强调，切实推动此项工作的规范化、标准化；深化“好差评”体系建设，提高主动评价率，拓宽评价渠道，实现评价事项全覆盖，加强对政务服务“好差评”数据的跟踪分析和综合挖掘，强化评价结果应用，按月晾晒各部门好差评相关数据，通过限期整改、领导约谈、考核考评等方式推动政务服务质量持续提升。

【公安业务办理区】 推进一窗通办改革工作。为便于工作开展，将原先位于三楼的出入境大厅搬迁至一楼，实现公安所有业务在同一区域办理，为实现一窗通办打下基础；完成大厅功能区改造，科学设置咨询导办、自助办理、潮汐窗口等功能区域；实现车管事项进驻，在二楼潮汐窗口区开设车管业务窗口。

推进政务2.0平台应用。窗口配齐政务2.0收件设备，开展业务指导，并通过采用每周通报等方式，督促各窗口应用政务2.0平台收件。

推进“跨省办”“跨市办”。“长三角”区域大中专毕业生户籍迁移“跨省通办”，浙东经济合作区户籍业务“跨城通办”，身份证首次申领“全省通办”等一系列“跨省办”“跨市办”事项实现。

创新“就近办”。进一步向基层窗口单位放权，依托交所一体化勤务改革，现已有10个派出所进驻交管业务。借助“一村一警”警务模式优势，升级窗口兜底办。组织驻村民警、辅警主动调查排摸，及时掌握孤寡老人、弱病残等困难群体的办事需求，由驻村民警及辅警代为申报材料。需要上门服务的，由窗口民警“接单”后上门受理，办结后送证上门服务，解决弱势群体不会办和办事困难问题。

开展全员素质提升工作。对中心窗口工作人员实行全员轮岗制度，自7月份开始，对户籍、身份证、出入境、后台审批4个岗位开展全员轮岗，每期2个月，实现全员全岗全科业务能力提升。组织全县户籍窗口工作人员大练兵，定期开展业务能力比武考试，全面提升窗口工作人员业务能力，目前已经组织3次户籍窗口工作人员比武考试。

从严审批签发出入境证件，做到非必要非紧急事件出行不予签发。

【商事登记受理组】 优化服务，于4月初运行亲老驿站，拓展导办台服务功能，通过咨询台引导、专窗办理的方式，为老年人提供登记注册审批全程导办、帮办、代办服务，深化对老年人的登记服务。亲老专窗为老年人服务30多起。10月中旬，亲老驿站党员志愿服务队赴岔路吕家村为老年人上门办理证照。

全员发动，推进电子营业执照及电子印章下载及应用。窗口第一时间全员发动，制作视频操作教程，印制操作指南，并在报纸、广播、公众号等进行宣传告知。对线下窗口办理登记的市场主体，由受理人员手把手指导下载，对线上全程网办的主体实行电话远程指导。全县电子营业执照下载量66%。为进一步推进企业开办数字化应用，6月初联合光大银行宁海分行普及电子营业执照下载应用，推行电子营业执照便捷开户方式，实现“信息少填报、数据少录入、材料少提交”的高效金融服务。

扩展通办，实行证照注销一件事联办。为平衡各部门的工作量，实现所有个体户（含食品经营）的设立、变更、注销通办及动物诊疗许可证核发（变更）、歌舞娱乐场所变更审批一窗通办，通办量6688件。为推进注销便利化改革，解决个体证照注销多窗口跑、手续杂、耗时长等问题，推行证照注销“一站式”办理，实现交通、农业、文体、宣传部等相关个体证照注销一件事联办，办结20多件。

服务前移，实行银行代办人员大厅轮值制，延伸办理的广度和深度，在办事大厅开展“党员岗”“移动岗”等，7月银行代办人员实行大厅轮值，负责大厅A区网办区的网上申报事项帮办、代办等。银行派驻人员大厅轮值服务开办企业210多次。不仅有效缓解网办指导人手不足现象，还增强银行入驻人员的主动服务意识。

根据中办双减文件要求，对校外培训审批、治理予以全面规范，从严审批，新设学龄前儿童、义务教育阶段学生、普通高中学生的学科类培训机构（含线上）一律不再登记，艺术、体育竞技等非学科类培训机构暂停登记，做好义务教育学科类校外培训机构转登工作。

县大数据中心

【概况】 深入学习贯彻习近平总书记关于全面深化改革的重要论述精神，认真领会省委袁家军书记历次讲话精神，夯实数据基础，扎实推进一体化智能化公共数据平台建设，高质高效迭代创新综合应用，聚焦应用创新出亮点出实效，全力推动数字化改革向又快又好发展。

【数字化改革】 注重体系制度，支撑数字化改革走深走实。

数改引领条抓块统。县数改办加强统筹协调、构建考核体系、创新督查方式，落实“领导抓、专班干、例会推”的工作机制。大数据中心自建立以来，充分发挥技术优势，密切部门关系，积极为县委、县政府及各相关部门做好参谋，主动参与疫情防控、政务指标提升、信息化项目及预算调控等方面发挥关键作用。建立各类专班攻坚克难，清单式安排任务，倒计时分析督进，考核分挂钩通报。对部门镇街的考核分从原先的0.5分提高到2分，为统合全县力量推进数字化改革提供有力的指挥棒。

统归统管抢滩试水。行业规划应统尽统，县大数据中心牵头制定《“数字宁海”建设“十四五”专项规划》，行业牵头作用明显；信息化项目应纳尽纳，出台《政府投资信息化项目管理办法》及实施细则，大数据中心负责全县政府投资信息化项目的全生命流程监管；监控视频应归尽归，与公安牵头全县视频监控一体化建设，大数据中心牵头规划、数据归集共享与应用监管，剥离政府机构所有数据存储、运维，统一体系。

【提升平台支撑能力】 注重规定动作，全面提升平台支撑能力。

政务服务指标全市前列。12月宁海“一网通办”2.0占比达标率95.3%，各项指标暂居全市第一。申请事项“互联网+政务服务”5项指标均列全市第一。配合做好政务服务2.0向基层延伸、国家评估、好差评对接等工作，总结提炼“一网通办”的创新性做法，争取示范案例。

“两端”推广成效明显。“浙里办”日活2.5万；做好浙政钉技术支持与微应用，浙政钉用户活跃率常态保持在90%以上，位处全省前列。

统筹推进IRS系统建设与应用。开展信息系统普查和数据编目工作，在IRS系统中收录应用78个，涉及数据目录1157个、项目信息67个、厂商信息95个。应用和数据关联率、组件关联率、云资源关联率和项目关联率全面提升。

推进数据仓和特色专题库建设。通过数据仓全量申请省市回流数据表600余张，谋划建设“基层公权力”“促农帮富”两个特色专题库，通过对57张回流数据表的切分清洗，将3340余万条数据申请回流新仓，完成80张表2011万条数据的归集工作；入仓回流数据和归集数据已支撑11个应用。

【推动应用创新】 注重创新创优，推动应用创新再出实效。

将“宁海监控一张图”系统打造成智慧城市底座与“数字孪生”系统底座。排查75个部门、3.65万路公共监控，归集建档各级各部门29541路，“监控一张图”系统整合28286路，打通率99%。完成一机一档基础库、一张图展示、视角分析、运维评价、视频共享、应用集成等功能的架构布局。县级在全省率先出台《宁海县公共视频监控一体化建设管理办法》，结合视频打通归集优势，近期将以文明创城场景入手先行谋划数字孪生应用。

“宁海行”日活创新高。“宁海行”打造浙里办宁海频道，梳理新增高频应用32个，实现热门应用扫码一键直达。大力打造亮星应用，日均访问量6万、独立访客1万以上，“宁海行”在全省TOP50亮星项目中位居第20名。

打造一批亮点创新应用。全市数字化改革最佳应用中，宁海的“集士驿站”“企服通”入选数字化改革最佳应用；“小微权力36条”系统入选省级数字化改革应用场景揭榜挂帅项目，是全省试点单位之一。精心筹备创新应用大赛，获市级最佳组织奖。

门户建设集成优秀应用。持续迭代数字化改革门户建设，率先完成党政智治县大数据中心部门专题门户建设。集士驿站、企服通、小微权力36条、宁海项目钉等优秀应用成果集成展示到各大综合应用门户。

外事工作

【概况】 县外事办工作坚持以习近平新时代中国特色社会主义思想为指导，贯彻落实近平总书记在庆祝中国共产党成立100周年大会上的讲话精神，在县委、县政府的领导下、在市外办的指导下，围绕县委县政府中心工作，积极服从服务于国家总体外交和宁海经济社会发展，努力将外事资源转换为发展资源，为打造“双优宁海”贡献外事力量。

把牢方向，党史学习力度再加强。按照“学党史、悟思想、办实事、开新局”的目标要求，深刻领会习近平新时代中国特色社会主义思想，组织科室共同研读党中央指定的4本学习材料，以“为群众办实事、为发展作贡献、为基层减负担、为治理解难题”活动部署为抓手，围绕国际友城工作，先后走访县商务局、县文旅局、县供销联社、县教育局等多家单位进行调研，共同探讨如何整合跨部门资源形成合力，谋深做实友城工作，从而更好的服务宁海的经济和社会发展。通过党史学习和大抓调研，宁海外事工作将结合宁海实际，坚决践行习近平外交思想，增强机遇意识和风险意识，全方位推进对外工作。

【疫情防控】 按照常态化精准化防控工作要求，积极搭建“外办统筹、大数据排查、乡镇（街道）托底，商务、投促中心等部门协调配合”的入境信息排摸工作体系，及时收集、研判入境人员身份信息、健康状况等，时刻关注国内外疫情形势和管控政策变化，坚持“每日分管县领导看小结、每周部门会商研判”工作机制，以入境人员返（来）宁海闭环管控“一张图”作战的工作方式，统筹协调部门协作，慎始如终做好常态化防控工作。

严格实施返（来）宁海入境人员全程受控机制，做到全流程闭环管理。紧盯入境前、入境后异地隔离、返来宁海3个环节，分别编制下发“入境省内隔离人员闭环管控流程”“入境省外隔离人员闭环管控流程”，切实明确从人员入境前信息跟踪到日常健康监测结束后至少3次核酸跟踪检测的各方责任，采取“归口管理”方式，强调“首接责任制”，确保各联动部门无缝交接。建立宁海入境人员管控浙政钉工作群，打通各责任部门间的信息壁垒，确保政令畅通和人员动态实时掌握，落实一对一实时跟踪对接，强化人员信息研判，实时共享人员返来动态，保证人员动态信息在各责任部门之间高效准确流转，做到入境人员返来前、返来时、抵达后轨迹全流程可查可控，确保入境人员“底数清，动态明”。

【国际友城交往工作】 开拓创新，国际友城交往工作再深化。在疫情全球蔓延背景下，积极探索创新友城交流新渠道和新模式。

持续推进友城结好工作。5月18日，与乌克兰切尔诺莫斯克市以视频连线方式进一步推进两市友好交流进程，县长滕安达与切尔诺莫斯克市市长瓦西里·古利亚耶夫分别代表两市签署友好交流关系协议书，标志着双方交流合作将进入实质性发展阶段，优化宁海县友城布局，为打造“中乌友谊高地”助力。在全市首创“云端结好”新方式，在全球疫情背景下，努力探索友城结好新途径，不断拓展国际友城“朋友圈”，获得市外办肯定。

注重友城工作提质增效。与日本冰见市在友城的基础上积极开展文化、产业等多领域的交流。3月20日，成功举办日本冰见市风土人情展，此次活动能让宁海市民在家门口领略冰见市的自然风光和风土人情，有利于拓展两地合作的深度和广度，筑起多领域交流和发展的平台。10月31日至11月7日，宁海县人文风光展在日本冰见市举办，围绕宁海文化非遗、宁海制造、宁海智造、宁海民宿等六大板块主题，以图片和视频的方式向冰见市民全方位展示宁海人文风光，精心为看展人准备明信片作为小礼品，在宣传宁海的同时增强展览的吸引力和趣味性。准备精品望海茶以供进行茶艺表演、招待贵宾，加强宁海茶文化宣传，宁海望海茶在展会上获得高度评价，并收到日本茶商的合作意向，切实推进两城在商贸领域实质性的交流。

推进教育国际交流。9月至10月期间，与冰见市共同举办宁海冰见国际友城学生作品互展，搭建平台夯实友城教育领域合作基础，通过学生绘画作品和科学作品展这一形式，切实加强两国青少年交流，用小手绘就友谊之桥，加强相互学习，增进民心相通，同时促进宁海县和日本冰见市在教育领域的交流，对教育理念、教学手段等方面的相互融会、取长补短具有积极作用，继续推进“千校结好”活动，服务宁海教育现代化和国际化。

【外事管理与服务】 努力服务发展。开展对外贸、外资企业精准服务，联合县商务局和县投促中心，积极落实疫情期间外国人来华“快捷通道”政策，切实帮助宁海重点领域专家“走进来”；协同县商务局做好疫情期间宁海境外项目精密智控，落实“每周打卡”制度，对企业提出的境外项目防控情况及时给予政策解答，做好宁海境外企业在疫情期间的管理服务工作，助力企业在疫情下顺利“走出去”。同时，积极做好APEC商务旅行卡的推广工作，让更多的商务人士“走出去”获得便捷。

做好“茶花友谊证书”推荐及服务工作。宁波乌中远景新材料科技有限公司乌克兰籍专家级工程师获得2021“茶花友谊证书”、东方日升新能源股份有限公司英国籍专家获得2021“茶花纪念证书”。

协助打造梅桥区块国际人才社区。宁海以共建“一带一路”为引领，借助中乌新材料合作平台，积极打造“中乌友谊高地”。自去年以来，县外事办持续协助相关部门建设打造梅桥区块国际人才社区，推进社区双语标识工作，力争为国际人才提供更优服务保障，优化营商环境，着力深化多层次交流合作。

中国人民政治协商会议宁海县委员会

综　述

2021年是中国共产党成立100周年，是“十四五”发展开局之年，也是本届政协工作的收官之年。县政协常委会高举习近平新时代中国特色社会主义思想伟大旗帜，全面贯彻中共十九大和十九届历次全会精神，增强“四个意识”、坚定“四个自信”、做到“两个维护”，紧紧围绕县委十四届八次全会和“十四五”规划明确的目标任务，坚持团结和民主两大主题，科学把握新发展阶段，坚决贯彻新发展理念，服务构建新发展格局，纵深推进“双向发力”，充分释放专门协商机构潜能效能，为加快建设“双优”宁海、聚力奋进高水平社会主义现代化建设新征程，贡献政协力量、彰显政协作为。

坚定政治方向，深化责任担当，更好地落实党的全面领导；要聚焦党政中心，强化主责主业，更好地助推全县发展大局；要推进双向发力，发挥职能优势，更好地凝聚团结奋进力量；要坚持守正出新，激发工作活力，更好地夯实高效履职基础。

过去的五年，是宁海全面建成小康社会，推动经济社会迈向高质量发展新阶段的五年，也是宁海县政协事业开拓创新、务实奋进、蓬勃发展的五年。高举旗帜、守好红色根脉，牢固树立“四个意识”，坚定“四个自信”，坚决做到“两个维护”，擦亮人民政协的“政治底色”。聚焦中心工作大局，助推宁海高质量发展更显担当。过去的五年，围绕中心、服务大局，助力宁海全面争创转型升级新优势，做足人民政协的“履职亮色”。

立足社会事业发展，增进民生持续改善更有作为。过去的五年，关注社会民生、回应群众关切，充分体现人民政协的“为民本色”。加强协商民主建设，发挥专门协商机构作用更有成效。过去的五年，不断丰富协商平台载体，完善协商制度，提升协商能力，切实做实人民政协的“协商主色”。构建协商议政新格局，把协商民主贯穿履职全过程。创建政协协商新平台，把建好用好平台载体，作为发挥专门协商机构的关键之招，着眼常态化、制度化，着力培育打造与新时代要求相契合的履职平台。设立提案办理协商新机制。注重提高提案质量，树立鲜明的质量导向。弘扬团结民主主题，凝聚共识汇聚力量更加广泛。

不断扩大团结面、画大同心圆，为改革发展凝聚共识、智慧和力量，彰显人民政协的“统战特色”。增进文化认同聚人心。认真做好文史资料征集编撰工作，切实发挥其存史、资政、团结、育人的作用。着力加强自身建设，政协工作提质增效更加凸显。建章立制、创新实践，不断强化机关建设和委员队伍建设，丰厚人民政协的“工作成色”。以政协制度建设为保障，全面规范政协工作实践。以委员队伍建设为抓手，全面提升政协履职能力。以机关队伍建设为基础，全面加强机关服务水平。

过去的五年，全体政协委员从未停下勇毅前行的脚步，在宁海各项事业实现重大跨越的征程中奉献政协人的智慧和力量，充分展现政协人不辱使命、昂扬向上、敢于担当的精神风貌。

参政议政

【协商建言】 高度聚焦，力促重大战略落地。集政协智慧助力“十三五”完美收官，献计“十四五”规划编制。专题议政性常委会上提出关于“十四五”规划的一批建设性意见被重点采纳。

以城乡空间优化为常委会课题，深入调研，针对统一思想、理顺体制、依法实施等方面提出对策建议，被县委县政府充分吸纳。

围绕宁海高质量发展建设共同

富裕标杆县的历史重任，就“加快乡村振兴　促进共同富裕”主题深入调研，相关建议案得到县委主要领导批示。

紧扣全县重点改革创新项目落地，将开发区整合提升作为常委会重点调研课题，从提升战略规划布局、推进机构改革、探索市场运行模式等方面提出 13 条意见建议，县主要领导专题听取汇报，并将其作为开发区整合方案的主要参考依据。就“最多跑一次”改革、国有企业改革、农业供给侧改革、农村土地制度改革等重点改革专项推进情况开展监督性视察，90 余项建议促进改革举措更合民心民意。

围绕县域总体规划调整、大通道体制机制建设、国土空间开发利用、三门湾现代农业园区建设、农业现代化建设、“数字宁海”建设、全域旅游发展、小微权力 36 条等广泛建言资政，强化全县发展基础和保障。

【紧扣热点难点献良计】　紧扣热点难点献良计，助推改善民生大福祉。委员们围绕事关民生的热点难点问题提出提案 240 件，为不断提升人民群众幸福指数凝聚提案力量。

持续关注“最多跑一次”改革工作，连续多年建言献策，得到承办部门吸收采纳，相关单位推出无声叫号、智慧政务大数据可视化平台、导服咨询区等举措，群众办事效率不断提升，打造“最多跑一次”改革的宁海新样板。

近年来，市民对于烟花爆竹禁限放的呼声越来越高，委员们多次提交提案。县政府高度重视该项工作，经过充分论证和征求意见，于 2021 年 7 月在城区有关区域和时段实施禁止和限制经营、燃放烟花爆竹。

关于加大公共租赁住房供给力度的建议得到积极采纳，承办单位加快推进宁海公共租赁住房建设，将其列为县重点工程实施类项目，采取加大公租房租赁补贴力度，建立健全公租房建设长效机制等手段，切实提升宁海公租房保障能力。

加强食品安全监督、完善养老服务体系、加强犬类管理等问题，承办部门充分听取委员意见，认真办理，在保障民生、维护群众利益和解决实际困难中作出积极努力。

自 2019 年设立全会提案以来，县政协全体会议先后就加强城市精细化管理、加快推动农村饮用水达标提标和提升餐桌文明程度等议题提出提案，受到县政府高度重视，县长亲自领办提案，并成立专班，抓好提案落实，有效推动工作的进展。2021 年全会提案《关于培养健康饮食习惯，提升餐桌文明程度的建议》，助推县政府出台《宁海县厉行勤俭节约制止餐饮浪费行动方案》《宁海县党政机关食堂节俭用餐操作指南》《餐饮行业“厉行节约、反对浪费”行动指南》等文件和制度，使文明餐桌行动职责明确，有章可循。通过大力普及文明餐饮知识，开展文明餐桌专项行动，落实提供公筷、点菜提醒、按需定量、“光盘行动”等措施，大力破除讲排场、比阔气、爱面子等不良风气，不断转变经营者经营理念和消费者传统观念，有效革除农村餐饮陋习。常态化开展餐饮行业专项治理，倒逼形成文明餐桌行为惯性，同时充分发挥文明家庭、身边好人、榜样模范、乡贤能人等示范作用，结合新时代文明实践活动和全国文明城市创建行动，推进日常文明餐桌宣传，使餐桌文明真正成为市民的思想共识和行为自觉。

【围绕中心协商议政】　五年来，常委会深入学习贯彻习近平总书记关于加强和改进人民政协工作的重要思想，围绕中心协商议政，服务大局建言献策，在助推经济社会高质量发展中确保提案工作提质增效，提案工作呈现新局面。

加强理论学习，坚持提案工作正确方向，为政协提案工作高质量发展奠定良好基础。把握履职定位，着力提高提案建言质量。常委会坚持把质量放在提案工作重要位置，改进服务方式，强化培训引导，切实提高提案质量。五年累计撤并提案 162 件，有效保证提案质量。规范提案标准和程序，完善提案工作规则，编印提案案例选编。通过不断创新和正确引导，政协参加单位和政协委员的责任意识、质量意识进一步增强，履职能力和水平进一步提升。

强化协商意识，着力增强提案办理实效。常委会坚持把协商贯穿于提案工作全过程，搭建协商平台，优化工作机制，着力提升提案办理协商的成效水平。坚持全过程协商，确保提案件件有着落、事事有回音。突出重点提案协商，每年选出一批具有全局性的提案作为年度重点提案，由主席、副主席分别带队，以调研、走访、座谈的不同形式开展督办，并就提案办理中存在的问题与县政府及承办单位进行协商交流，有效推动“最多跑一次”改革、交通治堵、青少年心理健康教育、农产品品牌建设等一批重点提案落实。丰富协商形式，发挥界别委员作用，在督办提案时邀请提案关联领域的界别委员参与。坚持开展提案办理工作民主评议，通过“看、听、议、评、反”等方式，五年来对 5 家单位提案办理进行民主评议，促进提案的进一步落实和部门办理工作水平的进一步提升。加强与县委、县政府办公室督查室密切配合，及时掌握提案办理进度，对委员反馈不满意提案，召开协商会，明确要求承办单位限期重新办理。

完善体制机制，着力提升提案工作水平。常委会坚持把制度建设作为推进提案工作健康发展的根本保障，巩固创新成果，健全制度体系，着力完善提案工作规范运作机制。坚持县领导阅批领办提案机制，得到县委、县政府领导的大力支持，提高承办部门重视程度和落实效果。创设全会提案制度，于2019年首次设立全体会议提案，由县长亲自领办全会提案，县政协主席会议成员参与全体会议提案的协商办理，拉高提案办理整体工作标杆，引领示范作用进一步显现。加强提案工作的宣传及表彰。总结提案办理经验做法，在省市政协提案工作交流会作交流发言。通过在《人民政协报》《联谊报》等报刊上报道提案内容、办理过程和办理结果，扩大提案工作的社会影响力。搭建提案工作学习交流平台，利用网站、公众号等新媒体发布提案信息，征集提案线索，公开提案内容。邀请新闻媒体参加重点提案督办，及时宣传报道提案办理工作经验和成效。评选60件优秀提案进行通报表扬，激发政协各参加单位和政协委员以及全社会参与提案工作积极性，提案工作社会影响力逐年增加。修订完善规章制度。顺应推进提案办理协商的新形势新任务，修订《政协宁海县委员会提案工作条例》，制定《政协宁海县委员会关于设立全体会议提案的暂行办法》《政协宁海县委员会提案办理协商实施办法》等制度规范，强化提案工作创新发展制度保障。

关注社会民生

【概况】 立足社会事业发展，增进民生持续改善更有作为。过去的五年，关注社会民生、回应群众关切，坚持把以人民为中心的思想贯穿于履职的全过程，充分体现人民政协的“为民本色”。

【疫情防控】 投身疫情防控，守护人民健康。面对严峻复杂的疫情形势，在县委的坚强领导下，县政协第一时间发出倡议书，组织动员全县政协力量共克时艰，积极投身疫情防控。

县政协主席会议全体成员深入医院、社区、乡村、企业，督察指导疫情防控各项措施落实。广大委员投身抗疫一线，捐赠防疫物资40余万件，捐款560余万元，充分展现非常时期责任委员良好形象。

聚焦疫情防控和复工复产协商建言，提出疫情防控建议223条，其中多条建议被党委政府采用。全体机关干部下沉到联系村社、企业和疫情防控指挥部开展志愿服务，助力打赢疫情防控阻击战。

【助解民生难题】 助解民生难题，增进民生福祉。着眼办好人民满意的教育，针对学前教育、职业教育、中小学生心理健康教育、农村留守儿童教育关爱和乡村教师队伍建设等献智出力，推动教育事业全链条发展。

着眼改善医疗卫生服务，就卫生与健康事业发展开展常委会专题议政，针对公共体育健身场所建设、户外运动基地建设、居家养老工作、城乡居民医疗保障体系建设进行深入调研，推进公立医院改革、民营医院发展、医患关系改善，促进人民健康全周期保障。

着眼更好满足人民群众文化需求，围绕文化大发展、公共文化服务体系建设、宁海平调等文化遗产传承保护进行咨政建言，助力文化强县建设全方位推进。平均每年65%以上的协商议题、55%以上的提案、60%以上的社情民意信息都直接关系社会民生，有力推动一批涉及群众切身利益的问题解决落实。畅通社情民意信息了解和反映渠道，五年来，上报各类社情民意968件，获省市县主要领导批示112件次，反映社情民意信息工作连续三年位居全市政协系统前列。

【参与社会治理】 参与社会治理，促进社会和谐。为帮扶特殊群体促惠民之举。聚焦残疾人就业、精准救助、无障碍设施建设等课题深入协商，推动建立残疾人就业长效机制，促进扶持福利企业发展政策落地，许多建议直接被有关部门采纳实施。

为创新社会治理建利民之言。关注省政府民生工程在宁海的落实情况，将“推动农村饮用水达标提标工作”列为常委会课题，7个调研组实地察看农村饮用水源、供水站运行管护情况，向县委县政府报送的17条建议均被采纳，推动农村饮用水达标提标任务高效完成，受益人口近16万人。针对提升城乡生活垃圾处理能力，连续4年组织开展专题调研，围绕加强设施统筹、开展分类示范等方面建言献策，撰写的相关调研报告得到省政府和省政协主要领导的批示肯定。持续通过调研视察、民主监督、协商议政等方式，助推“四好农村路”建设、厕所革命、废气处理等事项落地。为维护社会和谐谋便民之策。高度关注平安社区建设工作，先后就加强和完善法律服务体系建设、推进户籍制度改革、棚户区改造、社区矫正、扫黑除恶、安全生产等多个议题，开展视察调研，积极建言献策，助力“法治宁海”“平安宁海”建设。五年来，始终如一做好扶贫助困工作，每年开展“六送下乡”活动，并组织委员开展慈善捐赠、捐资助学、送医送药、法律服务、农技咨询等活动130余次，捐款捐物价值达220余万元。

协商民主

【概况】 加强协商民主建设，发挥专门协商机构作用更有成效。过去的五年，我们不断丰富协商平台载体，完善协商制度，提升协商能力，切实做实人民政协的“协商主色”。

【构建协商议政新格局】 把协商民主贯穿履职全过程，坚持协商内容与协商形式相匹配，建立“1+2+6+X”协商体系，构建起以全体会议为龙头，专题议政性常委会议和专题协商会为重点，界别协商、对口协商、提案办理协商为常态，网络议政、远程协商为特色的协商议政新格局。

强化全体会议协商，增加互动交流，规范大会协商成果报送。改进专题议政性常委会议方式，县委县政府主要领导受邀参会更加常态化制度化。进一步发挥主席会议协商议政功能。健全民主监督组对部门工作的协商式监督机制。

五年来，共召开专题议政性常委会议12次，专题协商、对口协商及其他协商会议85次，对县检察院、县发改局等27个部门工作开展协商式民主监督，协助部门解决问题、改进工作。

【服务中心大局】 倾注心力，助推经济跨越发展。持续聚焦重点产业、重点项目推进，着重就加快经济提质转型、努力实现质量与效益同步提升、推动产业结构优化升级、增强经济发展后劲等方面调研议政。连续五年在全体会议上协商讨论县重点实事工程票决项目，围绕工业经济高质量发展、建筑业提升、新材料产业发展、质量强县工作推进、设施农业项目建设、农业产业化发展、现代物流体系打造、文旅深度融合、商贸综合体提质升级等课题调研视察和协商议政，形成调研报告25篇，提出建议240余条。县委县政府高度重视并点赞政协为推进重大项目建设、促进经济发展、产业提升所发挥的智囊作用。持续关注民营经济发展和优化营商环境，就“推动民营经济高质量发展”开展常委会专题议政，针对支持民营经济发展30条落实情况、知识产权保护、招商引资工作、投资项目审批改革提速情况等开展专项调研，推动相关政策出台，助推各项惠企措施落地见效。

积极参与，献计城乡建设发展。五年一贯推进美丽宁海建设。选择做好环境污染防治、加快美丽乡村建设、森林宁海建设等专题，召开常委会议、专题会议进行协商议政，提出对策建议120余条。根据县委“奋战300天消灭V类水”的部署要求，选择32个小微劣质水体作为整治对象，组织政协委员和机关干部投入治理行动。共筹集治理资金近200万元，察访313个村庄、218条河道沟渠，对17条河道进行水体采样，向相关部门反映问题83个。该项工作得到省政协领导的肯定，相关经验在省“五水共治”工作推进会上进行交流。主动参与全国文明城市创建，着力营造共建共享文明之城的浓厚氛围。县政协全体领导干部连续两年深入社区，积极投身创建工作，组建7个民主监督组，持续开展明察暗访，并以“培养健康饮食习惯，提升餐桌文明程度”的全体会议提案为抓手，促进全社会关注餐桌文明，共同助力创城工作。聚力促进城市品质提升，就“加强城市管理，提升城市品质”开展协商议政，对城市综合管理标准体系建设、管理体制完善、市政配套设施改进等议题，提出切实可行的对策。选择小城镇环境综合整治、城区公共交通优化、社区管理、背街小巷长效保洁等议题，组织开展协商监督，为城乡建设发展贡献智慧和力量。

【创建政协协商新平台】 把建好用好平台载体，作为发挥专门协商机构的关键之招，着眼常态化、制度化，着力培育打造与新时代要求相契合的履职平台。

坚持推进“社区协商厅”建设，以社区事务为切入口，深入城乡社区近距离感知群众的操心事、烦心事、揪心事，把协商开到群众家门口，在推动县域治理现代化中展现政协担当和一线作为。召开“社区协商厅”52次，协商解决200多个群众关心关注问题，在群众中树立人民政协为人民的好口碑。

协助县委出台《关于开展“请你来协商”平台建设工作的实施意见》，建立县委书记、县长与政协委员面对面专题协商对话机制，聚焦群众关切、委员关注、党政关心的实事要事进行协商，取得明显成效。

启动“请你来协商·民生议事堂”平台建设。五年来，共组织

"请你来协商"活动37场，提出意见建议280多条，大部分被吸收采纳。坚持从严把关、好中选优，分批建成24个委员工作室，其中2个工作室被评为市级委员工作室。通过牵头委员定期组织主题活动，建立专门管理制度，探索委员讲堂、界别协商等履职活动进工作室，有效拓宽委员团结引领界别群众的渠道，达到"一个委员"影响"一众人群"的乘数效应，政协的"朋友圈"越拓越广，"同心圆"越画越大。

【设立提案办理协商新机制】 注重提高提案质量，树立鲜明的质量导向。在加强提案业务培训、强化选题引导的基础上，严格立案审查，加大"撤、并、转"力度，推动提案由数量型向质量型转变。

注重提升办理水平，创新提案办理协商和提案监督方式。深化政府领导领办、政协领导督办重点提案制度，切实发挥重点提案的示范带动作用。制定提案办理协商实施办法，实现办理全流程电子化，进一步加强办理协商工作的制度化、规范化、程序化水平，推动提案办理由"答复型"向"落实型"转变。

创设全体会议提案，以政协会议上全体委员共同通过的"高形式"，县政府主要领导亲自领办的"高规格"，达到提案办理成果的"高质量"。

注重提升服务质量，不断完善服务机制。连续3年召开提案知情明政通报会，听取县教育局、县住建局等6家单位的工作情况通报，提高委员提案精准度。坚持每年举办提案办理工作民主评议会，以承办单位与提案委员的"双向互评"，进一步提升办理质效。

健全提案协商跟踪反馈机制，综合运用跟踪调研、跟踪视察、"回头看"等形式，推动协商成果"落地有声"。五年来，共征集提案1179件，立案1017件，全部办结，提案办理的落实率达到54.3%，委员满意率和基本满意率达到99%。

团结民主

【概况】 弘扬团结民主主题，凝聚共识汇聚力量更加广泛。过去的五年，我们不断扩大团结面、画大同心圆，为改革发展凝聚共识、智慧和力量，彰显人民政协的"统战特色"。

【扩大政治参与增共识】 积极为党派团体发挥作用搭建平台，县政协领导与各民主党派、工商联负责人和无党派代表人士，围绕全县重大决策部署开展联合视察。支持、安排各党派团体参加重大活动、重要会议、重点调研，在政协全体会议上以组织名义发表政见、展现风采。五年来，各党派团体在政协平台发言180余次，提交集体提案46件。鼓励党派与界别联合开展履职活动，不断增进沟通合作和团结共事，党派服务大局、服务社会的作用愈发突出。

【加强联谊交往促团结】 积极搭建平台、广交朋友，增进与各界委员的团结联谊。以庆祝中华人民共和国成立72周年和人民政协成立70周年、中国共产党成立100周年等重大节庆活动为契机，通过举办研讨会和书画展等活动，增强政协组织凝聚力和向心力，激发正能量。

注重发挥人民政协在团结宗教界人士中的独特作用，主席会议成员调研走访宗教团体和宗教场所，促进联系交流常态化、长期化和制度化。加强同党外知识分子、新的社会阶层人士、出国和归国留学人员团结联系。主动走访外地商会和宁海乡贤，积极推动产业回归、资本回归、总部回归。举办各界人士中秋茶话会，邀请社会各界代表人士共聚佳节、共襄发展。支持政协之友社、宁海书画院、平调研究会、跃龙诗社等社团开展活动。

增进文化认同聚人心。认真做好文史资料征集编撰工作，切实发挥其存史、资政、团结、育人的作用。完成《宁海县政协志》《宁海历代诗词选》编撰和出版工作。配合省市政协做好宁海古楹联故事、口述史料的征编工作。举办"自在宁海"油画展、"翰墨写春秋"书画作品展等活动，积极组织参加全市政协系统书画作品巡回展等活动，以会聚友、以文交友，强化政协对委员和各界人士的吸引力和感染力，促进大团结大联合。加强宣传工作，密切与宣传部门和主要媒体的联系协作，强化县政协门户网站和公众号功能，在省级以上媒体刊发宣传稿件96篇，印发《宁海政协》15期。

自身建设

【概况】 着力加强自身建设，政协工作提质增效更加凸显。过去的五年，我们建章立制、创新实践，不断强化机关建设和委员队伍建设，丰厚人民政协的"工作成色"。

【把牢正确政治方向】 高举旗帜、守好红色根脉，牢固树立"四个意识"、坚定"四个自信"、做到"两个维护"，擦亮人民政协的"政治底色"。

旗帜鲜明讲政治，始终坚持在县委领导下开展工作。深入贯彻落实中央、省市县委关于加强和改进新时代政协工作的决策部署，2019年协助县委专题召开县委政协工作会议，出台《关于新时代加强和改进人民政协工作的实施意见》，在健全政协工作协商机制、推进政协工作向基层延伸、解决政协“两个薄弱”问题等方面取得明显成效，形成党委重视、政府支持、政协主动、各方配合、社会关注的良好局面。严格执行重大事项请示报告制度，自觉在县委的领导下谋划事业发展、制定工作措施、推动工作落实。

持之以恒促学习，用习近平新时代中国特色社会主义思想凝聚共识。建立健全以党组理论学习中心组学习为引领，主席会议、秘书长会议学习等为常态，政协委员、机关干部业务培训为补充的学习体系。严格落实“第一议题”制度，把学习贯彻习近平新时代中国特色社会主义思想和中共十九大、十九届历次全会精神作为首要政治任务，及时贯彻落实省市县委全会精神，认真开展习近平总书记关于加强和改进人民政协工作的重要思想学习讨论活动，引导全县各民主党派和各界人士切实做到学思用贯通、知信行统一，持续巩固团结奋斗的共同思想政治基础。五年来，共组织县政协党组和主席会议集体学习126次，举办专题学习讲座18期，举行专题培训会10次，累计参加3200多人次。

坚持不懈抓党建，全面加强政协系统党的建设。首次召开县政协党的建设工作会议，制定出台政协党建工作方案，构建完善政协系统党的组织体系，建立政协党组成员联系界别党员委员、党员委员联系党外委员制度，充分发挥党员委员在政治引领、发扬民主、合作共事、廉洁奉公等方面的模范作用。加强党组织建设，机关党总支被评为市级四星级基层党组织；成立6个功能型党支部，实行102名党员委员组织关系一方隶属、参加双重组织生活的办法，有效推动“两个全覆盖”。县政协党组切实履行全面从严治党主体责任和意识形态工作主体责任，健全党组工作规则，抓好巡察反馈问题整改落实。

【规范政协工作实践】 以政协制度建设为保障，全面规范政协工作实践。加强政协协商与党委政府工作的有效衔接，规范完善协商议题提出、会商和计划制定机制，每年与县委县政府共同确定年度协商工作计划，增强协商的计划性、权威性。

完善政情通报机制，县政府主要领导每年到县政协通报工作情况。健全县政府与县政协年度重点工作协商对接机制，针对改革发展中的重大问题进行坦诚交流、务实协商。进一步加强和改进经常性、基础性工作，充实完善《全体会议工作规则》《常委会工作规则》等7项制度，规范专题调研、委员视察、提案办理、反映社情民意等一系列经常性工作程序，完善协商成果采纳、落实和反馈机制，健全推进工作落实的长效机制。

【提升政协履职能力】 以委员队伍建设为抓手，全面提升政协履职能力。按照习近平总书记关于“懂政协、会协商、善议政”和“守纪律、讲规矩、重品行”要求，加强对政协委员的履职培训和思想引导，涵养委员为国履职、为民尽责的情怀，提升政治把握能力、调查研究能力、联系群众能力和合作共事能力。

制定并实施县政协委员集中学习培训计划，赴浙江大学、省委党校等地开展县政协委员集中轮训任务。创办“崇学讲堂”，举办政协常委和委员专题读书会、线上研讨活动。五年来，共计开展各类培训研讨活动34批次、2890余人次。

加强委员履职规范化管理，完善委员履职考评细则，健全委员奖惩机制，进一步明确委员的权利、义务和履职要求。通过评选优秀委员、优秀提案等方式，不断激发广大委员的履职热情。

坚持政协主席会议成员联系政协委员制度，完善政协常委述职制度，大力宣传委员履职风采，在履职实践中充分发挥每位委员在本职工作中的带头作用、政协工作中的主体作用和界别群众中的纽带作用。

【加强机关服务水平】 以机关队伍建设为基础，全面加强机关服务水平。狠抓机关作风建设，高质量开展“两学一做”学习教育、“不忘初心、牢记使命”主题教育、党史学习教育，严格落实中央八项规定精神，持之以恒反对“四风”，不断提高机关党员干部政治判断力、政治领悟力、政治执行力，为高质量履职提供政治保障。

狠抓干部队伍建设，坚持正确用人导向，倡导机关干部爱岗敬业、忠诚服务，立足本职、敢于担当。推进干部轮岗交流，优化干部队伍结构，坚持既严格要求、严格管理、严格监督，又悉心关怀爱护，大力营造良好工作氛围。优化专委会设置，增设农业和农村委员会。做好“专”字文章，“一委一品”工作格局更加完善。

提案工作

【概况】 县政协十届一次会议以来，提交提案1179件，立案1017件，其中由主席会议督办的重点提案32件。提案年度办复率均达到100%，委员满意率和基本满意率均达到99%以上。提案中的意见建议，已经解决或基本解决的552件，占54.3%；部分解决或列入计划解决的391件，占38.4%；因受条件限制，暂时难以解决或留作参考的74件，占7.3%。其中，2021年共收到提案195件，立案173件，所提意见建议已经解决或基本解决的84件，占48.6%；部分解决或列入计划解决的65件，占37.6%；因受条件限制，暂时难以解决或留作参考的24件，占13.9%。提案已经成为委员最直接、最有效的履职方式，为促进宁海经济社会发展作出积极贡献。

【经济建设方面】 聚焦经济建设建良言，助推县域高质量大发展。

委员们围绕工业高质量发展、优化发展环境、加强全域旅游建设等问题提出提案220件，为全县经济建设注入提案动力。

关于推进宁海数字经济发展的建议，在数字经济“一号工程”2.0版中得以体现，党委政府在探索省市产业大脑在宁海特色行业领域深入实践的同时，引导企业“上云、用数、赋智”，推动产品数字化、工艺数字化、流程数字化、管理数字化，实现经营水平的整体跃升。

围绕加强人才建设，委员们通过提案呼吁尽快出台政策予以扶持，承办单位加快出台人才新政28条、人才安居办法，并通过推进宁海人才服务“一码事”建设、成立高层次人才服务中心等一系列举措，深入实施人才强县战略，全方位精准服务人才。

关于加强全域旅游建设等提案，得到县委、县政府高度重视，2020年全面启动“全域旅游再出发”专项行动，实施八大系统工程，注重打造龙头景区，加速推动森林温泉省级旅游度假区创建国家级旅游度假区、前童古镇创建国家AAAAA级旅游景区。

委员们呼吁加强农产品品牌建设，与宁海农产品品牌建设工作不谋而合，承办单位在创建工作中认真采纳委员意见，将蔬、果、渔、畜等众多产业予以整合，成功构建全宁波大市首个全品类“区域+产品特性”农产品区域公用品牌“宁海珍鲜”。

委员们提出的提升特色农业发展水平、重视制造业发展、做强跨境电商、解决企业招工难等意见建议得到承办单位重视，相关单位分别出台针对性的政策措施，各项工作取得较好成效。

【城乡建设方面】 着眼城乡建设提良策，助推城乡面貌大提升。委员们围绕文明城市创建、改善交通状况、助力乡村振兴等问题提出提案296件，为不断提升城乡品位提供提案智力。

针对委员们提出的优化停车资源、推进智慧停车项目建设等提案，承办单位十分重视，于2020年正式启动宁海县智慧停车项目建设，一期2744个停车泊位正式投入使用，二期2200个停车泊位正进行调试，城区“一位难求”的局面得到明显改善。

关于艺术助推乡村振兴的建议，有效推动《宁海县关于推进艺术振兴乡村工作的实施意见》的出台，通过连续几年的不懈努力，“艺术振兴乡村”已成功打造为全省乡村振兴十大模式之一。

关注农村垃圾分类处理工作，在提案中多次提出具体建议，承办单位充分吸纳，积极构建“智分类、云回收、源处理、循环用”农村生活垃圾分类处理模式，出台全国首个农村生活垃圾智能分类地方标准，成功入围全国农村生活垃圾分类和资源化利用示范县创建单位。

加强城乡水利设施建设、重视智慧交通建设、统筹推进绿化事业发展、加强小区物业管理等意见建议，通过承办单位的努力，得到有效落实，有力推动城乡人居环境品质的提升。

【社会事业方面】 围绕社会事业谋良方，助推共享发展大成果。委员们围绕教育、文化、卫生、体育等方面问题提出提案261件，在助推社会事业发展中彰显提案作为。

围绕青少年心理健康教育，提出加强教师心理健康教育业务能力培训、配足配齐专业心理健康教育师资、规范课程设置、做好家校共建等建议，承办部门积极采纳，相继出台《宁海县关于实施中小学生健康成长“三航工程”的意见》《宁海县关于加强中小学校心理健康教育工作的实施方案》。2021年3月成立县心理健康教育协会，为青少年心理健康保驾护航。

关于推动宁海社区文化发展的建议，得到承办单位高度重视，将社区文化建设工作纳入乡镇（街道）年度考核，加大对社区文化工作的奖励补助力度，加强社区文化中心建设指导力度，不断丰富社区文化活动类型，真正落实品质社区建设。

解决“看病难”问题是民生问

题，关系到群众的切身利益，委员们多次提出提案。承办部门在实际工作中充分采纳委员意见，通过持续深化优质医疗资源“两下沉两提升”，全面实施公立医疗机构智慧结算等方式，着力提升县域医疗服务能级，医疗卫生服务水平得到不断提升。

关于加强公共健身设施建设的系列提案，有力助推宁海城市社区15分钟健身圈的构建和完善，西门地块体育主题公园、柔石公园城市绿道等一大批健身设施的投入使用，得到市民一致好评。

提出高质量发展学前教育、加强文物古迹保护、做好县域疫情防控工作、重视全民健身运动等意见建议，在各承办单位的共同努力下，工作成效明显。

重大会议

【县政协十届二十一次常委会会议】 1月5日，县政协主席尤玲娟主持召开，会议审议通过县政协十届二十一次常委会会议议程，表彰优秀提案、提案承办先进单位和先进个人，对新建委员工作室进行授牌。会议协商讨论《政府工作报告（征求意见稿）》、《“十四五”规划纲要（征求意见稿）》、2021年经济社会发展主要指标和2021年县重点实事工程安排方案，审议通过《关于召开县政协十届五次会议的决定》、县政协十届常委会工作报告及报告人名单、县政协十届常委会提案工作报告及报告人名单、县政协十届五次会议全体会议提案（草案）及县政协十届五次会议其他有关事项。会议决定，县政协十届五次会议于1月20日召开。协商决定有关人事事项。会议还表彰优秀提案、提案承办先进单位和先进个人，并举行新建委员工作室授牌仪式。

【中国人民政治协商会议第十届宁海县委员会第五次会议】 1月20—22日在宁海国际会展中心召开。在为期3天的会议中，231位县政协委员认真协商讨论和审议各项报告，建睿智之言、献务实之策。

县政协主席尤玲娟代表县十届政协常委会向大会报告工作。县政协副主席石道伟代表县十届政协常委会作提案工作报告。

【县政协十届二十二次常委会会议】 1月21日，县政协副主席何建春主持召开。会议听取各大组讨论情况的汇报。会议审议通过全体会议提案（草案），审议通过《会议决议（草案）》《选举办法（草案）》。会议确定县政协常务委员候选人名单，确定监票人名单，通过总监票人建议名单。

【县政协十届二十三次常委会会议】 1月22日，县政协主席尤玲娟主持召开，会议审议通过县政协十届二十三次常委会会议议程，审议通过县政协2021年工作要点，并听取政协常委代表述职。

【县政协十届五十五次主席会议】 3月30日，县政协主席尤玲娟主持召开。会议听取县司法局关于宁海公共法律服务体系建设情况的汇报。会议传达学习习近平总书记在中央财经委员会第九次会议上的讲话精神、全国政协十三届四次会议精神、十九届中央纪委五次全会和省纪委十四届六次全会精神，并研究部署县政协2021年党风廉政建设工作。会议审议通过县政协数字化改革有关事项、《政协宁海县委员会委员工作室工作规则》以及“新发展格局下推动制造业转型升级”调研方案。

【县政协十届五十八次主席会议】 6月29日，县政协主席尤玲娟主持召开。会议听取县农业农村局关于宁海县农村公共设施建设管护情况的通报。传达学习习近平总书记在中国科学院第二十次院士大会、中国工程院第十五次院士大会、中国科协第十次全国代表大会上的重要讲话精神和在青海考察时的重要讲话精神，以及省委十四届九次全会精神和市委十三届十次全会精神。会议审议通过2021年县政协界别活动月实施方案、十届宁海县政协优秀委员评选有关事项、县政协十届二十四次常委会议有关事项。

【县政协十届二十四次常委会会议】 7月22日召开。会议审议通过县政协十届二十四次常委会会议议程、《宁海县胡陈乡、茶院乡、越溪乡行政区划调整方案》，围绕“在新发展格局下推动宁海县制造业转型升级”课题开展参政议政发言。

【县政协十届六十次主席会议】 8月27日，县政协主席尤玲娟主持召开。会议听取县政府关于提案办理情况的汇报、茶院乡上半年经济社会发展情况的汇报。会议传达学习中央财经委员会第十次会议精神、省委书记袁家军的《以守好红色根脉的担当走好新的赶考之路》文章精神以及2021年全省政协主席暑期读书会暨宣传思想工作会议精神。会议审议通过提案办理工作民主评议有关事项、《十届宁海县政协优秀委员名单》、《2021年中秋茶话会活动方案》《县政协“六送下乡”惠民服务活动方案》以及庆国庆“美丽宁海”宁海书画院画师作品展有关事项。会议书面审议2021年上半年财政预算执行情况报告。

【县政协十届六十一次主席会议】 9月29日上午，县政协主席尤玲娟主持召开。会议听取县市场监管局关于农贸市场建设管理工作情况的通报。会议传达学习习近平总书记在中央民族工作会议、中央党校中青年干部培训班开班式、第七十六届联合国大会上的重要讲话精神。会议审议通过县政协有关人事事项、县政协十一届一次会议参政议政发言有关事项、2021年度委员工作室工作经费拨付方案、县政协十届二十五次常委会议有关事项。

【县政协十届二十五次常委会会议】 10月22日，县政协主席尤玲娟主持召开。会议审议通过县政协十届二十五次常委会会议议程，听取并协商决定县政协有关人事事项，听取县政府关于县政协十届五次会议政协委员提案和全体会议提案办理情况的通报。与会政协委员还就反映社情民意展开座谈。随后举行“高质量发展建设共同富裕标杆县”主题常委读书会上。

【县政协十届六十三次主席会议】 11月25日，县政协主席尤玲娟主持召开。会议听取县商务局关于商贸综合体提质升级情况的汇报。会议协商讨论县政协十一届一次会议有关事项。

【县政协十届六十四次主席会议】 12月22日，县政协主席尤玲娟主持召开。专题审议关于召开中国人民政治协商会议第十一届宁海县委员会第一次会议的决定（草案）。会议建议，中国人民政治协商会议第十一届宁海县委员会第一次会议于2022年1月23日召开。建议会议的主要议程：听取和审议县十届政协常委会工作报告、县十届政协常委会提案工作报告；列席县十九届人大一次会议，听取并讨论政府工作报告及其他有关报告；委员参政议政发言；选举政协第十一届宁海县委员会主席、副主席、秘书长和常务委员；审议通过县政协十一届一次会议全体会议提案；审议通过县政协十一届一次会议决议等。

【县政协十届六十五次主席会议】 12月31日，县政协主席尤玲娟主持召开。会议传达学习中央经济工作会议精神、习近平在中国文联第十一次全国代表大会中国作协第十次全国代表大会上的讲话精神、中央农村工作会议精神，以及宁海县第十五次党代会精神。会议听取县发改局、县房屋征收管理中心关于宁海县2022年经济社会发展主要指标和2022年县重点实事工程安排方案的汇报。会议协商讨论宁海县2021年财政预算执行情况和2022年财政预算初步安排意见。会议审议通过县政协十届二十六次常委会议议程（草案）和日程；协商讨论《关于政协第十一届宁海县委员会界别设置和委员名额的决定》（草案）；审议通过县政协2022年干部教育培训班次计划；协商讨论县政协十一届一次会议有关事项；审议通过优秀提案、提案承办先进单位和先进个人名单；协商讨论并通过2022年工作要点。

群众团体

宁海县总工会

【概况】 坚持以习近平新时代中国特色社会主义思想为指导，把做好新形势下职工群众工作作为中心任务，把巩固党执政的阶级基础和群众基础作为政治责任，切实加强组织引导，着力推进改革创新，不断强化维权服务，在助推共同富裕标杆县进程中积极发挥工会作用。

《坚持数字赋能，宁海创新推进快递从业人员入会进“家”》入选新就业形态劳动者网上入会及会员管理模式创新优秀案例。《创新“职工说事”制度，探索工会助推基层社会治理新模式》项目获浙江省第一届工会改革创新优秀成果。全年获得全国级荣誉2项、省级荣誉10项，市级荣誉71项，全市工会工作考核荣获特等奖。

【党建工作】 建立健全党建引领、联系广泛、服务职工的工作体系，贯彻落实中央、省市县委及上级工会决策部署，切实把新时代党的主张和要求转化为职工群众和工会组织的自觉行动。以庆祝中国共产党成立100周年为契机，组织近30名工会主席和劳模工匠走进基层讲党史、录制视频讲党史，掀起党史学习热潮，获得职工点赞近3万次。建成宁海新时代职工文明实践中心和8家职工阅读漂流基地，面向产业工人、新就业形态劳动者群体开展10场职工读书沙龙，进一步引导职工学懂、弄通、夯实理论功底和政治信仰。

把理想信念教育贯穿于职工活动中。开展“中国梦　劳动美”书画展、摄影比赛等系列宣传教育活动；举行“红歌颂党恩，奋进新时代”全县职工歌唱大赛；开展“建党100年　光影映初心”红色电影下基层工会活动，参观职工近2万人；创新开辟红色走读路线，举办5场“重温革命记忆，探寻红色初心”主题健步走活动。

把时代主旋律融入社会生活中。以常态化疫情防控为主要任务，策划开展“我在宁海过年挺好”留工优工主题活动，推出录祝福视频、送过年礼包等暖心服务。积极投入文明城市创建，叫响“工人创城有力量”品牌；依托“职工大讲堂”，推出运动类、文创类、知识讲座类系列公益培训160场。以“宁海工会”微信号为主要阵地，策划“致敬身边的榜样”劳模工匠系列宣传，传播工会好声音，讲好职工好故事。

【发挥主力军作用】 坚持高质量发展理念，充分发挥工人阶级主力军作用。

抓产改促发展。以推动企业和职工共同发展为目标，召开产改推进会。保障产业工人政治地位，在“两代表一委员”中产业工人比例均有所提高，全县新发展产业工人党员388名，占全县新发展党员56.2%。开展51家企业产改试点工作，全县统筹投入6600万元全面推行产业工人职业技能提升三年行动；推行培训机构等级评价模式和淘汰机制，开展首次民办职业培训机构等级评定，同时推进企业职业技能等级自主认定工作，全年新增63家自主认定单位，产改单位初步试出方向、试出机制、试出经验、试出成效。

抓竞赛强技能。以“建功十四五、当好双优生”为主题，积极开展全市评查、集体协商等各级技能竞赛活动共51场，确保市级以上重点工程开工建设项目竞赛覆盖面达到85%。引导更多企业自主开展岗位大练兵、技能大比拼活动，不断提升宁海县职工的能力素质。依托全县11家专业性公共实训基地，利用资源优势、专业优势，做好短期培训、技能提升等工作，构建以点带面、分层分批的技能素质培训工作体系，全年技能培训覆盖职工超1万人。

抓典型扬新风。连续两年实施“百千万”高技能领军人才培养工程，全年有5人入选市级“拔尖技能人才”、47人入选县“优秀技能人才”。培育浙江工匠4人、宁波工匠3人、缑城工匠12名。选树省级“劳模工匠创新工作室”1家市级2家。充实劳模工匠技术服务队伍，扩大帮扶服务范围，为中小企业提供技术服务、排忧解难，实地帮扶企业36余家；为全县中小微企业技术指导服务71次，帮助企业节约成本100万以上，劳模工匠技术服务队已逐渐成为教育人、培养人、锻炼人的重要载体。

【职工权益维护】 坚持以职工为本，切实增强职工群众获得感幸福感安全感。

构建职工权益维护体系有成效。开展“安康杯”竞赛活动，参与企业数达到1349家；开展安全隐患随手拍活动，评选出县级“十佳”随手拍合理化建议和优秀随手拍合理化建议25条。组织流动体检车走进乡镇（街道），服务企业职工9500人，其中享受工会补助的职工达到1288人；启动一线职工免费体检休养活动，完成一线职工体检休养、省内疗休养410人次。做实做细平安宣传活动，发放平安宣传手册2万册，组织落实安全生产宣传进社区，开展“十万职工护航平安宁海建设”活动。

构建工会服务保障体系有成效。扎实开展“四季送”工作，全县各级工会安排专项经费112万元，专门用于慰问高温企业321家。全年发放困难帮扶资金14万元，筹集和发放送温暖资金181.94万元。积极推动职工医疗互助保障工作，参保人数达到6.93万人，参保金额达到207万元。开展“工会就业援助月”大型招聘会4场，提供就业岗位8657个。策划5·1服务卡十周年特惠活动63项，投入金额达到58万元，惠及职工15708人次。建成户外劳动者驿站58家。

构建和谐劳动关系体系有成效。联合人社局、工商联等部门出台《关于推进工资集体协商精细化管理的通知》，已建工会企业集体协商率动态达92%，市级和谐企业实施工资集体协商精细管理率达50%以上。召开“同舟共济谋发展 凝心聚力构和谐”宁海县集体协商业务交流会，举办市“第二届集体协商竞赛”并荣获团体第一名，成功搭建企业与职工平等协商、合作共赢的平台。进一步完善劳动争议调裁诉处理机制，劳动争议巡回法庭开庭。培育市级劳动争议调处工作室2家，全年提供法律援助涉及金额1290.3万元。开展“安薪在宁”等专项行动，欠薪案件结案率100%，安薪指数全市最高。

【基层工会改革】 坚持问题导向，着力推进基层工会改革。

开展工会组建行动，进一步强基层广覆盖。以“聚焦八大员 集中抓组建”专项行动为载体，积极开展“深服务，广普查”工作，切实摸清各类群体建会入会情况和工作生活特点，以“服务先行、模式创新、存量提升、示范带动”等手段，力争最大范围把灵活就业人员吸纳到工会组织中来，努力提升工会组织的有效覆盖，全年组建工会88家，发展会员5512人，其中单建工会79家，区域性、行业性工会9家。累计新发展灵活就业群体会员5035人，远超市总下达的3000人指标，并同步落实90万经费保障。成立全县家庭服务行业工会联合会、彩虹桥护工护理员工会等新就业形态领域特色工会，探索出岔路镇红梅服务联合工会等跨产业链的建会新模式，实现乡镇辖区新就业形态劳动者群体入会“兜底”功能。相关建会入会工作经验《坚持数字赋能，创新推进快递行业从业人员入会进“家”》课题作为唯一一家县级工会入选全总“新就业形态劳动者网上入会及会员管理模式创新优秀案例”。

开展改革创新行动，进一步破难题育典型。继续推进基层工会改革项目清单制度，在全面深化乡镇（街道）总工会兼职化改革、区域性行业性工会联合会建设与拓展等全县重点改革项目基础上，全年组织开展全县第二期“一会一特色”擂台赛，通过“擂台比武”的形式，比成效、晒特色、出经验，推动基层工会工作更好地把握重点、突破难点、彰显亮点，创树更多更好的基层工会工作品牌，挖掘提炼更多可复制、可推广的改革成果，推动全县基层工会改革全面推进。认真做好全国总工会蹲点调研服务和配合工作，相关工作经验由全国总工会蹲点调研组上报并在部级内刊《工会维稳》中刊出。

开展规范促活力行动，进一步夯基层打基础。深化“活力基层工会”星级创建活动，建立“梯次创建、滚动晋级，以大带小、以强扶弱”的孵化机制，完善考核验收以及评级复查机制，加大三星级工会培育及五星级工会复评考核力度，持续保持星级工会活力。组织抽取13家2015年获评的市级五星级基层工会进行现场督查，东方日升新能源股份有限公司工会、宁海强蛟海螺水泥有限公司工会等2家单位获评市级示范基层工会；宁海县双宇电子科技有限公司工会等1家单位获评市级五星级活力基层工会；宁海县快递行业工会联合会成为市级五星级区域性、行业性联合工会。全面完成工会实名制数据采集工作，基层工会授权已完成1276家，会员采集人数达162161人次。

推行“宁工家+”统一品牌建设，新建或改建提升一批有自身特色的“宁工家+”职工之家服务阵地，努力构建有阵地、有队伍、有活动、有特色、有保障的职工文化工作新格局，全年打造宁工家+职工服务阵地8家。

开展“职工说事”推广行动，进一步抓创新促和谐。继续全面推进“职工说事”制度提质扩面，实现规上企业全覆盖和四星级以上活力基层工会全覆盖的目标。有601家基层工会建立“职工说事”工作室。继续加强示范工作室创建培育工作，成功创建评选5家全县职工说事示范工作室，申报2家市级职工说事示范工作室。打造强蛟镇国企职工说事集聚示范区、岔路镇高坛园区小微企业职工说事集聚示范区等特色样板职工说事工作室。组织开展“职工说事”主题微电影、抖音短视频大赛等活动，《创新“职工说事”制度，探索工会助推基层社会治理新模式》项目获得浙江省第一届工会改革创新优秀成果荣誉。

开展工会志愿服务体系建设，进一步助大局促发展。强化组织保障，制订并印发《宁海工会志愿服务体系建设三年实施方案（2021—2023年）》，确立全县工会志愿服务指导思想、基本原则和工作目标，明确工作任务，严格工作要求。目前，全县已建立456支工会志愿服务分队，并全部入驻宁波市志愿服务WE平台。推动工会志愿服务品牌化，逐步形成一批专业性强、示范性好、成熟度高的工会志愿服务团队，已涌现出县快递行业工会联合会的小蜜蜂志愿服务队、桃源街道泉水社区工会联合会外来职工志愿服务队等一批辨识高、效果好、叫得响的工会志愿服务品牌，全年开展各类志愿服务累计信用时数1284.61小时。

【自身建设】 坚持全面从严治党，不断加强工会自身建设。

强化基层工作力量。通过工会选派、招聘职业化工会工作者等多种途径，推动建立“挂兼”相结合与“工会干部+积极分子+志愿者”的工作队伍，多渠道增强基层工作力量。修订出台《宁海县职业化工会工作者管理办法》，建立职业化工会工作者动态数据库，健全选聘、管理、等级评聘、考核等程序，评选表彰2020年度6名优秀职业化工会工作者。发放三星级及以上非公企业工会主席等工作补贴78万元，有效激发基层工会活力。

强化基础配套。积极做好工会资产保值增值工作，职工之家二期工程开工建设。作为全市唯一试点单位，积极做好县工人文化宫、县职工业余学校“两化”运营工作并获得省总高度肯定，赴省总参加“两化”运营现场会并做经验交流。

强化干部能力提升。实施全县“新时代领头雁”工会干部能力提升工程，常态化开展“当一周工人，体工会初心”主题实践活动和集中开展全县工会系统机关干部赴基层蹲点活动，让机关工会干部与一线工人、企业工会干部进行交流，宣传有关政策精神，了解基层和职工所需所想。通过加强思想淬炼、政治历练、实践锻炼、专业训练，着力提高工会干部七种能力，更好地担负起推动新时代工会工作的重任。

共青团宁海县委员会

【概况】 围绕县委和上级团组织部署要求，牢固树立危机意识，按照“政治立魂”“一线建功”“服务为先”“大抓基层”四个导向，主动贴近青年、服务青年、凝聚青年、引领青年，持续固根基、扬优势、补短板、增动能，力争考核评价赋分进位。

【政治立魂】 多措并举，激活红色

1月15日，组织2021年宁海县“共青团与人大代表、政协委员面对面”活动座谈会召开

细胞。积极引领全团、队学习贯彻习近平总书记重要讲话精神，线上依托“网上红领巾学院”“青年大学习”等学习载体，推送556篇微信推文。挖掘红色地标里的闪亮故事，拍摄《缑城星火 百年赓续》《童心向阳 红色传承》等微视频，以身边的党史故事深化党史学习教育。线下通过上海宁海大学生联谊会、在京宁海大学生联谊会等，组织本地青年开展“阅读悦青春”党史学习教育分享会，累计组织专题学习100余场、主题活动30余次，覆盖青年群体1.5万余人次。积极开展党团知识竞赛、“童心向党”主题系列比赛，以赛促学，掀起党史学习热潮，并获得市党团知识竞赛一等奖。

1月30日，“共青团影院”揭牌仪式暨首场公益观影活动举行

创新载体，拓展红色阵地。创设5家“红心向党”青少年薪火教育基地，打造“山洋红色之旅”沉浸式教育实践基地，获评省级青少年红色基因传承基地和省级国防教育基地称号，发动150余批次青年前往打卡。全面推进青年之家阵地建设，胡陈乡青少年综合服务平台被评为全省“闪亮青年之家”。依托共青团影院、品读浙东风骨红色研学线路等受青年群体欢迎的青春学堂载体，开展小故事讲述、红剧本沉浸、红电影感悟、网红点打卡等活动80余场，5000余人次参与学习。

整合资源，用好红色队伍。开展“新时代好少年”宣讲比赛，组建宁海县“新时代好少年”宣讲团，用儿童视角向全县青少年儿童宣讲党史小故事，开展“国旗下的微党课”“革命阵地的红导游”等系列宣讲活动50余场，涉及范围达到3万余人次，有效激发广大青少年儿童热爱党、热爱祖国、热爱社会主义的真情实感。组建“新时代青年”宣讲团，进机关、进村社、进企业，提供“点单派送式”宣讲服务60余场，并对宣讲内容进行艺术化改造，衍生出脱口秀、情景剧、故事会等群众新的宣讲形式，提高宣讲活动的知识性、教育性和趣味性。

【一线建功】 服务中心工作担当有为。结合县委县政府中心工作，启动“青春创城”行动，积极动员全县青年党团员、青年社会组织、亲子志愿者等深入推进县文明城市创建工作，累计开展文明创城青年志愿服务活动3000余场，动员1万余名志愿者参与创城。聚焦民生小事，开展“我为青年办实事”专题实践活动，解决问题425件，帮助困境青少年800余人次。组织启动“众志成城，守护家园”青年企业家助力疫情防控行动，为防控疫情一线的执勤人员捐赠近5万元物资。开展宁海县“乡村振兴·我是小小艺术家”中小学生艺术大赛，鼓励用“艺术创意”点亮乡村振兴，收到作品500余件。贯彻落实县委乡村振兴和“三农”工作战略部署，举办“美好乡村·振兴有我”2021年宁海县青创农场路演大赛暨青农战线学习会，下拨青创农场创建奖补资金3.5万元，葛家村团支部书记葛品高青春助力艺术振兴乡村事迹被《中国青年报》头版头条报道。

青年创业创新硕果累累。积极打造青年农民创业新平台，成功创建省市级青创农场各1家，命名县级青创农场5家。成功培育青年创客，陈仲被评为“全国乡村振兴青年先锋”，获得“之江创客”全球电子商务创业创新大赛农村电商一等奖。培育两名青年获得2021年“宁波青牛奖”10强，其中1名入围2021年度浙江省青春助力乡村振兴带头人“青牛奖”寻访候选人。推选31名青年入围2021年省级青年工匠名单。

青年人才引育成效明显。强化六大宁海籍在外大学生联谊会联络服务，连续开展十三期“未来人才储备计划”活动，启动“家燕归巢”大学生社会实践活动，累计为2800余名在校大学生提供菜单式实习岗位。开展“智汇宁海 就‘职’有你”“青春宁海 只‘音’

有你”主题实践活动，吸引100余名大学生参与。召开青年工作联席会议，审议通过《宁海县中长期青年发展规划（2021—2025年）》。优化人才引培养环境，落实县级引才计划和甬江人才申报要求，引进2个创新人才和1个创新团队。

志愿服务品牌彰显风采。发挥“小青柠”志愿服务队伍的志愿先锋作用，为“5·19”开游节、“浙江省旅游现场会”“中国（宁海）储能产业链融合论坛”等重大活动提供服务，并举办“礼赞百年·志愿扬帆”2021年宁海县新时代文明实践志愿服务项目大赛，累计参与志愿者3000余人次。组建青年突击队，下沉社区助力疫情防控，主动开展沿街商铺疫情防控宣传以及入户排摸工作。积极响应县疫情防控关心关爱工作组要求，及时慰问隔离点人员和一线防疫工作人员。集结一支由来自各乡镇、机关单位、民间救援组织的16名青年组成的志愿服务队，赴余姚开展为期5天的卡点执勤、核酸监测点后勤保障等志愿服务工作。

3月26日，团县委开展党史学习教育专题讲座

【优化青少年成长环境】 紧盯重点青少年群体，全面掌握并逐月更新五类重点青少年群体底数信息，对全县重点青少年落实属地组织开展“一对一”帮扶，累计帮扶339人次。联合公安、检察、妇联等部门成立宁海县关爱未成年人“一站式”办案保护中心，强化对被侵害未成年人的保护。开展“99公益日”活动，累计发动1800余名各界爱心人士为宁海县青年共富基金筹款，总金额达13万余元。

提升青少年安全防范意识。紧盯重要节点，组织开展“共建无毒家园，守护红色根脉”第二届禁毒公益象棋擂台赛，通过群众喜闻乐见的方式，引导广大青少年识毒、防毒、拒毒。联合公安部门，深入开展反诈宣传防范工作，依托校园110云课堂对全县中小学生开展反诈宣传，借助“小手拉大手”活动促使反诈工作向家庭延伸，以实际行动助力平安宁海建设。团县委领导班子带头讲“开学第一课”，属地团委书记纷纷站上讲台，努力使法治理念深入学生心间。开设“法制进校园”专题讲座，邀请副县长、县公安局长走进校园，为9000余名师生讲授“坚持共建共育·打造平安校园”的专题法治讲座。结合“12·4”国家宪法日节点，开展网络安全直播课堂，吸引全县6000余名中小学生和家长在线观看，收获3万余赞，社会反响热烈。

青年婚恋交友活动持续发力。围绕青年在婚恋交友方面的需求，发挥各群体优势，整合从事婚恋的企业、社会组织和热心人士力量，搭建交友平台，更好满足青年婚恋需求。开展“千里桃缘‘钉’上你”“又见海湾·才情涌动”“爱在毛洋·情定石门”“结婚大作战”等30余场青年交友联谊会，服务青年近5000人次，成功牵线30余对。

新兴青年联系服务持续加强。开展“团干联系服务小哥”调研实践活动，深入了解小哥生存现状、思想动态和重点诉求，并形成调研访谈报告。联合县委“两新”工委、县邮管局等相关部门出台《宁海县关心关爱“快递小哥”十五条措施》，推动完成10个“甬爱e家”小哥驿站示范点建设。推出“团结青蜂”关爱成长计划，线上线下发起《“双十一”关心关爱快递小哥倡议书》，围绕“一站两联三服务”工作体系，开展系列关心关爱活动，如通过“青蜂学堂”形式为20余名优秀快递、外卖小哥子女提供免费艺术启蒙课程服务。

【自身建设】 加强基层组织建设。完成村级团组织换届选举工作，实施“青春建功新征程·开跑第一棒”专项行动。完成县青联第六届换届选举工作，成立县青年企业家协会。推进社区少工委建设，创新成立以社区、学校、群团、社会组织、五老人员、家长代表等为委员的社区少工委。逐步推进“红领巾奖章”争章活动，在建队节主题活动中授牌一批县“红领巾”奖章创建示范学校。

加强团队管理建设。严把团员入口关、发展程序关，稳步推进学校团学比合理化，进一步增强团员先进性，全年累计发展新团员1464名。坚持“全童入队”组织发展原则，规范入队程序，100%完成分批次入队。

加强干部队伍建设。出台《关于开展共青团“达标夺旗”竞赛活动的通知》，建立“季考评、季通报、年排名”考核通报机制，全面提升团干部执行力。创新出台《宁海县少先队辅导员管理办法》《宁海县少先队工作目标管理评价办法》《宁海县中学共青团工作目标管理评价办法》，实行中学团委书记、小学大队辅导员任职备案机制，客观、科学、精准评价和推动宁海县各校共青团、少先队工作成效，更好地组织动员全县各校团、队组织锻造硬核力量。

5月17日，宁海县青年联合会第六届委员会第一次全体会议召开

宁海县妇女联合会

【概况】 紧扣庆祝中国共产党成立100周年主线，践行守好“红色根脉”的政治担当，以“共同富裕”目标为总牵引，重点围绕妇女儿童家庭做好“五篇文章”、打造“五个妇联”，以高质量发展的优异成绩迎接建党百年，聚焦主责主业做实引领，立足妇女儿童家庭做强引领，吹响“巾帼领航”集结号，全县妇联工作呈现出行动迅速、协同有力、影响广泛、品牌深耕四个特点，为擦亮“重要窗口”的妇联“金名片”贡献巾帼力量献智出力。获评为全国妇联系统先进集体、2021年度全国妇联宣传舆论阵地建设先锋榜、省实施妇女儿童十三五规划成绩突出集体等荣誉称号，儿童工作在全市会议上作典型发言2次，承办市级现场会1场（宁波市第八届家庭文化节暨儿童之家建设工作现场推进会）。

【政治引领】 “党史学习教育”载体激发内动力。突出中国共产党成立100周年主题主线，以“巾帼心向党奋斗新征程”为主题，开展“学党史、颂党恩、办实事”系列活动，策划开展“百年芳华”甬籍优秀女共产党员图片展21次，多形式开展“微党课比赛”“红色基地参观”“庭院话党史”等集中学党史144次、讲党课126次、践初心行动3670次。

“女性读书会”载体调动凝聚力。依托“女性阅读联盟”开设“女性初心读书会”系列活动，定期策划适合女干部素养提升的高质量系列精品课程，融入学习宣传贯彻中共十九届六中全会精神、党史学习教育、“四史”宣传教育，进一步调动各级妇联干部参与积极性。开展“甬心晴音入画来”“优雅的力量”“中共十九届六中全面精神女干部学习会”等主题女性读书会12期。

“网上妇联建设”载体增强引领力。围绕妇联巾帼乡村振兴、家庭家教家风建设、妇儿公益服务等特色工作及文明城市创建、党史学习教育、疫情防控等党政中心工作，主题策划线上线下广泛宣传，被《人民日报》客户端、《中国妇女报》、婚姻与杂志等国家级杂志新媒体录用报道10篇，被省市级媒体平台录用21条，县级媒体平台录用282篇，形成有形、有效、有声的思想引领和宣传舆论工作体系。

【服务中心大局】 新型业态发展再探索，让乡村共富更具生力。全面铺开艺术赋能庭院创建工作，全年完成美丽庭院创建8000户，打造能深度演绎产业特色的美丽庭院示范带2条。将手工文创植入美丽庭院，在大佳何镇毛洋等村打造“美院+美食”为特色的“巾帼路”，开创婚庆美食体验增收新特色。启动巾帼村播带共富培育计划，通过庭院直播间云端推荐，拓宽宁海农特产品、手工艺品网络销售新渠道，如长街镇村播品牌“阿蛏嫂”已累计为20余种农副产品开展庭院直播62场次，累计销售额82万元。把“妇字号”巾帼项目作为乡村文化振兴的新引领，如强蛟镇骆家坑引入花姐文化团队，聚合24名当地“舌尖巧娘”打造“九珍宴”，并做足山海文化，打造乡村文创求索共富体验新亮点。

巾帼营商环境再优化，让创业创新更具动力。设计印制妇女小额担保贴息贷款政策宣传折页在全县范围内开展宣传宣讲，拓展创业扶持普惠覆盖面。以省市级“妈妈的味道”民间美食美物集市活动为展示平台，完成27家具备条件的妇字号农产品的追溯系统管理信息登记，并主动对接甬农鲜平台，推荐入驻8个特色美食项目，先后组织5个美食项目、4个女红巧手项目、2个优秀巾帼民宿参与展示展销且销量喜人。

岗位创先争优再深化，让巾帼建功更具活力。做强巾帼建功载体，县巾帼云创客代表周媛媛受聘市巾帼网红公益大使，陈瑶瑶获省首届村播大赛优胜奖，白峤村自然食育课堂在争创市巾帼新型农村创业基地活动中一枝独秀。深入开展“巾帼建功新时代·不忘初心著芳华”岗村（企）互动活动，新创市岗4个、县岗20个，覆盖女性创业服务平台、巾帼文创行业、妇字号农创基地等多个行业和领域，其中宁海8718企服中心巾帼岗事迹荣登《婚姻与家庭》杂志；宁海巧娘结对授艺普格妇女事迹被市级多家主要媒体报道；国家税务总局宁海县税务局妇委会依据工作实例编演的情景剧《走出去》在全市巾帼文明岗党史学习教育主题展演活动中荣获二等奖。

【基层建设】 公益阵地再完善，让妇儿服务更具温度。“1+N”模式统筹儿童之家阵地建设，高标准创建成83个县、市级示范型，217个县级基础型，以“一家一主题”原则，成功设计打造“童诗之乡”等一批全市“样板”，并承办市第八届家庭文化节暨儿童之家建设工作推进会。依托县妇儿活动中心，精准定位于各年龄段儿童及各类型妇女每月开设10大以上公益课程，全年开展各类妇儿公益服务活动682场次，惠及近1.62万人次。

源头维权再深化，让妇儿保障更有力度。7月与县法院共同打造入驻县妇儿活动中心的诉前家事纠纷调解新阵地，推进普法宣传教育与纠纷化解工作有机结合，全年成功调解离婚诉前调解案例505起，成功率94%。深入拓展“妇联+检察”预防帮教未成年人项目，依托爱心企业创设首批3个涉罪未成人观护帮教基地。结合“三服务”“四必访”活动，依托金石榴女律师团队、基层姊妹护航队伍等力量，线上线下开展婚姻关系调适、女童保护、反家庭暴力等平安家庭建设活动2207场次。

服务质量再提升，让妇儿关爱更有深度。高质量完成妇女儿童十四五发展规划编制，深入开展城乡妇女“两癌”筛查、“康乃馨女性健康关爱计划”“浙江护爱春蕾计划”捐款行动等有质量的妇儿服务行动，各类捐款数位居全市第一。以妇联干部挂职第一书记的国叶村为试点，深入开展“守望乡村”系列之“乡村儿童精神成长关爱”“乡村妇女家门口创业”，其中乡村儿童精神成长关爱项目选送学习强国，拍摄的纪录片，从教育振兴乡村角度，获省电视对农节目一等奖。

【家庭建设】 以“最实”家教促家风，涵养好家教。“点线面”结

4月18日，胡陈乡国叶村“守望乡村·乡村儿童精神成长关爱”项目活动

合推进家庭教育精品体系。面上普及，与权威社会力量合作开发制作出的10个线上家庭教育课程、推出的41个线上家长学校公益讲座、送出的好爸好妈绘本故事以线上线下形式全县推广普及，全年开展点单服务134场次，惠及2680人次；线上开花，优化家庭教育师资队伍，联合教育局重新整理家庭教育讲师团成员和课题，选拔聘任新一届县级家庭教育讲师团33人，针对各类家庭教育问题梳理出家教课程83个，开展家庭教育讲座40余场；点上突破，依托县妇儿活动中心“向日葵”家庭成长驿站师资力量，在全县示范型儿童之家设立“向日葵”心理咨询分站19家，针对特殊心理问题儿童和家长进行专业心理辅导84次。

以“最美”家风带社风，弘扬好家风。积极开展文明家庭等特色家庭寻找活动，新评全国最美家庭1户、省级最美家庭1户、省市级绿色家庭11户、市级最美先锋党员家庭8户、市级书香家庭5户，县级文明家庭600户。成功推选“市优秀家风宣讲志愿者”2名、“优秀家庭教育讲师团成员”3名。集中选树和表彰在创新实践中涌现出的县级巾帼建功标兵85人、先进集体30家。

以“最惠”活动益家庭，建设好家庭。承办全市促进婚姻家庭和谐服务项目之家庭教育知识竞赛活动。以岔路山洋革命根据地纪念园、梅花村会议纪念馆2个省级红色根脉打卡地为重点，广泛开展“薪火相传跟党走——百万亲子家庭寻访红色根脉”活动。依托大佳何毛洋婚庆主题艺术村打造公益交友基地，加强婚恋家庭观教育引导。结合“国际家庭日”等特殊节点，开展“‘美’驻我家 ‘育’见美好”等大型亲子户外活动24

5月15日，县妇联开展首届亲子艺术节活动之一国际家庭日活动

场次，覆盖2000余人次。举办首届公益项目风采大赛暨“优秀公益服务组织”颁奖晚会，进一步激发公益组织服务家庭动力。

【组织建设】 干部赋能再精准，让岗位能力更加匹配。实施“巾帼领头雁淬炼行动”，组织乡镇（街道）妇联开展“五个一”活动（组织一次集体鼓劲谈话、签订一份主席责任书、组织一次任职宣誓、认领一个项目、开展一次志愿活动），切实增强基层妇联干部使命感和荣誉感。组织全县369个村（社区）妇联主席开展“巾帼心向党·建功新时代”履职赋能培训，围绕乡村振兴、履职能力等实务内容，有效帮助新上任村（社区）妇联干部理清工作思路。

干部作风再下沉，让服务方式更接地气。深入开展“红色领航 巾帼同心”四必访行动，发动全县基层妇联干部、执委通过系统梳理、分类施策、资源联动推动“四必访”走深、走心、走实，着力打通联系服务妇女群众的“最后一米”，共已发动3120名基层执委开展实地走访近2.3万户（次）。积极响应疫情防控号召，根据一线防疫人员及隔离人员需求特点，策划提供暖心防疫礼包等七大暖心服务。

基层组织再夯实，让干部队伍更能凝聚。组织开展“学讲话、话初心、扬清风”巾帼故事分享会暨基层妇联“艺术领头雁”一人一艺成果展示活动，以文艺展演形式展现基层妇联干部精神风貌。探索推进四新领域妇联组织建设，强化女性社会组织联合党支部引领作用。

宁海县科学技术协会

【概况】 县科协在县委、县政府的领导下，在上级科协的关心和指导下，深入开展党史学习教育活动，团结带领广大科技工作者，服务大局，突出重点，加大改革创新力度，各项工作取得一定成效，为建设新宁海作出积极贡献。

4 月，宁海县科协开展模具抛光工星级评定工作

【搭建创新创业平台】 搭建创新创业平台，在助力创新驱动发展中彰显优势。

发挥“院士之家·青英荟”作用，多批次邀请院士专家来宁海县进行技术合作、科研活动。同济大学吴志强院士5月份来为宁海旅游规划提供咨询，浙江大学谭建荣院士4月作智能制造的学术报告，中国海洋大学包振民院士多次到宁海参加宁海海洋生物种业研究院理事会和博士后中期考核评审会等活动。浙江大学杨树峰院士也多次来宁海为宁海徐霞客游线申遗开展工作指导，华中科技大学李德群院士到建站企业方正模具开展科研活动，汽车超轻量化大型内饰件成型关键技术、智能试模等项目即将落地，该企业获得快速发展，8月成功在新三板实现上市。

推进科技合作平台建设，以服务企业创新发展为抓手，深化院士工作站（创新服务中心）等服务载体建设，推进创新要素深度对接区域经济发展。建立杨树峰院士科技创新中心，组织浙江大学相关学科专家组建徐霞客线性文化遗产申遗工作团队，在全国推进申遗前期各项工作，并依托省徐霞客研究会，动员各地徐霞客研究会及文旅机构联动举办中国旅游日暨徐霞客开游节系列活动。建立国家级学会服务站“中国照明学会宁波（宁海）服务站”。“科创中国”宁波创新服务平台试点在宁海模具协会稳步推进。宁波市室内设计师协会成功举办“2021 宁海室内设计高峰论坛”活动，设计师精英齐聚宁海，共话“艺术振兴乡村，设计助力共富”。积极搭建学术交流平台，组织开展学术研讨和科技攻关活动。如县模具协会开展“产研对接　创新赋能”等活动，通过集中讲座、学术研讨等方式，促进宁海模具行业发展。

6月8日，世界海洋日期间，邀请青岛海洋地质研究所研究员张利华为学生作“海岸线资源及海洋知识”科普讲座

开展“数字引领·智造论”活动。4月，邀请中国工程院院士谭建荣等专家学者，畅论数字经济共谋未来发展，15位嘉宾作专题学术演讲，签约合作项目8个，意向投资12亿元以上，与华为、中兴通讯等知名企业建立合作关系，聘请8位专家为有关企业的技术顾问，有4所大学将宁海相关企业确定为大学生、研究生实习基地。实现以会引才引智引项目的目的。

【科学普及工作】 加强科学普及，在提高全民科学素质中发挥作用。

重视青少年科普工作。组织举办宁海县第十一届青少年科技节，主要有“中小学生科技创新作文大赛、初中生手工操作比赛、少儿现代智力七巧板团体赛、小学数独比赛等活动，参赛学生约2000人次；组织参加宁波市科技嘉年华竞赛。

举办科学家进校园活动。邀请“一门双院士”之一的马余刚院士到宁海中学作科普报告；邀请浙江大学教授、省营养学会监事长华金中为岔路小学师生及学生家长代表作“健康中国·营养先行”科普报告；世界海洋日期间，在长街中心小学举办主题活动，表彰科普获奖作品，并邀请青岛海洋地质研究所张利华研究员为学生作“海岸线资源及海洋知识”科普讲座。

开展留守儿童科普教育。组织开展“科普课堂助力留守儿童健康成长”科普专项活动。依托科普志愿者、设施设备等科技教育资源为本县留守儿童带去科普知识。建立“向日葵科学探索基地”。开展留守儿童科技夏令营活动，在佳田绿色学校、胡陈梦鼎培训学校、力洋青华科技培训学校等开展科技教育夏令营活动，全县400余名留守儿童参加活动。通过宁海WE志愿线上服务平台点单方式开展“守望乡村，关爱留守儿童成长”巡回送科技活动15次。

开展“银龄跨越数字鸿沟”科普专项行动。为有效提高老年人智能手机应用水平，县科协联合民生银行、移动通讯公司、老年大学等单位，精心打造“银龄课堂”授课形式。通过采用多样化授课形式，如小组竞赛、小班化教育、一对一辅导、实地操作、情景喜剧、方言授课等方式打造属于老年人的专属课堂。同时搭建后期反馈平台，通过期末测试、“云交流”、随机抽查、前后使用评价等来保证老年人熟练掌握手机应用，享受“数字化”社会红利。“银龄课堂”累计培训老年人1万多人次。

开展科普惠民专项行动。以全国科普日、科技“三下乡”等为载体，新时代文明实践中心科技志愿服务队为依托，推进各项科普惠民活动。召开甘薯疫病防治推广会，大面积推广抗病品种浙薯38号和生态1号生物有机肥；在农村文化礼堂、各乡镇（街道）居家养老服务中心开展各类技术培训和营养知识专题讲座；与县妇联合作，为农村留守儿童开展送科教电影下乡活动，全年共放映100场次。

加强应急科普科学助力生产。利用宁海科普微信公众号、网站等媒介推送新型冠状病毒肺炎防控的科普知识，组织开展疫情防控科普知识有奖竞答等活动，利用电视播放防控防疫科普知识。组织县级学会和基层科协开展防疫科普服务，发挥涉医协会的专业优势，提供心理疏导、防疫消毒、科普宣传等志愿服务。加强安全生产科普工作。充分利用企业科技工作者和志愿者的作用，线上线下加强科普宣传，向公众普及安全生产知识，助力辖区群众牢固树立安全发展理念。如老科协农专委针对宁海森林覆盖率高更应重视生态建设的实际提出有关加强森林防火维护生态安全建言得到县长批示；新安全生产法修订后，老科协工委华主任进乡镇、进企业进行宣讲，取得良好效果。

推进科普阵地建设。把宁波青华科教培育学校打造成市级科普教育基地；在长街镇、梅林街道、黄坛镇等新建5个科普标准画廊；与水利局合作建成宁海县水文化科普馆，与茶院乡、县电商促进会共同筹建油茶、山黄精科普馆；申报中国学生营养与健康标准学校1家。

【科技队伍建设】 履行桥梁纽带职责，在服务科技工作者中壮大科技队伍。

科学家是民族的脊梁，科学成就离不开精神支撑。科技工作者日，在《今日宁海》专版宣传优秀科技工作者的事迹，慰问先进科技工作者。向上级科协举荐优秀科技工作者，推荐优秀科研论文。

助力科技工作者创业创新和能力提升。建成挂牌“人才之家”，并组织科技工作者进家活动；邀请专家，为科技工作者举办心理健康知识讲座；依托学（协）会组织科技工作者进行学术交流、研讨、业务培训等；同时积极向科技工作者宣传人才政策。

开展年度民间人才评选。发挥企业科协联系广大科技人员的桥梁和纽带作用，围绕企业中心工作，在推动技术创新、促进科技交流、提高员工科学素质、举荐创新人才、激发创新活力和服务科技人员等方面发挥作用，着力当好企业创新发展的组织者和推动者。如模具行业是宁海的支柱行业之一，宁海开展模具抛光工星级评定工作，组织相关专家，走进16家模具企业，现场为近百名模具抛光工进行抛光工执业资格星级评定。

宁海县工商业联合会

【概况】 县工商联被评为2020—2021年度全国“五好”县级工商联。《做好“三个服务”护航民企健康发展》《商会工伤互助平台精准破解工伤管理“难、堵、痛”》课题案例连续被评为省工商联系统服务“两个健康”最佳实践案例。县商会人民调解委员会获评全国金牌调解组织，商会工伤互助平台工作被《人民政协报》报道。“政商E亲清”项目成功入选省工商联数字化改革项目，“和谐劳动关系管理体系”项目成功入选省级标准化试点项目。县亲清家园被评为宁波市首批社会主义学院教学科研实践基地。跃龙街道商会获评2019—2020年度全国“四好”商会、全省品牌社会组织，宁海上海商会、宁海四川商会党支部获评宁波市商协会党建工作示范党组织。

【党建引领】 强化党史学习教育，突出作用。不完全统计，今年完成10余场的学习活动，覆盖400多人次。下属商会党组织开展“红色之旅”“与党旗合影”“红歌大合唱”“红五月跑步”“谈党史学习体会”等系列活动，通过在红色革命教育基地上党课，深入企业内部开交流会等方式，推动商会、企业之间资源共享、经验互学，形成“商会指导学习、企业主动学习”的良好氛围。联合组织部，单位党组书记和正局级干部担任宁波永信钢管有限公司和宁波方正汽车模具有限公司的“第一书记”，指导民营企业党建。

6月26日，宁海上海商会支部开展“追昔抚今，不忘初心，传承红色基因　赓续精神血脉”主题党日活动

【亲清家园建设】 构建“亲清”政商关系，根据企业家需求，在法律服务、工伤互助、安全生产等方面不断创新服务项目。亲清家园全年共为3868家企业提供11大类、57项、近28万次服务。县商会人民调解委员会成功调解263件劳动争议纠纷，赔偿金额共计1311万元，节约税费546万元，回访满意率达100%，“商会共享法庭”顺利入驻亲清家园。商会工伤互助平台自上线以来已有1700余家企业2万余名职工加入，参保企业工伤管理综合费用下降近50%，企业满意度达99.5%。深化亲清政商关系构建，探索亲清办事指数测评智治体系，全县布点设立“亲清”监测点1500个，建设市、县清廉示范企业21家。县商会人民调解委员会被评为全国金牌调解组织和省级金牌调解室。开展清廉民营企业建设，推动企业在制度建设、文化建设等方面探索出符合自身企业发展的建设之路。完成14家县级清廉示范企业创建。

召开清廉企业创建现场会

【招商引资】 凝聚“双优”宁海建设动力。把异地商会建设作为返乡创业的“桥头堡”和招商引资、引进人才的窗口来抓，优化异地商会招商服务工作机制，建立商会交流平台，推动资金、人才等信息要

素有效对接；对商会引进的重要项目实行跟踪服务，协调解决相关问题，激发创业创新热情等。全年组织12次招商洽谈会，成功对接50亿元以上、20亿元以上、10亿元以上级项目意向投资，紧密服务乡贤回归项目扩建投产。全年完成实到外资1000万美元、市外实到投资3.4亿元。

【政企联动】 落实政企沟通机制，建立政企联动格局。全面落实政企直通车、亲清会客厅等政企沟通协商机制，开展“问千家、进百企”走访调研活动；联合县税务局以“学党史 话改革 办实事 优服务”为主题，举办“便民办税春风行动”政企恳谈会等，开展“三服务”民营企业走访活动百余次。及时向上级传递民营企业家心声和建议，构建亲清政商关系的信息被全联《工商动态》简报录用，《关于保障中小微企业切实享受政府减免电价红利几点建议》信息获评2021年宁波市工商联重点调研课题合作项目一等奖，《关于加大法治民企建设力度的建议》作为政协大会交流提案。

3月3日，甘肃省宁波商会总部经济项目——嘉隆广场举行盛大落成开业活动

【共同富裕】 服务共同富裕大局，激发携手共进合力。组织40余名会员企业家参加省民营经济领域践行“两个健康”助力高质量发展建设共同富裕示范区动员部署（视频）会议。引导商会反哺家乡、回馈桑梓。宁海广东商会发起胡陈土豆助农活动，两天时间帮助胡陈土豆销售过万斤；杭州市宁海商会联合县慈善总会发起“白溪缘，关爱行动”，助力岔路镇“一老一少”乡村送温暖项目，并走进岔路镇慰问革命老党员。

鼓励异地商会参与东西部协作。牵线宁海四川商会和普格县乡村振兴局签订乡村振兴共建协议书，积极开展爱心慈善活动向青川县、普格县学生捐赠文具、课桌共600套，并与当地学生、德育村党支部开展结对帮扶。积极发动县民营企业家向岔路阳光公益服务社爱心捐款。

县工商联走进民营企业开展慰问调研活动

【商会改革】 加快商会改革步伐，提升商会服务能力。高质量推进工商联换届工作，召开换届工作动员大会，选优配强基层商会领导班子，完成力洋、大佳何、强蛟、深甽、岔路、前童等乡镇（街道）商

会换届。出台基层商会考核办法，以及示范商会、先进基层商会、星级异地商会创建等文件，有效推动商会组织规范提升。推行“驻点服务制”，组建“亲清宣讲团”，深入企业一线解决难题。落实工商联执委专委会、会长联系会员企业制度，积极组织开展考察企业等活动，进一步提高企业家参与积极性和履职主动性。

宁海县文学艺术界联合会

5 月 16 日，童衍方艺术馆新馆开馆仪式现场

【概况】 深入贯彻习近平新时代中国特色社会主义思想、中共十九届四中、五中、六中全会精神，认真学习习近平总书记考察浙江、宁波时的重要讲话精神，以中国文联、省、市文联组联会议、“两新”文艺组织建设等会议精神为要求，以数字化改革为抓手，切实做好文艺队伍建设、文艺精品创作、文艺活动举办等工作。

【文艺创作】 紧跟时代主题，抓好文艺精品创作。

抓好精品创作。围绕中心，结合主题，牵头与县农业农村局联合，组织袁伟望、林海燕两位作家完成报告文学《春到晴隆——宁海县结对帮扶贵州晴隆县纪实》的撰写、出版工作。组织创作《贵州的喜报飞过来》等一批反映脱贫奔小康题材的歌曲。做好文艺精品的创作指导和参评选送工作。张忌的长篇小说《南货店》获浙江省优秀文学作品奖，何晓道的《江南内房家具绘画》、周静书团队的《宁波传统村落田野调查》系列丛书和葛招龙的《人生·戏台》获第八届浙江省民间文艺“映山红”奖；葛招龙的《人生·戏台》获第十五届中国民间文艺“山花奖”；在第五届浙江工艺美术双年展中，宁海的黄杨镶嵌、泥金彩漆、藻井制作和竹刻等四件作品入选。

抓好各艺术门类创作。阿门诗作《想念一个亲戚》获省残联主题大赛征文类一等奖；陈滨的《剩山图》获省第十六届水彩粉画展提名奖；周毅、林慧芳、张盼盼的作品入选浙江省第八届青年美术展，其中赵晓静的中国画获优秀作品奖；王琛等 4 人作品入选百年伟业·艺心颂党 2021“文艺与新时代同行”美术、书法、摄影、民间文艺大联展；胡强、王苍龙等 11 人作品入展浙江书法篆刻百家系列大展；“艺心向党”浙江书法篆刻刻字 700 家主题创作大展在浙江展览馆开幕，宁海县 11 位书家的作品参展。陈群创作的十二生肖茶雕贴金工艺作品获温州国际时尚文化产业博览会“文化创意奖”，柯凯浩《陶瓷要牙脸谱系列作品》成功申报宁波市青年文艺人才“春蕾计划”；顾光辉的《事故现场》获六月号《人民摄影》月赛一等奖，《工地赞歌》获 2021 年莫斯科国际摄影奖建筑专业类银奖。小戏剧本《前哨》《白岭红梅》荣获“光辉道路——庆祝中国共产党成立 100 周年长三角地区小戏小品创作征集活动”创作奖；组织跃龙诗社社员创作《红色颂歌》诗集，开展浙东（宁海）唐诗之路系列采风创作活动。

【特色活动】 围绕中国共产党成立 100 周年，组织开展文艺宣传活动。举办红色革命故事会巡回宣讲、“艺心向党”宁海文艺界主题歌诵会、红色经典戏曲会演、柔石殷夫诗文书法作品展等，活动在中宣部学习强国、浙江文艺等平台进行播出发布，为建党百年营造浓厚的文艺氛围。

开展童衍方艺术馆新馆开馆仪式暨“尺木艺光”来楚生唐云、童衍方金石书画展活动。结合“5·19”开游节活动，展出 3 位著名艺术家的 117 件金石书画作品童衍方将潜心创作的 111 件艺术精品捐赠给艺术馆，使艺术馆的馆藏不断充实。

【艺术振兴乡村】 县文联会同乡镇（街道）文联及各文艺家协会，围绕县委艺术振兴乡村的有关工作要求，持续组织开展艺术振兴乡村宁海县文联“三服务”系列活动走进宁海19个村，帮助广大农村指导、联络、服务艺术振兴乡村具体工作。如走进大佳何艺术谷，通过实地走访调研、牵线搭桥、现场指导，为大佳何镇打造“艺术谷”，助推乡村振兴工作建言献策，出力出招；组织嘉兴南湖区美术家走进强蛟下渔村、桥头胡双林村，开展“意写宁海”写生活动，创作的45件作品在童衔方艺术馆进行展出。

走进长街西岙村，帮助联系中国美院专家为西岙打造南宋古村建言献策；走进力洋孔村，为该村古村落申报牵线搭桥；走进越溪乡信干山村，为该村明确艺术振兴乡村定位、目标、节点、责任等相关内容，并帮助选派本土艺术家入驻该村事项，陈龙、陈文对、叶君维、柯凯浩受聘于信干山村乡建艺术顾问。

走进茶院乡下徐村，帮助联系宁波大学团队，为该村规划、设计、指导。宁海县艺术家参与全县乡建创意艺术节活动，为大佳何艺术谷建设出力助推。县作协向辛王村文化礼堂图书馆捐赠图书上千册，组织诗人们采写宁波第一长寿村洪河村；宁海县美术家协会在桥头胡街道黄墩艺社举办“晴隆30天——应伟建画展”。

【队伍建设】 强化理论武装，提升文艺队伍政治素养。

强化理论学习，提升党员干部素质。以党史学习教育为契机，充分利用中心组理论学习、“三会一课”和周二学习夜，学习贯彻习近平新时代中国特色社会主义思想、中共十九届五中、六中全会精神、习近平总书记考察浙江、宁波时的讲话、“七一”重要讲话等精神，及时传达党中央以及上级党委的重要文件精神。提高政治站位，发挥自身优势，进一步强化党员干部队伍思想政治素质。

建立协会党支部，加强党对文艺工作的领导。坚持德才兼备原则，通过坚持分类指导、规范组建原则，4月，在宁波市率先完成文艺家协会党支部组建工作。把支部建在基层，强化文艺家协会党组织的战斗堡垒作用。多层面、宽领域集结文艺界人才。强化政治、组织、制度引领，结合党史学习教育，通过组织开展“沿着红色足迹学党史”“听老党员讲党课”等活动，加强党性教育，引导党员文艺家始终感党恩听党话跟党走，积极推进文艺家协会党建工作。

政法委及综治

【概况】 坚持统筹政法工作全局，紧扣平安护航庆祝中国共产党成立100周年和中共十九届六中全会中心任务，以党史学习教育为牵引，不断巩固深化政法队伍教育整顿成果，确保全年重大节点、重要节点和敏感时期持续平安稳定，省平安县考核成绩在全市名列前茅。

全面统筹平安政法工作，坚持平安法治一体推进，常态化建立运行全县政法工作月例会制度，将政法工作纳入县委常委会季度议题，高效统筹全县政法工作，闭环解决需要牵头统筹或多跨协同的重点问题，为县委县政府决策部署提供有力政法支撑。建立健全“5+X”周会商和督办机制，坚持在法律框架下解决信访问题，协调出台宁海县智慧水产养殖管理系统、《宁海县养殖塘承包经营管理办法（试行）》《宁海县加强帮扶就业退役士兵管理工作实施细则》等文件，全面规范县域养殖业经营秩序。

宁海连续两年获法治浙江（法治政府）建设优秀单位。按照法治浙江建设总要求，坚持利民为本、法治为基、整体智治、高效协同理念，以法治化、数字化改革为驱动，着力构建严格执法、公正司法、全民守法的新格局，逐步形成一批法治品牌和工作亮点。全县上下崇尚法律、遵守法律、维护法律权威的氛围日益浓厚，广大群众法治观念和法律素质逐步增强，社会管理法治化水平不断提高。

通过常态化开展法治督察，深化重大行政决策目录化管理，在全县部署开展行政执法规范化提升年活动。创新行政执法监督方式，县纪委县监委、县司法局联合建立监察与行政复议协作机制，进一步完善行政执法监督体系，实现对不同程度违法违规行为监督的全覆盖。推进基层依法治理，实现全县18个乡镇（街道）合法性审查力量、审查范围、审查机制全覆盖。立足护航企业发展，在全省率先组建民营企业法治督察员队伍，打造更优法治化营商环境。

推进基层依法治理，加大全民普法力度。深化宪法学习宣传和贯彻实施，开展民法典系列宣传活动。全面落实普法责任制，有效推进精准普法。将小微权力清单36条、法治诊所、法治课堂等特色工作融入基层治理，推进法治乡村建设，让老百姓在家门口即可享受优质法律服务。

宁海共有省级民主法治村（社区）46个，市级民主法治村（社区）106个，岔路镇下畈村成功创建全国民主法治示范村；“村级小微权力清单多跨应用场景”获评全省“有辨识度有影响力法治建设成果”，“宁海村级小微权力清单36条”荣获法治宁波建设“十佳创新案例”；法治建设社会满意度调查连续两年排名全市第一。

【风险管控】 制定《平安建设安全隐患闭环管理工作实施办法（试行）》，厘清隐患暗访、曝光交办、挂牌整改、督办验收、通报问责五大工作流程，闭环安全隐患排查整改工作。

固化落实“行业主体全面自查、乡镇（街道）交叉暗访、主管部门重点抽查”三级联动平安暗访督查工作机制，组建专项督察组每季度开展问题“回头看”。

召开平安建设重点事项交办会，针对问题较为突出的高层建筑、出租房等领域，发出隐患督办单，督促开展“集中攻坚月”行动，查改问题300余个。

【破难攻坚】 出台《宁海县强化银行管控“十条”》。

组建18支反诈劝阻行动队，特色打造银河社区反诈示范街、车河社区商家反诈联盟、“校园110云课堂反诈平台”。4月起，电诈案件月发案数、案损数环比连续下降，打处缅北人员102人，紧急劝阻案件84起，涉案金额370余万元，相关做法得到国家机制办肯定，在省市简报刊登推广。

【基层治理】 制定完善“双优”平安村（社）“五有五好”标准，建立完善业务培训、经验交流、督查调研、优秀评比等工作机制，培育60个典型示范村（社），推动创建工作蹄疾步稳、持续深入。

出台《宁海县乡镇（街道）基层社会治理力量功能性整合试点工作指导意见》，在12个乡镇（街道）23个村（社）试点整合村级社会治理力量，建置治保主任职位，建强村治保委会，主动回应治安隐患、矛盾纠纷等基层治理重点、难点事项。试点以来，巡查走访2624户，反诈宣传1407人次，排摸整改安全隐患645处，累计调处矛盾纠纷119起，化解信访积案4件，季度涉诈警情环比下降66.7%，长街村治保主任带领治保团队解决一桩延续26年的房屋产权纠纷。

6月10日，宁海县政法委开展暗访检查工作

【数字法治系统建设】 坚持扛牢数字法治系统建设牵头单位的责任担当，精心打磨数字法治系统建设年度工作方案，成立“数字法治工作专班”，坚持线上、线下每周会商制度，实行专班化运作、项目化推进。

成功认领全省数字赋能社会治理现代化场景应用“区域事件整体画像”，列入全省数字法治系统多跨场景清单1.0。协调县政法各单位力争各类先行先试机会，其中县公安局为JMZK应用的第一批试点单位；县法院承建“执法一件事”应用中的子场景“司法一件事”；县检察院承建“政法办案大综合一体化”的子场景“检察文书数字化送达”；县司法局成功创建部级首批“智慧矫正中心”。

4月6日，全县平安大会会场

法治政府建设

【概况】 宁海县综合行政执法局紧紧围绕市综合行政执法局和县委县政府的总体部署和要求，按照年初制定的各项目标任务，高质量推进城市精细化管理、高标准开展综合执法改革实践、高效率抓好队伍规范化建设，深入推进文明城市创建、特色街区打造、数字化改革等重点中心工作，积极在常规工作中寻突破、在日常管理中促创新。

【执法管理】 拓宽管理渠道，市容管控落实落细。强化智能应用整合。

建立人、车、机一体巡查机制，实现城市监管从二维向三维转变。

试点“双线”治理，实现智能化、动态化、精细化治理，进一步提高精细管理实效。全年累计办理简易程序案件568件，一般程序案件780件，签订《宁波市市容环境卫生责任书》811份，书面整改1427起，清理垃圾杂物339车，暂扣物品695件。

抓实行业管理，设施管养提质提效。市政设施养护水平明显提高，修复路面1.98万平方米，完成50座城市桥梁、10条主次干道检测，整治道路隐患8353件，整治照明隐患2500余处，亮灯率达99%以上；完成排水管网清淤300千米，排水管网CCTV检测230千米，安装排水检查井防坠网2500个。城区绿地养护能力显著提升，推进绿地网格化管养，完成白峤岭生态公园春季花海、气象北路花境节点及老化苗木改造提升等绿化补植5.2万平方米，新增景观小品13个，新增绿地养护面积19.9万平方米；开展正学公园、眠牛山公园水生态治理项目，治理面积10502平方米。环卫保洁质量不断显现，全年共处置全县生活垃圾约26.04万吨，无害化处理率为100%，更换18座公厕内隔断板，增设196个公厕导向牌，更新标识80余张，张贴标语牌2620张。

立足多维推动，便民服务走深走实。坚持犬只依法规范常态管理，累计出动执法人员2925人次，捕捉流浪犬只820只，教育不文明养犬行为302起；加强收容交接工作，共收容移送一般管理区域捕捉犬只637只；提高文明养犬宣传力度，利用城区6处LED电子屏播放文明养犬宣传视频，在城区范围内各公园、商业圈、小区周边，累计发放文明养犬宣传册1550份。关注民生需求，推进行政审批改革，全年审批办结行政许可1978件，按时办结率100%，所有事项100%实现“网上办”“掌上办”“一网通办”。推动“一事联办”，组织“临时出入口”联合勘察10次，完成“洗车开办”现场审查8家。推动排水许可改革，将“受理、审查、审核、办结、发证”5个环节优化为“承诺、发证”2个环节，精简至少8份申请材料，全年发放排水许可证书658张。

不断推进执法“三项制度”。落实重大行政执法决定法制审核制度，所有一般程序行政处罚案件均经过法制审核程序，并对重大疑难案件实行案审委员会集体讨论，全年组织集体讨论案件36起。落实执法全过程记录制度，实现全过程留痕和可回溯管理，全局配备执法记录装备504件，共制作执法视频6261个。落实行政执法公示制度，2021年共做出行政处罚结果780件、行政许可决定1978件，均在浙江省政务服务网公开。

不断优化执法方式。全面应用浙江省综合行政执法办案系统，累计办理行政处罚案件2581件。推进PDA移动执法，实行简易案件一机办理，办理行政处罚简易程序案件568件。积极响应“一件事”场景应用改革，在县委编办和县矛调中心牵头下，完成省级一件事线上流转，梳理监管事项22个，匹配场景5个，通过浙江省行政执法监管平台完成一件事操作14件。推广“非接触性执法”，全年累计办理非现场执法案件37件，罚款金额29.86万元。

不断推进行政执法改革。成立宁海县综合行政执法改革领导小组，领导小组下设办公室，并成立“大综合一体化”行政执法改革工作专班，拟定《宁海县加快推进“大综合一体化”行政执法改革实施方案》。推进综合行政执法事项划转，梳理综合执法划转事项670项。

【重点工作】 高标准推进全国文明城市创建。成立创城指挥部，专班化运作；组建创城“青年突击队”，激励青年干部在城市管理工作中贡献青春力量。同时开展环境卫生“大清洁”、违法行为“大执法”、市政设施“大维修”、园林绿化“大修剪”四大专项行动，整治各类占道经营24768处，书面整改727起，立案处罚296件，清理小广告45671处，施划人行道机动车停车位2802个，施划人行道非机动车停车位4.1万余平方米，设置人行道隔离护栏4万余米。

示范性推进精美街区创建。完成西子国际时尚街区外部环境提升扩初设计、可研及备案报告，公示招投标信息；第一批城市家具上线，红妆主题中央护栏亮相主街，方孝孺雕塑设计再细化；完成两大党建阵地建设，构建“两新”党组织为节点的“1+N+X”联盟组织体系，实现联盟成员单位间组织、服务、力量“三融合”；深化文商旅融合，在地库、街区外围等设立宁海文化宣传栏；提升街区商户秩序，设立西子商圈红盾驿站，推行“街长制”自治管理模式，创建放心消费活动；加强商圈市场主体培育，激活商圈消费活力，累计新引进品牌41家，已开业40家。

扎实做好防台及汛期应急工作。在台风及汛期来临前做好应急预案，使用管道CCTV检测机器人对强降雨气候下城区排水管网堵点进行深度检测。通过“人机接力”模式累计处理积水点位133处，协助其他单位应急排水100余次，通过智慧城管中心流转处置问题217起。星夜驰援余姚，迅速整合精干力量14人驰援余姚救灾，累计排空积水22.2万立方米。

持续推进“垃圾分类”创建。上半年获市“市容环卫杯”行业评比优秀单位，创成一个省级生活垃圾示范片区，获2021年度全省农村垃圾分类处理优胜县。全年累计创建市级生活垃圾分类示范小区72个，完成创建进度136%；创成2021年度省级高标准生活垃圾分类示范小区8个，创成市级生活垃圾分类示范党政机关和事业单位共412个，完成创建进度100%。

加速推进“三改一拆”相关工作。抓住拆违促安这个关键点，对重点区块内“低散乱”两小企业违法建筑进一步强化整治，全面深化“三改一拆”“无违建”创建工作成效。全年累计完成“三改”74.38万平方米，达到市级目标任务（35.29万平方米）的211%；完成“一拆”192.45万平方米，达到市级目标任务（80万平方米）的128.3%，强蛟镇、前童镇、西店镇、长街镇4个乡镇获评宁波市第五批“无违建乡镇（街道）”。

【队伍建设】 坚持党建统领，筑牢思想政治教育阵地。以党史学习教育为契机，举办“忆百年荣光，谱城管新篇”局青年理论宣讲微型党课比赛，推送3位优秀选手参加县级比赛；抽选8名青年干部，打造“综合执法青年党史宣讲团”，赴基层社区、下属单位、第三方服务企业开展优秀党课巡讲活动；在局机关内部打造文化宣传栏、党建活动室以及“心廉心——综合执法的赤子之心”廉政主题长廊，在局机关外部设立党史学习教育公益广告4块，打造彩绘宣传墙一面，形成局机关内外部联动的党史学习教育良好氛围。

提升督察效能，夯实制度管人管事机制。严格遵守“双报告制度”，要求党员干部填写个人有关事项报告表。组织全体党员干部签订《移风易俗承诺书》，对于举办婚丧事宜的进行提醒谈话，对礼金簿进行备案，严格贯彻落实《宁海县党员、干部操办婚丧事宜若干规定》，全年有6人进行专项备案。深化效能督查工作实效，加大内部效能督查力度，每周不定期开展“正风肃纪”专项督查行动，全年组织实施督查30余次，刊出《督导通报》13期，共有59名执法辅助人员被评为协管之星而受到奖励，有效规范执法辅助人员的管理。

靓化队伍品牌，打造规范化执法中队。开展规范化中队建设工作，每月联合法制科对各基层中队进行检查，成功创建跃龙、桃源、桥头胡、梅林、长街、岔路、前童、黄坛、深甽、西店中队等省级文明规范公正基层中队10个。同时按照“八个方面”的总体要求，积极开展基层执法队所“最佳实践”创建，已申报建梅林中队、长街中队为“最佳实践”中队。开展“一队一品”三年创建活动，着力培育一批基层执法中队建设“精品”，确保有30%基层执法中队完成“一队一品”创建工作，推荐跃龙中队、桃源中队和梅林中队，参与全大市第一批“一队一品”创建工作。

公　安

【概况】 深入践行习近平总书记“四句话、十六字”总要求，在县委、县政府和上级公安机关的领导下，积极践行精致、细致、极致的干事理念，忠诚履职、务实创新，对标对表统筹发展和安全两件大事，全力以赴推进保平安、护发展、防风险、深改革、强队伍各项工作。

全年接报有效警情数146713起，同比上升14.7%，其中刑事警情3556起，同比上升42.9%，治安警情30675起，同比上升20.1%，交通警情61799起，同比上升26.0%。刑事发案数总量同比下降2.6%，盗窃案同比上升6.2%，两抢案件同比下降20%，命案2起，同比下降60%，七类案件11起，同比下降21%，黑恶案件116起，同比下降75%。

是年，县公安局作为唯一县市区被宁波市公安局向省厅推荐为全国优秀公安局。1人荣立二等功，3个集体和23人荣立三等功，128个集体和个人获得各类先进荣誉。

【惩治违法犯罪】 严打严重刑事犯罪。坚持命案必破，严重暴力犯罪快侦快破，2起现发命案全部告破，协助侦破一起湖南省洪江市2005年命案积案，七类案件11起，破案率100%。

严打涉黑涉恶违法犯罪。重拳出击，严打黑恶犯罪，通过专案经营、扩线侦控等多种技战法，打处恶势力集团7个、恶势力团伙2个，抓获九类涉黑涉恶犯罪嫌疑人189人，破获案件112起，扣押、冻结涉案资产2897万元。

严打电信网络诈骗。围绕打、

防、管、治、宣5个维度，全面推进电诈打防治理工作。建立“接警止付、落地劝阻、初侦初查、研判打击”四步工作法，以刚性措施强化人员管控、形成社会震慑。开通运行宁海防诈骗阳光热线，累计开展预警劝阻7万余人次，止付或拦截转账资金350余万元。全年共破获各类电信网络诈骗案件330起，抓获电诈犯罪嫌疑人312人，判决89人，追回被骗赃款300余万元。特别是7月开始，电信案件月发案数、案损数环比连续下降，其中发案数环比下降约10%，案损金额环比下降12%。

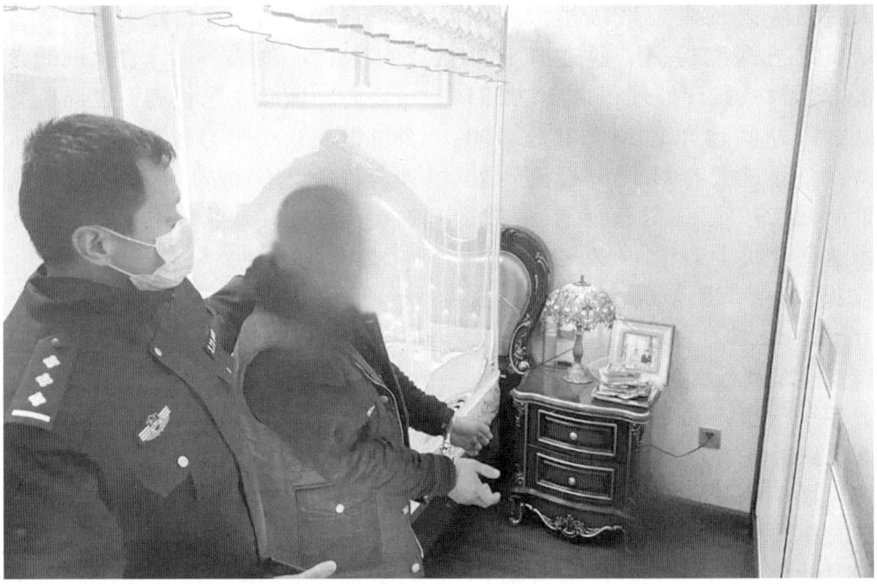

1月28日，抓获礼金大盗案嫌疑人

严打侵财犯罪。深入开展打击“盗抢骗”等侵财犯罪专项行动，全警动员、连续作战，共破获侵财案件243起，抓获犯罪嫌疑人256人，起诉251人，有力回应民生关切。

严打涉黄涉赌违法犯罪。推进“利剑2号”专项行动，综合运用线索排摸、跨区域用警、专案经营等手段，严打黄赌突出违法犯罪，累计捣毁黄赌窝点56个、刑事窝点161个，打处黄赌团伙35个，移送起诉黄赌犯罪嫌疑人200人，治安处罚黄赌违法行为人782人。

严打涉出入境违法犯罪。以打击妨害国（边）境违法犯罪为重点，做实线索落地核查，做强违法犯罪深挖，核查各类线索29条、重点人员622人，立妨害国（边）境管理案件29起，其中刑事案件25起、行政案件4起，抓获犯罪嫌疑人126人，行政处罚违法人员4人，劝阻可疑办证人员696人。查获“三非”案件15起，行政处罚15人，遣送出境3人。

7月21日，抓获“7·21”刷单炒信非法经营案嫌疑人

严打毒品违法犯罪。以遏制毒情发展、减少毒品危害为目标，“打、防、管、控、治、宣”多措并举，坚持线索必查、深挖打击，共移送起诉21人，劝投涉缅部级钉子逃犯1名，查处吸毒人员28人，作出强制隔离戒毒10人，铲除非法种植毒品原植物罂粟1824株。

严打经济犯罪。不断深化打大仗、破大案的意识，强势推进“护航2021”“惊雷”“蓝剑2021”等专项行动，累计破获经济犯罪50起，打处各类经济犯罪嫌疑人98人，移送起诉79人，挽回经济损失3000余万元。常态化开展“扫楼排雷”行动，全年共破获非法吸收公众存款案2起，组织、领导传销活动案1起，打处嫌疑人11人，追赃挽损600余万元。

严打食、药、环领域违法犯罪。充分运作打击食药环犯罪联席会议和联合执法机制，持续开展专项行动，全年共侦破食药环案件32起，其中省级重点案件3起，采取刑事强制措施93人，移送起诉73人，打掉团伙非法采矿、非法捕捞水产品、非法狩猎等团伙9个。

深入开展净海行动。严守海上疫情防线，积极会同渔政、海事、交通等部门开展联合执法9次，累计检查港岙口码头67次，船舶73艘次，查获非法捕捞案件2起，无证驾驶机动船舶案1起，捣毁“三无”船舶打造窝点2个，拆解“三无”船舶4条，成功破获走私案件1起，查扣冻品67吨。

纵深推进“122”机制工作。常态化、高标准运作“122”机制，全面统筹案件线索，深度整合手段力量，打集团、打头目、断通道、断资金，对上级公安机关下发及本地研判发现的案件线索，全力开展侦办。全年共破获涉及境内外的开设赌场案件41起，抓获犯罪嫌疑人82人，行政处罚赌博人员140人，冻结、扣押相关资产百余万元。

12月19日，欢迎援镇抗疫警队凯旋归建

【行政管理】 加强疫情防控工作。紧盯国内外疫情防控形势，高效运作疫情防控数据专班，全领域、全岸线推进“健康码”管理和“净海”专项行动。精准筛选出境外和境内中高风险地区来宁人员和密接者，助力党委政府开展日常健康观察、居家健康观察。牵头推动推广“甬行码”48万余个，发放甬行证30万余张。在镇海、北仑发生疫情期间，全县公安机关火速集结，326名警力奔赴抗疫一线，高标高效高能完成各项支援防疫任务。

维护社会政治稳定。围绕中国共产党成立100周年安保维稳工作主线，高效运作一体化合成作战机制，强化应急处置，累计出动警力8000余人次，完成中国共产党成立100周年、中共十九届六中全会、各级“两会”等各类安保活动70余场次。

服务经济社会发展主动融入党委政府中心工作，按照党委政府的中心工作推进到哪里，就保障到哪里的要求，对重大项目建设实施“贴身服务”，对大型活动、重要会议开展“全程安保”，对经济金融类违法犯罪予以“深度打击”。助力文明创城，26个副局级干部包干全县26个文明创城责任区，系统开展车辆违停大整治行动，累计施划停车位13734个，为全县创城贡献公安力量。

加强安全生产隐患排查。牢固树立“以人民为中心”发展思想，紧盯安全生产领域，大力开展安全生产攻坚整治行动，累计排查整治

5月19日，徐霞客开游节开幕式现场

居住出租房屋4978户，检查发现电动车违规充电等安全隐患518处，安装推广电动车智能充电口8649个。紧盯全县5家民爆作业单位、141家易制爆危险化学品从业单位、18家剧毒危险化学品单位，常态检查、跟踪整改、消除隐患。

加强道路交通安全隐患治理。扎实推进“平安护航建党百年”道路交通领域安全隐患大排查大整治专项行动，累计查处各类交通违法行为67.89万余起，查处酒后驾驶1005人，查处醉驾212人。以推进交管治理体系和治理能力现代化为主导，以深化警务体制改革为引擎，道路交通安全综合治理能力水平不断提升。全县共发生全口径道路交通事故死亡人数同比前三年平均数下降15.6%。

深化烟花爆竹专项整治。积极采取“宣传发动、源头管控、精细排查、严打整治”等多种方式，全面开展违法违规烟花爆竹集中整治专项行动。共侦办烟花爆竹案件5起，查扣各类烟花爆竹310箱，走访商户、小店7000余家，走访居民小区89个，张贴禁燃禁放公告2000余张，发送宣传单10万余张。

推行交所一体化改革。分批次在全县11个偏远山区、农村乡镇推行交警派出所一体化改革，探索形成整体融合和驻所融合两种模式，通过实行工作分工、勤务模式、任务分配3项一体化，促进交警、派出所业务、队伍的真融合，在提升交通警情处置效率、加强交通违法查处等方面发挥重要作用。通过改革，11个一体化乡镇交通事故类警情出警时间较改革前平均缩短30分钟，现场交通纠违数同比增长101%，交通事故总数平均下降23%。

推进治保主任建设。积极参谋党委政府，大力推进农村治保主任

7月23日，市委常委、公安局长黎伟挺（右四）到宁海检查指导工作

制度建设，治保主任享受专项经费补贴，联合乡镇街道网格员、村社干部、小区物业，全力做好辖区矛盾纠纷排查化解、安全隐患排查、情报线索搜集，进一步夯实农村社会面管控基础。已在全县22个村社开展治保主任试点，选派基层经验丰富，专业技能过硬，沟通能力较强的治保主任21人，开展集中专题培训后，全部上岗。

推动监所教育校园化。将监管工作融入社会治理大局，从“教育、文化、精神”三个层面入手，形成以“四正文化”“五变目标”为核心的教育管理“宁海样板”，为在押人员回归社会、“重新做人”规划一条可行道路。截至目前，累计教育感化4495人，认罪认罚率提高至92.8%，工作成效得到时任副省长、公安厅长王双全批示肯定，获评全市思想宣传工作创新奖。

【警务保障】 110接处警。接有效警情14.67万起，同比上升14.7%。刑事案件3556起，治安案件30675起，群众求助28415起，举报线索4363起。

加强执法规范化建设。围绕执法监督体系规范、政法一体化办案体系完善、数字法治建设推进等重点工作，以“缑警学堂”为平台，以专项通报为抓手，深化执法规范化建设，不断提升公安工作法治化水平。全年共计刑事拘留1398人；提请批准逮捕649人，构罪不捕210人，存疑不捕86人；移送起诉1553人，相对不诉301人，存疑不诉23人。共计作出行政处罚2835人。累计960名民警通过基本级执法资格考试，43人通过高级执法资格考试，5人通过年度国家司法考试（含3名辅警）。

推进智能防控体系升级。持续推动“雪亮工程”建设。完善智慧海防建设。

夯实基础设施建设。加强基层所队业务用房建设，不断改善民警办公条件。桃源商务楼、梅林派出所新办公用房先后启用，部分业务大队、桃源派出所、梅林派出所迁入新营房办公，胡陈派出所新营房项目报批通过，计划开工。

强化实战指挥。按照指挥、行

动一体化要求，全面构建指挥扁平化、协同一体化、作战合成化、支撑专业化的公安机关新型实战工作体系。要进一步解决接处警工作的信息数据支撑问题，从大处着眼、细处着手，在后台帮助一线民警做好分析研判，精准判断风险所在，通过大数据支撑，实时推送背景资料、处置要点、应急预案和法律依据，更好地服务一线，服务实战。

5月14日，全县公安机关党史宣讲报告会现场

【队伍建设】 浓厚争先创优氛围。开展“三能”主题教育，以制度为抓手，通过“缑警学堂”“青警学习小组”“周二夜学”等平台，综合运用集中学习、观看视频、定制展板橱窗、悬挂横幅标语等形式，开展专题学习、浓厚学习氛围。全警广泛开展“什么是能”“我能不能”“怎样才能”大讨论，营造“有第一就争、见红旗就扛”工作氛围。

深入开展教育整顿。坚持“学习教育、查纠整改、总结提升”三大环节齐头并进，班子带头表率、全警积极参与，高标准完成规定动作，高质量推出自选动作，推进教育整顿各项工作走深走实。《宁海县局“五个团”在海防线上学党史开新局》工作简报被省督导组作为宁波教育整顿学习阶段县市区的典型案例上报省政府，并被公安部党史学习教育简报录用。严格落实“自查从宽，被查从严”工作要求，高标准开展自查自纠和线索查处，累计收到举报线索29条，实现全部报告了结；收到主动向组织说明问题线索并被上级认定主动投案18件，符合自查从宽18人，全面形成监督执纪“零容忍”态势。

维护民警执法权威。以警为本，创新运用“加减乘除”工作法，有效维护法律尊严和公安机关执法权威，全年快侦快破侵犯民警执法权威案件27起，其中以袭警罪立案17起，抓获犯罪嫌疑人16人。查处阻碍执行职务案10起，行政拘留9人、罚款1人。

组织全警实战练兵。以“实战实用实效”为导向，不断强化绩效评估和警种专业训练体系建设，扎实推进一线民警警务技能大轮训、新警比武、派出所长、教导员比武等活动。在全市公安机关第二届“新警向前冲”业务能力比武活动中，获得团体和个人2个第一；在全市教导员比武选拔赛中，获得射击项目2个第一，2000米跑项目全体满分。

加强警营文化建设。始终坚持把公安队伍文化建设作为聚警心、铸警魂的有力抓手，积极举办书法、摄影等展览及演讲、征文等公安文化活动，组织开展警营开放日、集体宣誓等活动，丰富文化载体，打造特色品牌，构建积极向上的文化氛围，不断增强队伍凝聚力和向心力。

做好公安宣传文章。紧紧围绕电诈防范、疫情防控、犯罪打处等方面，大力开展主题宣传工作，全年在省级以上主流媒体刊登发布新闻、通讯共计180余篇，其中在国家级媒体刊播50余篇（条），录用数位列全市前列。创作拍摄《宁海公安十二时辰》《情非得已》《千万别刷单》等反诈主题视频片，先后被公安部微博，省厅、市局微信公众号转发。

检　　察

【概况】 坚持以习近平新时代中国特色社会主义思想为指导，学习贯彻中共十九大和十九届二中、三中、四中、五中、六中全会精神，贯彻习近平法治思想，紧扣中心工作，全面履行法律监督职能，各项检察工作取得新成效。获得省市检察院检察长批示肯定5次，获评市级以上精品典型案例24个。

【服务大局】 牢牢把握服务大局的职责担当，全力服务保障经济社会高质量发展。

维护政治社会稳定。坚持总体

国家安全观，忠诚践行打击犯罪、守护平安职责使命，为庆祝中国共产党成立100周年创造安全稳定政治社会环境。受理公安机关提请批准逮捕439件、671人，经审查批准逮捕241件、303人；受理移送审查起诉888件、1564人，经审查提起公诉680件、1050人，报送市检察院审查起诉7件、10人。突出打击恐爆枪、黄赌毒、盗抢骗等危害国家安全、社会安定和人民安宁的犯罪，批捕163人，起诉456人，同比下降9.9%和10.4%，人民群众更有安全感。推进扫黑除恶专项斗争常态化，依法办理审查逮捕涉黑涉恶2人，审查起诉23人，监督配合查封扣押冻结“黑财”150余万元，坚决防止黑恶势力坐大成势。联合县公安局、县法院强化缅北地区宁海籍人员打击治理，严惩电信诈骗、跨境网络赌博、偷越国边境违法犯罪活动301人，维护社会安全稳定。

优化法治化营商环境。健全专门集中办理工作机制，联合县公安局出台《关于涉民营企业刑事案件的标注办法》，对涉企刑事案件优先受理、专人办理、快速办结，并针对办案中发现的风险隐患，帮助堵漏建制，做好风险防范。依法打击破坏市场经济秩序犯罪，批捕20人，起诉117人，营造良好的经济发展环境。谦抑审慎善意办理涉企刑事案件，健全诉前社会调查评价制度，对犯罪情节轻微的依法不起诉3人，帮助涉案企业迅速复工复产。常态化开展检察官联系企业活动，1名检察人员被聘任为县知识产权协会法律援助中心专家。

助力生态环境和资源保护。构建“两湾（三门湾、宁海湾）一溪（清溪）”生态环境司法保护协作体系，与象山、天台、三门3家毗邻县检察院共签联动协作意见，联合开展海域巡查、协作办案、法治宣传，构筑生态安全屏障，相关工作被新华社客户端报道。联合县五水共治工作领导小组（河长制）办公室推行“河长+检察长”制，开展守护美丽河湖专项行动，促使职能部门对县域内破坏水库环境资源违法行为开展专项整治行动，恢复被侵占河道面积1906平方米。落实刑事处罚挂钩生态修复机制，督促侵权人缴纳生态损害赔偿金及修复费535.4万元，放归中华鲎100余只，检察公益诉讼保护生物多样性工作亮相浙江卫视。

【维护司法公正和公平正义】 把握检察机关的宪法定位，维护司法公正和公平正义。

营造法律监督良好环境。推动县委出台《进一步加强检察机关法律监督工作的实施意见》，并以第十七次全省检察工作会议召开为契机，推动县委率先高规格召开全省首个县级党委检察工作会议，获省检察院检察长肯定。向县委常委会专题报告贯彻落实中央和省市县委关于加强新时代检察机关法律监督工作有关精神情况，推动县委专门印发通知系统部署贯彻落实。推动县人大常委会在全市率先出台《关于建立人大监督与检察监督联动工作机制的实施办法（试行）》，联合开展县域首次学生权益保护联动监督专项行动，凝聚监督合力，提升监督质效。积极延伸法律监督触角，建立驻县公安局执法办案管理中心、宁波海警局宁海工作站，联合各执法司法机关出台线索移送、信息互通等制度文件10余个。

精耕刑事检察“责任田”。扎实推进认罪认罚从宽制度适用，依法对1334名自愿认罪认罚被告人提出从宽处罚建议，全年适用率90.3%、确定刑量刑建议采纳率99.6%。发挥在刑事诉讼中的主导责任和过滤功能，对不构成犯罪或证据不足的决定不捕106人，不诉417人。坚持宽严相济和少捕慎诉慎押刑事司法政策，对犯罪情节轻微的不捕238人，不诉376人。加强刑事侦查监督，对应当立案而不立案的监督立案76人，对不应当立案而立案的监督撤案27人；纠正漏捕4人，纠正漏诉5人。加强刑事审判监督，提出提请刑事抗诉4件，法院改判率100%。加强刑事执行监督，深化驻看守所巡回检察工作，针对监管场所监管不规范等问题，制发纠正违法通知书39份，针对社区矫正执行监管漏洞，制发检察建议17份，监督财产刑执行、收监执行29人，坚决确保惩治犯罪有效有力。

深化民事检察监督多元格局。贯彻落实《民法典》，受理民事生效裁判监督案件63件，审判程序监督案件90件，执行监督案件127件。对认为确有错误的判决裁定提请市院抗诉27件，针对消极执行等问题制发检察建议6份，针对审判程序违法等问题制发检察建议11份，采纳率100%。对裁判正确的7件申请监督案件，通过释法说理促进息诉服判，维护裁判权威。联合县公安局、县法院建立合力打击破产领域虚假诉讼联动机制，查办杨某某虚假诉讼系列案件，立案审查28件，让虚假诉讼无处遁形。

提升行政检察监督质效。承担“一手托两家”职责，办结行政监督案件47件，向执法司法机关、乡镇（街道）制发检察建议45份，均被采纳，从源头上促进行政机关依法行政，维护司法公正。常态化开展行政争议实质性化解，通过促进和解、公开听证、督促纠正等方式，有效化解行政争议8件。认真开展行政非诉执行专项监督，办理非法采矿顶包处罚监督类案，发现并移送涉嫌非法采矿犯罪线索5件，针对被处罚对象有误等问题制发检察建议2份，挽回国有矿产资源损失500余万元。

推动公益诉讼检察提质拓面。坚持把诉前实现维护公益目的作为最佳的司法状态，共受理公益诉讼案件53件，制发诉前检察建议45份，其中办理重特大案件15件，向县法院提起民事公益诉讼赔偿金691万余元，已赔偿到位347万。依法妥善办理一起侵害国有财产行政公益诉讼案件，督促两家被诉行政机关在审理期间主动履职纠错，成功化解当事人10余年的心结，获省检察院、市检察院检察长批示肯定。联合县退役军人事务局在县革命烈士纪念馆成立“英雄烈士公益诉讼保护联系点”，建立英雄烈士保护协作机制，形成工作合力，守护红色资源。根据上级院统一部署，集中开展消防安全、违规使用非成品油专项监督，协助相关单位治理顽瘴痼疾。

【司法为民】 把握司法为民的工作宗旨，推动解决群众反映强烈的突出问题。

切实办好群众身边的“小案”。从严从重打击集资诈骗、非法吸收公众存款等涉众型经济犯罪12人，将依法办案与追赃挽损、化解矛盾有效结合起来，全力守护人民群众“钱袋子”。依法严惩危害食药安全犯罪，起诉16人，全力保护人民“菜篮子”“药箱子”。为高质量发展建设共同富裕标杆县助力，向30名因案造成生活困难的当事人发放司法救助金25万元、社会救助金5万。人民监督员全程参与首次跨省联合救助、社会调查跨省协作、“浙江检察”App跨省运用、救助金跨省发放的“四跨”救助案件，获评全省“人民监督员十大优秀案（事）例”。办理县域首起依法支持起诉案件，帮助陷入困顿的当事人获得10万元赔偿金，被《浙江法制报》头版头条报道。

持续办好检察为民实事。做实12309检察服务中心入驻县矛调中心工作，建立检察长包案和信访联络员制度，229件群众信访件件有回复。加强检调对接，促使17起案件当事人自愿达成刑事和解。开展检察环节公开听证工作，7个公开听证案件全部做到案结事了人和。强化律师执业权利保障，接待律师阅卷265人次，办理妨碍律师依法阅卷、调查取证等案件19件。积极发挥检察室驻扎基层优势，常态化进镇入村听取意见、化解矛盾，助力破难解困。

加强未成年人综合司法保护。充分落实打击与保护并重理念，办理涉未“四大检察”案件145件。审慎办理涉罪未成年人案件，依法不捕18人，不诉26人；严厉打击侵害未成年人犯罪，批捕起诉暴力伤害、性侵、虐待未成年人犯罪16人。推行专业化办案与社会化治理相结合，联合县公安局建立关爱未成年人“一站式”办案保护中心，联合县法院建立涉未民事案件未成年人权益协同保护机制，联合县妇联、县关工委等加强罪错临界未成年人协同预防。开展普法宣传活动26场次，原创歌曲《大灰狼，BYE》，获评全省第三批社会大普法“六优”培育行动计划优秀文创产品；联合县第一职业技术学校拍摄《少年，请勇敢》预防校园欺凌微电影，被省市检察院公众号转发。向日葵工作室获评省级巾帼文明岗、市级青年文明岗。

【理论调研】 论文。省级3篇，市级5篇，其中在《宁波检察》上发表4篇。《检察日报》1篇，《浙江检察》1篇，向《检察技术与信息化》投稿1篇将于明年第一期采用。

课题研究。充分利用检校合作的优势，共同申报省院课题1项《强化生态环境保护领域检察公益诉讼研究》已经完成。申报的市院课题8项均已完成。

年会论坛征文。根据省市院研究室的通知及时组织撰写论文向论坛征文投稿，并加强对论文的修改打磨。胡剑锋、丁寰翔、张飞飞《涉刑民营企业社会调查制度的引入》获第三十三届全国副省级城市法治论坛二等奖，宁波市法学会第十三届“深化改革与法治建设”论坛二等奖。2021年度全市检察理论研究年会一等奖，由张飞飞作为代表在会上作主旨交流。同时入选2021年度全省检察机关检校合作优秀研究成果。应敏骏《智慧检务的理论与实践——以“数智案管”为主视角的展望》获第三十三届全国副省级城市法治论坛优秀奖，宁波市法学会第十三届“深化改革与法治建设”论坛三等奖。《统筹视野下沿海滩涂及内水生态保护绿色发展的管理制度研究》获得浙江省法学会海商法学研究会2021年年会优秀奖。第四检察部主任张葵葵、赵苑池共同撰写的《民事检察惩戒权设立之思考——以民事诉讼监督为视角》获得二等奖，并在会上作主旨交流。

参与《浙江检察》选稿评审工作，已经审核16篇论文；《宁波检察》7篇。

举办该院的论坛年会。举办第五届宁检论坛，形成论文集，一期《宁海检察》正在排版中。

【自身建设】 牢牢把握自身建设的基本要求，着力夯实检察工作高质量发展基础。

政治立检把牢正确方向。开展党史学习教育，定制并发放专用笔记本，编制“云书本”“口袋书”，多样化开展宣传学习活动，13名检察人员在市、县微型党课和党史知识竞赛中获奖。创建“五色党建”品牌，出台创建实施办法和三级管理考核办法，设计品牌logo，相关做法获市院叶伟忠检察长批示肯定。提升基层党组织组织力，出台院领导担任在职党员党支部第一书记制度，建立新时代文明实践站点，组建志愿者服务队伍，下沉社区参加全国文明城市创建、疫情联防联控、“一户一策一干部”结对帮扶等活动，第二党支部获评县先进基层党组织、县级机关先锋支部。

从严治检淬炼优良作风。扎实推进政法队伍教育整顿，成立领导工作小组，组建工作专班，制定工作方案，高质量完成学习教育、查纠整改、总结提升等各环节工作任务，广泛开展谈心谈话86人次，组织重点案件质量评查1202件，全力整治执法司法领域存在的突出问题。认真落实重大事项记录报告等制度，狠抓“三个规定”填报，通过全员统一定制“三个规定”手机彩铃和原创《“三个规定”知多少?》微动漫等形式广泛开展学习宣传活动，积极营造公正公平良好的司法环境。

数字智检撬动法律监督。加强智慧检务建设，牵头做好政法一体化单轨制办案系统深度应用，共协同处理2588件次，刑事案件协同办案率达到100%，办案效率进一步提升。积极创新数字检察，“两项监督案件化办理平台”设计方案入选第二届全省数字检察创新应用创意设计“十佳方案”首位，非法采矿类案监督入选全省检察机关数字监督办案指引，并在全省基层检察长数字检察交流会上经验交流。首创数字送达场景应用，与其他检察院联建浙江检察数字化送达系统，送达成功率89%，平均送达时长缩短50%以上，实现文书接受“零次跑”“零接触”。加强数字化人才培养，1人入选全省检察机关数字检察办案骨干，4人入选全市检察机关数字检察办案骨干。

人才兴检提升核心战斗力。加强年轻干部培养力度，充分发挥检校合作的优势，畅通上派下挂渠道，选派5名优秀年轻检察人员到相关部门、乡镇挂职锻炼，加速成长成才。强化岗位练兵，落实全员培训，大力推进“积分+导师”双轨制培养模式，提升队伍专业化水平，推进人才培养和法治实践深度融合。今年以来，荣获市级以上荣誉13人次，申报完成省市院研究课题9项，市级以上论坛征文获奖9篇。

法　　院

【概况】 全年受理案件17018件，同比上升0.57%；办结17197件，同比下降0.70%；未结案1318件，同比下降11.96%。结案率、民事可调撤率、自动履行率、无财产可供执行案件终本率等指标居全市第一。

【惩治犯罪】 受理刑事案件687件，审结688件，分别同比上升1.78%和0.73%，判处罪犯1037人。保持反腐高压态势，审结贪污、贿赂、渎职等职务犯罪案件2件2人。保障人民安居乐业，审结杀人、强奸、抢劫、绑架等暴力犯罪案件52件，审结食药安全、非法集资、电信网络诈骗等涉民生犯罪案件49件。实现刑事辩护全覆盖，通知法律援助机构指派律师为155名没有委托辩护人的被告人提供辩护。

【保障民权】 受理民商事案件8985件，审结9086件，同比分别上升2.33%和2.54%，民事调撤率达66.17%。

深化家事审判改革，引入心理咨询机制，设立妇儿维权法官工作

12月30日，县法院联合县检察院、县公安局召开打击拒执犯罪联席会议

站，发布《关于联合开展涉未民事案件未成年人权益司法保护工作实施意见》，保障妇女、儿童、老人合法权益，审结婚姻家庭、继承纠纷案件747件。

支持劳动者依法维权，审结劳动类纠纷案件214件，执行到劳动报酬1132.23万元。维护诚实守信的市场交易环境，审结民间借贷、金融借款、房屋买卖、信用卡类合同纠纷案件2405件。

平等保护企业合法权益，审结各类涉企案件3400件，结案标的额达11.14亿元。畅通执破衔接渠道，及时发放破产援助资金及互助资金，充分发挥破产审判“司法修复”功能。审结企业破产案件48件，盘活房产约5.97万平方米，土地81.59亩，清理债务12.28亿元，安置职工201人。

有序推进个人债务集中清理（类个人破产），召开新闻发布会，共收到申请23件，立案审查16件，审结13件。

11月29日，宁海县人民法院召开个人债务集中清理（类个人破产）工作新闻发布会

【依法行政】 受理行政诉讼案件101件，办结101件，同比分别下降2.88%和3.81%；受理审查行政非诉案件129件，办结129件，同比均下降31.02%。

落实行政机关负责人出庭应诉制度，出庭应诉率达100%。在全省率先实现行政诉讼法律援助全覆盖，引导当事人依法理性维权。通过县预防和化解行政争议机制和行政争议调解中心，协调撤诉案件15件。编发行政审判白皮书、行政机关败诉情况分析报告等，组织130余名机关单位干部观摩庭审，推动提升依法行政水平。

5月，邀请机关单位干部观摩庭审现场

【破难攻坚】 受理执行案件7070件，办结7142件，同比下降0.25%和3.41%，执行到位金额4.36亿元。构建综合治理执行难工作大格局，推动“基本解决执行难”向“切实解决执行难”转变。坚决打击逃避、抗拒执行行为，开展“执行利剑”等集中专项执行活动3场，纳入失信限高5575人次，限制出境781人次，司法拘留139人次，罚款2121件784.19万余元，以拒不执行判决、裁定罪判处2件2人。向宁波银行业协会推送诚信履行名单，为自动履行当事人争取银行授信红利，发放自动履行证明书227份，396人被列入诚信履行名单库。

【诉源治理】 打响“方圆工作室”调解品牌，助力优化矛调中心工作机制，构建建设工程合同纠纷调诉对接机制，力促矛盾纠纷化解于诉讼之外。推广财产保全，免除5万元以下小标的额财产保全担保，财产保全率达25.77%，居全省基层法院第一。深化机动车交通事故责任纠纷类型化解纷改革，打造“网上数据一体化处理”系统，实现道交纠纷“一网通办”。7月，与中院联合制定专题解纷工作指引，将该经验在全市推广。

【社会综治】 紧紧依靠党委领导，积极融入县委政法委牵头、多部门支持配合、社会组织广泛参与的工作大格局。在全市率先实施跨辖区立案服务，推动县委政法委牵头落实“万人成讼率”考核和“共享法庭”建设，以“家门口的诉讼服务”解决群众诉讼不便问题。升级人民法庭布局配置，11月9日浙江省编办发函同意增设桃源人民法庭，选址工作及其他3家法庭的综合性审判用房建设工作同步推进。全面运行人民法庭“立审执”一体工作模式，法庭自行消化的执行案件数占全院三成以上。

5月13日，开展集中执行专项行动

【打击刑事犯罪】 实现刑事辩护全覆盖、行政诉讼法律援助律师全覆盖，强化人权司法保障。坚持“打财断血”“黑财清底”，深挖利益链条，彻底铲除黑恶势力经济基础。圆满完成“案件清结”任务和中央扫黑除恶督导组“回头看”督导迎检工作，推动构建扫黑除恶持久长效机制，将刘某、熊某、王某等黑恶犯罪集团涉“套路贷”案件作为典型，人民群众的安全感明显提升。

【司法体制改革】 压实院庭长带头办案职责，办结案件6621件，占结案总数的58.4%。完善新型审判权运行监督管理机制，以院庭长层级督办、听案会商等方式狠抓长期未结案清理，截至年底，超6个月以上未结案31件，同比减少3件，比2017年同期减少198件，超12个月未结案清零。强化终本案件管控工作，得到省高院院长李占国批示肯定，并在全市法院半年度执行工作例会暨终本管理规范化建设现场会上作经验交流。

【诉讼制度改革】 召开民事诉讼程序繁简分流改革推进会，邀请代表委员到院了解繁简分流工作流程，积极参与市中院改革试点具体操作规程和民事诉讼程序规则修订起草工作。细化简易程序规则，推动小额诉讼程序“当用尽用”，简易程序适用率和小额诉讼简式文书适用率均居全市法院

8月25日，全市法院半年度执行工作例会暨终本管理规范化建设现场会在宁海法院召开

前列。完善“四类案件”科学监管和考评机制，评查案件882件，发布评查通报12期。

1月14日，举办民事诉讼程序繁简分流改革试点工作开放日活动

【数字化赋能】 优化升级不动产司法处置一件事改革和执行联动3.0机制，完成网拍不动产登记117件，在“宁海法院执行联动”平台在线查解封不动产、车辆、银行存款、股权等3619次，查控养老金、住房公积金等2311人次。聚焦“当事人一件事”集成改革，推动县委政法委牵头落实“审判取证一网通”“司法拘留一件事”改革，组建工作专班、出台工作方案，并上线多跨场景应用项目，其中“司法拘留一件事”改革工作动态被浙江省委《数字化改革工作专刊》刊发。

【自身建设】 强化习近平新时代中国特色社会主义思想理论武装，扎实开展党史学习教育活动，学习贯彻习近平法治思想、习近平总书记在庆祝中国共产党成立100周年大会上的重要讲话精神、中共十九届六中全会精神等，组织各支部重走“红色之旅”，班子成员为各所在支部上党课，党组理论中心组集中学习16次，带头领学，示范促学，坚定捍卫“两个确立”，坚决做到“两个维护”。在院机关打造并成功申报宁海县“红动宁海”党员教育基地，院机关党委被评为“县先进基层党组织”。

举办“说说我与法院的故事”、宁法“青年说”主题活动、宪法宣誓活动、“迎建党百年”主题系列活动等，激发队伍活力。树立正确选人用人导向，加大干部培养力度，9名员额法官择优选升为四级高级法官，公开公正选任12名中层干部，提拔2名人民法庭庭长，2名干警分别被评为全省“最美法官”、全市“最美公务员”。

11月23日，县法院开展“红日”专项执行活动

科学合理调整班子成员分工，压实“一岗双责”。以教育整顿为契机，全力整治顽瘴痼疾，对4名主动报告的干警查实问题、作出处理。开展“奋战60天，我为群众办实事”高效为民执行专项行动，在“红日”集中执行行动中，40小时内拘传30名被执行人，拘留10人，执行到位59.9万元，化解执行案件35件。开展案款专项清理，推广“一案一账号”，无理由超30天未发放案款实现清零。

认真执行《宁海县人大常委会关于司法机关重要工作情况报告备案的规定》，自觉在人大、政协和社会各界监督下开展工作，坚决贯彻落实人大及其常委会的决议和决定，主动向人大、政协汇报和通报工作情况，形成领导班子带头走访代表委员常态机制。将换届后的

277名人大代表身份信息录入门禁系统，方便其随时到院监督。联合出台《关于在民事执行活动中明示申请法律监督权的规定（试行）》，设立派驻法院检察官办公室，邀请检察长等列席审判委员会会议，检察建议答复率100%。坚持以公开促公正、立公信，新选任人民陪审员300名，庭审直播率居全市第一。完善律师调查令制度，落实律师投诉快速办理和及时反馈机制，健全律师与法官互评机制，推动法律职业共同体建设。

4月25日，在省委法治浙江建设工作会上，宁海县获评法治浙江（法治政府）建设示范单位

司法行政

【概况】 全县司法行政系统在大事要事面前主动担当、在急事难事面前攻坚克难，办成一系列大事，办好一系列喜事，办妥一系列难事。成功创建法治浙江（法治政府）建设示范县。获评司法部“智慧矫正中心”创建达标单位，创建首批部级“智慧矫正中心”。创成全县首家“枫桥式”司法所。“宁海村级小微权力清单36条”荣获法治宁波建设“十佳创新案例”。岔路“阳光义警”入选全省第三批社会大普法“六优”培育行动计划优秀名单。

【服务中心】 牢牢守好安全和稳定两条主线，高质量完成护航中国共产党成立100周年工作任务。部署开展社区矫正安全监管和矛盾纠纷排查调处专项行动，全县社区矫正工作安全稳定，开展矛盾纠纷排查11284次，成功调处纠纷298件，有力维护社会和谐。连续两年开展“法雨春风”法律服务月活动，累计走访服务企业1571家，帮助企业解决困难问题205个。持续深化“中心工作推进到哪里，司法行政服务保障就跟进到哪里”工作理念，全系统干部闻令而动、勇挑重担，为全县重大项目提供法律意见建议41条，参与常态化疫情防控、全国文明城市创建近1000人次，得到所联系街道、社区高度好评。县公证处参与重点工程招投标公证156件。

2月8日，县司法局在烈士陵园开展文明创城垃圾清理活动

【法治建设】 统筹推进法治宁海建设，召开法治宁海建设工作专题会议，成功创建法治浙江（法治政府）建设示范县。扎实开展宁波市法治乡镇（街道）示范创建，岔路镇创成第一批“宁波市法治建设示范乡镇（街道）”。组织开展重大行政决策目录化管理专项行动，13

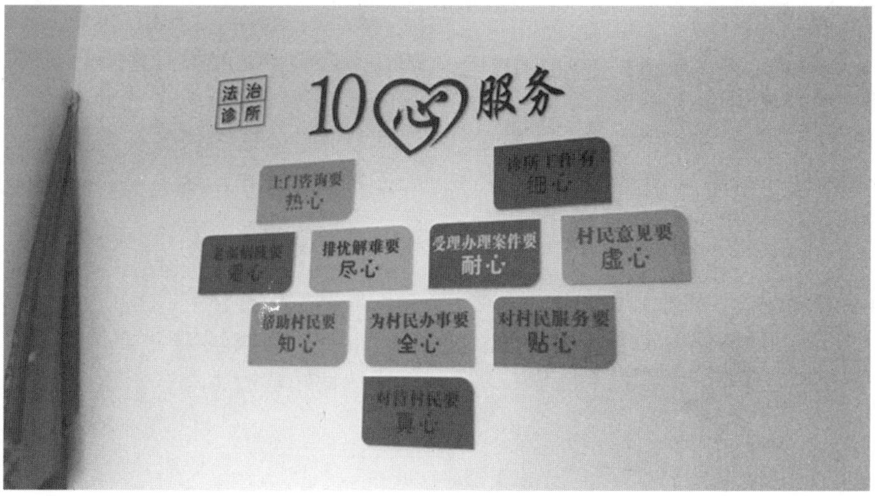

前童镇大郑村法治诊所

家部门（单位）公布重大行政决策目录47件。常态化开展法治督察、行政执法监督，举办全县法治政府建设工作培训班，全县新增公职律师8人，执法证748本。召开“双下降”专题工作会议，出台《宁海县行政争议发案量和败诉率“双下降”工作机制（试行）》等系列机制，编印《全县行政诉讼、行政复议典型案例汇编》《基层常用法律知识100问》，领导干部依法行政能力水平进一步提升。多形式开展《宁波市法治乡村建设促进条例》宣贯，成功打造岔路镇下畈村和前童古镇2条法治精品线，新创省级民主法治示范村8家，全县市级以上民主法治示范村覆盖率达到29%。

【司法惠民】 多方破解律师队伍发展难题，新增专职律师6名，全县律师万人比首次突破1.8，达到1.81。

强化精准对接、精准供需、精准跟踪，全力打造一流法治化营商环境，为1321家民营企业提供“法治体检”，撰写法治体检报告58份。

进一步完善县乡村三级公共法律服务体系建设，在跃龙所建成并运行全县首家“24小时法超市”。推行“12348”公共法律服务热线7×24小时咨询服务机制，全年累计接待法律咨询9672人次，办理法律援助988件，为受援人挽回经济损失1863.15万元。

探索开展“援调结合，调解优先”工作模式，引导619件法律援助民事案件申请调解，成功调解317件，案件平均办结时长从78.36天缩短至18.76天。

实施法治惠民十件实事项目，在全县范围内推广“法治诊所”模式，“法治诊所”建设实现乡镇（街道）全覆盖。

深化推进“公证E通”应用，通过“公证E通”平台办证1186件，占办件总数的47.5%。

11月24日，省司法厅人民参与和促进法治处副处长张朝辉（右五）带队赴宁海县司法局跃龙司法所考核验收“枫桥式”司法所创建工作

【基层建设】 实施“枫桥式”司法所建设三年行动计划，制定出台《2021年度司法所工作考核办法（试行）》，推行司法所“破难指数、服务指数”考评机制，跃龙司法所成功创建全县首家“枫桥式”司法所。

改造升级县矫正中心，大力推进“智慧矫正中心”创建，县司法局获评司法部“智慧矫正中心”创建达标单位，成功创建首批部级“智慧矫正中心”，社区矫正综合智慧化管理水平大幅提升。

完成全县369个村（社区）调解组织换届，全额配足县乡村三级调委会专职人民调解员，全县人民调解组织403家，人民调解员2143

人，创历史新高。

编制《宁海县人民调解工作手册》，着力提升工作规范。累计受理矛盾纠纷 8137 件，成功调处 8104 件，调解成功率为 99.59%，协议涉及金额达 3.65 亿元。

【队伍建设】 旗帜鲜明讲政治，把党史学习教育作为重大政治任务贯穿全年，通过“领学、自学、讲学、研学、践学”五位一体工作法，推进党史学习教育常态化长效化。扎实开展队伍教育整顿，狠抓律师行业、公证领域专项整治，开展三轮自查自纠，分类建立问题台账，全部完成整改。

落实全面从严治党主体责任和意识形态工作责任，贯彻中央八项规定精神，持续反对“四风”，积极营造良好政治生态。突出学习贯彻习近平法治思想、习近平总书记重要讲话精神，“四个意识”更加牢固，“四个自信”更加坚定，“两个维护”更加坚决。

完成干部调整使用，新任用中层干部 10 人。共青团、志愿者、信息宣传等工作也得到新加强，取得新成绩。国家、省、市、县各级媒体宣传报道全县司法行政工作情况 198 篇，产生良好的社会效果。

军　事

综　述

2021年8月，宁波军分区党委做出深入学习贯彻习近平主席在庆祝中国共产党成立100周年大会上的重要讲话精神，全面落实省军区党委扩大会议决策部署，进一步统思想、聚合力、增效能，切实在转型重塑中持续打造一流军分区的全面筹划部署。一年以来，在军分区党委和宁海县委的坚强领导和机关有力指导下，宁海县人民武装部（以下简称县人武部）立牢根本指导，坚定强军目标，紧扣援战使命，突出关键重点，举起铸魂振奋精神，改进作风真抓实干，凝心聚力争先进位，努力推动各项工作高起点筹划，按计划展开，全面建设稳中有升，比武考核、民兵整组、应急救灾等重点工作得以进位、彰显作用。

8月，山洋革命根据地纪念园、梅花村会议纪念馆入选浙江省红色根脉打卡地。宁海大力开展拥军优属、拥政爱民活动，持续巩固军政军民团结大好局面，共同谱写新时代“同呼吸、共命运、心连心”的双拥共建新篇章。

人民武装

【概况】 在上级部门的领导下，县人武部党委通过民主生活会，提高领导班子成员的军事素养和政治意识。充分利用“周二夜学”，开展党史学习教育。聚焦练兵备战，通过考核，有效检验专武干部队伍的综合能力素质，促进基层专武干部队伍建设。以争创省级“双拥模范城”为抓手，不断巩固军政军民团结，围绕奋力开创党管武装和国防动员工作新局面，就进一步强化责任担当、聚力备战打仗和深化军民融合作，奋力开创新时代党管武装和国防动员工作新局面。

【部党委专题民主生活会】 5月，市委常委、宁波军分区司令员专题来县指导人武部党委民主生活会。县人武部党委班子成员按照“一人讲、大家评、逐个过”的方法，进行批评和自我批评。司令员对县人武部班子成员的军事素养、政治意识和部里上下的思想认识站位给予肯定，对下步强化武装能力培养、努力抓好队伍建设、

6月7日，结合县委中心组理论学习（扩大）会，组织开展“四套班子”领导过军事日活动

高质量推进主责主业和稳步落实安全管控等作出指导和要求。

【县委召开议军会暨国动委全体会议】 5月，县委议军会暨国动委全体会议召开。县国动委主任主持，副主任传达市委议军会精神，常务副主任作国防动员工作报告，岔路镇、梅林街道党（工）委书记作大会述职，其他乡镇（街道）党（工）委书记作书面述职，会议审议通过《关于落实浙江省〈关于加强和规范基层人民武装工作的意见〉的措施》。县国动委第一主任围绕奋力开创党管武装和国防动员工作新局面，就进一步强化责任担当、聚力备战打仗作讲话。

会议强调要深学笃用习近平强军思想，进一步强化责任担当，聚力备战打仗，奋力开创新时代党管武装和国防动员工作新局面。

坚持党对人民军队的绝对领导，是党在血与火的斗争中得出的真理。要提高政治站位，坚决扛起党管武装政治责任。以习近平强军思想为行动纲领，统筹谋划、协调推进国防动员、后备力量建设、征兵、国防教育、双拥等各项工作，同时严格落实双重领导、党委议军等基本制度，深化探索军地联合督导落实机制，不断筑牢党管武装的组织根基和制度根基。

聚焦练兵备战，紧紧扭住国防动员主责主业。要狠抓“大练兵”，完善专项方案，加强拥军支前，认真抓好战术训练、专业训练和实战化演练，不断提高民兵分队和国防动员专业队伍的作战能力。要狠抓“大动员”，明晰国动委“八办”机构职能任务，着力将动员优势转化为打赢胜势。要狠抓“大改革”，持续深化民兵调整改革，着力打造精干民兵队伍，并严格落实“一年两次征兵两次退役”改革，努力为部队输送更多优质兵员。

7月1日，县人武部人员赴越溪乡看望慰问革命老党员应隆滚

坚持军地共建，加强产业融合，把军方所需与宁海所能紧密衔接起来。要加强情感融合，以争创省级“双拥模范城”为抓手，不断深化拥军优属、拥政爱民工作，巩固军政军民团结的生动局面。

【党史学习教育】 2021年，县人武部充分利用“周二夜学”，组织集中学习和体会交流；认真落实必读书目个人自学，开展“党史百年天天读”，组织专武干部观看红色影片《守岛人》，营造浓厚学习氛围；认真筹备，积极参与军分区组织的党史知识竞赛。7月1日，县人武部组织人员集中观看庆祝中国共产党成立100周年大会实况，并组织全体人员参观新兴企业艾美卫信生物药业公司，在烈士陵园重温入党誓词，专题赴越溪乡看望慰问革命老党员应隆滚。

【宁海县举行2021年度专武干部年终考核】 为全面检阅专职人民武装干部综合素质，切实抓好专武干部队伍建设，宁海县举行2021年度专武干部年终考核。县委常委、人武部部长曹继木，县人武部政治委员胡威标参加。年终考核由民主测评、能力素质和工作实绩三部分组成。当天，来自全县各乡镇（街道）的专武干部述职发言，测评人员从“德、能、勤、绩、廉”等五个方面打分。在检验能力素质方面，专武干部们参加体能技能考核和以民兵整组、兵员征集为内容的案例分析考核。考核过程中，各专武干部展现出良好的军事素质和精神风貌。此次考核有效检验专武干部队伍的综合能力素质，激发专武干部比学习、比能力、比工作的能动性，促进基层专武干部队伍建设。

5月28日，县交通系统民兵整组点验大会召开。会上，先后进行了人员任命、先进表彰、人员情况抽查、集体宣誓。参点民兵队伍着装严整、精神抖擞，体现良好的政治素质和精神风貌。会议要求全体交通系统民兵要认清形势，进一步提高国防意识，增强做好军事斗争准备的责任感和紧迫感。要充分认识民兵队伍的地位和作用，珍惜民兵身份，牢记民兵职责、使命和担当，真正做到召之即来、来之能战、战之必胜。要积极开展大练兵、大比武，切实加强理论学习、岗位技能训练，不断提高民兵重点队伍建设质量。要始终把备战打仗和服务经济社会发展作为中心任务，在参与地方经济建设、承担急难险重任务、服务属地人民群众中站排头、当尖兵。

【防台救灾】 在防范台风“烟花”过程中，县人武部组织出动民兵协助转移群众6900余人，设置避灾点9个，装填沙袋1600个，加固堤坝900余米，为维护群众安全利益做出重要贡献。7月26日上午，人武部接军分区命令后，紧急集结民兵驰援余姚，经过10多小时连续奋战，圆满完成抢险救灾任务并安全返回。8月26日，联合县府办、县退役军人事务局召开支援余姚防汛救灾暨岗位练兵比武表彰大会，总结民兵队伍参加重大活动的经验教训，奖励成绩突出的个人与单位，激励官兵勇于担当，为“双优宁海”建设助力添彩。

【党管武装】 坚持党管武装不动摇，县委统筹谋发展、管武装、强国防，每年组织召开党管武装工作会议、县委议军会，对涉军工作第一时间研究、第一时间落实。两年多来，县委书记林坚认真履行县委退役军人事务工作领导小组组长和县人武部党委第一书记职责，带头落实各项制度，并深入一线现场办公，推动解决基础设施、服务保障等实际问题。

双拥工作

【概况】 2021年，宁海县始终把做好退役军人和双拥工作，作为义不容辞的政治责任，作为事关全局的重要工作，强化使命担当，主动改革创新，推进新时代退役军人和双拥工作高质量发展。

【双拥工作机制】 成立县乡两级双拥工作领导小组，把创建省级双拥模范县纳入重要议事日程，压实各方责任，齐心协力推动军地共建。定期召开军地会议，主动对接双方需求，优先安排资金、资源予以保障。组建拥军支前工作队伍，协助做好物资装备预征预储等工作。

【拥政爱民】 驻地部队在抓好国防现代化建设的同时，主动发挥自身优势，大力支持地方发展。军地结对携手共建。8月，隆重举行军地双拥共建结对签约仪式，驻地部队与机关单位、企业、学校、村结对，制订共建规范，开展国防教育、助学帮困等活动，推动军地联动、联享、联通。以“百连结百村，共创文明城”为载体，广大官兵助力城乡环境整治，共创全国文明城市。平安护航彰显担当，驻地部队全力维护县域平安稳定，积极承担防汛防台、抢险救灾、节庆安保等急难险重任务，在“烟花”台风期间，部队协助转移安置群众6.9万人，同时组织百余名官兵和民兵驰援余姚抗洪救灾，切实维护人民群众生命财产安全。连续六年举办“西林杯”军企联谊运动会，经常性开展军民联欢、武器模型展、学生走进军营等活动，不断拉近部队与群众之间的距离，关心国防、热爱国防、建设国防、保卫国防逐渐成为全社会的思想共识和自觉行动。

【专访慰问】 7月，县委书记林坚率队开展“八一”走访慰问，同步进行现场办公、指导工作，对下步推进宁海县武装工作高质量发展作出重要指示；县长滕安达，县委副书记汪志分别带队，看望驻宁海部队官兵，送去节日的问候。

【积极开展文明城市创建活动】 9月，组织召开滨溪社区创城工作部署会，县人武部部长总结讲评前期进展情况，并对下步工作进行动员部署，县交警、住建、市监和综合执法四大会战部门逐一表态发言。部机关干部职工利用双休日，走进辖区每家每户，面对面向居民讲解文明创城知识，并征询群众建议意见；通过“党员同心圆”活动开展辖区卫生整治。军地联动积极争创省级双拥模范城，组织民兵开展“百连结百村、共创文明城”活动，出动民兵，清理垃圾661车，组织文明城市教育宣传，为驻地文明创建、平安建设做出积极贡献，军政军民团结进一步巩固。

【为无名烈士寻亲】 2021年，在庆祝中国共产党成立100周年之际，宁海县结合党史学习教育，由宁海县委宣传部牵头，联合宁海县退役军人事务局和宁海传媒集团等部门策划发起“奋斗百年路　启航新征程——为无名烈士寻亲”大型主题寻访活动，并形成党史学习教育典型案例成功入编浙江省党史学习教育领导小组办公室主编的《党史学习教育百法百例》。

国防教育

【概况】 宁海国防教育工作在市国

教委和县委、县政府的领导下，着眼服务国防和军队建设，紧扣军事斗争准备，紧密结合宁海实际，以弘扬爱国主义为核心，坚持问题导向、突出教育重点、勇于探索创新，各成员单位协作有力，活动内容丰富、形式多样、富有成效，全民国防教育更加深入普及。

提高政治站位，深化抓好国防教育的思想认识，从维护国家安全大局、实现富国强军目标、落实立德树人百年大计和服务宁海发展现实需要四个方面来认识国防教育的重要性。要坚持创新发展，增强开展国防教育的质量效益，深化国防教育改革，突出国防教育重点，抓实主题日系列活动，广泛开展形式多样、内容丰富的群众性国防教育活动。要加强组织领导，形成抓好国防教育的工作合力，探索长效机制，确保国防教育扎实有效开展，注重与其他部门的分工与合作，形成齐抓共管的工作格局，培养国教人才，进一步加强国防教育工作队伍建设，奋力开创全县国防教育工作新局面。

4月2日，开展为无名烈士寻亲活动

【国防动员】 2021年，宁海县突出国防动员援战这个“第一能力”，聚焦重点、持续发力，积极推进国防动员实战化、现代化进程。完成兵员征集任务，大学生和大学毕业生比例有新的提高；联合县纪委开展“背靠背”式廉洁征兵督查、座谈会等活动，做实做细做深廉洁征兵监督执纪。加强后备力量建设，编建基干民兵应急力量、专业力量、特殊力量、新质力量。在上级考核中，名次有较大幅度提升。

【县国防教育委员会全体（扩大）会议】 9月，县国防教育委员会全体（扩大）会议召开。会议总结近年来全县国防教育工作情况，对下步重点抓建工作进行强调部署。从“抓好国防教育的思想认识、增强开展国防教育的质量效益、形成国防教育的工作合力”三个方面作重要讲话。县国教委成员单位县教育局、县退役军人事务局分别作表态发言。

【树典型引风尚】 2021年，宁海县突出树典型引风尚，参军光荣深入人心。建立国防教育委员会，加强以爱国主义为核心的全民国防教育，进一步提高全县上下对双拥工作的认同感和支持率。

通过专题报道、“我是一个兵”专栏、“八一”晚会等大力宣扬全国模范退役军人（储吉旺）、最美退役军人（仇贤林，全国脱贫攻坚先进个人）和立功受奖官兵的先进事迹，连续两年开展县级最美退役军人评选活动，让先进榜样有荣誉更有尊崇。增强军人军属的荣誉感和自豪感，引导全社会尊崇军人、优待军属。尤其重视和关爱退役老兵，曾参加解放战争、抗美援朝战争的老兵其事迹被广泛传颂和学习。

创新“红动宁海”智慧平台，通过“线上预约+线下体验”“专职讲解员+志愿宣讲团”等激活红色资源，让革命故事有人讲、有人听。红色西乡纪念馆（含岔路镇梅花村会议纪念馆、西南农会旧址、县委诞生地碑亭、山洋革命根据地纪念园）入选省级国防教育基地。成立“无名烈士亲人团”，近千名志愿者为无名烈士守墓寻亲，讲述英雄事迹，受到中央和省市媒体关注报道。

让红色血脉有记忆更有传承，宁海有全国第二所、华东第一所少年军校，有浙江第一所后备军人学校，分别由张爱萍上将、迟浩田上将题写校名，宁海县后备军人学校的题字现收藏在宁波市教育博物馆。其中，宁海职教中心一直发挥着后备军人学校的作用。

退役军人事务

【概况】 2021年，宁海县退役军人事务局（以下简称县退役军人事务局）围绕“让军人成为全社会尊崇的职业”目标定位，以习近平主席关于退役军人工作重要论述为根本遵循，以退役军人为中心，强化服务意识，增强服务能力，做好服务保障，县退役军人服务保障体系加快推进，退役军人荣誉感、归属感、获得感、幸福感日益增强。

【发挥先进引领作用】 2021年，县退役军人事务局发挥基层党组织的堡垒作用，特别是发挥全县200余名村“兵支书”“兵支委”的领头羊作用，借助服务站平台，开展座谈、交流，团结带领广大退役军人在乡村振兴、基层治理中尽显才能。发挥退役军人突击带头作用，组织退役军人志愿服务队，激励引导广大退役军人积极投身社会服务和社会建设，在社会应急、抢险救灾等急难险重任务中显身手。发挥榜样引领作用，持续通过报纸专版、专题报道、“我是一个兵”专栏、“八一”晚会等大力宣扬全国模范退役军人、最美退役军人和立功受奖官兵的先进事迹，积极向省、市推荐“最美退役军人”，增强军人军属的荣誉感和自豪感，引导全社会尊崇军人、优待军属。先进事迹展现退役军人精神风貌，发挥“身边人”的激励带动效应，在广大退役军人中形成脚踏实地、乐于奉献的价值导向。

【退役军人就业创业】 2021年，县退役军人事务局多措并举，提升退役军人就业创业质量。按照“妥善安置、合理使用、人尽其才、各得其所”的原则，实现转业士官、用人单位和部队“三满意”。接收自主就业退役士兵，举办适应性培训。结合“我为群众办实事”实践活动，依托专业培训机构，动员退役军人积极参加职业技能培训。学好用好市就业创业信息系统，排摸县内军创企业和退役军人就业状况，通过动态精准就业排摸，准确发布就业创业政策信息和招聘信息，助力退役军人就业创业。

【拥军崇军】 2021年，县退役军人事务局严格落实各项优抚政策，完善内容个性化、措施精准化、方式多元化的关爱优抚服务，让退役军人和其他优抚对象共享改革发展成果。做好优待抚恤工作，开展常态化暖心服务，紧扣春节、“八一”等重要节点，实现一年两次走访全覆盖。组织退役士兵返乡集体欢迎仪式、送立功喜报等活动，推进“军人荣誉墙”建设，以仪式感营造尊崇感。补充完善信息采集和光荣牌悬挂工作。及时调整优抚对象抚恤补助标准，确保优抚资金专款专用，及时、准确发放到位。落实现役义务兵父母免费体检，按时完成部分退役士兵社保接续集中补缴任务，稳妥有序推进“两参”人员身份初核工作。购买社会服务，每月一次上门为60周岁以上孤寡退役老兵及“三属”做个性化服务。定期开展退役军人“微心愿”圆梦活动，联系县北部医院，点对点助力“老兵圆梦”。救助贫病退役军人，发放各类救助金。扎实开展省“双拥”模范县创建工作。紧盯部队所需，加大资金保障和工作协调力度。

【纪念褒扬】 清明节前夕，结合党史学习教育，在烈士陵园隆重举行宁海县“清明祭英烈”活动暨“无名烈士亲人团”成立仪式，社会各界近千人主动报名参加“无名烈士亲人团”，志愿守护散落在宁海的无名烈士墓。新华社、《光明日报》《人民日报》《浙江日报》等作了专题报道。通过系列活动和持续的宣传，崇敬英烈学习英烈的氛围在宁海持续延展，志愿者组成红色宣讲团宣讲英烈故事，学校组织学生走进部队，机关组织党员开展“重走先烈战斗路、传承革命牺牲精神”活动。通过参与、体验等沉浸式的感受，让爱国主义教育深入人心。

4月2日，无名烈士亲人团祭扫大佳何镇上8位无名烈士

【维护权益】 2021年，县退役军人事务局坚持守住稳定底线，维护退役军人合法权益，将“问题清单”转化为“成绩清单”。

【拥军优属】 2021年，宁海县注重办实事、解难题，推动拥军工作向基层走、朝社会扩、往实里做，营造拥军优属的浓厚氛围。真抓实干精准服务，紧盯就业难题，安置转业干部、转业士官，组织对接交流会、专场招聘会、技能大赛，推动退役军人高质量就业创业。真情实意关爱服务，建成“三级五有”退役军人服务保障体系（县、乡镇（街道）、村（社区）三级，有机构、有编制、有人员、有经费、有保障），全面完成户籍退役军人及优抚对象信息采集，悬挂“光荣之家”。通过政府购买服务、“党群同心圆”、志愿服务队等方式，为退役军人及“三属”（烈士遗属、因公牺牲军人遗属、病故军人遗属）提供优质服务。成立“伤残军人互助之家”，让伤残军人力所能及地服务他人，感受到更多自身价值。认真落实车站、医院、景区等场所军人优先，军人及烈士子女教育优待等政策，自觉维护军人军属合法权益。严格执行各项优抚政策，两年来及时足额发放抚恤补助金、生活补助费和义务兵家庭优待金。完善社会化拥军体系，设立“退役军人关爱基金”，县慈善总会每年注资、如意公司捐资，重点帮扶贫困军人和军烈属；组建“崇军联盟”，企业和商家加入新时代拥军方阵，为广大军人提供“优质产品、优先待遇、优惠价格”的“三优”服务。

9月2日，崇军联盟成员单位授牌暨军地双拥共建签约仪式举行

农业·农村

综　述

深入贯彻上级农业农村部门和县委县政府决策部署，坚决扛起“重要窗口”双优生和共同富裕标杆县的使命担当，获评省级良种（水稻）繁育基地县，年度乡村振兴战略实绩考核全市第三、入围市政府督查激励项目并成为省先进县，5度蝉联省美丽乡村建设和农村生活垃圾分类处理工作双优胜，年度县级目标管理考核持续跻身部门前列、连续入围全县满意机关。

农业农村经济保持稳健发展。按可比价计算，全年农林牧渔业总产值72.93亿元，增长5.1%，一产增加值50.67亿元，增长3.6%，增幅双双位居全市第一；农民人均可支配收入达到39836元，增长10.1%跑赢市均及全县城镇居民、居全市第二，城乡居民收入比由1.77∶1缩小到1.76∶1，低收入农户人均可支配收入达到17969元、增长13.5%；337个村集体经济收入、经营性收入之和分别达到3.9亿元、1.7亿元，增幅分别达到11.3%、24.9%，所有村集体经济总收入和经营性收入全面迈上30万元和15万元台阶，总收入超百万元的村133个，占39.4%、经营性收入超50万元的村97个，占28.8%。

保障米袋菜篮供给。保粮食安全，核定粮食播种23.71万亩、综合生产能力达到9.023万吨；保耕地红线，“大棚房回头看”拆除并去功能化处理2宗，完成2.41万亩审计发现粮功区“非粮化”整治；保菜篮子供应，标杆猪场宁海农发牧业一期年出栏生猪6万头项目建成投产，存栏生猪11.76万头、能繁母猪0.96万头，增长明显，蔬菜复种13.5万亩、总产12万吨，水产品总量17.44万吨，逆势增长5.5%。

筑牢产业共富基础。政策扶持，整合财政农业产业化类资金3952.2万元，立项实施项目248个，启动实施农产品田头仓储保鲜冷链设施建设，创新推出野生动物肇事险，政策性农业保险投保农户2.9万户增长4.7%；规划引领，构建形成农业农村“1+X”“十四五”规划体系，明确“315”现代农业空间发展格局和“557”农业农村现代化发展行动；三产融合，县财政每年1000万接力实施越溪乡、蛇蟠涂、深甽镇现代农业综合体建设项目，专项打造望海岗标杆性示范茶场，新增望海茶省级特色农产品优势区；品牌赋能，“长街蛏子”成功注册国家地理标志证明商标，实施宁海白枇杷及长街蛏子地理标志农产品保护工程，轩峰、冬益跻身省香榧十大品牌，5家企业占据全市10个红茶金奖半壁江山，认证“三品一标”增至280个；种业“塑芯”，为主举办宁波市人才日宁海畜牧、渔业专场，省级拟穴青蟹原种场、省二级种猪场实现全县“零的突破”，获省厅推荐申报国家级杂交水稻制种大县。农业“双强”，创建单季稻超高产攻关示范方、旱粮示范基地各1个，推广全省首套畜牧消杀系统和叠盘育秧等农机科技示范，新型农机装备加速推广应用，在全市农业高质量发展大会上作机械强农典型发言。

绘就三农富春山居。农业绿色循环，稳步推进农业废弃物回收处置，销号验收中央生态环境保护督察交办利丰牧业信访件，编制海水生态池塘尾水治理方案，创成省级水产健康养殖示范场8家、尾水处理示范点12家，列入省级渔业健康养殖示范县培育创建单位；乡村美丽宜居，编制《宁海县农村生活垃圾收运与处理规划》，30%以上行政村垃圾“智”分类，新建改建农村公厕165座，有效落实“三清三整四提升”村庄清洁行动；舌尖安全保障，加强农产品质量安全风险监测，落实农产品质量安全追溯及合格证管理制度，严厉打击违法使用禁限用投入品及滥用渔药行为，捧获全国农产品质量安全县国字招牌。

紧扣数改时代脉搏。积极投身数字化改革竞赛场，海头村入选市数字乡村先锋榜“双十佳百优村”，建成省级数字农业工厂2个、市级数字农业工厂4个、数字种养基地11个；低农帮促场景全市唯一纳入省厅首批“先行先试”县，“四个集成”试点经验在省市交流推广；省农村集体数字经济管理系统全市率先上线，推动“三资管理”从线下到线上、从定时到实时转变，闭环流转村级账户资金；“肥药两制”改革综合试点纵深推进，培育农牧渔试点主体157家，改革农资店13家，肥、药定额制施用示范区2个、1个；渔船精密智控“三网一平台”基本构建，大型渔船船员前端智能感知，渔船（船员）“以码管人，以图管船”；跟着节气游乡村扎实推进，长街蛏子节、桑洲油菜花节入选全市跟着节气游乡村系列活动。

掀起项目建设热潮。建设一块田，秉持集中连片、旱涝保收、节水高效、稳产高产、生态友好标准，投资4317万元新建高标准农田达1.73万亩；美化一条线，“精特亮”打造极致之美的大美南湾风景线，完成年度投资额的126%达0.507亿元；扮靓一批村，深入推进新时代美丽乡村“13511”，统筹涉农资金1.4亿元，建成小集镇式中心村1个、乡村振兴示范带1条、梳理式改造村60个、示范乡镇1个、艺术特色村15个，《艺术振兴乡村　推动共同富裕——宁海县葛家村的做法与启示》编入《浙江政研》获原省长郑栅洁同志批示肯定；收官一个场。投资4095万元建成“布局合理、技术领先、设施先进、管理智能、美丽生态”的岔路黑猪省级原种保护场，创成省级美丽生态牧场。

恪守强村富民初心。培育新型主体，支持农业企业技术改造、展示展销、动态评选，新晋下洋涂水产市级农业龙头企业，创成望海茶、黄精、竹笋3个市级农业产业化共富联合体，宁海富甬哈密瓜专业合作社入选第三批全国农民合作社典型案例，5家单位入选全国农村创业园区（基地）目录。锻造职业农民，搭建“农创客”“青创联盟”“星创天地”等创业创新平台，大力培养各类农村实用人才，培训农民1.3万人，培育多业态农创客300名。壮大集体经济，深化“亿元造血”工程，启动实施集体经济光伏项目33个。帮扶低收入农户，低收入农户综合性保险门槛降低、全面覆盖，52家农村经营主体依托金融帮扶带动低农就业，1768名低农通过文具来料加工点实现就近就业。

筑牢平安稳定基石。全省首推养殖塘承包经营规范化，全领域、全环节规范养殖塘发包、承包行为，《宁海县以四制协同提升水产养殖行业治理效能》头版头条编入省委办《浙江信息》第59期；深化农业农村领域安全生产，全市率先清零上道路变型拖拉机1086辆，排摸消除37座停运沼气池安全隐患，坚定推进涉海涉渔领域遏重大行动，严肃整顿“异地挂靠”“船证不符”“证业不符”等违规；加大涉访涉诉化解，坚决开展省市县委“七张清单”巡视发现问题整改，积极推动行政复议和行政诉讼“双下降”，清零第二批交办国重件，推动农业农村领域和谐稳定；提升三治融合水平，出台《2021年度清廉村居建设实施方案》，新创省级善治村48个，海头村入选第二批全国乡村治理示范村《小微权力清单36条构建乡村反腐新机制》全省唯一入选第三批全国乡村治理典型案例。

勇挑帮扶共富重担。根据中央结对关系优化调整安排和省市有关方案部署，结对帮扶四川省凉山州普格县，深入践行“八八战略”，打造与景宁县的山海协作升级版。转战普格，根据“普格所需，宁海所能”，选派党政挂职干部2名、专技人才16名，摸排引导5家宁波企业在川投资5亿元，共建产业园2个、落户企业2家、援建车间4个，倾力倾情打造德育村乡村振兴示范点，全年落实援建项目20个、投入财政帮扶资金6000万元、消费帮扶8086万元；携手景宁。宁海景宁两地积极交流、互派干部，景宁天寿养生有限公司凤栖云境项目、浙江那云文旅有限公司那云·天空之城项目等产业项目到位资金2.3亿元，新建蜜桃基地、露营基地、古道修建、无人机研学、稻螺稻鱼养殖共生等5个财政援助项目，共建“宁海—景宁山海协作乡村振兴示范点”和共同富裕示范乡镇（示范村），消费帮扶“景宁600”农特产品600万元，“消薄飞地”产业园项目带动景宁70个经济薄弱村、4200人实现跨区持股增收。

宁海县获评2021年度全市粮食安全责任制考核优秀单位。深入贯彻浙江省委“粮食保卫战”部署，全面落实粮食安全党政同责，加强耕地保护和高标准农田建设，不断提高粮食可持续生产水平，增强粮食仓储能力，完善粮食应急保障体系，较好地完成粮食保障任务。

一方面狠抓粮食生产，实施耕地质量保护与提升行动，建立耕地质量监测网络，落实耕地保护补偿机制，推进土地整治，开展“百千万”亩永久基本农田集中连片整治建设，实现耕地质量保护与提升技术推广乡镇（街道）全覆盖。2021年全县耕地保有量56.7万亩、永久基本农田达40.33万亩。落实粮食发展专项资金支持粮食核心产区建设，扩大早稻等主粮品种种植面积，全面落实种子储备制度，建成高标准农田0.6万亩，完成粮食生产功能区“非粮化”整治优化2.41万亩，水稻耕种收综合机械化率达93.47%，全县粮食作物播种面积、粮食综合生产能力分别达到23.71万亩、9.02万吨，实现播种面积、总产量“双增长”，为6年来粮食面积最大、产量最高的一年。

另一方面，宁海积极做好粮食储备，以订单粮食为抓手，组织落实粮食收购资金。升级改造仓储设施设备，中心粮库二期工程纳入县实事工程，谋划建设宁东、宁北粮库项目，启动宁西粮库智能化改造升级，“浙江粮仓”收储一体化试点工作有序推进。保障地方储备粮油规模，2021年宁海粮食储备总规模达历年最高。

与此同时，宁海还细化粮食应急预案操作手册，加强粮油供应网络建设，实现乡镇（街道）粮食应急供应网点全覆盖，确保粮食应急加工能力不低于250吨/日。加强粮食产销合作，建立省外粮源基地超10万亩，首次在“长三角”建立粮食产销合作基地。制定出台《宁海县推进社会化储粮的实施意见》，增强全社会爱粮节粮储粮意识，推进全产业链节粮减损。精心组织开展“世界粮食日”“粮食安全宣传周”等活动，建成爱粮节粮宣传教育基地1个，宣传粮食政策法规、节粮减损、节粮爱粮、科学用食、安全储粮等相关知识，引导大家关注粮食安全问题，树立厉行节约、制止餐饮浪费意识。

种 植 业

【概况】 全县种植业产值21.99亿元，与去年持平。其中全县农业种植业总产值约12.05亿元，比去年增长2.5%；林特业产值为10.14亿元，较去年下降2.7%。

【农业种植】 粮食生产由减转增。大小麦收获面积3.2万亩，比上年增0.2万亩。小麦由去年“三减”转为“三增”。单产同比减20千克，总产值2517万元，同比增长1.9%。水稻面积14.02万亩（包括早稻0.76万亩、连晚0.22万亩、单季稻13.04万亩），比上年略减，总产量7.28万吨，总产值2.22亿元，比上年略增。其中晚稻平均单产530千克，同比减20千克，早稻单产430千克，总产值328万元。

蔬菜面积略减。蔬菜面积7.6万亩，比上年减0.2万亩。蔬菜总产值3.35亿元，比上年略增。西甜瓜面积3.75万亩，与上年持平，总产值1.77亿元，增25.5%。

油料作物面积增加明显。油菜种植面积0.9万亩，比上年增0.4万亩，单产120千克，比上年减31千克，总产值605万元，比去年增44.0%。油茶林面积0.33万亩，其中油茶籽产量230.4吨，年加工茶油46.08吨，产值达1105.92万元。

【林特业种植】 果品产业略有起伏。全县果品产量123220吨，较2020年增加5.2%，产值51330万元，较2020年持平。

枇杷：枇杷产量650吨，产值1200万元，受冻害减产80%。

杨梅：杨梅产量9730吨，产值达到7120万元。

桃子：产量15400吨，产值6100万元；

猕猴桃：产量1000吨，产值1300万元。

梨：产量6520吨，产值3000万。

葡萄：产量3150吨，产值2800万元。

柑橘：柑橘产量51100吨，产值15500万元。

香榧：青果产量850吨，干果产量170吨，青果和干果总产值5100万元。

小水果：李1000吨，550万元；樱桃40吨，230万元；梅150吨，90万元；蓝莓200吨，350万元；果桑80吨，110万元；覆盆子50吨，产值100万元；柿子、枣子、火龙果等255吨，300万元；板栗400吨，200万元。

竹产业发展稳步提升。竹笋总产量33810吨，比2020年增产5%。

茶产业发展略有下降。宁海县茶叶面积5.45万亩，其中投产面积5.2万亩。全年茶叶总产量5823吨，总产值26850万元，产量比2020年降7.3%，产值降4.2%。其中名优茶产量791吨，产值19747万元。

香榧产业：香榧林面积2.05万亩，其中投产面积1万亩。全年香榧青果产量1050吨，产值2310万元，产量比2020年增加23.5%；加工干果210吨，产值4620万元，产值比2020年增加35.9%。

中药材种植：种植面积1260亩，产量270吨，产值1190万元。其中黄精种植面积1000亩，产量250吨，产值800万元。

花卉产业下降明显。全县林业育苗产值约为9000万元，相较2020年下降17.3%。

畜 牧 业

【概况】 畜牧业产值8.83亿元，同比下降8.497%。

【畜牧业收成】 通过生猪增产保供综合措施有效落实，畜牧业产能大幅增长，相较2020年全县生猪存出栏均增加。

新建场和改建场投产正处于迅速扩繁状态，养殖户为降低养殖成本，多为自繁自养模式，能繁母猪数量稳步增长，仔猪数量随之大幅度增长，但由于养殖周期延长，因此相较2020年全县生猪存栏、出栏同步增长，但出栏增长幅度较小。

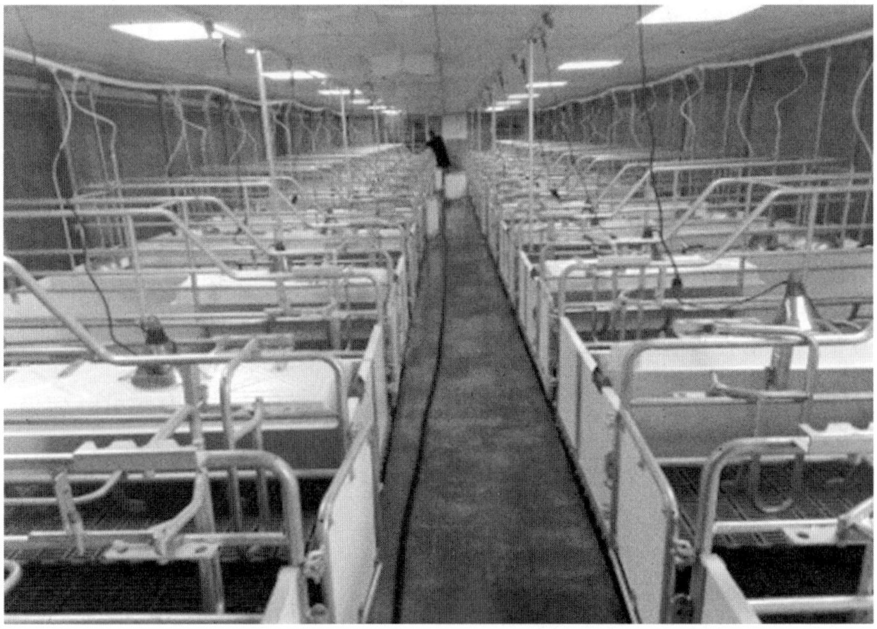

10月，宁波瑞农牧业有限公司岔路黑猪产房

生猪养殖效益下降。全县生猪存栏11.7565万头，同比增长25.64%。其中能繁母猪0.9607万头，同比增长6.32%；生猪出栏11.7236万头，同比增长17.21%。猪肉年平均价格38.68元/千克，相较2020年平均价格55.23元/千克，大幅降低，导致生猪产值下降。

牛羊养殖小幅盈利。牛存栏0.3406万头，同比上升6.3%，全年出栏0.1487万头，同比上升1.02%。羊存栏0.6580万头，同比上升4.58%，出栏0.4489万头，同比上升1.58%。

4月，乡村振兴科技支撑行动专家工作站授牌仪式举行

家禽市场低迷。家禽存栏量35.6920万只，同比下降10.53%；家禽全年出栏量117.8278万只，同比下降5.09%；禽肉总产量1472.50吨，同比下降5.69%。由于家禽市场行情低迷，宁波振宁禽业有限公司以减产应对。

【畜牧业亮点】 指导宁波瑞农牧业有限公司成功创建省级美丽生态牧场，成功举办“宁波人才日宁海畜牧专场活动”，完成两家数字化牧场创建。组织开展新《中华人民共和国动物防疫法》培训，坚持动物疫情监测，提供科学疫情防控依据；开展养殖场“兽用抗菌药减量化和饲料环保化”创建以及畜产品安全培训；加强动物卫生监督，筑牢畜产品安全防护墙；开展严厉打击生猪屠宰违法行为专项行动；推动兽医检测室建设，加强非洲猪瘟常态化防控；加强畜牧领域安全生产监管。

指导宁波瑞农牧业有限公司围

绕生猪产业高质量发展规范，以高标准美丽牧场为目标，采用大跨度、小单元、智能化建设技术，配备自动化精准环控系统、自动刮粪系统、节水型饮水系统、液态精准喂料系统、臭气收集与处理系统、粪污无害化处理系统设备、配套公用设备和数字化监管系统等，以及其他辅助设施，打造成岔路黑猪种母猪存栏400头，年出栏商品猪1万头的现代化美丽生态牧场。

7月，宁海县农发牧业全景图

成功举办“宁波人才日宁海畜牧专场活动”。为贯彻党中央、国务院“种业是国家战略性、基础性核心产业”的战略思想，按照“突出人才作用、彰显种业优势”的总体思路，根据宁波市人才日活动部署和宁海人才工作需求，围绕宁波市唯一地方猪品种——岔路黑猪优质种源保护、利用和发展主题，开展人才战略合作、示范基地创建、专家高峰论坛等活动，进一步提高岔路黑猪种业发展和品牌知名度。4月16日，协助局组织人事科成功开展宁波人才日宁海畜牧专场活动。

完成两家数字化牧场创建。按照《浙江省万头以上规模猪场数字化建设指南（2021年版）》相关规定，依据万头以上规模猪场的现有基础条件，以实际需求为导向，遵循实用性、兼容性、经济型原则，指导宁海农发牧业有限公司、宁波瑞农牧业有限公司完成数字化牧场，其中宁海农发牧业有限公司完成数字化牧场合格等级创建、宁波瑞农牧业有限公司完成数字化牧场良好等级创建。

组织开展新《中华人民共和国动物防疫法》培训，结合新《中华人民共和国动物防疫法》的修法背景情况、防疫法重点内容解读、动物防疫法贯彻意见建议等方面进行解读，让学员掌握新动物防疫法知识，促进畜牧业发展和保护人类健康。

组织开展动物疫病监测与流行病学调查工作，全面掌握非洲猪瘟、高致病性禽流感、口蹄疫、小反刍兽疫、布鲁氏菌病等优先防治病种分布状况和流行态势，有效评估动物疫病免疫效果，推进种畜禽场主要动物疫病监测净化与评估工作，科学研判防控形势，为防控决策提供科学依据。全年开展动物疫病日常监测和各项动物疫病专项监测工作。

2月，疫情监测采样

为大力推行畜禽健康养殖，深化完善“两化”管控机制，着力规范兽药饲料使用行为，逐步减少兽用抗菌药使用，实现饲料环保节约，全力推进畜牧业绿色可持续发展，保障畜产品质量安全、生态安全和公共卫生安全，助力畜牧业高质量发展，开展兽用抗菌药减量化和饲料环保化（简称“两化”）试点行动培训班以及畜产品安全培训。

按照动物卫生监督操作规程，制定工作目标管理考核办法，加强产地检疫和屠宰检疫过程巡查监管，完善动物检疫监督工作痕迹执法、记录可查的管理制度，坚守执法严明，从源头严厉打击危害畜产品安全违法行为，消除畜产品安全隐患。

切实维护生猪屠宰行业秩序，

保证生猪产品质量安全，保障节日期间猪肉消费安全和人民身体健康，开展打击生猪屠宰违法行为，督促县食品有限公司落实质量安全主体责任，有效维护生猪产品质量安全，确保百姓吃上“放心肉”。

提升生猪产业链闭环风险管理水平，抓好非洲猪瘟常态化防控措施，加快推进宁海县规模猪场兽医检测室建设，全年完成8家规模养殖场兽医检测室创建并通过验收。

加强畜牧领域安全生产监管。组织开展生猪定点屠宰场、养殖场、动物诊疗机构等场所安全生产大检查。检查内容包括消防安全、生产安全、布局及设备设施、台账记录、制度管理、无害化处理、消毒卫生等十余项内容，检查涉有安全隐患的，要求相关责任人立即整改。定期组织畜牧相关工作人员联合第三方沼气服务公司宁海县斌科沼气工程有限公司人员拥有沼气池的畜禽养殖场开展安全隐患排查和整改指导，落实各项安全防灾减灾措施，彻底消除安全隐患，杜绝安全生产事件的发生，切实保障宁海县畜牧业生产安全稳定。

海洋与渔业

【概况】 全年渔业安全及渔业经济发展形势平稳，全县水产品产量173597吨，产值291548万元，同比分别增长5.03%、6.24%，其中海水养殖产量161200吨，同比增长5.33%；淡水养殖产量6358吨，同比增长5.0%；海洋捕捞产量5600吨，同比减少2.8%；淡水捕捞产量439吨，同比增长5.02%。

【水产养殖】 推行养殖尾水处理示范点建设和监测工作，累计完成12个水产养殖尾水处理示范点，对各示范点和主要规模养殖区域的养殖尾水进行水质监测，累计完成250个点的监测工作。

成功创建赵陆、百洋仓等8家省级水产健康养殖示范场。为宁海县创建渔业示范县打下良好基础。

加强初级水产品质量安全监管，完成县级初级水产品质量安全抽检300批次，上级初级水产品质量安全抽检264批次，合格率99%。

开展水产养殖塘承包经营规范化管理工作。通过对全县养殖塘承包现状进行调研，制订养殖塘承包合同规范文本，为全县养殖塘承包提供样本。制订《宁海县养殖塘承包经营管理暂行办法》，明确养殖塘承包准入规定，对报名参与养殖塘承包的法人或自然人进行资格审查，对存在串标、围标、失信等行为的，实行一票否决，确保“凡养必审”。明确竞标人资质、发包人和承包人权利义务规定，增设履约保证金并限定额度，提高违约成本。规范转包、分包行为，严禁私自转包、发包等行为，对确有需要的，明确由所在乡镇（街道）和渔业主管部门进行核准备案前置，确保所有转包、发包行为合法合规。

创建“宁海县智慧水产养殖系统”数字化管理平台并链接浙里办“宁海行”栏目，累计纳入各类配套制度文件38件、周滚动最新养殖信息70余条，面向群众做好宣传演示，确保每一位养殖户“平台会登录、信息会翻看、政策跟得紧”。在全县所有养殖塘管理房张贴信息公示牌，并植入二维码，公众通过手机微信“扫一扫”功能，即可查阅对应养殖户和养殖塘的相关承包信息，方便群众知情和社会监督。

【打击违法违规行为】 登船检查774艘，拆解涉渔三无船只91艘，查处违规作业渔船22艘，涉嫌刑事犯罪移交公安机关4起，移送司法人员4人，罚款7.1万元，检查陆上市场餐饮饭店、码头488个点。

组织开展“清网”行动，收缴海上禁用渔具5503顶，清理串网2000余米。发挥乡镇、街道属地作用，共清理滩涂网具上千顶。

清理非法养殖牡蛎2000余亩、违规滩涂养殖1130亩。

悬挂宣传横幅30条，张贴宣传海报3700余份。结合“党群同心圆”活动平台，组织行动21次，参与人员105人次，累计查获渔获物106千克，起到“以点带面”的作用，打开宣传的宽度。

【海洋渔业安全监管】 强化源头管控，确保隐患治理到位。制定《宁海县渔业船舶安全专项整治三年行动实施方案》，进一步夯实渔业安全基层基础，全面提升渔业安全治理能力。开展渔船源头管控和安全隐患大排查工作，完成全县293艘渔船隐患排查并建档，对高危渔船建立隐患整改“三张清单”，开捕前已全部整改完毕；制定渔业船员培训计划，休渔期期间集中组织渔民参加渔业船员证书培训，本年度共培训6批次、381位渔船民。

集中整治突出问题，治理安全生产顽瘴痼疾。结合渔业“互联网+监管”平台，落实8艘大中型渔船进出港报告情况核查工作；加强24小时值班制度，确保渔船编组到位，及时对非正常下线情况进行核查，点验情况全部登记到位；加强日常海上、岸线巡逻力度，严格落实境外疫情海上非法输入防控要求，对可能停靠非本籍港渔船码头进行重点监督检查。

夯实安全管理基础，筑牢安全

生产防线。在落实主体责任方面，通过县政府与涉渔乡镇，乡镇、基层渔业管理组织与渔船签订安全生产责任书的方式，进一步明确管理责任；加强精密智控能力建设，完成全县293艘渔船固定式船位仪、AIS设备全覆盖，在省、市渔业主管部门统一协调下，开展新版渔船安全救助系统试用工作。完成《宁海县渔业船舶水上安全突发事件应急处置预案》等应急预案的更新、补充工作；参加市级防台演练，完成规定动作，按计划开展年度渔业船舶海上应急演练。

规范渔业生产资金管理，引导捕捞产业发展。完成2019年度渔业生产成本补贴发放，仔细核算，做好补贴发放政策解读；完成2019年度87艘标准化更新改造渔船补助资金审核，发放工作；超额完成1亿尾水放流目标，年度实际放流中国对虾9655.2万尾、日本对虾2批6862.8万尾、淡水鱼412.8016万尾。

【渔业产业】 推进渔业设施大棚建设，完成梅林南美对虾养殖示范基地大棚设施建设项目，建成4亩砖墙钢架结构保温标苗车间，用于开展苗种集中标粗；完成蛇盘涂南美白对虾零排污工厂化生态养殖基地墙体钢管大棚建设项目，建成25亩钢管大棚养殖设施，用于开展南美白对虾多茬养殖。

水产育种能力稳步提升，现代种业快速发展。全县现有水产育苗企业23家，育苗总水体突破6万立方米，绝大多数品种可以满足全县水产养殖的苗种需求。华大海昌公司通过市级种质资源库、拟穴青蟹省级原种场、省级良种繁育基地认定，拟穴青蟹苗种突破2000万只，居全国第一，解决宁海县及周边县市青蟹养殖从外省采购野生苗种到本地孵化苗种的瓶颈问题（成活率高于野生苗种）。宁海县省级缢蛏、青蛤良种场建设项目已基本完成建设，累计完成投资2300万元，占地200亩，项目建成后能常年保存宁海本地缢蛏良种种群100万粒以上，青蛤良种种群100万粒以上；为全省乃至全国其他省市提供优质健康的青蛤良种3000千克左右，青蛤苗种6亿粒以上。

加强水产种苗质量监管。牵头县水产行业协会，出台《2021年宁海县南美白对虾苗种疫病监测工作方案》，按照“自愿原则”承诺参与，委托主检单位是宁波市水生动物防疫检疫中心，复检单位是宁波大学和浙江省水产技术推广总站，检测结果在指定的微信群及时公布，要求对阳性苗种在主管部门到场下现场扑杀处理，尽可能从源头把控避免外省劣质苗种流入宁海。将在苗种集中供应期加大监督抽检频次，为养殖户订购苗种提供参考依据。全年共检测南美白对虾苗种337批次，检测苗数288280万尾，处理不合格苗种为9792万尾，占总苗量的3.4%左右。

农业产业化

【概况】 强化产业发展顶层设计。完成《宁海县农业农村现代化发展“十四五”规划》编制并正式发布实施。规划构建“三区一园五带（315）”现代农业发展格局，打造东南部现代农业、中北部休闲农业、西部生态农业三大区块，创建三门湾国家现代农业产业园，推进粮食、绿色蔬菜、水产养殖、林特果业和都市休闲观光等五大产业带建设；实施“557”美丽乡村发展行动（五色经济带、五十个艺术特色村、七条乡村振兴示范带）。

完成《宁海县现代种业强县建设发展规划（2021—2025年）》编制并发布实施，以建设现代化种业基地和水产种业硅谷为载体，以实施“125N”现代种业工程（一个种业数字化创新综合服务平台、水产现代种业和农作物现代种业二个片区、五类种质资源库、N个种子种苗生产基地）为重点，强化“育、繁、推、管”内在衔接，打造现代种业强县。

【农业品牌建设】 “长街蛏子”成功注册国家地理标志证明商标，实施宁海白枇杷及长街蛏子地理标志农产品保护工程；望府、望海、俞氏五峰等5家企业占据全市10个红茶金奖一半，“绿赢”番茄、“莓静”草莓及“静涛”　“龙乡园”“斌缘”甜瓜分获宁波市精品番茄、精品草莓、精品甜瓜金奖；认证“三品一标”增至280个、面积达46.3万亩，绿色优质农产品比例提高至60.1%；义乌森博会、省农博会等展会取得农产品金奖产品10个、优质奖产品13个。

【农业龙头企业培育】 评选农产品优秀购销大户20家、县级农业龙头企业60家，其中省级3家。农业龙头企业完成产值49.72亿元，同比增长2.1%，带动农户11.77万户，带动原料生产基地10.88万亩。积极展示宁海农业独特资源，展现现代农业发展成果，组织58家次农业企业、合作社参加10个国内外农产品展示展销活动，主要包括义乌森博会、浙江省农博会、茶博会等。

【乡村产业建设】 落实366乡村产业建设工程，重点突出现代种业发展、农产品销售、品牌建设等关键环节，加快3+X农业全产业链发展，强化一二三产业融合，推进农业高质量发展。“宁海县望海茶特色农产品优势区”被认定为省级特色农产品优势区，认定省市两级数字农业工厂2个、数字牧场2个、数字渔场1个，市级数字化种养基地11个。

强化农业政策性保险，全年开展农业政策性农业保险参保品种41项，涵盖水稻、渔业、种植业、畜牧业、林特业、设施农业、海洋捕捞等主导产业，保额达到20亿元，投保农户2.9万户，同比增长4.7%，总计保费6248万元，同比增长17%，创新推出野生动物肇事险，全县兑付保险金1.2155亿元，涉及保险品种34个，受益农户2.2万户。

【金融服务】 涉农资金整合改革持续推进。推动财权整合转向事权整合，优化资金投向，集中财力抓重点、补短板、强弱项。全年完成涉农资金整合农业产业化类项目申报、评审、立项和实施方案批复工作，立项项目248个，涉及3部门四大类项目，整合财政资金3952万元。

农业机械化

【概况】 落实强农惠农政策，全年发放各类补贴资金2089.9万元，其中购机补贴370台套、435万元；补贴面积45万平方米；服务体系规范化建设10个、98万元；报废拖拉机1086台，发放补偿资金市县两级1193.9万元，其中县级716.34万元。水稻耕种收综合机械化率达92.48%。建立完善农机安全监管长效机制，检验各类农业机械489辆，年检率达95.88%；组织上路472人次，排查农机安全隐患478余处，处理拖拉机违法行为63台次，外籍拖拉机登记6台。举办变型拖拉机提前报废淘汰政策宣讲及安全教育18期1300余人次。

【农机服务】 在农时季节，抽调技术骨干深入作业生产一线，宣传农机新机具、新技术，检修调试作业机具，排除故障隐患。全年累计开展技术下乡服务活动100余次，检修各类农机具2000余台，储备农机配件60余万元。

【特色农机推广】 以加快推进粮食生产全程机械化的薄弱环节为重点，以发展特色产业关键环节机械化为突破口，开展农机新技术、新机具作业演示与推广。全年推广25台先进、适宜的特色机械，下达新型农机补贴资金105万元，其中新型金属粮仓为宁海首次推广。在宁海县胡陈乡国元茶叶有限公司开展首台套工作试点，推广新型茶叶收割机一台，补贴资金68万。

【农机购置补贴】 根据宁海县农业发展急需，联动补贴，出台宁海县购置补贴监督管理办法，提高补贴专项整体效能，实现项目效果大化，加强轨道运输机和植保无人飞机的补贴力度。全年补贴各类农机具370台，农机购置补贴资金总额435万元。

【设施农业项目建设】 全年完成设施农业项目建设26家，补贴金额258万元，补贴面积45万平方米，主要涉及草莓、西瓜、葡萄、火龙果、蔬菜等经济作物的钢管大棚种植，补贴类型主要为连栋、单栋大棚。

【粮食全程机械化生产】 以建设粮食生产功能区为重点，以水稻机械化种植为突破口，采取政策倾斜、项目扶持等措施，狠抓水稻机插和粮食烘干机械化技术推广，耕种收综合机械化率达92.48%。

【农机合作组织建设】 强化服务组织功能培育，不断推动农机服务体系建设规范化、程序化和标准化。新创建市级示范合作社2家、市级功能培育3家、市级区域服务中心1家、县级特色示范组织4家，落实补贴资金98万元。

【农机市场整治】 开展“打假保农”监督检查工作，监督农机销售厂商、农机维修网点规范经营，从源头上保障农机产品质量安全。积极开展农机维修网点的审核审验，全年对24家农机维修网点进行安全检查，整治安全隐患3处，整改3处。

【农机宣传】 结合春节、五一、国庆、“安全生产月”、宁波市农机事故应急演练会等活动，会同县安委会各成员单位开展安全宣传教育活动，会同公安交警部门开展巡回安全警示教育活动，结合变型拖拉机提前报废淘汰要求，组织各乡镇召集农机驾驶人进行政策宣传及解读，分发宣传资料4900余份，发送短信1.1万余条，发放告知书1300余份，签订承诺书700份，悬挂条幅标语5条，配发消防灭火器和安全宣传物品等各类警示用品。

加强安全生产主体责任落实，指定安全生产管理员，明确职责，与合作社签订责任状42份。同时，充分利用农机安全信息平台，特别是在台风、暴雨等重大气候变化时节及重大节假日期间，发送农机安全警示信息，发送温馨提示2.3万余条次，受益农机户接近4700人。

【农机执法】 执行变型拖拉机淘汰年度重大任务，开展变型拖拉机淘汰清零专项整治行动，联合交警强化全县变型拖拉机禁行监管，深入各乡镇街道排查已注销未报废、外省籍变型拖拉机上道路行驶，在全市存量较大的县市区中率先完成1086台变型拖拉机淘汰清零。领导带队分赴各地检查农机安全生产工作，对重要路段、重点场所等进行重点检查和隐患排摸。组织上路472人次，排查农机安全隐患478余处，处理拖拉机违法行为63台次，外籍拖拉机登记6台。全县非道路农机死亡事故零发生。

【平安农机建设】 在巩固全国平安农机示范县、12个省级平安农机乡镇（街道）、88家农机安全示范村和16家市级平安农机示范合作社创建的基础上，继续培育一批镇、村、合作社为对象，使平安农机创建工作的示范效应继续延伸。

【农机培训】 强化农机驾驶人安全教育培训，积极做好农机管理及从业人员业务能力及素质提升，进一步推进设施农业及新型农业机械技术的推广应用。加快培育新型职业农民从业素质，邀请相关专家授课，使他们切实提升业务水平。组织90余名农机管理及果蔬合作组织人员到象山红美人柑橘基地、余杭水稻示范基地考察学习。开展植保无人飞机、拖拉机、收割机等操作技能培训，开展4期、126人次，培养一批善管理、有技术、会操作的人才队伍，为农机服务组织提供人才保障。

农村经济工作管理

【概况】 按照打造乡村治理现代化先行省的要求，以加强治理能力和治理体系现代化为目标，以进一步推进“三治结合”为重点，推进乡村治理工作。根据《浙江省善治村认定暂行办法》和《关于开展2021年年度“浙江省善治示范村”认定工作的通知》等文件要求，积极做好年度善治示范村创建工作，在市级民主法治示范村、县级平安村和文明村等基础上，牵头县级有关部门，做好申报工作，完成省级善治（示范）村48个。

【清廉村居建设】 做好牵头抓总工作，协调各方职能优势，把清廉村居建设作为县委一号文件单独一块内容，推动清廉思想、清廉制度、清廉规则、清廉纪律、清廉文化融入清廉村居建设和美丽乡村建设全过程，压紧压实清廉村居建设主体责任。起草出台《2021年度清廉村居建设的实施方案》，构筑形成清单制度、清廉体检、清正队伍、清风宣教工作体系，联合县委办公室、县纪委监委、县委组织部、县委宣传部、县委政法委、县民政局等部门协同推进清廉村居建设。强化乡村振兴实绩考核，把清廉村居建设内容纳入农业农村局牵头的年度目标管理考核，对清廉村居建设成效明显的部门、乡镇（街道）予以考核加分，创建清廉村居52个。

【农民专业合作社规范提升行动】 继续做好村股份经济合作社赋码登记工作和换届选举证书法人变更工作，全县已登记赋码419家，完成赋码工作任务，法人变更已换证203本。

加强合作社财务管理和会计代理中心的业务指导，提高合作社财务规范操作和业务水平。

做好全县家庭农场在新型农业经营主体数据库中信息录入工作。工商注册的家庭农场数2325家，新型农业经营数据库录入1416家，超额完成新型农业经营数据库录入任务。

做好培育新型经营主体申报工作，验收通过县级示范性农民专业合作社13家；市级示范性农民专业合作社1家；省级示范性农民专业合作社2家；县级示范性家庭农场17家；市级示范性家庭农场6家；省级示范性家庭农场3家。开展新型经营主体监测工作，填报新型农业主体数据库系统，做好国家、省、市级示范性合作社监测。监测通过国家级示范合作社8家；省示范合作社13家；市示范合作社14家。

组织县市级示范性合作社赴宁波东钱湖参加全市农民专业合作社理事长培训班，推进农民专业合作社规范提质。总结推广经验，发挥合作社示范引领作用，推荐宁海富甬哈密瓜专业合作社入选第三批全国农民合作社典型案例。

做好新型农业经营主体贷款贴息工作。经主体自主申报，乡镇（街道）网上平台初审、县农业农村局会同县财政局复核，并报请市农业农村局和市财政局核定，确定主体贷款贴息共266.78万元。其中农民合作社18.46万元、规模养猪场8.65万元、大学生创业5.58万元、农业龙头企业234.09万元。

【土地流转】 抓好土地流转项目申报工作。按照农民自愿参与、方式自由选择、主体自行经营、市场自我调控、政府自觉服务、规模适度控制的基本方略，通过宣传引导、培育发展、质量提升等措施，积极推动农村土地流转工作。根据县涉农资金整合农业产业化经营项目工作要求，在引导农村土地承包经营权流转工作中，组织相关工作人员对项目的真实性、合规性、必要性和可行性进行初审，初审结果提交乡镇（街道）班子讨论并形成集体意见，按排序报送项目主管部门，并对项目进行复审复核，确定土地流转项目30个，项目共涉及13个乡镇街道，最终通过验收26个。

【“亿元造血”工程】 狠抓村级集体经济收入提高。根据市里要求，全县所有行政村集体经济总收入平均30万元以上，经营性收入15万元以上。年初即下达工作指标，要求各乡镇街道，围绕这个目标，努力抓好村级集体经济收入。不定时地对各地集体经济收入情况进行督促，要求各地努力围绕目标开展工作。

加快推进村级集体经济项目建设。启动光伏项目来带动村级集体经济的发展，累计申报项目44个，开展项目33个。各项目正在抓紧启动，并下拨财政资金960万元。

新农村建设

【概况】 启动小集镇式中心村建设，以小集镇式中心村建设为载体，加快推进“人口集中、产业集聚、要素集约、功能集成”集聚类村庄和集中居住区建设，完成深甽镇大里村创建工作，并启动长街镇岳井村、一市镇东岙村项目建设；启动乡村振兴示范带建设，按照“有一个规划、一条干线、一个主题、一链产业、一批美村”要求，突出加强主题策划，营造特色韵味，高起点谋划，把沿线的山水风光、特色村庄、产业园区、景区景点，串珠成链、连线成片，让山、水、林、田、路、房焕发新的活力；完成乡村艺术谷示范带，并启动前童镇农旅融合示范带、强蛟镇宁海湾滨海休闲示范带项目建设；启动梳理式改造村建设，以拆、改、建、保相结合，按照“宜建则建、宜耕则耕、宜绿则绿”，稳定推进梳理式村庄改造，完成60个梳理式改造村创建任务。

艺术振兴乡村是“十三五”深化实施乡村振兴战略的重要抓手，宁海创新推进艺术振兴乡村，积极探索校地合作的人才培养模式，为宁海农村的艺术振兴提供人才支撑。2021年共创建7个艺术特色村。

有效推进历史文化村落建设，加强对历史文化村落的保护与传承，守住文化根脉，留住乡韵乡愁，将历史文化村落保护与旅游开发相结合，与传统文化继承相并举，与生态保护相协调，让新农村与古文化相得益彰、相映生辉，将历史文化村落建设与梳理式改造村等创建载体相结合，确保历史文化村落得到有效保护开发，完成1个省级历史文化村落重点村创建工作。

【环境整治】 提升农村环境面貌。出台城乡环境卫生保洁一体化管理、建筑垃圾处置等一揽子制度，打破条块分割、多头管理，实现“一把扫帚扫城乡”。安排2400万元资金，用于环境卫生和垃圾分类长效运维；深入实施第三方卫生保洁督查活动，对各个乡镇（街道）每个季度检查一次，每次检查结果进行通报，并与年底绩效奖金挂钩。

提升垃圾分类处理。宁海县在垃圾分类实现行政村全覆盖基础上，构建形成“智分类、云回收、源处理、循利用”的宁海模式，建立智分类数据管理云端平台，信息化贯通农村生活垃圾分类处理“户—村—乡（镇）”全主体和“分类—收集—处理—利用”全流程，推动农村生活垃圾治理进入2.0时代。全县53个村开展农村生活垃圾智分类工作。

【乡村振兴】 县委、县政府全面贯彻落实中央和省委、市委关于乡村振兴的决策部署，扛起农业农村现代化先行县的使命担当，坚持农业农村优先发展，稳扎稳打、久久为功，推进农业高质高效、乡村宜居宜业、农民富裕富足，打造乡村振兴宁海样板。增幅全市第二，城乡居民收入比缩小到1.76∶1。

宁海县获评浙江省首个国家级制种大县（水稻）、国家生态文明建设示范区、省乡村振兴局2021年度结对帮扶考评优秀县、全省提升农村人居环境（农村生活垃圾分类处理）工作考核优秀县、省级良种繁育基地县（水稻），省第三批节水型社会建设达标县、省农村饮用水达标提标行动工作成绩突出集体、省“十三五”实行最严格水资源管理制度成绩突出集体，5度蝉联美丽乡村建设和农村生活垃圾分类处理工作双优胜；宁海农业产业园融合发展项目入围2022年国家现代农业产业园创建名单、宁海“花果渔乡农村产业融合发展示范园”入选第三批国家农村产业融合发展示范园创建名单，全市首个国家级农村综合改革标准化试点“宁海县全国农村公共服务标准化项目试点”高分通过验收，并考核优秀，《小微权力清单36条构建乡村反腐新机制》全省唯一入选第三批全国乡村治理典型案例，首批列入全国小微权力“监督一点通”服务平台先行先试单位；全国“两山”百强县排名第二；《艺术振兴乡村 推动共同富裕——宁海县葛家村的做法与启示》编入《浙江政研》，《宁海县推进“集市驿站”建设，加快农村寄递物流发展》在浙江政务信息（专报）发布，《宁海县以四制协同提升水产养殖行业治理效能》头版头条编入省委办《浙江信息》及《宁波通讯》，宁海—景宁协作案例入选《2021年度世界旅游联盟—旅游助力乡村振兴案例》。

扶贫工作

【概况】 全面贯彻落实习近平总书记对东西部协作和山海协作工作的重要指示精神，胸怀“两个大局”，坚持贯彻新发展理念，聚焦助力普格县巩固拓展脱贫攻坚成果同乡村振兴有效衔接，聚焦助力景宁县跨越式高质量发展，立足“山”“海”优势，以“重要窗口”的使命担当，以“排头兵”的奋进姿态，全力打造对口工作升级版，各项工作取得明显成效，迈好“十四五”时期宁海县对口协作工作的第一步。《甬黔携手，共建贫困留守妇女家门口的“创业孵化基地”》入选第二届“全球减贫案例征集活动”最佳案例，宁海—景宁山海协作案例全市唯一入选《2021世界旅游联盟—旅游助力乡村振兴案例》，宁海县获评2021年度山区26县结对帮扶优秀单位。

【脱贫攻坚】 组织领导有力，全年落实对普格县东西部协作财政援助资金6000万元（另有200万元计划外财政资金），实施项目20个。两地党政主要领导带队互访2次，召开县委常委会议、县政府常务会议、领导小组专题会议各一次。组织6所学校、2所医院、6个乡镇（街道）、6个村（社区）、11家企业、4个社会组织参与结对帮扶工作。

助力普格县巩固拓展脱贫攻坚成果，开展劳务协作培训11期、532人次（脱贫人口494人）。帮助农村劳动力到东部结对省份就业3067人（脱贫人口388人），省内就近就业1000人（脱贫人口797人），到其他地区就业412人（脱贫人口335人），稳定就业（在宁海）216人（脱贫人口96人）。四川农村学生就读职业学校51人（普格10人）。完成消费帮扶8086万元。

加强区域协作，新增引导落地投产企业5个，实际到位投资额5.0095亿元，吸纳劳动力355人（脱贫人口104人）。共建产业园2个（其中农业产业园1个），引导入园企业2个，实际投资额0.1052亿元，吸纳劳动力65人（脱贫人口7人）。援建扶贫车间4个，吸纳劳动力107人（脱贫人口79人）。

促进乡村振兴，派出党政干部2人，专技人才16人（1—6个月6人、7—12个月8人、12个月以上2人）。普格派出党政干部3人、专技人才3人。举办党政干部培训班6期、569人次，人才培训13期、603人次。社会力量投入帮扶资金457.1万元、捐物折款128.3116万元。打造乡村振兴示范点一个、投入资金为1579万元，该项目为两年完成，39户房屋改造主体工程已基本完成，集中圈养、污水处理、道路硬化、文创餐饮中心已开工。

【山海协作】 宁海县对景宁县投入山海协作财政援助资金196.3万元，实施项目5个，已全部完工。召开县政府常务会议1次，领导小组会议1次，研究部署山海协作工作；派出2名干部和2名专技人才在景宁挂职；引导落地产业合作项目（含3年续建项目）2个，实际到位资金2.2954亿元；宁海—景宁山海协作“消薄飞地”产业园项目，完成收入分成376.25万元，带动景宁70个经济薄弱村实现跨区持股增收，增收人数达4200人；实现消费帮扶总金额852万元；落实社会帮扶资金350万元（包含团组驻村50万元）。

【对口支援】 安排4个乡镇（街道）结对帮扶新疆库车县4个村和重庆万州区2个乡，投入帮扶资金120万元。

【特色工作】 “艺术赋能+标杆示范”，全面转向乡村振兴。牢记6月份浙川两省领导在普格德育村考察时的期盼，立志将德育村6组乡村振兴示范点打造为东西部协作金名片，集中投入1579万元先期启动环境整治、住房改造、人畜分离等项目，组织“艺术振兴乡村共同富裕行动小组”深入德育村搭脉问诊艺术赋能之路，33位彝族村民亲临葛家村取经艺术振兴乡村，力争两年内形成彝族“阿都”音乐文化第一村、网红打卡地。“打基础、上台阶、强振兴”三步走收官山海协作景宁新庄村乡村振兴示范点，160千瓦农光互补发电站、村党群服务中心楼、环境综合整治、居家养老服务中心、厂方投资租赁等项目助推新庄焕发勃勃生机，根本性扭转村集体经营性收入薄弱局面。

【民生保障】　切实减轻低收入农户看病就医和人生意外负担，完成低收入农户综合性保险工作。年度低收入农户综合性保险方案对降低免赔门槛（补充特病门诊、乙类药物的赔付保障）、提高赔付比例等内容进行完善，对全县低收入农户进行全覆盖，参保 11654 人（特困户除外），参保金额 582.7 万元，截至 8 月 14 日，理赔金额 475.1632 万余元，盈亏率 25%。

【富民增收】　根据低收入农户统计监测数据显示，低收入农户可支配收入为 17969 元，年人均收入增幅约 13.5%。充分发挥低收入农户主观能动性，促进其实现稳定增收，落实省委、省政府提出的“低收入农户奔小康工程”，深入实施“低收入农户收入倍增计划”，依据出台的《宁海县低收入农户精准扶持实施办法》和《关于进一步落实低收入农户“一户一策一干部”制度的通知》等政策性文件，以精准帮促为主要抓手，助力低收入农户增收，为绘就一幅农业高质高效、乡村宜居宜业、农民富裕富足的共富蓝图继续添砖加瓦。

深化“政府+银行+保险公司+农业经营组织”的金融帮扶政策。全县申报贴息贷款项目的农村经营主体 53 家，带动低收入农户 203 余户，发放贷款 6639 万，贴息资金约 200 万，对有劳动能力和劳动意愿的低收入农户，依托农民培训工程，免费提供转岗就业和技能培训，加快向二三产业和城镇转移就业。

开展公益性岗位，为低收入农户提供就业岗位。在同等条件下，乡镇（街道）、行政村优先安排有劳动能力且有劳动意愿的低收入农户从事村庄保洁、护林巡查、养老服务等岗位，累计带动低收入农户 37 人就业，让无法离乡、有劳动能力、有劳动意愿的低收入农户实现在就近就业。

发挥“第一书记”、农村工作指导员的重要“尖兵”作用。今年以来，驻村干部发挥各自优势、抱团优势，助推村级集体经济发展，在实现较薄弱村人员选派全覆盖的基础上，派驻干部共帮助落实经济发展项目 140 多个，争取扶持资金 1300 多万。

【数字帮促】　按照“两线合一”和“一户一策一干部”制度的工作要求，依托低收入帮促应用数字化改革，进一步提高精准化识别和动态化管理水平。宁海县代表宁波市作为省第一批“先行先试”县，宁海经验在全大市推广。全年 2776 名结对帮扶干部帮促工作实现数字化，7500 户、11721 名低收入农户帮促政策知晓率实现全覆盖，结对干部开展日常走访 15 万余次，通过系统预警、干部研判、农户自诉累计处理低收入农户风险预警 336 次，帮促工作向精准靶向立体式帮促、开放式帮促转变。

水　利

【概况】　贯彻新时代治水新思路，践行水利改革发展总基调，加强兴水治水项目建设，为“十四五”水利事业开好局。宁海县连续第六个年度位列全省市县水利工作综合考核“优秀方阵”，荣获三年一评的浙江省第 22 届水利“大禹杯”竞赛银杯奖，先后获得省“十三五”实行最严格水资源管理制度成绩突出县、省农村饮用水达标提标行动工作成绩突出县、市水资源管理考核优秀县等先进荣誉；县水利局获全市预防溺水事故工作成绩突出三等功、国家生态文明建设示范区创建工作成绩突出集体等荣誉。

【水利建设】　推进市县重点项目建设。县重点实事工程年度投资目标为 7 亿元，实际完成投资 9.9 亿元，完成年度计划的 142%。全速推进东部沿海与中心城区防洪排涝、海塘安澜、小流域治理、美丽河湖创

11 月 3 日，全市首届水土保持工作培训班在宁海召开

建等重点项目建设，超额完成水利建设投资任务，投资完成情况排名省市前列。

落实省民生实事项目任务。年度省民生实事项目涉及水利的共七大类，包括美丽河湖建设、中小河流治理、水美乡镇建设、农村池塘整治、病险水库加固、病险山塘整治、水文测站建设等，所有项目均提前完成年度任务，其中水美乡镇和农村池塘整治超计划完成。

2月1日，五市溪二期治理工程一标段通过验收

【水利管理】 落实最严格水资源管理制度。全县117家取水户全部纳入取水计划管理，创新开展水库型水源取水权交易，并被列为省第一批水资源集约安全利用专项试点。

“四个率先”探索水保管理新模式。率先解决水利建设项目水土保持“灯下黑”问题；率先推出县级审批项目水土保持自行监测季度报表；率先开展水土保持多部门协同监管联动机制市级试点工作；率先开展编制单位等水土保持问题约谈。

开展河湖水域管理。严厉打击河湖“四乱”问题，累计清理乱占3万余平方米、乱建5000余平方米、乱堆2.6万立方米等。积极推进河湖生态治理和修复，完成河湖库塘清淤52.86万立方米，完成率160.2%。

完善建设市场监管体系。健全完善建设市场主体信用动态评价体系，提高施工、监理、设计等单位的标后履行实效，有效推进水利建设质量安全工作。

落实水旱灾害防御。围绕“监测预警、工程调度、抢险支撑”三大职责主线，扎实做好水旱灾害防御工作，确保平稳度汛。

1月20日，省水利厅对宁海县农村饮用水达标提标行动进行评估

【水利创新】 谋划推进“幸福河湖”建设。以片区为单元谋划水利内部“多规合一”，创新开展“幸福水利”示范区建设，编制完成梅林—桥头胡、黄坛—跃龙两个片区实施方案，着手编制前童—岔路片区方案。积极开展美丽河湖创建，继天明湖、凫溪（梅林段）、中堡溪后，汶溪获评省级“美丽河湖”。

开展水利“数字化”建设。根据服务群众、部门协同中出现的难点堵点问题，梳理完成杨梅岭水库放水预警、毛屿港流域抵御水旱灾害能力、小流域山洪灾害、水利工程批后监管四个水利数字化应用场景。打造胡陈港副闸“智慧工地”应用场景，并列入省第一批水利数字化改革试点项目。建成具有宁海特色的水旱灾害防御“基础感知体系”，实现对水利工程、汛情、水资源、水生态环境等信息的动态监测和全面感知。完成32个千人以上农村水站数字化在线监测点位建设，推动农饮水建设与管理提档升级。

宁海县三门湾现代农业开发区

【概况】 开发区在县委县政府的坚强领导下，按照高质量发展的要求，围绕年初制定目标计划，攻坚破难、狠抓落实，不断营造良好投资环境，夯实发展基础，有效推进开发区建设。

开发区列第三批国家农村产业融合发展示范园创建名单。开发区被认定为省级现代农业园区。

2021年7月8日，县长滕安达赴农业开发区调研。2021年11月19日，宁海海洋生物种业研究院第三次理事会在农业开发区召开。2021年12月30日，副省长徐文光一行赴农业开发区调研指导工作。

【双招双引】 围绕产业升级和全产业链构建，抢抓招商引智，加快产业集群。全年接洽意向企业40余批次，外出考察意向企业8家，开工项目2个，重点在谈项目4个，所对接企业均是国有企业、上市企业、农业龙头企业。4个重点项目分别为：对虾设施养殖、苗种繁育及水产全产业链等项目总投资10亿元，建设成全省乃至全国高端的水产养殖全产业链基地。计划明年5月土地调整落实后即可签约；100万平方米现代设施种植产业基地项目，总投资2~3亿元，正在洽谈落地细节；农产品综合交易市场项目，已完成公司注册，正在准备项建、前期设计等；另外还有下洋涂农业综合体项目。人才建设方面，宁海海洋生物种业研究院新入职科研人员2名，其中博士、硕士各1名，研究院博士后工作站3名博士后完成中期考核，研究院郑狭飞博士入选首批市“甬江引才工程”创新个人名单。东海水产研究所浙江宁海研究中心研究员马凌波、研究员房文红等7名科研人员已进驻，开展青蟹繁育、南美白对虾病害防控等课题研究。

【政策处理】 以对历史负责、为现实服务、替未来着想的态度，迎难而上、着力破解历史遗留问题。

7月15日启动下洋涂养殖塘收回工作，会同县公安局、县资规局及长街镇组成联合工作组，至9月3日全面完成清退工作，计清退养殖塘459个，面积1.09万亩；清退养殖户282户，530人。

继续推进青珠农场土地经营权提前回收，已签约406人，签约率95%，兑现补偿资金7358万元。

妥善解决下洋涂区块承包合同纠纷，下洋涂奇天和公司6笔执行款已到位；玉麟兴兴公司土地纠纷案件市中院已判决，裁定驳回玉麟公司申请。

开展蛇蟠涂北区养殖塘收回工作。为确保北区养殖塘后续的经营管理和社会稳定，会同一市镇开展北区养殖塘到期收回工作，已完成85户养殖户退养承诺书和息访承诺书签订工作。

【重点工程】 以重点工程项目为抓手，进一步提升产业水平和完善区内公共基础设施。完成固定资产投资1.21亿元。

重点工程有序推进，强化主动对接和服务，宁波海洋生物种业研究院完成一期项目建设；全数字化对虾育繁一体化项目完成1个养殖模块、管理用房、5个车间的基础预埋及有关水电配套建设，公司采取边建设边运营模式，已投入试生产；蛇蟠涂整体景观及环境提升工程完成总工程量65%；双盘涂西堤西闸重建工程完成顶管闸主体、上下游段主体结构、闸堤连接段等工程施工及闸室段闸门板及启闭机等安装；蛇蟠涂农业综合服务中心已开工建设。

做好规划有关工作，完成2021年土地收储申报；持续做好大棚房整改审查及非粮化校核整改、耕地功能恢复相关工作；持续做好农业开发区的“十四五”规划及国土空间规划编制对接、申报工作；对接县资规局，完成“宁海县三门湾现代农业园区青珠片万亩方集中连片整治工程”项目申报和初步实施方案编制工作；完成设施农用地审批管理3家，正在申报的有2家。

【融资与国有资产管理】 坚持所有权和使用权相分离，资产管理与预算管理、财务管理、融资管理相结合，规范财务和资产各环节管理。

严格控制融资成本。全年向银行融资2.2亿元，贷款综合成本均控制在5.5%以内；按县国资管理中心要求，合理控制下属各公司资金存贷比在6%以内。

严格执行预算管理，按照“二上二下”预算机制，开发区下属各公司均实行收支两条线预算管理，全年预算执行情况总体良好，2022年各公司预算已基本完成编制。

及时收缴租金。实收租金2236.6万元，其中下洋涂区块收1000万元，蛇蟠涂区块1001万元，双盘涂1.5万元，农场区块234.1万元。

积极争取项目资金。全年累计争取项目补助资金422万元，其中争取县现代农业综合体项目补助资金360万元，水利类补助资金62万元。

【综合管理】 突出问题导向、效果导向，坚持内外兼修，着力加强内部管理和日常管理。

做好常态化疫情防控。落实落细落到位常态化疫情防控各项措施，织密扎牢疫情“防控网”，持续巩固好来之不易的疫情防控成果。

开展“三乱一保障”（乱搭建、乱拉电、乱用火、保障闸门运行安全）专项排查行动，从源头疏导消除安全隐患，排查整改隐患 16 处，下发整改通知书 6 份。

常态化开展公共河港专项清理行动，收缴地笼网 300 余顶，罗齿网 50 余顶，蟹笼 100 多只，泡沫船只 3 艘，驱逐垂钓人员近 600 余人次，区域内生产生活秩序和环境明显提升。

全面开展防汛安全检查，落实落细各项防范措施，完善防汛预案、补充防汛物资、开展防汛安全检查和防汛应急演练，筑牢防汛防台安全屏障。

【项目申报创建】 以资源禀赋和主导产业为基础，整合资源要素，积极争取国字号、省字号创建项目，拉高发展格局。

开发区以全省最高分被认定为省级现代农业园区。

开发区列国家农村产业融合发展示范园创建名录。正围绕农业内部融合、产业链延伸、功能拓展等多种类型，开展国家农村产业融合发展示范园创建。

完成“未来示范农业园区项目”申报，国家现代农业产业园获年度省级联评第一。

工业·园区

工 业

【概况】 宁海县坚持稳中求进的工作总基调，聚焦制造业高质量发展，加快推动数字经济系统建设、工业全域治理、重大工业项目建设、亩均论英雄等重点工作，全县工业经济主要指标继续保持平稳增长，为实现“十四五”良好开局打下坚实基础。

工业经济平稳运行。全县完成规上工业总产值1134亿元，同比增长15.3%；完成规上工业增加值262.2亿元，同比增长14.3%，增速排名保持在全市第3位。规下工业增加值同比增长13.1%，高于全市平均水平1个百分点，全市排名提升至第2位。规上、规下工业增加值两项指标增速及增速排名均创近5年来最好成绩。

工业投资有所回升。全县完成工业投资66.4亿元，同比增长1.8%，完成制造业投资48.9亿元，同比增长5.0%，两项指标全市排名均位列第8位。

新兴产业规模增长。全县数字经济核心产业（规上制造业）增加值完成26.2亿元，同比增长5.8%。数字经济核心产业占GDP比重预计为5.49%。高技术制造业增加值完成16.1亿元，占规上工业增加值比重6.1%。

重点产业支撑发展。全县“246”产业实现规上工业增加值184.75亿元，同比增长15.6%，增速高于全市平均4个百分点，其中文体用品增长24.3%、时尚纺织服装增长22.3%、绿色石化增长10.2%、生物医药增长7.9%；全县“365”产业集群（“3”即文体办公、电子信息、汽车制造及模具3个五百亿级产业。“6”即节能环保、关键器件、智能家电、高端装备、生物医药、新材料6个百亿级产业。“5”即软件信息、智造服务、智能物流、“5G+”产业、通用航空5个重点领域新兴产业。）实现规上工业增加值195.44亿元，同比增长13.9%，占规上工业增加值总量的74.5%，拉动全县规上工业增加值增长9.27个百分点。

企业培育持续推进。壮大龙头企业发展集群，对接省雄鹰计划、市大优强企业培育工程，叠加省市县三级政策，加快培育发展一批技术领先、行业地位突出、具有较强带动力的领军型骨干企业，2家企业进入省雄鹰计划，8家企业进入市大优强培育名单，4家企业申报“一企一策”政策；发挥好县级“215”企业培育工程政策红利，完善培育企业运行监测机制，推动企业发展再上新台阶，拨付上年度上台阶、达标企业奖励资金1200余万元，全面营造崇尚实体经济的浓厚氛围，12月公布新一轮52家培育企业名单，其中新入围11家，全年“215”培育企业完成产值707亿元，占全县规上工业产值比重的62.3%。

宁海为迎合国家长三角一体化重点产业布局、契合省产业发展关键领域、紧扣市产业发展战略，立足现有工业发展基础，参考市“246”产业体系分类方式，结合宁海现有产业规模体量，提出“十四五”期间着力构建“365”工业产业体系。

【文体办公产业】 文体办公产业实现规上工业总产值311.6亿元，占全县规上工业总产值的27.5%。拥有生产企业500多家，全行业从业人员达2万多人。相继荣获“中国文具产业基地”、“国家外贸转型升级专业型示范基地”（商务部）、“浙江省文具商标品牌基地”、“宁波市精品文具产业基地”、文具行业三星级品牌工作指导站、省级出口文具质量安全示范区等荣誉称号，拥有中国驰名商标3件，省名牌5件。发明专利、外观专利、实用新型专利等各类专利近2460项。行业门类齐全，主要有书写工具、纸品本册、五金文具、文件保管用品、化工类文具、教学用具、美术用品、学生用品、办公箱柜等近万种品种，产品远销欧美、东南亚等100多个国家和地区。

得力集团有限公司创建于1981年，是中国最大的办公与学生用品产业集团，多工作场景整体解决方案的领导者。公司布局分销、B2B、电商和海外四大业务渠道，建立130余家国内销售分公司，和十余个海外区域营销总部，各大电商平台上，持续保持办公文具类目在市占率第一，在万亿级的中国B2B市场，通过自建B2B商城，打造集什品牌，抢抓风口，已成为上海、广州、天津等政府及中国移动、国家电网、农业银行等大型央企办公物资集采首选平台。公司相继成为G20杭州峰会、厦门“金砖五国”“一带一路”北京高峰论坛等重大国际会议的办公用品供应商，并成为联合国机构长期供应商，先后获得“国家级企业技术中心”“中国文教用品行业十强第一名”“中国民营企业500强”“浙江省双强百佳党组织”“浙江省思想政治工作优秀单位”“浙江省先进基层党组织”等荣誉称号。

宁波天虹文具有限公司始建于1996年，是专业生产办公类文具的大型企业，主要生产长尾夹系列、电动削笔机、自动文具、直尺系列、矫姿系列、墨盒等办公文具产品。产品远销欧美、东南亚、日本等世界各地，是世界上长尾票夹出口量最大的生产厂家之一。公司拥有自动冲压、注塑机、电镀、电泳、自动装夹等多工艺多台套设备，建有独立的研发中心，研发中心用房面积1200平方米，年均投入1000万元，并与浙江工业大学等外部机构开展联合研发。拥有140多项知识产权（其中发明专利5项，实用新型专利70余项，外观专利60余项）。

海斯曼集团有限公司经营项目包括康复理疗产品、健身器材、嵌入式软件、智能办公系统等多个领域，产品远销欧洲、美洲、东南亚等40多个国家和地区。海斯曼产品通过UL、GS/CE、PSE等欧美认证，产品90%以上远销国外。建有独立的研发中心，研发中心用房面积1500平方米，年均投入近6000万元用于研究开发。集团目前已拥有100多项知识产权，发明专利5项，实用新型专利60余项，软件著作权40余项，多项专利技术已应用于实际生产，并形成产品、销售。公司相继获得“国家高新技术企业”、“浙江省体育用品制造业示范企业”、“宁波市工程技术中心”、“宁波市单项冠军培育企业”等称号。

【电子信息产业】 实现规上工业总产值105.8亿元，占全县规上工业总产值的9.3%。宁海正在全力打造光储产业集群制造业高地，重点聚焦宁海在光伏太阳能、智能仪表、电子元器件等领域的已有基础，以高端化、智能化、规模化为导向，推动技术创新、产品升级，加快形成产业集聚优势。“十四五”期间，力争光储产业投资累计达到150亿元，新增光伏组件产能18GW以上，宁海本地总产能突破22GW，宁海系全国总产能突破50GW。

东方日升新能源股份有限公司创建于2002年，下属有40多家公司，主要包括浙江双宇电子科技有限公司、双一力（宁波）电池有限公司、东方日升（宁波）新材料有限公司等12家全资子公司。2010年9月在深交所创业板上市，股票代码300118。公司主营产品为太阳能光伏电池与组件，产品已通过TüV、CE、UL、GS、ROHS、REACH、PAHS等国际认证。东方日升依托自主创新，构建全球化销售格局，产品出口欧美、南非和东南亚等30多个国家和地区。公司获得2018年国家企业技术中心、2019年光伏产品质量十强企业、2019年中国光伏电组件技术突破奖等行业奖项，稳居新能源企业第一梯队，行业龙头位置逐渐稳固；同时收获2019年电子信息百强企业、国家绿色工厂、中国制造业500强、2020年宁波市综合企业百强等综合性奖项，企业知名度逐渐提升。

宁波卡倍亿电气技术股份有限公司始创于2003年，2020年8月在深交所创业板上市，股票代码300863。公司主要从事汽车线缆的研发、生产和销售，主要为德尔福、矢崎、住友、李尔、古河、德科斯米尔等国际知名汽车零部件线束厂商研发、生产中高级汽车线缆，汽车线缆终端客户有大众、奥迪、宝马、通用、本田、丰田等汽车整车制造商，部分产品出口到日本、美国及东南亚等国。公司是ISO国际汽车电线电缆标准化管理委员会成员，代表中国对起草、修订、建立汽车电线电缆国际标准行使表决权。拥有32项知识产权（其中发明专利5项，实用新型专利27项）。

【汽车制造及模具产业】 实现规上工业总产值164.7亿元，占全县规上工业总产值的14.5%。先后被授予“中国（宁海）汽车橡胶部件产业基地”、“中国汽车零部件制造基地”、“中国模具产业基地”（中国模协）、“国家外贸转型升级宁海模具基地”（商务部）等荣誉称号。宁海有汽车零部件企业300余家，规上企业124家，国内主板上市企业5家；全县模具专业制造厂家500余家，模具加工企业和模具车间1500多家，年产模具近5万套。宁海汽车零部件制造企业还成功参与宁海6件国家标准的制订，起草“浙江制造”标准3件。7月，宁海获评“中国汽车及零部件制造（特色）基地优秀基地”称号。

建新赵氏科技有限公司创建于1984年，拥有宁海建新胶管有限公司、宁波建新华谊铝业有限公司、宁海建新自动化有限公司等十余家子公司。公司主要研发、生产汽车零部件汽车底盘件、门窗密封条、橡胶减震器，具有30余年的历史，在国内汽车零部件行业中享有良好的声誉与较强的影响力。产品配套于一汽大众、上海大众、上海通用、神龙富康等汽车厂家，并出口美国通用、克莱斯勒和德国大众、奥迪等，是国内唯一一家具备高档轿车密封条研发和生产能力的企业，在中高档汽车领域中市场占有率国内第一，整个密封条行业位居第二，国内市场占有率12%。

宁波双林汽车部件股份有限公司始建于1987年，在上海、宁波、苏州、青岛、重庆、襄阳等地设有全资、控股子公司27家，分公司6家。2010年上市，证券代码300100。公司主要从事汽车部件的研发、制造与销售，产品包括汽车内外饰系统零部件轮毂轴承、精密注塑零部件、座椅系统零部件、变速器、新能源汽车电驱动等。公司自主研发生产的座椅水平驱动器，畅销国内，出口海外，跻身全球座椅驱动器供应商之一，打破国外企业垄断该市场的局面，主要客户包括弗吉亚、李尔等大型座椅企业，主供车型包括玛莎拉蒂、TESLA、英菲尼迪、奥迪Q3/Q5、tiguan、广汽FIAT、长城H6、东风标致、雪铁龙等。国内市场占有率排名第一，全球占有率排名第二。

宁波方正汽车模具股份有限公司成立于2004年，是一家专业研发、制造、经营汽车塑料模具的国家高新技术企业。6月2日于深交所挂牌上市（股票简称：宁波方正，股票代码：300998）。公司专业从事汽车燃油系统多层吹塑模具、汽车注塑模具等大型精密模具的设计、制造、销售、服务，是国际知名汽车品牌宝马、奔驰、奥迪、大众、通用、本田等公司的核心模具供应商，是国内首家自主研发成功的汽车燃油系统多层吹塑模具生产企业，在全球范围内设立办事处、分公司、研发中心以及售后服务中心并且建立起全球销售网络，企业拥有国家级高新技术企业，国家单项冠军产品、国家火炬计划重点高新技术企业、国家首台套产品、浙江省企业技术中心、省级高新技术企业研究开发中心、省级企业研究院、省专利示范企业，省级院士专家工作站、省级博士后工作站，浙江省五一劳动奖等荣誉，连续4年被一汽大众、上海通用评为最佳供应商，新型汽车油箱吹塑模具等连续获得中国模具工业协会精模奖一等奖，浙江省首台套产品；汽车燃油系统（油箱及加油管）多层吹塑模具获得科学技术部国家重点新产品、中国机械工业科学技术奖二等奖，浙江省科学技术进步奖三等奖；“汽车加油管系列模具”被列为2011年国家创新基金项目。

【照明电器基地】 7月，商务部发布新认定的105家国家外贸转型升级基地，宁海照明电器基地上榜，这是宁海继文具基地、模具基地后获得的第三张国家外贸转型升级基地名片。宁海户外照明电器涉及户外手电筒、户外太阳能灯、户外草地灯、户外庭院灯等10余类产品，品种门类齐全、产业配套完善、产业链体系完整，已成为宁海经济的支柱产业。宁海制定和出台宁海产业相关规划和相应扶持政策，形成较为成熟的专业化分工协作体系，产业配套能力在国内同行业中处于领先地位，出口竞争力明显提升，外贸发展模式转型明显推进，形成宁海“龙头企业引领、骨干企业支撑、中小企业跃进”的大中小企业协同发展体系。

供 电 业

【概况】 秉持“人民电业为人民”的企业宗旨，大力弘扬红船精神，着力践行“和心合力+精谋实干”行为准则，同时深入融合“大气、硬气、正气、和气”的宁海精神，呈现宁电特色的企业文化。公司先后被授予“全国模范职工之家”、“全国‘安康杯’竞赛优胜企业”、“全国工人先锋号”、“浙江省五一劳动奖状”等荣誉称号。

宁海全年社会用电量44.37亿千瓦时，同比增长12.85%，其中工业用电量28.68亿千瓦时，同比增长13.11%；全社会最大负荷90.41万千瓦，同比增长11.04%；完成售电量41.97亿千瓦时，同比增长13.05%；完成固定资产投资2.70亿元。

宁海县境内拥有500千伏变电站1座，主变总容量250万千伏安；220千伏变电站3座，主变总容量180万千伏安；110千伏变电站17座，变电容量171万千伏安；35千伏变电站4座，变电容量10.85万千伏安。110千伏线路41条，线路总长408.591千米；35千伏线路19条，线路总长192.712千米；10千伏线路339条，线路总长3470.9千米，其中电缆线路1072.75千米；10千伏配变9541台，总容量360.72万千伏安，其中公变4136

台，专变 5405 台。

【人力资源】 加强人才队伍建设，结合供电所业务回归计划，开展供电所人员取证考试。协同宁波送变电公司开展“新员工联合培养”。开展各类技能培训 22 期，覆盖员工 1200 人次。首期设立四个“常青藤”工作小组，服务公司重点工作。优化供电所设置，推进供电所网格化管理，完成 7 个供电所 23 个网格划分。与公司新提任人员签订业绩考核责任书，实行网格长竞聘制，开展供电所管理人员述职评议。公司股级干部中 35 岁以下占比 21%，在六家县公司中最高。2021 年全员劳动生产率 166.2102 万元/人，人才当量密度 1.207。

【电网建设】 电网工程加速推进。牵头召开全县供电工作会议，落实 35 家政府部门、乡镇街道责任书签订。推进重点工程建设，“零缺陷”投运 110 千伏益丰输变电工程，开工建设 35 千伏岩头临变、大娄临变。新建及改造 10 千伏及以下配电线路 83 条、线路长度 435 千米，投运环网单元 18 座，配变增容布点 166 台，完成水泥杆改铁塔 18 基。提升网架智能化水平，应用负荷“一键转移”和“一键恢复”功能，转移时间由小时级提升至秒级。完成 DTU 改造 120 个，投运智能开关 110 台、故障指示器 500 套，建成电缆线路全自动 FA 环 11 个、半自动 FA 环 22 个，配电自动化有效覆盖率提升至 84.83%，线路智能化率提升至 79%。农网供电可靠率为 99.9824%，同比提升 0.78%。支撑新型电力系统建设，推动印发《关于加快建立宁海县清洁能源消纳畅销机制的函》。完成光伏项目储备 5 个，容量 2 兆瓦。建成可中断、可调节负荷 4.47 万千瓦。

【经营管理】 夯实经营管理基础，推进基础数据治理，落实表计轮换、老旧采集器改造、图实一致核查整改，实现图模审批流程线上化、可视化。明确数字化供电所建设 15 大类、37 小类任务清单。实现 25 类设备材料“三个百分百”抽检全覆盖。推进管理机制变革，顺利完成公司“子改分”工作，修订公司党委会工作规则、公司工作规则等决策会议制度。持续开展提质增效，全年实现提质增效 1.2 亿元。不断做大做实有效资产，完成迁建资产接收 2.1 亿元，用户资产接收 1.1 亿元。单位配网资产运维成本下降 6.68%，新增有效资产 4.98 亿元。完成固定资产投资 2.70 亿元，其中电网建设投资 2.35 亿元。营业收入 25.07 亿元，同比增长 15.80%；实现利润 781.26 万元；公司系统集体企业实现收入 7.52 亿元、利润 6195.4 万元。

【安全生产】 持续夯实安全基础，修订安全奖惩实施意见，开展学安规“蓝盾行动”。落实春季、秋冬季安全大检查 295 项反馈问题整改。实现安管中心实体化运作，累计管控电网风险 29 项，开展各层级稽查 14931 场次。持续优化网架运行，完成 7 座 110 千伏变电站综合检修，35 千伏岔路变全站升级改造及增容，配合完成 110 千伏跃兴沥、跃梅等线路改造，全大市率先实现 110 千伏变电站接地选线全覆盖。冠庄、梅林、深圳等三座变电站具备全停全转能力。持续推进隐患治理，启动“党建+配网”百日攻坚行动，完成配网根源性问题整改 943 个。建立电力设施保护政警联动机制，排查电缆与燃气管道交叉相邻安全隐患 181 处，触电安全隐患 44 处，清理障碍树竹 3 万余棵。对“6+32”家重要、敏感用户开展 101 次周期或专项检查。持续提升运检能力，试点行波型故障定位装置，提升故障研判能力。首次在配网检修中应用可变容量移动式储能。无人机巡检频率同比提升 300%。全年开展带电作业 1244 场次，不停电作业率达 96.5%。截至 12 月 31 日，公司连续安全生产日 6693 天。

【营销与优质服务】 持续优化营商环境，组建由公司领导带头的“1+N”大营销服务团队，完成 10 座驿站建设，试点“甬电小云”微信社群服务，通过“流动营业厅”“电力大篷车”等模式服务客户 530 人次。开展“三指定”专项治理，落实 431 户用户低压容量放开，减少用户投资 4000 余万元。全面应用阳光业扩一站通平台，供电方案现场立答 100%。全力做好电力保供，推动政府成立能耗双控专班，修订有序用电方案，推动 2499 户企业参与，建立可压降负荷 36.4 万千瓦。守牢“保电网安全、保居民用电、不拉闸限电”三条红线。打赢防御“烟花”“灿都”台风攻坚战，圆满完成庆祝中国共产党成立 100 周年等 13 项保供电任务。深入践行双碳行动，实施“供电+能效服务”、服务绿色出行三年行动，累计实现综合能源营收 5352 万元，电能替代 8400 千瓦时。开展“乡村振兴·电靓缑城”专项行动，建成 2 家养殖基地电气化项目、7 个新时代电气化村，完成全县 73 个快充桩和 1414 个慢充桩建设布点，实现县域公交领域充电站“镇镇通”。

【科技与信息化】 重视科技创新，完善创新培育机制，落实费用，组建团队。带电作业在宁波大市内首次开展绝缘手套作业法—绝缘脚手架作业法，配电自动化有效覆盖率由77.67%提升至84.83%，线路智能化率由64%提升至79%。完成DTU改造120个，投运智能开关110台，新装故指500套；34条电缆线路投运全自动FA，8条线路投运架空合闸速断FA，2座变电站实现负荷一键转移；在山区线路的双峰E702线、官地E717线安装行波型故障定位装置，效果较好。2021年科技成果收获颇丰，多举措推动创新工作迈上新台阶，公司两项QC成果《研制柱上瓷瓶快速更换装置》获第46届国际质量管理小组大会（ICQCC）金奖、《降低低压用户窃电风险》获第六届亚洲质量改进案例一等奖，两项管理创新成果《基于数据云的配网裕度体系构建及管理实践》获2021年度电力创新奖一等奖、《高弹性电网平衡技术体系探索与实践》获浙江省电力行业管理创新优秀成果二等奖。

【党建与精神文明建设】 强化政治引领思想格局。全面开展党史学习教育，深入贯彻习近平总书记在庆祝中国共产党成立100周年大会上的讲话精神、中共十九届六中全会精神。常态化落实党委第一议题制度。推进党建与生产相融合。开展“党建+技术”上门到企“一对一”专家服务，认领市公司书记项目5个、开展支部书记项目14个，梳理“我为群众办实事”项目9个、开展实践活动13场次。抓实全面从严治党举措。创新开展“廉政约谈三交底”，排查整改廉洁高危风险点37项。落实近三年巡视、审计整改不彻底48条问题销号，做好离任审计、国网巡视相关问题整改，累计开展正风肃纪现场检查12次，通报3期；开展“三指定”、酒驾醉驾、省管产业单位治理、领导人员及其亲属和特定关系人经商办企业等专项监督。通报批评5人、经济处罚5人、谈话提醒6人。涌现一批先进集体和个人。调控中心获评全国质量信得过班组，岔路供电营业厅获评宁波市巾帼文明岗，徐剑中劳模创新工作室获评浙江省劳模创新工作室。公司员工徐剑中获评浙江工匠，吴佩颖获省公司青年五四奖章，马德荣获评市公司劳动模范，余敏获评感动甬电最美奋斗者。在重要央媒新媒体发稿48篇，公司视频作品《血脉传承》《机器人总动员》分获第九届全国品牌故事大赛（宁波赛区）微电影类、短视频类二等奖。

宁海经济开发区科技园区

【概况】 聚焦模具行业、汽车零部件产业、文具产业等传统优势产业转型升级，大力培育新能源、新材料、生命健康等新兴产业，不遗余力“抓指标、提质效”。全年357家规上企业完成工业总产值685亿元，同比增长12.08%；利税总额51.77亿元，同比减少3.32%；利润总额39.15亿元，同比增长5.70%。园区进出口总额253.37亿元，同比增长14.19%，其中出口总额232.94亿元，同比增长12.46%；完成公共财政预算收入22.40亿元，同比减少13.05%。

【重大项目建设】 开发区成立以党工委书记为组长的工程建设领导小组，建立健全每周一报告、半月一例会、每月一调度等会商机制，加快推进重点工程建设。

全年重大项目21个，年度计划总投资21.31亿元，完成投资14.4088亿元。其中开发区自投建设项目11项，包括：高新汽配产业园区标准厂房、高新汽配园配套宿舍区、科技区块旧厂房改造提升工程、铁江北路工程、辛岭区块综合管线迁移、基础设施配套建设等项目。年度计划投资4.52亿元，已完成投资1.5487亿元。其中企业投资项目10项，包括：善科机械注塑机配件生产线项目、得力东

10月1日，县委书记林坚（右一）调研大金园区

方逸境、华孚时尚总部、得力智能办公研发设计中心、北新建材宁波新材料产业园、雅彩年产5000万件高性能消毒感控产品等项目。年度计划投资16.79万元，已完成投资12.8601亿元。

8月25日，副县长应国邦（右二）调研宁海经济开发区

【招商引资引才】 聚焦重点产业、重大项目和重要楼宇平台，稳步推进数字经济产业招商，加强招才引智重视人才项目，建立健全招商工作机制，为项目的顺利落户提供有力保障。受疫情影响，年度实到外资考核目标6500万美元，完成实到外资298.8万美元，占考核任务的4.6%。浙商回归考核目标15.4亿元，完成25.41亿元，占165%；市外内资考核目标17.6亿元，完成23.58亿元，占考核任务的133.98%；县外内资考核目标18.15亿元，完成23.58亿元，占考核任务的129.92%。

全年推荐申报甬江引才工程项目24个，其中13个创业团队项目、4个创新团队项目、3个外裔人才项目和4个创新人才项目。推荐申报国家级、省级引才计划专家各2位。稳步推进新建的雅彩、熊小米等3个重大项目，其中熊小米项目一部分业态已经装修，二次招商有序进行中；已注册的三产项目8家；持续跟踪往年落地的华孚时尚产业园、海纳节能二期等6个重点项目；加快推进五峰机械等3个在谈项目，其中南岙高新产业园基本完成招商工作。

3月24日，宁海经济开发区管委会领导赴泉水区创城检查

【工业全域治理】 精准抓牢治理的重点、难点、关键点，健全专班治理机制，系统推进，集中攻坚。会同相关单位积极参与辛岭区块、临港区块的工业综合整治，其中辛岭区块拆除违章建筑近4万平方米涉及38家企业；临港区块拆除2000平方米涉及企业7家。

省级“污水零直排区”创建工作全面铺开。推进灵峰路、竹山路等10条道路管网建设，开展环保治理，会同执法部门对企业环保手续、污染防治设施建设以及排放达标等情况开展检查和执法行动，形成三色图和问题清单。完成科技、新兴、梅桥和临港4个区块、601家企业污水零直排问题排查和清单发放。

【历史遗留问题】 制定专项工作治理方案，梳理土地征收类、规划建设类、部分利益诉求群体等问题65件，成立专项治理领导小组，明确责任分工，强化督查问责。通过清单化处理、专班化跟进，积极做好金山国际、临时慧谷、昱源环保、振强科技等企业的遗留问题。临时慧谷等43家企业开展合理化转移。

【文明城市创建】 成立争创全国文明城市工作领导小组，确定创城包干责任区，健全“日排查、周督查、月通报”制度，对标对表抓落实。全体干部下沉创城一线，分成7个小组参与志愿活动，共出动约200人次；辖区内新增宣传墙绘和广告投入100多万元；及时处理道路、管井、环境卫生等问题700余件；辖区内道路保洁、绿化补种、路灯巡查等公共道路维护投入1000多万元。

宁波南部滨海经济开发区

【概况】 坚持以习近平新时代中国特色社会主义思想为指导，全面贯彻落实中共十九大和十九届历次全会精神，坚持稳中求进工作总基调，全面贯彻新发展理念，锚定“三年翻两番、五年五百亿”的奋斗目标，攻坚克难、革新求进、奋勇争先，在构建新发展格局上迈出新步伐，在推动高质量发展上取得新成效，实现“十四五”良好开局。

【工业经济】 全年完成固定资产投资24.18亿元，完成县里考核目标。实现规上工业产值50亿元，增长27.3%，规上工业增加值11亿元，增长26.4%，全年新增规上企业11家。完成浙商回归3.79亿元、市外内资3.97亿元、县外内资5.19亿元，全年实到外资4080万美元，合同利用外资2亿美元。

招大引强取得重大突破。全年招引产业项目14个，总投资达80亿元，引进首个总投资超50亿元的重大产业项目旗滨光伏高透基材项目，实现重大产业项目招引的重大突破。总投资16亿元的震裕科技年产9亿件新能源动力锂电池顶盖、2.2亿元的年产1000万瓶注射用尖吻蝮蛇血凝酶、1.5亿元的汽车减震器用轴承总成等一批优质产业项目落地。

宁波南部滨海经济开发区

主动出击、精准对接东方日升、隆基股份、天合光能等光伏领域头部企业，产业集聚水平日益提升，以新能源新材料、高端汽车零部件为主导的特色产业集群逐渐成势。

【疫情防控】 常态化疫情防控有力有效。面对疫情多点散发局部暴发的态势，时刻保持战斗状态，加强排查防范，全力做到防控体系不变、组织架构不散、应急响应不慢，坚持做好常态化疫情防控工作。

4月30日，宁波南部滨海经济开发区内开元颐居酒店正式开业

2月14日，旗滨集团光伏高透基材项目签约落户

【项目建设】 重大产业项目加快落地。全力开展“冲刺‘9·30’，再上新台阶”专项行动，紧盯政策处理、统计入库、行政审批等关键环节，精准服务推动重大产业项目加快落地转化。震裕科技年产9亿件新能源动力锂电池顶盖、模具产业园B-2地块、万洋高端制造产业园、马森能源重包装吹塑膜等一批项目实现当年签约当年开工。

9月28日，宁东新城21-D地块以总价15935万元被宁波旗滨光伏科技有限公司竞得。土地面积505843平方米，土地用途为工业用地，容积率1.0~3.0，起挂价15935万元，竞买保证金3187万元，加价幅度为人民币100万元或其整数倍。该地块是自宁海2006年实行国有建设用地使用权公开出让以来，单宗面积最大的工业用地。

续建项目加快竣工投产。三和兴模具钢、景宏微型穿刺器、建新年产2000万件汽车轻量化零部件生产线、中南高科滨海智造产业园、天普中高压软管生产基地等一批续建项目实现竣工或投产。

基础设施建设稳步推进。南洋港区块基础设施推进形象初显，整体环境品质明显提升。路网框架逐步完善，启航路、力胡路及东港东路一期建成，屿港路、烟涛路、荔枝坑隧道等12条道路加快推进，通用航空机场建设如期推进，宁河湾小区完成交付，壹岛城市综合体项目推进总体顺利。

10月20日，2021年度网易创新创业大赛宁波分赛在宁波南部滨海经济开发区成功举办

【资源保障】 资金保障创新有力。围绕降成本、调结构、保安全，通过资产包装、债券发行等多种渠道筹措资金，切实保障资金安全。全年筹措资金约62.3亿元，成功获批3亿元额度美元债，首期发行1亿美元，PPN、新型城镇化企业债等融资工作加快推进。

土地出让创造新高。紧盯旗滨光伏高透基材、东方日升高效光伏组件等重大产业项目落地，统筹乡镇合力攻坚推进政策处理工作。全年征收土地2210亩，完成清表约763亩，完成农转用报批约1902亩，尤其是8天时间完成光伏产业园1024亩土地的政策处理，切实为项目快速推进保驾护航。全年工业用地出让突破千亩达1357亩，创开发区年度工业用地出让新高。

全力保障填方塘渣等矿产资

源，集全县之力，多措并举完成填方311万吨，有力有效保障旗滨光伏、震裕科技、巨杰风电、通航机场等一批项目进场。

人才要素逐步集聚。全年申报国家级人才项目3个，省级人才项目1个，超额申报市级“甬江引才工程”项目11个。

【改革创新】 南滨集团组建落地。有序推进国有企业市场化改革，谋划集团公司组建实现实体化、市场化运作，南滨集团成功组建。

加快探索创新开发区“管委会+公司”运作体制机制，激发集团公司活力。加快亩均论英雄改革。制定国有产权厂房入驻企业综合评价机制，倒逼中小企业转型升级，提升发展层次。

定期开展项目综合研判分析，提升导入门槛，严把项目准入，切实提升项目落地质量。优化创新企业服务。

开展“抓开工、促进度、提产能、强服务”专项服务行动，强化“店小二”意识，实现专人专班专门服务。助推产业链打造，为企业打通痛点、难点、堵点，营造最优营商环境。

【党建工作】 扎实开展党史学习教育。通过专题研讨会、主题党课、知识竞赛等多种形式深化党史学习教育，提升党员干部政治站位，切实做到“两个维护”。扎实开展“四为”实践活动，聚焦“党建+”工作机制，坚持“大党建”理念，使项目推进、企业服务、疫情防控、文明城市创建等各领域工作与党建同频共振。

全力完成县委巡察整改。按照县委巡察组要求，对标高标准、严要求、求实效，对照整改问题清单，做到立行立改、全面整改，全力完成巡察整改工作。持续正风肃纪高压态势。压实党风廉政建设主体责任和“一岗双责”，系统谋划党风廉政建设，纵深推进全面从严治党。持之以恒反对“四风”，定期开展督查检查，优化政治生态，营造担当负责、干事创业的浓厚氛围。

6月25日，“走进新时代　奋进新南湾”宁波南湾新区庆祝中国共产党成立100周年文艺会演活动成功举办

宁波生物产业园

【概况】 全年落户9家企业，引进特优以上人才4人、拔尖人才5人，引进硕士研究生或副高级职称人才领衔创业团队9个。

组织申报“甬江引才计划”项目27个，其中4个项目完成尽调。

4月24日，举办“潮起甬南·菁英汇”——中科院青促会青年科学家宁波宁海行活动

组织申报国家重点人才6个，省重点人才12个，入围答辩1个。

新签约合作中介1家（宁波甬江生科创新孵化器有限公司）、续签1家（沐慈芯企业管理（宁波）有限公司）。接待客商80余批次，外出招商32余次。有在谈项目20余个，其中重点在谈项目12个。

9月29日，万马（宁波）医械智造园项目举行开工仪式

【重点项目】 美康宁海健康产业中心项目于7月9日取得规划许可证，11月26日取得施工许可证。该中心南区研发中心由于标高错误导致方案需要优化。北区具备进场施工条件。由于项目单位一直拖延导致桩基未进场施工，正在与县资规局协调土地收回。

生物药中试公共平台由兴健生物采购的第一批设备（QC验证设备、蒸汽灭菌器系列设备和工艺相关设备）完成招标（中标价1250万元）。甲贝医药采购的工艺设备和公用工程设备签订合同（合同金额1125.51万元）。通过公开招标确定宁波广慈生态建设有限公司开展平台建设（中标价2348.143万元）于12月开工建设。

生物医药研发公共服务平台第一批设备完成招标（中标价343.76万元）。平台施工项目于11月26日通过公开招标确定宁波和昌市政园林建设有限公司开展平台建设（中标价442.36万元），于12月开工建设。

【科技创新】 艾美卫信生物药业（浙江）有限公司的十三价肺炎球菌多糖结合疫苗进入临床三期研究。宁波紫园医疗器械有限公司D-二聚体测定试剂盒和白介素-6测定试剂盒取得II类医疗器械注册证。宁波优葆优保医学检测实验室取得临床基因扩增检验实验室技术验收合格证书，成为宁海第一家具备新冠病毒检测资质的企业。

10月27日，举行“智汇南湾，甬赢未来”中国·宁波第四届生命健康创业创新大赛总决赛

【招商引才】 园区在本年度开展各项论坛活动并取得良好反馈。举办“智汇南湾，甬赢未来”中国·宁波第四届生命健康创业创新大赛；协助举办宁波市医疗器械行业协会六届一次会员代表大会活动；协助举办第三届生物工艺产业年度峰会。

【搭建产业平台】 生物药中试公共平台、生物医药研发公共服务平台均已完成招标，进入施工阶段。园区出台《宁海县生物产业园管理中心化工医药企业专项整治提升工作方案》，编制《宁波生物产业创新中心“污水零直排区”建设工作方案》，制定《宁波生物产业园生物医药产业化基地项目准入办法》，清单化落实园区建设管理。医药创新和审评柔性服务工作站获得省药品监督管理局批复并完成建设。

经济贸易

商贸服务

【概况】 全县全年社会消费品零售总额增速实现12.4%，高于全市平均水平2.7个百分点，增速位列全市第二；实现商品销售总额增速26.7%，增速位列全市第八。其中零售业商品销售额增速30.8%，增速位列全市第二；实现餐饮业营业额增速36.8%，增速位列全市第三；实现进出口额331.18亿元，同比增长4.2%；实现网络零售额197.7亿元，同比增长15.7%，位列全市第四。

【缩小指标差距】 落实指标责任到人，实行“月度小会商+季度大会商”，谋划落后指标推进办法，建立红绿灯预警月度通报机制，督促乡镇比学赶超。

坚持缺口导向，利用县级零资源招商等优惠政策，联合乡镇街道靶向招商和引导本地业务回归，全年注册落地火石、易成、银云、鼎届、昶源等11个批零项目，新增璟特、事倍达等百余家出口实绩企业，累计出口超2亿元。

【商务品牌培育】 “国字号”基地再摘牌。在文具、模具基础上，摸排户外照明电器企业，整理资料申报国家外贸转型升级基地并成功摘牌。

外贸企业竞争增强。指导峰亚进出口、国贸公司申报获评省级外贸综合服务平台，东方日升获评省首批内外贸一体化“领跑者”企业和市本土民企跨国经营20强企业。

加强老字号培育。鼓励经营30年以上的企业积极申报“宁波老字号”，全县6家企业上榜首批“宁波老字号”。

争创电商示范荣誉。新增1个省电子商务示范村、4个省农村电商示范服务站、点，获批1个市级电商“绿色直播间”，点对点获“之江创客”农电商赛区一等奖。

【商贸扩容提质】 出台全市首个双循环提振消费三年实施意见，依托金秋购物节推出5个重点板块，实现“商旅文体农银”全链条联动。全年举办城市市集活动3场次，车博会、母婴博览会、老字号等特色展会4场次，周末夜市4场次，投放菜篮子商品消费代金券40万元，撬动商品消费超2亿元。

提升品质推动商圈创建。以西子商圈和高铁站前特色街区两个核心，探索构建线上线下互动体验式智慧商圈，确定西子国际为宁海智慧商圈试点商圈，推荐申报为市级智慧商圈；推动邻里广场争创宁波市15分钟商贸便民服务圈并完成验收；大观文化园完成市级商业特色街区复评验收。

【外贸外经发展】 推进数字展会建设。对原有的境内外参展备案登记模块进行迭代升级，探索开发集展会备案、展会信息、展会服务、展会政策等功能于一体的一站式展会服务平台，“展会通”平台上线试运营，获全省第二届企业码场景应用创新大赛二等奖。同时与义乌、滨江共同承接省级应用项目“浙里探馆”的开发建设，实现展会全领域的共建共享，已上线政府侧和企业侧双端口应用。

搭建平台助企拓市。组织600余家次企业参加香港礼品展、宁波文具展、福州跨境电商展、广交会等重点展会10场次，促成宁海与香港贸发局签署经贸合作备忘录，天阳电子与罗马尼亚供应商签订中东欧意向采购协议6200万元，华成阀门与欧洲国家意向采购1200万元，广交会意向订单约1700万元。

挖掘优化外经队伍。协助东方日升成功开展2.98亿美元的马来西亚光伏组件项目投资，全年新设境外投资企业11家，实现备案（核准）中方投资额超5亿美元。

【跨境园区建设】 以县环球中心为依托，系统整合跨境电商产业链、供应链，为园区企业提供一站式全流程集约化服务，加强企业集聚。品一户外等 3 家企业已签入驻协议，瀚丰、恒朗等 14 家企业意向入驻。

【民生实事项目】 牵头“搭把手”智慧回收项目建设，建立联席会议制度和项目督办制度，定期召开工作例会，调度项目进度，实施全程跟踪督办，落实 150 个“搭把手”智慧回收网点和 11 辆配套清运车，通过市级考核验收。

供销合作

【概况】 以开展党史学习教育为抓手，深入贯彻落实党中央、国务院以及县委县政府关于供销合作社改革发展的决策部署，突出党建统领与政治引领，提升为农服务能力和水平，主动服务农业农村发展大局，在“宁海珍鲜”品牌创建推广、综合改革、工业治理、作风建设等各项工作取得显著实效。

【“宁海珍鲜”品牌创建运营推广】 完成品牌发展基础建设。“宁海珍鲜”农产品区域公用品牌在 2020 年 11 月 14 日取得国家知识产权局颁发的集体商标注册证，成为全大市首个全品类“地域+产品特性”农产品区域公用品牌。完成“122”（宁海珍鲜品牌发展有限公司、“宁海珍鲜”运营中心和宁普数字农业共富促进中心、“宁海珍鲜”产品供应端和销售端）工作框架搭建。11 月 5 日，县委书记林坚和普格县委书记苏正清等领导出席“宁海珍鲜”品牌运营中心开业现场，为宁普数字农业共富促进中心和普格之家开业揭牌。

12 月 30 日，浙江省副省长徐文光（中）考察“宁海珍鲜”品牌运营中心

品牌市场化运营初显成效。签约授权产品合作基地（企业）47 家，发放防伪溯源码 15 万份，建成茶叶、青蟹和对虾 3 家放心消费基地可视化监控网络布置，上架当季水果、茶叶、水产海鲜、美味佳酿、粮油豆品等农副产品 16 类 50 种，累计销售额 3000 多万元。整合防伪溯源系统、企业微信商城、基地可视化监控、抖音企业账号，开发网络 ERP 系统、智能提货系统，完成“宁海珍鲜”数字化平台搭建，品牌运营取得初步成效。

进一步打响“宁海珍鲜”知名度。组织合作供应商参加浙江省旅游专班第三次会议暨全省旅游业“微改造、精提升”工作动员会、第十九届徐霞客开游节新闻发布会等大型会展，在宁波栎社机场投放大型广告，在省政府门口投放电子显示屏广告，在宁海县城重要节点投放广告，在《光明日报》、《浙江日报》、《宁波日报》、《今日宁海》、宁海广播电视台等媒体宣传报送 38 篇，开展寻仙之旅，销售月等活动，开展抖音直播大赛，走进优良蜜橘基地等线上线下宣传活动，进一步打响“宁海珍鲜”知名度。通过人民大学设计团队，深入挖掘宁海人文、历史、自然和产业特征，推进“宁海珍鲜”16 类 32 款产品包装设计和宣传片拍摄，帮助合作供应商实现产品换好新装、讲好故事，获得较大成功，“宁海珍鲜”的包装标识成功入选农业农村部农产品质量安全中心公布 2021 年全国农产品包装标识典范名录，国家农安中心将出版《农产品包装标识典范（第二集）》书籍向全国推广。其中月饼包装在县域范围内掀起“宁海老月饼”国风潮，翠冠梨引入礼品包装后溢价成倍。

【综合服务】 以推进农合联数字化、组织体系、服务体系建设为抓手，完成数字农合联全覆盖，新建省级现代农业综合服务中心（长街镇农合联现代农业服务中心）1 个，提升省级产业农合联（番薯产业农合联）1 家，吸收培育社会化服务组织会员 10 个，新建村级综合服务社 10 个，开展“阿拉宁波”农产品营销活动2场次。倾力打造的长街镇农合联现代农业服务中心，建成集测土配方检测、农产品农药残留速测、涉农政策咨询，农业技术指导，农情调查，金融保险办理，农资供应等十二大为农服务功能区。

响应数字乡村建设，积极探索数字农业建设途径，围绕智慧农业、数字农业发展要求，在长街现代农业服务中心内打造视频直播带货间，推广区域特色农副产品，打响“宁海珍鲜之长街味道”区域品牌，全面促进农民生产合作、供销合作、信用合作“三位一体”融合发展。

12月13日，宁波市供销联社一行到宁海考察调研

【服务“三农”】 丰庆农资公司全年完成病虫害统防统治服务面积5万多亩，同比增加3.5万亩，其中土地全程托管面积3000亩；开展农药废弃物包装回收服务，回收农药废弃包装物近716万余只；新增废旧农地膜回收服务项目，回收废弃农膜约170余万吨。再生资源市场全年回收废铁（包含废铁沫）12万吨，社有企业农业社会化服务水平显著提升。果蔬市场果品销售统计额达1.92亿元，同比增长15.6%，充分发挥果品集散批发作用，引导市场经营户在县内白枇杷、网纹瓜、西瓜、杨梅等水果种植基地采购水果，帮助果农打开销路；在自产自销区，为前来销售的小水果农户，开展早半小时开门、快速结账、免费过磅、场地费免收、卫生费减免等服务事项；6月底，与宁波水果市场达成在该市场设立胡陈水蜜桃销售专区的合作意向，有效帮助胡陈水蜜桃拓宽销路。

【社有企业整治提升】 根据县委县政府“拆旧、建新、提标、提效”的工业治理要求，联合相关职能部门对模具城全域工业厂房开展违章建筑拆除工作，拆除室内阁楼、室外钢棚等500多处，拆除面积达2万多平方米；完成模具城区域污水管网摸排、消防隐患整治，消防管道、微型消防站等基础设施建设。

【自身建设】 围绕县供销联社贯彻落实县委县政府各项决策部署情况、2017年9月—12月县委巡察反馈问题清单、以及2020年县供销联社内部巡察问题清单等，开展全县供销系统腐败和作风问题重点整治工作，对所有问题进行专题分析，针对问题不同情况开展分类完成整改，14个问题全部完成整改。

指导帮助模具城公司解决新民橡塑、上达模具等一大批历史遗留问题，确保时代西沿线及110KV新跃龙变等重点工程建设。同时在十分被动的情况下，妥善解决海静公司担保危机，以及初步赢得与厦门国贸近7000万元的担保连带责任诉讼案。

国资经营

【概况】 集团账面总资产233.04亿元，净资产152.55亿元，负债率34.54%，国有资产保值增值率150.57%；集团融资总额19.2亿元（其中发债10亿元）。

【市场运营管理】 市场创建工作有序推进。跃龙、长街2个市场创建“三星市场”，跃龙、西店、梅林、长街4个市场续创“省放心市场”，兴宁、长街2个市场创建“五化市场”。完成“创城”迎检工作，通过建立经营户自律管理考核机制、市场现场动态监管机制、“We志愿活动”等方式，上下联动形成合力，全力以赴打好“创城”攻坚战。国投先锋志愿服务队全年开展“We志愿活动”207场，累计参加8000人次，服务总时长5600小时。

摸排全县行政事业单位和国有

企业经营性房产，将已托管和未托管房产进行统计建档，制订《宁海县国有经营性房产统一租赁管理方案》，建立国有资产管理平台（一期）并正式上线运行，实现底数清晰、管理智能、动态监管、便民服务等功能，并主动接受审计、纪委的监督，主动公开国有资产信息。首批覆盖集团下属的171处国有资产，涉及面积达13万平方米。全年收取租金1752万元，同比增长28%。

【重点实事项目】 完成县南门邻里中心项目主体结构施工，累计完成该项目投资8500万元。

12月10日，再生资源集散中心开工建设，总投资约1.45亿元，建设内容涵盖业务用房、公寓楼、市场、场内道路和室外附属、绿化及相应配套。

按县政府统一部署，冠庄、前童、溪南和西店四个综合供能服务站由国投集团承建，冠庄站于8月投产运营。

【现代服务产业】 8月，县国贸公司上线宁海首家“宁贸一站式外贸综合服务平台”，助力宁海外贸新发展，27家代理公司实现线上业务操作，完成出口交易1100余万美元；被省商务厅认定为浙江省外贸综合服务试点企业，被县商务局认定宁海县外贸综合服务平台企业。

全年完成南京东华能源公司交易额26.3亿元，同比增长114%。县产权交易中心全年签订拍卖委托合同220余份，开展拍卖、电子竞价、招投标、网络竞价共216余场，成交额3.51亿元，其中矿产交易成交额1324万元。

县机动车检测中心完成宁波市车辆检测“一件事”集成改革，实现“交钥匙”“一窗通办”，被评为全省“服务规范检测站”并获省政府通报表扬，被宁波市机动车排气污染防治管理中心评为有AA级信用的机动车排放检验机构。

县国际会展中心以“零失误、零差错”标准完成宁海县第十八届人民代表大会第五次会议和政协第十届宁海县委员会第五次会议、宁海县庆祝中国共产党成立100周年文艺晚会等各项服务保障任务。

积极配合县城关医院做好疫苗接种服务保障和秩序维护等工作。

【安全生产工作】 推进“平安双月”“安全生产月”“食品安全专项整治”等活动，全年召开安全会议16次，组织消防演练12次，联合县应急管理局组织“119消防安全日”和主要企业负责人安全管理人员培训，培训近4000人次，实现安全生产零事故。

招商引资

【概况】 编制“十四五”招商规划，理顺招商方向。围绕光储产业，举办中国（宁海）储能产业链融合论坛，落地旗滨、震裕科技等一批高附加值项目，深入对接东方日升、北京捷造、青岛蓝科途等多家龙头企业；围绕招强引优，洽谈今海科技石墨烯大功率导热膜、上海光机所激光薄膜等一批市场前景好的项目。

年度宁波市支持浙商创业创新促进宁波发展、宁波市国内招商引资以及宁波市开放型经济评价三项工作目标责任评价结果于5月出炉，宁海县获得“三铜奖”。宁海县锚定支撑性产业项目和专精特新项目，狠抓精准招商，大力对接大型国企、500强等重点企业，采用高密度、多频率、不断线的小分队招商方式，千方百计引进重点产业龙头项目。旗滨集团4×1200吨/日光伏高透基材项目、年产9亿件新能源动力锂电池顶盖项目等多个优质制造业项目相继落地宁海。此外，县投促中心内外并举，大力拓展优质项目信息渠道资源，对外推进委托招商模式，对内深耕乡贤资源，挖掘宁海中学校友会资源，与县工商联一道联系异地商会、走访本地企业。据统计，2021年宁海县共外出赴北上广深、苏杭湘鄂等多地开展招商活动100余批次。

强化招商宣传，营造招商氛围，县投促中心引领全县招商干部传承“激情、高效率、高节奏”的“招商文化”，取得明显成效。全年全县新批外资企业12家，增资项目7个，减资项目2个，实际利用外资1.515亿美元，完成目标任务的119.29%；上报浙商回归资金96亿元，完成目标任务的147.69%；上报市外内资113亿元，完成目标任务的141.25%。

【信息渠道】 项目信息渠道不断拓展。推进委托招商模式，与华夏幸福、储能领跑者联盟开展战略合作，充分利用中介机构的专业优势获取更多项目信息，获取青岛蓝科途湿法电池隔膜项目等与宁海县招商方向高度契合的项目信息。延续上海驻点招商工作，继续用足嘉定工业园、上海宁波商会等现有渠道，继续与宁波市投促中心密切联动，开展有效联合招引。

深耕乡贤资源，挖掘宁海中学校友会资源，与县工商联一道联系异地商会、走访本地企业。贯彻内外并重原则，高频次开展“走出去、请进来”双向招商活动，力争获取更多项目线索，外出赴北上广深、苏杭湘鄂等多地开展招商活动

100余批次，县内积极走访重点企业和隐形冠军企业，摸排企业扩产或新增项目投资计划，推动内生型项目占比显著提升。

【项目引进】 招商项目引进更加精准。编制“十四五”招商规划，依据光伏+储能、模具、汽车制造、文具等重点产业实施方案，明确产业链招商全景图、客商库。围绕打造千亿级光储产业基地，举办中国（宁海）储能产业链融合论坛，推动旗滨、震裕科技等多个重大项目转化落地，积极对接东方日升、北京捷造、青岛蓝科途等多个优质项目。

12月1日，中国（宁海）储能产业链融合线上论坛现场

【重大项目推进】 谈成总投资50亿元的旗滨集团4×1200吨/日光伏高透基材项目、总投资6.5亿元的宁海以琳特殊教育学校二期项目、总投资5.2亿元的集美特全球两性健康用品研发总部及制造基地项目等43个项目，总投资198.63亿元。

开工总投资16亿元的年产9亿件新能源动力锂电池顶盖项目、总投资21亿元的金色慧能年产G瓦级储能变流器（PCS）及集成智慧能源研发与制造项目、总投资8亿元的雅彩年产5000万件高性能消毒感控产品生产项目等27个项目，总投资118.15亿元。

建成总投资10亿元的海亮“宁海公学”项目等18个项目，总投资101.53亿元。

3月9日，2021年宁波宁海（武汉）投资环境及政策推介会在武汉举行

【招商活动】 举办中国（宁海）储能产业链融合线上论坛，论坛聚集行业知名的专家学者、企业家近200人参会，浙江工业大学教授王连邦开展《宁海县光（伏）储（能）产业规划》专题演讲；就如何实现双碳背景下新能源产业创新合作模式进行专题演讲和圆桌对话。

举办武汉2021年宁波宁海（武汉）投资环境及政策推介会，现场集聚武汉知名高校、科研院所等高层次人才团队、企业负责人、相关投资机构及引才中介代表。

参与举办“潮起甬南·菁英汇”中科院青年科学家与青年企业家对话会。

【招商队伍建设】 延续上海驻点招商，在深耕驻点地区招商资源的同时，依托招商一线锻炼招商干部。

举办为期5天的2021年宁海县招商引才工作培训班，安排“新经济环境下的招商态势及典型案例分析”“科技创新与产业创新的实践与探讨”等理论课程，安排中科大先研院和量子研究所参观，蔚来汽车、科大讯飞等高新技术企业实地考察，提升招商队伍整体素质。

举办2021年新提任工业线领导干部培训班，从招商引资概述、新形势下招商引资特征、招商重要产业链图、招商引资实务操作与案例分析四大方面，为全县新提任的乡镇（街道）分管工业的乡镇长（主任）详细讲解新形势下的招商引资思考与实务操作，帮助快速进入角色。

7月12日，2021年宁海县招商引才干部培训班在中国科学技术大学开班

烟草专卖

【概况】 贯彻落实省市工作会议精神，加强政治引领，抓实各项重点工作，坚决打好打赢“三大战役”，为实现“十四五”高质量发展谋好篇、布好局、起好步。

【经济运行与网络建设】 以变应变、精准施策，经济运行实现稳健发展，市场状态保持良好态势。经济指标持续向好。卷烟销量稳中有升，全年实现销量3.62万箱，同比增长3.76%；实现含税销售额18.22亿元，同比增长9.09%；单箱销售额5.04万元，同比增长5.13%；实现毛利5.19亿元，同比增长9.55%，市场状态良好。

品牌格局稳中有进。精心培育定制品牌，借助入企访会、线下特色节庆，合力扩大品牌知名度、美誉度，全年销售重点品牌卷烟3.36万箱，占总销量的92.82%。省内外烟比重为37∶63，创客、小云端、中支乌镇之恋等品牌培育良好，选出一批“培育之星”优秀客户。

深化主副融合，积极拓展非烟销售面，实现销售额大幅提升，同比增幅165%，与力洋酒厂合作自主培育的特色非烟商品，获得零售户和消费者一致好评。

“互联网+”运营持续向广。对标现代终端建设，有序推进各项工作，全年累计建成加盟终端82户，现代终端比例达到26.6%，“香溢通”覆盖面达到30.7%。深化“一钉四香”营销模式扎根落地，提升平台生命力，全年钉钉移动拜访平均覆盖率达74.3%。电话订货全部清零，网上订货和网上结算客户覆盖率达100%，非烟商城订单累计11732笔，非烟销售额542.7万元。“香溢坊”已建成自律互助小组311个，“香溢坊”激活客户数5093户，自律互助小组激活客户数4576户，覆盖率达89.9%。

【市场监管与许可服务】 持续高压强监管，打出空间、管出增量，区域市场有效净化。打假打私成果显著。聚焦市场形势，聚力数据监管，聚合部门协作，全年查处各类违法案件229起，同比增长15%；查获各类卷烟3.81万条，同比增长43.9%，其中假私烟806条，同比增长32.4%；查获5万元以上大要案件48起，同比增长50%；破获国标网络案件2起，涉及案值470万余元。

内管监督有效发力。紧盯堵流入与防流出两个关键，突出打源头与断运输两项重点，不断推进数据分析、真烟监管，累计查获省外流入真烟5000余条，外流省外卷烟累计89条，同比下降68.3%。

加强违法违规大户的监管力度，共查处大户案件77起，取缔大户2户。深化专销协同，全年向业务部门发送内管建议书4份，采取降级降档措施281户、停业整顿措施10户、取缔经营资格2户。

行政许可优化升级。“网上申请、自动受理、在线审批、快递送达”的政务服务模式全面落地，群众获得感、满意度不断提升，全年累计共新办许可证686件，网上办证率达到100%。强化许可证后续监管，排查异常零售户85户、注销7户、停止供货10户，有效遏制许可证过快增长势头。

【自身建设】 坚持严格规范治企，

企业治理体系和治理能力现代化水平不断提升。提优补短机制有效落实。抓牢考核导向，强措施补短板，进一步健全工作目标化、目标考核化、考核绩效化的管理机制。

开展分层分类对标分析会诊，完善岗位对标评价、激励机制，有效促进问题改进和效益挖潜，1 项论文获得全省系统三等奖；1 项数据产品获得全市系统二等奖；1 项 QC 课题获得全市系统三等奖；“一县一品”顺利结题，在探索合同履约数字化路径上进一步贡献宁海智慧。

干部人才管理不断优化。严格落实选拔任用的组织程序，把干部选拔任用责任落到实处，全年通过竞争性选拔提任 2 名基层部门副职，通过民主推荐选拔 1 名中层正职，明确 1 名中层副职和 1 名基层副职主持工作，进一步调优结构、激发活力。从严从实完成“双聘”工作，进一步激发学习热情和干事激情。

持续加强企业文化建设，引领促动积极团结的氛围，涵养先进文化引领队伍，积极参与行业、地方竞赛，获得全市系统“学党史、知党情、跟党走”党史知识竞赛团体优秀奖；1 人获得全省系统纪念中国共产党成立 100 周年书画摄影比赛二等奖；1 人获得县爱国主义教育基地红色讲解员比赛三等奖。

重大风险防范化解有力。加大安全检查频次、隐患排查深度、评估整改的力度，切实加强安全风险管控，全年无重大安全事故发生。抓好信访工作和应急管理，做好网络安全和保密工作，保持企业和谐稳定。落实落地落细疫情防控措施，实现疫情防控举措常态化部署、日常化监督，全力打好疫情防控阻击战，严守“三零”目标。

交通·电信·邮政

交　通

【概况】　落实县委县政府和上级行业部门决策部署，立足宁海交通发展实际，加快关键通道能力提升，完善内畅外联的综合立体交通圈，立足“三市六县通衢之地”重要节点，引领甬南加快崛起，为建设现代化“双优”新宁海当好开路先锋。

抓重点、补短板、强弱项，集中力量推动整个行业保持平稳有序、总体向好的发展态势。公路、水路总周转量保持适度增长，分别同比增长 10.4%、6.21%。港口货物吞吐量首破 1800 万吨，达 1809.65 万吨，同比增长 6.51%，创历史新高，实现连续 6 年正增长。邮政业务总量大幅提高，同比增长 46.3%，各项预期指标稳中有升。

【综合交通建设】　克服经济下行压力加大、原材料价格上涨、政策处理推进难、疫情交织影响等不利因素，启动 G228 公路工程“百日攻坚”专项行动，实施“红黄绿灯”预警机制，成立交通项目全过程监督小组，深入开展党史学习教育“四为”专题实践活动，全年实现交通固定资产投资 11.04 亿元，完成年度任务的 120.3%（市局下达的综合交通投资任务为 9.18 亿元）。其中，甬临线岔路桐洲至麻岙岭一期全线桥梁、隧道已完工。旗门港大桥主桥已合拢。强蛟客运站主体已完工。磨盘山场站区提升工程已基本完工。南部滨海新区港口物流与交通产业园、38 省道（伍富）交通服务站、胡陈客运站已开工建设。此外，省民生实事工程全面完成，新（改）建农村公路 3.62 千米，完成农村公路养护 67.16 千米，实现临水临崖及 4 米以上高落差路段安防设施 100% 全覆盖，建设（改造）公交站点 4 个。宁海县获“省级美丽经济交通走廊示范县”和“省级四好农村路示范县”荣誉称号，桑洲至里山季公路获评 2021 年度十大最美农村路。

【谋划未来交通】　围绕国家实施长三角一体化发展战略，省、市综合立体交通网规划以及宁海县全面打造“甬南大门户”和高质量发展建设共同富裕标杆县的部署，发挥交通运输是战略性、基础性、先导性和服务性行业的积极作用，主动编制和梳理完善交通发展规划体系。

重大前期项目节点性突破。G15 沈海高速宁波段拓宽工程完成市发改委和交通局联合组织的工可报告评审会已开。G527 岳井洋大桥及接线工程、G527 毛屿港大桥至下蔡段等项目完成市发改委项目建议书批复，通过工可报告评审和初步设计预审查。规划 S314 桃源至力洋段公路工程完成项目建议书批复和工可报告已编制。规划 S313 桥头胡至强蛟段公路工程完成项目建议书批复和工可报告已编制。三门湾航道完成水文调查、数模研究，完成工可报告已编制。

发展规划全面铺开。编制完成《宁海县十四五综合立体交通规划》，明确两步走的总体安排，提出构建“三市六县通衢之地”的总体目标，拟定三方面的举措。编制完成《宁海“四好农村路”服务高质量发展建设共同富裕标杆县专项行动方案》，发挥“四好农村路”对乡村振兴全面先行的引领作用。编制完成《宁海县“十四五”现代物流业发展规划》，明确未来 5 年现代物流业发展方向。启动《宁波舟山港总体规划》宁海县域新一轮修编工作，加强港口岸线的利用与保护，构建联动支撑、功能互补、协调发展的空间布局。启动《宁海县“十四五”治理城市交通拥堵规划》，明确宁海县“十四五”治堵规划，推进交通治堵工作。

【打造满意交通】　打造农村物流发展新路径。创新“快递进村”模式，升级农村物流寄递网点——集士驿站，依托城乡公交邮路，实现物流寄递与代销代购、便民缴费、助农取款、特产供销、农财险办理和政务服务等相结合，打造乡村邻里中心。累计开通 9 条公交邮路，定制全国首批 63 辆城乡客货邮公交车，完成 50 个集士驿站建设。“集士驿站”获浙江省省长郑栅洁，省交通厅党组书记、厅长陈利幸以及宁波市市长裘东耀等省市领导批示肯定，登上央视新闻获点赞。11 月，全省客货邮融合发展现场会在宁海召开，该模式成功纳入“浙里快递监管”数字化省级跑道，获评浙江省交通运输厅和宁波市首批数字化最佳应用。

深化“放管服”改革。全面启用电子证照专用章，推进政务服务“一网通办”；全面推行“一窗受理”，实现“证照联办”改革，实现“证照分离改革”全覆盖，进一步改善营商环境，激发交通运输市场主体活力；精简办事流程，实现《道路运输证》和《道路运输经营许可证》注销手续“跑零次”；聚焦数字赋能，全省首创涉路施工领域智慧评审新模式，实现道路运输驾驶员从业资格证补发、换发、变更、注销和诚信考核这些高频服务事项“跨省通办”等，全年完成各类审批超 5000 件次，事项按期办结率和服务满意率均为 100%。

创建公交都市。初步完成第三轮城乡公交一体化深化改革，7 家城乡公交收回国有，新增更新新能源和清洁能源公交车 346 辆，新建公交停靠站 18 个，新建公交充电桩 87 个，优化调整公交线路 114 条，新增 12 条，开通定制公交班线 6 条，线路涵盖上下学、便民就医、企业通勤等，新增网约巴士 12 辆，推出专车预约功能，进一步满足群众个性化出行需求。

【构筑平安交通】 真抓苦干，全力构筑“平安交通”屏障。以铁的标准筑起一道平安稳定的屏障。

全力以赴抓疫情防控。通过人防、物防、技防全力把牢疫情防控关口。制定《宁海县交通运输系统疫情防控应急运输工作方案》，分类建立客货应急车辆储备清单，储备应急运力 839 辆，成立核酸检测工作专班运输保障组，全县摸排核酸采样点 536 个，转运车 444 辆，驾驶员 444 人。成立铁路客运疫情防控专班，制作进出场站流程图，增派工作人员蹲点执勤火车站、码头渡口等重要关卡。完成新冠阳性病例次密接、异码人员，中高风险区封控人员闭环转运任务 1066 车次、5034 人次，安全及时运送支援镇海、余姚、北仑 3 地医务工作者 88 车次、2437 人次和物资 5 趟次。

全力以赴抓安全生产。开展消防安全百日攻坚、岁末年初安全生产大检查、“安全生产月”大检查、“平安护航建党百年”大排查大整治、消防安全“遏重大”整治等专项行动，完成道路运输领域“遏重大”攻坚整治工作任务 26 项。完成道路运输领域 8 家“两客一危”企业和 7 个交通工程项目安全生产风险普查工作。

全力以赴保行业安定。公交营运方面，公交司机兼任安全员角色，做到逢包注意、可疑必问、违禁拒载。客运站管理方面，旅客必须凭身份证购票，上车时必须做到票、证、人一致。对旅客随身携带的行李必须要进安检仪安检。渡口码头管理方面，完善渡口视频监控设施，确保及时发现违规行为，加强对上船车辆和旅客的检查。

完成年度春运保障、防台防汛应急抢险等工作，县公运中心被市交通局评为在抗击台风“烟花”的抢险抢修中表现突出单位，县公交公司 6 名驾驶员被市公路管理中心市公交协会评为“2021 年度公交都市杯安全生产百日竞赛活动百名安全生产标兵”。

【党建引领】 真抓严管，党建引领“交通铁军”锻造。全面落实从严治党主体责任，抓好党风廉政和干部队伍建设。

开展党史学习教育。围绕“学史明理、学史增信、学史崇德、学史力行”四方面，开展“走最美绿道、创红色未来”“忆峥嵘岁月，重走红色路”主题党日活动，“学党史・强思想”党史知识竞赛，编印《奋斗百年路　启航新征程》交通党建宣传画册，开展交通系统第二次大调研，获县党史知识竞赛集体二等奖，努力当好党史学习教育的排头兵。

抓好县委巡察反馈意见整改，对 3 个方面、20 项、共 31 个问题逐个制定整改计划，形成整改措施 31 条。在规定时间内，推进巡察整改，完成整改问题 27 个，4 个正在按计划推进，整改工作取得阶段性成效。坚持标本兼治，围绕廉政风险突出的重点领域和关键环节，针对交通建设和行业治理领域的风险隐患，制定完善 10 项规章制度，用制度管人管事，形成常态化、制度化。

提升干部队伍能力。坚持正确的用人导向，组织机关干部下基层、基层干部到机关、优秀年轻干部到重点工程和艰苦一线挂职锻炼，完成新一轮中层干部选拔聘任工作，办好“大道学堂”，开展年轻干部“导师制”培养，招聘高层次人才 1 人，调入 3 人，完成 24 名专业技术人员职称评定工作。

深化清廉交通建设。紧盯老问题，关注新动向，防止“四风”反弹回潮。全年签订领导班子党风廉政建设责任状 11 份，中层干部廉政承诺书 48 份，执法人员廉洁承诺书 135 份。制定出台并积极落实《全县“清廉交通”建设实施清单》《全县交通运输领域突出问题专项整治工作方案》，共查找问题并完成整改 25 个，查找问题线索 10 条，处理干部 6 人，约谈并教育批评 4 人，制定相应整治制度 5 项，开展各项效能督查 40 次，通报工作纪律松散人员 14 名。

文明创建、工妇团、对口扶贫、离退休干部、后勤服务等工作也都取得长足进步，为交通运输事业发展作出重要保障。

7 月 21 日，西店湾海底隧道 27~38 节段地基加固和基坑围护已完成，正式开挖基坑

【县交通重点工程】 制定《2021 年度宁海县交通重点实事工程年度任务清单》。深入开展 2021 年度 G228 公路工程“百日攻坚”专项行动，保障 G228 项目得以有力推进。

坚持理论武装，构筑起坚如磐石的战斗堡垒。成立党史学习教育领导小组，制定印发《宁海县交通重点工程建设指挥部关于开展党史学习教育的实施工作方案》。印发《宁海县交通重点工程建设指挥部关于“我为群众办实事、我为发展作贡献、我为基础减负担、我为治理解难题”专项实践活动方案》。将党史学习教育与一线干部职工日常工作相贯通，有效推动党史学习教育常态化发展。

督促项目部对三门湾大桥及接线工程桥涵洞积水问题进行全面维修并完善排水设施。抽调精干力量成立“G228 百日攻坚”专班行动小组，并配合西店镇开展 G228 崔家段主线保护性进场施工。围绕全国文明城市创建工作，引导党员干部积极自觉参与到创城工作中来。

严格落实规章制度，执行党组会议议事规则，规范“三重一大”事项决策程序。开展廉政风险防控，对重点岗位、重点领域、重点人员廉政风险点进行摸排、梳理，监理严密的防控措施。常态化开展日常履职和廉政谈话情况。党组书记对党组成员谈话一次，分管领导对分管科室正副科长廉政谈话 1 次，对科室里的中层干部廉政谈话 1 次。通过每周二集中学习、个人自学、网络培训等多种形式，不断以政治理论武装头脑，让学习教育深入人心。

交通项目有序推进。年度负责实施的交通重点工程项目计 9 个，总投资约 51.8094 亿元，2021 年计划完成投资约 6.2387 亿元，累计完成投资约 5.5939 亿元。其中，列入县重点实施工程的项目 7 个，年度累计完成投资 5.4077 亿元；未列入县重点实施工程的项目 2 个，年度累计完成投资约 1862 万元。

积极做好各项评选工作。38 省道宁海桥头胡至深甽段改建工程以全市公路工程总分第一的好成绩获得宁波市三江交通杯优质工程。

在政策处理方面，全年完成土地征收约 184.7 亩，迁移坟墓约 297 穴，苗木征收迁移约 29.05 亩，房屋拆除 5313.3 平方米，调查签约迁移杆线 129 根，实际迁移 81 根，完成临时变压器安装 5 台，完成一个项目农转用上报工作。配合桑洲镇合力攻坚桑洲西峰段政策处理难点。

筑牢安全生产。通过项目汇报、现场检查，内业核查等形式，采取四不二直（不发通知、不打招呼、不听汇报、不用陪同接待、直奔基层、直插现场），明察暗访，交叉检查等方法，累计检查 122 次，发现安全隐患 384 项，下达安全隐患整改通知单 122 份，整改率 100%。

在日常工作中，实现重点环节重点检查，并聘请第三方安全生产机构提供专业技术支持，进行 8 次专项检查，如对岁末年初安全生产和冬春季疫情防控大检查、节后复工、桥梁施工安全检查、平安护航建党百年安全隐患大排查等。对较大的问题，采取约谈相关负责人方式，对2个项目4家单位进行约谈。

邀请业内专家开展安全知识讲座，提高施工、监理单位等主要管理人员和安全管理人员的业务能力，计参与培训人数达217人次。

通过安全生产大检查、安全培训，印发宣传册、宣传海报、悬挂宣传条幅，观看安全视频等方式提高全体从业人员的安全生产意识，计印发宣传册1200本、宣传海报150张，悬挂宣传条幅40条。

12月2日，市“三江杯”优质工程奖评审专家团队对象西线进行现场评审

电　　信

【概况】 以习近平新时代中国特色社会主义思想为指导，围绕集团公司云改数转战略和“六型”企业打造目标，聚焦强基深耕3.0、政企改革2.0、管理效能提升行动、效益攻坚行动等重点工作，落细落实宁海县委县政府关于奋力建设发展优质治理优越的“双优”宁海的各项工作要求，唯实惟先、善作善成，积极助推宁海经济社会数字化转型、高质量发展，为作出“重要窗口”宁海贡献尽责任、办实事。截至年底，宁海县电信局移动网上活跃用户15.92万户，其中5G用户8.89万户、宽带11.27万户、固话7.6万户、天翼高清8.36万户。

宁海电信保持省级文明单位荣誉称号，获宁波电信区域微党课最佳组织奖，员工食堂被评为浙江电信员工满意星级食堂。范莉娜的《寻找那一抹红》获浙江省电信微党课一等奖，朱俊锦的《诚信为本务实唯真》获浙江省电信“诚以待人、信以为本”主题征文比赛一等奖；王灵恩、王雪丽、陈晓荣获宁海县“学习强国”“学习之星”先进个人；施顺武获浙江电信智云护航业务销售精英奖；朱俊锦获浙江电信优秀党务工作者，张国安获浙江电信优秀共产党员。宁海管控党支部获宁波电信先进基层党组织，宁海视频自维团队获宁波电信优秀项目团队，宁海岔路支局获得宁波电信十佳服务满意支局，尹亚红获得宁波电信优秀经营管理者，冯珊等21名获宁波电信先进个人；张宏等2名获宁波电信优秀共产党员；徐阳斌等8名员工摄像作品获宁波市电信“百年初心，红色电信”摄像比赛入围奖；冯珊、张仁杰获宁波电信“烟花”抗台救灾保通信先进个人；在2021年教育行业校园秋季营销赛中，宁海校园团队获中小幼团体二等奖，徐雪卿获一等奖；在11月宁波电信客户经营技能大赛，宁海客经团队获团队三等奖，严晓获二等奖，赵璐璐获三等奖；在11月宁波营业标杆技能大赛，宁海中心营业厅获最佳组织奖，周丽娜获最佳小CEO店长一等奖，黄冬梅获最佳话术奖，林莹获最佳风采奖。顾建林等4名获宁海电信优秀共产党员，沈叶萍等2名获宁海电信优秀党务工作者，力洋综合支局等6个团队获宁海电信先进团队，冯一明等59名获宁海电信先进个人。

【智能网络】 升级智能网络基础设施，助建新一代数字基础设施。县电信局紧跟《浙江省新型基础设施建设三年行动计划》要求，推动5G、数据中心等新基建发展，为宁海建设新一代数字基础设施提供强有力的网络保障基础。

全力加快5G建设。发挥技术领先优势，积极推动与联通开展全省5G网络共建共享，双方充分利用3.5GHz室外200M、室内300M的频率带宽优势，为客户提供全新的高速体验，200M带宽峰值达2.7G，平均下载速率达800Mbps，处于行业绝对领先地位。加快网络建设进度，全力打造一张覆盖更广、速度更快、成本更低、体验更好的5G精品网络，全县已具备5G

基站能力 187 个。促进 5G 应用落地。与卫健局合作，在第一医院实现基于 5G 的远程会诊；与东软集团合作，为县交通局在桃源路上打造 5G 车联网的应用场景，实现基于 5G 的 V2X 的车联网应用。

持续打造云网融合优势。加快新一代千兆光网建设，全县光纤接入端口达 1.1 万个，实现全县光网全覆盖。大力推进云基础设施建设，坚持打造云网一体化基础设施，持续运营好县政务数据中心和县政务桌面云，建设打造医疗影像云、模具云、中小企业云、视频监控云等云网一体化云平台。构建智能随选网络，通过创新组网方式、引入云网 POP，加速网络云化，实现设备解耦，打造新一代云网运营系统，统一纳管、协同编排、能力开放，突出云网安全的差异化能力。

6 月 11 日，宁海电信党委与长街西岙村委结对

【智慧应用】 推动智慧应用赋能百业，助建基础设施智慧化融合应用。深入推动 5G、云计算、大数据、物联网等信息化技术在宁海经济社会的全面应用，强化数字赋能，助建数字宁海。

助推政府数字化转型。助力"最多跑一次"改革。协助县政务数据中心为全县 75 家单位提供上云服务，提供 400 多套虚拟化云资源；全面承接并升级"12345"平台，方便老百姓"一号接入，最多拨一次"；以"中国蓝电信电视"为载体，打造家庭电视智能终端办事服务平台，助推"最多跑一次"改革再深化。助力基层治理，承建 e 宁波综合治理平台；参与建设平安通、警务通、流管通等信息化应用。助力智慧城市重点项目，承建县公安智能化项目，参与智慧交通二期项目。助力应急通信保障，与应急厅联合做好应急通信工作，实现各乡镇可视化调度平台全覆盖。

助推数字社会建设。助推教育信息化。承建全县教育骨干网，为全县近 163 所学校提供数字校园服务，覆盖师生超 11 万。助推医疗信息化，深化医联体和县域医共体建设，为各医疗机构提供可靠稳定的网络资源、安全可信的云计算资源的保障。推进互联网+医疗云服务，全县已服务 18 家医疗机构及卫健主管部门，区域医疗云覆盖 18 家医院，合计云影像资源储存超 60 万张，实现影响数据在各医院间的共享，方便病人通过互联网对影像数据的随时随地查看。助推农业农村信息化，加快美丽乡村、平安乡镇建设，打造乡村治理大佳何示范镇，助力镇（街道）、村推进数字化治理。

助力疫情防控和复工复产。坚守初心使命，积极履行央企责任，全力保障通信畅通，用心做好客户服务，有序推进复工复产，以走在前列的担当作为确保"两手硬、两战赢"。实施精密智控，通过数据（定位）支撑"健康码"平稳运作，为老百姓出行和企业复工复产提供有力支撑。支撑"停课不停学"，全面开放中国电信"云课堂"，全力支撑教育系统"停课不停学"，累计为全县教育局及 60 所学校提供体验服务。保障复工复产，紧扣"六稳""六保"，开展"暖春行动"。推出天翼大喇叭，助力乡镇街道信息化抗疫；为中小企业免费提供"云会议""云办公"等上门/远程指导服务，优先为制造类企业提供 5G+云网协同的网络能力。利用"三返"平台，累计服务超 50 家企业。

【网络信息安全保障】 强化网络信息安全保障，助建新型基础设施安全保障体系。高度重视网络和信息安全工作，致力于成为信息基础设施的保卫者、清朗网络空间的守护者、智能安全服务的提供者、网络安全生态的建设者。

全面打造智云护航体系。打造专业可靠的团队，智云护航体系认证上岗工程师近 30 人，覆盖各乡镇街道，所有人员均是来自公司内部的专业人员，通过省级统一认证后持证上岗，同时人人签署保密承诺。打造全方位的网信安全服务能力，针对客户的不同信息化需求，提供可视化、可定制化的信息安全服务。公司“智云护航”体系为近300家客户提供从网络到信息化建设的一站式全程服务。

深入开展防范打击通信（网络）诈骗专项行动。成立网信安专项工作小组，及时接应省市公司语音安全管理中心相关工作；完善快速查询处置机制，推送公安涉诈线索；持续推进恶意网址的预警工作，同时，根据“断卡”行动要求，建立“不良信用通信网用户”处理流程，接应省市公司对不良信用用户的号码进行处置。积极开展防诈攻坚行动，防范治理网络诈骗。争创“无诈”企业。成立反诈专班组，全年累计开展73场培训，389名员工签订防诈工作承诺书，确保人人宣贯到位。争当“反诈”先锋。承办“你我同心，反诈同行”电信网络诈骗主题宣讲活动，邀请重要政府部门、乡镇街道代表、金融机构代表、规上企业代表等近200人参加，成立“反诈先锋队”走进企业、乡村、金融机构精准宣讲，彰显责任担当。争做“零”隐患单元。全面开展他网入侵排查和隐患排查整治专项活动，完成176条道路清查，排除安全隐患共240处。

守护清朗网络空间。全面落实国家互联网基础信息管理要求，进一步加强接入网站管理；严格执行备案管理，网站实名备案率达99.99%；做好涉黄涉非事件处置，工信部网页篡改事件处置及时率100%。

加强个人信息保护。完善数据安全和用户个人信息管理制度，明确数据分类分级标准；落实工信部App侵害用户权益专项整治行动，违规收集、使用用户个人信息问题零发生。

【提升服务】 全面提升客户服务水平，打造“值得信赖”的品牌形象。坚持“人民邮电为人民”的初心使命，把“让人民满意”作为衡量工作的标准，接应落实省委“三服务”活动，持续开展提速降费、骚扰电话整治、行风纠风等工作，不断增强人民群众的获得感、幸福感、安全感。

全面推进服务领先计划。公司实施客户领先三年计划，通过强化“客户说了算”服务评价体系、健全全员服务积分制度、开展服务核心价值观教育传播、组织公司行风监督员会议、开展优秀服务事迹评比等活动，进一步形成“以客户为中心”的价值认知和行为规范。践行“卓越服务”五项承诺（全面上线，即办即用；商企需求，上门办理；宽带装维，准时透明；客户网络，专业优化；省内移机，宽带随行），进一步打造服务差异化优势。

积极落实提速降费。深入开展移动、宽带网络质量“双提升”行动，打造“三千兆”精品网络。针对低速率家庭宽带免费提速至百兆，中小企业宽带平均单价下降56.6%，超额完成提速降费任务。

深入推进骚扰电话整治。坚持专班制度，深入骚扰电话整治，健全“发现—核查—处置”的快速响应机制，借助AI大数据模型有效进行防控，推广用户自主拦截定制化产品“天翼防骚扰”服务，全力提升骚扰电话识别和拦截能力。

【为群众办实事】 扎实推进党史学习教育，践行我为群众办实事。细化制订深入开展“我为群众办实事”实践活动40项任务，务实有效地解决基层的困难事、群众的烦心事，增强人民群众的获得感、幸福感和安全感。

提供优质适老服务。结合幸福学堂，中心厅每周二推出智能手机应用学习、5G上网等培训，每周一开展“贴膜日”。开展智能手机保养辅导活动。完成6家“以我为主”门店的爱心专区建设，冰箱、微波炉等便民设备的配置，23家营

11月10日，开展工会户外劳动者服务站点暨爱心翼站签约揭牌仪式

业厅、代理渠道设置“爱心台席”，所有门店要求推出“厅店服务，有问必答”服务承诺，积极践行“人民邮电为人民”的服务宗旨。

深入推进数字乡村建设。以数字化改革为发展动力，以“五化十景”为推动，打造跃龙水车村等多个标杆示范村。其中与农业农村局联合打造的力洋海头村数字化场景先行村成功入选“第二批全国乡村治理示范村”。累计签约233个村，全县签约覆盖率达到65%，项目合同签约达到50万，监控点位挂靠数达到4112个。

做实员工关心关爱。坚持“五必访、五必贺”制度，开展生日慰问355人次，慰问生育、新婚、生病、困难等人员共63人次。开展“冬送温暖”46人次，“夏送清凉”350多人次，安排526位员工进行体检，组织29名员工开展疗休养活动，发放40张书卡给员工子女。开展员工食堂升级改造建设，开展支局美丽家园建设计划，优化改善员工运动、休闲环境，全力打造“满意之家”。其中员工食堂被评为浙江电信员工满意星级食堂。

丰富载体激发活力。以“百年初心　红色电信”为核心，以庆祝中国共产党成立100周年活动方案为主脉络，抓好实践活动，做到学史力行。开展“学百年党史，守红色根脉”讲座暨党史学习教育动员部署会，宁海县新四军历史研究会副会长刘开文以中国共产党简史为主脉络，给全体党员授课宁海“红色故事”。分别以“推动企业高质量发展”“青听2021，对你一见青心”“变革创新我先行，关心关爱伴你行”为主题，开展不同层面、不同角色的骨干员工座谈会。以“传承红色基因，汲取力量再出发”为主题，到红色教育基地岔路梅花村打卡，重温革命历史、感受红色文化。逐一走访慰问17位“在党50年以上”的老党员，传递组织温暖，切实做到“三个一”（即赠送一本书籍、征求一份意见、解决一个问题）。积极参与上级公司开展的“我心向党”摄影比赛、“重温党史诵读经典　不忘初心砥砺前行”青年线上朗诵大赛、“百年潮涌，薪火相传，奋斗者最幸福”主题微党课大赛（选送4个微党课视频）、团委书记讲党史团课、集中观看中国共产党成立100周年庆祝大会直播、市公司七一文艺会演等系列活动。

10月24日，宁海分公司工会开展“中国电信，心融亚运”全员健步走团建活动

【担当社会责任】 勇敢担当社会责任，充分彰显央企担当。持续发挥央企的社会责任担当，全力支持开展各项结对帮扶工作。结对胡陈腾达村，派驻农村指导员，同时派出13名党员干部积极响应“一户一策一干部”结对帮扶制度，通过中国电信集团电商平台向贫困山区购买扶贫商品355份，消费金额12.6万元。

结对长街西岙村开展防通信诈骗的宣讲赋能活动，与长街镇联动，共同推进搭建长街镇西岙村的数字化平台建设。持续优化乡村网络覆盖，升级推进“美丽乡村2.0”，公共监控点位涉及226个村，覆盖4107个点，全力助力乡村振兴工作。

以党建为统领，充分发挥企业优势，助力乡村振兴发展。以党建翼联为媒，与西岙村签订结对协议，以建党百年、重阳节等为契机，及时慰问村里的“在党50年”以上的老党员、困难党员和困难老人；开展“六一”主题活动，搭建爱心书架，给小朋友们送学习用品，开展爱国主义、防诈骗知识宣传活动等。收到宁海县农业农村局与长街西岙村的感谢信，得到高度肯定与认可。

邮　政

【概况】 全县邮政实现业务总收入1.489亿元，同比增长22%，营业利润1202万元。

全年实现金融收入7709万元，同比增长15.2%，列全市第3。储蓄余额取得新突破，达到51.4亿，折算余额年增长7.7亿，同比增长3.3亿；其中活期增长1.4亿，分别完成全年考核余额和活期余额目标的132.6%和134.5%；跨赛以来，考核余额新增2.82亿，达成一阶段力争目标120%，获得省公司“2021—2022浙江邮政金融跨年度竞赛”12月份红旗。

保险结构进一步优化，代理保险年增长2.28亿，同比增长150%，完成全年目标105%。自10月份开始做手工单，着力为开门红做准备。预约承保系统保费5051万，达成爆破目标92%；折算保费7090万，两项完成率列全市前茅。基金业务提速增长，累计销售非货非短债基金8028万，偏股基金定投有效户增加2011户。坚持以客户为中心，有效客户净增加5642户；价值客户新增加3560户，VIP客户新增加2593户。

6月23日，宁海邮政公司助力浙江省首条公交邮路开通

【寄递业务】 寄递业务全年累计完成收入4821.54万元，同比增长34.22%。其中特快专递业务收入累计完成944万元，同比增长74.04%；快包业务收入完成3435.54万元，同比增长30.52%%；国际业务收入完成73万元，物流业务收入369万元，同比增长38919.03%。

基础特快高效业务发展有力有效，实现收入851万元，完成率115.9%，列全市第一；快递包裹规模效益发展模型初步建立，完成快递包裹收入3435.54万元，业务量同比增长55.53%，聚焦轻量化发展，300g以内轻小件占比达到66.5%；寄递业务量市场占有率达到17.8%，全市排名第一；得力集团物流项目中标，全年预计完成物流税后收入1300万元。

【农村电商】 邮掌柜站点累计建设585家，完成率100%；邮掌柜参与率月均85%以上，完成业务收入1133.9万元，完成率141.7%。完成传统分销业务收入260万元，在“比学赶帮超”活动中均完成各项业务指标，在农村电商站点+网点活动中获得集团公司组织优秀奖；利用邮乐购“线上+线下”平台，大力推广农产品，帮助百姓解决土特产销售渠道窄、滞销等难题，累计销售胡柚、土鸡、乌饭麻糍、阳光葡萄、哈密瓜、红美人等产品等近40万元。在网点转型中获得省公司40万元高额奖励。在惠农生态圈业务中，完成收入736.1万元，完成率为126.7%，在融资E贷款、自营农品、全国基地农品销售规模、邮乐小店分享及获客均完成指标。传统分销主要以“福至新春、端午、思乡月”专项营销活动，总体完成各项业务收入累计260万元。其中福至新春完成62万元，完成率为201%。警医邮全年产生1.28万笔业务，效益业务占比为28%，同比增长66%；完成率列全市第一。

【传统业务】 集邮业务累计完成266.31万元，同比增长12.11%，其中承接定制第十九届徐霞客开游节宣传邮册600册，销售收入16万余元；开展辛丑年生肖贺岁季主题营销活动，销售收入106万元；开展《领航中国》邮册专项微营销活动，共销售925套，销售收入73.8万元；函件业务累计完成132万元，承接定制宁海县禁毒委员会“6·26”世界禁毒日宣传品，销售收入5.5万元。通过此单业务，还实现政采云项目破零，是全市唯一一家实现政采云项目破零的分公司。车优保项目通过代理渠道销售延保卡140张，实现业务收入37万余元，位列全市首位。《红船》观影券销售1394张，实现销售收入5.57万元。报刊业务累计完成642.43万元，同比增长12.86%，以庆祝中国共产党成立100周年为契机，销售党史教育四种指定学习图书14.6万余套，实现销售收入133万余元，完成销售计划的241.8%；三种简史学习图书2499

套，销售收入21万余元；宁海县第十届“方孝孺读书节”期间，举办历时14天的“扬正学精神，读天下好书”主题公益书展，销售收入55.26万元，销售额位列全省各市县图书巡展项目第一位。

【协同发展】 成立协同委员会，健全协同考核机制。邮银合力，发放“崇军卡”5210万张，开通信用卡1215张，开放式缴费3545万元，简易保险27.4万元；协同参与极速鲜市场走访开发，助力杨梅、红美人、葡萄等项目拓展，累计销售40万元。专业联动，新增邮政会员5.3万余户，惠农、军民融合、电商市场均完成计划；完成集邮+金融项目收入200万元。

财税·金融

财　政

【概况】 全县财政总收入 107.81 亿元，增长 3.7%，其中一般公共预算收入 68.66 亿元，同比增长 1.1%，占地区生产总值的 8.2%。一般公共预算收入中税收收入 50.67 亿元。非税收入总额 72.66 亿元，其中纳入一般公共预算管理的非税收入 18.00 亿元，下降 3.8%。一般公共预算支出 93.48 亿元，增长 7.8%。全年财政收支平衡。

【优化支出结构】 严格控制和压减一般性支出，清理结转结余资金，盘活财政存量资金，统筹保障疫情防控、“三保”等重点领域。累计盘活收回资金 4.20 亿元，非急需、非刚性支出压减 10%，“三公”经费压减 10.2%；紧紧围绕“两手都要硬，两战都要赢”要求，及时足额做好常态化疫情防控经费保障，累计投入疫情防控资金 1.30 亿元。

【服务经济发展】 配合实施“365”工业产业升级计划（“3”是指文体办公、电子信息、汽车制造及模具 3 大五百亿级产业，“6”是指节能环保、关键器件、智能家电、高端装备、生物医药、新材料 6 大百亿级产业，“5”是指聚焦软件和信息服务、智能制造服务、智能物流、“5G+”产业、通用航空 5 个领域为重点的新兴产业）、“215”工业企业培育（“2”是指 2 家 500 亿以上企业，“1”是指 10 家 50 亿以上企业，“5”是指 50 家 5 亿以上企业）、“333”服务业提升工程（壮大文化旅游、现代商贸、电子商务 3 大主导产业，培育科技服务、数

12 月 7 日，县财政局防疫入户调查

字服务、文化创意3大新兴产业，提升现代物流、金融服务、房地产3大基础产业）和跨境电商行动等系列产业革新工程，推动新零售、直播电商、文旅行业等加快发展，推动数字经济与新制造业“双引擎”动能加快释放。充分发挥产业政策导向作用，全年兑现产业扶持资金4.60亿元。加大科技投入，培育壮大战略性新兴产业，支持高层次创业创新人才引进工程，科学技术支出达2.60亿元；及时纾解企业困难，全年完成直达资金支出7.60亿元；贯彻执行各项减税降费政策；提高市场主体抗风险能力，安排中小企业融资担保公司风险补偿金500万元，兑现城乡小额贷款保证保险补助290万元。

【增进民生福祉】 以共同富裕为导向，注重民生支出普惠性、基础性、兜底性，优先保障“扩中”“提低”专项行动，累计民生支出70.7亿元，同比增长6%，持续保持在超七成水平。其中：教育支出199790万元。推进义务教育阶段城镇学校与乡村学校建设新时代教育共同体，逐步缩小教育资源配置的城乡、校际差距，促进学前教育、普通教育、职业教育的均衡发展；卫生健康支出113768万元。加强重点人群核酸检测、负压病房、急救车、疫苗采购及接种等各项疫情防控资金保障，进一步推进公立医院“双下沉、两提升”及县域医共体建设；社会保障和就业支出131721万元。保障落实城乡居民基础养老金、最低生活保障、特困、孤儿和困境儿童、困难残疾人生活补贴等社会救助政策全大市统一标准，推进居家养老服务站及居家养老服务补贴制度，实施惠民殡葬及免费殡葬政策，支持残疾人精准康复、就业创业。

【财政改革】 深化预算管理改革，加快构建资源统筹、政策协同、绩效导向、可持续发展的预算管理新格局；推动绩效管理升级，实现绩效自评预算单位全覆盖，涉及预算资金27.80亿元。积极探索建立“全生命周期”预算绩效管理机制，全生命周期绩效管理方案被选为全省优秀试点方案；加快推进“数字财政”建设，“智慧财政”系统建设进度及数据质量位于全市前列；全面推进财政电子票据改革，实现全县行政事业单位全覆盖；推进政府采购制度改革，全年完成采购金额6.50亿元，节约资金6713万元；提高涉农资金使用效益，全年整合涉农资金4.30亿元。

【风险防控】 加强项目立项管理，坚持未经财政部门评估的项目不得立项、资金来源未落实、未制定资金平衡方案的项目不得立项的“三不”立项原则，强化债务风险源头管控；做实化债计划，对化债主体自身经营能力较强的或自身有闲置资产的，利用经营收入或处置闲置资产进行化债。对自身经营能力不足的，则统筹各类财政资金安排化债。全年共计化债96.02亿元，完成化债任务的109.5%；健全地方政府债务常态化监测机制，对照《宁海县债务变动统计操作流程》实现全县债务动态监管；落实政府带头过“紧日子”，全年统筹一般公共预算资金2529万元用于化债；积极争取专项债券资金，建立项目滚动储备机制，新增专项债券资金8.10亿元。

【队伍建设】 获得各级各类荣誉共计11次，年度满意机关排行榜经济服务管理部门第1名、年度“两直”资金管理工作先进单位、年度全县党委信息工作先进单位、“清廉机关、模范机关”创建示范单位；全体干部职工参与党史学习教育，通过中心组专题研讨、领导干部和党支部书记上党课、“周二夜学”和打卡红色教育基地等方式丰富学习内容；组织两期“寒窗计划”助学活动，捐赠10名宁中学子19000元助学金；结对桑洲镇10个村、123户贫困村民，开展月度

2月9日，县财政局举行文明城市创建活动

走访和春节慰问；党员干部参与党群同心圆活动累计414次，人均7.2次；持续助力文明创城、疫情防控志愿服务，通过WE志愿服务平台组织有效活动85场、1185人次。

税　务

【概况】 国家税务总局宁海县税务局第一税务所（办税服务厅）被中华全国总工会授予“2021年全国工人先锋号”荣誉称号，是继获评“全国巾帼文明岗”“全国青年文明号”后的又一国家级荣誉。

【组织收入】 全年组织税费收入133.16亿元，增长8.7%，其中税收收入91.51亿元，增长4.8%，社保基金和其他非税收入41.66亿元，增长18.5%，为宁海县经济社会发展提供坚实财力保障。全年办理出口退税30.45亿元，同比增长30.2%。

【政策落实】 继续贯彻落实支持疫情防控和经济社会发展税费优惠政策，进一步帮助市场主体纾困解难。落实研发费用加计扣除、小型微利企业所得税减半征收、疫情防控等优惠政策相继出台，新出台的政策减税降费9.06亿元，其中税收减免8.29亿元，社保降费0.75亿元，非税收入减免0.02亿元。

落实制造业中小微企业延期缴纳税费政策，为符合条件的企业办理缓缴2.11亿元，惠及企业5021户，助力制造业中小微企业渡过年关。

【征管工作】 成立《关于进一步深化税收征管改革的意见》落实领导小组，统筹部署《意见》落实各项任务分工。完成国有土地使用权出让收入等四项非税收入征管职责划转。进一步规范税收执法行为，全面推广税收管理员工作平台应用，发起任务59项，涉及纳税人4937户。成立“税先锋大企业工作室”，进一步优化大企业税收管理服务。完成第二税务所撤并后管户划转管理工作，共涉及7238户纳税人。持续开展现金税费征缴整治、票证管理、收现管理、临聘人员管理、金三岗位权限管理等征管事项的检查整改。对全县定期定额户纳税人进行涉税风险核查，调整处理514户，规范小微税源管理。

4月1日，县税务局举行青年理论学习小组成立仪式

【纳税服务】 连续第八年开展“我为纳税人缴费人办实事暨便民办税春风行动”，通过整资源、提质效、优服务多措并举精细服务，着力构建办税缴费服务新模式。重整办税资源，建设全市首家实现智慧导税、零窗分诊式服务和县域网办业务集中受理的新型办税服务厅，变“面对面”办业务为“肩并肩”享服务。

第一税务所新大厅运行后，叫号量比同期减少一半，进厅人数中80%选择自助办税，平均办税时间压缩至3分钟，成效明显。

提速税费办理，在全大市率先推出包含45个事项的“N－1”办税清单，包括发票办理、申报纳税、出口退（免）税、信用评价等大类的45个办税事项，办理时限至少再压缩1个工作日，办税提速实现新突破。

增值税留抵退税实现全流程电子化，退税平均办理时间压缩至3个工作日以内，平均提速70%以上。

优化服务质效，“税先锋大企业工作室”及时受理和解决大企业涉税诉求，为大企业重组改制、股权转让等重大事项提供专项服务。联合县工商联持续开展“春雨润苗助小微”专项活动，税费直通服务专精特新“小巨人”企业58户次，开展座谈会46场，收集意见建议109条，解决问题59个。形成“主动融入、逐一对接、精准辅导、跟踪服务”的一体化服务模式。

金　融

【概况】 围绕融资畅通、普惠金融、保险创新、“凤凰行动”等，全市首地引入金融机构签订共同富裕标杆县打造战略合作协议；首创“医保贷”“生猪活体抵押贷”“金融通”“资本学院”普惠创新项目；首推“反诈骗保险、猕猴桃气象指数险”等险种，天一甬宁保工作位列全市第二。保费收入20.64亿元，同比增长4.69%，位列全市第三。新增2家上市企业，7家企业完成股改，《宁海跑出企业培育“加速度”上市企业数两年实现翻番》被宁波市委书记彭佳学批示表扬。

【融资服务】 实施畅通工程，支持经济高质量发展。年末人民币贷款余额1290.06亿元，同比增长14.39%，制造业贷款同比增长16.78%，其中制造业中长期贷款同比增长60.71%，民营、普惠小微企业贷款同比分别增长15.48%、30.53%。

实施专项行动。开展金融赋能“百场银企”行动，举办活动37场、帮扶企业156家。开展“扫需求”行动，线上宣传81场次，受众企业3.8万家次；线下在2个首贷服务中心、9个商事登记窗口、13个县服中心、145个银行机构营业网点开展，发放贷款77.93亿元。开展拓展“首贷户”行动，累计新增小微首贷户1078户，发放首贷资金19亿元。实施绿色金融专项行动，建立节能减排企业库，绿色贷款余额77.94亿元，同比增长35.84%，推动全省首单碳减排效益的债转股项目落地。实施供应链金融专项行动，以“链长”制推动围绕得力等产业链核心企业提供应收账款等产业链产品，发放贷款16.61亿元。开展人才和“双创”融资服务专项行动，发放人才企业贷款2.78亿元。

11月15日，全市纳税服务培训会议在宁海县开展

创新服务手段。创新“金融通”数字服务平台，搭建“企业—政府—金融机构”数字桥梁，形成“线下排摸+线上对接”的银企对接闭环，线上对接企业224家，帮助企业贷款3.96亿元。深化金融服务“最多跑一次”，推进银行贷款与抵押登记协同办理。

深化担保改革，助融资难题“有效破解”。改革绩效考核、实施精细管控、优化银担合作，将银担合作纳入银行业考核体系，形成银行“敢贷”，担保机构“愿担”的良性互动，年末在保余额9.32亿元，放大倍数4.54倍。

【普惠服务】 深化普惠金融，拓展多元化普惠服务。

深化三农服务，助力乡村振兴“绘出新彩”。加大乡村振兴投入，全年涉农贷款988.74亿元，同比增长13.2%；农户贷款202.84亿元，同比增长23.44%。推动小额“普惠模式”在涉农应用，授信148亿元，贷款5.48万户，30万元以下贷款户占比近90%。加快“农村产权普惠贷”在全县推广，惠及农户9033户。

深化保险供给，助力经济社会“保驾护航”。推动保险服务社会治理提供全方位、多层次的保险服务，累计推出反诈骗保险等近40个险种；精准匹配企业在产品开发、市场拓展、风险防控、资金融通等方面保险需求，推动保险服务实体发展，小额贷款保证保险承保665家企业，贷款5.99亿元。

实施“银发”工程，助老金融服务“彰显特色”。推进老年人金融服务便利化，完善“基础金融不出村、综合金融不出镇”的服务体系，打通金融服务“最后一公里”。打造“金暖银发”适老宣教品牌，推动宁海农商行成立宁海首家“银辉银行”，在民生银行设立“老年乐学课堂”，发展特色化体系化宣传模式。

【服务上市企业】 深化“三凤行动”，推动上市企业扩量提质。

挖掘上市梯队“新生力量”。发挥缑城金融大讲堂、县企服中心等平台作用，联合优质中介、金融顾问组等机构对全县企业、资本市场联络员加强资本市场知识宣传。强化考核激励引导，推动各乡镇街道、相关职能部门，梳理优质企业名单，建立多层次、全覆盖的上市企业梯队培育库 36 家企业纳入培育名单库，其中 22 家企业进入宁波拟上市企业库，建新赵氏科技纳入市级科创板上市储备库，引导 29 家企业到甬股交创新板挂牌。

推动培育企业“加速蜕变”。以“1+X”培育方法，通过“一名办工作人员+一名乡镇联络员+一家券商+一家企业”开展“量身定做”，创新打造宁海“资本学院”，按照普及学习、精准分类、深度辅导方式，分阶段、分梯队对企业及乡镇街道资本市场联络员开展 7 次高质量培训，通过董秘沙龙、人才对接会等活动，引导企业抢抓资本市场改革红利、推动股份制改造、加快上市步伐，永励精密等 7 家企业完成股改，3 家企业拟 2022 年申报上市。

精准解决上市“疑难杂症”。建立一名县领导服务一企业机制，定期不定期召开专题协调会，以“问诊把脉法”解决拟上市企业历史遗留问题，新增震裕科技、方正模具 2 家上市企业，实现三年倍增计划。推行上市合法合规一件事改革，实行“跨前服务、一表申请、一窗受理、集成服务、材料共享、专业协调”机制，工作效率提升 80%，申请材料精简 85%以上，已为卡倍亿、建新 6 家企业提供

6 月 10 日，人民银行宁海县支行联合各相关部门在西店镇菜市场门口开展金融知识宣传活动

服务。

【行业管理】 加强行业管理，确保地方组织规范发展。

3 家小贷公司贷款余额 6.15 亿元，全年发放贷款 42.3 亿元，累计缴纳税收 2864 万元，年度监管评级均为 A 级以上，列入全市第一方阵，其中宁信行小额贷款公司被中国小贷协会评予“全国优秀小贷公司”“全国优秀商业模式”荣誉称号。在全市金融工作会议中，被评为 2021 年融资畅通“服务创新集体”。5 家典当行、2 家民营融资性担保公司有序规范经营，未出现风险问题。

严把审批准入。从严从细把好入口关，对地方金融组织变更、备案等相关事项，对股东资质、资金实力、业务模式等方面加强审核，确保资金来源的合法性、真实性。

注重监管检查。加强日常监管、强化实地检查，确保每季度全覆盖一次，使地方金融组织合法、合规、守信开展业务。做好地方金融组织年审及年度评级工作，引入第三方机构进行系统排查，督促及时整改问题并组织人员验收，确保监管工作取得实效。

强化业务指导。加强法规宣传、强化业务指导、提高合规能力，组织地方金融组织负责人、业务人员开展定向培训。加强走访调研，促进地方金融组织和监管人员业务同步提升。建立“一企一档”地方金融组织审批监管台账，推进监管工作能更规范、更专业、更科学。

【风险防控】 紧抓稳定主线，筑实风险防控屏障。

重宣教，筑实金融风险“防控网”。建设金融知识宣传阵地，开展防非法集资、防范电信诈骗等金融知识宣教活动，重点关注中老年人等群体，发挥 41 个村级金融专窗作用，打通金融宣传教育“最后一公里”。

重化解，建立金融纠纷“疏导网”。建立金融纠纷化解机制，认真落实首问负责即问即办要求，成立调解工作室；完善信访投诉举报处理机制，累计调解成功16笔，242.82万元，妥善处理信访投诉23件、举报件2件。

重联动，强化风险处置“保障网”。联合县委政法委等部门全面推进非法集资陈案处置工作，化解率66.7%。使用“天罗地网”系统，及时处置19家风险预警机构。全力打击治理电信网络新型违法犯罪活动，切实保障金融消费者合法权益。推进私募投资基金风险防范处置工作，72家私募投资机构中4家实际从事私募基金业务，68家未从事私募基金业务，辖内无私募投资基金风险。

6月24日，人民银行宁海县支行联合县政法委、公安局召开辖区内打击电信诈骗专项工作会议

【人民银行宁海县支行】 强化履职担当，助推辖区经济高质量发展。货币信贷政策落实到位；发挥再贷款及两项直达工具精准滴灌作用，累计向1186户企业和农户发放再贷款12.93亿元；实施贷款本金延期18.9亿元，发放普惠小微企业信用贷款11.7亿元。紧盯信贷投放重点领域和关键环节。引导银行机构持续加强对民营小微等重点领域的金融支持，民营、普惠小微贷款同比分别增长15.48%、30.53%。探索创新绿色低碳金融模式，出台辖区绿色金融指导意见，联合县发改局建立节能减排企业（项目）库，加大对碳减排企业和项目的信贷支持力度，绿色贷款余额87.9亿元，同比增长53.7%。推动全省首单具有碳减排效益的债转股项目落地。强化制造业领域支持力度，以“金融服务实体经济”等劳动竞赛为抓手，加大制造业领域支持力度。2021年，制造业、制造业信用、中长期贷款余额分别为316.81亿元、55.02亿元、53.69亿元，同比分别增长16.78%、6.33%、60.71%。实现民营小微信贷“扩面提速”。深化首贷中心建设，构建县乡两级“2+13”首贷服务站体系，依托“一码双平台”，累计新增小微首贷户1078户，金额19亿元，新增首贷户占全县新发贷款户数占比连续11个月居全市各县（市、区）第一。推动建立金融服务“三张清单”，引导银行机构加大信用贷款、无还本续贷发放力度，降低小微企业融资成本。全县普惠小微企业信用贷款、无还本续贷同比分别增长27.31%、24.25%，普惠小微平均贷款利率同比下降0.26个百分点。

聚焦便民惠企，全面提升金融服务民生水平。加大乡村振兴领域信贷投入。推动中国银行宁波市分行与县政府签订建设共同富裕标杆县合作协议，预计5年在农村基础设施建设等领域新增授信48亿元；对2007户家庭农场、460户专业合作社开展信息采集全覆盖工作，授信金额3.74亿元；发放辖区首笔以生猪活体作为抵押的贷款330万元；加快“农村产权普惠贷”在全县推广，余额4.29亿元，惠及农户9033户。深耕金融服务惠民工程。积极推进移动支付示范县创建工作，在西店镇开展现金服务标准化建设，持续做好整治拒收现金工作和小面额货币暗访工作，常态化开展货币反假、残币回收兑换、现金全额清分管理工作；持续推进助农服务点优化布局；做好征信修复乱象排查，对辖内13个征信自助查询代理点开展现场巡查；开展征信查询“下乡”行动，根据实际需求调整3个代理查询点至乡镇。累计办理小微企业降税减费退税0.22亿元，个税及手续费退税0.24亿元。金融消保和教育工作双线并进。结合“双百双千”“金融普惠校园启蒙”两项工程，联动开展存款保险、征信、国债下乡、反洗钱、防范电信诈骗等专题宣传；打造“金暖银发”适老宣教品牌，在全辖助农金融服务点建设村级金融宣传专窗46个，开展农村刷墙活动；深化金融纠纷多元化解机制，累计调解成功24笔、476.95万元，妥善处理信访投诉28件、举报件2件。深化外汇普惠金融。深入开展“深化外汇普惠金融　暖心帮企优服务”专项活动，累计举办政策宣讲会5场，服务企业240家次；举办汇率避险“首办户”拓展专场活动，积极推进贸易外汇收支便利化和资本项目收入支付便利化试点，辖区企业通过平台获得出口应收账款融资824笔、13.21亿元，获得出口信保保单融资51笔、8322万元。

坚持底线思维，筑牢筑实风险防控“保障网”。做好金融风险防控。年度全县银行业金融机构不良贷款余额4.77亿元，不良率0.37%。落实房地产集中度管理，制定房地产集中度管理方案，督导2家法人机构制定调整方案，督促银行机构严格落实房地产金融宏观审慎管理要求，开展住房信贷自查。全力打击治理电信网络新型违法犯罪活动。进驻宁海县反诈专班，制定“百日攻坚”专项行动方案，统筹推进账户治理、资金查控和反诈宣传教育工作。多方联动，宁海涉案账户数量大幅度下降，1—5月，全县个人涉案账户月均数66.2户，6—12月下降为42.4户，下降幅度为36%，打击治理电信网络新型违法犯罪活动取得显著成效。防范跨境资金流动风险。开展非现场监测1574家次，现场核查企业33家，货物贸易企业降级13家。对3家银行开展国际收支间接申报现场核查，对1家企业开展贸易信贷调查数据现场核查。

深化外汇普惠金融。深入开展“深化外汇普惠金融　暖心帮企优服务”专项活动，累计举办政策宣讲会5场，服务企业240家次；举办汇率避险“首办户”拓展专场活动，积极推进贸易外汇收支便利化和资本项目收入支付便利化试点，辖区企业通过平台获得出口应收账款融资824笔、13.21亿元，获得出口信保保单融资51笔、8322万元。

防范跨境资金流动风险。开展非现场监测1574家次，现场核查企业33家，货物贸易企业降级13家。对3家银行开展国际收支间接申报现场核查，对1家企业开展贸易信贷调查数据现场核查。

8月5日，人民银行宁海县支行开展“金融知识进校园”活动

【宁海农村商业银行】　年末，各项存款余额197.34亿元，增幅14.12%。各项贷款余额162亿元，增幅20.83%；存贷规模超350亿元，县域金融“小冠军”地位不断巩固。

资产质量持续向好。年末，资产总额243.76亿元，增幅15.73%；五级不良贷款余额和不良贷款率实现“双降”目标，拨备覆盖率716.14%，拨贷比4.18%，资本充足率16.09%，核心一级资本充足率13.12%，具有较强的风险抵御能力。

社会贡献度逐年提升。整体业务经营稳中有升，经营效益保持平稳，全年上缴税收1.33亿元，地方入库税收位居全县金融机构前列。积极履行社会责任，全年各类捐款金额达250万元，累计超1000万元，彰显地方金融主力军的担当。

金融支持乡村振兴力度不断加大。持续扩大信贷资金池，出台《进一步加强三农金融服务工作意见》，超额完成3年新增50亿元信贷资金支持乡村振兴目标，涉农贷款总量、农户贷款总量、涉农贷款占比等三项指标保持全县第一。年末，涉农贷款余额145.40亿元，比年初增加23.93亿元，占全部贷款余额的89.75%。普惠覆盖面不断提升。抓好“农户普惠小额贷款、新型农业经营主体”这两大推动共同富裕示范区建设服务产品，重点发力“有感反馈、签约用款”工作。全年累计走访农户51207户，授信金额158.80亿元，个人贷款户数71686户，覆盖面28.38%，比年初提升3.75个百分点，其中30万元以下贷款户数占比90%；新型农业经营主体授信覆盖面100%，家庭农场授信户数1024户、2.52亿元，专业合作社授信户数232户、1.27亿元。地方银行责任担当不断强化。协同三农、小微企业做好台风、暴雨等天气灾害应对以及疫情防控，出台防台救灾十项金融举措，制定5亿元专项帮扶资金，开通贷款绿色通道，延续“稳企贷”“农心贷”等优惠政策，加大减费让利，新发放普惠型小微企业贷款利率累计下降135个BP，切实扛起地方金融主力军责任担当。数字赋能不断深化。应用数字银行PAD、浙里贷微信小程序、推广贷款码等数字化改革工具增强服务能力，明确30万元以下贷款全部通过线上发放，并进一步加大金综平台、贷款码、宁波普惠贷、浙里掌上贷等平台对接应用，发挥线上“不接触”金融服务优势，最大限度实现金融服务“一次都不用跑”，年末，数字贷款占比46.09%，比年初上升31.92个百分点。

滴灌实体更有“力度”。紧跟县小微园区、特色小镇等产业平台体系建设步伐，深入贯彻省、市关于深化政府性融资担保机构体系改革助力融资畅通工程三年行动计划，加大与市融资担保公司、农担公司、县农业农村局等合作，市农担公司成功在宁海农商行驻点，创新推出“码上贷”“微担通”“农心贷”等特色产品，重点加强对农业经营主体、小微企业园区、供应链企业等市场主体的信贷投放，扩大企业融资受益面，累计发放融资担保类贷款1.5亿元，收获国家农业信贷担保联盟有限公司感谢信。增氧经济更有“温度”。围绕“两增”目标，全社会小微企业首贷户新增595户，普惠型小微企业贷款余额64.98亿元，增幅39.4%，贷款户数18055家。融资畅通更有“精度”。制定“专精特新”中小企业八项金融帮扶举措，落实“一企一策”，建立“一户一档”，为培育、做大做强企业提供强有力金融支持，已为专精特新企业（包括进入专精特新企业培育名单）发放贷款8200万元。

“党建+金融”服务品牌全域覆盖。紧紧围绕高质量发展建设共同富裕标杆县总要求，深化“红色互动”，以“大党建、大融合”工作模式积蓄共同富裕示范区建设新动能，全面构建“党建统领统合、条块齐抓共管、各方协同参与、作用实质发挥”的全域党建联盟工作格局，提出“全域党建”这一服务新理念，实现全县433个行政村（社区）党建联盟全覆盖，切实把更多金融资源有效配置到村级经济发展的重点领域和薄弱环节。“红色引擎”激发责任担当。围绕“党建引领、政府搭台、银企（村、社区）联动”这一主线，将党建工作融入全县精神文明建设，相继开展“初心永擎党旗红、毅行争创文明城”环保公益行动、“情暖夕阳红”慈善捐步活动、台风防御专项走访慰问行动，积极组织全行党员干部参与地方生态保护、文明城市创建和温暖帮扶志愿服务，进一步展现地方银行的责任担当。政银协作深化“党建共建”。打造“党建联抓、业务联合、活动联办、难题联解、形象联树、发展联促”“六联”共同体，将党建引领转化为“三为”主题实践活动动能，与县委老干部局联学联动，共同打造县域首家“银辉银行”，构建金融助老服务生态；与县侨联建立战略合作，优化“党建+侨建+金融”模式，推出“侨银通”贷款产品，助力海归人员“双创”、侨属企业发展；与县总工会互联互通，在城区15个网点开辟专门区域，共同打造“户外劳动者驿站”，开展留“宁”过年送温暖行动；与县市场监管局协管共建，实现全辖42个网点“放心金融消费网点”全覆盖，营造安全放心的金融生态环境。

经济管理

发展改革

【概况】 聚焦高质量发展，紧盯全年目标任务，扎实履行参谋、服务、协调职能，有力助推全县经济社会稳步发展。力促县域经济健康平稳运行，地区生产总值突破800亿元。

开展有效投资“三抢一增”行动，持续优化投资结构，民间投资占比超过60%；10个县人大票决民生实事项目圆满完成目标任务；20个“亮点工程”项目顺利推进；5个省市县长项目全部落地；28个省市重点建设工程超额完成年度投资计划。

促进共同富裕，艺术振兴乡村入选省首批典型案例，大力发展村级集体经济、“集士驿站”农村物流服务分别入选市首批典型案例和试点项目。推进大花园建设、整县光伏开发等省级示范创建，推动宁海经济开发区成功入选国家“十四五”重点支持的县城产业转型升级示范园区创建名单。社会信用、数字社会、能源双控、粮食保障、价格改革等各条线工作有序推进。

【经济发展】 经济调度精准有力。坚持稳中求进总基调发挥“3+X”专班作用，做好全县经济运行监测和形势分析研判。地区生产总值840.1亿元，按可比价计算，同比增长8.8%，好于省市平均，位列全市第四，两年平均增长6.1%，居民人均可支配收入与经济增长基本同步，城乡收入比缩小至1.757。服务业经济稳步发展，服务业增加值达到360亿元，增长7.9%，其他营利性服务业增长55.5%，位居全市第二。

共同富裕谋篇布局。建立高质量发展建设共同富裕标杆县领导小组，成立社会建设委员会，印发领导小组工作规则以及重点任务清单、突破性抓手清单、重大改革清单、典型案例清单等“四张清单”，出台“集士驿站”试点建设三年行动计划，统筹推进50项指标任务及重点工作落到实处。艺术振兴乡村入选省首批典型案例，大力发展村级集体经济、“集士驿站”农村物流服务分别入选市首批典型案例和试点项目。经验做法得到推广，“教共体”建设工作以及产业人才培育模式分别被《甬有共富》和《浙里共富》（实践创新）刊发，

3月26日，县粮食收储有限公司支部与农业发展银行宁海县支行支部联合开展“学党史·温粮史·银粮共建开新局”共建结对主题党日活动

葛家村共富经验、“集士驿站”农村物流新模式被央视报道点赞。

项目推进攻坚创效。开展有效投资“三抢一增”行动，强化政府投资项目管控，统筹抓好换届期间投资工作不断档，固定资产投资止跌回升，增长1.1%，民间投资占比63.5%，投资结构持续优化。重点实事工程完成投资197.1亿元，达到80%的开工率目标。县精神康复中心、菜市场提升改造工程等10个县人大票决项目圆满完成目标任务。宁海抽水蓄能电站、艾美新型细菌性疫苗产业化一期项目等20个“亮点工程”项目顺利推进。钧能年产G瓦级储能变流器及集成智慧能源研发与制造项目等5个省市县长项目全部落地，超额完成开工率50%的省级目标任务，28个省市重点建设工程超额完成年度投资计划。

项目服务保障有力。率先推进企业投资低风险小型项目审批“最多15个工作日”改革。国营企业投资项目实行以备案制或核准制为主，审批制为辅的立项模式。对历史性占用基本农田的项目，创新推出“容缺审批+承诺制”审批模式。新增工业用地45宗、2285亩，100%采用“标准地”供应。争取资源要素保障，14个项目争取到专项债券资金共计8.1亿元，宁波海洋种业研究院项目获海洋经济中央预算资金1800万元。完成283个工程概（预）算评审，337个工程招标控制价备案，7个项目概算调剂，12个工程变更审批。印发《宁海县政府投资（国有）项目服务评价体系建设实施方案》和《政府（国企）投资高质量管理目标蓝图和举措清单》，开展政府投资项目管控专项整治行动，建立全流程投资管控体系。

10月16日，县发改局、县粮食协会、县粮食收储公司共同举行“世界粮食日”活动暨新时代文明实践点（爱粮节粮教育基地）揭牌开放仪式

【改革创新】 创建省级大花园典型示范。紧扣“山海和美城、浙东大花园”建设目标，构建高水平全域美丽大花园建设“五全”制度体系，持续推动大花园示范试点工作。全域旅游做法成功入选全省大花园建设优秀典型案例，宁海列入市级唯一大花园改革试点。开展“人人成园丁　处处成花园”系列活动，积极参与全省“大花园碳中和号”高铁宣传，建立大花园宣传教育基地，在中国经济网刊登《浙江宁海：瞄准两条主线　推动诗画浙江大花园建设》。

探索生态产品价值实现机制，开展陆域生态系统生产总值（GEP）核算，完成2019和2020两年陆域核算报告，入围全省海域生态系统核算标准制定单位（全省共10家），形成宁海县“两山银行”组建初步方案。以项目支撑抓推进，创建期间计划建设19个重点支撑项目和十大标志性工程，完成年度投资31.3亿元，占年度计划109.21%。

牵头数字社会系统建设。上线宁海县数字社会门户，并根据省、市要求逐步迭代完善应用端和服务端系统建设。重点打造“婴育照护云健康”、未来乡村公共文化服务应用、养老待遇智发、殡葬数字化改革4个场景应用，其中“婴育照护云健康”作为省级“浙有善育”试点项目，入选宁波市数字社会首批“揭榜挂帅”中榜项目，已在“浙里办”上架。

加快信用体系建设步伐。出台实施方案，明确2021—2024年工作目标、主要任务和重点工程。加强信用信息数据共建共享，开展主体信用信息核查近1.5万次，全年信用承诺信息上报量占法人企业总量的比重近90%。开展“屡禁不止、屡罚不改”专项治理，累计为近百家失信主体办理或指导信用修复业务。加快推动信用创新，建立安全生产领域“信用+首违免罚”工作机制，并在宁海经济开发区进行试点实施。

力促产业发展提质增效。完善《宁海县引进高层次人才创业团队实施细则》《宁海县引进资本引才团队实施细则》。实现战新产业增加值38.06亿元，同比增长2.4%。为31个高层次人才创业团队项目拨付战略性新兴产业资金2673.56万元。宁海经济开发区成功入选国家“十四五”重点支持的县城产业转型升级示范园区创建名单。宁海县花果渔乡农村产业融合发展示范园入选第三批国家级示范园名单。

12月28日，全省试点地区GEP核算报告部门联审和专家评审会议（视频会议）通过宁海县GEP核算报告

【保障民生】 强化粮食安全保障。配合做好市委提级交叉涉粮问题专项巡察工作。健全粮食应急保障体系，执行粮食供需平衡调查、价格监测和预警报告制度。在全市率先开发“放心粮油”企业（供应店）信息化管理系统平台，实现粮源追溯和管理信息化。出台《宁海县“放心粮油”工程实施方案》和《宁海县“放心粮油”工程建设专项资金管理办法》。宁海县桥湖米业有限公司通过省“放心粮油”示范企业创建现场评审。

强化能源供应保障。兼顾经济社会发展和能耗“双控”要求，1—9月单位GDP能耗同比下降0.8%，排名全市第五。坚持“一企一策”和公平公正原则，对省控33家高耗能企业采取控制日均用电量和有序用电并行措施，另外2463家专变工业企业全部执行有序用电方案。出台碳达峰碳中和工作实施意见，编制《宁海县“十四五”及中长期可再生能源发展规划》。大力发展清洁能源，着力推动抽水蓄能电站、国能宁海电厂光伏发电、双盘涂渔光互补项目前期工作。全年累计完成分布式光伏并网项目178个，装机容量6.18万千瓦，可再生能源考核排名全市第三。

强化民生保障服务。及时、准确掌握重要商品和服务价格动态，发布价格监测信息。稳妥推进价格核定工作，调整非居民用管道天然气终端销售价格，完善教育、养老、公共服务等公益性服务领域价格政策。严格落实“双减“相关文件精神，明确公办学校义务教育阶段课后服务收费指导标准。落实水电气行业价格收费清理规范工作。严谨审慎做好价格认定，办结各类价格认定案件266件，认定总金额984.12万元。做好政策性农村住房保险工作，参保144789户，已决赔

6月24日，省防疫指挥部莅临检查指导

案 235 宗，赔付金额 105.52 万元。

强化疫情防控工作。牵头做好隔离专班工作，统筹各方力量参与隔离点运转和储备保障。在年底宁波疫情发生期间，累计开设集中隔离场所 35 个，接收隔离对象 4000 余人，未发生工作人员感染事故以及病毒溢出事件，较好地完成省、市交办的隔离任务。

市场监督管理

11 月 23 日，宁海医药创新和审评柔性服务站揭牌仪式举行

【概况】 贯彻“三大转变”要求，围绕“六大体系”建设攻坚克难。在大战中敢于担当，把疫情常态化防控作为重大政治责任，全体干部职工闻令而动，坚决扛起冷链物防、市场“守小门”、药店哨点监测、公共场所关停等重任，牢固筑起疫情防线。在大考中全力以赴，作为“四大会战”部门牵头推进农贸市场大提升、餐饮环境优化行动，助力宁海进入全国文明城市提名城市第一方阵。在大赛中奋勇争先，全力比拼“三比一讲”争先创优竞赛，上下一心，苦干巧干，获全省系统三等奖，交出满意答卷。

村务管理 3 项国标完成制定报批，全国农村综合改革标准化试点高分通过验收。获批并成功建成省级医药创新与审评柔性服务站，监管服务并重的药品集中专业化治理模式被全省推广。特种设备安全监管工作持续走在省市前列，5 篇次工作经验在总局杂志刊发，“四化”治理模式得到总局、省局充分肯定。

多项工作呈现好态势。全省基层药品安全治理机制建设现场会、全省质量提升座谈会、全市民生药事服务站建设现场会等 5 个推进会在宁海召开，校外培训广告治理、“小个专”党建等 7 项工作在省市局工作会议上作典型交流，特种设备赋码、小微企业纾困等多项工作得到省市县各级领导 8 次批示肯定，80 篇次宣传报道被省级以上系统、媒体录用，21 篇次文章被省级以上期刊录用。

多个集体个人斩获新荣誉。我局荣获省政府督查激励、全省市场环境建设成绩突出集体、全省法治宣传教育表现突出单位、年度全市市场监管系统考核优秀单位，药械所获评全国药品监管系统先进集体。此外，邵军等 23 人次和集体获各级先进表彰。

【严守底线】 抓实抓细疫情防控。建立市场监管领域疫情防控主体名册，组建疫情防控 4 支队伍，全力做好常态化疫情防控各项工作。突出重点强化进口冷链食品（水果）物防工作，严格执行“四个不得”，立案查处违规销售进口冷链食品违法行为 11 起，查封相关产品 1.17 吨，发布进口冷链食品经营单位“红黑榜” 5 期，确保全县进口冷链食品“全受控、无遗漏”闭环管理。

抓实抓细食品药品安全监管。落实党政同责，县四套领导班子带队开展食品安全专项督查，乡镇街道食药安办“双主任”制全覆盖。开展全县食品安全大排查大整治行动和守护食品安全“铁拳”专项行动，累计检查各类食品生产经营主体 6300 余家次，发现并督促整改问题 1700 余个。深化药品“综合查一次”改革，聚焦化妆品、医疗美容等领域开展主题执法行动。强化监督抽检，完成食品抽检 2302 批次、药品抽检 270 批次并全面完成后续处理。全年发布餐饮“红黑榜” 21 期，查办食品药品案件 617 件，“处罚到人”案件实现零突破。西店分局、桃源所先行先试，开展“小餐饮第三方协管”模式；岔路所将“文明用餐、食品安全”写入村规民约。

抓实抓细特种设备安全监管。以特种设备安全生产三年行动计划为抓手，深入开展隐患排查治理行动，稳步推进 74 家单位锅炉蒸汽管道整治工作，开展起重机械高度限位装置、企业自建燃气设施等专项整治，全年完成专项巡查任务 14 项 496 家次，立案查处违法行为 21 起。深化企业双重预防机制建设，指导 3655 家特种设备使用单位全面开展分类评价，有效提升企业风险防控能力。抓实抓细质量安全监管。全覆盖落实工业产品获证企业监督检查，开展文具产业质量管理体系认证提升工作，推进 6 家企业实施“同线同标同质”。围绕儿童用品、一次性餐具、电线电缆等重点产品完成 164 批次监督抽检，查处产品质量不合格等违法行为 11 起。推进电动自行车综合集成改革，全县 193 家经营单位全面落实“车、池”赋码工作，全市电动自行车年度平安考核综合排名第一。

【改革创新】 数字化改革全面推进。按照“抓落地、争试点、打补丁、出特色”的数字化工作思路，推动省局 11 个重大应用落地见效，8.1 万市场主体全面绑定激活“浙江企业在线”，电子营业执照下载率 70.13%，1689 家食品生产、流通、餐饮单位上链应用“浙食链”，1105 家网络餐饮单位建成“阳光厨房”并上线“浙江外卖在线”，15686 台特种设备赋码 100%全覆盖，数字化市场监管体系的基础全面夯实。

放管服改革持续深化。着眼“简办”“好办”“易办”推进商事登记数字化、便利化改革，开设“亲老驿站”，企业开办全程网办率大幅提升 50%以上。强化部门联动，推动市场主体集约化登记，在食品、医疗器械等领域率先开展证照联办。洗车行业开办全流程“一件事”提速 75%，实现准入即准营。全年新设市场主体 1.5 万户，同比增长 6.4%，市场主体总数达到 8.6 万户。严把市场主体退出关，完善市场退出机制，市场主体

6 月 18 日，全市电梯安全宣传活动启动仪式暨电梯应急演练在宁海举行

注销 6816 户，清吊各类“僵尸”市场主体 2120 户，市场主体整体结构进一步优化。完成“双随机、一公开”抽查任务 124 个，跨部门监管率达到 30.6%。加强公平竞争审查，27 个部门建立文件审查公示制度。突出重点开展涉企收费专项整治，清退金额约 371.46 万元，惠及终端用户 4470 余户。

试点项目稳步推进。电梯检验检测试点成效明显，全县 1541 台电梯如期完成检测，137 台电梯开展按需维保试点工作。“小个专”党建云平台省级试点进展顺利，云平台数据库基本建成，全省首个“小个专”指导服务中心落地宁海。基层药品安全集中专业监管标准化市级试点推进有力，梳理工作标准 100 项，初步建立标准体系总体框架。

【提质增效】 知识产权生态不断优化。成立县知识产权协会，推动“deli 得力”“东方日升”新认定为驰名商标，“长街蛏子”新认定为地理标志证明商标，新增“长街味道”集体商标。持续开展专利提质增量行动，每万人发明专利拥有量达到 19 件。模具协会成功创建全省首批以行业协会为主体的省级商业秘密保护示范站，创成省级示范点 4 家、市级示范点 8 家。

质量提升路径不断走实。编制完成《宁海县质量强县“十四五”规划》，率先在文具产业开展质量提升行动，举办第三届“一线班组奖”大赛，有效推动“质量第一”理念在企业落地生根。强化质量服务供给，建成文具、模具产业质量基础“一站式”服务平台，指导企业发布“浙江制造”标准 7 项，新增“品字标”企业 9 家。

标准引领意识不断增强。聚焦文具、家用电器、茶叶等传统优势产业，深入推进“百城千业万企对标达标提升专项行动”，53 家企业实现对标达标。鼓励和引导企业强化标准成果转化，推动企业主持或参与国家标准制修订 7 项，提升行业话语权。运用标准化理念和手段积极助推宁海经验扩大影响，助力《县级企业综合服务平台管理与服务规范》省级地方标准立项，实现宁海立项省地标“零的突破”。

【惠民利民】 农贸市场改造提升三年行动收官。坚持硬件提档与管理升级双向推动，撬动各方投入 2539

万余元资金，完成10家市场改造提升工程，7家市场完成“五化”改造，市场面貌焕然一新。以文明城市创建和人大专题询问为契机，出台《宁海县农贸市场长效管理考核办法》，补齐管理短板，创成全县首家四星级文明规范市场，新增三星级市场5家，创建省放心市场7家。桥头胡所率先探索市场经营户信用积分制；长街所成立市场商户自治委员会；一市所探索实施“摊长制”管理模式，有效推动市场长效管理。

放心消费提质拓面。按照“评价全覆盖、标准全落地、动态全掌握”的目标要求，培育放心消费单位2213家、无理由退货单位929家、放心工厂320家、放心商圈4个，建成“品质超市”8家，消费环境持续优化。及时妥善处置各类消费投诉举报6324件，为消费者挽回经济损失346.39万元。

食药安全更有保障。全面推进“阳光工程”，129家农村家宴厨房建成“阳光厨房”，学校食堂“智能阳光厨房”基本全覆盖，建成“阳光工厂”51家。开展省政府民生实事地图信息采集工作，新增全程可追溯的食品生产经营主体85家。建成全省首批7家民生药事服务站，累计为7894人次提供一站式公益药事服务，保障群众饮食用药安全。

民生计量惠民利民。聚焦民生关切，突出眼镜店、集贸市场、加油站、民用三表等重点强化计量监督，完成2468家单位49735台（件）计量器具计量检定工作。

助力“双减”工作落实见效。完成55家学科类校外培训机构转登记工作，全市率先实现压减率100%，开展校外培训广告专项治理行动，2起案件入选全省校外培训机构违法广告典型案例。

3月，民生药事服务站开设“健康讲堂”，为市民讲解健康用药知识

【自身建设】 紧扣庆祝中国共产党成立100周年重大历史节点，扎实开展党史学习教育，通过集中学、研讨学、现场学等方式认真学习习近平新时代中国特色社会主义思想和习近平总书记重要讲话精神，开展主题党日、理论宣讲、“四为”等活动，掀起学习、实践热潮。举办全市个体民营企业庆祝中国共产党成立100周年歌咏大会等活动，组织举行干部“光荣在党50年”纪念章颁发仪式，在系统内外凝聚感党恩、听党话、跟党走的强烈共识。

坚持机制赋能健全干部管理体系。紧扣“建设变革型组织，提高塑造变革能力”总体要求，围绕综合行政执法，制定实施执法8项新机制，提升执法效能。围绕干部全生命周期管理，出台职级晋升量化

6月29日，“光荣在党50年”纪念章颁发仪式后合影

排名办法，实施“双向约谈”、临退干部关爱等系列机制，推行指导员“七个抓”工作职责，干部活力有效激发。

落实从严治党狠抓清廉市监建设。紧扣《关于推进“清廉市监”建设的实施意见》，压紧压实从严治党主体责任，强化基层党组织建设。聚焦“人、权、财、物”4个关键，规范权利运行，加强财务监督，推行“权力事项全公开、办事流程全规范、内外监督全方位”三项制度，着力构建政治生态清朗健康、政务运行规范高效、党员干部清正有为的清廉市监。

【宁海县2021年度市场主体分析报告】

一、市场主体总量情况分析

截至年底，宁海县实有在册各类市场主体86557户，注册资本计1724.68亿元，同比增长6.44%和20.92%，净增市场主体5236户，市场主体总数领先于镇海区（55089户）、奉化区（68761户）、江北区（71837户）、象山县（72079户），位居全市第六位（不含功能区）；共有税务登记户数61857户（其中民营经济61153户），同比增长13.15%，企业税收户22188户。其中，各类企业25335户，注册资本计1625.43亿元，同比增长10.00%和21.28%；个体工商户60009户，注册资金数额83.36亿元，分别同比增长5.25%和13.65%；农民专业合作社1213户，同比减少4.86%。

表6　　宁海县2020年及2021年在册市场主体企业类型分布对照表

市场主体	2020年		2021年	
	在册数（户）	注册资金（亿元）	在册数（户）	注册资金（亿元）
企　业	23030	1340.18	25335	1625.43
农民专业合作社	1275	12.75	1213	15.89
个体工商户	57016	73.35	60009	83.36
合　计	81321	1426.28	86557	1724.68

1. 市场主体新设情况分析

2021年度，宁海县共新设立各类市场主体15326户，日均注册42户，注册资本（金）计157.64亿元，同比分别增长10.42%、-5.86%；新增税务登记纳税人8134户，日均新增22户。其中，新设立各类企业4099户［私营企业3962户、外资企业13户、内资（非私营）企业124户］，注册资本139.04亿元，同比分别增长4.49%、-7.68%；个体工商户11209户，注册资金18.45亿元，同比分别增长12.98%、10.61%；农民专业合作社18户，成员出资总额0.14亿元，同比分别减少61.11%、17.65%。

表7　　宁海县2020年及2021年新设市场主体企业分型分布对照表

市场主体	2020年		2021年		同比增幅
	新设数（户）	所占比重	新设数（户）	所占比重	
企　业	3923	28.26%	4099	26.75%	4.49%
农民专业合作社	36	0.26%	18	0.12%	-61.11%
个体工商户	9921	71.48%	11209	73.13%	12.98%
合　计	13880	100.00%	15326	100.00%	10.42%

表 8　　宁海县 2020 年及 2021 年新设企业情况对照表

企　业	户数（户）			注册资本（亿元）		
	2020 年	2021 年	同比	2020 年	2021 年	同比增幅
私营企业	3793	3962	4.46%	124.09	106.22	-14.40%
外资企业	14	13	-7.14%	7.32	2.58	-64.75%
内资（非私营）企业	116	124	6.69%	19.2	30.24	57.50%
合　计	3923	4099	4.49%	150.61	139.04	-5.86%

2. 小微企业发展情况分析

2021 年，全县在册小微企业 23075 户，占全县企业总数的 91.08%，新设立小微企业 3896 户，同比增长 8.01%，新设小微企业数量占全县新设企业总数的 95.05%；净增小微企业 3266 户，超额 241.93%完成上级指标。桃源街道、跃龙街道、西店镇是小微企业较为集中区域，合计占全县小微企业的 65.77%。

按照“个转企、小升规、规改股、股上市”的成长路径，宁海县全年共计 209 户个体工商户升级为企业，同比增长 5.03%，超额 158.33%完成上级下达的任务目标。

3. 各类市场主体注（吊）销情况

2021 年，各类市场主体仍在很大程度上受到疫情的影响，尤其是个体工商户的餐饮、住宿、批发零售等行业冲击较大。1—12 月，宁海县共注（吊）销各类市场主体 8936 户，同比增长 26.75%，其中注销企业 1464 户，同比增长 16.47%，注销个体工商户 7418 户，同比增长 29.66%，注销农民专业合作社 54 户，同比减少 25%。

表 9　　2020 年及 2021 年注（吊）销市场主体企业类型分布对照表

市场主体	2020 年注（吊）销数（户）	2021 年注（吊）销数（户）	同比增幅
企　业	1257	1464	16.47%
个体工商户	5721	7418	29.66%
农民专业合作社	72	54	-25%
合　计	7050	8936	26.75%

二、各类市场主体产业发展情况

1. 产业结构进一步优化

从市场主体的产业分布来看，宁海县呈“三二一”态势，第三、第二、第一产业分别占各类市场主体总量的 68.26%、26.58%、5.16%；从纳税人的产业分布看，宁海县三次产业纳税人数量分别为 37619 户、21523 户、2715 户，分别同比增长 18.57%、10.98%、4.34%，三次产业比重分布为 60.82∶34.79∶4.39，第三产业比重较 2020 年继续扩大，上升 1.76 个百分点，第一、第二产业分别下降 0.45 和 1.31 个百分点；从纳税人行业分布看，批发和零售业、制造业、租赁和商务服务业、科学研究和技术服务业、住宿和餐饮业，合计占第三产业总量的 79.01%。以上数据显示，第三产业始终占市场主体的主导地位，仍为投资重点和热点，第三产业的发展壮大，为全县经济稳健发展、促进就业奠定坚实基础。

表 10　　各类市场主体产业发展情况分布表

产业分类市场主体	企　业	个体工商户	农民专业合作社	合　计	产业占比
第一产业	495	2645	1207	4347	5.16%

续表10

产业分类市场主体	企　业	个体工商户	农民专业合作社	合　计	产业占比
第二产业	11037	11345	0	22382	26.58%
第三产业	13160	44323	7	57490	68.26%
合　计	24692	58313	1214	84219	100%

2. 市场主体质量进一步提高

2021年度，县市场监管局进一步深化商事制度改革，持续推进企业开办“1+0”模式，落实多途径保市场主体措施，进一步优化营商环境，激发活力，让市场主体“进出无碍”。1—12月，宁海县内资企业数量稳健增长，外资企业增长速度明显下降。根据统计，新设企业4099户中，仅13户为外资企业，个体工商户转型升级为企业209户，企业提质升级效益明显。另一方面，注册资本百万元以上的企业数量不断增加，注册资本100万元以上企业有14786户，同比增长36.54%。注册资本百万以上企业数量逐年增多，显示出企业发展势头良好，市场活力不断迸发，企业规模与实力不断壮大。

3. 区域发展态势良好

从市场主体的地区分布看，宁海县跃龙街道24652户、桃源街道18232户、西店镇11445户、梅林街道5684户和长街镇4789户。不仅在市场主体总量上稳居前五，在市场主体新设数量上也是领先于其他乡镇（街道），可见宁海县经济活跃区域仍旧较为集中。

2021年纳税人总量居前五位的地区分别是跃龙街道20296户，桃源街道13421户，西店镇7638户，梅林街道4365户，长街镇2740户，以上地区合计纳税人48460户，占全县纳税人总数的78.34%。纳税人新增排前五位的地区是：桃源街道2805户，跃龙街道1881户，西店镇949户，梅林街道491户，桥头胡街道305户，四个街道均入围新增前五名。

4. 市场主体显“僵尸”问题

宁海县创业创新活力剧增，市场主体数增速较快，但市场主体未及时进行注销的现象比较多，一方面为保障市场主体增量的考核指标，“僵尸户”清理进度放慢；另一方面是“宽进”政策下，现有的监管力量无法满足剧增的市场主体的监管需求，导致市场主体数据出现“失真”现象。根据国家市场监管总局调查数据，现有市场主体的活跃度约70%，而宁海县“僵尸户”约为25%，主要依据有：（1）县税务局税务登记61857户，占比市场主体数的71.5%，符合国家市场监管总局公布的数据；（2）现有因未按时年报或失联查无下落的被我局列入经营异常名录的市场主体有11931户，占比13.78%，其中企业4214户、农民专业合作社494户、个体工商户7223户；2021年，县市场监管局依职权注销个体工商户1680户，吊销企业420户，吊销农民专业合作社20户；其次，每年约有10%的新设主体会进入“僵尸户”。

【宁海县2021年度市场监管消费投诉举报分析报告】

一、总体情况

2021年度县市场监管局共接到投诉举报6324件，总体同比上升10.02%。其中，消费投诉4090件，同比增加30.30%，占全部诉求的64.67%；举报2234件，同比下降14.37%，占全部诉求的35.33%。共计为消费者挽回经济损失346.39万元。

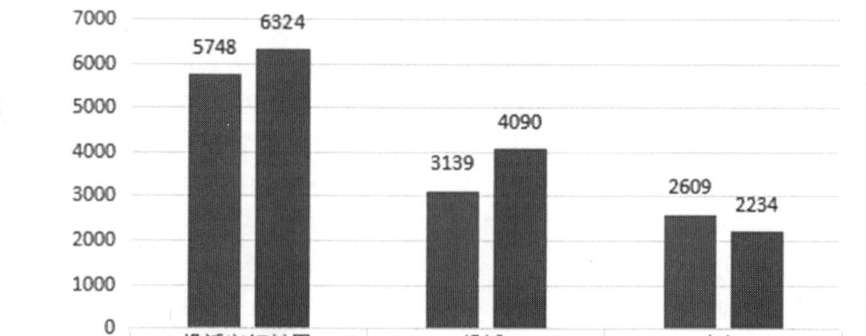

	投诉举报总量	投诉	举报
■2020年	5748	3139	2609
■2021年	6324	4090	2234

■2020年 ■2021年

2020年、2021年宁海县消费投诉举报件情况统计表（单位：件）

相较于2020年，2021年消费投诉举报在数量和占比上的明显特点如下：一是整体数量继续攀升，看趋势投诉量依然大于举报量，二是投诉量仍持续增长，举报量有所回落，投诉量占比攀升。

举报量与去年相比有所回落，主要原因在于去年受新冠疫情影响，关于口罩、食品、防疫用品的质量、价格等方面举报较多，直接导致去年的举报总量上升，今年已基本回归常态。

二、消费投诉情况分析

2021年共受理消费投诉4090件，比上年度增加951件，同比增加30.30%，占投诉举报量的64.67%。

1. 按投诉的类别分

其中商品类投诉3437件，同比上升47.38%，占投诉总量的84.03%；服务类投诉653件，同比下降19.08%，占投诉总量的15.97%。

商品消费投诉按销售方式分：实体店铺销售1524件，同比上升18.23%；网络销售1913件，同比上升83.41%。

表11　　2021年商品、服务类投诉情况分析表

类　别	2020年投诉量（件）	2021年投诉量（件）	2021年投诉量占比	同比增幅
商品类	2332	3437	84.03%	47.38%
服务类	807	653	15.97%	-19.08%
合　计	3139	4090	100%	30.30%

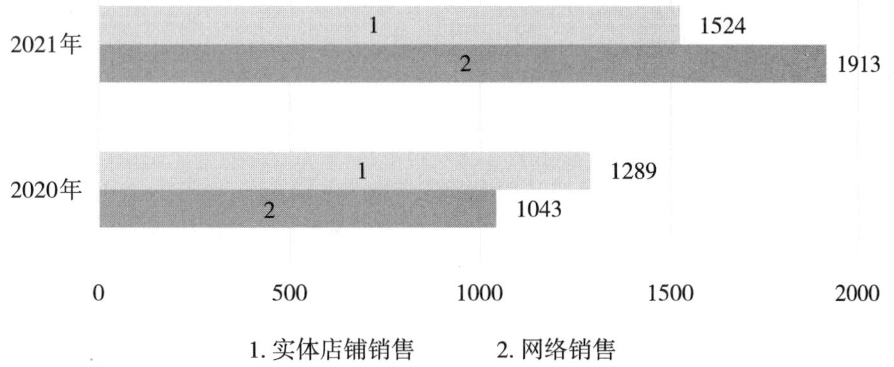

2020年、2021年商品类投诉对比

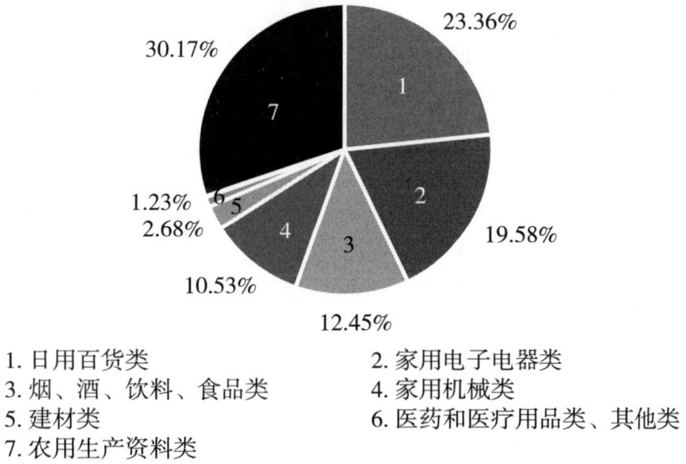

2021年商品类投诉

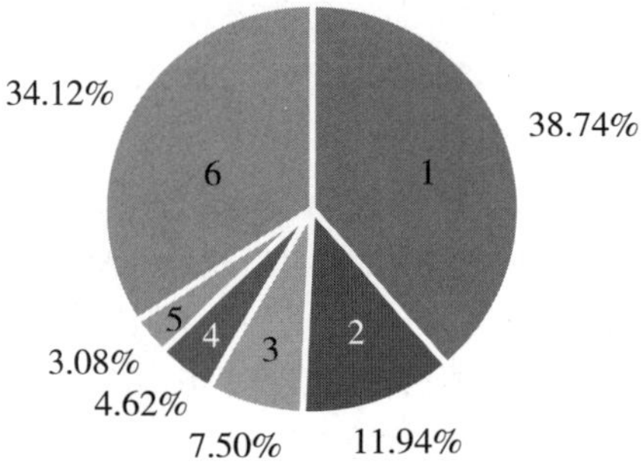

2021 年服务类投诉

2. 按投诉性质分

按投诉受理问题类别来看，消费投诉受理量居前三位的分别是：（1）质量问题投诉 1693 件，占比为 41.39%，同比上升 99.88%；（2）售后服务问题 427 件，占比 10.44%，同比下降 30.46%；（3）广告问题 137 件，占比 3.35%，同比下降 74.86%。

表 12　　2021 年质量、售后服务及广告问题投诉情况分析表

序号	投诉性质排名	2020 年投诉量（件）	2021 年投诉量（件）	2021 年投诉量占比	同比增幅
1	质量问题	847	1693	41.39%	99.88%
2	售后服务问题	614	427	10.44%	-30.46%
3	广告问题	545	137	3.35%	-74.86%

三、举报情况分析

全年共受理举报 2234 件，同比下降 14.37%，占全部举报投诉的 35.33%。

举报问题居前三位的分别为：（1）举报违反广告管理法规行为，共计 1077 件，占总举报量的 48.21%；（2）举报产品质量违法行为共计 287 件，占总举报量的 12.85%；（3）举报违反登记管理行为共计 101 件，占总举报量的 4.52%。

表 13　　2021 年举报违法问题情况分析表

序号	举报问题类别	2020 年举报量（件）	2021 年举报量（件）	2021 年举报量占比	同比增幅
1	广告违法行为	1630	1077	48.21%	-33.93%
2	产品质量违法行为	273	287	12.85%	5.13%
3	违反登记管理行为	74	101	4.52%	36.49%

四、ODR 企业投诉举报分析

为推进企业主体责任，加强诚信经营，近来来宁海县积极建设在线纠纷调解企业（ODR 企业）。截至当前，宁海县共有 87 家 ODR 企业，其中 2021 年新增 21 家。2020 年全县 ODR 企业于线上自行接收消费者投诉 44 件，2021 年全县 ODR 企业于线上自行接收消费者投诉 23 件。从数据显示，近年来 ODR 企业产品质量及服务水平得到有效的提升。

五、投诉举报的特点和存在的问题

1. 日用百货类投诉居首位并在持续增长。争议主要集中在以下几个方面：一是服装鞋帽类的质量问题，服装类存在面料起球、褪色、开线、破洞、面料成分不实等质量问题；鞋类存在鞋面开裂、脱胶、断跟等质量问题；以及商品出现质量问题时商家的履行售后服务承诺和三包义务等问题；二是家具产品出现质量问题以及商家未按约定时

间送货，或者送货的型号与购买的型号不相符；三是文化、运动、娱乐类用品的质量及售后服务争议；四是美容行业化妆品涉嫌诱导消费及与宣称效果不符问题。

2. 家用电子电器类投诉问题依然突出。主要集中体现在以下方面：一是家用电器的质量及三包售后问题，消费者对超出退换货时限只能进行免费维修的电器产生的纠纷；二是家用电器在交付时，商家未作提醒、消费者未及时进行验收，交付后发现电器有磕碰而产生的纠纷；三是通信类产品，购买后出现质量问题，消费者对商家提供的检测数据存疑及检测时间过长引发的纠纷；四是手机产品换屏维修时涉及到是否为原装屏问题。

3. 食品和餐饮的投诉热度不减，餐饮行业职业举报大幅增长。随着人们生活水平的不断提高，大家也越来越重视食品的安全和品质。主要反映问题有：一是生产或者经营过期、变质、失效食品；二是部分餐饮店存在食材不新鲜、腐败、变质、含有异物、食用后出现身体不适等；三是餐饮场所卫生条件差，餐具不洁，从业人员不规范操作等；四是网络订餐存在混有异物、图片和实物存在较大区别、餐饮外包装破损、送餐延误等；五是餐饮行业职业举报大幅增长，大量的餐饮店无凉菜经营范围，经营者在经营拍黄瓜、皮蛋、裱花蛋糕等超范围经营。

4. 家用机械类投诉持续攀升，新能源汽车销售模式出现新型纠纷。主要集中在以下几点：一是出现大量“以租代售”的新能源车无法转户问题，由于新能源车的补贴，部门地区对转户进行限制，导致消费者不能及时转户引发纠纷，还存在大量已上牌实质未使用过的新能源车，其首次的销售不在本地，发生消费纠纷，维权难，处理难度大；二是近些年新能源电动汽车电池昂贵、动力电池故障较多；产业链还不完整，后续维修困难；实际续驶里程不准，销售合同不规范；还存在个人驾驶习惯不同、汽车内在质量问题导致投诉量居高不下；三是，因汽车芯片供应短缺，汽车产量减少，汽车销售公司对车辆供应需求情况预判不足、利益上的短视，无法如期交车，消费者要求退还定金并予以赔偿。

5. 网络购物投诉举报大幅增长，消费新业态催生“查无下落”现象。“宅”经济促进网络购物的迅速发展，网购商品投诉比例也大幅攀升。由此滋生的新的商业模式如“直播带货”等，也产生诸多问题。一是直播产品信息不匹配，部分主播夸大宣传，故意隐瞒产品瑕疵；二是货不对版，甚至存在销售“三无”产品，售后无保障，主播、平台与商家相互推诿；三是出现虚假电商，消费者按照直播店家提供的网址链接到不明的店铺进行支付，无法查找到消费者所诉的商家及经营者，导致查无下落。

安全生产监督管理

【概况】 统筹发展与安全，严格落实安全生产各项决策部署，进一步压实安全生产监管责任，筑牢基层防灾减灾防线，强化刚性监管执法，提升全民安全素养，推进数字化改革，迅速推进“双抓双比”专项行动，狠抓各行业领域安全生产工作。成功应对“6·13”“驴友”受困救援，台风“烟花”“灿都”防御，“7·31”暴雨袭击等重大突发事件与灾害天气。

全年发生生产安全事故14起、死亡11人、受伤4人。其中，工矿领域事故5起、死亡6人；道路运输领域事故8起、死亡4人；建设施工领域事故1起、死亡1人。消防安全方面，共接警757起，同比上升19.4%。其中火灾373起，同

9月17日，县应急管理局行政执法队揭牌仪式举行

比下降6.1%，火灾上升势头得到有效遏制。

【体制机制改革】 落实党政领导切实履行安全生产责任，进一步理顺体系、厘清职责，提升安全生产治理专业化、精细化能力。强化县安委会、专委会统筹协调、议事会商和督促指导作用发挥，力求制度、措施、要求落实落地。

完善责任体系。调整成立由5位副县长和县委宣传部部长等县党政分管领导担任主任的10个专业委员会，系统形成安委会统筹、专委会管理的“1+10”大安全架构，确保各行业领域安全监管职责全覆盖、无盲区。

健全工作机制。出台《宁海县安全生产委员会关于明确安全生产委员会组织结构设置及工作规则与组成人员的通知》，进一步明确各专委会工作职责以及工作、报告、会议、检查等制度。

加强督查问效。采用提醒建议、工作督办、警示约谈等措施，对责任落实不到位、工作推进滞后的成员单位开展专项督查，下发督办单23份、风险提示单2份。

【提升基层基础】 加强基层应急管理体系和能力建设。紧盯队伍建设、人员配备、经费保障等重难点问题，迎难而上，稳步推进各项任务。

抓基层应急管理体制改革。各乡镇（街道）建立由党政主要负责人为主任的应急管理委员会，整合基层安全生产和消防安全委员会成立安消委，形成统一领导、职责明晰、指挥高效、运转顺畅的基层应急管理体系。

落实应急所按照在编专职人员4~7名、编外人员3~5名标准配置到位、专岗专职。对应急所新招录

6月5日，2021年“安全生产月”启动仪式暨广场咨询日活动在县青少年活动中心广场举行

19名事业干部分批进行3个月集中业务轮岗培训，发挥局干部“传帮带”作用，通过深入学业务、一线强锻炼，综合提升乡镇应急所队伍能力。

抓站所一体化建设。协调县财政和属地政府，梅林、岔路、黄坛应急所均建成独立办公楼，其中梅林、岔路跻身基层应急管理样板乡镇。实现应急所与消防队所队合一，通过“消地协同、同训同练、统一指挥、共同战斗”新模式，有效强化工作合力。

抓综合应急救援队建设。以乡镇（街道）专职消防队和森林消防队为基干力量，组建“一专多能、一队多用”综合应急救援队。以梅林、跃龙等重点镇街为核心建立4支综合应急救援队100人，通过中心建强，辐射周边乡镇。在岔路、黄坛组建2支市直属综合森林火灾应急救援队，初步建成基层快速响应救援圈。岔路综合应急救援队通过验收，正式纳入市级直属序列。

抓民间救援队伍培育。在原有5支民间救援队伍基础上，新培育1支“蓝天”救援队。民间救援队伍有183人，后备志愿者468人。参与救援90余起，救援走失或被困人员100余人，服务时长1200余小时。参与完成被困“驴友”救援和“7·31”暴雨处置，台风“烟花”期间积极驰援兄弟县（市）区，表现突出，在各类应急救援中发挥重要作用。

【专项行动】 统筹推进以“遏重大”为重点的三年行动，与消防安全百日攻坚、工业全域治理等深度融合，强力推进重点领域专项行动。“遏重大”攻坚战计359项重点任务和三年行动151项年度任务均已完成。排查隐患41250条，整改41073条，行政处罚1957家，罚款1407.3万元，警示约谈27家。

配合推进工业全域治理。摸排30个工业聚集点内的生产经营单位，排查涉及五金、文具、家具制造等行业领域的企业992家，全部纳入风险辨识管控范畴。淘汰安全和能耗不达标的8吨级高温熔炉2台。对50家涉及有限空间企业、3家“低散乱”企业实施综合整治提升。行政处罚企业57家，罚款144万元，责令暂时停产停业整顿129家，逐步推动安全生产水平迭代

升级。

开展安全隐患大排查大整治行动。从严从实开展“平安护航建党百年”安全隐患大排查大整治行动，确保问题见底、整改闭环、监管长效。行动期间，检查企业5948余家，整改管控各类隐患9172处，立案38起，罚款107.75万元，责令停产停业21家。

科学开展安全生产风险普查。紧扣查准、查实、查全要求，按照“条块结合，分类实施”的方式开展8个重点领域安全生产风险普查工作。完成各重点领域安全生产风险普查工作，普查企业12487家，其中工矿企业8171家。通过普查全面摸清安全生产风险底数，界定规下企业的属地安全监管责任，提高企业主体自查自纠责任意识。

深入实施消防安全“百日攻坚”。聚焦城中村企业、沿街商铺、老旧小区、“三合一”场所、海绵泡沫企业等消防重点部位，开展2轮消防安全百日攻坚行动。排查重点单位（场所）7.9万余处，发现并整治隐患1.9万余处，安装智能充电桩1573处1.1万个，安装消火栓681个，整治“三合一”场所541处，累计拆违60万平方米。共处罚262家，罚款288万元，警示约谈278家。打造消防宣传新亮点，创建消防安全示范街23条。

【刚性执法】 强化执法刚性，以异地交叉集中执法、专家辅助执法、委托乡镇执法为举措，以专项执法行动为抓手，严查重处各类安全生产违法行为。监督检查企业852家，立案处罚255起，立案率为29.9%，事前处罚金额664.4万元，立案处罚数和处罚金额同比分别增加145.2%、293.7%，5万元以上案件19起。委托乡镇执法办案160起，处罚金额346.2万元，同比分别增加122%、394%。对134家信用等级为C、D级企业实现执法检查全覆盖。以涉爆粉尘、危化、厂中厂、高温熔融、喷涂等企业专项执法为重点，监督检查企业692家，罚款金额420万元，占总罚款比例63%。完成行刑衔接案件5起。行政拘留“无证电焊”作业人员11人，查封扣押危化品、烟花爆竹11批。

推动应急管理综合行政执法改革，深化转职能、转方式、转作风，统筹执法资源，强化执法力量，新增执法人员编制3名，完成应急管理综合行政执法队挂牌。监察大队队长获评全省涉危险作业罪案件查处优秀个人荣誉称号。

【数字化改革】 运用数字化手段，提升前端问题发现和后端处置能力，探索安全生产治理的新途径。

严格落实安全生产问题发现处置机制。紧盯问题发现处置这一生产安全事故防范关键，运用问题处置信息系统，做到监测问题及时认领，有问题主动起底，数据协同采集，整改闭环反馈。全县发现归集、核实问题线索5535项，全部完成督促整改和验收销号。

打造消防数能通平台。结合全县消防设施现状，按照“大场景、小切口”原则，联合县水务集团，积极打造消防数能通应用项目。形成政府监管、群众参与、企业维护与服务的消防数字化应用场景。应急水源管控子场景建设相对成熟，具备上线条件。

承接市局危化品使用单位储存应用场景建设。按照省市危化品储存场所全纳管、合规建、设施全、规范存要求，积极承接宁波市危化品全链条安全风险智控场景应用的子场景建设。初步完成建设方案设计，形成任务清单和工作流程图。梳理一二级任务17项，梳理确定各类指标87个，明确数源系统10个。

【宣教培训】 安全理论抓学习。全县干部利用“周二夜学”集中学习。举办全县应急管理和安全发展专题培训班，培训干部500余人，并纳入县委组织部主体班次培训计划。全面落实新安法宣贯工作，向各乡（镇、街道）、园区发放新安全法单行本、释义读本5000余册。

安全宣传抓行动。创新开展安全生产月“七个一”系列活动。通过举办安全生产月广场咨询日活动、安全生产知识竞赛、邀请知名企业家做安全生产倡议发言、开展“百屏千车万企”等系列活动，大力普及安全知识、增强全民安全意识。新建安全宣教体验馆2个，体验馆总数达到9个。创新打造“移动安全教育学院”，突破原有传统培训模式，开发各类可移动体验场景，让受训者亲身体验各种事故，增强培训体验感。

安全演练抓比武。组织开展危化品、高温熔融、森林防灭火等各类应急演练30余次。举行森林防灭火百人应急技能大比武和航空紧急医疗救援演练，进一步磨合部门协同、空地一体的航空应急救援机制，增强航空救援实战能力。

安全培训抓质量。深入开展百万产业工人大培训，完成率151.4%。实现危化、工矿以及高危行业的三类重点人员全覆盖。加大对企业教育培训情况的执法权重，处罚培训不力企业32家，罚款65万元。

【自然灾害防御】 防汛防台方面，成功完成“烟花”“灿都”等台风防御，及时召开复盘会议，系统复盘防汛防台各个环节、各个方面，全面查漏补缺。根据灾害性天气风险点，制定包括山塘水库、小流域山洪、城市内涝等20条台汛期防御工作重点任务清单。紧盯气象和山洪、地质灾害预报预警信息，严格落实应急叫应吹哨机制，打通预警信息发布4条渠道，实现各类灾害天气预警信息及时发布，全面发动群众做好防范工作。率先于全市建成1300平方米的县级应急物资装备储存中心，确保应急物资装备统一保管、规范管理。建立起以消防、公安、武装部为核心，民间队伍为补充的机动力量，实现灾害天气的快速抢险救援。

森林防灭火方面，坚持源头防控和末端管控相结合，督促各地配齐补足物资装备。队伍全面保持临战状态，坚持以练为战，将队伍培训演练纳入日常工作，提升森林火灾扑救能力。积极推动森林防灭火监管向数字化、智能化迈进，实现森林防灭火精密智控。寒潮防御方面，县减灾办组织开展专题会商会，系统评估雨雪冰冻对宁海县电力、交通、农业等行业领域造成的影响以及给安全生产工作带来的隐患。充分利用预警信息发布平台，及时发布雨雪冰冻等极端天气预警信息，督促各地各部门扎实落实寒潮防御措施。

9月3日，2021年宁波市综合森林火灾应急救援队伍现场推进会召开。与会人员首先观看2020年较大森林火灾全市跨区域拉动演练复盘视频，随后宁海县应急管理局局长何称松从组织领导、机制完善、队伍建设、防救一体、教育引导等多个方面就宁海森林防灭火体系和能力建设作汇报交流，各区、县、市就队伍建设情况轮流作交流发言。市森防指办主任、市应急管理局副局长王宏作总结发言，首先充分肯定宁海县的森林防灭火体系和能力建设工作，并对下步工作进行部署。王宏指出，各地队伍建设还存在发展不均衡、力量不足、建设标准不高等问题，全市森林防灭火队伍建设总体情况还不理想。下一步，各地要提高思想认识，通过宁海示范引领，切实加强队伍建设。一是要尽快推进队伍建设。各地要同步加强专业队伍、半专业队伍、民间救援队建设，通过市县联

6月11日，安全生产事故应急演练在梅林街道宁波浩柏铝钢有限公司举行

9月3日，宁波市综合森林火灾应急救援队伍建设现场推进会

建，在原有专职队伍基础上，提高标准，加大经费投入，固定人员编制，全力建成市直属综合森林火灾应急救援队。二是要尽快提升能力素质。要着力聚焦队伍能力提升，根据森林火灾扑救自有特点，将队伍培训作为日常工作，加大演练频次，真正做到以演促训、以练促战、练战结合。三是要尽早谋划冬防工作。各地要在冬防工作来临前积极谋划，根据省市预案谋划好本区域森林防灭火预案。加强冬防期前的宣传教育，适时开展专项行动，加强隐患排查，严格火源管控，严厉打击违法违规用火行为。

国资管理

【概况】 全县国资国企系统在县委、县政府的正确领导下，积极作为，国有经济稳中有升。国营企业39家，资产总额1834.72亿元，同比增长2.11%；净资产565.18亿元，同比增长1.99%；资产负债率69.20%，同比增加0.18个百分点；全年累计实现营业收入53.88亿元，同比增长20.52%；利润总额-5.72亿元，同比减亏24.14%。其中，6家县直属企业（国投集团、水务集团、城投集团、交通集团、文旅集团、科创集团）资产总额合计1029.86亿元，占全县国营企业总资产的56.13%，资产同比增加43.87亿元。资产总额在100亿元以上的企业有3家，分别是城投集团529.30亿元，交通集团190.75亿元，科创集团184.17亿元。

【改革举措】 优化布局结构。整合平台公司，完成组建南滨集团及后续相关工作。盘活行政事业房地产2.41亿元，注入城投、文旅集团。

推进全民所有制企业公司制改革。完成6家全民所有制企业公司制改制，收缴处置股权转让收益13376.29万元，并同步做好企业出资人变更、法人任免、章程修改、人员招聘等工作。

深化国企人事薪酬制度改革。出台实施企业劳动用工、公开招聘人员等相关办法，全面开展国营企业定岗定员工作，实现总量控制、精简优化目标；推进国企工资总额预算决定机制改革，并在5家企业试点推行，实现效益与工资增减同频。

加快企业市场化运作。各企业积极拓展经营板块，如国投集团的机动车检测业务、交通集团的矿产开发业务、公交公司的短途包车业务等稳步推进，自我造血能力不断提升。

【国资监管】 强化顶层设计。出台《关于进一步深化国企改革的若干意见》，制订《企业国有资产监督管理办法》，同步完善各项配套子制度，逐步构建1+N的监管制度体系。

加快监管职能转变。大力简政放权，加强清单化管理和事中事后监管，转变国资监管部门"管家婆"角色。深化机关"内跑"改革，中心与企业间8项高频办事事项100%实现"最多跑一次"。梳理清晰企业产权关系。按管理关系将分为直接监管、委托监管、指导监管三大类，实施分级管理、分类考核。组织实施国企功能定位和主业认定工作，拟将企业分为竞争类、功能类和公共服务类，做优国有资本布局结构。

规范企业财务管理。指导企业开展公款竞争性存放工作。强化国企银行账户管理，注销无效低效账户99个。每月组织国企存量余额占融资规模比重统计工作，通过数据分析，来实现对国营企业成本的控制和资金稳定双向掌控。完善国企采购管理机制，国营企业采购累计107笔，共计金额8.82亿元。细化国有资产网上交易核准，累计核准321笔，成交202笔，共计金额6729.44万元。

强化国企融资监管。重新修订国企融资管理办法，优化融资审核程序，严控融资利率，截至9月底，18家主要国企整体融资综合成本较2020年4月下降1.118个百分点。将乡镇（街道）和县直单位出资企业融资情况纳入全口径统计，实行事前备案，实现融资信息上下贯通。

加强国企投资管理。草拟国企投资管理办法，规范投资项目管理，强化项目立项审核，县国营企业工程项目立项128个，投资总金额70.35亿元。

抓好国企主体信用评级。整合优质企业资源，统筹安排评级计划，南滨集团和启诚公司获批AA+信用评级，水投公司、临北建设公司获批AA评级。县国企共有5家AA+，7家AA。

拓展融资渠道。充分利用市场融资工具，开展中票、短融、企业债等多渠道低成本融资。科创集团成功发行6亿元定向债务融资工具，发行期限为5年，发行利率4.99%；交通获得中国银行间市场交易商协会短期融资券注册发行批文，获批发行5亿元，为宁海首家获批公开发行短期融资券的国营企业。

【党建工作】 党的政治建设持续深化。认真学习习近平新时代中国特色社会主义思想和中共十九届历次全会精神，落实党组织书记述职评议考核。高标准开展党史学习教育，抓实中心组学习、“周二夜学”等规定动作，组织“一名干部一个课题”进企调研解难题活动。

党建工作与国企改革不断融合。组织开展国企党建基础管理现状调研，牵头起草国企党建工作指导意见，调整优化县属国企基层党组织，系统推进国企党建归口管理。

基层党组织有力夯实。加快升级“覆盖提质”“一企一特色”工程，建成五星党组织7个、四星党组织21个，培育特色品牌、示范阵地13个。

人才强企战略深入实施。全县国资系统8人进入市国营企业“五个一”优秀人才第三批人才库。联合县委组织部、党校共同举办国企管理人员综合能力素质提升培训班，提升干部队伍能力素质。

清廉国企建设有力推进。组织开展全县国企领域八个方面专项治理工作，优化净化国企发展环境。通过建立协同机制，将纪检监察融入国资监管体系，与监事会监督、法务监督、内部审计等形成“一前一后”监督工作闭环。

10月9日，全县国资国企系统“双抓双比”专项行动推进会暨深化国企改革阶段性部署会现场

统　计

【概况】 坚持以习近平新时代中国特色社会主义思想为指导，紧紧围绕市县重大决策部署，以强基础、严质量、优服务、求创新的工作目标，为全县经济社会高质量发展提供优质统计保障。获评“第七次全国人口普查省级成绩突出集体”“县党群同心圆志愿服务先进党组织”“清廉机关、模范机关创建示范单位”等荣誉称号。

【防惩统计造假】 坚守责任担当，压实防惩统计造假责任体系。

出台《宁海县防范和惩治统计造假、弄虚作假责任制实施办法》，进一步明确细化防惩统计造假、弄虚作假的任务、措施和责任主体。

严格落实《宁海县统计数据质量管控办法》，做到即报即审即核，查询力度、密度不断加大，对重点行业、重点企业以及重点经济指标开展监测和评估。同时采用“双随机”抽查、掌上执法等多种方式开展随机检查、重点检查，促使统计执法常态化、随机化，对违法案子加大处罚力度，利用浙江政务服务网提高公开曝光率，提高《统计法》威慑作用。“双随机”抽查55家，重点检查12家，对其中7家有统计违法行为的单位进行行政处罚。

法制宣传。县、乡镇（街道）、部门各级领导均专题学习习近平总书记关于统计工作的指示批示精神及《意见》《办法》《规定》三个制度性文件，并结合主体班次、“周二夜学”等载体加强对统计知识的宣传与渗透。同时，推进统计法进党校，在周末课堂、新提拔领导干部任职培训班中均开设统计专题课程。

【统计服务】 围绕高质量发展建设共同富裕标杆县有关目标要求，开展共同富裕相关指标的解读、研究、分析。跟踪监测“十四五”规划“进度表”，以全面扎实的数据、精准科学的参谋，助推县域发展。

助力“双抓双比”专项行动，围绕四张报表，抓好各项指标数据的采集、审核、测算、分析等工作，针对性调动一线工作积极性，统计服务指导更有针对性。

做深“3+X”联席会议制度。充分发挥发改、经信、住建等多部门职能，对各项GDP支撑指标进行密切跟踪和监测，做到“事前有计划、事中有落实、事后有监督”，形成工作合力。召开20余次经济联席会议。

【统计调研】 加强分析研究，不断

提升服务决策的能力和水平。

聚焦“新亮点”，打好“宁海牌”。积极总结提炼工作中的精品、特色、亮点，以文字形式展示工作，积极提炼总结“七人普”工作，形成“宁海经验”信息；收集整理宁海发展历程数据，以“数字”话发展，撰写建党百年宁海经济社会发展概况。

聚焦“重热难”，做大“小文章”。及时把握经济运行脉搏，主动搜集、整理分析社会经济活动中的重点、热点和难点问题，做好预警监测，提升统计快报、专报等统计产品质量。形成《2020年宁海县经济运行情况简析》，获县长批示“2020年经济运行取得的成绩来之不易，经济战线的各部门做了大量卓有成效的工作，应予肯定”；聚焦能源“双控”工作，及时分析形成《1—8月全县规模以上工业能耗分析》，县长批示“这份材料好，数据背后有深层次原因”；分析2020年宁海县人才总量相关情况，形成《2020年度宁海县人才资源总量浅析》，县长批示“全县上下要提高对人才资源工作的重视度，营造一个更好的人才环境”。

聚焦“人文情”，唱响“文化曲”。积极鼓励统计干部撰写文化文章，并以征文比赛、微型党课等形式展示。结合党史学习教育，在市局举行的“‘数’说发展颂党恩”微型党课比赛中获得三等奖。在省、市统计局系统“感悟百年党史、争当数海先锋”主题征文中分别获得全省二等奖，全市一等奖、二等奖。统计文化被国家、省、市局分别录用1篇、1篇、6篇；统计分析被市局录用2篇；政务信息被省局录用13篇，市局录用56篇，前三季度政务信息工作全市排名第四。

审　计

【概况】 全年完成审计项目119个，查出主要问题金额2.21亿元，其中管理不规范金额2.06亿元，审计促进整改落实有关问题金额3085万元，增收节支2781万元。移送司法机关、纪检监察机关和有关部门处理事项13件，移送处理人员13人，移送处理金额1873万元；审计提出建议266条，被采纳260条；促进被审计单位制定、完善规章制度21项。

【专业审计】 抓公共资金提质增效。聚焦落实预算法，开展预算执行审计和财政决算审计、三公经费审计，发现非税收入未及时缴入国库、专项债券资金支出进度缓慢等问题，有效防范金融风险，提升资金管理绩效。实施公务用车专项审计调查，规范公务用车管理。在乡镇财政决算中关注往来款项，激活沉淀资金。

抓民生项目提级惠民。推进投资审计持续转型，开展G228宁海西店至桃源段公路工程PPP项目、科技区块汽配创业园工程预算执行审计等4个项目，关注提升民众获得感。实施年度住房公积金管理情况审计，建议及时完成住房公积金贷款审核业务，深入落实“最多跑一次”政策，提升群众幸福感。

抓内部审计提升进阶。实施62个内审项目，涉及专项资金、财务收支、项目建设等，促进内审从“有没有”转向“好不好”“优不优”发展，发挥内部审计源头防控作用。建立内审服务清单，对93家部门单位实施“面对面”“点对点”服务指导，落实“国家审计+内部审计”协审工作，内审人员26人次参与。开展争先创优工作，对3家市级内部审计先进集体和2名市级内审先进工作者进行表彰，激

7月2日，县审计局在第七届宁波市审计系统青年论坛活动中获“优秀组织奖”

发内审人员比学赶超激情。

抓交办任务提速优化。配合上级审计机关做好年度全省社会保险基金审计、全市（城市管理）系统年度财政收支及运行情况进行专项审计，全力确保项目速效并进。配合县委对4个乡镇（街道）、部门开展巡察工作，提供审计专业支撑。

【经济责任审计】 聚焦“权力清单、责任清单、问题清单、成果清单”，对10名领导干部开展经责审计，查出主要问题金额8178万元，管理不规范金额7470万元。推进向县委审计委、县人大报告审计问题整改情况和向县委组织部专题汇报经责审计情况的“三报告”机制，县委出台《宁海县党政领导干部选拔任用分析研判和动议工作办法》《宁海县党政领导干部选拔任用民主推荐工作办法》等5项制度，强调常态化开展分析研判，要求综合运用经济责任审计成果，为选人用人提供依据和参考。开展村社财务收支审计项目98个，为选人用人提供依据和参考。

【政策跟踪审计】 紧扣三大攻坚战，围绕县委、县政府中心工作，开展领导干部自然资源资产离任（任中）审计，守好生态关，助推生态文明建设。结合“百村审计”工程，紧盯村级工程建设项目、惠农政策落实等重点，深入整治群众身边腐败和不正之风，推进“36条”落到实处，筑牢基层监督底盘，把权力关进“铁笼子”，助推“乡村振兴”战略实施。

【审计管理】 抓立体化质量管理。制定《审计文件材料立卷归档操作细则》《审计业务会议操作办法》等4项制度，织密制度笼子。抓审计风险防控，规范审计流程，保证审计业务的统一性、规范性、程序性。推进审计法规全过程审理工作，夯实质量分级控制责任，为依法审计提供保障。

抓精准化整改提升。成立“重大审计问题清单”工作专班，建立“问题、目标、责任、整改、时限、成效”6张清单，涉及41项内容，提升审计整改的实时化和动态化管理。借县委审计委领导工作批示、县人大监督，县政府专项督查之力强化整改推进落实；汇报经责审计年度发现问题，借组织部督责之力，对4家乡镇、部门单位相关负责人实施整改约谈；构建审计监督与纪检监察、巡视巡察、财政监督等贯通融合的联动机制，强化审计整改合力。通过“电话联”“账面核”“现场查”等方式推进抓整改落实，提交审计专报等17篇，领导批示26篇次，同比提升100%，促进机制制度的建立、修订、完善。

抓智慧化整体智治。着力配合开展整体智治改革新征程，推进审计数据集中存储、统一管理按照规范建立数据分析室，完成审计数据归集，打造审计数据资源库，变“零散”为“集中”，构建智慧审计。探索“在线审+现场审”模式，探水大数据审计。以“政策审计+”“经责审计+”“财政审计+”三大平台，实施嵌入式、“1+N”审计，对县本级预算执行和决算草案情况审计、经责审计、财政决算审计项目统筹同步实施，做到计划联动、工作共进、资源同享，力争一个年度一个单位最多进点一次，让“减负”能看得见、“增效”能感受到。

【干部队伍建设】 抓政治统领举旗铸魂。深入学习宣传贯彻中共十九届六中全会精神，将中共十九届六中全会精神作为审计工作的新航标，结合审计工作实际，指导审计工作创新发展。推进党史学习教育，建立领导小组，构建三级督责

4月6日，县委审计委员会召开第三次会议

机制，制订5项工作方案，打造初心课堂、先锋课堂、流动课堂，书画作品获省审计系统一、二、三等奖各1篇，1名干部被评为县优秀共产党员，1名干部获评市审计系统“最美审计人”称号。参与第七届宁波市审计系统青年论坛活动，荣膺“优秀组织奖”称号，在全县办公室系统业务比赛中荣膺三等奖。

抓廉政建设反腐倡廉。推进清廉审计建设，开展“为民用权型”清廉机关创建工作，严格遵守审计“四严禁”工作要求和审计“八不准”工作纪律，组织审计集中整训周活动、党纪党规学习月，推进“月度效能检查、季度廉政自查、中期工作研析、年度廉政回访”工作，构建廉政防控制系，筑牢廉政底线。打造阳光政务、阳光审计，政务信息公开133件，提高透明度，推进依法行政；受理依申请公开信息15件，实现事事有回音，件件有着落。

抓文明审计争先创优。积极投入“百家机关村村帮”“党群同心圆”活动，结对帮扶群众超30人次；参加“党群同心圆”活动人均近15次，名列全县前茅，被评为县“党群同心圆”志愿服务先进党组织；结对2名寒门学子，送上慰问金6400元。积极参与“文明县城”创建活动，按照“定点定岗、劝导引导、文明温馨”的要求，开展“审计闪耀‘志愿红’，齐心共创文明城”活动135次，参与超2500人次。每月开展一次“一户一策一干部”活动，通过座谈交流、走访群众等方式，着力解决当下群众最关心、最直接、最现实的“急难愁盼”问题，塑造审计为民形象。

海　关

【概况】 宁海海关坚决贯彻落实习近平总书记重要指示批示精神和党中央重大决策部署，认真落实上级党委各项工作要求，围绕“五关”建设，统筹推进疫情防控和促进外贸稳增长，扎实开展党史学习教育，深入推进全关“好—优—强”发展计划，谋强提升，图强奋进，严守国门安全，促进区域发展，凝聚队伍力量，较好完成全年各项工作任务。

海关注册备案企业2327家，新注册企业179家，注销82家，变更120家；审核进出口报关单249份，货值7063.53万元，征收税款743.6万元，同比增长3.6倍；属地货物出口监管4898批次，目的地事中进口查验65批次；签发原产地证1.54万份，同比增长19.9%，签证货值11.58亿美元，同比增长21.8%；辖区加工贸易企业内销征税396.92万元，同比增长143.57%，设立加工贸易手册256份，核销280份；监管公共保税仓入仓319.62万元、出仓387.88万元。

【强化监管】 坚持高压打私态势。制定“国门利剑2021”和“蓝天2021”行动方案，加强与地方相关部门合作，推进反走私综合治理。加强正面监管，强化对加工贸易、减免税等重点领域风险分析监测。全年共撰写风险分析报告2篇，移交走私、违规案件及线索8起，刑事立案2起、行政立案2起。

维护国门生物安全。深入开展“国门绿盾2021”专项行动，强化进境粮食后续监管，开展4次进境粮食储备库日常监管，截获47种次有害生物，其中检疫性有害生物7种次，在宁波关区疫情截获排名第五。推进动植检能力提升建设，增配植物检疫初筛实验室专项设备，提升属地监管能力。

严把进出口检验关。加强对进出口危险货物及包装、进口旧机电等敏感商品检验监管，检出4批次

9月9日，宁海海关与县市场监督管理局对辖区食品生产企业开展联合抽查

出口危险包装使用鉴定不符，4批次出口危险化学品不合格，查获1批次进口旧机电不合格。深入开展安全生产整治三年行动，开展进出口危险货物及其包装检验领域安全风险隐患大排查大整治等工作，压紧压实进出口危险货物及其包装检验监管责任。强化食品安全风险信息研判，采用信息数在宁波关区排名第三。

加强稽核查后续管控。深入推进两轮进口再生金属、跨境电商"断链刨根"等专项稽查行动，开展稽查作业13家次，其中进口再生金属行业专项稽查3家次，核查作业45家次。加强与地方联动配合，深挖打私线索，接受并移交县市场监管局提供的HPV疫苗走私风险线索。做好主动披露等海关惠企政策制度落实，提升企业自我管理水平，接受企业主动披露作业2家，追缴税款77.22万元。

8月25日，宁海海关收到海通食品（宁海）有限公司赠送的"真诚服务为企业　严格把关促发展"锦旗

【服务外贸】 强化创新突破促改革。原产地自助打印累计达7730份、涉及金额8.44亿美元，同比分别增长53.9%、40.6%，占比分别为50.0%、72.9%。积极做好属地纳税人管理试点工作，完成首份"以企业为单元"账册资质备案。促进出口跨境电商企业培育发展，完成首家跨境电商海外仓备案，受理辖区企业首票跨境电商9810业务。扩大进出口"提前申报"模式应用，进口、出口报关单提前申报占比分别为78.6%、68.2%。

加强政策宣贯促发展。积极发挥海关作用，顺利完成关级部门课题1个。建立关党委委员对口联系企业机制，对12家对口企业实现走访调研全覆盖，收集并解决问题18个。建立线上线下联动帮扶机制，在《今日宁海》开展6期业务政策介绍，联合县金融办、商务局等单位共同组织企业信用管理、跨境电商政策等线下培训。2021年累计走访企业40余家，开展政策宣讲7次，企业参与人数300余人。

强化信用培育促规范。辅导并办结2家高级认证企业重新认证，对1家新申请高级认证企业进行培育辅导，对不符合认证企业标准的24家企业调整信用等级。加强对拟上市企业信用状况调研工作，联合县金融办加强对上市后备企业海关信用管理政策宣贯培训。积极落实新海关信用管理办法，确定7家企业为今后3年高级认证企业重点培育对象。

加强统计研究促实效。加强"统计+研究"，做好县域外贸运行情况分析，积极开展重点商品与行业统计监测分析，有效发挥海关统计辅助决策作用，全年撰写统计监测分析10篇，宁海县外贸运行情况分析报告4篇。每月参与总署货运监管形势分析例会有关大宗散货商品分析材料撰写，《前7个月我国进口再生铜原料近百万吨对精炼铜进口替代作用明显》一文被总署《统计要情》录用。

做精技贸研究促成效。探索"技贸+风控"有效衔接，对橡皮、造型黏土等文具实施进出口安全风险监测评估，提交特别贸易关注2次，通报评议1次，均被总署采纳。参与署级课题《海关技术性贸易措施工作体系构建研究》，撰写技贸理论征文4篇，其中3篇获宁波海关征文二、三等奖及优秀奖。加强技贸信息分析，报送《技贸通报》58条，《国门时报》《技贸导刊》等技贸分析类文章37篇。

全年宁海县进出口331.6亿元，同比增长3.8%，其中进口20亿元、出口311.6亿元，同比分别增长30.2%和2.4%，基本实现稳中有进的预期目标。

【强化治理】 履行全面从严治党主体责任。切实加强党委班子建设，修订完善党委工作规则、党委班子议事清单、细化分解加强对"一把手"和领导班子监督措施等12项管理制度。扎实推进党建"强基提质"工程，按照"一科室一支部"

要求，优化支部设置，深入推进5个党建品牌创建成效。加强干部队伍建设，坚持党管干部原则，全年选拔交流科级干部4人，晋升职级8人。严肃党内政治生活，认真开好党委民主生活会，严格执行“三会一课”、主题党日、谈心谈话等制度。推选宁波海关1个先进基层党组织和1个优秀党务工作者，开展本级“两优一先”评选。

全面提升依法行政水平。制定《宁海海关学习宣传贯彻习近平法治思想工作方案》，细化具体举措，引导干部职工学深悟透做实。扎实推进年度普法计划任务，坚持党委中心组集体学法制度，制定宁海海关《2021年普法工作计划》及《普法责任清单》，邀请关区公职律师进行专题法制培训1次。全年完成5份经济合同评审，对内普法学习61次，对外普法宣传26次，拍制作法制微讲堂1次。

全面推进清廉海关建设。扎实推进“现场监管与外勤执法权力寻租”专项整治工作，排查廉政风险4条、建立重点关注岗位4个。深入开展“严肃党风党纪　严明纪法意识　严防权力寻租”警示教育活动和“纪法教育基层行”宣讲活动；持之以恒抓好纪律作风建设，制定纠治酒驾醉驾相关方案，严防酒驾醉驾情事。深化运用监督执纪“四种形态”特别是第一种形态，对3人次开展提醒谈话。

全面加强执法一线科长建设。主要负责同志全年1次对执法一线科长进行集体廉政谈话，每月2次进行监督提醒教育，全年累计“一对一”对4名执法一线科长谈心谈话16次以上，对执法一线科室实地专题调研检查指导10次以上。全面落实执法一线党员科长兼任支部书记要求，筑牢党建与业务一体，建强管理根基。建立执法一线科长参加关党委中心组理论学习（扩大）会制度，全年组织开展专题学习12次。优先选派执法一线科长参加各类提能培训4人次，优先选拔优秀执法一线科长参评各类先进评比3人次。轮岗交流优秀执法一线科长3人次，其中30岁以下1人次。

全面提升队伍能力素质。组织全员开展“学习强国”、“钉钉”、岗位练兵等多渠道学习，2021年，共开展内部业务培训10次，学时学分完成率100%。在成功转复评“浙江省文明单位”的基础上，及时启动全国文明单位创建工作，制订三年工作计划。加强外部监督，召开特约监督员座谈会，征集各界尤其是服务对象意见建议。深化文明窗口建设，广泛参与宁海县全国文明城市创建及国家卫生县城复审志愿服务活动，开展志愿服务38次，参与人数250余人次。做好与“两区（县）两村”结对共建工作，累计向天台县坦头镇五百村“一关一户”对口帮扶家庭捐款捐物4万余元。

全面巩固内控机制建设。严格落实“科室自控+监督检查”工作机制，全年共召开党风廉政风险分析会议2次，查发问题24个，落实执法、非执法领域内控项目13个，发现并整改问题30个。聚焦中央重大决策部署，完成企业管理、稽核查工作措施落实情况等专项督查3个，配合宁波海关专项审计开展专项督查1次，发现并整改问题13个。强化内控节点岗位清单式管理，推动内控节点有效运用，2021年，HLS2017系统共处置异常数据有效数52个，处置异常数据有效率91.2%，纠正业务差错46次，有效运用内控节点50个。

全面强化基础保障能力。积极推进新业务用房后续完善、分步启用工作，深化与地方政府的沟通联系。认真贯彻落实过“紧日子”要求，做好预算统筹管理，切实提高财政资金使用效益。积极落实垃圾分类工作，深入打造节约型机关创建。进一步提升关区与实验室队伍、资源和保障“三统筹”管理，协助实验室与属地加强合作、拓展业务，全力支持实验室做强“四具”特色，助推实验室业绩取得新

12月3日，宁海海关开展2021年“宪法宣传周”活动

高，在疫情持续影响的外部压力下全年委托检测计费仍然实现增长1.8%。

坚持落实“第一议题”制度。持续巩固每月形势分析及工作督查例会制度，第一时间学习贯彻落实习近平总书记重要指示批示精神，抓好在统筹推进新冠肺炎疫情防控和经济社会发展、党史学习教育、打击象牙等濒危物种及其制品走私等方面责任落实，全年开展专题研究12次，对相关工作开展专项督查13项。

扎实开展党史学习教育。党委理论学习中心组发挥领学促学作用，深入学习贯彻习近平在庆祝中国共产党成立100周年大会上的讲话精神，召开党委理论学习中心组（含扩大）学习65次，开展党史专题研讨4次，撰写发言材料16篇，讲授专题党课4次。组织举办“海关学苑·道德讲坛”暨党史学习教育专题讲座6次，党史宣讲1次，形成心得体会6篇。召开党史学习教育专题组织生活会5次，查摆问题15个、制订整改措施23条。扎实推进“我为群众办实事”实践活动，全部完成3大工程15个项目以及党委委员领衔的4个重点项目，中央和地方媒体报道10次。

持续抓好巡视巡察整改工作。每月形势分析和工作督查例会对巡视、巡视“回头看”等举一反三整改任务以及巡察整改落实情况进行阶段性检视，同时党委班子成员全年2次下沉一级对各部门相关整改任务落实情况进行跟踪督查调研。涉及巡视整改7个方面、19个具体整改任务，巡视“回头看”5个方面、27个具体整改任务，以及巡察整改3个方面、17个具体整改任务已全部落实。

全力筑牢疫情防控防线。从严从紧抓好常态化疫情防控工作，加强“小门”管理，严格执行外来人员登记及风险排查要求，从严控制干部职工出行，规范做好一线关员安全防护工作。积极推进新冠病毒疫苗接种工作，加强针应接尽接接种比例达到100%。研究制定《宁海海关人员新冠肺炎疫情应急处置有关措施》等工作措施，开展模拟桌面推演，全年推荐选派2名优秀处（科）级领导干部赴口岸新冠肺炎疫情防控一线支援工作。

城乡建设和管理

城乡建设

【概况】 围绕创建全国文明城市目标，始终致力于提升城市品质和能级，推动城乡建设事业发展取得积极成效。

【基础设施建设】 在重点项目实施过程中，分解细化每个项目进度计划，克服资金及政策处理瓶颈，形成抢进度浓厚氛围。

重点开展三大行动。开展道路建设提质行动。基本建成县后巷、梅轩路、南门大桥等12条市政道路桥梁，持续推进梅林南路等3条续建市政道路。根据创城需要，抢建时代大道人行道维修等26个零星市政项目。开展园林绿化提质行动。精心实施城市“增绿添彩”，对部分公园及道路绿地进行改造提升，天明湖公园二期完成绿化等80%工程量，建成海绵城市2.05平方千米，建成省级绿道14千米。开展小区设施提质行动。以改造道路绿地、停车泊位、配套管线、环卫设施、消防设施等基础设施为重点，启动北星片区等40个小区（点位）改造（包括微改造项目），涉及户数1095户，建筑面积11.9万平方米；完成浦西等7个小区改造工作，完成23个物业小区雨污分流改造，华庭家园小区改造方案编制完成。

【新城市中心区建设】 城市有机更新持续推进，稳步推进新城市中心区建设。

完成14个新城项目年度投资25.48亿元，投资完成率91.1%，潘天寿艺术中心、文化中心、奇精总部大厦等项目主体结顶。

稳步推进特色街区创建。按照全市“精特亮”创建工作推进会要求，围绕既定计划狠抓特色街区在建进度，“环天明湖商圈”有18个子项目，其中9个子项目前期已建成，另外9个子项目正在全力推进建设，努力扮靓宁海城市名片。

稳步推进未来社区建设。谋划推进双水未来社区，加强横向纵向对接，加快拆迁清零工作；对塔山未来社区周边区域进行改造提升，完善公共服务配套设施，各项前期工作基本完成。

稳步推进城中村改造。九顷洋上陈村等8个城中村改造项目已签约249户、5.32万平方米，签约面积完成率98.1%；已拆除1148户、17.16万平方米，拆除面积完成率118.7%。梅林槐路村、半洋村超额完成拆除任务。

【美丽城镇创建】 坚持创建任务项目化、项目任务目标化导向，全面推动美丽城镇建设工作。全县163个美丽城镇建设项目全部按计划开工，完成投资32亿元，竣工项目69个，强蛟等6个乡镇已分三批完成省级验收。

深化农村环境整治。组织编制全县农村生活污水治理近期建设规划，全面摸清全县农村生活污水治理底数，督促落实36个自然村污水设施项目完成评审并开工。组织制定宁海县农村生活污水治理建设项目监管办法，从勘察设计、材料采购、施工企业资质、质量监管、资金管理等全过程提升监管水平。持续压实责任，新启动省级美丽宜居示范村4个，农房工业化试点村1个；启动许家山村“浙东民居”样板村培育，着手黄坛联溪村等农房改建试点。

深化农村危房整治。完成17.5万户房屋排查和系统录入，实现系统内录入情况村村破零，全面完成所排查农房安全鉴定。并将农村危房整治工作列入重要议事日程，全面完成70户农村危房的改造治理工作，将全县农村房屋全部纳入“农房+保险”服务。

【房地产市场】 房地产投资同比显著增长，完成房地产投资93.6亿元，同比增长28.2%；成交商品房面积78.9万平方米，同比下降11.1%。全县商品房库存为139万平方米，同比增加24%，消化周期为16个月；其中商品住宅库存为50万平方米，同比增长53%，消化周期为10.8个月，库存量增加，去化速度放缓。商品住宅成交均价有所上涨，成交均价为14574元/平方米，同比均价上涨13.5%。

修订完善公租房管理办法，对公租房保障对象进行扩面。开展公租房管理突出问题专项治理，停发33户不符合公租房保障条件的保障对象租赁补贴，对14户违规转租转借公租房住户进行清退。开展保障性租赁住房试点工作，完成新建改建租赁住房396套，盘活租赁住房1257套。建立房屋安全使用轮训机制，增强村、社区网格员农房安全管理意识，提高全民房屋安全使用意识。

组织开展历史建筑测绘和自然灾害风险普查工作，对全县117处历史建筑落实动态巡查机制。排查物业小区各类问题，突出问题导向、标准导向和结果导向，对楼道堆积物、车辆乱停放、圈地乱种菜等问题进行重点整改。

【建筑产业】 实现建筑业产值113.3亿元，同比增长9.2%，其中省内建筑业总产值109.2亿元，同比增长10.1%。

加强建筑市场管理，贯彻落实宁波市工程建设项目招投标评定分离有关文件精神，房建市政领域招投标本地企业市场占有率60%。

推进安全隐患大排查大整治。开展安全隐患及疫情防控大排查大整治专项行动，重点对全县316个在建工程项目进行常态化巡查监管，检查频率和签发整改通知书数较同期翻番。

督促整改质量安全隐患。组织工程竣工验收项目138项，竣工工程一次性验收合格率100%，创出县标化28个、市标化3个，创建县跃龙杯19个、市甬江杯2个、省钱江杯1个。组织建设工程消防验收43个，完成建设工程竣工消防备案111件，完成对11个工业厂房项目的补办踏勘检查。新开工装配式建筑20个，累计建筑面积54.54万平方米，其中装配式应用面积34.25万平方米。推进农村钢结构住宅，完成农村钢结构装配式住宅15幢、2945平方米。

房屋征收

【概况】 全县推进23项房屋征收、拆迁项目，完成签约324户，征迁面积约11.25万平方米。

【政策指引】 出台《宁海县执行〈宁波市国有土地上房屋征收评估技术规程补充规定（三）〉的补充规定》《宁海县人民政府办公室关于加强征迁项目管理的通知》《2021年度宁海县征迁考核工作加扣分办法》《关于宁海县各等级重置价格更新方案的通知》；修订完善《宁海县城市房屋拆迁有限公司采购管理办法》。

【征收拆迁】 旧城区改建、城中村改造、其他项目征迁工作推进良好。全年作出房屋征收决定项目7个，指导城中村改造实施方案1个。协助县政府作出补偿决定12件。完成房屋拆除面积约14万平方米，净地交付1处，完成出让地块2个，出让金额7.1亿元。

旧城区改建启动并完成签约项目5个，分别为西郊路拓宽工程1号地块、西郊路拓宽工程2号地块、郁金花园北地块、城区供电项目征收地块和桥头胡街道旧城区改造华驰文教地块。西大街南地块、水角凌地块、东大街北6—7号地块和山河岭屠宰场地块等续签遗留项目实现清零。西店镇零星中小企业（五期）和泉水三村道路房屋拆迁（一期）2个项目正持续推进中。

城中村改造，梅林街道九顷区块上陈自然村地块已完成193户（共195户），完成征收面积3.9万平方米。

其他征迁项目，甬临线岔路桐洲至桑洲麻岙岭段改道工程和溪边安置小区（黄坛14-3地块）项目2个项目已完成签约。

【拆迁安置】 全年从城投集团拨入套间589套、商铺9间。完成安置套房543套，商铺9间。水角凌地块、徐霞客广场北地块、山河岭屠宰场地块、环南中路2-3号地块、东大街北1-2号和6-7号地块等已签约户选房安置工作已基本完成。

【信访工作】 全年接收信访件191件，答复率100%，其中百姓事马上办81件、来电网信94件、来访来信14件、纪检信访2件。

【年度特色工作】 创新建立房屋拆除扬尘闭环治理，建立房屋拆除施工“拆前、拆中、拆后”闭环防治机制。拆前科学谋划，制订拆除施工方案，增加防污、安全等环节的评估工作，减少工程施工对周边环境的影响；建立扬尘污染“黑名单”制度，拆中严格防治，增加待拆除房屋、建筑垃圾清运场地的巡查检查。对多次发现违规操作，通过实施相应处罚、列入施工单位“黑名单”等方式，全力降低扬尘噪声污染。拆后精细管理，对拆后闲置的地块，因地制宜开展建设围挡、覆盖防尘网、绿植、建设公共停车位等推进工作，大风、晴朗天气加大洒水抑尘力度，或地块硬化、绿化，有效防止扬尘，营造良好的民生环境，提升城市面貌。

公共建设管理

【概况】 以各专项行动为契机，紧紧围绕考核目标要求，以周目标为节点，明确责任分工，细化工作举措，狠抓落实，奋力按下“快进键”，跑出项目工作“加速度”。秉持“安全第一，质量至上”理念，不断探索、创新、完善现场管理工作，筑牢质量安全生命线。做实、做细前期工作。强化沟通深化项目前期工作。紧扣项目关键节点，及时做好项目政府采购、合同签订及工程款资金分析、支付等事项，为整体项目推进服务争效。

6月23日，县委书记林坚（右三）赴深甽镇视察县精神康复中心暨深甽中心卫生院迁建工程等重点工程推进情况

【项目建设】 开展“三抢一增”专项行动。以浦西幼儿园、桥头胡幼儿园、桃源街道体育文化中心工程和桃源街道教育培训中心4个项目为重点，对项目前期方案论证、概算送审、施工图设计及审查、预算编制和施工招标等关键环节认真梳理，制定《县公建中心2021年“三抢一增”百日冲刺周计划表》，将项目推进计划表挂于中心走廊墙上，倒排工期、攻坚克难。要求自2021年8月至11月，完成四大重点项目“百日开工”的目标，完成年度计划投资5435万元，促进年度投资按计划完成。

开展“竣工项目扫尾百日攻坚”专项行动。中心聚焦35个已竣工移交项目中存在的问题，从8月初开始至10月上旬，持续100天时间，采取机制创新、责任倒逼和部门协调等有效措施，着力解决项目结算进度慢、消防验收难通过和资金难落实等方面存在的问题。完成竣工结算项目12个，（其中县一职高二期、职工之家已完成二审。）已完成或基本完成结算一审的项目10个，未提交竣工结算资料的4个。扫尾工作整体解决率达到60%以上。

开展“双抓双比”专项行动。县公建中心紧扣宁海县“双抓双比”专项行动，第一时间召开部署会，研究制定“双抓双比”专项行动方案，明确细化四季度“三张报表”工作清单，按照“四个定”要求，“三力齐发”攻坚历史难题，抢抓项目开工、稳定安全形势，打好政府性投资项目冲刺战。

【现场管理】 抓安全生产工作。安全生产情况基本面良好，未发生安全生产事故。继续抓好监理周工作例会制度和隐蔽工程旁站制度的落实，进一步明确参建各方的安全主体责任。充分发挥第三方安全服务单位的作用，对各在建工地按每两周一次的检查频率。查出隐患276项，整改276项，整改率为100%，主要隐患集中在施工用电、安全防护、重大机械等方面。同时每季度组织全中心项目负责人、施工、监理单位负责人召开安全生产大会，开展安全生产法规和各类安全措施知识的培训，并与各在建工地签订安全生产责任状，层层压实安全工作责任。

严格落实监理周工作例会制度和隐蔽工程旁站制度。为强化项目推进和项目管理，坚持每周召开工作例会，由项目责任人听取项目建设进度、质量、安全等相关情况，协调并督促参建单位落实工作，使项目建设任务更明确，措施更及时；建立隐蔽工程旁站制度，要求监理人员现场旁站监督，通过影像拍摄、录制等方式固化工程隐蔽部位施工工艺和用材情况，让项目隐蔽部位建设工作可追溯，使工程质量有保障。

落实特殊施工工艺审查。要求对基坑支模、高支模等部分施工危险性较大的环节进行施工方案专家论证，及时完善施工方案，促进施工安全进行。

【前期谋划】 根据年度建设任务，及时与县住建局、县教育局、县总工会、县消防大队等使用单位进行对接，充分发挥中心专业优势，对项目的功能定位、投资估算、设计理念、设计风格提出专业性建议，特别是在项目方案可研、初设、施工图审查、概预算报批、招投标等重要前期工作上，两个项目组积极主动、自我加压，深入分析每个项目具体情况，明确每个关键环节推进要求，定节点、定责任人、定时限、定措施，为前期工作的高效完成奠定基础。

推进《宁海县公共建设管理中心项目精细化管理手册》，加强对专业技术人员项目管理手册业务知识的培训，全面了解、掌握项目管理各项制度、工作流程、重点内容、关键环节的知识点，以县高级职业技术中心中学建设工程二期、三期等工程项目为试点，定期开展现场交流，确保现场质量安全检查标准化，提升专业技术人员项目精细化管理水平。

抓项目责任组管理。增设全过程项目人制度，由全过程项目人统筹各专业管理人员，协调设计与前期管理、审批办证管理、造价咨询管理、招投标管理、现场施工管理、设备（水、电、智能化、空调）管理等工作，负责从项目立项至项目竣工交付及后期维保等项目全过程所有管理工作。如深甽精神康复中心、城南消防站、桃源二小、桃源二中等项目，都安排项目全过程负责人和AB岗责任人，前期管理和建设管理人员都互相介人，互相熟悉各自的工作职责、程序、要点等，为项目的顺利开展打造坚实的制度流程，确保所有项目进度有序开展。

强化制度和阳光采购。上半年开始实施《县公建中心施工招标阶段大额PVC地板品牌选定试行办法》和《县公建中心施工招标阶段大额装修材料品牌选定试行办法》，试行对地板、瓷砖等使用量大、采购金额高的建材在预算品牌选定程序上进行规范。经过深甽精神康复中心、二职高三期的试行，初步证明效果较好，公平和阳光的模式，减少其他人为因素。

【投资管控】 进一步完善由使用单位负责采购项目的管理工作，严格按照县集中采购目录及采购限额标准执行。完成政府采购项目13个，采购内容主要包括空调、电梯、智能化、医用气体、柴油发电机、空气能等，采购预算为2831万元，实际完成采购金额约为1942.6万元，节约资金888.4万元，资金节约率为31.4%。

合同管理工作。在工程招标文件制定方面，组织各相关部门参加招标文件讨论，充分听取相关单位及专家意见，严格把好招标文件编制关，努力做到项目招标公平、公正，减少流标和投诉等情况。签订各类合同274个，合同金额约60290万元，合同签约率为100%。

财务决算工作。完成规划展览馆、宁西粮库、办证中心3个项目的竣工财务决算。

资金管理工作。实际到位资金25291.52万元，累计支付各类工程款48899.02万元。其中中心幼儿园、第二医院、辛岭公租房、深甽精神康复中心、梅林高级职业技术学校5个项目国债到位资金6907.05万元，累计到位27707.05万元，支出21578.72万元。

【党建工作】 扎实推进党史学习教育走深走实，提升学史力行成效。为切实推动党史学习教育扎实开展，在“学”“实”“严”上下功夫，引导党员干部转思想、提素质、重实践，促进党史学习教育常态化。

领导带头宣讲。中心第一时间召开党史学习教育动员会，并传达学习中央、省、市及县委党史学习教育会议精神，由中心领导班子领学《论中国共产党历史》《毛泽东邓小平江泽民胡锦涛关于中国共产党历史论述摘编》《习近平新时代中国特色社会主义思想学习问答》《中国共产党简史》等重点书籍，班子成员带头上党课，通过中心组学习、周二夜学、支部会议、全体干部职工会议等形式，充分发挥领学示范作用，推动党史学习教育上下齐抓、全面推进。

通过专题学习、“六个一”活动、“学习强国”App、“开展百年征程　峥嵘岁月”庆祝中国共产党成立100周年主题党日活动、个人撰写心得体会、参观象宁人民抗暴游击队指挥部遗址、柔石故居等爱国主义教育基地等线上、线下的多种学习方式，引导党员同志从百年历史中汲取智慧，努力提升党性修养，激励大家在岗位上奋发进取，担当作为。

抓好党建主体责任落实。中心党组书记认真落实党建“第一责任人”职责，把党建工作摆上重要议事日程，纳入年度工作计划，每年至少召开两次党组会议分析、研究基层党建重要工作和重大事项情况，强化对党建工作的安排部署及工作指导；班子成员切实履行“一岗双责”，抓好分管工作内的党建工作；支部书记按党建工作任务要求，积极抓好落实，形成齐抓共管的良好工作格局。

抓好党建制度落实。严肃党内政治生活，坚持“三会一课”、民主生活会、组织生活会、党员民主评议、主题党日活动等制度，认真开展批评和自我批评。创新“主题党日”活动形式，通过请党员领导干部、专家为党员讲党课，组织党员到红色教育基地、党建示范点、警示教育基地等进行现场教学，开展志愿服务、走访群众等活动，着力提升主题党日活动的效果。连续6年被评为同心圆先进集体，3名党员多次被评为同心圆先进个人。全年发布文明城市创建志愿活动75次，有1305人次党员干部职工参加环境整治志愿服务活动。

持之以恒打造清廉公建。按照中心《关于推进清廉公建建设锻造公建铁军的决定》设定目标，一张蓝图绘到底，持续开展清廉公建创建，认真落实廉政建设主任责任制。对工作中的重难点问题进行及时研究，细化工作举措，明确班子成员的职责范围和具体工作内容，层层签订责任书，形成一级抓一级，层层抓落实的工作格局，确保人人肩头有担子、项项工作有人抓、件件事情有落实，推动中心反腐倡廉各项工作的深入开展。强化公建铁军打造。充分发挥支部的先锋模范作用，积极开展“公建铁军”品牌创建活动。

7月28日，县公建中心开展“学党史、感恩党、跟党走”主题学习教育活动

城市管理

【概况】 宁海县综合行政执法局紧紧围绕市综合行政执法局和县委、县政府的总体部署和要求，按照年初制定的各项目标任务，高质量推进城市精细化管理、高标准开展综合执法改革实践、高效率抓好队伍规范化建设，深入推进文明城市创建、特色街区打造、数字化改革等重点中心工作，积极在常规工作中寻突破、在日常管理中促创新。

【精细管理】 精细管理水平迈上新台阶。

拓宽管理渠道，市容管控落实落细。强化智能应用整合，累计自建视频监控点位181个，共享公安视频监控近3000路，完成城管场景智能分析30路。探索“区域无人化”管理模式，在中山桥、淮河路等重要点位，设置10处喊话器，结合无人机动态巡逻及视频分析一体机，建立人、车、机一体巡查机制，实现城市监管从二维向三维转变。试点“双线”治理，在竹海中庭菜场周边安装监控设备，通过“线上监管+线下巡查”的方式，实现智能化、动态化、精细化治理，进一步提高精细管理实效。全年累计办理简易程序案件568件，一般程序案件780件，签订《宁波市市容环境卫生责任书》811份，书面整改1427起，清理垃圾杂物339车，暂扣物品695件。

抓实行业管理，设施管养提质提效。市政设施养护水平明显提高，修复路面1.98万平方米，完成50座城市桥梁、10条主次干道检测，整治道路隐患8353处，整治照明隐患2500余处，亮灯率99%以上；完成排水管网清淤300千米，排水管网CCTV检测230千米，安装排水检查井防坠网2500个。城区绿地养护能力显著提升，推进绿地网格化管养，完成白峤岭生态公园春季花海、气象北路花境节点及老化苗木改造提升等绿化补植5.2万平方米，新增景观小品13个，新增绿地养护面积19.9万平方米；开展正学公园、眠牛山公园水生态治理项目，治理面积10502平方米。环卫保洁质量不断显现，全年处置全县生活垃圾约26.04万吨，无害化处理率为100%，更换

18座公厕内隔断板，增设196个公厕导向牌，更新标识80余张，张贴标语牌2620张。

立足多维推动，便民服务走深走实。坚持犬只依法规范常态化管理，累计出动执法人员2925人次，捕捉流浪犬820只，教育不文明养犬行为302起；加强收容交接工作，共收容移送一般管理区域捕捉犬只637只；提高文明养犬宣传力度，利用城区6处LED电子屏播放文明养犬宣传视频，在城区范围内各公园、商业圈、小区周边，累计发放文明养犬宣传册1550份。关注民生需求，推进行政审批改革，2021年共审批办结行政许可1978件，按时办结率100%，无一超期办理事项，且所有事项100%实现“网上办”“掌上办”“一网通办”。推动“一事联办”，组织“临时出入口”联合勘查10次，完成“洗车开办”现场审查8家。推动排水许可改革，将“受理、审查、审核、办结、发证”5个环节优化为“承诺、发证”2个环节，精简至少8份申请材料，全年发放排水许可证书658张。

【综合执法】 综合执法领域实现新突破。

不断推进执法“三项制度”。落实重大行政执法决定法制审核制度，所有一般程序行政处罚案件均经过法制审核程序，并对重大疑难案件实行案审委员会集体讨论，全年组织集体讨论案件36起。落实执法全过程记录制度，实现全过程留痕和可回溯管理，配备执法记录装备504件，制作执法视频6261个。落实行政执法公示制度，做出行政处罚结果780件、行政许可决定1978件，均在浙江省政务服务网公开。

不断优化执法方式。全面应用浙江省综合行政执法办案系统，累计办理行政处罚案件2581件。推进PDA移动执法，实行简易案件一机办理，办理行政处罚简易程序案件568件。积极响应“一件事”场景应用改革，在县委编办和县矛调中心牵头下，完成省级一件事线上流转，梳理监管事项22个，匹配场景5个，通过浙江省行政执法监管平台完成一件事操作14件。推广“非接触性执法”，累计办理非现场执法案件37件，罚款金额29.86万元。

不断推进行政执法改革。成立宁海县综合行政执法改革领导小组，下设办公室，并成立“大综合一体化”行政执法改革工作专班，拟定《宁海县加快推进“大综合一体化”行政执法改革实施方案》。推进综合行政执法事项划转，梳理综合执法划转事项670项（《统一目录》488项、《扩展目录》182项）。

【中心工作】 重点中心工作常抓不懈。

高标准推进全国文明城市创建。成立创城指挥部，专班化运作；组建创城“青年突击队”，激励青年干部在城市管理工作中贡献青春力量。同时，开展环境卫生“大清洁”、违法行为“大执法”、市政设施“大维修”、园林绿化“大修剪”四大专项行动，整治各类占道经营24768处，书面整改727起，立案处罚296件，清理小广告45671处，施划人行道机动车停车位2802个，施划人行道非机动车停车位4.1万余平方米，设置人行道隔离护栏4万余米。

示范性推进精美街区创建。完成西子国际时尚街区外部环境提升扩初设计、可研及备案报告，公示招投标信息；第一批城市家具上线，红妆主题中央护栏亮相主街，方孝孺雕塑设计再细化；完成两大党建阵地建设，构建以“两新”党组织为节点的“1+N+X”联盟组织体系，实现联盟成员单位间组织、服务、力量“三融合”；深化文商旅融合，在地库、街区外围等设立宁海文化宣传栏；提升街区商户秩序，设立西子商圈红盾驿站，推行“街长制”自治管理模式，创建放心消费活动；加强商圈市场主体培育，激活商圈消费活力，累计新引进品牌41家，已开业40家。

扎实做好防台及汛期应急工作。在台风及汛期来临前做好应急预案，使用管道CCTV检测机器人对强降雨气候下城区排水管网堵点进行深度检测。自台风“烟花”以来，通过“人机接力”模式累计处理积水点位133处，协助其他单位应急排水100余次，通过智慧城管中心流转处置问题217起。星夜驰援余姚，迅速整合精干力量共14人驰援余姚救灾，累计排空积水22.2万立方米。

持续推进“垃圾分类”创建。上半年获市“市容环卫杯”行业评比优秀单位，创成一个省级生活垃圾示范片区，获评年度全省农村垃圾分类处理优胜县。累计创建市级生活垃圾分类示范小区72个，完成创建进度136%；创成年度省级高标准生活垃圾分类示范小区8个，创成市级生活垃圾分类示范党政机关和事业单位共412个，完成创建进度100%。

加速推进“三改一拆”相关工作。抓住拆违促安这个关键点，对重点区块内“低散乱”两小企业违法建筑进一步强化整治，全面深化“三改一拆”“无违建”创建工作成效。全年累计完成“三改”74.38万平方米，达到市级目标任务的211%；完成“一拆”192.45万平方米，达到市级目标任务的128.3%，强蛟镇、前童镇、西店镇、长街镇等4个镇获评宁波市第五批“无违建乡镇（街道）”。

【队伍建设】 队伍规范化建设展现新风貌。

坚持党建统领，筑牢思想政治教育阵地。以党史学习教育为契机，举办“忆百年荣光，谱城管新篇”局青年理论宣讲微型党课比赛，推送3位优秀选手参加县级比赛；抽选8名青年干部，打造“综合执法青年党史宣讲团”，赴基层社区、下属单位、第三方服务企业开展优秀党课巡讲活动；在局机关内部打造文化宣传栏、党建活动室以及“心廉心——综合执法的赤子之心”廉政主题长廊，在局机关外部设立党史学习教育公益广告4块，打造彩绘宣传墙一条，形成局机关内外部联动的党史学习教育良好氛围。

提升督察效能，夯实制度管人管事机制。严格遵守“双报告制度”，要求党员干部填写个人有关事项报告表。组织全体党员干部签订《移风易俗承诺书》，对于举办婚丧事宜的进行提醒谈话，对礼金簿进行备案，严格贯彻落实《宁海县党员、干部操办婚丧事宜若干规定》，2021年共有6人进行专项备案。深化效能督查工作实效，加大内部效能督查力度，每周不定期开展“正风肃纪”专项督查行动，2021年共组织实施督查30余次，刊出《督导通报》13期，共有59名执法辅助人员被评为协管之星并受到奖励，有效规范执法辅助人员的管理。

靓化队伍品牌，打造规范化执法中队。开展规范化中队建设工作，每月联合法制科对各基层中队进行检查，成功创建跃龙、桃源、桥头胡、梅林、长街、岔路、前童、黄坛、深甽、西店中队等省级文明规范公正基层中队10个。同时按照“八个方面”的总体要求，积极开展基层执法队所“最佳实践”创建，已申报建梅林中队、长街中队为“最佳实践”中队。开展“一队一品”三年创建活动，着力培育一批基层执法中队建设“精品”，确保有30%基层执法中队完成“一队一品”创建工作，2021年已推荐跃龙中队、桃源中队和梅林中队，参与全市第一批“一队一品”创建工作。

水务管理

【概况】 公司注册资本6000万元，宁海县城投集团有限公司占股83.33%，宁海县净源水处理投资有限公司占股16.67%。各类职工377人，其中正式职工241人、编外136人。

完成营业总收入2.81亿元，同比增加6.4%。6座集中式制水厂供水量6576万吨、售水量5433万吨，分别同比增长7.84%、10.02%。7座集中式污水处理厂累计处理污水4440万吨，日均处理12.19万吨，同比增长12.97%，平均运行负荷率为96%；COD削减6891.55吨，同比增长11.86%。

【基础设施建设】 完成投资25658万元用于民生重点工程项目，超标完成年度投资额。

城乡供水一体化格局全面形成。完成一户一表安装及改造6720户，铺设DN100毫米以上供水主管30.3千米；5月，桑洲镇实现大管网通水，标志着县城乡供水一体化全面形成。

污水处理设施增面扩量。城北污水处理厂四期扩建工程完成主体验收。宁东污水处理厂、长街污水处理厂、深甽污水处理厂、西店污水处理厂提标改造均已开工。斗门张、火炉山等城中村雨污分流改造工程均完工。

【保障供水】 优质供水保障有力。多举措严把水质关，对原水、出厂水进行24小时不间断在线监测，加强对管网末梢水及重点单位的水质检测频次，水质检测合格率均达到100%。

农饮水统管推进有力。介入运维农村水站97座，有效落实巡检记录等工作，水站出水合格率得到明显提升。

特殊时期护航有力。圆满完成跨年防寒抗冻应急工作，出动5203人次，抢修520处，提供更换和其他服务3910次。出台《宁海县二、三水厂抗旱供水应急预案》，全面统筹、有序应对春季旱情。加强值班值守工作和水质监测，有力确保县“两会”、中高考、节假日期间安全、优质、高效供水。

【污水管线管理】 完成城区12条道路污水管道CCTV检测并完成检测报告。2021年累计完成污水管网基础调查301.9千米；完成污水管网检测及疏通105千米。

农污运维实施有力。累计接收305个行政村（617个自然村）的农污设施，受益农户14.2万户。其中，新接收13个行政村（40个自然村）的农污设施，新增运维户数约0.93万户，完成年度330个村的农污设施标准化建设和110个村的农污设施整改的工作任务。

【强化数字赋能】 推进智能消火栓管理系统建设。通过智能消火栓管理模块开发，实现县域5409个市政消火栓的定位、动态管控、共享应用功能，增强供水应急保障能力。

推进智慧供水管理平台建设。新建供水管网漏损监测管理、二次供水管理平台、抄表无线远传和供水综合调度应用4项系统。与宁波市工业互联网研究院合作，开展与智慧水务相关的物联产品研发试点工作。设置76个压力流量监控点，通过GPRS无线远传至供水管网漏损监测系统，提升内部精细化管理水平，城区漏损率降至5.22%，有力保障供水管网的安全、稳定运行。

深化“最多跑一次”改革。持续在“网上办”“掌上办”上有效发力，不断增强线上办件比例，让更多群众享受“零次跑”的便利。继续实行不动产登记与水电气过户联办一件事，全年办理联合过户2592户，有效促进营商环境的优化。

宁海森林温泉旅游度假区

【概况】 以“百日攻坚”活动，加快推进国家级旅游度假区和省级特色小镇、省级旅游风情小镇创建工作。对照国家级旅游度假区1000分评分标准，明确60项重点工作98项具体工作任务，已完成或基本完成82项。宁海森林温泉旅游度假区获评省级考核优秀、首批“浙江省气候康养乡村”，宁海森林温泉小镇年度考评良好，创成第四批省级旅游风情小镇。在第五届金汤奖颁奖盛典上，宁海森林温泉荣获十佳温泉旅游目的地。

11月15日，宁海森林温泉旅游度假区管理中心收到质量管理体系认证和环境管理体系认证两张证书。

12月7日，第五届金汤奖颁奖盛典现场

12月20日，获评浙江省林业局公布的2021年度“浙江森林氧吧”、“宁海县森林温泉森林氧吧”称号。

【宁海森林温泉品牌营销】 宁海森林温泉旅游度假区在第五届金汤奖中获评十佳温泉旅游目的地称号，获首批“浙江省气候康养乡村”，入选第二季度全国夏季十大自驾游主题线、宁波市第十批休闲旅游基地，承办2021宁波体育产业推介促消费网络直播活动。举办《庆祝中国共产党成立100周年》——“水滴石穿”浙江省综合材料绘画邀请展、第五届宁波市当代艺术展

2月25日，省文旅厅资源开发处一行在宁海森林温泉度假区调研

等。联合中国地质大学浙江研究院、宁海县科学技术协会推出科普片《宁海森林温泉的那些事》，联合中国旅游协会温泉旅游分会、省矿联推出科普读本《百科泉书》。宁海安岚酒店自营业以来市场反响强烈，在第七届2022年度城市生活大赏中荣获年度目的地奢华酒店大奖、荣获公信力金榜2021年城市目的地最佳酒店、2021年度最佳度假酒店、2021最佳温泉酒店等多项荣誉称号。

【省级微改造精提升试点工作】 推出微改造三年行动实施方案和专项补助政策，完成度假区宁海方向、西店方向、镇区方向三条路线共计小品景观10处，宣传长廊5处；景区游步道提升及卧龙湿地改造工程12月底完成招投标；度假区旅游厕所2座新建、9座改建均在施工；完成度假区LOGO、口号、VI系统设计，完成新版宣传片、宣传册，推出笔记本、帆布袋、雨伞、充电器、水杯等文创产品，完成度假区网站改版和“智慧旅游”小程序。

【市级宁海森林温泉大道建设】 完成大道（深甽段）交通基础设施改造方案设计、评审、图纸深化和概算；完成沿线节点整治提升共计105处，推进沿线配套项目建设5处，完成约2.3万平方米沿线外立面提升整治；完成沙地自然村村口绿化、建筑外立面提升改造；完成集散中心一期东侧35亩地块场地平整及绿化种植。宁海森林温泉大道被评为市级首批最美“精品路线”。

【县级重大项目建设】 已完成投资6.2亿元。

新建项目。（一）宁海森林温泉旅游交通驿站（旅游集散中心二期）：总投资3000万元，项目占地15亩，拟建成深甽镇客运中转站、温泉广场等配套设施。完成15亩土地划拨手续；设计方案正在重新调整。计划2022年11月开工。

（二）金海雅宝地块开发：项目总投资约3亿元，建设用地面积约72.3亩，建筑面积约8万平方米，拟建设小区住宅、周边商业配套设施等。正在招商中。计划2022年5月挂牌。

续建项目。（一）度假区旅游集散中心：总投资约6300万元，项目占地约1900平方米，建筑面积约11191平方米，其中地上建筑面积约7405平方米，拟建成集游客集散、智慧旅游、农特产品展销、商业休闲等为一体的综合型服务项目。已完成建筑结构封顶，建筑外立面施工，内部消防、暖通、排烟等综合管网施工，一楼内部装修完成；已完成一楼母婴室、医务室等专业用房的软装布置；完成一楼软装设计方案，正在进行公区家具询价、选样；完成商管团队服务采购招标；完成竣工验收。计划2022年5月完成一楼内部软装布置，完成外部风貌打造，完成人员招聘，启动试运行。

（二）宁海森林温泉大道（深甽段）改造提升工程：总投资约5000万元。项目作为宁海森林温泉大道的重要组成部分，以温泉文化为主题推动国家级旅游度假区创建，包括度假区界桩及景观小品打造、交通基础设施提升改造、沿线环境整治及村庄整治提升、田园彩化、外立面整治等内容。宁海森林温泉大道（梅林至深甽段）G527交通配套工程完成75%；完成沿线节点整治提升共计105处，推进沿线配套项目建设5处，完成约35500平方米沿线外立面提升整治。完成沙地自然村村口绿化、建筑外立面提升改造；完成绿化补植约31000平方米。计划加速推进沿线灯光亮化及路面地标喷绘。

（三）温泉风情老街：项目一期占地137亩。计划恢复大水井和村内穿村水系，完成景点打造，形成南溪路、龙山街、九曲弄、甽水环溪闭环步行街，鼓励引导发展商铺、茶馆、卡吧、民宿等商贸业态，成为吸引度假区内人流消费集聚区。完成老街概念性总体规划方案设计，老街游客中心、牌楼方案设计深化；完成老街地块征收方案，已拆除房屋75幢，约2100平方米。总投资670万元的南溪路三线下项目完成综合管线下地和路面回填。计划年后完成路面硬化，对老街部分建筑外立面提升改造。

（四）大庄山谷·乡根一叶：项目总投资30亿元，自2019年11月开工以来，累计完成投资6.1亿元。项目占地2105亩，一期建设用地292亩，建筑总面积19.6万平方米，拟建成温泉度假疗养酒店、温泉养生中心、保健中心和与商业、休闲、主题式餐饮相配套的综合型项目。引进洲际旗下的英迪格及皇冠假日品牌进行酒店区营运管理。度假屋首开区、商业街首段、展览馆、水泵房完成结构封顶；游客中心、样板房装修完成；11号地块建筑主体结构完成55%；泉源广场景观施工完成；20-8地块（122576平方米）完成规划条件审批。计划温泉中心、度假屋、商业街中段、假日皇冠酒店，英迪格酒店等全面开工建设。

（五）燕山君澜温泉度假酒店：总投资11.8亿元，累计完成投资5.8亿元，建设度假酒店、大众温泉、水上乐园、户外运动相结合的经营性项目。项目占地约1600亩，其中建设用地106亩，总建筑面积14800平方米（不包含地下建筑

23000平方米）。工程分三期推进，第一期建筑面积71000平方米，分别是温泉大酒店、养生楼、后勤服务楼、行政楼等；第二期建筑面积40000平方米，为D区叠墅（山顶叠墅）、山边汤院汤屋；第三期建筑面积35000平方米，为E区（水库侧）临水叠墅。温泉酒店及VIP养生楼外装及室内二次结构已施工完成；山顶区块主体结构已完成；汤屋汤院主体结构完成；湖边区块正在基础施工；19—2地块出让完成摘牌。计划力争完成项目温泉酒店、VIP养生楼、后勤服务楼、办公楼、疗养楼项目综合验收，水上乐园，观光电梯开工。

（六）国家级旅游度假区景区提升工程：项目总投资1亿元，累计完成投资约3600万元。建设度假区标识系统、度假区节点改造工程（长洋段）、门户形象及温泉隧道周边形象提升、重要路段立面改造提升（东升路、环城东路）等配套设施。度假区标识系统、度假区节点改造工程（长洋段）已完成；景区木栈道维修项目、温泉文化体验馆项目完成招投标；2座AAA级旅游厕所完成总体进度80%；7座A级旅游厕所改造提升完成；环城东路立面改造提升设计方案已完成。计划加快推进茶苑地块改造、荒野咖啡项目前期等建设。

预备类项目有大庄山谷·乡根一叶项目农业发展和农旅基地项目、深甽盘龙十二湾度假项目、深甽镇尚云地块度假酒店项目、宁海南逸温泉山庄二期。

环境保护·自然资源和规划

环境保护

【概况】 以“绿水青山就是金山银山”理念为指导，以提升区域生态环境质量为目标，以实施绿色发展、污染防治、治理能力、全民生态、环保铁军五大提升行动为重要抓手，突出问题和目标导向，为“十四五”工作开好局。获国家生态文明建设示范区命名，获评2020年度全省治水“大禹鼎”银鼎和美丽浙江建设考核优秀县称号，连续四年位列“两山”发展百强县第二，获市委彭书记批示肯定，连续两年被市政府表彰为“打赢污染防治攻坚战，在治气、治水、治土等方面显著的区、县、市”。市生态环境局宁海分局被表彰为全省“五水共治”工作先进集体。全县生态环境质量稳中有升，城区空气质量优良率达到98.6%，同比上升4.9%，$PM_{2.5}$为23微克/米^3，与2020年持平；15个县控以上断面水质功能区优良率、达标率分别达到93.3%、100%，与2020年持平。

【绿色发展提升行动】 推进生态文明示范创建。宁海获得第五批国家生态文明建设示范区命名，囊括全国生态示范区、国家生态县、国家生态文明建设示范区、“两山”实践创新基地四项国家生态环境创建荣誉。召开全县生态文明再深化“两山”转化再提升工作动员会，明确以打造美丽中国建设样板县为新一轮生态文明建设工作目标和方向。

深化“两山”实践创新基地建设。完成“两山”实践创新基地评估，总投资78亿元的38个重点项目已完成15个，20项“两山”实践创新基地建设指标发展良好，均有不同程度提高。协助推进GEP核算和“两山”银行建设试点，已核算完成2019年度GEP（陆域）并启动《宁海“两山银行”试点实施方案》编制。

精心谋划“十四五”生态环境任务。将绿色发展理念融入生态环境保护各项规划，编制完成《生态文明建设规划（2021—2025）》和《“十四五”生态环境规划以及水、海洋、固体废物》等3个单项五年规划，精准设定“十四五”期间生态文明建设和生态环境保护工作的重点任务、治理目标、管控指标和重点措施工程，切实发挥规划引领作用。

助推企业绿色发展。加强重大项目要素保障，“三线一单”生态环境分区管控方案落地实施，8个乡（镇、街道）增划、备案小微园区或工业集聚点，为列入一般管控单元和生活重点管控单元内的现有企业留足发展空间。助推工业全域治理，编制《工业全域治理生态环境准入要求》，制定工业集聚点、入园企业环境管理基本要求，加强源头把控。加强重点集聚区块环境问题排查整治，助推工业集聚点工业厂房拆旧突破200万平方米、淘汰关停企业近140家。

【污染防治提升行动】 推进城乡全域治气。出台乡镇（街道）环境空气质量考核办法，以环境质量情况检验各地大气污染防治成效。

开展工业炉窑、木制家具、涂装、砂石加工、废塑料加工等重点行业大气污染防治工作，提升环保治理水平，累计完成工业炉窑、生物质（燃油）锅炉、木制家具、铝压铸等行业整治264家，关闭淘汰27家。

加强机动车污染防治，开展5次柴油货车超标排放环保专项执法，汽车尾气遥感监测达标排放合格率达99.36%。

推进餐饮服务项目禁设区建设，新增7个小区禁设商铺429个。建立完善扬尘污染防治管理长效机制，定期召开专班会议、强化日常督查，扭转城区扬尘污染突出的困难局面，全年开展实地检查43次221处。

推进全境精细治水。全域建设“污水零直排区”，城北污水处理厂完成提标改造工程和3万吨/日扩建工程，146个农村生活污水治理新建改造项目全部动工建设，力洋、跃龙等7个镇（街道）通过市治水办验收、省级全域创建通过市级验收。积极推进重点河道水环境综合整治，颜公河生态引水工程开工建设，完成新一轮入河排污口规范化建设和整治，累计整治工业企业排口38个，建成5个县控断面水质自动站。完成5个“千吨万人”以上饮用水源地“一源一策”方案编制及整改工作。加强近岸海域污染防治，常态化开展海漂垃圾清理，全年清理海漂垃圾1532吨，清理面积322平方千米。

推进无废城市建设。对照“无废”城市建设标准，32项目标清单（除公众满意度外）、27项任务清单、9项项目清单任务均于9月底提前完成。建成“无废细胞”50个，无废载体14个，“红葫芦”收运平台、循环经济建设2个案例被浙江省“无废城市”建设巡礼发布推广。建成收集量5000吨/年小微企业危险废物收运单位1家、一般工业固废收运单位2家，1342家企业被纳入小微企业危险废物收运体系，收集各类危废约294吨，5442家企业被纳入一般工业固废收运体系，收集固废约5702吨，完成率100%以上。

推进督察整改落实。开展生态环境问题“举一反三”大排查大整改，累计发现县级库入库问题836个，市级入库问题73个，已整改销号374个。持续加强中央、省生态环境督察问题整改，各级督察组交办的信访件均已办结；督察整改反馈问题中除养殖尾水、矿山治理等9个问题尚在整改外，其余已销号。全年省委专项督察重点关注的5个问题中有4个完成整改。

【治理能力提升行动】 优化环境综合执法方式。积极转变环境监管理念，进一步形成严厉打击环境违法行为的高压态势，深入开展“绿剑”、百日执法攻坚等专项行动，出动执法人员4500人次，检查企业1500家次，行政处罚107件，罚款2507万元，罚款额度较2020年上升94.6%。制定《宁海县生态环境监督执法正面清单制度保障环境安全实施方案》，8家污染物排放量小、稳定达标、内部环境管理完善的企业被推荐给市局纳入生态环境监督执法正面清单制度管理。

健全问题发现闭环机制。出台《进一步建立健全环境污染问题发现机制实施办法》《宁海县环保信访处置“五率”工作制度》，实施“双随机”企业后督查，开展“环保110”有奖举报活动，全年累计处置各类信访件971件，信访答复时效和满意率等显著提升。积极应对三门二次铝灰跨省转移和倾倒案件，厘清法律责任，同时主动作为，代处置三门堆存二次铝灰2551.9吨，进一步消除环境隐患。

加强环境综合管理。以数字化改革为引领，总投资458万元的县环保监控预警平台全面投运，实现环境数据的充分交换和环境信息资源的共建共享。扎实推进排污许可核发，推进环评报批和排污登记一件事办理，排污许可登记6514家，排污许可发证326家。积极培育优质环保中介机构，强化第三方单位服务意识，建立健全环评机构约谈制度，对2家环评机构启动约谈；实施三同时验收抽检制度，在416家已完成自主验收项目企业中抽查10%，共涉及42家企业10家检测机构，通报2家红色预警验收检测机构。

试点白溪流域生态补偿机制。完成年度白溪流域上下游横向生态补偿核算，待生态环境局、发改局、财政局、水利局等四部门联合发文后实施补偿。核算结果为前童镇需补偿岔路镇30万元，其余乡镇（街道）互不补偿。同时，为使测算数据更加科学、公平、精准，在流域内新增2个水质自动监测点位，实现补偿断面水质自动监测全覆盖。

建立县乡环保管家体系。委托第三方专业机构协助县、乡镇（街道）开展三级网格巡查，有效弥补巡查力量不足、专业知识不强等问题，协助开展区域性企业排查、扬尘和海涂垃圾调查、生态环境领域安全隐患调查、固废规范化管理检查等工作，县环保管家已整理核实资料涉及企业约2000家，入户摸排、调查企业或单位500余家。

【全民生态提升行动】 提升环境服务治理水平。加强企业宣传培训，提升企业主生态意识，结合“生态环境议事厅”，聚焦排污许可证后管理、家具行业整治、固体废物规范化管理、行政执法要点和生态环境安全等，累计组织开展培训29次、2600人次参加。打造宁海绿色发展示范样本，10家企业入选宁海首批绿色发展示范企业，3家企业入选铝制品行业“领跑”企业。

推进生态示范基地建设。新命名市级绿色学校4家、市级绿色企业1家，生态文明教育基地省级1家、市级2家，力洋镇海头村和梅林街道刘三村入选全省第一批低碳试点村，宁海县生态印记数字档案体验馆、天明湖管理站获评市“五水共治”示范基地。着手建设杜鹃山生态多样性保护绿道，向广大市民展示宁海珍贵的国家一、二级保护动植物，该项目已完成招投标。

持续加大生态环境宣传力度。结合“6·5”世界环境日、“6·30”

浙江生态日等重大节庆日，开展“无废城市”、县生态环境建设工作巡礼等系列宣传，制作生态专题宣传片，拍摄《无废城市幸福宁海》微视频。组建“绿先锋”生态环境志愿者联盟，筹建生态环境慈善公益基金，进一步引导企业、社会公众等广泛参与生态示范创建工作。

【环保铁军提升行动】 加强党史学习教育。将党史学习贯穿“三会一课”、主题党日等各项工作，通过班子成员带头讲党课，带动全局干部深入了解党的光辉历程，先后开展“寻找红色记忆追溯革命足迹”“局党史知识竞赛”等系列活动，不断激发党员干部学习热情，提升政治觉悟。提升环保队伍水平。

加强党风廉政建设。层层签订《党风廉政建设责任书》，压实工作责任。深化风险防控，动态更新风险点，发布《宁波市生态环境局宁海分局工作失职风险清单》。建立常态化监督检查机制，定期开展作风效能、公车使用登记等内容的随机抽查，印发通报4期。坚持廉政谈话制度，对可能出现的问题早发现、早提醒、早纠正。紧盯法定节假日重要时间节点，发送廉政警示提醒短消息5条，进一步净化节日风气。

加强队伍能力建设。召开生态环保专题培训班，提升乡（镇、街道）环保干部履职水平。激发青年干部宣教活力，组织“90后”青年干部参加“青春心向党奋发正当时”宣讲比赛，组建宁海县“生态好声音”青春宣讲团。利用“周二夜学”等平台鼓励青年干部上台进行经验交流，提升业务水平。不断健全完善环境处罚案卷审查制度，提升案卷质量，连续两年保持行政争议和败诉率零案例，1个案例获得县行政执法优秀案卷。

自然资源和规划

【概况】 深化改革创新，狠抓贯彻落实，各项工作取得积极成效。越溪乡全域土地综合整治、白溪流域全域国土空间综合治理、“多规合一”实用性村庄规划、林业碳汇先行基地等多个项目被列入部级、省级试点，国土调查云变更调查应用部级试点顺利完成验收；先后获评年度“森林浙江”建设目标责任制考核优秀单位、“森林浙江”建设工作突出贡献集体等荣誉称号。陈剑被评为“浙江省林业规划财务工作突出贡献个人”。赖伟景被浙江省绿化与自然保护地委员会授予“浙江省绿化奖章”。

【构建新发展格局】 聚焦构建新发展格局，优化空间布局和要素配置。

规划引领，优化国土空间开发格局。编制形成县级国土空间总体规划初步成果，同时指导相关专项规划和乡镇国土空间总体规划编制有序推进。宁海白溪流域片入选宁波市全域国土空间综合整治示范片区，已完成片区内前童、岔路2个乡镇的整理潜力调研。

统筹发展，突出城乡风貌品质提升。推动完成新城市中心区、老城区“一心四片”等区域的详细城市设计以及重点项目的实施性城市设计。做好马岙村、河洪村、麻岙村等第六批省级历史文化名镇名村街区保护规划和许家山国家级历史文化名村保护规划修编，成功申请到历史文化名镇名村市级专项补助资金719万元。有序推进长街西岙村、茶院后坑村“多规合一”实用性村庄规划编制省级试点工作。

优配增量，保障重大项目用地需求。全年争取到2415亩规划额度，完成2559亩农转用报批，供应土地6093亩，有力保障旗滨光电产业一体化、十里红妆核心区块等一批省市县重大项目用地需求，获得上级200亩用地指标奖励。办理用海审批5宗、用海挂牌出让4宗，总用海面积183.78公顷。办理占用林地许可94件，占用林地面积39.12公顷。挂牌出让采矿权3宗，出让普通建筑用石料资源量10044万吨。

盘活存量，促进土地集约节约利用。全年消化2009—2018年“批而未供”土地1781亩，处置存量“供而未用”土地254亩，盘活存量建设用地1880亩，完成城镇低效用地再开发1314亩。规范工业用地全生命周期管理，起草《宁海县工业用地全生命周期管理的实施意见（试行）》。

【生态文明建设】 聚焦生态文明建设，加强耕地保护和生态修复。

多措并举加强耕地资源保护。全面摸清耕地“两非”底数情况，稳妥推进耕地功能恢复工作。全面启动长街镇岳井片、力洋镇古渡片2个千亩方永久基本农田集中连片建设项目。加快推进越溪乡全域土地综合整治部级试点项目，完成8个宜耕后备资源开发项目，新增耕地839亩。

推进高质量“森林宁海”建设。全面推行县、乡镇（街道）、村三级林长制。扎实推进国家森林城市建设工作，对标《国家森林城市评价指标》五个方面35个指标要求，已达标27项。推进省新增百万亩国土绿化行动，经市级核查确认完成8491亩，完成率132.7%，面积全市第一。开展“千万亩森林质量精准提升”行动，完成市级下达7000亩森林抚育任务。成功申报创建全省首批林业碳汇先行基地，探索“经营主体增汇+企业固碳”模式。

加快生态系统保护和修复。推进白溪、西溪（黄坛）、车岙港、力洋和西林等5个“千吨万人”以上饮用水水源保护区生态整治修复方案编制。推动废弃矿山生态修复工作，已累计完成29个废弃矿山生态修复工程。加快围填海历史遗留问题处置，全面摸清围填海现状调查、养殖用海调查、无居民海岛现状数据。创新野生动物管理新模式，于全省率先启动野生动物肇事保险。

【便民惠民安民】 聚焦便民惠民安民，深化改革创新和权益保障。

深化不动产登记“一件事”改革。正式启用不动产登记电子证书（证明），推广不动产登记“网上办”“掌上办”，实施线上线下一体化办理，全面启用不动产登记费电子票据。积极推动《民法典》政策落地实施，办理市首例二手房“带抵过户”，颁发县第一本不动产居住权登记证明。

推进自然资源资产产权制度改革。选取一市镇牛台村开展清理规范林权确权登记历史遗留问题试点工作，创新推出“整村推进、分级确权”的宁海模式，受到省、市高度肯定，国家林业和草原局、浙江省林业局等网站和《浙江日报》作相关报道。

深推进自然资源数字化转型。积极谋划“不动产互联网+”“土地超市”“耕作层管理应用”等多个特色应用场景，持续深化“国土云变更调查”应用试点，形成“两系统+两端”架构的宁海县国土调查云平台。配合做好浙江省“数字国土空间”总体框架下耕地智保、地灾智防、码上批地、不动产登记等场景应用推广。强化自然灾害风险防治能力。完成全县地质灾害风险、海洋灾害风险普查工作，积极推进森林火灾风险普查工作。完成6处视频监控基站建设，在各林区主要路口安装315个太阳能智能语音预警设备和31个监控抓拍系统，探索森林“防火码”应用，森林防火数字化水平不断提升。

4月21日，宁波市自然资源和规划局调研组到宁海调研全域工业用地综合整治工作

【执法监管】 聚焦重大政治任务，建立完善执法监管长效机制。

开展农村乱占耕地建房问题整治工作，加快推进“裁而未执”四类国土资源案件分类处置工作。抓严抓实各项督察整改工作，加快推进2020年土地例行督察问题、国家海洋督察问题、2018—2020森林督查“回头看”工作森林督查案件等整改工作。年内已完成整改并销号。

10月25日，浙江农林大学林业与生物技术学院教授陈安良（前中）在茶山林场指导林业工作

文化·旅游·体育·传媒

文化、旅游

【概况】 以满足人民日益增长的精神文化生活和旅游休闲需要为出发点，将党史学习教育成效转化为文化和旅游高质量发展的强大动力，全面推动各项工作任务，并取得了一系列成果，获评中国民间文化艺术之乡、省AAAA级景区城，均为全市唯一。

8月13日，宁海县文物局挂牌成立

【改革创新】 推动文旅功能融合，前童镇综合文化站以“一站六馆”模式通过国家级文旅公共服务机构功能融合试点验收，许家山村、葛家村文化礼堂获评省级文旅融合先行先试试点单位。

推进文旅数字化改革，艺术赋能“未来乡村”数字化服务系统入选全省文旅系统改革试点项目。

率先启动旅游业“微改造、精提升”试点，成功举办全省旅游业“微改造、精提升”工作动员会，宁海县及森林温泉旅游度假区均被列入省级试点单位。

深化“文化基因解码”工程，列入省重点县，完成十里红妆、前童古镇、宁海古戏台等21个重点文化元素解码。汶溪翠谷民宿集聚区通过浙江省民宿助推乡村振兴改革试点评定。

6月25日，柔石故居保护利用案例成功入选全省第三届不可移动文物保护利用优秀案例

【重点项目建设】 加快龙头景区培育，对标对表抓好森林温泉和前童古镇“双创”工作，重大项目和基础设施建设不断推进。

全力攻坚重大项目，哩呀罗国际乡村休闲旅游度假区、宁海旅游集散中心等74个重点项目进展顺利。10月底，潘天寿艺术中心、宁海县文化中心分别完成年度投资的106.95%和71.20%。宁海森林温泉大道获评宁波“最美精品线路”。

抓好乡村旅游配套项目，督促完成70余个涉农资金项目，创成省A级景区村庄40个，其中AAA级6个；新增民宿50余家，其中精品民宿5家，培育金银宿级民宿5家、文化主题（非遗）民宿2家、叶级客栈2家。

【公共文化服务】 常态化开展戏剧进农村、百姓大舞台、戏曲纳凉晚会、濒危剧种“三进”等文化惠民活动1200场以上，顺利举办群众文化艺术节、“五王”才艺大赛等大型品牌文化活动，开展县“一人一艺”全民艺术普及公益文化培训1800课时，覆盖45000人次。

进一步做好全民阅读推广工作，通过省满意图书馆验收，建成并开放“霞客行”城市书房，举办“方孝孺”读书节、“天籁浙江·诗路宁海”长三角名家朗诵会、经典文化读书节等活动，惠及40余万人次；开展“正学讲堂”“唐诗小达人”等阅读活动200场次以上，覆盖10余万人次。

强化精品文艺创作，歌曲《东岙渔歌》《乡村网红》、舞蹈《映山红》《宇宙，你好》、合唱《迎风飘扬的旗》、小品《我们的童诗社》获省市群众文化类奖项；平调《金莲斩蛟》入选浙江省经典保留剧目，完成《中国戏曲剧种全集（宁海平调）》编撰。

9月22日，宁海县平调艺术传承中心平调公益巡演活动首场演出在跃龙街道格水村开幕

【传承保护】 抓好文物保护，继续推进城隍庙古戏台等国保单位修缮，加强县前街古井等一批新发现不可移动文物保护工作。开展文物安全大排查大整治大提升行动，发现安全隐患11项并整改到位。

抓好革命文物活化，举办杨象宪先生惠泽乡里书画展、红色革命史迹图片展，大力宣传孔墉、柔石、童保暄等本土革命人物事迹。

推进非遗保护传承，做好国家级非遗代表性传承人童全灿的抢救性记录工作，宁海平调传承人王春秋等3人入选浙江省级非遗代表性传承人；宁海红妆家具制作技艺等7个项目入选第六批宁波市级非遗名录。泥金彩漆、黄坛镇三月三、前童龙狮争霸赛等非遗体验活动深受市民欢迎。

10月22日，“艺海撷英”宁海非遗展在杭州开展

【品牌宣传】 拓展“静美宁海”品牌内涵，明确以“静”为主线，“JING”为辐射的品牌升级理念，形成“静”“竞”“菁”“劲”“净”IP矩阵，策划推出“竞行天下、静养温泉、菁品古镇、劲享滨海、净美乡村”精品文旅线路，获批“全省首批示范级文化和旅游IP”称号。“竞行天下”线路入选文化和旅游部“最美风景在路上”十大夏季自驾游精品线路。

4月22日，宁海县乡村文旅投资运营人才对接会召开

提升创意文旅营销实效，策划拍摄原创短视频26条，其中《宁海欢迎您》特辑在微信视频号上浏览量达28.7万人次；新华网、中新社、人民网等国家级网站的集中宣传，有效提高宁海文旅的知名度和美誉度。

全力开拓旅游市场，积极参加江西、西安、厦门等推介会，举办宁海文旅（杭州）推介会和长三角百城互游宁海行杭州站启动仪式，推出“静城宁海号·五月免费游”活动，努力打开省外市场。建立三门湾区域联盟，与杭州拱墅、丽水景宁、贵州晴隆、湖北谷城建立战略合作关系，实现文旅资源互宣、客源互送。

成功举办庆祝“中国旅游日”10周年浙江主会场暨第十九届徐霞客开游节，霞客文化、文旅融合、惠民共享三大板块，中国乡村旅游峰会、寻访“中国当代徐霞客”“徐霞客游线标志地”现场终审会、霞客文旅嘉年华等10项活动进一步弘扬了徐霞客精神，集中展示了宁海文旅形象，促进了文旅市场复苏。

5月19日，庆祝“中国旅游日”10周年浙江主会场

深化“百县千碗”工程，打造10碗美食小吃和10碗冷盘，形成美食体系。建成县级体验店9家、市级体验店4家，其中霞客食府成为首批省级旗舰店，“霞客宴六进”工程成效明显。在第十一届全国海鲜烹饪大赛中，宁海获得特金奖，美食讲解大赛获得三等奖。

【市场管理】 抓企业品质，安岚酒店获评金桂级品质酒店，宁海兰亭温泉艺术酒店获评银鼎文化主题酒店；金色假日、千百度创成三星级旅行社，尽孝驿站获评四星级旅行社。

抓文明旅游，策划举办“文明实践集市”“文明旅游惠民你我”等专场活动，开展文明旅游倡议。

抓市场整治，重点开展未经许可经营旅行社业务、“不合理低价游”专项整治行动，进一步规范旅行社门市等分支机构经营行为。

抓行政执法，完善“诉转案”“吹哨报到”等制度，提升投诉举报响应速度。抓联合检查，积极开展跨部门“双随机”抽查，全年开展“双随机”抽查43次，其中跨部门15次，累计发现各类违规行为99次。

4月25日，省旅游专班第三次会议暨全省旅游业“微改造、精提升”工作动员会在宁海召开

体　　育

【概况】 围绕工作部署，统筹推进疫情防控和经济社会发展工作，持续优化健身环境，提升体质健康，激发市场活力，为“十四五”时期宁海县体育工作开好局、起好步。

【服务群众】 服务群众体育，优化健身环境。

提前4个月完成11项省市民生事实工程；利用闲置收储土地和厂房建成占地30亩的体育公园、1000平方米的室内气排球健身中心和5000平方米的老年人体育活动场地；全县8个新建小区内新增公共体育设施面积1万余平方米。全年累计开展广播操、桌上冰壶球、广场舞等20余个项目的体育技能培训；利用“一人一技”健身技能培训活动和健身平台，线上线下共培训近万人，带动健身人次达60万人次。

【体育培训】 培养竞技人才，提升体质健康。

全县有43所省、市、县级训练基地，其中6所国家级、9所省级、26所市级，开设15个训练项目，在训学生2500余人；全力打造“一校一品”的体育特色，激励社团组织进校参与竞技体育工作。在省阳光跆拳道比赛中梅林小学获得团体总分第一名，山水小学在宁波市青少年射箭比赛中获得总分金牌数双第一。

10月20日，宁海县举办三级社会指导员培训

【体育经济】 点亮体育经济，激发市场活力。

举行“乐动一夏，2021宁波体育产业推介促消费活动”，全省66家区、县、市融媒体平台同步直播，点击量160.33万人次。协调水利、住建、交通等部门结合小流域治理、天明湖改造、公路改造等工程建设休闲绿道，其中白溪流域休闲绿道投入1.2亿元。推进胡陈乡野户外运动小镇和深甽温泉乐动小镇创建工程。积极推进运动项目与旅游景区景点的结合，在西部县域基本形成龙舟、文化定向、山地越野、极限运动等运动业态；在强蛟镇新开设了摩托艇、皮划艇、空中飞人等水上运动业态。组织企业与杭州亚运会、全运会组委会开展合作，其中得力集团赞助150万元文具和体育用品，被组委会认定为亚运会指定文具用品，海斯曼赞助80万元运动器材。与河南名都置业有限公司签订合作框架协议，计划投资1.5亿元建设登山步道杜鹃山驿站。全年500余家企业入体育产业名录库。

3月29日，2021年市体育产业工作培训班在宁海举行

【赛事活动】 丰富赛事活动，创新办赛形式。

宁海县第十届运动会设35个参赛项目，近1000个代表队、5万余名运动员参赛。举办或承办省、市、县赛事活动20余项，激发体育社团组织助力赛事活动开展，不断优化提升赛事活动质量，把赛事活动与产业、旅游相结合，提升群体赛事的产业价值，为广大群众提供更加丰富的赛事活动内容和优质的参与体验。县级赛事和承办上级赛事实现社会化办赛或社会化参与承办赛事模式。

1月31日，新时代文明实践“全民健身”宁海环城100千米接力赛举行

传　媒

【概况】 舆论引导精准有力，媒体融合深入推进，产业发展与时俱进，队伍建设日趋加强，基层党建不断夯实，各项工作成效显著。集团荣获全省县（市、区）“融媒中心20强”，《今日宁海》荣获全省县（市、区）“十佳报纸”，“看宁海”客户端荣获全省县（市、区）“十佳App”。

【筑牢舆论宣传主阵地】 “全媒+全面”，筑牢舆论宣传主阵地。

重大主题策划及时主动。围绕中国共产党成立100周年、“十四五”开局，紧扣“共同富裕”“文明创建”“疫情防控”“艺术振兴”“双抓双比”“中共十九届六中全会”“数字宁海”等县委、县政府中心工作，积极开展主题策划，推出相关专题专栏40余个。其中策划的《大艺术“+”》，实现网络新闻深度访谈类栏目“零的突破”，平均阅读量在3万+次。

建党百年报道声势浩大。精心策划“奋斗百年路·启航新征程”主题宣传，开辟《学党史悟思想办实事开新局》《红色印迹》《百名党员话党史谈体悟》《为无名烈士寻亲》《党史上的今天》《我是党员》等10余个子栏目，各平台协同作战，全方位、多角度宣传党的百年辉煌历程及宁海党员干部接续奋斗的精彩故事，发布各类报道1000余篇。

媒体舆论监督持续深化。进一步整合《全媒聚焦·全民问政》《主播帮帮帮》《百姓事马上办》等品牌栏目，重点推出《全媒聚焦》栏目，播出的10期节目社会反响良好。以“百姓事马上办”平台为枢纽，组建“帮忙团”“监督团”，畅通民意疏通渠道，主动回应民生关切，共帮助解决群众问题和困难1100余个，举办民生热线现场活动11期，做到解民忧、暖民心。

新闻报道创优争先进位。电视新闻被央视录用81条，比同期增加11条；浙江卫视录用74条；宁波电视台录用240条，位居全市各县市区前列。网络直播实现新突破，登上省级以上平台12次，其中新华社、人民网等央媒4次；“学习强国”平台录用近500条，位居全省前4，被评为年度“学习强国”浙江学习平台优秀供稿单位；浙江新闻客户端录用稿件120余篇，11月浙报·县级融媒体合作传播力榜位居全市第1，全省第3；中国蓝新闻客户端录用稿件200余条，位居全市第2，全省前15；“天目号”用稿量排名全市第1，全省前7。10月，被评为天目新闻“十佳融媒体中心”。广播新闻被宁波台录用320条，稳居全市各基层台前三。节目创优再获佳绩，有64件作品获奖，其中一等奖12件，省级获奖5件，《新农家》荣获全省对农节目服务工程建设考核优秀，专题节目《守望乡村儿童　赋能乡村振兴》荣获全省对农节目奖一等奖。

【媒体融合】 “创新+优化”，做深媒体融合大文章。

绩效改革初显成效。“试水”干部绩效考核，通过把干部的“优、劣”与“奖、惩”有机结合，建立按绩取薪的薪酬分配制度，制定相应的创新激励机制，对工作成绩优异和在某一领域有创新突破的人员给予奖励，进一步激发了集团的内部活力。

网络平台不断壮大。坚持移动优先，全力打造渠道丰富、覆盖广泛、传播有效、可管可控的新媒体传播矩阵，加快“主力军”向“主阵地”挺进。新开通“宁海新闻”视频号，发布视频600多个，单篇阅读量最高达到12万+。“看宁海”粉丝量从18万+增加到21万+；“宁海发布”从15万+增加到18万+，“宁海新闻”28万+；“直播宁海”从12万+增加到15万+，各网络平台10万+爆款作品70多个。

栏目融合创新发布。实现“大屏”“小屏”联动，传统媒体与新媒体同频共振，通过对电视节目再策划、再制作，推出符合移动客户端“小屏”发布的短视频，发布的《阿明讲××》系列和《太阳花开》《乐游宁海》等节目短视频，点击量高，传播效果明显，为电视节目的转型闯出新路径。《芳姐在现场》《遇见宁海》等新媒体节目被搬上电视《宁海新闻》“今日融媒”板块后，节目的传播影响力进一步扩大。

融媒技术优化升级。根据“频道专业化、栏目品牌化、行业领先化”的要求，投资1300万元，建成融媒体高清演播中心，实现多种信源采集接入、多景别互动、多景区空间共享、多系统配合联动播出、多平台传输分发等功能，带给观众耳目一新的视觉享受。谋划与融媒体指挥中心技术贯通，数据共享，挖掘媒体融合效力。对广播制播平台进行全面升级改造。

【产业拓展】 “项目+服务”，激发产业拓展新动能。

数字赋能，智慧广电建设全面推进。借着数字化改革的东风，全面推进“智慧广电+公共服务”。在完成智慧停车一期项目建设的基础上，继续承接总投资2811万元的二期项目，涉及43条城区道路的

3222个停车泊位。智慧停车项目建设为集团承接重大项目积累了丰富的经验，扩大宁海广电在宁海信息化项目建设的影响力。不断探索数字经济创新模式，积极与各乡镇街道、部门合作，向智慧广电未来社区、智慧党校、智慧乡镇等领域延伸，实现共赢发展。

拓宽路子，文化产业发展稳中求进。充分发挥文化公司龙头带动作用，持续巩固全媒体宣传、活动策划执行、视频制作、户外旗幔广告、职业技能培训等多元化经营模式，不断拓宽经营渠道。围绕各类文化活动，用好宁海特色文化资源，推动线上线下融合发展，打造综合性文化服务平台。2021年以来共策划承办庆祝建党百年系列活动等各类文化活动20余场次，拍摄完成《生态宁海绿色足迹》等视频片13个。同时，传统媒体宣传广告努力推进，户外旗幔广告走向利好，教育培训步入正轨，完成1900万元的经营任务。

【融媒队伍建设】 “规培+调配”，锻造融媒队伍向心力。

干部素养不断提升。利用“学习强国”“传媒学堂·周二夜学”等学习平台，强化党员干部政治理论学习。通过主题党日活动、革命歌曲传唱比赛、党史知识竞赛等活动，推动党史学习教育活动不断深化，党员干部学风作风得到明显改善。

人才培养力度加大。全面推行青年干部培养“导师帮带制”，首批6名导师分别结对2名学员，通过业务传授、联心帮带、实践检验等活动开展业务指导与帮助，促进青年干部工作能力和综合素质的提升。继续实施“融媒体人才四季培养计划”和采取上级台跟班学习机制等一系列举措，大力培养全媒体人才。

用人制度日益完善。严格按照德才、实绩用好干部，盘活集团人才资源，营造人尽其才、才尽其用的良好局面。调配、任免中层干部11名，其中集团内提拔使用中层干部3名，另有2名中层干部被提拔使用到县管领导岗位。

【党建工作】 “党媒+党建”，强化组织堡垒战斗力。

扎实开展党史学习教育。发挥融媒优势，把党史学习教育同新闻宣传、产业经营、事业建设等工作紧密结合，学出动力、学出干劲。创新学习方式，采取理论学习中心组示范学、支部会议集中学、党员干部自己学等多种形式，学深悟透习近平总书记重要讲话和指定用书，扎实推进办实事、解难题的主题实践活动。集团党委理论学习中心组开展专题学习9次，各党支部每月集中学习不少于2次。

扎实推进党风廉政建设。结合县委巡察整改工作要求，抓好建章立制，着力堵塞党风廉政漏洞，制定完善规章制度26项。开展岗位廉政风险排查，排查出科室廉政风险点150个，制定防范措施189条。强化工作作风建设，开展检查督查26次，刊发各类通报16期。2020年清廉机关建设入选县优秀案例。

广泛组织党员志愿服务。全面完成县“党群同心圆”党员志愿者服务考核指标，积极参与We志愿平台服务，发起志愿服务活动413次，参与人数6574人次8896小时，通过助力全国文明城市创建、新冠肺炎疫情防控和广电惠民进小区等活动，进一步打响传媒志愿服务品牌。

科学技术

【概况】 宁海县科技局继续贯彻落实市委“三年攀高、六争攻坚”决策部署和县委“双优宁海”建设要求，深入实施人才和创新“栽树工程”，持续为建设高水平创新型强县提供有力的科技支撑。2021年荣获全国科技创新百强县（位居64位），入选全市首批省可持续发展创新示范区建设单位，域内建新赵氏科技有限公司被认定为2021年度浙江省创新型领军企业（全市唯一）。

【指标完成情况】 全县规上工业企业研发费用支出31.4亿元（全市排名第7位），同比增速25.8%，R&D经费支出占GDP比重预计3.0%；102家企业通过高新技术企业认定，完成率100.99%（全市排名第6位），净增高新技术企业46家，完成年度目标的104.5%，现有有效高新技术企业数达285家，比2016年增长188%，实现翻番目标，其中规上工业企业中高新技术企业229家，占比达35.95%，居全大市县市（区）前列；完成高新技术产业投资34.6亿元（全市排名第6位）；实现技术交易额10亿元，完成年度目标的108.8%。

【高新技术企业培育】 坚持把培育高新技术企业作为科技创新工作的重要抓手。

完善培育体系，健全高企申报后备库。出台《宁海县高新技术企业培育五年行动计划（2021—2025年）》，强化政策引导，加强统筹协调，完善服务体系，积极开展高新技术企业培育工作。新增科技型中小企业296家，同比增长46%。

强化服务质量，提升高企申报精准度。搭建科技、市场监管、税务等相关部门组成的高企培育工作专班，多措并举，常年常态化地开展高企服务工作，取得了高企数量和质量的双赢，净增高新技术企业46家，完成年度目标的104.5%，其中列入科创板拟上市企业储备库企业1家，新增A股上市高新技术企业2家。东方日升、建新赵氏科技、吉德、震裕、卡倍亿、奇精等6家高新技术企业入选宁波市“大优强”企业培育名单。

【产业技术能力创新】 坚持把加强产业技术研究和提升自主创新能力作为创新驱动发展的关键点。

打造产业创新平台。依托省模具、市文教用品和市生物医药等产业创新服务综合体，初步建成8个模具公共服务中心、5大生物医药专业平台和2大文体用品创新中心；弗兰采维奇材料研究所、浙江万里学院宁海海洋生物种业研究院等国内一流的创新平台建设工作稳步推进，新认定市级及以上企业工程技术中心、研究院、众创空间等各类创新平台29家。

开展关键技术攻关。积极推行“企业命题、揭榜攻关”的科技创新培育模式，引导企业围绕“卡脖子”重大技术需求，开展关键核心技术攻关，分两批申报宁波市重大专项暨揭榜挂帅项目12个，其中基于绿色制造的高速高精五轴加工中心开发及产业化、基于直线驱动的太阳能发电调姿系统研发及产业化等6个已立项并获资助3000万元，第二批4个项目已通过形式审查，项目实施后将形成重大科技成果，引领高端产业发展。

【推进产学研合作交流】 坚持把推进产学研合作作为促进企业技术创新的一个重要举措。

开展“院企对接、创新赋能”对接系列活动，完成数字化转型样板示范企业调研、农业园区技术对接等4场次，累计征集技术难题46个，其中密封条成型智能化成套设备获“中国创新挑战赛最佳技术需求奖”；持续引导农业龙头企业联合高校院所，围绕岔路黑猪、香榧、白枇杷等特色产业，开展技术瓶颈攻关，推进农业提质增效，助力农民共同富裕，新增县级农业社发类项目29项，拨付县级补助资金313万元，推广农业新品种1.5万亩，实现科技特派员乡镇街道全覆盖。全年完成技术交易额10亿元，同比增长12.4%，获省科技进步三等奖1项、市科技进步三等奖3项。

拓宽优化技术转移通道，复制推广全国深化科技成果转移转化试点经验，进一步健全科技成果转化推进机制分析县域主导产业技术需求，鼓励各类创新主体联合开展创新创业大赛、产业（行业）论坛以及科技成果推介等各类活动6次，推介汽车橡胶软管总成设计和制备关键技术、基于5G技术的智慧安防消防联控系统设计和实施等技术成果31项，签订各类技术合同10项，引进外籍高层次人才27名，外籍高层次人才获评市杰出人才1名、市“茶花友谊证书”2人。

【优化科技创新生态】 坚持把完善科技工作机制和优化科技创新生态作为科技创新体系建设的重要抓手。

下好科技创新的“先手棋”。牵头成立全市首个县级科技领导小组，引导建立了“乡镇长—联络员—企业专员”科技工作队伍新格局；制定出台《宁海县加大全社会研发投入专项行动计划（2021—2023年）》，通过培育研发大户、清零扩面、建立定期分析制度等措施，有效地引导、鼓励县域企业加大研发投入、推动科技创新，累计对239家无研发费归集规上企业开展点对点建账辅导，全县规上企业研发投入31.4亿元，同比增长25.8%。

跑好科技创新的“接力赛”。编制完成《宁海县科技创新“十四五”规划》，在对宁海县科技创新基本情况与发展形势进行全面分析和精准把握的基础上，针对性地提出了“十四五”期间符合宁海实际、具有探索示范价值的科技创新主要任务和举措，进一步打通科技创新链的各个环节，初步建成高水平创新型强县，规上工业企业中开展R&D活动比重居全市第1位，技术创新指数位居全省第7位。

教　育

【概况】 在建设共同富裕标杆县背景下，紧密围绕“双减”工作主基调，以“争创全国义务教育优质均衡县和全国学前教育普及普惠县”为抓手，以办人民满意教育为宗旨，以促进教育品质提升为着力点，聚力开拓创新，聚焦均衡发展，全县教育事业稳中向好。宁海县教育满意度测评继续保持全省前5%的名次，省政府对宁海县政府履行教育职责评价考核结果为优秀，获得省教育部门新媒体综合力十强等荣誉。

【党建工作】 依托“红动宁海”等党性教育基地，积极开展“四史”宣传教育，教育党建深度融合，焕发优质发展新活力。学习百年党史，砥砺初心使命。成立党史学习教育领导小组，列出“党史学习教育任务清单”，召开教育系统党史学习教育推进会，组建党史宣讲团，面向师生、群众作专题宣讲570场次，受众50000余人。创新模式引领，汲取奋斗力量。

打造“党建+教育”品牌，率先推出“三多四融”“四维六结合”等模式，积极落实“九个到支部”，扎实开展“先锋支部”创建，新评五星级党组织34家，先锋支部12家，实现中小学（幼儿园）党的组织和党的工作全覆盖。

聚焦责任作风，深化清廉教育。落实全面从严治党，完善闭环管控机制，督促学校按照“清廉学校建设18条”基本要求，推进清廉学校创建工作。2021年成功创建县级清廉学校46所，顺利开展第五轮72所学校（单位）巡察工作，实现教育系统基层巡察全覆盖。

1月25日，县委书记林坚（右二）带队来到桃源中学检查指导校园防疫工作

【立德树人】 坚持把学生健康成长、全面发展作为教育工作的出发点，改革创新、因材施教。创新实施“三航工程”。推出法治思品导航、美好心灵护航、关心关爱助航三大工程，全县中小学100%建有专用心理辅导室、配备专职心理健康教师、开设心理辅导课，创成省心理健康教育示范点学校9所。

全面提升教育水平。学前教育，出台《关于学前教育深化改革规范发展的实施意见》，从管理体制、经费保障、队伍建设等方面提出更高要求。义务教育，实现乡村学校结对帮扶全覆盖，被纳入“省义务教育优质均衡培育对象”。普通高中，深入实施特色升级工程，重点建设宁海中学学术性高中、知恩中学美术学科等市级重点学科。职业教育，职教中心、一职高入选省中职高水平学校建设，3个专业被列入省高水平专业建设项目。大力推进“双减”落地。县“双减”工作领导小组统筹领导、稳步推进“双减”工作。

3月24日，全县教育系统创建文明县城推进会在城西校区举行

加强组织领导，联合多部门形成“1+1+1+7”的工作体系（组建1个领导小组、成立1个工作专班、出台1个实施方案，设置7个专项行动小组）。明确校内提质、校外减负“两条战线”，梳理责任清单，推进作业改革、时间管理、教学常规等改革，深化“五项管理”督查。教育局抽调精干力量组建“双减”专项办，扎实推进领导小组决议落地落实。

【质量提升】 聚焦办学环境和软实力的同步优化，在硬件基础设施和校园优质管理上协同发力。科学规划布点，建设提速增效。制定出台“十四五”教育重大项目建设计划，优化区域教育布局。全年教育项目涉及资金25.7亿元，县中心幼儿园、桃源中心幼儿园等园区按期投入使用，县重点工程桃源二中、桃源二小年底前开工建设，县高级职业技术中心学校建设项目启动三期工程，城西幼儿园、前童镇中心小学等省市县民生实事工程加快推进。

着力基础教育，保障优质均衡。以优质均衡发展促进教育现代化，扬长补短，整合资源，打造宁海教育亮点。成功组建城乡义务教育共同体28对、56所，全方位、整体性制定一校一案。

加大力度实施初中强校工程，全县1/3（7所）初中加入城乡教育共同体。新增四川省凉山彝族自治州普格县为对口支援单位。拥抱优质资源，探索多元合作。加快推进优质民办学校项目，做好海亮

3月11日，桃源中心幼儿园举行开园庆典

“宁海公学”项目跟进服务，“海亮”三所学校秋季顺利开学。探索长三角一体化科教资源共享与合作，拓展与浙江音乐学院、杭州师范大学等合作交流平台，引进高层次专家团队 12 人，设立“宁海县中小学音乐教育实践研究创新团队”。

【队伍建设】 遵循教育规律和教师成长发展规律，加强师德师风建设，培养高素质教师队伍。师德师风严格考量。坚持师德师风第一标准，突出教育教学实绩，建立符合教师岗位特点的考核评价指标体系。

开展师德专题的教育师德示范引领、师德规范践行和师德警示宣教“三大工程”，进行覆盖全系统的师德教育学习、师德师风专项整治。

优引优培彰显实效。2021 年共招录新教师 280 名，其中硕士研究生 21 人、重点大学（师范类高校）毕业生 155 人，有效缓解了学校缺编现状。加快与浙师大、宁波大学等高校合作，开展“中小学名班主

6 月 16 日，县城乡教育共同体成立暨签约仪式在星海小学举行

任高级研修班”等各类培训活动。名师名家不断成长。“领头雁”队伍日益壮大，今成功开设第三批县名师工作室 15 家，评选出县教坛新秀 352 名，2 位教师被评为 2021 年浙江省教坛新秀，另有市“四有”好教师 40 人、王宽诚育才教师 5 人。

11 月 12 日，“戏曲进校园”首演在城西校区开演

【营造良好氛围】 健全社会参与教育决策制度，把公众参与、民意调研、风险评估作为教育决策的规定程序。

稳妥做好招生入学各项工作。开展全面的生源调查，向社会公布热门学校预警信息，发布招生通告和网上报名指南，精准指导、服务广大家长，各学段招生工作整体平稳有序。有序开展幼儿园阳光招生改革，进一步推动全县学前教育普及普惠发展。

牢筑教育系统安全屏障。开展校园安全隐患专项整改活动，排查安全隐患 304 处，开展应急演练 42 余次，其中县级层面应急疏散演练 3 次。建立学校自查、督导督查、县级核查三级督导工作制度，加强对校园欺凌专项治理工作的指导、监督和考核。

分类施策专项整治培训机构。加强底数排摸，全面掌握培训机构经营情况，对全县 89 家学科类培训机构按现状、类别、意向分别建档入库。建立条块结合、横纵联动的网格化监管责任体系。

协同市场监管、民政等部门召开协调会议。畅通绿色通道，加快

转登工作，全县营利性学科类培训机构55家，拟转登记为非营利性的机构39家，均已换领非营利性办学许可证，拟转非学科类的机构4家，均已办结相关手续。

卫生健康

【概况】 全年全县公立医疗机构门急诊总量518.8万人次，同比上升10.29%；其中三家县级公立医院门急诊总量243.93万人次，占47.02%，同比上升7.61%；乡镇卫生院门急诊总量274.87万人次，占52.98%，同比上升12.79%。全县公立医疗机构总收住院68723人次，同比上升7.01%；其中三家县级公立医院收住院58671人次，占85.37%，同比上升4.78%；乡镇卫生院收住院10052人次，占14.63%，同比上升22.21%。全年全县出生3816人，同比下降为14.00%，出生人口性别比为114.62，同比下降3.02%。

【疫情防控】 坚持扁平高效作战模式。及时调整县疫情防控领导小组和工作组、工作专班组成，构建起靠前指挥、分工协作、扁平高效的疫情防控组织架构。

坚持提升应急处置能力。制订新冠肺炎疫情流调溯源工作方案、3~11岁儿童新冠病毒疫苗接种方案、全域全员核酸检测工作应急预案、社区大规模核酸筛查操作指南，多次开展社区大规模核酸检测应急演练，24小时内可完成县域常住人口39%的检测筛查，充分满足“应检尽检，愿检尽检”。

坚持强化硬件设施。持续提升常态化疫情防控下医疗救治能力，完成县第一医院隔离病房改造项

11月30日，宁海县会展中心大规模核酸检测应急演练

目、县急救站及北部医院2个洗消中心建设改造项目、县第二医院发热门诊建设及PCR实验室建设项目，县域疫情防控能力得到进一步提升。

坚持开展重点监测工作。常态化在全县范围在农村重点地区开展新冠病毒外环境监测工作，对进口冷链食品、存储加工场所及从业人员开展常态化核酸检测和录入工作。

坚持构建全民免疫屏障。累计接种1687413剂次。全县18岁以上人群加强免疫接种302317人，接种覆盖率58.99%；全县60岁以上人群完成第一剂次接种115914人，

5月28日，婴育照护云健康数字平台启动仪式

覆盖率达 82.55%。

【卫生信息化】 打造“互联网+医疗健康”公共服务，率先在全市上线运行区域卫生健康信息一体化平台，建成县第一医院、县中医医院、县妇保院、县第二医院和县第三医院互联网医院平台。

推进“健康大脑+”体系建设，持续开展医疗健康数据治理，不断向省“健康大脑”推送标准、规范、高质、统一的县域医疗健康大数据。

推进医疗机构间医学影像检查资料和医学检验结果互认共享工作，打通信息孤岛。全县城区四家医院（宁海县第一医院、宁海县中医医院、宁海县妇幼保健院、宁海县第二医院）已实现全省检查检验互认功能。

创新构建“甬有善育”育婴数字化智能平台。4 月，以 0~3 岁婴幼儿“一件事”为切入口，试点打造“婴育照护云健康”数字化应用平台，项目入选省卫生健康数字化改革基层创新储备项目和宁波市数字社会第一轮“揭榜挂帅”项目。

高效完成“浙里急救”应用上线，县域急救“1 站 6 点”全面接入省院前急救云平台，实现“浙里办”一键呼叫 120 在县域范围内全覆盖。

【健康宁海】 推进《健康宁海 2030 行动纲要》，完善健康保障，营造健康氛围。

实现省级卫生乡镇全覆盖，胡陈乡、力洋镇、越溪乡、西店镇、深甽镇 5 个乡镇创成国家卫生乡镇。9 个乡镇通过国家卫生乡镇省级暗访，卫生乡镇创建取得历史性突破。通过国家卫生县城复审，实现国卫县城创建“五连冠”。

省、市、县级卫生村创建比例总和 98%，县域健康环境得到进一步改善。持续推进健康教育“百千万”工程、健康素养进农村文化礼堂活动、全民健身运动活动，健康宁海理念深入人心。人均预期寿命 82.88 岁，远超我省共同富裕考核标准。

11 月 2 日，宁海县桑洲镇尘肺病康复站揭牌仪式

【医共体工作】 坚持“双下沉、两提升”的总体要求，完善医共体扁平化、一体化管理，实现资源共建共享、管理同质同标和服务优质高效。通过基层特色专科建设、优质服务基层行活动、星级门诊（服务站）与等级村卫生室创建等活动，持续推进全专科联合门诊和联合病房建设，提升基层医疗机构对常见病、多发病、慢性病的诊疗服务能力。全县一体化村卫生室、社区卫生服务站均实施国家基本药物制度，村级卫生室规范化管理 70%以上。创建等级村卫生室 72 家、星级服务站 30 家，创建率分别为 88.89%、90.9%。基层医疗机构门急诊就诊率再创新高达 70.97%。

推进家庭医生签约服务，开设家庭医生工作室，打造家庭医生签约服务示范点等特色项目。重点人群家庭医生签约率提升至 73.86%，低收入农户家庭医生签约服务覆盖率 100%，均为历史新高。

推进省民生实事项目。新增村卫生室（社区卫生服务站）5 个，完成传染病院（病）区改造项目 3 个，长街中心卫生院扩建改造工程、县第二医院发热门诊改造工程、县第一医院感染楼发热门诊装修均已完工。

【提升医疗服务能力】 突出“峰尖”，聚力打造健康宁海新高地。9 月，县妇保院高分通过三乙妇幼保健院复评工作。县第一医院三乙综合性医院创建工作稳步开启，以县“双抓双比”行动为着力点，多次通过医院自评、专家点评、专题会商等形式，查漏补缺，改进提升。

区域专病诊疗中心建设相继落地，建成运行检验、影像、病理、心电图诊断、消毒供应中心等五大共享中心，组建县胸痛中心、卒中中心等 7 个县级诊疗中心，县级医院综合能力进一步增强。

构建人才学科，坚持招、引、

育三管齐下，实施农村社区医生定向培养三年行动计划，推进名医培育引领工程和医学学科带头人选拔培养计划，创成钱荣江全国基层名老中医传承工作室。全年新增医学人才138人、紧缺型研究生30人。拥有执业医师2416人，每千人口执业医师数3.38人，完成卫生健康领域“共同富裕”建设的第一步。实施县级医学学科培育行动计划，重点学科、优势学科群再创新高，全年共新增6个县、市共建重点学科，有2个省县级龙头学科、1个省级基层中医重点学科、1个省级中医药重点专科、2个市县级龙头学科、59个县级学科。

提升基层，推进民生实事工程建设，全年实施民生实事工程、重点工程8项，其中2021年新开工民生实事工程3项，续建民生实事工程3项，新开工重点工程1项，续建重点工程1项。公共卫生提升工程、普惠性托育项目和长街卫生院改扩建工程3个项目已完工，城乡医疗卫生面貌和基层医疗卫生服务供给总量得到进一步改善。

【公共卫生】 坚持专业公共卫生机构主动融入县域医共体建设，发挥“医共体整体效应和资源优势”及“两员一中心一团队”作用。创新县域公共卫生服务体系，各县级公立医院成立防保科，三家医疗健康集团成立公共卫生管理中心，全县基本公共卫生综合达标率均在90%以上。提前完成65岁以上老年人免费流感疫苗接种3.9万人的省级民生实事工程。

持续加强“两慢病”全周期健康管理。成立“1+X”慢性病临床防治指导中心（精神疾病预防控制中心和7个临床指导中心），实现县级慢性病综合防治示范乡镇（街道）全覆盖，并通过国家级慢性病综合防控示范县复评。

加强结直肠癌筛查和上消化道癌筛查工作，建立县卫生健康局统筹抓、乡镇街道落地抓、县肿瘤防治临床指导中心、县慢性病防治临床指导中心指导抓的工作网格，持续推进重点疾病早筛早诊早治。

【传染病防控】 全县报告法定传染病13810例，系统报告质量综合率100.0%，无甲类传染病报告，乙丙类传染病报告15种、13039例，报告发病率1873.53/10万，同比上升18.83%。报告1起突发公共卫生事件，报告率、及时报告率、病因查明率均100%。全县17家预防接种门诊及新冠病毒疫苗接种点完成省SaaS系统切换工作，全省接种数据实现共享。

【人口家庭】 加强出生人口监测和预警预报，全员人口信息覆盖率和准确率100%。创成全国计划生育基层群众自治示范县。

开展计生特殊家庭健康关爱服务和困难计生家庭暖心行动，入选中国计生协新市民健康行动项目试点。

落实计划生育奖特扶制度，扶助发放金额1387.08万元。推进计生协综合改革，承接中国计生协新市民健康行动项目，家庭健康促进行动工作在全省家庭健康促进工作推进会上作经验典型交流。

完善制度保障，实施岗位联系人、家庭医生签约服务和就医绿色通道等三项制度，覆盖率达100%。

【妇幼保健】 新增托育机构3家、托位150个，设立婴幼儿照护服务站点12个，改造升级公共场所母婴设施或购买移动母婴室10个，创新构建“甬有善育”育婴数字化智能平台应用。拥有托育机构45家，提供托位1470个，入托率上升至7.7%。

落实高危妊娠风险评估和“五色”管理，全力保障母婴安全，三年平均孕产妇、婴幼儿死亡率均长期处于低位。打造成立县域妇幼健康联盟，为全县妇女儿童提供更加优质高效的全周期健康管理服务。

【老龄健康】 落实《宁海县老龄健

4月17日，宁海县妇幼专科联盟成立大会召开

康三年行动计划（2021—2023年）》持续提升医养结合机构服务质量。积极推进新增同瑞护理院、桥头胡护理院、宁海县老年公寓护理院，完成黄坛镇卫生院、长街中心卫生院、北部医院3家基层卫生院的安宁疗护病房建设。县第一医院、县中医医院设置老年医学科的比例在100%以上。

【廉洁正风】 以党史学习教育为抓手，从百年党史中汲取智慧和力量，加强党的领导和建设。依托“周二夜学”“医声学堂”等平台开展线下集中学，通过“学习强国”、健康宁海官微公众号等平台线上便捷学，以线上线下相结合的形式，充分调动全体卫健干部干事创业好状态，新干劲。全系统组织开展理论学习650期，参训人员达8000人次。

开展医疗服务行业腐败问题专项整治工作，发布首张清廉医院指数，强化执行医院小微权力清单49条，将廉政风险排查覆盖卫生健康权力运行涉及的全领域、全事项、全流程、全人员，纠正医药购销和医疗服务中的不正之风。着力打造清廉医院可示范样本，10月中旬选择第一医院信息后勤物资采购流程、工程建设审批流程建设作为清廉医院小微权力信息化试点进行推广。

社会事务

人力资源与社会保障

【概况】 以党史学习教育为契机，把握“民生为本、人才优先”主线，奋发有为、精准发力，人力社保工作得到全方位高质量发展。

9月17日，在强蛟镇骆家坑村举行“才聚宁海　悦享中秋”宁海县高层次人才中秋联谊会

【保障就业】 出台实施《关于进一步做好稳就业工作实施细则》等13条稳就业相关政策，全年城镇新增就业人员2.45万人；城镇登记失业率1.19%，全市第1；累计建成省、市高质量就业社区（村）43家；吸纳普格籍劳动力稳定就业216人，选派专技人才28名；发放创业担保贷款7230万元。推进职业技能提升行动，培训2.3万人次；新增职业技能自主评价企业63家，全市第一。强力推进公共就业服务标准化建设，为全市国家级试点项目高分通过验收做出积极贡献。

2月21日，“宁波欢迎您”员工返岗专列抵达宁海

【完善社保体系】 养老保险参保率超过99%，城乡居民基础养老金提高至310元/月，完成电子社保卡签约55.4万人。

推进社保险种衔接，平稳完成5547名外来务工险参保人账户转换和20513名低标准养老保险参保人新基数启用工作。

调整最低工资标准，提高至2070元/月。全面落实社保精准扶贫，确保约3万名扶贫对象全覆盖。

37个重点行业工伤保险覆盖率

提升至94%，全面推进新业态劳动者单险种参加工伤保险。

1月27日，省劳动关系和农民工工作处一行到宁海调研

【人才队伍建设】 运行“智汇宁海”政策体系，人才总量19万人；新增大学生就业数11489人，完成率全市第一；技能人才占从业人员比重47.3%，全市第一。新建省级博士后工作站3家，新评市级技能大师工作室2家，市企业专家工作站1家。高水平建立宁海产业人才学院，创新产业人才培育模式被确定为2021年全国人力资源大会和浙江省技博会重点推介项目，培养相关产业人才3000余人。创新推出“优才贷”，总额度5亿元，为人才创业创新赋能。

【人事工资改革】 考录普通事业89人、高层次紧缺人才7人、教育系统265人、卫健系统51人，做好人员划转、岗位设置等工作，保障事业单位机构改革稳步推进。全面推进事业单位工作人员职业生涯全周期管理“一件事”平台运行，人事工资联动率达100%。有效推进公立医院和国企薪酬制度等改革。

【和谐劳动关系】 巩固“无欠薪县”创建成果，开展清理整顿人力资源市场秩序、根治欠薪冬季等系列行动，加大案件执行力度，劳动监察处理欠薪投诉949件、结案率100%、安薪指数全市第一，“六项制度”落实率全市第一。

实施《工资争议速裁的若干规定》，提高劳动争议调解仲裁办案效能，被推荐为全省劳动人事争议调解仲裁案件处理成绩突出集体；宁海商会劳动争议调解委员会入选和谐劳动关系管理体系省级标准化试点项目，被列为第一批全国“百家金牌劳动人事争议调解组织”推荐对象。加快推进全市电子合同试点工作，11家企业通过系统签约。

4月19日，宁海产业学院成立仪式暨中国（宁波）产教融合创新发展论坛分别在宁海技工学校和金海开元名都大酒店举行

【数字赋能】 产教融合服务应用列为第一批全市数字政府应用场景揭榜挂帅项目。全市“智配直享—视频办”试点工作进行内部测试，为推广使用奠定基础。

推进事业单位全周期“一件事”，2次在全市作典型交流发言。

全面开发“宁海人才码”系统，开通紧缺型人才首次购房补贴等多项功能。创新推出首批28项人社高频事项“码”上办，办理量1.1万余件。

创新推出“人社服务直通车”平台，服务企业5860家。试行“集市驿站”“村务厅”模式，实现业务就近办、假日办。西店镇社会保障和公共就业服务中心获评全国人社系统优质服务窗口。

医疗保障

1月7日，县纪委一行到医保局调研

【概况】 参保率持续稳定。全面启动年度城乡居民医保参保工作，将成年居民A、B档合并为成年居民档，注重提升工作手段，完善申报办法，采用先全面参保，后逐步缴费的模式，新模式减少了参保人员的参保环节，提供了更好的缴费体验，同时也降低了现金收缴风险，大大减轻了经办人员的工作强度。

医保精准扶贫兜底明显。最低生活保障边缘家庭成员的参保补助由原来的半免调整为全免，全面实行困难人员参保免缴政策。精准扶贫调查核实率100%，免缴人员及低保边缘家庭成员参保率达100%。

强效落实疫情保障。聚焦疫情防控，做好相关疫情保障工作。

【惠民政策】 推进市级统筹。完成基本医保与市级标准统一评价，对《宁波市全面做实基本医疗保险市级统筹方案（征求意见稿）》和《宁波市基本医疗保险基金统收统支实施细则（征求意见稿）》进行专题研究比对，力求实现参保登记、征缴管理、医疗管理、经办服务、待遇支付“五统一”。配合省医保条例，调整医保最低缴费年限从15年到20年，集中通知办理医保退休一次性补缴业务；出台《关于调整城乡居民基本医疗保险财政补助标准的通知》，提高城乡居民基本医疗保险财政补助标准，让其与市级补助标准一致；确保社保系统省集中后医保征缴平稳运行，解决医保二次申报中存在的问题。

5月21日，召开医保大讲堂，宣传全县两定机构医保基金监管政策

调整医保政策提升待遇。逐步扩大参保范围，首先放开居住在宁海的非本县户籍的0~6周岁儿童；将肿瘤全身断层显像纳入大病保险支付范围；调整完善异地就医政策，自7月1日起，实行省内异地就医免备案；调整提高大病保险待遇，将自付费用纳入大病保险的合规费用范围，调整大病保险的起付线和报销比例，取消封顶线。

推进DRGs点数法付费。按照市局统一部署，分析各定点机构

DRGs结算数据及执行情况，测算年度职工医保和城乡医保DRGs总额预算额，开展基本医疗保险长期住院和安宁疗护费用按床日DRG付费管理，组织县财政、卫健、纪检共同商讨并确定测算方案、增长率及测算额。邀请专家进行住院DRGs点数法付费管理专题培训会，通过《宁海县基本医疗保险2021年度付费预算方案》。

推进国家谈判药品带量采购工作。实施带量采购降低药品（耗材）价格，积极督促辖区内医疗机构及时完成各批次协议采购量，并按时支付款项，抓好药品耗材集中带量采购中选结果落地，全年协议采购量提早完成。

4月24日，县医保局在西子国际南广场开展基金宣传月活动

【医保基金监管】 强化医药机构管理。做好宣传工作。严格落实协议管理办法，对新增纳入的医药机构通过现场检查、信息核查、专家评估。全面落实两定机构贯标工作。充分利用智能审核监控平台，加大医保支付环节费用审核力度。

狠抓专项监管不放松。开展基金监管常规化检查及回头看行动，辖区内两定医药机构监管事项覆盖率100%。做好医药机构规范使用中药饮片专项治理工作，联合县市监局完成5家医疗机构中药饮片抽查。开展打击欺诈骗保专项行动，通过第三方信息技术服务机构提供的医保基金第三方大数据监管服务。

加强宣传，完善社会监督。开展医保基金监管集中宣传月活动，开展“医保政策知识”有奖竞答和医保宣传短视频创作征集活动，做好“医·保同行 真情为民”专题调研活动，努力营造齐抓共管、全社会共同监督的基金管理氛围。

9月23日，全县城乡居民医疗保险工作会议召开

【提升经办能力】 提升经办能力，确保群众满意度不断增强。

加快推进医保业务在线办理。以“最多跑一次”为契机，在做好“一件事”的基础上，积极推进医保业务在线办理，提高政务2.0网办率，办事大厅窗口设立了网上办理自助服务区。全年网办率96.67%。

稳步扩大异地就医医疗机构范围。推进跨省异地就医直接结算，在调整异地就医政策基础上，稳步扩大跨省异地医疗机构范围。全县有61家定点医疗机构，其中33家实现跨省异地就医（含长三角门诊）直接结算。

不断创新经办模式优化经办流

程。前移意外伤害审批窗口，委托医院全程把关意外伤害核实，有效打通服务群众的“最后一公里”。

推广医保电子凭证激活应用。召开医保电子凭证推广应用会，对接医保电子凭证第三方合作单位，引导参保人激活使用医保电子凭证。定点医药机构医保电子凭证开通率100%，激活率和结算率稳步提升。

民　　政

【社会救助和慈善福利】 健全分层分类的社会救助体系。低保实现全大市统一标准，7月1日标准从每月842元提高到每月1005元。截至年底，低保6303户、9489人，低保边缘户642户、1598人，全年发放低保金8402.86余万，特困对象623户、629人，特困人员供养资金1348余万元。加大临时救助力度，为1353户、2306人发放临时救助金565.49万元，聘请第三方参与居民经济状况认定，通过线上大救助系统和线下实地走访等模式，进一步提升救助精准度。

做好儿童福利工作。及时调整孤儿和困境儿童基本生活保障标准，机构孤儿每月基本生活标准为2580元/人，散居孤儿每月2064元/人，困境儿童的基本生活费发放标准参照社会散居孤儿的养育标准全额或差额发放，实施贫困家庭重病和残疾儿童集中养育康复“添翼计划”项目扩面提档，筛选出9名困难残疾儿童参加此项目。创新困境儿童关爱项目化管理机制，通过聘请第三方专业机构对困境儿童开展关爱服务。

做好流浪乞讨人员救助工作。深化救助管理机构服务质量大提升专项行动，全年救助流浪乞讨人员261人次。

【基层政权和社区建设工作】 社区建设取得新成效。加快编制社区规划，完成《宁海县城市社区布局规划（2021—2035）》编制工作；积极打造开放式“居民会客厅”，完成桃源街道湖西社区的建设任务；深入推进清廉社区建设，完成8个清廉社区建设，覆盖率70%以上；农村社区建设评估工作，第四批引领型农村社区4个和完善型农村社区25个，进一步提升农村社区建设水平。

加强社区人才建设。全年招录37名社区工作者，充实社区人才力量，完善专职社区工作者薪酬体系，实行“三岗十八级”绩效薪酬制度，社工待遇进一步提高。强化社区工作人才的专业性，新增持证社会工作专业人才182名。

强化农村基层民主建设。力洋镇村干部村民代表履职管理标准化建设项目被列为第二批省级社区治理和服务创新实验区验收通过，该经验还被民政部政策法规司采纳向全国推广。

乡镇（街道）社会工作站建设。以群众需求为导向，以乡镇（街道）为主阵地，新建了6个乡镇（街道）社会工作站，为辖区困难群众和特殊群体提供社会工作服务，引导社会力量和居民群众积极参与基层治理，助力乡村振兴。

【养老服务】 截至年底，60周岁及以上户籍老年人口142366人，占户籍人口的22.49%，65周岁及以上的占老年人口数的70.15%，70周岁及以上的占老年人口数的44.11%，80周岁及以上的占老年人口数的14.86%，90周岁及以上的占老年人口数的1.95%。

机构养老硬件设施进一步提升。全县已建成并运营养老机构21家，其中乡镇（街道）敬老院15家，民办养老机构6家，机构养老总床位7324张，每百名老人拥有床位数达5.1张。投资4.5亿元、设计床位1498张的全县规模最大的养老机构，宁海县老年公寓于10月14日正式开业，采用公建民营方式委托九如城集团开展运营。推进养老机构失智区建设，在县综合福利院建设认知症床位数24张，已完工并投入运行。

普惠型养老提质增效。推进养老服务专业化进程，每万老年人持证养老护理人员19.58人；民生实事项目有效推进，力洋等4个乡镇级康养联合体试点全面完成，10个标准化老年食堂正式运营，328户适老化改造项目全面完工，三个省级示范型居家养老服务中心全面完成。

【殡葬管理】 推进殡葬设施布局调整，《宁海县殡葬设施布局专项规划（2020—2035）》已实施。宁海县被列为2021年全省数字殡葬改革11个试点县市区之一，在采用市建系统作为基础的同时，增加“12345”政务热线电话报丧功能和防保医生上门出具死亡证明，使得市建系统更加完善，群众办事更加方便，“一件事”联办系统正式上线运行；强化殡仪服务，殡仪馆基础设施进一步优化，全年火化遗体4291具，火化率保持100%。

【移民安置】 会同相关部门及指挥部做好抽水蓄能电站、清溪水库、西林水库等新建水库的移民规划大纲以及移民安置政策的制定；做好10052人大中型水库移民后扶人口的补助发放工作，并做好年度核减工作；重视水库移民安置村及库区村的项目扶持工作，全年落实帮扶资金1050万元，安排后扶项目25个，进一步提升相关村的基础设施水平，不断壮大村级集体经济。

【社会组织】 指导乡镇街道创建社会组织党群服务中心。13个乡镇街道完成社会组织党群服务中心建设任务；做好社会组织管理，根据民政部等22个部门联合印发的《关于铲除非法社会组织滋生土壤净化社会组织生态空间的通知》要求，整合宁海17个部门力量，全面展开打击整治非法社会组织工作；依据全省创新发布的“民非”法人治理指引地方标准推进相关培训指导工作，进一步规范社会团体内部组织机构设置以及组织机构的运行；公益创投方面，首次成功链接宁海县新生代企业家联谊会资助公益项目，认领宁海县岔路阳光公益服务社“红梅帮亲”“园丁社区文明创城志愿服务”两个项目，落实资金6万元；有序推进清理“僵尸”型社会组织，重新激活社会组织8家，发放异常名录事先告知书24件，已完成注销23家。联合发改、工商、商务等6个部门对15家行业协会商会收费情况进行了抽查。首次培育善义公益服务中心、浙工大科学技术研究院、三替养老服务中心等3家功能型党支部的成立。

【区划地名】 平安边界建设有序开展。年初制定《2021年宁海县平安边界创建活动实施方案》，落实专项经费9.68万元，开展平安边界建设和宣传，边界总体情况良好，边界群众生产生活和谐稳定。

地名管理和公共服务工作进展顺利。制定《宁海县地名管理公众参与专家咨询暂行办法》，推进省、市民政系统地名管理“最多跑一次”和数字化转型，地名地址数据归集率达到100%，落实地名“无证件（证明）”工作，门牌地址数据规范，“一查一录”地名数据规范准确，全年核准命名（更名）小区（建筑物）12个、道路4条，安装门牌1488个，安装路牌100个。

10月14日，“爱在重阳”文艺会演暨宁海县首届“最美养老人”颁奖典礼

加强地名文化建设。《宁海县地名志》形成初稿；出版《宁海县地名故事选》1000册，传承弘扬优秀地名文化，完成第二次全国地名普查业务类和其他类数据归档工作。

完善标准地名地址数据库。按规定完成国家地名信息库更新完善工作，开展64条存量数据归集工作；完成省系统浙江区划地名综合平台业务19435条数据上图工作。

【婚姻、收养登记】 完成结婚登记2721对，离婚登记1019对，登记合格率100%；聘请专业心理辅导师和律师，为当事人免费提供咨询辅导服务，化解婚姻家庭矛盾，全年婚姻家庭辅导646人次，有效降低离婚率；为切实解决早年历史档案数据缺失问题，不断补充完善宁海县婚姻登记电子证照数据库，方便群众办事，开展婚姻登记补证工作，补登记1300余对；开展婚姻登记规范场所建设，突出婚姻文化建设，完成了3A级婚姻场所建设。办理收养登记申请25件，登记发证18件，解除收养登记3件，接受收养咨询约100人次。

【福利彩票销售工作】 销售各类福利彩票8229.84万元，较同期增幅1.9%，为国家筹集福利彩票公益金约2300万元。

【社会综合福利院】 接收入院休养老人88人、办理出院老人90人，居住老人312人；办理送养社会弃婴15件。

住房公积金管理

【概况】 以习近平新时代中国特色社会主义思想为指引，全面贯彻落实中共十九大及十九届历次全会精神，弘扬伟大建党精神，紧紧围绕深化服务改革、规范服务管理主线，真抓实干，开拓进取，持续推动住房公积金事业高质量发展。

【住房公积金缴存与提取】 住房公积金实缴单位1666家，同比增加166家；实缴人数69927人，同比净增8612人；归集住房公积金126404万元，完成年度计划的105.34%，同比增长13.22%。提取住房公积金103385万元，同比增长8.47%；住房公积金归集余额为227044万元，同比增加23020万元、增长11.28%。

【住房公积金贷款发放】 发放普通公积金贷款841户、27264万元，完成年度计划129.83%，贷款余额196264.4万元，同比增长1.71%；发放公转商贷款431户、13750万元，贷款余额63911万元，同比增长10.23%；普通公积金个贷比率为86.44%，同比下降8.14个点，既做到应贷尽贷，又较好控制在合理区间（85%≤个贷率<95%）；年末个人住房公积金贷款逾期率为0.00087%，达到市定逾期率控制在0.02%及以下的考核要求。实现增值收益3071万元，完成年度计划的122.86%，同比增长12.37%。完成769名职工的住房补贴资格审核，涉及住房补贴2219.61万元。

【提质增效】 以提质增效为目标，深化便民改革举措。

5月25日，省民政厅厅长王剑侯（左四）到宁海力洋敬老院调研民政工作

推动数字化改革。依托全国住房公积金监管服务平台，推进住房公积金业务“跨（全）省通办”，增设通办专窗，开通绿色通道；积极推进住房公积金甬舟一体化进程，实现甬舟两地住房公积金提取业务异地实时办理；落实长三角一体化建设，实现长三角地区异地贷款职工缴存证明“一网通办”，通过长三角平台、自助终端分别出具异地缴存证明33笔、116笔。配合落实“一件事”联办，全年受理机关公务员生命周期一件事联办165人次，事业单位工作人员生命周期一件事联办1079人次，机关事业单位退休一件事联办441人，办理贷款抵押“一件事”联办460笔。扩大在线办结事项覆盖面，通过拓展浙江政务服务网、浙里办、支付宝、住房公积金网厅、宁波自助服务一体机等受理渠道，提高网办率，全年线上业务办理量分别为浙江政务服务网（网厅）15545笔、浙里办8476笔、宁波自助服务一体机7877笔，占所有业务量的80.82%。

落实首问负责即问即办制度。完善机制流程，形成工作合力，对群众的咨询投诉做到处理及时、答复准确、办件到位，确保事事有回音、件件有着落，切实展现“以民为本”的服务理念和高效务实的工作作风，相关办件被县里作为正面典型案例通报表扬。全年处理百姓事马上办、浙里访等咨询投诉74件。

深化学雷锋志愿服务岗。立足线下服务需求，推进学雷锋志愿服务岗常态化、制度化、规范化。每天安排3名工作人员到办事大厅，通过提前介入、业务分流，最大化减少群众等候时间，为群众提供全过程、精准化、一站式服务。通过服务“向前一小步”，让群众“方便一大步”，做到服务“零距离”，办事“有温度”。

【惠民利民】 以惠民利民为宗旨，发挥安居保障作用。

扩大制度覆盖面。依托“三服务”，开展“全力以‘复’‘积’金惠民”主题宣传月系列活动，在宁海广播电台FM98.9上滚动宣传住房公积金政策法规；进广场、社区开展宣传活动，发放宣传册、宣传用品，讲解便民政策，解答群众咨询；到拟上市企业、上市培育企业走访调研并进行政策宣讲，通过精准宣传，以点带面有效推进建制扩面工作；结合中国共产党成立100周年和住房公积金制度建立30周年，在《宁海日报》专刊宣传住房公积金发展历程及取得的成就，提高住房公积金政策社会认知度和普及率，推进住房公积金事业高质量发展。

优化提取政策。坚持“房住不炒”定位，适时调整优化住房公积金缴存和使用政策，支持老旧小区改造、住房加装电梯提取，加大住房租赁支持力度，全年办理租赁自住房提取住房公积金业务6941笔，同比增长75%。倾听群众呼声，响应群众需求，开通偿还商业性个人住房按揭贷款委托提取业务，全年办理商贷委提业务1194笔，占所有委提业务的44.1%。

提高贷款额度。为深入贯彻落实党中央国务院决策部署，促进人口长期均衡发展，在落实国家二孩或三孩生育政策中，发挥住房公积金的住房保障功能，支持职工刚性住房需求，于年底调整住房公积金贷款政策：按照国家生育政策生育二孩或三孩的家庭，连续缴存住房公积金满2年，首次申请公积金贷款购买首套自住住房的，住房公积金最高贷款额度由40万元/户提高至60万元/户。

【住房制度改革】 以货币分配为基础，推进住房制度改革。

有序推进住房分配货币化。严格住房补贴资格审查，耐心细致做好政策解释，推进住房分配货币化工作平稳有序开展。全年完成769人的住房补贴审核，发放金额2219.61万元。其中全额事业新老职工90人，发放补贴246.73万元；差额事业新职工3人，发放补贴8.09万元；自收自支事业退休、新老职工358人，发放补贴1110.87万元；行政新职工120人，发放补贴319.68万元；教师新职工197人，发放补贴530.92万元，离休1人，发放补贴3.32万元。

探索住房改革按月补贴。为深化住房分配货币化改革工作，提高干部的购建住房支付能力，决定探索实施住房改革补贴工作，学习先进经验。并积极与县财政、人社等部门磋商对接，起草实施方案，及时向县有关领导汇报，召开县住房委员会全体成员会议，征求相关部门意见，为后续工作开展打好基础。

【风险防控】 以风险防控为重点，筑牢安全运行底线。

防范资金流动性风险。每月对公积金收支形势进行科学分析，准确把握业务资金运作规律，合理制订资金调拨使用计划，防范和控制住房公积金资金流动性风险，保障资金安全有效运行。为解决放贷资金紧张局面，保障客户贷款权利，全年发放公转商贴息贷款431户、13750万元，平衡应贷尽贷和资金流动性不足之间的矛盾。

加强贷款管理。在楼盘准入、贷款审批、贷款发放等环节严格把关，从源头上防范逾期的发生，进一步降低贷后风险。在建立逾期催收机制，搭建短信、电话催收平台的基础上，做到及时发现、及时催讨、及时反馈。对一些老赖采取家访式催讨，晓以利害关系，促其尽快归还。对走司法程序的逾期贷款，积极与法院和当事人或其单位对接沟通，尽量寻求庭下和解的妥善方案，快速处理矛盾，确保年度贷款逾期率控制在0.02%以下。

规范制度执行。严格落实“三重一大”事项集体决策、业务三级稽核、资金竞争性存放、财务收支等制度，全面配合省专项监督检查、县审计工作，针对存在的问题及时制定整改方案，做到立查立改、即知即改，确保整改到位，保障中心政策合规、管理规范、资金安全。

【自身建设】 以服务大局为主线，锻造忠诚担当队伍。

扎实开展党史学习教育。成立领导小组，制定实施方案，加强统筹谋划，分类分步、有序高质推进党史学习教育。通过“线上+线下”学、“集体+个人”学，读原著、听宣讲、谈体会、深交流，重温百年历史，坚定红色信仰。组织开展理论中心组专题学习研讨4次，党课宣讲13次，周二夜学专题学习24次，全体在职党员撰写心得体会9篇。积极参加党史知识竞赛，1名党员荣获县党史知识竞赛个人二等奖。组织党员干部前往四明山革命烈士陵园开展“寻找红色记忆　追溯革命足迹”主题党日活动，到各红色教育基地开展“学党史、守初心、争先进”初心之旅，慰问老党员、“特等功臣”应隆滚，组织观看《红船》《古田军号》《长津湖》等红色影片，重温峥嵘岁月，传承红色基因。聚焦主责主业，贯彻落实“我为群众办实事、我为发展作贡献、我为治理解难题”专题实践活动，切实将学习教育成效转化为为群众服务的实际效果。

强化意识形态建设。严格落实中心组理论学习、“三会一课”、“周二夜学”等制度，组织全体干部职工及时学习习近平系列重要讲话精神、中央和省市县委重要会议精神，强化保密学习管理，加强意识形态阵地建设和管理，开展社会主义主流思想文化和意识形态正面宣传和舆论引导工作。

抓好干部培养选拔。严格遵循工作程序，1名中层干部推荐为县管干部。按照县委组织部要求，结合分中心实际，于年底启动新一轮中层干部选拔聘任工作，加大干部培养力度，锻造有担当有作为的干部队伍。

提档升级创建工作。完成省二级档案达标复评，完成综合档案室扩建，及时整理信贷档案并移交综合档案室，进一步规范档案管理。

助力全国文明城市创建，积极发动党员干部参与“党群同心圆”志愿活动，组织全体干部职工常态化开展疫情防控、文明创建、垃圾分类、扶危济困等志愿服务活动，全年组织开展活动100余次，活动总时长2280小时，活动开展有序、反响良好。

抓实抓细各项创建工作，成功创建省级文明单位、市级无烟单位、“清廉机关、模范机关”示范单位。

残疾人工作

【概况】 以习近平新时代中国特色社会主义思想为指导，贯彻学习习近平在庆祝中国共产党成立100周年大会上的重要讲话精神，弘扬伟大建党精神，遵循发展残疾人事业“十四五”规划纲要，以切实完成《宁波市残联2021年工作要点》为抓手，增强“两种能力”、落实“两大要素”、推进“四项工作”、提升“四个环境”，全面推进残疾人事业稳步发展。截至年底，建成规范化“残疾人之家”22家，其中五星级1家，四星级3家，三星级10家，二星级1家，一星级7家，庇护精神、智力和其他重度残疾人363人，实现18个乡镇街道全覆盖。文体方面创建2家残疾人文化体育示范基地、1家残疾人文化示范团队，残疾人体育健身训练基地3家、健身示范基地5家。困难残疾人生活补贴惠及5736人，重度残疾人护理补贴惠及8671人，目标、人群覆盖率100%，累计发放补贴4300余万元。

【保障残疾人生活质量】 “两种能力”齐增强，保障残疾人高质量生活。

增强残联干部政治能力。认真把握“学史明理、学史增信、学史崇德、学史力行”的目标要求。通过“周二夜学”集中开展党史学习教育专题学习20次，开展党组中心组理论学习7次，党史学习教育专题交流研讨5次，县残联领导班子成员全部完成“七一”前后各上一次党课。此外县残联组织党员干部参观了梅花村会议纪念馆和王鲲烈士纪念馆，邀请县委党校金礼斌校长为全体干部作党史宣讲。注重将理论学习转化为工作实效。6—11月，县残联共开展党史学习教育“四为”专题实践活动25次，其中包括推动全县党政机关、企事业单位支部和党员与22个“残疾人之家”结对；为全县800户低保低边的残疾人发放助残金48万元，解决了一批残疾人的“急难愁盼”问题。

增强残联平台数字赋能。借助数字化改革成果，做好残疾人证动态监测、残疾人补贴发放等工作。结合市残联开发的宁波市智慧残联大数据管理平台，通过数据比对，每月将符合条件但未申请残疾人两项补贴的名单下发给各乡镇街道，督促各乡镇街道按照名单将《申报残疾人两项补贴通知书》送到残疾人手中，以限时倒逼的方式，实现应保尽保，困难残疾人生活补贴新增290人，重度残疾人护理补贴新增365人。通过浙江数字残联系统和宁波市“身后事”联办系统，做好残疾人证动态管理，比对在享受残疾人两项补贴名单，做到应退尽退，取消困难残疾人生活补贴1170人，取消重度残疾人护理补贴310人。

【巩固残疾人康复服务率】 “两大要素”全落实，巩固残疾人康复服务率。

落实康复服务政策要素。全年基本康复服务率实现100%，9314名残疾人接受各类基本康复服务。为残疾人适配助听器、盲人智能眼镜、假肢、轮椅、护理床等各类辅具483件；开展辅具租赁服务25人；落实髋或膝关节置换手术、人工耳蜗手术等手术补助8人，人工耳蜗处理器升级1例；精神残疾人住院和门诊减免补助1669人；开展重度肢体残疾人生活重建服务（功能训练）2人；救助122名残疾儿童或少年进行康复训练；为6725名三、四级残疾人参加城乡医保补助个人缴费167.3万元；开展家庭责任医生签约服务，残疾人状况调查实现签约率为82%；为105名符合条件的残疾人提供大病救助38.4万元，减少因病返贫、因病致贫现象。

提升康复服务机构要素。将“提升建设100家规范化残疾儿童康复机构”纳入省政府十方面民生实事项目，县残联按照省级民生实事“残疾儿童康复机构提升工程”项目的要求，对照标准，组织排摸，明确责任分工，制定宁海以琳康教展能中心整改提升方案。通过与县内相关职能部门、机构、老师及家长多方联动，以高质量完成省政府民生实事目标任务，以办人民满意机构为宗旨，投入大量人力、物力进行规范建设，机构软、硬件设施及综合服务能力大为提升，宁海县以琳康教展能中心最终达标通过省、市验收。为以琳自闭症康复教育项目二期工程打下坚实基础。

【推动残疾人事业发展】“四项工作”共推进，推动残疾人事业全面发展。

稳步推进教育培训工作，从文化素养和职业技能两方面全面提升残疾人竞争素养。提高残疾人文化素养，积极开展随班就读、送教上门工作，残疾儿童少年义务教育入学率100%。做好残疾人及残疾人家庭子女的助学工作。为减轻残疾学生及其家庭的负担，切实保障残疾人受高等教育的权利，不因贫辍学，为2020—2021学年的19名残疾人大学生提供学费住宿费补助21.5万元，为582人次残疾人及残疾人家庭子女提供助学补助104.8万元。加强残疾人职业技能培训，根据疫情防控要求和年度培训任务，举办2期3场残疾人非遗及网络直播技能培训，培训内容包括非遗的竹编、女工以及网红直播，285人参加培训，完成市下达培训任务260人的109.6%。

多元推进就业创业工作，帮助残疾人实现自身价值。通过印发《关于进一步做好宁海县残疾人就业创业帮扶工作的通知》，发放灵活就业社保补贴4.3万元，惠及37名残疾人。在全国助残日期间举办残疾人专场就业洽谈会，9家企业提供了69个面向残疾人的岗位，105名残疾人进场，23人达成初步意向。为残疾人就业创业、企业用人用工提供双向通道。完成新增残疾人就业172人，完成市下达任务的115%，其中城镇新增就业21人，完成市下达任务的140%。贯彻落实《浙江省超比例安排残疾人就业企业奖励办法（试行）》和“最多跑一次”改革要求，结合市劳服中心开发的“宁波市残疾人就业保障金网上抵扣申报系统”做好残保金申报抵扣工作，审定131家企业安置残疾人214名。

扎实推进民生实事工作，保障残疾人事业不断提升。“残疾人之家”提升建设项目第三次被列为省政府十方面民生实事项目之一，围绕上级下达的各项任务，结合中心工作，提前完成计划工作。6个人口相对集聚的1万人以上乡镇街道创建规范化“残疾人之家”。3月初，以残工委的名义下发《关于宁海县“残疾人之家”创建及星级评定完成情况的通报》，要求各乡镇街道对残疾人之家工作的重视，再是与分管领导一起到未创建残疾人之家的乡镇街道进行走访调研，对比创建标准，指导开展创建工作。2个三星以下的残疾人之家提升至三星级。按照提升标准对现有的5个三星以下的残疾人之家进行硬件、软件的评估，最终确定桑洲镇敬老院和宁海县天明居家养老服务站进行提升工作。按照文件要求这两个机构在实现“八个有”的基础上，按照“缺什么、补什么”“差什么、改什么”的原则，做好“强基赋能”，拓展好社会服务、辅具器具服务等延伸功能。市残联委托第三方机构分别于9月9—11日对8家提升建设在内的22家机构进行评定，于10月底通过市残联的评定肯定。

大力推进文化体育工作，促进残疾人综合发展。开展各项残疾人文体活动，发展大众文化和全民健身，有效促进残疾人文体事业发展，丰富残疾人的精神世界，促进残疾人身心的全方面发展。在文化方面，积极开展文化助残“五个一”工程和特殊艺术“六进”活动，举办“百年百幅”残疾人书画展。在体育方面，在西安举办的全国第十一届残疾人运动会暨特殊奥林匹克运动会上，宁海健儿勇夺7金2银3铜，为浙江军团争创辉煌。县十届运动会残疾人组比赛举办，计70余名运动员参加比赛。通过宁海残联微信官微等新媒体，推送残奥会运动项目及残奥会知识，普及残疾人竞技项目，依托微信群等开展“残疾人运动员云交流”“东京残奥会观后交流”等线上活动，组织60余名残疾人专职委员回看东京残奥会，引领残疾人朋友激发生活热情，倡导健康生活理念。肢残人协会、聋人协会等协会举办冰雪项目活动助力2022北京冬残奥会。

【优化残疾人生活环境】“四大环境”共打造，优化残疾人生活环境。

以社区创建为突破，打造无障碍环境。积极探索创建无障碍社区，本着先易后难，先进带动后学，以样本辐射推动全县无障碍工作，前期积极走访排摸跃龙、桃源等街道，发掘初具无障碍社区雏形的社区，结合街道、社区自身建设能力，选择跃龙街道滨溪社区开展省无障碍社区创建工作。然后积极联合相关部门深入推进无障碍环境建设，投入专项资金20万元，对滨溪社区11个重点区域的114个小项进行无障碍改造，完成跃龙街道滨溪社区省无障碍社区创建工作。开展无障碍进家庭活动，为78户残疾人家庭进行无障碍改造。

以链接资源为动力，打造社会助残环境。为儿童康复机构链接各种社会公益资源，在家长学校建设方面，引进心理健康咨询团队，为家长提供心理健康讲座及心理疏导服务；在机构卫生保健方面，链接了县第二医院、县眼科医院等医疗资源，为学校提供医疗保障服务；在亲子成长方面，链接县内著名的志愿者服务团队“好爸好妈”故事团，为亲子阅读培养兴趣；在残健共融方面，为机构牵线县内的普通幼儿机构，开展各类残健互融活动。这些志愿活动形成长期的合作服务，弘扬社会助残氛围。

以党员干部为骨干，打造结对帮扶环境。开创以“党建+创意帮扶+个性体验”为主的多元化帮扶模式，助推残健事业健康发展，成立“残疾人之家”党支部，全力打造全省第一家残健共融开放式组织生活基地。并且以此为平台号召辖区党员、企业代表、社会爱心人士与学员结对帮扶，开展爱心捐赠服务，以实际行动走在关爱残疾人群体的前列。全年收集残疾人微心愿109个，招募在职党员现场认领微心愿100个，结对帮扶68次，开展各类能力训练和日常心理辅导100余次，通过“党群同心圆”平台发布活动30余次，线上线下招募志愿者2300余人，用温情、爱心、文化多重服务的力量，勾勒出一个爱的“同心圆”。

以疫情防控为重点，打造常态管理环境。转发市残联《关于建立省外来甬赴残联和涉残机构人员登记申报制度（试行）的通知》，要求按属地管理原则，负责好下属涉残机构的疫情防控工作；通知辖区有疫情防控工作要求的残疾人之家机构可以暂停运作，对于因疫情防控原因暂停运营的“残疾人之家”（阳光家园）落实相关补助；对全县11家符合省残疾人福利基金会《“疫情防控期间”盲人按摩机构复产复工资助》的盲人按摩机构提供上门收集资料服务，并对他们因疫情影响而存在的困难进行了解、汇总；通知13家残疾人扶贫基地按照有关规定做好防疫工作；继续做好疫情期间残疾人两项补贴的审核发放工作，为1.5万名残疾人提供基本的生活保障。

乡镇街道

跃龙街道

【概况】 宁海县人民政府驻地。地处宁海县中部，东接越溪乡，南连一市镇，西南界前童镇，西靠黄坛镇，北邻梅林街道、桃源街道，东北隅抵茶院乡，因境内跃龙山得名。街道办事处驻人民大道75号，面积105平方千米，辖15个社区、15个行政村、32个经济合作社。

【经济建设】 稳增长、促转型，经济发展在逆势中增创优势。经济指标稳中有升。财政收入实现稳步增长；完成规上工业企业总产值71.5亿元，同比增长16.2%；完成限上服务业营业收入75.8亿元，同比增长32.5%；完成限上商品销售额90.5亿元，同比增长29.1%；完成固定资产投资12亿元，同比增长17.5%。农业品牌特色彰显。百平黄山茶油、望府茶业等农产品龙头企业在森博会、农博会等平台上获得金奖7枚，“望府茶”获评第四届中国国际茶业博览会推荐产品。工业空间迭代升级。持续推进工业全域治理，重点整治大湾塘、范家、项家工业聚集点，强制低效企业“全退出”。累计拆除121家企业违建面积20万平方米。

【重点工作】 攻项目、夯基础，城乡品质在更新中不断提升。

票荐项目超额完成。充分发挥人大代表的监督作用，实现居民议事会第一次会议票荐确定的5个民生实事项目全面开工，完成投资3381.6万元，超额完成年度计划投资。

项目建设强力推进。海亮宁海公学一期项目竣工，于9月正式开学；纺织南路项目基本建成通车；坑龙王一期、吉义电子、英友橡塑生产线等项目主体完工；坑龙王加油站建设项目、千钧日用品生产项目等项目开工建设。

政策处理攻坚克难。坑龙王周边道路工程、十里红妆文化旅游开发项目、老客运站及第一注塑厂地块项目完成政策处理；双水棚户区改造项目遗留户“拔钉清零”成效显著，双水南地块居民遗留户全部清零。

【生态文明】 抓整治、严防治，生态环境在创建中持续改善。

文明创建力度空前。投入1200余万元，建立16个责任区93个大网格475个小网格，全员发动开展创建全国文明城市攻坚行动，通过二次省测。

城乡环境日趋优化。全面落实环境卫生整治工作，完成国家卫生

10月13日，跃龙街道有力有序推进工业全域治理现场

县城创建复评工作，实现“五连冠”；深入开展城区垃圾分类工作，分段分批安装垃圾亭（房）277个，创建省市级生活垃圾分类示范小区18个，获评年度浙江省生活垃圾分类示范片区。

美丽乡村激发活力。制定《跃龙街道艺术振兴乡村“村民赋能行动”扶持暂行办法》，望府村、白峤村积极探索艺术振兴乡村模式，其中望府下枫槎完成14个艺术节点打造。

8月13日，跃龙街道办事处攻坚坑龙王棚改工作

【社区建设】 重服务，塑品牌，社区治理在融合中迸发活力。

社区服务更加专业化、精准化。构建以社区大党委、辖区共建单位、党员志愿者为主的“1+N+X”党建联盟机制，组建“星动力”志愿服务队、“三三制”街长巡逻队，社区治理取得明显成效。

“一社一品”更具特色、亮点。怡惠社区被评为全国学雷锋志愿服务“四个100”先进典型最佳志愿服务组织，获“全国最美志愿服务社区”称号；车河社区获“全市最美志愿服务社区”称号。

社区治理促进居民“融合”。深化社区民主协商“五步工作法”议事制度，依托居民议事厅平台，累计征集各类意见建议298条，协商解决各类热点、难点问题117个。

10月8日，县委书记林坚（左二）一行到跃龙街道元峰村走访调研

【社会建设】 惠民生，解民忧，为民服务在实践中更加暖心。

民生保障“全方位”。全年累计发放各类救济款800余万元、计生奖扶金121余万元；累计组织无偿献血35.8万毫升，总量居全县第一。

便民服务“一站式”。全面深化“最多跑一次”改革，累计受理各类审批和服务事项4万余件，接待群众8000余人次，群众满意率100%；推行首问负责即问即办，处理“百姓事马上办”投诉293件，办结12345热线电话869件。

文化生活“零距离”。成功组织“百姓大舞台”、送戏下乡、戏曲纳凉晚会等活动50场，公益电影下乡212场，让群众足不出户就能享受到丰富的文化大餐。

【平安建设】 破难题，保安稳，平安基础在施治中更加牢固。

疫情防控精准智控。面对人数

最多、类型复杂的管控压力，组织党员干部群众开展联防联控，累计排摸20余万人，大数据处理30751条，纳入重点管控9347人；用10天时间建起东镇商务楼新冠疫苗接种点，累计完成疫苗接种24万剂次。

平安建设稳步推进。实行分级分类处置，累计化解信访积案19件，化解矛盾纠纷799件，化解率99%；加大防范电信诈骗宣传力度，发案率环比明显下降；率先在水车、范家两个行政村和银河社区开展治保团队试点。

安全隐患排查持续深入。1406家“一危两小”工矿企业整改隐患6315处，874家模具城企业整改隐患3754处，3612家沿街商铺整改消防安全130家，工贸企业风险普查1604家，消防安全培训109场10776人，建成消防示范街2条。

【自身建设】 讲政治、严纪律，作风建设在革新中不断巩固。

深入贯彻学习习近平总书记在庆祝中国共产党成立100周年大会上的重要讲话精神和中共十九届六中全会精神，扎实开展党史学习教育，并通过村（社）干部、党员、村民（社员）代表三支队伍的“三个同质化”管理模式，进一步增强政治意识、规矩意识。干部培育系统高效。

积极打造“领航型”头雁，实施村（社）干部集中轮训、跟班实训；建立青年干部成长导师制、市级治社名师“岗位跟班”实训，把重大项目作为干部的“实践课堂”。

作风建设不断深入。深入开展“双抓双比”、党员干部“民情联心、项目联动、平安联创”集中大走访等活动，并保持正风肃纪高压态势，全年开展专项监督4次，立案查处各类违纪案件17件，督促整改落实问题12个，责任追究村（社）干部33人次。

12月2日，宁海县跃龙街道首批3H人才培养计划结业仪式

7月4日，跃龙街道推出“百姓云舞台·百年百村百场”专题活动

1月30日，跃龙街道开展大规模社区新冠核酸筛查应急演练现场

6月29日，跃龙街道启动万名党员进网格办实事活动

表 14　跃龙街道 2021 年基本情况一览表

项　　目	单　　位	合　　计
总面积	平方千米	105
耕地面积	万亩	12672
村民委员会	个	15
经济合作社	个	32
社区	个	15
户籍人口	人	109464
外来人口	人	42400
第一产业值	亿元	1.2
第二产业值	亿元	44
第三产业值	亿元	140
固定资产投资	亿元	1.21
财政收入	亿元	9.15

桃源街道

【概况】 位于宁海新城区中心，是规划中的市级政治、经济、文化中心。东邻茶院乡，东北与桥头胡街道接壤，北和梅林街道毗连，南通跃龙街道。以桃源路得名，办事处驻竹口路 189 号，距县政府驻地 7 千米。面积 58 平方千米，下辖 10 个社区、43 个经济合作社、15 个行政村。

【工业经济】 实现工业总产值 131 亿元，同比增长 10%，实现规上工业增加值 19.93 亿元，同比增长 12.1%，小升规连续 4 年超过 15 家，方正汽车模具在深交所顺利上市，实现零的突破。

持之以恒促转型，如意、考比锐特、兴利模具、德科模具、山中合金等一批企业通过数字赋能，实现机器换人。年度研发经费支出 1.6 亿元，规上数字经济核心产业增加值、有效发明专利数量居于全县首位。

持之以恒抓招商，全力打好“以商引商”“以产招商”“以情引商”三张牌，招引落地浙江易成化学品有限公司、聚禾教育科技宁波有限公司等 2 个零资源项目，积极对接竹口等六村留地项目。年度浙商回归、市外内资、县外内资分别达到 6.73 亿元、6.55 亿元、7.62 亿元，同比增长 186%、104%、104%，招商引资成为经济增长的源头活水。

持之以恒增财力，累计实现一般公共预算收入 8.8 亿元，同比增长 10.7%。持之以恒激消费，市场活跃度进一步增强，实现限上商品销售额 35.31 亿元，同比增长 33.12%，高于县目标增速 32%，年度突破 40 亿元；实现限上社会消费品零售总额 11.24 亿元，同比增长 43.07%，年度达 13 亿元。

纵深推进工业全域治理，加快腾笼换鸟步伐，累计拆违面积 19 万平方米，整体拆除企业 23 家，淘汰关停企业 4 家，动员在建（拟建）企业 3 家。坚决扛牢“米袋子”责任，新增耕地 153 亩，复耕面积 200 亩，粮食生产保持稳定。

【城乡建设】 攻坚突破、城乡融合、战果丰硕。承接各类重大项目105个，其中实施类71个，谋划类34个，年投资额4.6亿元，坚决打好重大项目攻坚战。城市建设有机更新，竹口三村改造项目进入尾声，颜公河电镀城区块东侧整治提升（尤家旧村改造项目）以及建设村旧村改造项目全面启动，尤家村结束调查摸底和测绘工作，建设村前期调查工作完成80%。新城配套进一步完善。桃源二中项目启动招标，长盘地河上游沿线治涝工程完成筹备，华庭老旧小区改造进入施工阶段，18-3地块项目、东海康城智慧养老项目有序推进，湖东警务室、冠庄五联市场、浦西办公大楼落成运行。坚持政策处理和司法拆除双线并行。政策处理方面，完成宁海县学前教育提升工程二期等35个项目的政策处理工作，金水西路拓宽工程完成红线调整与模拟签约，桃源二小新建工程完成地上附着物清理及围挡工作；司法拆除方面，冠北区块已提交用地审批材料，严雅成户进入司法程序；竹口陈宝根户完成司法裁决，准备适时启动集中拆除工作。

10月8日，桃源街道党的代表会议代表选举工作动员会会场

【社会事业】 民生优先，全域提质，幸福升级。坚持财政投入向民生倾斜，民生支出占财政支出比重70%以上，城乡居民收入增速持续跑赢经济增速。社保体系更加健全，新型农村合作医疗保险实现全面覆盖，超3万名患者受益，家庭医生签约率超过70%。社会救助力度加大，慈善和社会福利事业加快发展，涌现出一批以陈绍综为代表的慈善人物。

文化事业蓬勃发展，举办民俗文化节、千里走宁海桃源站等系列活动，成功创建文化强镇。

以钉钉子精神打好污染防治攻坚战，拆违22.5平方米，完成率106.9%，城中村综合整治2万平方米，完成率200%。巩固深化污水零直排区建设，全域总体环境质量明显提升。

以排头兵姿态高标准常态化推进文明城市创建，开展各类整治行动上千次，入户走访3万余户；集中力量突破马路市场等城市顽疾，强势推进兴宁北路二手车马路市场和冠庄中心街整治行动，以优异的成绩通过第一次、第二次省测。有效提升社会治理水平。

扎实开展安全生产综合治理，完成安全培训上万人次，风险普查1533家，对19家企业进行立案处罚，共处罚金40万元。创建消防街道2条，安全宣传教育基地2处，三家上级挂牌重大隐患企业全部整改到位。切实抓好防汛防台工作，进一步建立健全应急救灾体系，新建庇灾安置点2个。落细落实群众舌尖上的安全，成功创建三星级食品安全街道。完善社会治安防控体系，扫黑除恶专项斗争取得阶段性成果。构建全民反诈格局，电诈案发率、案损率实现双下降。

【疫情防控】 慎终如始抓好常态化疫情防控不放松。会展中心接种点接种量全县领先，适宜人群全面接种新冠疫苗。12月7日、12月30日疫情警报再次拉响，第一时间激活应急指挥体系，实行扁平化调度，开展人员排查，筹备全员核酸检测，严格落实流调溯源、集中隔离、守小门等措施，迅速筑起疫情防控的严密防线。2000余名机关干部、党员和志愿者冲在一线、日夜奋战，社会各界捐款捐物、合力行动，累计排查人员16.8万人，完成数据核查4000余条，管控人员915人，新设改造集中隔离点2个，为抗疫大局贡献桃源力量。

【自身建设】 高质量完成人大换届选举。将人大换届工作作为“一号工程”来抓，平稳、高效完成11个选区的人大换届工作。近4万名选民投出自己的庄严一票，选出县级人大表21名。新一届人大代表年龄结构、知识结构、类型结构得到进一步优化，群众参选率、新业态代表数、人大代表学历层次和平均年龄实现“三升一降”。

努力建设人民满意服务型政府。扎实开展党史学习教育，坚持把党对一切工作的领导贯彻到政府工作的方方面面。深入推进“跟办一件事、服务零距离”专项行动，以解剖麻雀的精神发现整改问题，推动群众办事体验更快更优。不断深化政务公开，主动公开政务信息190条，持续提高政府工作公信力。聚焦法治政府建设，全面实行政府规范性文件审查制度，发挥法律顾问作用。从严整治作风突出问题，定期开展内部效能检查，厉行节约、反对浪费，三公经费持续下降，机关内部能源双控取得实效。

梅林街道

【概况】 位于宁海县北部，东连桥头胡街道，南邻桃源街道，西毗深甽镇，北依西店镇。区位优势显著，交通十分便捷，属宁波市半小时经济圈范围。甬台温铁路、甬台温高速公路、省道甬临线、象西线穿境而过，是宁波联系台州、温州等地的交通重地。面积97平方千米，其中耕地面积523公顷。以梅林村得名。街道办事处驻梅深路20号，距县人民政府9千米。下辖22个行政村，2个社区。

【工业经济】 产业发展提质增效。积极推进“215”企业培育计划，实现50亿元以上企业1家，10亿元以上企业2家，5亿元以上企业5家，1亿元以上企业27家，并完成小升规企业14家，新增“专精特新”企业2家。东方日升被评为全县首个国家级绿色供应链企业。东方日升年产8GW高效光伏发电组件、双宇新建年产5000万套智能LED灯产品生产线和锦泰年产30万套生命修复仪配件生产线等项目竣工投产，钧能年产G瓦级储能变流器（PCS）及集成智慧能源研发与制造项目顺利推进，企业产能冲云破雾。

招商引资再创佳绩。坚持做好“留”“回”“壮”“精”“强”五篇文章，成功完成捷豹80万套汽车底盘减震生产线技改等10个内资项目，超额完成省外、市外、县外目标任务，位居全县第一，其中省外内资10亿元，超全年目标任务的300%。零资源招商工作遥遥领先，成功引进绿洄投资等5家企业落户梅林，年度税收增加6000万元。

持续深化“人才兴街”战略，申报国家级、省级人才项目2个，成功上报甬江引才项目12个，县级引才项目7个，入选科技创新领域创新人才1名，企业人才鸾翔凤集。

驻企服务持续优化。深入开展“进企业、强服务、破难题”活动，聘请环保管家、安全管家、企服专员等第三方服务团队，为辖区企业推送政策154条，解决融资、用地、环评等问题165件，答复率和满意率均达100%。积极协助企业做好技改、节能补助和各类专项扶持资金申报，全年兑现企业扶持资金882万元，惠及企业45家，真心实意为企业纾困解难。

【重点工程】 以项目为主要目标，依旧延续重大项目密集开工、遍地建设的良好势头。“对表对账”抓进度，“互比互促”抓落实。

全员比拼抓项目。在兼顾疫情防控的同时，集合多方资源和各方力量，全员上前线、全员解难题、全员促发展。特别是梅林小微园工业集聚区工程，街道对应组建专班。全体班子成员齐上阵，第一时间建立12支动签小分队，由1名县管干部带队1名中层干部、1名政策处理员、1名改造设计员、1名项目全过程管理员、1名消防工程师，一对一上门解释政策，摆明政府态度。同时制订“一企一策一方案”，帮助算好安全账、经济账和长远账。完成梅林村、花园、何家、胜建土地征收工作293亩以及工业集聚改造区块内的钉子户拆迁工作。为小微园工业集聚区改建工程提供保障。

全年攻坚抓项目。积极参与县里“双抓双比”行动，贯穿全年开展交通工程、市政工程、棚改项目、农旅项目“大抓调研、大抓落实，比拼新状态、比拼新业绩”，G228国道改建工程加快推进扫尾工作，仕西工业园区渠道改道、道路白改黑项目稳步进行，梅桥区块16号地块（钧能项目）工程政策处理扎实有序推进。梅林南路两侧工业集聚区（一期）改造提升工程37家企业改造工程加快推进，应急管理中心建成使用及加快标准厂房建设。

全时督导抓项目。充分发挥县“两代表一委员”和街道督查专员作用。协调解决权责交叉、进度滞后等问题6个，梅林南路两侧工业集聚区（一期）改造提升工程、宁海县城区防洪工程槐路河整治工程、G228国道改建工程等6个项目明确清障“路径图”。

【农业工程建设】 抓实农业工程建设，夯实区域发展基础。

积极完成60万元的帮扶资金指标；将180万元的社会消费扶贫指标根据本辖区内企业规模的大小做明确分配。

大水网建设：完成仇家村大水网主管铺设，一户一表已经设计，招标招投标建设，计划今年全部完工。

土地复耕工作：完成伍富村、梅北村、刘三等12个村土地复耕项目，总复耕面积约500亩，完成总投资约1500万元。

水利工程建设：槐路河（甬临线至高速公路）段城区防洪工程已完工；店前王溪（独山渠）城区防洪工程已完成50%工程量；上大溪河道整治工程约完成一半；梅林溪支流伍富东岙渠整治工程已完成30%工程量；山坑水库除险加固工程主体工程完工。

五水共治污水零直排区建设：工业园区（工业集聚区）类、生活小区类和其他类创建，三大类范围内的单位、企业和个人要全部实现截污纳管。完成花园、大路周、仕西、应家、皂浦工业园区、仕西延伸段、上堂路污水管网铺设，总投资2400万元。3月，梅林南路污水总管接通，花园和大路周工业园区西面企业全面展开落实雨污分流的工作。

结合创城、找短板寻盲区查漏洞挖死角专项行动，4月中旬，街道组织工作人员对镇级河道进行清淤疏通，预防河道淤泥积攒变黑变臭；9月开始，对辖区内的各村文化礼堂隔油池开展排查、设计、建设；10月初，各村开展入户宣传“生态治水、无废城市创建”，努力打造堤绿岸净水清的水环境；11月初，五水共治办公室组织人员对本街道集聚区六小行业、金色华府、机关单位、学校等雨污分流的落实情况进行排查，并开展有针对性的整治；河道保洁方面，在原有的部分河道保洁外包的基础上，又增加凫溪梅林段河道保洁，对镇级河道基本实现常态化保洁清理；同时积极落实镇村两级河湖长的巡河制度，再安排林水网格员配合每半个月开展一次河湖大排查大宣传大整改活动。

完成“三改”任务数3375平方米，完成率100%；完成“一拆”任务数17.1409万平方米，完成率114%。

积极配合县房管中心对五松村朱氏外山祠堂完成解危工作。农村个人建房与农房确权工作：本年度完成3批次农村个人建房审批，共27户，合计批准面积2972.3平方米；农房确权工作：梅林联审6712户，已下发档案5472户，签字完成863户，可发证532户，后续主要工作重点是督促下发档案的签字工作，以及罚款通知的下发，直至打证发证。工业集聚区污水改造提升工作：已完成仕西工业园区污水管网延伸段工程。梅林南路工业集聚区改造提升项目已完成工程区域控制性详细规划审批，37家企业的承诺书全部签订，并配合联企领导完成36家企业正式协议签订工作，梅林南路工业集聚区杆线迁移工作全部完成，协调推进企业整改提升工作，各项工作均在稳步推进。

【乡村旅游建设】 有效配合落实开展全域旅游再出发工作，打造“宁海城市后花园”。持续推进万村景区化工作，创建胜建村和大路周村为省A级景区村庄，刘三村为省2A级景区村庄。大力推进民宿经济发展，街道出台多项鼓励民宿发展相关文件，如民宿发展实施意见和民宿经济追加式补助政策。新增一宁府和汉雅开元温泉度假酒店，争创拾贰忆·康养合院为市等级民宿培育名单和长寿文化节为重点旅游节庆。新建成游客停车场、吉利村骑行休闲驿站和雁昌景观路灯等乡村旅游基础设施。积极设计研发乡村旅游伴手礼，入选省市伴手礼名录3个。有效配合做好旅游产业名录库登记，完善旅游集聚区相关企业数据。

【社会事业】 在教育体育工作上，完成学校、培训机构安全检查工作；完成学校防疫工作检查；完成梅林中学中考安保工作；完成暑期学生防溺水部署工作，发放防溺水宣传扇6000余份。完成健身场地统计工作；完成健身器材安全检查工作；完成宁波市社区运动会前期准备工作；完成宁海县第十届运动会。

在环境整治工作上。持续性开展环境卫生整治督查，拍照曝光的1875处问题照片已督促各村（社）整治完成。出台梅林街道小广告“三乱”整治管理考核办法，梅林城管中队小分队在全街道区域进行小广告“三乱”整治，已按要求清理完成“牛皮癣”5700余处并立案处罚6名小广告乱张贴当事人。开展环卫公共设施维护，更换配备垃圾桶1353个、垃圾车5辆。开展园区村庄环境整治，验收完成25处整治点位。简易棚厕（露天粪坑）排查，整治559处，安排三组网格员检查组地毯式排查和村自查有103处，整治67处。开展村干部环境卫生互查，排查出295处环境卫生问题并整治完成。补充完善环境卫生和垃圾分类考核管理办法，包括对各自然数卫生费基数合理调整、实施改打分考核为整治数量考核、提高奖惩力度、网格化管理。城区主要道路垃圾桶撤销工作16处，落实15处。联合城管查处偷盗垃圾立案2个，处理3次。

县第一季度环境卫生和垃圾分类考核，查梅林陈、梅北、杨梅岭三个村，结果排名在第一阵营。县第三季节考核环境卫生第二，垃圾分类第一。周末进村督办环境卫生2村次（大路周、上陈家），全都整改到位。

在医疗卫生工作上，积极开展春季严重精神障碍患者排摸，排摸出疑似患者3人，进一步确认并纳入管控；疫情防控工作常态化开展；配合完成学龄前儿童防溺水项目终期评估；开展新冠疫苗全民接种工作，目前已接种成人、未成年人共8万多针。

在垃圾分类工作上，开展垃圾分类"村村清"培训，培训22场次，涉及36个自然村，培训5000余人次；全面排查各自然村垃圾分类运行情况；召开环境卫生管理员例会4期；目前厨余垃圾收集量较去年底提升50%。

在爱国卫生工作上，上报创建3个省级卫生村、3个市级卫生村；组织开展四场健康讲座；健康素养进文化礼堂21家，完成率达100%；按要求开展春季除四害活动、实行重点场所四害消杀市场处工作；组织农村厕所革命地毯式自查和排查，已整改66个；完成第33个爱国卫生月活动；完成国卫县城复查四连冠；新创建健康步道1条和健康食堂1个。

3月22日，2021年"千里走宁海"国家登山健身步道环保行活动在一市镇一市村拉开序幕

【社会治安】 在综治工作上，持续推进平安建设，防电信诈骗、国家安全、禁毒等一系列宣传。在梅林陈村和石埠头村打造以治保主任为力量核心的治保团队，增强基层治理力量。信访案件受理243件，办结238件，化解一批信访积案。梅林街道首次召开信访听证会，以公开听证形式化解信访案件。

在司法工作上，梅林司法所以村级换届选举和街道网格员调整为契机，建立健全调解组织网络，指导各村及时开展村级人民调解委员会成员的推选和村规民约的修订工作，建立165人的各级调解队伍。并在市司法局的领导下，为每位人民调解员配备人民调解员证。累计调处各类纠纷214件，调解协议涉及金额220万元。街道合法性审查走向程序化、正规化，与导源恒信法律服务所签订专门的合法性审查委托合同。杨梅岭村成功创建为省级民主法治村，将大路周等10个村创建为市级民主法治示范村。花园社区率先建立法治诊所，为宁海县首批。推广公证e通，开展多主题普法。在册社区矫正对象23人，年度解矫28人，新增14人。

在禁毒工作上，街道成立专门禁毒工作领导小组，与各村、企事业部门单位签订禁毒责任书，除"6·26"国际禁毒日外，每月开展一次在各行政村、学校、企业的毒品危害性宣传。在防艾日，街道禁

6月24日，五松村百姓大舞台开展禁毒宣传

毒办联合梅林卫生院开展戒毒人员防治艾滋病教育活动，针对所有登记在册的社区戒毒、康复人员进行问卷调查并采血，进行艾滋病等性病检测。加强与公安、村级治调主任和学校政教主任的协作，完善日常管控。组织联村干部、村治调主任对种植毒品原植物情况在全街道逐村排查。

7 月 15 日，梅林街道应急管理所成立揭牌仪式举行

【民生保障】 坚持关切民生需求，扎实做好“六稳”“六保”工作，浓厚农村文化氛围，提升基层治理能级和村民幸福指数。

社会救助体系和保障体系进一步完善，全年累计发放最低生活保障金 282 万元，惠及 209 户次，发放高龄津贴 130 万元，惠及 839 人，养老保险和医疗保险参保率达 98%以上。

双拥优抚扎实开展，发放退役军人老年生活补助。慈善事业进一步发展，全年募集善款 309 万元，发放慈善救助资金 165 万元，惠及 2164 人。扶贫工作进一步深化，落实全街道 268 名低收入农户帮扶结对工作，解决 80 户低收入农户就业问题。

【自身建设】 完成街道新一届党员代表会议代表选举和县第十五次党代表选举。选出街道党员代表会议代表 75 名，基层一线代表 60 名，占 80%，较上届提升 16.84%；年龄 45 岁以下的党员代表 44 名，占 58.67%；妇女党员代表 29 名，占 38.67%；高中以上文化程度的 56 名，占 74.67%；新的社会阶层人士代表 45 名，占 60%；新就业形态从业人员代表 1 名，占 1.33%。顺利选出新一届县党代表 10 名，在 10 名当选代表中，有各级党员领导干部 3 名，占 30%；生产和工作一线人员 7 名，占 70%；各类专业技术人员 3 名，占 30%；各条战线先进模范人物 3 名，占 30%。其中，工人代表 1 名，占 10%，女代表 4 名，占 40%；45 岁以下的 7 名，占 70%。

基层党建不断提升。高标准单建梅林党校。按照“七有”目标要求，根据“严格标准、一室多用、资源共享、实用实效”的原则，建设完成新形势下有梅林特色的全县首家单建型基层党校。合理构建党校领导班子，建立健全校务委员会领导工作制度，形成以街道新大楼为主阵地，街道党群服务中心、梅林成人学校、“享寿河洪”主题党日基地、“锦绣花园”党员教育基地、25 个村（社）和企业为延伸点的“1+4+X”党校运行模式。通过整合优化教学资源，培养流通师资队伍，努力实现街道党员干部教育培训全覆盖。扎实推进精品创建。全面深化基层党建“12+X”的亮显工程，完善村级党群服务中心阵地建设。推进“甬爱 e 家”建设，按照“一村一品”打造河洪“党建+文化”特色品牌建设。

专项攻坚党员发展。对 3 年以上未发展党员的村（社）进行实地走访，制定“一村一策”方案，实施动态清零。严把党员发展入口关、畅通出口关，不断加强党员队伍日常教育管理。今年新发展党员 45 名，与去年同比整体平均年龄下降、文化水平提升，“两新”组织、高知群体的比例明显提高，党员队伍的结构进一步优化。规范提升“两新”党建。积极推进“互联网+”党建，组建新兴群体党支部，完成双宇点点云电商党支部筹建，对接县级引才计划项目申报 8 个，两个项目入选市甬江人才计划。

加强文化宣传阵地建设。全面完成新时代文明实践所、站、点体系建设，河洪村新时代文明实践站、梅林街道东方日升、梅林街道梅林小学新时代文明实践点获评宁海县第二批示范型新时代文明实践所（站、点）名单。梅林村农家书屋（紫文书屋）获评宁海县 2020 年度典范城市书房，岙胡村文化礼堂完成全面提升，梅林街道获评浙江省文化礼堂示范乡镇（街道）荣誉称号。

思想宣传工作成效显著，共计

完成外宣报道546篇，其中国家级媒体31篇，省级媒体19篇，市级媒体51篇，完成学习强国供稿录用17篇。同时完成社会舆情调查31篇，录用13篇。

党史学习教育取得实效。领导带头，以上率下，全员参与，党史学习教育信息宣传报道40余篇，简报信息录用5篇，辖区所有支部完成习近平总书记在庆祝中国共产党成立100周年大会上的重要讲话精神规范、中共十九届六中全会精神等宣讲学习，领导干部带头破解难题50余个，全力推进街道各项工作开展。

深化“清廉梅林”。全面落实党风廉政建设，压紧压实全面从严治党“两个责任”，严格贯彻中央八项规定精神，持之以恒纠治“四风”。全年开展党风政风专项督查15次，处理35人，立案查处违纪案件12件，其中开除党籍2人，政治生态持续向好。同时，武装、工会、共青团、妇联、科协、慈善、残联、三老、关工委、红十字会等工作取得新成效。

表15　　梅林街道2021年基本情况一览表

项　　目	单　　位	合　　计
总面积	平方千米	97
耕地面积	公顷	523
村民委员会	个	22
社区	个	2
常住人口	人	26460
外来人口	人	26305
第一产业产值	万元	7217
第二产业产值	万元	1711406
第三产业产值	万元	245580
工业销售收入	万元	1677112
工业利税	万元	108249
固定资产投资	万元	101000
财政收入	万元	76000

表16　　梅林街道2021年（规上）企业基本情况一览表

单位：万元

序号	单　　位	产　　值	业务收入
1	东方日升新能源股份有限公司	7234972	13421960
2	建新赵氏科技有限公司	1646525	2539217
3	浙江双宇电子科技有限公司	816413	773920
4	宁波永信钢管有限公司	466250	546170
5	东方日升（宁波）新材料有限公司	517938	511643

续表16

序号	单　位	产　值	业务收入
6	康迪泰克传动系统（宁海）有限公司	403748	452840
7	宁波市高格卫浴产品有限公司	503110	389232
8	宁波捷豹振动控制系统有限公司	339718	349974
9	双一力（宁波）电池有限公司	213692	280251
10	宁波永信汽车部件制造有限公司	246385	238994
11	宁波翰文电器有限公司	270189	236415
12	宁波途兴汽车部件有限公司	210026	233485
13	宁波光明橡塑有限公司	249907	226519
14	宁海厚德包装有限公司	170238	178173
15	宁波华宝智能科技股份有限公司	164480	168683
16	宁波浩柏铝钢有限公司	144744	153484
17	宁波国琅机器人科技有限公司	143879	144627
18	宁波卓凡新材料有限公司	136618	134327
19	宁海县东昊铝业有限公司	141845	132874
20	宁波市锦泰橡塑有限公司	136771	132348
21	宁海县振业汽车部件有限公司	136851	129295
22	宁波世纪东港机械有限公司	123428	127072
23	宁海新电电力开发有限公司	99721	119909
24	宁波华东旭丰纺织品有限公司	106798	114456
25	宁波建新华谊铝业有限公司	106524	105618
26	宁海县梅乐铝业有限公司	104287	104471
27	贝兹德智能科技有限公司	105373	103506
28	宁波捷豹传动系统有限公司	96337	99306
29	宁波宏科汽车部件有限公司	98823	93947
30	宁波美亚达汽车部件制造有限公司	100373	92813
31	宁波南星汽车部件有限公司	91707	92493
32	宁海建新胶管有限公司	86681	88735
33	宁波斗士油压有限公司	79178	79043

续表16

序号	单　位	产　值	业务收入
34	宁波金鸟服饰有限公司	61409	77819
35	宁波世辰汽车部件有限公司	72077	73740
36	宁波兴亚橡塑有限公司	55366	72103
37	宁波富海华压力容器制造有限公司	66353	68451
38	宁波市新一元铝业有限公司	67787	68361
39	宁海宏德模塑有限公司	67729	65234
40	宁海光启铝材有限公司	60227	60255
41	宁海县久丰纱厂	43957	58629
42	浙江优逸科汽车部件有限公司	56185	58070
43	宁海建新自动化设备有限公司	45733	56111
44	宁波兴亚汽车零部件有限公司	55679	54608
45	宁海县精欧铝业有限公司	55129	53929
46	宁海永大混凝土有限公司	52656	52693
47	浙江永励精密制造股份有限公司	52008	52537
48	宁海县健牌汽车部件有限公司	54610	50510
49	宁波吉海模具有限公司	43111	50035
50	宁海科发铝业有限公司	47943	47015
51	浙江锦柏新材料科技有限公司	44541	44541
52	宁海纬博模塑有限公司	43250	43083
53	宁波正一模塑有限公司	41926	40422
54	宁波正霖文具有限公司	38222	35030
55	宁海华明机械有限公司	30792	33406
56	宁波市大磐精密机械有限公司	33157	33040
57	宁海县开创机械工具有限公司	33652	32931
58	宁海县风威工具有限公司	33403	32189
59	宁波永成蓝鲸模具有限公司	29862	31559
60	宁海县正达模塑有限公司	32362	30936
61	宁波嘉士博文具有限公司	27402	28016

续表16

序号	单　　位	产　　值	业务收入
62	宁海万光金属制品有限公司	27095	26812
63	宁波天裕新材料科技有限公司	31998	26711
64	宁波永博印业有限公司	25508	25432
65	宁波华宝百顺模具制造有限公司	25624	25087
66	宁波万里春橡塑有限公司	7810	24206
67	宁波铭旭机械有限公司	23885	23903
68	宁波博而特电器有限公司	22206	22055
69	宁波圣得雅化妆用具有限公司	20910	21220
70	宁海鼎宏沥青搅拌有限公司	29190	20838
71	宁波楷文电器有限公司	20929	18808
72	宁波捷力普家居用品有限公司	16900	16346
73	宁波韶翊金属制品有限公司	7832	16138
74	宁波韶华金属制品有限公司	5530	4728
75	宁海卓马塑业有限公司	0	1972
76	宁海县正荣汽车零部件有限公司	0	201
77	宁波蓝鲸汽车模具有限公司	8587	0

桥头胡街道

【概况】 位于县城北部，东濒象山港，界南山、浦岭同强蛟镇接壤，南邻桃源街道，西界梅林街道，西北濒铁江与西店镇隔海相望。街道紧临宁海湾，与2个街道、5个乡镇接壤，是“一湾一区一带”的重要板块。曾获有浙江省体育特色乡镇、海水养殖强镇、省级森林城镇和国家级生态城镇等荣誉称号。区域面积59平方千米，办事处驻中新北街16号，距县人民政府东北11.8千米，距沈海高速公路宁海出口3千米。辖1个社区、18个行政村。

在县委、县政府的正确领导下，紧紧围绕打造“发展优质、治理优越”新桥头胡战略，众志成城攻克历史遗留难题，砥砺奋进推动改革创新，取得一定的成绩，较好完成年初制定的各项目标任务。全街道实现生产总值74.60亿元，增长12.6%；公共财政总收入1.67亿元，同比增长26.52%。

【工业经济】 致力做强工业经济，常年常态开展“五问五帮”服务企业活动，全力打好转型升级组合拳。全街道完成工业总产值65.5亿元，同比增长28.7%；新增规模以上企业7家，完成规上工业产值36.02亿元，同比增长36.55%；完成固定资产投资6.3亿元，同比增长83.6%。

大力实施招商引资“一号工程”，引进零资源企业4家，并全部完成注册，已缴纳税收800万元。

扎实推进工业全域治理工作，深化“亩产论英雄”改革，成立工作专班，拆旧12.35万平方米。启动东园工业区块建设工作，完成东园区块改造提升整体规划，严格园区准入标准，淘汰落后产能企业4家，符合条件的19家企业中，1家原地缩建、2家原拆原建、2家等面积迁建、14家联合体企业集中安置，综合质量评价全县领先。

【农业生产】 深入推进特色农业产业化发展，实现农业年总产值1.98亿元、农民人均收入达2.55万元，分别增长6.8%、12%。

稳步推进农业基础设施建设，累计投入3500万元，完成29座山塘水库除险加固。

水利工程稳步推进，全面完成槐路河水产城支流段整治工程，投资1474万元的槐路河桥头胡段整治工程完成工程量的50%，城区防洪排涝能力进一步提升。汶溪小流域治理工程完成扫尾，汶溪周海塘除险加固工程完成主体工程量90%，全线海塘防浪墙已闭合，防汛道路已全部贯通。

双林至龙潭、五联、金牛山蒲岭的大管网建设全面完工，切实保障农村饮用水品质安全。

【特色旅游】 完成哩呀啰国际休闲度假区整体规划，依托沿线的自然资源禀赋，大力开发结合谷地环境特点的文旅项目。

汶溪翠谷综合开发一期项目顺利完成招投标，旅游集散中心、汶溪水乐园等6个子项目正有序施工。

投资1.5亿元的花间堂和投资8000万元的拾贰忆民宿集聚区两个精品酒店项目均已完成主体结构结顶，进入样板房装饰装修阶段。

成功创建1个3A级景区村庄（岙马村）、1个2A级景区村庄（东吕村），“闻溪阆苑”获评银宿称号。

以节促旅点面铺开，成功举办“这里有片樱花的海”第三届宁海·桥头胡樱花节，全年累计共接待游客30万人次，实现旅游创收2500万元。

3月2日，第三届宁海·桥头胡樱花节文艺会演

【城乡建设】 城乡改造不断加快。根据项目开发时序，推进房屋征收工作。完成老车站地块政策处理及土地挂牌出让前期工作，全面完成核心区B-1地块征收拆迁任务。孙升泰文保点迁移工程已完成前期准备，即将进场施工。桥头胡街道核心区D地块工程主体结构竣工并顺利通过验收。陆家安居工程陆潮云境府主体结构完成90%，完成预售175套，合同签约金额17500万元。着力推进龙潭新村建设工作，完成小区北侧B1和A区房屋建设。完成虹桥小区两批次161间地基回购工作，道路、电力等市政配套工程即将动工建设。

城市管理日趋完善。高强度推动全国文明城市创建行动，加大美丽集镇、美丽乡村环境治理力度，实施全天候保洁，经常性管理和突击整治相结合，实现街村品质显著提升。建成区面积扩大到3.4平方千米，全年街道新增和规范设置停车位100余个，道路交通更加畅通。持续加大“三改一拆”力度，强势推进违法建筑查处和整治力度，拆除违章建筑面积15.41万平方米，完成年度目标任务102.73%。深化垃圾分类，高标准打造丁家、潘家岙等垃圾分类示范村，新增省、市级卫生村4个，获评宁波市垃圾分类示范街道。

乡村振兴更富特色。投入使用桥头胡文化综合体（黄墩文苑），开启以文化和艺术赋能产业发展的新路径。举办8场高规格的艺术展和39期公益培训，提升艺术文化氛围。聚集桥头胡籍优秀艺术家群体，深入实施“艺术振兴乡村”战略，把美丽资源转化成美丽经济。积极与宁波大学，中国美院等高校开展深度合作，借智借力，走出一条美学与乡村旅游互促互赢的发展新路。打造东吕、双林两个艺术特色村，用艺术的本土化方式，寻找一个乡村旅游、民宿发展的可持续发展模式，并进一步壮大村级集体经济。全年街道17个行政村和黄墩社区经营性收入全部超过15万元，其中黄墩社区总收入超600万元。

【社会治安】 基层治理不断优化。全面推动矛调中心实体化运行、智能化运转，搭建浙政钉“宜搭”平台，做到矛盾纠纷快捷流转、留痕办理、限时办结，真正实现群众反映诉求“最多跑一地”。全年街道矛调中心受理矛盾事件386件，流转办结380件，矛盾化解281件，化解率72.8%。

【安全生产】 以“百日攻坚”专项行动为抓手，实现重点行业领域安全生产全覆盖。落实安全生产“一岗双责”，加大安全隐患排查整治力度，加快推进企业、住宅、商铺燃气报警器、烟感报警器安装，积极落实全域“三合一”场所整治工作，迅速形成专项整治和日常巡查相结合工作机制。全年组织排查工矿企业、沿街商铺共536家，发现查出安全隐患2454个，完成整改2333个，整改闭环率95.07%；完成沿街商铺消防硬隔离88家，对存在严重消防安全隐患的企业责令停业整顿31家、关停8家。

【疫情防控】 全面落实“外防输入、内防扩散”，持续把疫情防控摆在突出位置，明确条线责任，严格网格化管理，做实做细各项防控措施，坚决克服麻痹思想，筑牢全街道疫情防控“防护墙”。

落实落细重点人员排查，实施人员追踪、隔离管控、核酸检测等各环节全程闭环管理。投入40万元组建街道新冠肺炎疫苗接种点，共接种53370人次，完成两针人员接种数21051人，完成率96.62%。

【社会保障】 紧盯“两不愁三保障”，1017户低收入农户精准落实“一户一策”帮扶政策。社会救助体系和保障制度不断完善，2021年共募集慈善捐款180万元，累计发放最低生活保障、困难补助、慈善救助等资金580.26万元，受益群众超3922人次。保险覆盖面进一步扩大，城乡居民基本养老、基本医疗保险参保率连年提升，分别为99.2%、99.6%。发放高龄津贴99.45万元，惠及7939人次。扶贫助学工作进一步扩面，累计落实资金30万元，惠及学生120人次。

1月27日，创建全国文明城市动员大会现场

借助“We志愿”平台，建立街道学雷锋志愿服务队，实现学雷锋志愿服务工作站村社全覆盖，累计开展志愿服务活动300余次，推进志愿服务制度化常态化建设。

着力发展养老事业。选聘专业团队强化桥头胡敬老院内部管理，进一步提升服务质量，入住老人80人，较改善前增长60%。引进民间资本1000万元，创办辖区首家医养结合养老机构智慧林护理院，集

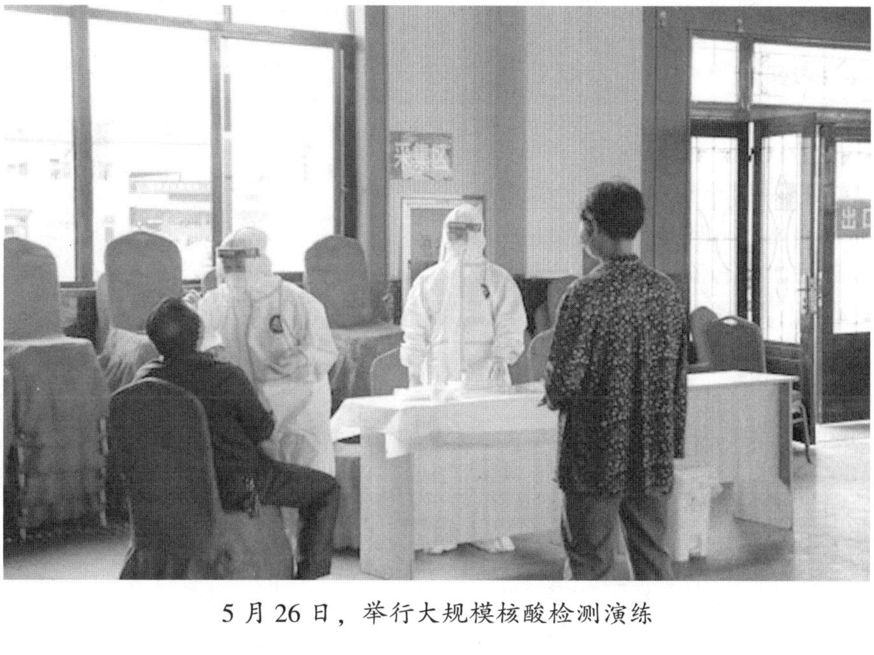

5月26日，举行大规模核酸检测演练

康复中心、电子阅览、文体娱乐等设施于一体，设床位150张，预计2022年8月建成投用。加快桥头胡敬老院迁建工程建设，优化施工方案，主体结构已完成结顶。持续打造“15分钟居家养老服务圈”，建成一批标准化居家养老服务站。全年新增村级AAA级居家养老服务站1家（涨家溪），基本形成覆盖街道各行政村的居家养老服务网络。

民兵调整改革工作进一步深化，退役军人服务保障体系逐步完善，圆满完成兵员征集、军事训练、国防教育等任务，民兵参与防汛抗台、应急防疫、森林防火等作用发挥明显。

【文卫事业】 坚持教育优先发展，不断加大教育投资，全年累计投入教育基金197.3万元，充分调动教师工作热情，提升教育质量。投资7700万元高标准改扩建桥头胡中心幼儿园，项目已完成“三通一平”，准备基础施工。

夯实农村文化基础，积极开展群众文艺会演等系列活动，全年举办百姓大舞台10场、百姓云舞台（云春晚）6场、送戏送影下乡9场，切实丰富辖区群众精神文化生活。

【自身建设】 法治思维持续增强。牢固树立法治理念，深化法治桥头胡建设，畅通依法维权和化解纠纷法律渠道。自觉接受人大法律监督、政协民主监督和社会各界舆论监督，认真办理县人大代表、政协委员建议提案8件，办复率达100%。加大政务公开力度，主动公开政府信息295条，完成政务信息依申请公开109件。积极履行“三重一大”决策程序，提高街道决策科学化水平。

9月12日，防御“灿都”台风工作部署会议

服务水平持续增强。以数字化改革为牵引，开发桥头胡“浙里联心”智治平台，通过对任务完成、问题发现和问题处理三大场景的流程重塑，形成“联村任务清单化，民情走访数据化，诉求办理一体化，工作完成可量化”的“四化”体系，助力基层治理与服务的有效提升，探索“精准赋能、智治联村”的基层治理新模式，倒逼联村干部、村干部主动履职、积极作为。

廉政建设持续增强。深入推进村级权力清单“36条”落地生根，深化“36条”智慧系统运行，对执行不规范或项目程序不到位的各类村级工程实行一票否决，会计代理站一律不予结算。制定出台《桥

6月25日，发放“光荣在党50年”纪念章活动

头胡街道进一步规范村级集体临时用工管理办法》，创新推动村级集体临时用工科学化、规范化管理，率先建立廉情工作室，推动廉政风险防控机制建设。进一步规范政府采购和工程招标，落实科室廉政建设监管责任，做到风清气正、廉洁高效。

表 17　　桥头胡街道 2021 年基本情况一览表

项　　目	单　　位	合　　计
街道总面积	平方千米	59
种植面积	亩	10155
村民委员会	个	18
社区	个	1
户籍人口	人	25458
外来人口	人	5782
地区生产总值	亿元	74.60
第三产业增加值	%	5.1
工业销售收入	万元	—
工业利税	万元	—
工业技术改造投入	万元	8174
固定资产投资	万元	64875
财税收入	万元	16700
农民人均收入	元	18581

表 18　　2021 年桥头胡街道骨干企业基本情况一览表

单位：万元

序号	单位详细名称	产值总额	销售收入	利润	税金
1	宁波卡倍亿电气技术股份有限公司	106200.3	122820.8	7617.0	1493.5
2	宁波卡倍亿铜线有限公司	54561.9	55364.5	-1059.2	230.1
3	宁波永和电子有限公司	25030.0	23632.4	3668.5	866.9
4	宁波步来特电器有限公司	22052.4	21617.2	1154.0	847.0
5	宁波卡倍亿新材料科技有限公司	13498.3	13184.9	302.1	35.4
6	宁海县奔亿机械有限公司	12839.5	11962.2	870.9	107.2

续表18

序号	单位详细名称	产值总额	销售收入	利润	税金
7	宁海金川混凝土有限公司	11800.5	11812.4	631.2	863.6
8	宁波远通和道汽车部件有限公司	10434.3	10257.7	1.4	339.1
9	宁波立升电子科技有限公司	7259.5	6097.5	28.9	163.4
10	宁波西尖电子有限公司	7029.8	6791.9	271.0	243.5
11	宁波旭东新盛汽配有限公司	6899.4	6617.9	-1435.8	3.0
12	宁海天辉机械有限公司	6461.9	6562.7	204.1	185.0
13	宁波震洋文化用品有限公司	5842.0	5549.9	344.1	240.5
14	宁波利凯特环保科技有限公司	5797.6	5488.6	517.5	310.8
15	宁波春叶金属制品有限公司	4813.9	5213.9	-455.2	665.3
16	宁波凯江汽车部件有限公司	4786.5	4738.2	202.4	90.9
17	宁波高品文具有限公司	4535.2	4515.1	44.0	133.8
18	宁波吉通照明有限公司	4530.5	6902.1	232.9	11.3
19	宁海力合模塑有限公司	3902.2	3375.6	163.0	185.2
20	宁波西杰纺织有限公司	3860.5	3860.5	33.8	117.6
21	宁波金晟模塑有限公司	3849.6	5353.2	158.9	92.4
22	宁海县电镀厂	3812.8	3698.6	185.9	238.0
23	宁波金凌中德汽车部件有限公司	3634.1	3284.2	-19.0	67.4
24	宁波九峰电子工具有限公司	3617.8	3242.3	275.7	155.3
25	宁波彬彬文具有限公司	3613.8	3666.3	50.1	218.2
26	宁波安莱机械有限公司	3579.5	3558.7	124.4	81.3
27	宁海县金凌模塑有限公司	2956.7	2946.9	281.5	20.1
28	浙江杰鸿石化有限公司	2654.3	2666.2	-64.1	24.2
29	宁海县得胜新型材料有限公司	2571.8	2297.9	179.2	292.5
30	宁海瑞贝特汽车用品有限公司	2405.0	2271.2	22.7	97.7
31	宁海日辉照明科技有限公司	2393.8	2433.4	77.8	56.9
32	宁波天雅美术颜料有限公司	1481.5	1391.6	-37.4	30.0
33	宁海县创建建材有限公司	1377.5	1667.4	268.3	105.6
34	宁波雷鸣医疗器械有限公司	110.8	1.4	-44.7	0.1

长街镇

【概况】 长街镇是宁海县的工业强镇、农业大镇、商贸重镇、中心城镇。位于宁海县东部，镇人民政府驻长街，距县人民政府东27千米。东临岳井洋与象山县隔洋相望，南濒三门湾，西界胡陈港、力洋镇，北邻胡陈乡、象山县。辖区总面积272.2平方千米，辖42个行政村、1个社区和1个居委会，户籍人口8.5万人。全镇河道总长300多千米，占全县总长的三分之一；公路总里程230多千米，占全县总里程的八分之一。拥有耕地11万余亩，海岸线长28千米。可养殖面积居全省第一位，蛏子、蛤蜊、泥螺等水产品享誉境内外，被誉为“中国蛏子之乡”。

2021年，地区生产总值突破60亿元，五年来，年均增长8.2%；财政收入累计达20.1亿元，年均增长7.3%；固定资产投资累计达23.7亿元，年均增长10.8%。

【经济建设】 工业体系提档升级。全力打造镇级集聚式园区样板，数控机械产业园入驻企业达59家，园区产值占全镇工业总产值的88%以上，形成数控、机械、文具三大主导产业。狠抓企业高质量发展，推动“亩均论英雄”，新增市股交中心挂牌企业5家，高新技术企业7家，奇精机械成为全县首家A股主板上市企业，天虹文具等3家企业入围县“215”工业企业梯队，凯博数控荣获省级隐形冠军培育企业，天天文具等5家企业入选“品字标浙江制造”，创新活力进一步激发。年规上工业总产值从25亿元增长至42亿元，年均增长10.9%；累计引进外资1315万美元，内资11.83亿元。

全面推进工业全域治理，累计拆违11.1万平方米，治理“低散乱”小作坊15家，淘汰、关停落后产能及加工企业6家，并投入近3000万元完善园区基础设施，搭建数字化管理平台，有序推进8个工业厂房建设，实现治理力度与发展步子“两不误”目标。现代农业提质增效。

不断夯实农业基础设施，累计投入5.5亿元完成小型农田水利、高标准农田等30个项目建设，10万亩绿色农产品基地获评国家级循环经济示范区。推动产品结构优化升级，培育形成以稻米、水产、蔬果等六大农产品为核心的产品结构，实现农业总产值10亿元，年均增长4%以上；尤其是蛏子产业化、规模化发展水平不断提升，可养殖面积达2.55万亩，一体化产业链逐步健全；不断打响品牌知名度，“长街味道”荣获全县首个乡镇级国家农产品区域公用品牌，“长街蛏子”成为国家生态原产地保护产品，多次被中央、省级新闻栏目报道。

加快培育新型农业经营主体，深入开展产学研合作，建成市级以上农业龙头企业6家、农业专业合作社259家，流转土地9.2万亩、流转率达83.6%，实现土地集约化经营。

积极构建一站式农业综合服务体系，建成全县首个现代农业服务中心，庄稼医院及首家农用无人机“4S店”顺利运营，数字“三农”协同应用平台有力助推农业发展；疫情期间创新推出“阿蛏嫂”品牌带动百余名农户参与直播带货，抖音短视频播放量超50万次，蛏子、西甜瓜、翠冠梨等特色农产品全年直播带货上万单、销售额突破250万元；全镇所有村集体经济收入达50万元以上、年均增长11.7%，现代农业规模化、产业化、智慧化新征程全面开启。

第三产业提速发展。商贸服务功能不断完善，商业特色街逐具规模和人气，镇农副产品综合市场获评省“五化”改造农贸市场，9家银行、保险等金融机构落户长街，为全县乡镇之最，限上商品销售总额与社会消费品零售总额分别较2016年翻一番；新增各类市场主体2694家，较2016年增长34.5%。

文旅发展有声有色，港中蛏子馆、对岙洞知青馆、总浦塘围塘馆凸显文化记忆，革命烈士陵园、岳井铭记碑、象宁抗暴遗址等阵地传承红色根脉，AAAA级景区伍山石窟成为“侠客风”影视剧拍摄基地。节庆带动效应明显，蛏子节获评市十大节庆，灯人节、抬龙节、年俗文化节等系列节庆名声在外，五年来接待游客超200万人次、旅游总收入达4000万元，节庆富民效应不断彰显。

【村镇建设】 城镇品质全面提升。高质量推进重大项目建设，十大节点提升改造独具匠心、仁泽苑一举售罄、锦望府一期主体完成，老街保护提升和安置房项目同步启动，110千伏输变电工程可满足长街未来十年用电需求，投资19亿元的东部沿海防洪排涝工程加速推进、兑现政策处理3700余万元，投资14亿元的凤凰山开发利用工程更是为小微创业园打造奠定基础。高水平构建交通路网，三门湾大桥及接线工程建成通车成为南湾新区发展重要枢纽，岳井洋大桥及接线工程前期深化，香花山直升机起降点建成投用，下洋涂通用机场开工建设，立体化大交通格局加快构建；学府路改造、沿海南线大修全面完工，宁东至欢乐佳田、力胡线至后门港等19条道路建成投用，累计建设农村公路和海防道路47千米，打通群众出行“最后一公里”。

环境风貌大幅改善。深入实施“四镇”联创工程，文明城镇、国家级卫生镇、省级美丽城镇创建成效显著。美化亮化乡村人居环境，培育西岙、对岙洞等一批艺术特色村并获创新奖，建成美丽乡村精品村2个、示范村2个、景区村庄7个，打造滨海田园精品线和“美丽乡愁”文明示范线；新建提升农村公厕192座，实现全镇43个村（社）垃圾分类、生活污水处理全覆盖，农村饮用水达标提标行动新惠及群众3600余人，绘出一步一景、移步换景的美丽画卷。生态治理持续深化。

深入开展“五水共治”，累计投入6000万元完成河道清淤300余万方，关停畜禽养殖场175家，创新生态浮岛、推流曝气机等生态化手段治理河道30余千米，投入2500万元完成工业园区截污纳管，打赢污水剿劣攻坚战，创成省级污水零直排区。全力深化“三改一拆”和“大棚房”整治，拆违61.5万平方米，荣获市社会绿化优胜单位，进一步拆出环境改善的空间。

【社会事业】 推进教育扩容提质，累计投入配套经费140万元，投资2.26亿元相继新建、改扩建学校6所，推行“一校一品”特色化办学，创设“香花山”百万奖学奖教基金，成为县中考状元孵化地，教学数量质量跻身全县第一方阵。

强化医疗设施保障，建成投用总投资6800万元的长街卫生院、医疗急救点，创成慢病综合防控示范乡镇、市级以上卫生村35个，公共卫生服务普惠更多群众。

完善养老服务体系，投资6000万元打造全市镇级养老院样板，实现村级居家养老服务站全覆盖，每千名老年人口拥有养老床位数26张，是2016年的2.5倍，多元化、立体式养老服务体系基本形成。

着力丰富文化内涵，建成提升长街图书馆、文化站、篮球公园等文体设施场馆，对岙洞、总浦塘、港中获评全省五星级文化礼堂，村级党群服务中心、新时代文明实践站、文化礼堂实现全覆盖，满足群众多元化精神需求。

社会保障更加完善。社会保险覆盖面不断扩大，城乡居民基本养老与医疗保险参保率连年攀升，分别达98.5%和99.5%。社会救助体系持续完善，1017户低收入农户精准落实“一户一策”帮扶政策，累计发放低保、慈善、残疾人补贴等专项资金8400余万元，社会保障、救助及福利水平逐年提高。高质量做好东西部协作与对口支援，累计投入530万元助力受援地区增强造血功能。

疫情防控常态长效。严格落实外防输入、内防反弹措施，投入专项资金210万元，消杀面积2.4万平方米，接种疫苗4.45万人次。全镇2700余名党员干部投入疫情防控阻击战，统筹推进疫情防控物资保障、企业复工复产、社会秩序维护等各项工作，创新推出复工备案、网上招聘等助企16套系统，“飞鸽救援队”抗疫事迹得到市委市政府表彰，全镇人民同舟共济、守望相助，充分展现长街精神、长街力量。

力 洋 镇

【概况】 地处县境中部偏东，以驻地力洋得名，距县人民政府东18.6千米。东与长街镇、胡陈乡毗邻，东南临胡陈港，与长街镇隔港相望，南向三门湾，与象山县交界。西与茶院乡、桥头胡街道相接，北越茶山与大佳何镇临界。地势北高南低。北部有茶山盘亘，山峦起伏叠嶂。山环水绕，独特的地理环境和湿润性季风气候条件蕴育力洋丰富的水资源。力洋溪、西仓溪穿镇而过，另有毛屿港、胡陈港两大河港东西依偎，全镇有大小水库69只。辖区东西最大距离7千米，南北最大距离26.69千米，面积160.31平方千米。辖18个行政村53个自然村、1个居委会、1个社区。

2021年全镇实现工农业生产总值28亿元，公共财政预算收入11846万元。

【工业经济】 工业发展实现跨越，规上企业20家，产值上亿元企业8家，高新技术企业9家，首台套企业2家。工业总产值24.9亿元，规模以上企业工业总产值17.6亿元，同比增长33%。完成固定资产投资2.5亿元，其中工业投资1.44亿元，同比增长42.8%。拟培育海格威和建林模具两家上市企业，其中海格威入围宁海县“215”培育工程企业。

积极开展“五问五帮”“三服务”等行动，协调服务企业用工用地、疫情防控、安全生产等各方面问题。稳步推进工业全域治理，累计拆旧面积3.8万平方米，企业关停6家，搬迁2家，建新6家。

【农业经济】 农业产业基础不断夯实。全面遏制“非农化”“非粮化”趋势，严守耕地保护红线，每年按要求完成新增耕地任务。切实稳定粮食生产，完成早稻种植等指标任务，粮食播种面积达到3.2万亩。

积极推进产业引领作用，建成海头村市级多彩农业美丽田园、小青村精品橘园等一批优质基地。推进“沥阳红”柑橘产业党建联盟建设，实现种苗、种植、加工等全产业链发展，链条产值超2亿元。

【镇村建设】 全域旅游持续升温。力洋村以市级美丽乡村创建为抓手，盘活古宅资源，融合童诗文化，致力创建“古宅+童诗”艺术特色村。力洋孔村以省级美丽宜居示范村创建为契机，着力打造以“一部论语——一个村庄”为主题的孔子文化艺术特色村。力洋酒厂以厂房改造产业升级为切入点，深入挖掘力洋“番薯烧”背后的酒文化，继承传统工艺，引进新时代理念，全力打造工业旅游样板。海头村成功打造百亩菊园，成为宁波地区最大的专业菊花基地。

坚持统筹发展，城乡面貌焕然一新。重大项目建设稳步推进，有序推进涉及新农村建设、工业投资、治污剿劣、基层党建、政府工程代表票决项目5个方面、24个重点项目，顺利完成力洋中心幼儿园、光伏产业园项目等县重大项目政策处理，确保实现“无障碍进场、无障碍施工、无障碍投产”。

镇村环境整治扎实推进。深化落实三改一拆行动，累计拆违面积7万平方米。持续开展垃圾分类工作，首创“小村创示范，大村搞试点”的力洋模式，建立健全垃圾分类投放、收集、清运、处理制度。深化“五水共治”，深入推进河长制，完成“污水零直排区”市级复验工作，全镇行政村污水处理工程全部通过验收。美丽乡村建设强力推进。完成镇国土空间规划资料收集及数据汇总，形成力洋镇城镇开发边界和永久基本农田红线初步方案。

10月29日，海头村第六届博览园开园

扎实推进新农村建设，完成省级美丽宜居示范村创建1个，梳理式村庄改造3个，一事一议项目建设2个，移民村项目建设2个，建成小青、凤凰山、盖仓等5个体育休闲公园，1个休闲广场，1个笼式足球场。

【社会事业】 坚持以民为本，民生福祉持续改善。

坚持“精密智控+硬核隔离+群防群控”工作方法，形成闭环管控，成功完成疫情零发生目标。率先启动疫苗接种工作，投入130余万元建立方舱医院临时接种点，长期配备医护人员10名，为本辖区及周边居民提供更便捷、更安全的接种服务。

深入实施村集体经济增收“强村六法”，所有经济薄弱村实现摘

5月22日，亲子文化节在力洋村水夫故居举行

帽消薄，全面完成全镇471户低收入农户“脱低”工作。着力推进公共服务均等化建设，力洋敬老院引入社会资本转变为“公建民营”模式，全方位提供智能化、品质化的照护服务，成功打造宁海敬老院样本，恒海金湾幼儿园顺利开班招生，有效提升力洋教育教学质量。

积极推进平安力洋创建，深入开展普法宣传教育。完成矛调中心规范化建设，畅通群众诉求渠道，引导群众合理合法表达利益诉求。实行领导包案、积案化解制度，深入开展矛盾纠纷排查化解活动，化解疑难积案11件。扎实做好宗教场所管理和防邪等工作，严格落实安全生产责任制，狠抓交通、学校、工程建设等重点领域的专项整治和食品、药品、卫生等方面安全监管，确保全镇安全和谐发展。

【自身建设】 廉政教育持续加强。组织学习《中国共产党处罚条例》《监察法》等条例，切实提高干部责任意识和纪律意识。把党史学习和党风廉政教育相结合，通过召开警示教育大会、观看警示片等进一步提高干部防腐拒变能力。常规化通过周二夜学、中心组理论学习、镇干部下村领学等方式全面开展案例警示教育、法律法规学习，进一步营造“不敢腐、不能腐、不想腐”的外部氛围。

聚焦“学习提能”，思想根基有效夯实。严格落实党委“第一议题”学习制度，始终把“两个维护”作为最高政治准则，对习近平总书记发表的重要讲话、作出的重要指示，及时传达学习、认真抓好贯彻，落实好干部意识形态教育工作。做深抓实“学习强国”、“周二夜学”、网上云课堂、主题党日等载体，以“每日学” “研讨学”“交流学”等形式，高标准、高质量推进“两学一做”、“不忘初心、牢记使命”、党史学习教育等，持续擦亮党员干部先锋本色。

“一岗双责”落到实处。深化全面从严治党主体责任落实，强化“第一责任人”职责，严格执行“一岗双责”要求，健全完善责任体系。严肃整治发生在群众身边的腐败问题，把反腐的岗哨牢牢扎在民生建设、工程项目、征地拆迁等重点领域，成立村镇工程审查管理领导小组，定期召开项目审查会议，不断加强项目管理。

基层治理不断升级。持续推动小微权力清单36条迭代升级，打造36条达标村和示范村，助推清廉村居建设。设立村级监察工作联络站，探索“网格+监察”模式，促进基层治理与基层监督深度融合。扎实做好巡察和“后半篇文章”，完成村社、基层站所巡察全覆盖，并适时开展“回头看”，推动整改落到实处。

聚焦“组织提标”，基层基础全面过硬。坚持“底线思维”，提早谋划推进村社换届准备工作，实现“一肩挑”全覆盖，班子整体年龄趋于年轻化，新班子干事创业激情不断迸发。深研细究县委“两高”文件，推动基层基础全域建强，创成党建精尖村3个，党建精品村8个，示范片3个，完成10个后进村攻坚整转，组建运行党建联盟2个。以“村干部村民代表履职管理标准化建设”为主题，成功创建全县首个省级城乡社区治理和服务创新实验区。20个村社全部完成党群服务中心挂牌工作，村级党建阵地规范进一步提升。

聚焦“担当提质”，队伍建设持续强化。实施“红色头雁”工程，依托“头雁论坛”“红色游学”“比镇赛村”等载体，锻造练强村级带头人队伍。注重发挥中层干部、年轻干部作用，倡导“敢担当、要积极、抓具体”的干事导向，干部在重大项目、重点工作中攻坚破难，锤炼担当实干作风。抓好党员日常教育管理，组织教育培训10次，吸收入党积极分子106人，发展党员24名。

聚焦“领导提效”，班子合力

4月2日，在小青村无名烈士墓前开展“我们的节日·清明”主题活动，祭扫无名烈士墓

不断凝聚。严格贯彻落实民主集中制，凡是重大决策、重大项目、重要人事任免和大额资金使用均交由集体讨论决定，强化班子团结一致。定期召开领导班子民主生活会，班子成员之间开展批评和自我批评，查找存在的问题和不足，制定整改措施，合理高效解决。在工作安排上，根据各自的特长与能力，合理分工，讲大局、讲配合，齐心协力，全力付出，确保工作任务高质量完成。

法治建设抓实抓细。全力推进“法治力洋”建设，深入学习贯彻习近平法治思想，坚持依法行政。依法接受人大监督，自觉接受政协民主监督和社会各界舆论监督。深化依法行政、规范执法的工作理念，加强各类文件合法性审查，在行政复议、诉讼易发高发的行政执法程序规范化上加强执行督导，降低行政复议、诉讼案件的发生风险。

表 19　　2021 年力洋镇基本情况一览表

指标名称	计量单位	数　量
一、基本情况	—	—
行政区域面积	平方千米	160.31
居民委员会	个	1
村民委员会	个	18
其中：通公共交通的村	个	18
通宽带的村	个	18
通有线电视的村	个	18
通自来水的村	个	18
垃圾集中处理的村	个	18
污水集中处理的村	个	18
二、人口与就业	—	—
常住户数	户	14216
常住人口	人	37658
户籍人口	户	14216
其中：农业户籍人口	人	35167
第一产业从业人员	人	8598
第二产业从业人员	人	5658
第三产业从业人员	人	1989
外来从业人员数	人	3046

续表19

指标名称	计量单位	数　量
三、财政收支	—	—
公共财政收入	万元	12744
企业实交税金	万元	12744
公共财政支出	万元	11805
年末债务总额	万元	—
四、农业	—	—
耕地面积	公顷	1557.5
设施农业占地面积	公顷	70
有效灌溉面积	公顷	1015
农作物播种面积	公顷	3473.3
其中：粮食作物播种面积	公顷	2156.4
农业技术服务机构个数	个	1
农业技术服务机构从业人员数	人	12
农民合作社个数	个	126
农民合作社成员数	户	800
耕地流转面积	公顷	980
种植大户数	户	23
畜禽养殖大户数	户	16
五、乡镇机构	—	—
财政供给人数	人	88
1. 公务员	人	38
2. 事业编制	人	32
3. 其他人员	人	18
财政供给人员全年工资总额	万元	1737.11

续表19

指标名称	计量单位	数　量
六、工业及建筑业	—	—
工业企业单位数	个	156
其中：规模以上工业	个	20
工业总产值	万元	248710
其中：规模以上工业	万元	175553
工业企业从业人员数	人	7154
七、贸易及餐饮	—	—
社会消费品零售总额	万元	21475
其中：限额以上社会消费品零售总额	万元	1157
市场个数	个	2
50平方米以上的超市个数	个	4
住宿餐饮业企业个数	个	26
八、教育、文化、卫生	—	—
小学数	所	4
小学专任教师数	个	98
幼儿园、托儿所个数	个	4
图书馆、文化站个数	个	1
剧场、影剧院个数	个	0
体育场馆个数	个	0
医疗卫生机构个数	所	19
医疗卫生机构床位数	床	25
执业（助理）医师数	人	43
九、社会保障	—	—
各种社会福利收养性单位数	个	1
各种社会福利收养性单位床位数	床	126
各种社会福利收养性单位收养人数	人	90

续表19

指标名称	计量单位	数　量
新型农村合作医疗参保人数	人	18884
新型农村社会养老保险参保人数	人	15344
农村居民最低生活保障人数	人	595
十、公用事业	—	—
自来水用水户数	户	9136
燃气用气户数	户	11
金融机构网点数	个	4
公园及休闲健身广场个数	个	62
十一、城镇基本情况	—	—
城镇规划区面积	公顷	290
城镇建成区面积	公顷	290
城镇建成区总户数	户	2565
城镇建成区总人口	人	7111
城镇建成区绿化面积	公顷	24

表20　　2021年力洋镇规上企业一览表

序号	公司名称	法定代表人及电话	行业领域
1	青华科教仪器有限公司	叶青华	教学用模型及教具制造
2	宁波乡亲浓食品有限公司	蒋坚科	蔬菜加工
3	宁波宁东混凝土有限公司	钱忠辉	水泥制品制造
4	海通食品（宁海）有限公司	陈龙海	蔬菜、水果罐头制造
5	宁波迈拓斯数控机械有限公司	王占余	金属切削机床制造
6	宁波好美秋千有限公司	王海斌	露天游乐场所游乐设施制造
7	宁波天祺实业有限公司	林志刚	日用塑料制品制造
8	国电宁海风力发电有限公司	毛亚刚	风力发电

续表20

序号	公司名称	法定代表人及电话	行业领域
9	宁波富茂户外用品有限公司	竺志佩	日用塑料制品制造
10	宁波晨东运动保健用品有限公司	胡奇伟	运动防护用具制造
11	宁海县翔华车料有限公司	黄海松	自行车制造
12	宁海凯汇日用品有限公司	潘以伟	其他日用化学产品制造
13	宁波建林模具有限公司	储为才	模具制造
14	宁波万利安儿童用品有限公司	朱小平	儿童骑乘玩要的童车类产品制造
15	浙江海格威液压科技有限公司	施兴广	液压动力机械及元件制造
16	宁波好特富工具制造有限公司	徐勇	农用及园林用金属工具制造
17	宁波储力叉车有限公司	储光辉	生产专业车辆制造、其他专业车辆制造
18	宁波一宁防护用品有限公司	李三珍	其他机织服装制造
19	浙江明翰环保科技有限公司	柴黎明	环保设备制造

一 市 镇

【概况】 位于县境南部，镇人民政府驻一市，距县人民政府东南11.1千米。东濒胡陈港，南与旗门港相畔，西连三门县沙柳镇，北邻跃龙街道和越溪乡，西北连前童镇。面积160平方千米。辖1个居委会、21个村委会，有69个自然村。

2021年，全镇实现地区生产总值14.9亿元，增长6%；财政一般公共预算收入10089万元，增长18.8%。

【经济建设】 持续加大农业基础设施建设力度，有序推进17个水利工程建设。大力扶持农业龙头企业、专业合作社组织发展，白枇杷、青蟹、六个小海鲜、杨梅等特色农业主导产业持续壮大，互联网+农产品销售逐年递增，“蟹大人”连续两年获全国青年创新创业大赛金奖，“白枇杷”获国家农产品地理标志认证，一市青蟹成为国家级生态原产地保护产品。

特色旅游壮大成型，“宁海白”枇杷节、一市青蟹美食文化节等特色节庆反响热烈，箬岙古村入选第四批中国传统村落名录及省级美丽

箬岙古村入选第四批中国传统村落名录及省级美丽宜居示范村创建

宜居示范村创建、东岙村被列入第四批浙江省非物质文化遗产旅游景区民俗文化村，古村保护与开发力度不断加大，总投资2200万元的箬岙村精品民宿已完成设计，亟待开工，旅游的对外吸引力不断增强。

面对内外环境的持续波动，抓转型、稳增长，经济实力显著提升。生物医药、模具产品等主导产业日益壮大，规上工业总产值增长至78177万元，工业增加值达到25108万元；进出口总额增长至30563万元；限上商品销售额实现6068万元，限上社会消费品零售总额达762万元；固定资产投资项目4个，累计投资额达2.7亿元。

【镇村建设】 进一步健全城乡规划体系，村庄规划编制覆盖率达100%。持续改善城乡基础设施，G228国道建设加快推进，累计投资3000余万元，建成农村联网公路14千米；建成供电塔基14座，蛇蟠涂99兆瓦渔光互补光伏发电项目成功并网发电。全面实施农村饮用水三年达标提质工程，累计完成14个村7.3万米大水网铺设、3681户“一户一表”改造。扎实推进“两美”建设，成功创建美丽乡村合格村9个、梳理式改造村小康村3个、环境整治提升村11个，特色村2个，森林村庄覆盖率逐年提升，新农村档次逐步提高。

维持城乡秩序井然。下大力气打好“三改一拆”攻坚战，“四边三化”“大棚房”整治等专项整治工作全面铺开，通过市、县两级无违建乡镇验收。强力推进“垃圾革命”，建成垃圾处理终端等生态工程，镇区环卫保洁服务外包，实现全镇域内垃圾收集清运全封闭式运输。“厕所革命”等补短板行动扎实推进，新建公厕36座，完成34座公厕升级改造。开展城乡环境大整治，全面铺开垃圾分类工作，建立健全治理脏乱差的长效机制，镇容村貌得到明显改善。

大力提升城镇形象，投资900万元完成镇区污水管网建设、垃圾中转站项目、一市港镇区段整治工程、一市车站改造提升工程等9个镇区改造提升工程，被评为市级小城镇环境综合整治示范样板镇。巩固整治成果，纵深推进镇区环境综合整治工程，大力实施镇区核心区块景观提升和亮化工程，完成国家级卫生镇创建迎检任务。全力攻坚“五水共治”，全面推进河道清淤、山塘整治、企业排污纳管、劣V类小微水体整治、农村生活污水处理全覆盖等工作，创成全县首批“清三河”达标乡镇，“污水零直排区”通过市级验收，全面推进省级“污水零直排区”创建和一市镇区小流域治理工程，生态环境基础不断夯实。

【社会事业】 进一步完善民生保障，计批准建房226户，镇区小流域治理、海塘提标加固、山塘水库等亿级项目加速推进。社会救助体系逐步完善，扶老、助残、救孤等为重点的社会福利事业得到长足发展，累计发放低保、慈善、助困、助学等资金2430余万元，慈善一日捐累计筹集善款119万元。各类社会保险参保人数大幅增长，失土农民养老保险1329人，城乡居民养老保险、医疗保险参保率分别为99.44%、99.17%。

进一步发展公共事业。不断优化教育医疗卫生养老资源配置，创办全县首家乡镇老年大学，并顺利召开市、县两级社区老年大学建设经验现场交流会。累计创成9个省级、9个市级和3个县级卫生村。完成一市中心小学食堂改造、一市中心卫生院康复中心建设、敬老院改造提升等工程。实施文化惠民工程，创成省级文明村1个、市级文明村5个，创建18座新时代文明实践站，缆头村成为市级新时代文明实践活动现场会分会场，百姓大舞台节目历年覆盖所有行政村。

进一步加强社会治理。创新社会管理，深化重大决策、重大项目社会稳定风险评估，认真实施“四位一体”基层治理体系，着力抓好矛盾“大排查、大化解”。深化平安一市建设，成功创建省级民主法治村2个，市级民主法治村3个，市级“三治融合村”2个。法治建设水平稳步提升，“普法依法治理”“法治政府”等考核排名全县前列。完善镇村两级调解组织网络，深化推进“老何说和”，累计调解各类矛盾纠纷287件。成功化解信访积案23件。

【自身建设】 认真学习贯彻习近平新时代中国特色社会主义思想和中共十九大精神，落实全面从严治党责任，把增强“四个意识”、坚定“四个自信”、做到“两个维护”贯穿各领域各方面。

加强廉政风险防控，驰而不息开展作风建设，加大“四风”问题监督检查力度，深入推进政府班子党风廉政建设和反腐败斗争，不断强化制度意识，坚决维护制度权威，加强对制度执行的监督。

依法执政能力持续提高。牢固树立过“紧日子”思想，坚决压缩一般性支出，强化成本控制和绩效导向，提高镇、村两级财政资金使用效益。自觉强化法治思维，修订完善“三重一大”议事规则及政府投资项目、财政资金使用、农村集体资产等相关制度，实行政府合同合法性审核制度，实现合同全流程管理，加强对重点领域、关键环节的制度性约束管理，依法全面履行政府职能。

自觉接受镇人大监督，认真执行人大决议决定，进一步提升建议提案办理质量。妇女儿童、武装、民兵预备役、老干部、统战、民族宗教、统计、保密、档案、防震减灾等各项工作取得新进步，科协、文联和爱国卫生、关心下一代、老龄、残疾人、慈善等事业健康发展。

表 21　　2021 年一市镇基本情况一览表

项　　目	单　　位	数　　量
全镇区域总面积	平方千米	160
海水养殖面积	平方千米	13.3
耕地种植面积	公顷	1030
山林面积	公顷	50
户籍总人口	人	22910
村民委员会	个	21
居民委员会	个	1
村民小组	个	211
地区生产总值	万元	148765
第一产业产值	万元	63765
第二产业产值	万元	85000
镇财政收入	万元	10090
农民人均收入	元	39800
村集体净资产	万元	9275
村集体可用资金	万元	2474

表 22　　2021 年一市镇规模以上企业基本情况一览表

单位：万元

企 业 名 称	产　值	营业收入	利　润	税　收
中广核（浙江宁海）风力发电有限公司	4366.6	4366.6	1499	628.9
宁海县人和纺织有限公司	4565.2	4127	46.5	98.1
浙江雅颜生物科技有限公司	26135.8	29454.3	5169	450.3

续表22

企 业 名 称	产 值	营业收入	利 润	税 收
宁海县赛跃金属制品有限公司	4357.4	4483.8	603.4	367.9
宁波海神救生设备有限公司	3899.8	3423.5	335.6	167.2
宁波林和电器有限公司	1095.7	1543.3	-222	80.7
艾美卫信生物药业（浙江）有限公司	11229.3	2174.8	-10772.3	301.1
宁海强鑫五金制品有限公司	4824.6	4614.5	41.8	257.4
宁波鼎业预拌砂浆有限公司	12570.1	12762.5	388.8	1030
宁波泰虎家居用品有限公司	2366.5	2275.6	8.6	-2.5
宁海中联佳汇纺织有限公司	2764	2841.6	12.8	79.6

岔 路 镇

【概况】 位于县境西南部，镇人民政府驻岔路，以驻地得名。距县人民政府西南18千米。东北与前童镇相接，东南与桑洲镇相连，西南与天台县相邻，北与黄坛镇接壤，面积108.04平方千米，人口2.9万人。辖1个居委会、21个村委会，有109个自然村。

境内地势西北高，东南低。北端之大短柱山，海拔917.9米，为宁海县第四高峰。大红山海拔806米，柴界山海拔665米，大松山海拔655米。西部望海尖海拔868米。源于天台华顶山学堂岗北麓，于庙下坑进入境内的白溪自西北向东横贯全境，溪上建有白溪水库，为宁波市境内最大的水利工程。境内主要支流有混水溪、大松溪、干坑溪。岔路镇为宁波市1小时经济区范围，沈海高速同三线、省道甬临线穿越南北，并在高坦工业园区西侧设有互通立交口。镇道有岔路—白溪—沙田公路，岔路—桑洲岭—王爱—上李坑公路。

在县委、县政府的正确领导下，始终以习近平新时代中国特色社会主义思想为指导，紧紧围绕建设社会主义现代化中心镇的奋斗目标，聚焦争先创优、谋划产业布局、优化城镇管理，较好地完成镇十七届历次会议提出的各项目标任务，相继荣获中国美丽乡村“艾里缇斯”奖、省级森林城镇、省级卫生镇，入选浙江省法治化综合改革试点乡镇（全县唯一）、宁波市首批红色旅游融合发展示范区、宁波市文明镇、宁波市法治建设示范乡镇（全县唯一）；成功承办全国法治乡村建设工作会议，承办推进“清廉浙江”建设全省现场会，岔路群众的获得感、自豪感、安全感显著增强。

【工业经济】 五年来，累计新增规上企业3家，县工业综合实力50强企业2家，县出口百强企业4家。2021年全镇工业总产值实现18.6亿元，进出口总额实现9.02亿元。有力统筹疫情防控和经济社会发展大局，助力全面复工复产。

大力实施招商引资，累计引进企业12家，内外资项目9个，累计实到外资2956万美元，浙商回归资金6.6亿元。引进美国百年重工企业安施德工业集团对克拉克跨境并购，前风振业零地技改项目建成并投入使用。华英伦水科技自动处理系统项目即将进场施工。

深化“亩产论英雄”改革，扎实推进工业全域治理工作，已拆违、拆旧13万平方米，完成湖头园区提升改造整体规划，已动工建新8家。

【农业经济】 深入实施乡村振兴战略，推进特色农业产业化发展，创成德韵、红岩等省级示范性家庭农场5家、县级示范性家庭农场3家。岔路黑猪成功“回家”，投资3900万元的省级原种场投入试运行，活猪和猪肉双双获得国家地理标志证明商标；赤岩峰黑茶成为国家定点边销茶。

稳步推进农业基础设施建设，累计投入1.58亿元，完成山塘水库除险加固17座、水利责任状项目29个、水塘生态化治理项目7个；完成历时10年的白溪流域岔路段治理工程和沿溪镇区段绿化亮化工程，白溪入围全县唯一的市级河道。

全面落实农业补贴政策，有效完成生态公益林普查工作，在全县率先打造森林防火和有害生物防治智能指挥系统，农业生产安全形势整体良好。

【第三产业】 深化“百村千宿万景”工程，因地制宜实施全域旅游“1515”岔路行动。下畈村入选全国“千村万寨展新颜”展示活动；天河村荣获中国最美村镇——生态宜居成就奖，成为全县首批省AAA级景区村庄，与乾溪山庄一并列入宁波市职工疗休养基地。

搭建特色节庆载体，打响红色游、文化游、生态游等全域休闲旅游品牌，通过举办五届金桃节、四届葛洪文化节，提升岔路知名度和美誉度。成功创建宁波市AAA级景区镇，上榜浙江省百个避暑胜地。

培育城镇商贸业态，彻底整治街市不分的“马路市场”，岔路市场创建完成省放心农贸市场和三星级集贸市场。

【城乡建设】 这五年，城乡面貌在加强统筹协调中得到大提升。

设施配置更加完善。坚持规划先行，立足建设省级中心镇，实施岔路镇域总体规划、土地利用总体规划、旅游发展规划和村庄规划“多规融合”，明确区块功能定位，科学构筑发展框架，实现优化空间布局、有效配置土地资源。其中上金国际商业文化旅游区项目累计投资8.6亿元，景区风貌基本成型；爱朋思高端养生住宅区项目累计投资5亿元，一期已完工；江家湾地热资源探矿权成功出让；宁海南出口和313省道一期改造全线竣工；甬临复线桑洲岭隧道工程顺利通车。交通基础设施进一步完善，建成山洋至纪念馆、上洞里至高坦等多条农村公路；农村生活污水设施进一步优化，实现全镇自然村污水处理全覆盖，建成并运行湖头园区的污水零直排。工业园区规划调整、基础设施建设等工作扎实推进。

镇域环境更加宜居。大力实施污染防治攻坚战，扎实做好中央和省级环保督察整改工作，依法依规解决群众反映强烈的环境保护问题，加快镇区截污纳管和污水零直排区建设，在国家生态文明建设示范区创建中岔路镇被评为“成绩突出集体”。持续完善村庄环境保洁长效机制，国家卫生乡镇创建通过省级验收，卫生考核常年位居全县第一档次。创新开展艺术振兴乡村行动，湖头村艺术特色村基本建成。五年来，成功创建美丽宜居示范村3个、省级卫生村9个、市级卫生村7个，完成精品村建设3个，完成环境整治提升工程12个、梳理式改造村庄8个。

文化主线更加清晰。坚持红色文化引领，融合山水文化，建成集基层党建、新时代文明实践、公益服务于一体的岔路镇党群服务中心，联动打造集梅花、山洋、上金于一体的“红色之路”，率先推出“红色初心”示范线，开展沉浸式党性教育特色活动，创成“红色西乡”省级国防教育基地，山洋和梅花双双入选浙江省52个红色根脉打卡地，成为“红动宁海”金牌基地。五年来，岔路镇旅游产业产值近1680万元。

【社会事业】 这五年，民生事业在推进共享共治中取得大成效。

社会保障更惠民生。社会保障体系日趋完善，医疗保险、扶贫济困、社会救助等工作全面提质，城乡居民医疗保险参保率达99.51%，社会养老保险扩面参保率达98.7%，每年发放民政对象、优抚对象、残疾人补助、临时和大病救助及慈善救助1000余万元。全镇429户低保、低收入家庭实现应保尽保。养老服务体系日趋完善，新建居家养老服务中心（站）4个；市宁波银行和市泰康保险捐助70万元，为全镇65周岁以上老人统一投保“天一甬宁保”。水利民生设施日趋完善，县委书记暖心工程——王爱片农村饮用水供水工程投入使用，白溪片中心水站和13个单村水站已完工，有效缓解全镇用水压力。

社会事业更优发展。加大教育事业投入，每年发放葛洪奖教奖学金等100余万元，完成岔路小学外墙改造提升、幼儿园改扩建工程，岔路中学中考成绩常年名列全县农村初中前两名，岔路小学成绩达到A标。坚持实施全民健身计划，新建白溪村体育公园，完成上畈、前后娄等体育小康村提升工程，举办多届乡村振兴运动会、山地马拉松越野赛等。坚持文化惠民，扎实推进公共文化服务标准化、均等化，岔路文化站定级为省一级。累计新建提升文化礼堂16家，组织各类群众文化活动300余场。高度重视民间人才选拔培养，葛明星、章光辉、葛招龙入选“缑城工匠”，连续两届“五星级麦饼师”花落岔路。持续推进精神文明建设，新时代文明实践所（站点）全面提质，“We志愿”服务时长全县领先，下畈村喜获第六届“全国文明村”，岔路小学入选省文明校园。志愿惠民良性发展，阳光公益服务社、红岩谷服务队等社会公益组织作用发挥明显，“中国好人”娄逢理获评全县首位浙江省道德模范、浙江省最美志愿者，王乘红入选全市最美志愿者，王玉琪入选宁波好人。

社会治理更显成效。不断深化“四个平台”建设，完善“一体两翼”工作机制，试点运行镇矛调中心，成立全县首家市直属综合森林火灾应急救援队，提升突发事件维稳应急处置能力。坚决打好信访积案化解百日攻坚战，有效化解县级以上历史积案。持续开展扫黑除恶专项斗争，治安刑事案件发案率逐年下降。夯实法治乡村培训实践基地建设，率先在全县创建“法治诊所”，下畈村获评“全国民主法治示范村”，岔路派出所被评为全省“枫桥式公安派出所”。深入推进安全生产“四大会战”工作，严格安全生产监管，守好安全生产底线。

【自身建设】 这五年，政府治理能力在强化建设中取得大提高。一是严格依法行政。坚持用法治思维和法治方式指导工作，严格按照法定权限行使权力、履行职责，主动接受人大、司法、社会和舆论监督。加大代表建议和委员提案办理力度，72件建议提案全部办复。加大政务公开力度，主动公开政府信息980余条。积极履行“三重一大”决策程序，提高政府决策科学化水平。持续深化审批制度改革，推进实现“一网通办”，服务效能大幅提升。二是持续改进作风。扎实开展“两学一做”学习教育、“不忘初心、牢记使命”主题教育和党史学习教育，自觉用习近平新时代中国特色社会主义思想武装头脑、指导实践、推动工作。坚持一岗双责，压实全面从严治党主体责任。严格落实中央八项规定及实施细则，坚持不懈纠正“四风”，深入开展形式主义、官僚主义、不作为不担当问题专项治理。三是强化廉洁从政。驰而不息开展正风肃纪，支持镇纪委履行监督执纪职能，加强绩效管理和审计监督，完善廉政风险防控机制。深入推进村级权力清单“36条”，深化“36条”智慧系统运行，强化农村工程资产资源等监管，坚决做好农村巡察整改“后半篇文章”，推进清廉村居建设。坚决查办违法违纪案件，进一步营造风清气正干事创业的良好氛围。

表23　　岔路镇2021年基本情况一览表

指标名称	计量单位	数　量
一、基本情况	—	—
行政区域面积	平方千米	108.04
居民委员会个数	个	1
村民委员会个数	个	21
其中：通公共交通的村个数	个	21
通宽带的村个数	个	21
通有线电视的村个数	个	21
通自来水的村个数	个	21
垃圾集中处理的村个数	个	21
污水集中处理的村个数	个	19
二、人口与就业	—	—
常住户数	户	10864
常住人口	人	20242

续表23

指标名称	计量单位	数　量
户籍人口	人	28743
其中：农业户籍人口	人	28115
第一产业从业人员	人	3672
第二产业从业人员	人	6364
第三产业从业人员	人	3960
外来从业人员数	人	1458
三、财政收支	—	—
公共财政收入	万元	7877.59
企业实交税金	万元	7877.59
公共财政支出	万元	7877.59
年末债务总额	万元	7200
四、农业	—	—
耕地面积	公顷	717.4
设施农业占地面积	公顷	4
有效灌溉面积	公顷	392.4
农作物播种面积	公顷	1365.4
其中：粮食作物播种面积	公顷	972.8
农业技术服务机构个数	个	1
农业技术服务机构从业人员数	个	1
农民合作社个数	个	62
农民合作社成员数	户	270
耕地流转面积	公顷	80
种植大户数	户	3
畜禽养殖大户数	户	1
五、乡镇机构	—	—
财政供给人数	人	122
1. 公务员	人	36

续表23

指标名称	计量单位	数　量
2. 事业编制	人	30
3. 其他人员	人	56
财政供给人员全年工资总额	万元	3059
六、工业及建筑业	—	—
工业企业单位数	个	181
其中：规模以上工业	个	14
工业总产值	万元	175863
其中：规模以上工业	万元	105518
工业企业从业人员数	人	4082
七、贸易及餐饮	—	—
社会消费品零售总额	万元	8198.6
其中：限额以上社会消费品零售总额	万元	1398.40
市场个数	个	1
50平方米以上的超市个数	个	10
住宿餐饮业企业个数	个	1
八、教育、文化、卫生	—	—
小学数	所	1
小学专任教师数	人	55
小学在校学生数	人	879
幼儿园、托儿所个数	个	1
图书馆、文化站个数	个	1
剧场、影剧院个数	个	—
体育场馆个数	个	—
医疗卫生机构个数	所	1
医疗卫生机构床位数	床	40
执业（助理）医师数	人	32

续表23

指标名称	计量单位	数　量
九、社会保障	—	—
各种社会福利收养性单位数	个	1
各种社会福利收养性单位床位数	床	68
各种社会福利收养性单位收养人数	人	60
新型农村合作医疗参保人数	人	15152
新型农村社会养老保险参保人数	人	9528
农村居民最低生活保障人数	人	518
十、公用事业	—	—
自来水用水户数	户	8201
燃气用气户数	户	8114
金融机构网点数	个	2
公园及休闲健身广场个数	个	21
十一、城镇基本情况	—	—
城镇规划区面积	公顷	500
城镇建成区面积	公顷	300
城镇建成区总户数	户	2482
城镇建成区总人口	人	6853
城镇建成区绿化面积	公顷	13.5

前　童　镇

【概况】 位于县境西南部，距县人民政府西南向10千米。东北接跃龙街道，东南连一市镇，西北毗连黄坛镇，西南与岔路镇接攘，南界桑洲镇、三门县。镇人民政府驻前童，以驻地得名。面积68.57平方千米，耕地面积1.2万亩，山林面积6.6万亩，水域面积0.35万亩总，人口2.6万人。

前童镇是国家AAAA级旅游景区、中国第三批历史文化名镇、国家级生态镇、省历史文化保护区、省AAAAA级景区镇、省非物质文化遗产保护景区、省首批旅游风情小镇，先后被评为省旅游城镇、省旅游名镇、省旅游强镇、省体育强镇、省文化强镇等、省卫生镇、省民间文化艺术之乡、美丽城镇建设省级样板、省农村文化礼堂建设示范乡镇、市级全域旅游示范区、市“十佳美丽乡镇”等。

全镇实现地区生产总值27.8亿元、财政收入6670万元、固定资产投资2.7亿元，年均增长分别为7.2%、7%、12%。

【经济建设】 全年完成工业总产值28.24亿元，同比增长22%，实现销售产值27亿元，同比增长23%。加快产业延伸升级，全面开展铝压铸行业的整治提升，滚动推进传统优势产业做优做强，规上工业总产值达21.18亿元，实现销售产值20.3亿元，同比分别增长20.6%和22.29%。

增强创业创新创造活力，鼓励企业加大主业投入、技改投入，规上企业研发经费投入达3700万元，工业新产品产值达2.28亿元。大力培育扶持创新型企业，蓝宝石入选“百家企业成长培育”名录，杰瑞活塞被列为县级科技型企业，先平压铸获评县级工程技术中心企业，新增初创型企业5家。大抓“亲商、安商、富商”氛围，做实做细“三服务”，常态化开展“五问五帮”，有效解决企业融资、用工、用地等问题25个。聚力推进“金秋招商大会战”，完成浙商回归、市外、县外内资招商分别达8580万元。

全年实现农业总产值1.86亿元，农村居民人均收入22880元，同比分别增长7%和13%。脱贫消薄精准发力，制定出台《前童镇扶持低收入农户脱贫三年行动计划的实施方案（2020年—2022年）》，对424户、727人的低收入农户开展“一户一策一干部”的结对帮扶活动。推进双桥经营性商业用房等村集体经济“造血”工程建设，17个行政村的集体经营性经济收入均达15万元以上、集体经济总收入达1960.98万元。有力推进农业基础设施建设，小流域治理、村庄水环境整治、农民饮用水达标提标、水毁抢险工程等完成投资1400余万元。全面落实强农惠农政策，新型农业经营体系加快构建，组建种粮农合联合社，种粮大户流转面积3400余亩、子杰家庭农场被评为县级示范家庭农场。

做优现代商贸，积极推进历史文化街区商业综合体建设，成功创建省级放心菜场。健全农村物流体系，建成集士驿站2个，其中双桥村建成全县第一家旗舰集士驿站。补齐古镇业态短板，古镇内新增精品民宿4家，民宿床位达40余张。

7月22日，省文旅厅到前童考察调研

【城乡建设】 项目建设加速推进。坚持以“六争攻坚——项目争速”三年攻坚行动为抓手，投入646.08万元完成宁海县X415梁书线（K0+000-K2+820）路面提升工程，投入533.9万元完成前童镇前童菜市场周边道路工程，投入93.5万元完成前童镇新街街貌提升工程，投入1584.9万元完成宁海县前童镇历史文化街区二期工程，投入70.3万元完成宁海县前童镇竹林村道路硬化工程。

生态环境不断优化。以美丽宜居为导向，强力实施“三改一拆”行动，我镇共处置91宗各类违法建筑共计9.3911万平方米，超额完成县三改一拆下达3万平方米的目标任务。前童镇域污水已基本全覆盖，完成官地严家、塔山、联合、小汀、上溪、岭南、栅下、里外辽、大郑、镇区终端等污水处理

4月29日，前童镇第十三届豆腐文化节开幕

设施运维移交工作。持续深化开展村庄环境治理，常态化开展“厕所革命”“垃圾革命”，全面推行垃圾分类3.0版，通过国家卫生乡镇省级验收，成功打造鹿分村、联合村、柘湖杨村等3个省级卫生村。

美丽乡村加快发展。以建设“中国美丽乡村”为目标，以艺术振兴为牵引，累计投资650余万元，成功创建妙宏村环境提升村、柘湖杨村一事一议美丽乡村、柘湖杨村、联合村梳理式村庄创建、上溪村艺术特色村项目、打造上溪村AAA级景区村庄、柘湖杨村AA级景区村庄。

【全域旅游】 在全域旅游战略部署下，立足生态资源，深度挖掘文化资源，盘活产业资源，全面推进古镇AAAAA级旅游景区创建，成功创建全市唯一的省AAAAA级景区镇和市级全域旅游示范区，列入浙江省耀眼名珠培育对象。

规划引领目标更明。以前童古镇创建AAAAA旅游景区为契机，对标研究制定新时代古镇保护开发总体规划，实施“省级评估、做强景区、评审验收”三步走战略，拓展空间，建设项目，丰富业态，在强化保护开发的同时，不断提升古镇整体品质和引流效应。

项目驱动发展更强。以“内提外拓”为开发思路，加大项目建设力度，全力抓好18项旅游重点项目。累计投资1.5亿元，全面完成古镇亮化三期、童衔方艺术馆扩建、天水路外立面改造等项目，6个宅院修缮、旅游厕所改造、诗路驿站建设等项目完成投资3000万元，总投资2亿元的历史文化街区二期、鹿山路外立面改造、民俗博物馆和逸飞影院布展提升、古镇东拓宅院收储等项目有序推进。

文旅融合品牌更响。发挥古镇自然资源优势，深入创建影视创作基地，先后成为《虎胆巍城》《功勋·屠呦呦》等影视剧的取景地。打造中国人民大学工艺创想基地和前童书驿，被评为全国文化和旅游公共服务机构功能融合试点单位，入选第二批浙江省文艺创作采风基地。深化豆腐文化节等特色民俗文化节庆品牌，相继举办乞巧文化、文创集市等系列活动，央视、《人民日报》、新华社等各级媒体广泛关注和报道，古镇和梁皇山景区的影响力持续提升，全年共接待游客120万人次。

【社会事业】 以改善民生为出发点，坚持在发展中保障和改善民生，不断增强群众获得感、幸福感、安全感。

积极发展教育事业，累计投入62.5万元用于奖教奖学，拥有县级名校长1名、县名师1名、县骨干教师7名；前童中学超额完成宁海中学和知恩中学的招生任务，创建通过宁海县劳动教育示范学校；创建通过宁波市示范性资源教室；创建通过宁波市劳动教育示范学校；前童小学获第三批全国中小学中华优秀传统文化传承学校；前童成校被评为浙江省现代化社区学校及宁波市成人教育服务乡村振兴创新项目。

大力推进健康前童建设，完成前童镇卫生院搬迁工作，就医环境得到有效改善，医养结合服务水平进一步提高。探索建立健全公共文化服务体系，实现文化礼堂建设全覆盖。

民生保障长足进步。统筹抓好社会保障机制的落实，医疗保险参保率99.5%。高度关注困难群众基本生活，进一步完善社会救助体系，募集慈善捐款102.8万元，累计发放最低生活保障、困难补助、慈善救助等资金366.4万元，救助困难群众6100余人次。扶贫助学工作进一步扩面，累计落实资金156.2万元，惠及困难学生612人次。累计对低收入户探访关爱1551次，幸福清单送达1253次，敬老院管理服务水平全面提升，村级居家养老服务站实现全覆盖。

社会大局平安和谐。畅通群众诉求表达、利益协调、权益保障渠道，高标准建设镇矛盾纠纷调处中心，深化应用“村民e点通”平台，打造专职网格员队伍，建立完善县、镇、村、网格四级矛盾纠纷、信访问题排查化解网络，投资150万元推进精密智控无感“守小门”建设项目，全年共调处各类纠纷322件，成功化解历史积案起。投资150万元推进精密智控无感“守小门”建设项目，巩固推进平安前童建设，完成交警派出所一体化改革，行政案件190起，刑事案件64起，与去年同比下降7.2%。联动开展交通安全综合整治、消防安全百日攻坚等专项行动。

【自身建设】 以政治建设引领政府各项工作，增强“四个意识”、坚定“四个自信”、坚决做到“两个维护”，不断提升政府治理能力和水平。

牢固树立法治理念，深化法治政府建设，畅通依法维权和化解纠纷法律渠道。自觉接受人大法律监督、政协民主监督和社会各界舆论监督，认真办理县、镇人大代表建议和意见4件，办复率达100%。

服务水平持续增强。制定出台《关于进一步激励干部担当作为的工作意见》《前童镇实行首问负责即问即办的若干规定（试行）》，深入推进“最多跑一次”改革，责任担当进一步强化，服务意识进一步增强。扎实开展“双强”主题活动，对争先创优、疫情防控、复工复产、低收入农户精准帮扶等工作进行专题深研、细抓落实。

作风建设持续增强。把落实全面从严治党贯穿到政府工作的全过程、全领域，深化重点工程廉政风险防控机制建设，修订完善《前童镇公共资源交易、工程建设项目管理和资金补助暂行规定》，制定出台《关于进一步规范村级工程项目管理工作的通知》《关于进一步规范镇级工程项目管理的通知》《关于进一步规范公共资源交易工作的通知》等，强化对镇、村工程的有效监管。进一步规范政府采购，落实部门廉政建设监管责任，做到风清气正、廉洁高效。

3月31日，前童镇党校揭牌成立

表24 前童镇2021年基本情况一览表

项　　目	单　　位	合　　计
总面积	平方千米	68.57
耕地面积	公顷	853.13
村民委员会	个	17
居民委员会	个	1
常住人口	万人	1.87
外来人口	万人	0.20
第一产业产值（农办）	亿元	1.86
第二产业产值（工办）	亿元	28.24
第三产业产值	万元	7932
工业利润	万元	2636

续表24

项　　目	单　　位	合　　计
外贸出口交货值	万元	14424
村级集体净资产（农办）	万元	12198.83
村可用资金（农办）	万元	1930.48

表 25　　前童镇 2021 年规模企业基本情况一览表

单位：万元

单位详细名称	工业总产值	销售产值	利税总额
宁波新成鞋业有限公司	8523.2	6267.9	350.1
宁波新成包装有限公司	31527.0	30136.2	680.7
宁波建影电子科技有限公司	5007.3	5007.3	35.1
宁海太升电器有限公司	6149.9	5908.5	258.8
浙江捷亚能源有限公司	38974.1	38974.1	588.2
宁波市先平压铸有限公司	5549.8	4815.6	46.2
宁波蓓蕾文具制造有限公司	2989.2	2925.9	265.4
宁海县远铭文具有限公司	5684.7	5133.2	197.4
宁波双德金属管业有限公司	23740.5	23505.5	495.0
宁海县景翔压铸厂	7518.0	6704.9	311.9
宁海县顺康压铸有限公司	4807.9	4834.3	514.5
浙江蓝宝石仪表科技有限公司	15608.7	15133.1	737.3
浙江峰利祥铜业科技有限公司	35384.6	34513.7	300.6
宁波正伟金属制品有限公司	7103.8	6681.1	148.8
宁波禾茂服饰有限公司	4060.3	3954.1	403.5
宁波辰江机电科技有限公司	3692.3	3672.5	185.9
宁波大硕文具有限公司	2304.4	2304.4	156.3
宁海县正一铝业有限公司	3209.6	2666.2	-75.3

桑　洲　镇

11 月 11 日，东钱湖管委会与桑洲镇南岭村结对

【概况】 是宁波市的南大门、国家生态镇，位于县境西南部，镇人民政府驻桑洲，以驻地得名。距县人民政府西南 18.2 千米。东南与三门县相临，西南与天台县接壤，北面连接岔路镇、前童镇。面积 58.69 平方千米，辖 1 个居委会、23 个村委会，有 83 个自然村。耕地 8185 亩，山林 4.4 万亩，户籍人口 2.4 万人，常住人口 0.8 万人。

获评“中国特色康养小镇”，成功创建省级卫生镇，成为全县第二个宁波市全域旅游示范区。全年实现辖区生产总值 5.9 亿元，实现财政一般预算收入 2472 万元，完成固定资产投资 8659 万元，同比增长 6%。

【经济建设】 夯实农业基础地位。以现代农业园示范区项目为抓手，大力推进农旅融合，踏准“以茶富民”路线，重视茶树良种化改造和茶园规模化流转，种植茶叶面积 8600 亩，年均产值 6500 万元。发展特色农产品打造桑洲优品，做精做特胭脂米、菜籽油等小众特色农产品，桑洲“红米粮仓”“康熙富硒胭脂米”在浙江省第二届“浙宿好礼”乡村民宿伴手礼大赛分别荣获风情奖、故事奖。

工业产业总体平稳。深入开展工业全域治理行动，拆除违章建筑 12550 平方米，占地面积共 10050 平方米。积极盘活闲置资源，开展零资源企业招商引进优质企业。辖区 3 家规上企业，疫情平稳后工业产值全面恢复，全年累计实现工业增加值 4691 万元，完成进出口总额 1229 万元，限上商品零售额达 4.47 亿元，同比上升 33.4%。

旅游业态不断完善。以南岭村为核心的油菜花节为圆点，辐射建有“春天的马拉松”摄影基地、南山生活馆、砌石文化馆、南山音乐广场露营基地等一批特色旅游景点，2021 年桑洲镇获评浙江省 AAA 级景区城镇；引入“南山驿”“桑里云烟”“楠山南”等 6 家各具特色的精品民宿项目，年均营业收入约 200 余万元，带动农副产品收益约 30 万元；打造最美乡村旅游公路，南山花语旅游精品线入选“浙江省 100 条休闲农业和乡村旅游精品线路”和美丽乡村示范县创建的三个美丽乡村风景线之一，桑洲至里山季公路获评全市“十大美丽农村路”。

【城乡建设】 依托甬临线改道、清溪水库等重大项目建设契机，拓展镇区空间布局，推进“清溪苑”住宅小区建设项目，推动桑洲城镇建设沿溪发展，提升城镇环境品质。

发挥“桑洲老街”人文品牌，精心设计清溪两岸文化街区，结合逢五逢十赶集民俗，打造具有“桑洲味道”的农村集市街区。

结合“茶香花语、古驿桑洲”主题特色，打造“桑洲驿”美丽通道，投资 8000 余万元完成 25 个精品线建设项目，建成 20 千米“四季花海”南山花语精品线，成功连接屿南山岗 7 个行政村 13 个自然村，逐步把桑洲建成农旅结合的美丽城镇样板镇。

完成镇区主干道外立面、停车场改造提升等 10 大整治项目，全面提升桑洲镇区生产生活生态环境质量。

常态化巩固环境整治成效，持续开展“抓干净”行动，坚持全员参与、全域覆盖，抓好环境卫生的动态保洁，村庄整治提升实现全覆盖。推进美丽庭院创建工作，桑洲、坑口、南岭、下洋周 4 个村聚力打造“一户一景”。

建设“四好农村公路”示范乡镇，建设上林停车场至大红树、上龙潭至里岙庄、桑洲岭顶至雪坑、龙头至茶堂等农村道路；推进农民饮用水达标提标工程，实施农村生活污水治理攻坚计划，铺设污水管网120千米，完成省级污水零直排区创建任务；开展高标准农田建设7000亩，完成耕地功能恢复1100亩；重视农业农村安全，累计投入4500万元完成长田头等7处地质灾害治理工程，全面完成村级水站标准化改造29座，建成智能化的森林防火预警系统。

对“清溪水库”“甬临线改道”等重大项目采取分组分工落实，完成清溪水库实物调查、移民大纲村民代表签字等工作；完成甬临线改道、清溪苑小区等政策处理200余户近千亩，甬临线改道已至施工收尾阶段，清溪苑小区地块即将开工建设。

6月26日，举行“清溪里”共富党建联盟启动暨项目合作签约仪式

9月23日，桑洲镇拆除麻岙村占地1500平方米的大型违建砂石厂

黄坛镇

【概况】 黄坛镇是宁海西部重镇，以所辖自然村黄坛命名。镇人民政府驻松坛村，距县人民政府西6.2千米。东连跃龙街道，西与天台、新昌两县交界，南邻岔路、前童两镇，北靠深甽镇、梅林街道，全镇地域面积188平方千米。辖30个行政村，常住人口近2.8万人，外来人口5600余人，大多集聚在镇区。

省道甬临线贯穿黄坛镇区，甬台温高速飞越黄坛境内。特别是甬临线拓宽、洋溪综合治理等重点工程的完工，进一步改善区位优势。交通较为便捷，历来为宁波联系台州、温州的交通要塞区域，素有宁海“西大门”之称。境内环境秀美，山水资源丰富，山林面积21万亩，占全县山林总面积的八分之一，宁海两大水缸西溪水库和黄坛水库、美丽的野鹤湫风景区和双峰国家森林公园均座落于境内。

【工业经济】 经济总量不断提升，主要经济指标始终保持两位数增长，成为全县首个“双百亿”乡镇，全镇工业生产总值280亿元，提前两年实现翻番目标。

规上工业总产值270亿元、增加值43.3亿元，分别是2016年的2.4倍、2.5倍，产销率保持较好水平。

财政一般公共预算收入3.4亿元，年均增长15%；税收收入6.9亿元，年均增长14%。五年累计完成工业投资项目43个，到位资金17.7亿元，引进市外县外内资35亿元，实到外资4090万美元，完成浙商回归8.7亿元，旗滨总部大楼、得力总部大楼等重大项目顺利落地建成，旗滨投资、昶源能源等零资源投资项目落户黄坛，招商引资工作连续五年获奖。

坚持以改革创新为根本动力，探索前行、提质增效，发展活力“磁力”释放。转型升级取得突破性进展，规上工业企业达24家，高新技术企业11家，战略性新兴企业4家，文具、阀门、橡塑等主导产业持续做大、领跑发展，得力集团斩获业内唯一一家“国家级企业技术中心”荣誉，华成阀门成为浙江省制造标准制定者，华平智控入选国家级专精特新“小巨人”，勾画出优势突出、特色鲜明的产业地图。新兴产业培育成效凸显，得力电商、得力打印机、华成二期、太中数字化车间等一批优质项目相继投产，全年引导6家企业进入“小升规”培育库，成为拉动经济增长的“新引擎”。

工业全域治理扎实推进，做好“控”“塑”“新”，高压落实“违建拆除”，结合“裁而未执”案件处置、安全生产隐患整改等专项行动，完成年度拆旧任务13万平方米，淘汰“低小散污”等落后产能企业20家，谋划推进小微产业园建设。

【农业经济】 探索壮大村集体经济途径，完成发展壮大村集体经济项目3个，每年为村集体增收53万元。做大做强香榧产业，百亩以上香榧基地达到28个，鲜果产量提升至90万千克，年销售收入5400余万元，销售额是2016年的五倍多，年均增长率达40%；“双峰香榧”品牌知名度不断提升，荣登浙江农博会百个名优畅销农产品榜单，入选“宁海珍鲜”首批9个主推产品。

【城乡建设】 以项目建设为主要抓手，比拼赶超、攻坚破难，城镇功能明显提升。实施城建重大项目36项，累计投入资金超8.5亿元。城镇中心地标——核心区块项目已基本完工，下盈坑安置小区（西溪庭园）顺利落成，黄坛公园即将开园，溪边安置小区项目和下溪安置小区项目正全力推进，穆坡及大洋山地块90余亩土地完成农转用审批，“拥溪发展”、连接城区的战略布局渐具雏形。徐霞客西延伸段工程提前竣工，搁置十多年的联溪路、环城西路成功贯通，黄坛路白改黑工程已进场施工，省级镇“污水零直排区”、市级工业园区（工业集聚区）“污水零直排区”完成双创建，基础设施日趋完善。投入1.5亿元，围绕“一水”“两带”“四路”“七村”，深入开展小城镇综合整治，累计完成17个项目改造及4.5平方千米区域卫生整治，

城镇品质大幅跃升，荣获小城镇综合整治省级样板镇。

坚持以“千万工程”为行动指南，抢抓机遇、乘势而上，乡村振兴亮点纷呈。扎实推进美丽乡村建设，累计创建省级美丽乡村精品村2个、达标村7个，市级全面小康村3个。弘杨、联溪等村市级美丽乡村财政奖补项目顺利通过验收，双峰片11村环境整治提升工程达到全覆盖。

深入抓好全国文明城市创建和国家卫生镇创建，大力实施“厕所革命”，拆除简易厕所3000余座，新建、修建公厕100座，常态化开展村庄环境整治和垃圾分类工作，县级卫生村创建实现全覆盖，市级卫生村20个，农村人居环境明显升级。

【社会事业】 把服务群众作为重要切口，民生福祉持续改善。着眼群众最急、最忧、最盼，投入5000万元进行镇区及周边15个村的一户一表改造，通过建立“乡贤基金”让利于民，保障工程得以推进。投入1410万元实施龙眼溪整治工程，投入2700万元，完成6个小流域整治工程及13座山塘水库除险加固。投入3530万元，加强学校校舍及卫生院住院楼建设，教育和医疗水平连续保持乡镇前列。

社会保障体系不断完善，城乡居民医疗保险、养老保险及农民失土保险加快扩面。全面兜底低收入群体最低生活保障，全力做好“两不愁三保障”工作，累计发放助残、助困、助弱等资金3500余万元。投资500余万元建成双峰区域养老服务中心并投入运营，社会反响良好，村级居家养老服务站点试行的就餐服务，深受村民欢迎，每年发放80周岁以上老人津贴750余万元。全省试点建成首个乡村物流服务综合体——弘杨集士驿站并全面推广，实现山区群众快递到家。

坚持把平安稳定作为重要使命，社会治理全面增效。全域推进“区域联防+精密智控”，有效筑牢疫情防控坚固防线，专班入企助推经济复苏、疫后重振，复工复产指标全县排名前列，有序推进疫苗接种5.3万针次，常态开展疫情防控应急演练。

推进“平安黄坛”建设，完善信访矛盾化解机制，探索治保委员会试点运行，全力保障社会和谐稳定。高质量完成第七次全国人口普查，深入开展安全生产、

消防安全、食品药品、校园安全等专项整治和扫黑除恶、反电信诈骗等专项斗争，公众安全感持续增强。不断强化防汛防台等应急预案体系，应对突发事件处置能力有效提升。全县试点率先推行村网格员队伍整合提升，促进村级事务规范运行。全面推广“一村一法律顾问”工作，强化基层民主法治建设。

坚持把政务服务作为基础保障，政府效能全面提升。以革新求进提质为导向，扎实推进“最多跑一次”改革，全面落实便民服务大厅有序运转，整合政务服务事项，实现“一网通办”54项。全县试点运营新三资管理系统，实现农村三资管理方式迭代更新，村级财务审批时间从常规2~3天提速到最快15分钟完成。深化联企助企服务，推行“1+X”专班服务模式，精准协调解决企业用地、环评、能评等难题，累计为企业助力跑300次。始终保持惩治腐败高压态势，自觉接受县委巡察监督、人大法律监督，以及审计监督和社会监督。牢固树立法治观念，不断提高以法治思维和法治方式解决复杂问题的能力，建立法律顾问参与重大事项会商制度，不断健全重大事项决策程序、责任追究和倒查机制，推进政府作为、改变政府效能、提升政府形象。

大佳何镇

【概况】 位于县境东北部的象山港畔，距县人民政府东北19.5千米。东邻象山县，南依茶山，西南与桥头胡街道接壤，北与强蛟镇隔港相望，是宁海县东北大门。镇人民政府驻大佳何，以驻地得名。面积75.62平方千米，辖1个居委会、9个行政村，常住人口19591人。

紧紧围绕县委建设“重要窗口”模范生团队双优生的目标定位，在“发展优质、治理优越”上强化使命担当，统筹推进“山海佳合幸福小镇”建设，先后获得省卫生镇、省文明镇、市级生活垃圾分类示范镇、市无违建镇等荣誉称号，全县首批创成省级污水零直排区，顺利通过省级小城镇环境综合整治考核验收并确定为市级样板，年度目标管理考核连续三年位列三类乡镇前两位，近三年各级主流媒体正面宣传大佳何的报道无论在数量上还是档次上都位列全县乡镇第一位，胜利完成“十三五”规划主要目标任务，交出一份高水平全面建成小康社会的“佳何答卷”。

2021年，确立“高质量建设共同富裕标杆镇”为今后五年奋斗目标，动员全镇广大党员和干部群众，凝心聚力，开拓进取，竞跑新姿态，争创新业绩。全年实现财政收入10363.8万元，全社会固定资产投资11.5亿元。

【工业经济】 各项经济指标大幅增长，全年四季度双底线考核核遥遥领先，成为全县唯一连续四季度所有指标飘绿乡镇。结合县“双抓双比”专项行动，在投资、税收、规上工业增加值三项指标发展上为全县做贡献。

全年11家规上企业完成规上工业产值6.74亿元，同比增长31%；规上工业增加值1.65亿元，同比增长20.4%，增速位列全县第四；高新技术产业增加值8147万元，同比增长20.8%，增速居全县第五。拥有亿元以上企业2家（金山行、海马电子），新上规企业6家（飞晔汽车、明锦电器、仙翁纸业、索尔钢构、佳禾物流、山海粉体厂），规上企业数量同比增长50%以上。

完成工业投资11.4亿元，同比增长34.96%，其中抽水蓄能电站工程7.4亿元、万洋小微企业园项目3.6亿元。

聚焦县市“精特亮”创建，全年投资保持两位数增长，前三季度投资增幅稳居全县前二。从工程进度来说，宁海抽水蓄能电站项目进入主体标阶段，有序开展上下库大坝填筑，地下厂房岩锚梁浇筑完成，正在开挖第三层。万洋小微企业园已完成工程总量80%，其中一期工程进入多层厂房室外附属工程施工以及高层厂房装饰装修施工阶段；二期工程进入装饰装修施工阶段；三期进入基础与主体结构施工阶段，计划2022年竣工验收。

【城乡建设】 倾力打造“精特亮”乡村艺术风景线，已完成8个艺术节点打造，连线形成基本形象。

创新开辟艺术振兴乡村新路径，辐射带动4个行政村、11个自然村打造“石门乡村艺术谷”，“精特亮”美丽乡村示范带初见雏形，被《人民日报》、新华社等主流媒体争相报道，入选省“乡村振兴十大模式”，得到时任省长郑栅洁同志批示肯定。

与贵州定汪村、四川德育村、景宁县大均乡等4省、6市结对“艺术”帮扶，选派13名乡建艺术家远赴晴隆，邀请33名普格村民来宁学习交流，推动共同富裕走深走实，做法入选全国扶贫典型案例。

垃圾分类工作，首创全镇域垃圾“智分类”模式，借助“物联网+”技术，实现从源头产生到末端“三化”处置的全流程实时运作和监管，入选第二批全国农村公共服务典型案例，国务院调研组到大佳何镇调研，中央党校《学习时报》整版专题报道。

工业全域治理工作，从3月开始以拆开路，建新、提档、提效，全力开展拆违、环保、土地整治、产业转型升级四大攻坚战。全年拆旧9万平方米以上，完成县级下达的年度指标。结合国土空间规划调整，盘活存量建设用地，启动一体化改建49亩三角塘地块低效用地，扶优汰劣打造智造业（轴承）精品园。

【社会综合优治】 持续巩固“周二下村”和“老何说和”发源地优势，率先建成镇社会矛盾纠纷调处化解中心，实现矛盾化解从单一模式向“多元联动”转变，有效化解信访积案，化解率100%。五年来信访总量下降30%以上，社会管理创新和“平安建设”工作多年全县领跑。全力开展存量信访“三大”行动，化解息访3件（共5件，余下2件为同户同诉求）。

全面落实安全生产责任，组织开展四大会战和消防安全“百日攻坚”行动，引入专业第三方精准排查企业500余家次、发现隐患2000余条，全部整改到位形成整治“闭环”。统筹建设村民“e点通”、全域天网系统等，用大数据赋能社会治理；实施村务网格员、镇村矛盾调解体系、即问即办便民服务等，用机制赋能社会治理创新。

表26　　大佳何镇2021年基本情况一览表

项　　目	单　　位	2021年
总面积	平方千米	75.62
居民委员会	个	1
常住人口	人	19591
外来人口	人	4663
工农业生产总值	亿元	31.67
其中：规上企业产值	亿元	6.74
规上企业销售收入	万元	63299.7
规上企业税利	万元	4152.2
第三产业增加值	万元	2022
财税收入	亿元	1.04
工业技术改造投入	亿元	11.39
外贸出口交货值	亿元	4.63
农村人均收入	元	38000

表27　　大佳何镇2021年规上企业情况一览表

编号	企业名称	法人代表	2021年工业产值（万元）
1	宁波金山行五金有限公司	刘冠廷	13827.9
2	宁波海马电子有限公司	林志强	12512.2

续表27

编号	企业名称	法人代表	2021年工业产值（万元）
3	宁波泓谊塑胶科技有限公司	葛文兵	8560.6
4	宁波德昂纳机械有限公司	梁海军	6992.8
5	宁波诚若电器有限公司	王丽娜	4811.6
6	宁海县锐新模具有限公司	万夏军	4636.3
7	宁海思莱弗照明电器有限公司	尤锡锋	3875.4
8	宁波宝龙轴承有限公司	葛万进	3123.8
9	宁波添也汽车部件有限公司	冯伟能	3044.9
10	宁波虹旺五金制品有限公司	何海珍	3083.0
11	宁波荣城机电科技有限公司	冯赛斌	2958.3

强 蛟 镇

【概况】 位于县境北部，距县人民政府东北27.8千米。地处象山港畔，三面环海，东隔黄墩港与大佳何镇和象山县相望，南接桥头胡街道，西与铁江和西店镇相邻，北与奉化市海域相连。镇人民政府驻峡山，以长礁码头谐音取名强蛟。镇域面积58.28平方千米，其中海域34.58平方千米。辖8个行政村1个社区，有21个自然村，户籍人口1.7万，常住人口2.3万人。

强蛟镇以发展循环经济产业为主导，民营企业发展蓬勃，综合经济实力强劲，人均收入及财政收入等各项指标均居宁海前列。先后获宁波市生态镇、宁波市循环经济示范区、浙江省生态镇、浙江省循环经济试点区、浙江省十大春意小镇、“两美”浙江特色体验地、全省小城镇环境综合整治行动突出贡献集体等荣誉。

强蛟半岛拥有丰富的海洋渔业资源和海洋文化资源，享有“东方普吉岛”“海上千岛湖”美誉。作为宁海县首个提出湾区经济发展先行镇概念的乡镇，主攻工业发展，积极争创“自在宁海湾”，将旅游观光作为未来发展的重要产业，立足海岛旅游资源，依托传统渔俗文化优势，结合新时代节庆活动，探索“节庆+文化+旅游”深度融合，不断丰富海洋旅游文化内涵，在“两美浙江”建设道路实践上逐渐凸显本地特色。

在县委、县政府和镇党委的坚强领导下，在镇人大的监督支持下，团结带领全镇广大党员和干部群众，奋发向上、攻坚克难，全力以赴抓好经济转型、疫情防控、全域旅游、环境治理、民生保障、效能建设等各项工作，在特殊时期创造难得的发展新成就。2021年全镇实现生产总值76.8亿元，同比增长3.5%；完成公共财政预算收入1.29亿元，增长21.7%；全社会固定资产投资达到4.6亿元，较好地完成“十三五”各项主要发展目标，社会经济保持平稳、健康发展良好态势。

【农业经济】 农业基础设施不断完善，产业化进程不断加快，全年实现农业总产值16527万元，有农民专业合作社16个，家庭农场16个。建成海上网箱养殖基地7家，大力实施海洋经济升级增效，积极引进新品种新技术，引领种养结构调整优化。

【工业经济】 全年36家规上工业完成总产值54.24亿元，同比增长14.7%；规上工业增加值137256万元，同比增长6.1%；全镇企业出口交货值8.51亿元，同比增长17.2%。全年固定资产投资累计完成5.65亿元，同比增长18.2%；工业投资累计完成4.46亿元，同比下降1%。

全年涉及县重点工业新建项目2个，分别是华佑工具应用类绳索生产项目、石上天际基于物联网的智能 LED 照明系统项目（一期）。续建项目 1 个，为金源新材料年产 5 万吨新型包装材料生产线项目。其中，华佑工具应用类绳索生产项目完成主体厂房建设，超前完成计划进度；金源新材料年产 5 万吨新型包装材料生产线项目完成主体工程的 80%，完成计划进度。

多角度、多渠道、多方位打通招商渠道，全年利用市外内资 124 万美元，位列全县前列；浙商回归完成 2.75 亿，完成年度考核目标的 150%；市外内资完成 2.41 亿元，县外内资完成 2.5 亿元。

8 月 23 日，强蛟镇海上网箱养殖基地

【海岛旅游】 设立宁海县首个镇级旅委，制定出台《强蛟镇乡村振兴战略产业引导发展专项奖励办法》，培育出又见咖啡、绿岛咖啡、小森营地等新型业态，做响海洋生物博物馆、骆在花海大师工作室、大井映象渔文化馆等文化 IP，推动花筑·蜃海湾民宿等高端民宿等级评定，加速推进蓝湾海月海景民宿、特色海鲜面馆、滨海水上运动项目等，编制推出海岛风情游、滨海度假游、山海美学游、古村渔文化游等精品旅游线路，全力满足不同群体游览需求。先后举办 2021 中国·强蛟海钓精英赛暨浙江省积分赛、亚足联草根足球活动之“禾采杯”宁海强蛟足球嘉年华、“入山听海”亲子徒步、宁波市小甬超女子足球联赛、中国新乡村音乐作品创作体验营等多场大型综合活动，继续谋划春季马拉松、冬季蚝门盛宴美食节等，补齐四季渔人文化品牌；同步开展骆家坑奇妙夜、文艺复兴美学派对等小众活动，谋划迷你岛主、冬夏令营、海上实验室等定向活动。以大小活动串联的方式进一步丰满全年节庆时间轴，促进固有景区实现流量低点聚集，持续深化蓝色海湾品牌形象。

12 月 28 日，华佑工具应用类绳索生产项目完成主体厂房建设完工

【镇乡建设】 投资 1.2 余亿元打造滨海风情街，实现峡山普陀路步行街灯光亮化，新建群众文体演艺公园、AA 级旅游厕所 2 个、AAA 级旅游厕所 1 个，投资 300 余万元贯通峡山滨海环线步道，打通骆家坑旅游线路，持续优化峡山、骆家坑等重点区块停车场改造。投资 1500 余万元对原游客码头进行改造提升，码头承载力提升 60%；投资 1000 余万元推进骆家坑美学空间建设，已建成夜光大道、绣球花海、滨海栈道等关键节点；投资 1000 余万元推进古渔村文化修复，包含峡山村传统古村落保护、加爵科、下蒲两大“国宝级”古戏台修缮、峡山社区老宅修复等工程；投资 260 余万元打造薛岙滨海步行街；投资 1800 余万元加快镇级客运集散中心建设；投资 300 余万元对峡山、下渔菜市场进行提档升级，周边脏乱差现象得到明显改善。完成全镇垃圾分类建设、行政村环境整治建档，垃圾桶装化覆盖率、自来水受益率、卫生厕所入户率达 100%。强蛟获评浙江省 AAAA 级景区镇，峡山社区获评第五批中国

传统村落，峡山村、临港村骆家坑、上蒲先后获评省级AAA级景区村庄，全镇9个行政村（社）A级景区覆盖率达80%。国家二级渔港升级改造项目通过农业部论证，耕地垦造工程完成率为300%，山塘水库除险加固全覆盖，获省级农业普查先进集体。

12月5日，骆家坑小森营地

【社会事业】 严格实施“一窗受理”方案，52项公共事务纳入“最多跑一次”，先后获评全县人社系统窗口业务理论比武乡镇组第二名、巾帼文明岗等荣誉。投资200余万元建成强蛟镇居家养老服务中心。5年慈善募集善款超300万元，社会各类救助累计约发放220余万元。全镇医疗保险推广顺利，参保率达99.7%；养老保险扩面达到99.6%。

完成滨海小区防洪排涝等25个民生实事项目，完成陈桥线上蒲段路面提升等58项便民工程。持续推进农房改建、城中村综合整治、清理“一户多宅”等工作。建成乡村旅游精品线9条，打造美丽庭院305户。完成14个农村生活污水处理设施工程，切实改善群众“安居”问题。

注重使用官网、公众号、百姓事马上办等政务公开载体，充分保障群众知情权，高效办理群众建议事项。始终保持担当有为、真抓实干的精神状态，咬定目标，坚定信心，攻坚克难，切实做到守土负责、守土尽责。旗帜鲜明为敢于担当、踏实做事的干部撑腰鼓劲，激发推动强蛟高质量发展的强大动力。

8月2日，下渔菜市场改造现场

【党建工作】 以守好“红色根脉”的政治担当，深入践行新时代党的组织路线，加快建设变革型组织。实施“蓝湾筑基”工程，一年定标夯基础。严格执行县机关、“两新”组织党建标准化，并探索建立“强蛟镇农村党支部标准化”工作体系，着眼夯实基础、推进党员管理标准化；着眼健全有效、推进支部设置标准化；着眼增强活力、推进组织生活标准化；着眼完善规范、推进档案资料标准化，建立并推行强蛟镇“1+N”党建绩效评估机制，形成基层党组织全域标准化体系，进一步提高党建工作效率和质量。

开展“活力党建”行动，三年创优出亮点。以引领区域组织变革、释放强蛟发展张力为目标，围绕“红色根脉强基工程”总框架，实施强蛟镇“锋领蓝湾”党建样板镇建设行动，全力推进“红色合伙人”村企组织结对共富品牌、“五心家文化”党群服务品牌、基层社会治理“智慧微网格”品牌、“滨海特色”全域党建联盟品牌等创建工作。

以干部队伍自我革新为突破口，提升思想认识，优化乡镇干部成长路径。坚持事业为上、选贤任能，坚持一线立体考察、多跨统筹储备、精准适配提能、持续跟踪关注，建立健全干部成长档案、导师帮带制。树立“为担当者担当、为负责者负责”的鲜明导向，强化日常监督。实施村社主职干部“金雁计划”，抓好“一肩挑”人员队伍建设。实施村社后备干部“青蓝计划”，建立村级后备干部库，实施党员队伍“红苗计划”，以基层队伍高素质助推基层党建高质量。

加强廉洁自律教育，筑牢思想“防火墙”。充分利用数字化方式和综合性学习，严肃通报各类反面典型案例，严密防控廉政风险点。贯彻落实“三重一大”决策制度，健全完善“四责协同”机制，以管党治党责任落实推动各项工作责任落实。

加快形成党委统一领导、党政齐抓共管、部门各负其责、党员干部带头示范、社会各界履职尽责的工作格局。积极支持人大、政府、纪委监委等依法依章履行职能、开展工作；巩固和发展最广泛的爱国统一战线，着力完善大统战工作格局；坚持党管武装原则，抓好国防、征兵、双拥、退役军人等工作；积极发挥工会、共青团、妇联、科协、残联、红十字会等群团组织作用，抓好民族宗教、老干部和关心下一代等工作。

找准党建带群建、促共富的切入点和结合点，紧紧围绕“南游北工、向海图强”目标，在推动高质量发展、创建文明城镇、推进全域旅游、艺术振兴乡村、优化基层治理等任务中比作为争先进，画好凝心聚力抓发展的“同心圆”。展现人民至上的使命担当。强化党建示范引领作用，塑造社会各界主动服务人民群众的核心价值和实践理念，深入结合“我为群众办实事”“三服务”等常态化活动，有效利用镇村两级党群服务中心、新时代文明实践所站等服务阵地，推动社会组织、群团组织走村入企，发挥自身密切联系群众的优势，听群众说、向群众讲、帮群众办，当好群众知心人、贴心人，做好政策宣传和舆论引导，做到组织建设问效于民、服务内容问需于民、工作方式问计于民。

11 月 20 日，陈桥线上蒲段路面提升工程现场查看

表 28　　强蛟镇 2021 年基本情况一览表

指标名称	计量单位	数　量
一、乡镇基本情况	—	—
乡镇政府到本县政府距离	千米	27.8

续表28

指标名称	计量单位	数　　量
社区居委会个数	个	1
乡镇行政区域面积	平方千米	6528
年末常用耕地面积	亩	2500
1. 水田	亩	—
2. 旱地	亩	—
年末有效灌溉面积	亩	—
农业机械总动力	千瓦	—
乡镇用电量	万千瓦小时	—
二、人口与就业	—	—
乡镇户籍住户数	户	6523
乡镇户籍人口数	人	16502
乡镇常住住户数	户	6612
乡镇常住人口数	人	23000
其中：外来人口	人	6661
乡镇从业人员数	人	11207
其中：外来从业人员	人	—
第一产业	人	1155
第二产业	人	9143
第三产业	人	909
三、乡镇经济情况	—	—
农业经济总收入	万元	1741
其中：出售产品收入	万元	1219
农民人均所得	元	—
固定资产投资完成额	万元	47808
其中：农业投资	万元	—

续表28

指标名称	计量单位	数　量
四、企业情况	—	—
企业个数	个	310
其中：工业企业	个	250
企业从业人员	人	8613
其中：工业企业	人	8421
企业实交税金总额	万元	14213
五、乡镇机构	—	—
财政供给人数	人	69
1. 公务员	人	27
2. 事业编制	人	29
3. 其他人员	人	13
财政供给人员全年工资总额	万元	1686
六、财政与金融	—	—
财政总收入	万元	12899
一般预算内收入	万元	8272
预算外资金收入	万元	—
基金预算收入	万元	4627
上级财政补助收入	万元	7653
财政总支出	万元	10915
其中：农业	万元	133
科学技术	万元	135
教育	万元	2348
年末资产总额	万元	8298
年末债务总额	万元	7222
其中：当年负债	万元	—

续表28

指标名称	计量单位	数　量
年末居民储蓄存款余额	万元	—
七、乡镇社区环境	—	—
储蓄所	个	2
本乡镇公路里程	千米	—
公园个数	个	5
市场个数	个	3
八、科技、文教、卫生	—	—
农技推广服务机构	个	1
农技推广服务从业人员	人	2
农业专业合作经济组织个数	个	16
农业专业合作经济组织成员	户	128
小学学校总数	个	2
小学在校学生总数	人	565
小学教师总数	人	45
中学学校总数	个	1
中学在校学生总数	人	235
中学教师总数	人	20
幼儿园、托儿所	个	3
图书馆、文化站	个	9
影剧院	个	—
体育场馆	个	2
卫生机构数	个	11
其中：医院、卫生院	个	1
卫生技术人员数	人	39
其中：医生数	人	18

续表28

指标名称	计量单位	数　量
病床数	床	10
九、生活、社会福利	—	—
刑事案件立案数	件	0
敬老院、福利院个数	个	0
敬老院、福利院现收养人数	人	未运营
参加农村新型合作医疗人数	人	7217
参加农村社会养老保险人数	人	6107
享受居民最低生活保障人数	人	280
十、建制镇镇区情况	—	—
镇区总户数	户	6612
镇区总人数	人	16670
镇区占地面积	平方千米	28.94
镇区公共绿化面积	亩	24000

表29　强蛟镇规上企业2021年12月统计表

单位：万元

序号	企业名称	工业产值	销售产值	出口交货值
1	宁海强蛟海螺水泥有限公司	16330	17492	0
2	宁波九隆五金有限公司	3150	3773	3638
3	宁波北新建材有限公司	2058	2380	0
4	宁波嘉瀚环保建材开发有限公司	1958	1913	0
5	宁波海纳节能墙体材料有限公司	1807	1969	0
6	宁波兴宝华刷业有限公司	1763	1968	1207
7	宁波西立混凝土有限公司	2151	2151	0
8	宁海县洪基新型建材科技有限公司	1490	1639	0
9	宁波安提西炊具有限公司	1374	1329	1275

续表29

序号	企业名称	工业产值	销售产值	出口交货值
10	宁波普利凯建筑科技有限公司	1134	1097	0
11	宁波硕强环保新材料有限公司	822	1202	0
12	昱源宁海环保科技股份有限公司	3186	3171	0
13	浙江浙能催化剂技术有限公司	464	3285	0
14	宁波森汇达机电制造有限公司	1196	1200	0
15	光大环保能源（宁海）有限公司	824	824	0
16	宁波美丁模塑有限公司	1427	1520	0
17	宁波石上天际能源有限公司	1918	1752	991
18	宁波雷鸟新材料科技有限公司	1011	900	860
19	浙江金龙机械索具有限公司	1110	1106	0
20	宁海杭热热力有限公司	1084	1084	0
21	宁波禾采医疗器械有限公司	551	693	154
22	宁波芬畅凝科香精香料有限公司	736	665	0
23	浙江宁波长三角电力工程有限公司	936	936	0
24	言美（宁海）纺织品有限公司	932	833	833
25	宁海县变流设备有限公司	234	245	0
26	宁波驰翔汽车部件有限公司	601	597	0
27	宁海创辉模塑有限公司	362	739	0
28	宁波中天宝实业集团有限公司	261	157	0
29	宁海县诺顿汽车部件有限公司	263	261	0
30	申江压力容器（宁波）有限公司	424	359	0
31	宁波宝拓新材料科技有限公司	345	630	0
32	宁海县韵贸制刷有限公司	244	244	0
33	宁海普达照明电器有限公司	336	336	336
34	宁海尤氏机械有限公司	258	285	0

续表29

序号	企业名称	工业产值	销售产值	出口交货值
35	宁波信力脚轮有限公司	204	216	0
36	宁波乐芝电子科技有限公司	282	281	280

西 店 镇

【概况】 位于县境北部，镇人民政府驻地西店，以驻地得名，距县人民政府北 21.5 千米。东濒象山港，西邻深甽镇，西北与奉化交界，南连梅林街道。陆域面积 102.3 平方千米，海域面积 26.64 平方千米。34 省道、沈海高速（G15）、甬台温铁路贯穿全境，区位优越，交通便捷。

2021 年末，辖 1 个居委会（镇中居委会），22 个行政村（海洋、铁江、紫江、集义、望海、前金、吴山、凫溪、樟树、滨海、王家、西店、尤家、石孔、团堧、崔家、溪头、香石、洪家、香联、岭口、吉山），户籍人口 4.66 万人，常住人口 8.17 万人。

西店镇为全国发展改革试点镇、浙江省小城市培育试点镇、宁波市卫星城市，先后荣获全国生态镇、全国重点镇、国家级特色小镇、国家级卫生镇、省级文明镇、省级森林城镇等荣誉称号。2021 年完成地区生产总值 90 亿元，财政总收入 9.87 亿元。

【工业经济】 西店镇作为“百亿强镇”，形成金属制品、家用电器、文教用品、汽车部件、模具制造等五大主导产业。家用电器是西店第一主导产业，其中手电筒产业占据全国 70%的生产份额，是全国最大的移动照明生产基地。全年 123 家规上工业企业完成产值 144 亿元，同比增长 22.2%，其中年产值超亿元企业 39 家；拥有双林股份、震裕科技 2 家上市公司，国家高新技术企业 43 家。全年实施重点工程近 300 个，固定资产投资超过 15 亿元。发展质量不断提升。实施 500 万元以上工业技改项目 169 个；拥有有效发明专利 177 件，总量位居全县前列；新增高新技术企业 43 家、省市县级工程技术中心 43 家、科技型企业 26 家，震裕科技成功登陆创业板，吉德电器荣获国家级驰名商标，双林股份等 3 家企业获评省级隐形冠军培育企业；手电筒产业指数编制发布。

【农业经济】 全年农林牧渔业总产值 6 亿元，再创新高。坚持做特一产，农业产业稳产提质，完成农业示范基地、现代种业等产业化扶持项目 22 个。农村工作扎实开展，三资管理工作得到全面加强，土地确权登记颁证工作稳步推进。乡村振兴深入推进。建成紫江商务楼、洪家邻里中心、铁江夜排档等多个村集体经济增收项目，村级“造血”功能不断强大。完成香联、香石、吉山村垦造耕地项目，新增耕地 300 余亩。

【三产经济】 立足区位优势和资源优势，积极培育、发展壮大第三产业，坚持做大三产，第三产业增加值年均增长 20.3%，服务业占 GDP 比重提升到 32.9%，产业结构更趋优化。商品房发展步伐稳健，锦海花园、悦香园、山顶名苑等地块顺利开发；大力发展文旅服务业，先

1 月 8 日，7 号梦工厂西店镇开园仪式

后引进温泉养生度假村、桶盘山国际度假酒店等重大文旅项目。

【镇乡建设】 城镇基础设施不断完善，G228西店至桃源段公路建设有序推进，甬临线和镇区主要道路基本完成白改黑、上改下，五市溪二期、紫溪河道治理等水利工程顺利完工。全面打通建设北路、学前路等多条“断头路”，改造提升西店南路、铁江路、五市溪路等镇区主要道路。顺利完工五市溪二期、紫溪河道治理等水利工程。

西店新城全面拉开建设框架，围填海工程堤坝成功合拢，规划展示馆建成投用。旧城改造进入“快车道”，锦海花园、悦香园、山顶名苑等项目全速推进。投入1.7亿元清理整治入户线3688处，铺设“上改下”管道37千米。新建岭口、邵家路口等七大景观节点，完成甬临线两侧市政设施综合改造。

城市形象进一步提升。深入贯彻落实“三改一拆”“五水共治”等省市县委决策部署，累计拆违149万平方米，拆除全域畜禽养殖场356家，拆除简易户厕2458个，铺设污水管网63.8千米，实现自然村生活污水截污纳管全覆盖，创成市级污水零直排区，并通过小城镇环境综合整治省级达标验收。实行网格化管理和“门前三包”责任制，推进垃圾分类减量化处理，实现城镇管理规范化、精细化。

【社会事业】 公共财政支出近八成投入民生领域，安排实施超过50项民生实事工程，完成投资6亿元。教育事业取得新成效，投入2.55亿元新建、改扩建学校11所，望海学校、观澜幼儿园落成启用。西店卫生院升格为宁海县第三医院，耳鼻咽喉专科医院顺利揭牌。举办蛎黄节、乡村振兴运动会、阆风杯书法艺术展等50余场大型文体活动，群众精神文化生活不断丰富。

社会保障广泛覆盖。城乡居民基本养老、基本医疗保险参保率连年提升，分别达99.03%和99.86%。加大困难群体兜底保障力度，累计发放各类救助金4000余万元。建成投用全市首家“公建民营”敬老院，服务质量明显提升。广泛开展“双拥”创建活动，镇退役军人服务站获评全国示范型退役军人服务中心站。

改革创新全面推进。“最多跑一次”“一件事”跟办改革落地见效，便民中心新增入驻单位2家、可办理业务325项，年办结量突破6万项，企业投资项目开工前审批

8月4日，西店共享单车入镇

7月16日，西店镇与中国美术学院创业学院签约合作共建大学生创业创新基地项目

"最多37天"考核稳居全县第一，"村务厅"建设成功入选市级"最多跑一次"改革示范点。创新应用数字化改革成果，市监证照办理实现全流程电子化，不动产登记与税费收纳"一窗通办"。全面启动小规模纳税人税收社会化管理服务试点工作。

【党建工作】 深入推进基层党建"整镇推进、全域提升"，成功建成1个党建引领乡村振兴示范片、2个党群服务中心、3条精品线、4个"双强六好"企业以及10余个基层党建精品点。"百村立功竞赛"15个项目获评县级优秀项目，位列全县第一。

率先高质量完成村级组织换届选举，全部行政村一轮实现"一肩挑"。

严肃执法执纪，共查办案件73件，处理违纪党员干部75人。着力做好巡视巡察整改"后半篇文章"，高质量完成村级巡查全覆盖。

【一方名企】 宁波双林汽车部件股份有限公司——2021年度财经风云榜"潜力成长上市公司"

该公司是双林集团控股子公司，系中国A股上市高新技术企业。是一家致力于以自主创新、产品研发、模具开发为基础，实现汽车零部件模块化、平台化供应的国家级高新技术企业。拥有国际上最先进的技术与设备，生产最精良、优质的产品。完善的技术创新体制，先进的研发试验设备，拥有120余人组成的专业研发团队，并和国内外多所高校进行合作，成立校企大学，为公司内部培养、输送人才奠定基础。先后被评为：通用五菱优秀供应商；博世全球优选供应商；联合电子优秀供应商；博泽最佳物流供应商；天合十佳供应商；长城汽车内外饰模具优秀供应商等。并建立国家安全标准化二级体系，被评为青年安全生产示范岗企业。

公司品牌及社会影响力进一步提升，先后获得国家火炬计划重点高新技术企业、国家级企业技术中心、院士工作站、博士后工作站、浙江省科技进步奖三等奖、浙江省知名商号、宁海县制造业纳税十强、宁海县民营制造业领军企业、优秀一线班组将等多项荣誉，2020年公司获得产教融合型试点企业、浙江省"隐形冠军"培育企业、宁波市制造业单项冠军示范企业等多项荣誉，旗下的分子公司同时获得县长质量奖、高新技术企业等多项荣誉。

宁波震裕科技股份有限公司——2021年正式挂牌上市

宁波震裕科技股份有限公司成立于1994年，位于浙江省宁波市宁海县西店镇香山工业区。公司是专业从事精密级进冲压模具及下游精密结构件的研发、设计、生产和销售的高新技术企业。公司以自身设计开发的冲压模具为基础，向客户提供精密结构件产品，广泛应用于家电、新能源锂电池、汽车、工业工控等行业领域，与美的、海尔、松下、西门子等国内外知名厂商建立长期战略合作关系，企业品牌已具有良好的市场知名度。几年来公司被评为市"创业、创新工业设计示范企业"、"中国模具之都重点培育企业"、"县纳税五十强"、"最具潜力20佳企业"公司，企业技术中心成为浙江省科学技术厅"省级高新技术企业研究发展中心"的依托单位，省级研究院，是中国模具协会理事，宁波市模具行业副会长事单位，中国电机铁芯模具重点骨干企业。公司作为主起草人之一，起草中华人民共和国机械行业标准——《电机铁芯级进模技术条件》；作为第一起草人，起草中华人民共和国机械行业标准——《电机铁芯级进模零件》第7~12部分。

作为精密级进冲压模具生产企业，公司在以高效节能为特点的大型三列、多列精密级进模领域具有综合开发技术优势，是国内中高端电机铁芯模具行业的先进制造企业。依托综合开发技术优势，公司在压缩机电机铁芯模具领域打破国外厂商的垄断，逐步在该高端模具市场占据一席之地，成为国内前十大压缩机生产企业电机铁芯模具的主要供应商。作为国内精密结构件生产企业，公司把握住新能源汽车产业发展的契机，于2015年启动动力锂电池精密结构件项目。并于2018、2019年度连续被评选为宁德时代十大"优秀供应商"之一。

2021年前三季度实现营收19.3亿，同比增长175.11%。公司于2021年2月获得证监会首发注册的批复，2021年3月18日在深圳证券交易所创业板正式挂牌上市。

表 30　　西店镇 2021 年主要经济指标一览表

	单位	本月实绩	本月止累计	上年同期累计	比上年同期累计（±%）
一、123 家规模以上工业总产值	万元	145628	1440978	1179583	22. 2
规模以上工业新产品产值	万元	56650	500352	373955	33. 8
规模以上工业销售产值	万元	146168	1415431	1121986	26. 2
规模以上工业出口交货值	万元	43921	507386	425687	19. 2
规模以上工业增加值（生产法）	万元	—	317581	—	14. 6
规模以上工业战新产业增加值	万元	—	104683	—	13. 5
规模以上工业高新技术产业增加值	万元	—	236491	—	11. 9
规模以上工业增加值（收入法）	万元	—	303395	246054	23. 3
二、属地固定资产投资	万元	16605	152691	211748	-27. 9
其中：工业投资	万元	8189	61859	71319	-13. 3
建安投资	万元	9162	95765	141114	-32. 1
三、税收收入（县口径）	万元	12548	90291	90847	-0. 6
一般公共预算收入（县口径）	万元	6119	45761	46436	-1. 5
四、金融系统人民币存款余额	万元	—	525981	455031	15. 6
金融系统人民币贷款余额	万元	—	608430	467199	30. 2
五、限上商品销售额	万元	29704	272074	238106	14. 3
六、限上社会消费品零售额	万元	951	10001	9563	4. 6
七、利用外资新签项目数（招商项目）	个	—	—	—	—
合同利用外资	万美元	—	48	0	完成率 2
实际利用外资	万美元	—	—	—	—
八、浙商回归（省外方投资额）	万元	—	73840	48482	完成率 277. 6
市外内资（市外方投资额）	万元	—	88908	49852	完成率 140. 59
县外内资（县外方投资额）	万元	—	111040	68766	完成率 146. 3
九、进出口总额	万元	46547	584184	491778	18. 8
其中：出口总额	万元	45589	568868	477235	19. 2
十、规模以上工业企业营业收入	万元	—	1514874	1164361	30. 1
营业成本	万元	—	1281157	961383	33. 3
税金及附加	万元	—	6288	5473	14. 9

续表30

	单位	本月实绩	本月止累计	上年同期累计	比上年同期累计（±%）
十一、规模以上工业利税总额	万元	—	123883	137949	-10.2
其中：利润总额	万元	—	82530	99441	-17.0
十二、规模以上工业资产总计	万元	—	1875320	1543075	21.5
十三、规模以上工业负债总计	万元	—	1069835	936644	14.2
十四、规模以上工业应交增值税	万元	—	35065	33035	6.1
十五、规模以上工业应付职工薪酬	万元	—	183739	149183	23.2
十六、规模以上工业本年折旧	万元	—	37190	34599	7.5
十七、地区生产总值	万元	—	903736	803671	8.9

深　甽　镇

【概况】 位于县境西北部，距县人民政府西北16千米。东邻西店镇、梅林镇，南连黄坛镇，北界奉化市，西接奉化市、新昌县。镇人民政府驻深甽，以驻地得名。面积174.6平方千米。辖1个居委会、1个林场、22个行政村，总人口3.39万人。

深甽生态优美，全镇森林总面积近20万亩，森林覆盖率达90%，素有“生态美镇”“天然氧吧”之美誉。凫溪、长洋溪、南溪贯穿全镇。南溪温泉温泉水质被评为AAAA级。是史学家胡三省、当代著名学者张明浩和“世知人”张明养的故里，4处古戏台被列为国家级重点文物保护单位、拥有1个中国历史文化名村、2个中国传统村落、5个省级卫生村、2个市级历史文化名村、16个市级卫生村、县级卫生村22个，正在创建省级卫生村2个，市级卫生村1个。先后获得中国运动杖之乡、国家级生态镇、全国重点镇、中国温泉之乡、2016中国最美村镇生态奖、2017中国最美村镇50强、国家标准示范度假社区、省文明镇、省体育强镇、省级卫生镇“治水美镇·浙江样本”50强、浙江省首批AAAA级景区镇等荣誉。2020年8月，深甽镇成功列入第四批省级旅游风情小镇创建名单。

2021年工农业总产值47.4亿元，财政收入1.5亿元。

【工业经济】 实现工业总产值45.8亿元，进出口总额7.2亿元。其中规上工业企业总产值30.44亿元，同比增长22.5%；利润总额同比下降9.38%；完成工业投资9864万元，同比增长70.3%。

五金机械行业。作为传统行业，在全镇经济所占比重最大，规

8月27日，宁海县善义公益服务中心在深甽镇龙宫村举行首届“育英奖学金”颁奖仪式

上企业普遍涨势较好，订单量稳定，实现产值 8.72 亿元，同比增长 37.74%。其中宁波阿诺丹机械有限公司年产值 4.91 亿元，同比增长 44.85%。

汽车零部件行业。作为重点行业，近两年发展势头略微减弱，规上企业实现产值 6.68 亿元，同比增长 15.65%。其中宁波沃特汽车部件有限公司年产值 3.67 亿元，同比增长 9.04%。

文教体育用品行业。作为特色行业，深甽户外用品及配套产业企业数量庞大，大部分以出口为主，订单量及出口量大幅度上涨，行业企业实现产值 6.18 亿元，同比增长 70.06%。其中宁海兴达旅游用品有限公司年产值 1.54 亿元，同比增长 81.5%。

铝型材制品行业。作为工业原材料生产行业，经历原材料大幅度增长，产品产值高利润低，阶段性存在有订单不敢接情况，行业企业实现产值 4.41 亿元，同比增长 26.82%。其中宁波环球铝业科技有限公司年产值 1.88 亿元，同比增长 45.4%。

外贸行业。户外用品企业众多，市场多以出口为主，在经历 2020 年全球大范围疫情影响之后，为提高出口企业抵抗风险能力，确保企业稳定发展，积极配合工贸企业做好各类参展工作，配合中信保做好出口信保扩面工作，确保全镇参展企业都能享受到保险保障和相关优惠政策。外贸行业出口在 2021 年有个增长小高潮。全镇自营进出口业务的企业实现进出口额 8.9 亿元，同比增长 46.32%。

11 月 26 日，“新力甬动·共富有我”宁波市新的社会阶层人士助力宁海高质量发展建设共同富裕标杆县暨宁波市新联会结对马岙村活动在深甽镇举行

【项目建设】 丽景花园二期工程已经完工交付使用，安置套房部分安置到农户；精神病医院边坡治理工程已经完工；环城东路改造工程已完成燕泉路、花田畈、沙地段环城东路三线下地工作，完成环城东路雨污水主管道工程建设，已对接县交通局尽快进场对环城东路沥青路面的施工；小岭下（一期、二期）道路工程已经基本完工；花田畈小区道路硬化工程计划于 2022 年 1 月底前完工；甽水溪北侧木栈道改造提升工程、丽景花园二期周边道路改造工程、深甽镇凤山北路改造工程已经完成招投标进场施工；完成沙地环村道路招投标，年后开工建设；完成东升南路提升工程、环城东路绿化及外立面工程的初步设计，完成 G527 进镇道路设计，交通局正在前期立项中。强化农村公路建设，已完成上湖至白岩公路的政策处理工作，完成双坑一期项目竣工验收工作，积极推进象西线至龙宫公路工程建设。

企业新建和改建的审批有序推进。圳丰机械、阿诺丹机械、嘉裕光电、金波金属、童研五金，已进场施工。长洋小微园区、博悦实业、崇泰五金、永基机械、爱立德部件完成用地红线；浩天金属、深兰精工等企业已完成勘测定界，正在开展征地签字工作；信贝厨具完成征地公告；阿诺丹二期、科瑞特完成农转用前所有资料报批工作。

【党建工作】 以思想统领，凝聚红色根脉向心力。落实党建工作第一责任人职责，扎实开展党史学习教育，带头上党课 2 次，牵头研究党建工作 6 次，制定党建责任清单 32 项，到村到企调研走访 26 次，组织集中宣讲 50 余次。高标准打造党建阵地，柘坑戴红色教育基地接待考察团队 300 余批次、2 万余人次，深甽镇党群服务中心获评全县十佳。带头驻点软弱涣散村，到大蔡村开展连心活动 20 余次，通过班子调整、乡贤回引、厘清旧账等方式，顺利完成 6 个民生实事工程，谋划 20 余个长期项目。

以整体智治，提升党建引领组织力。聚焦党建+温泉。深化“智慧党建+全域旅游”新模式，组建民宿、文旅、“两山”等 5 个党建联盟，成立“泉心泉意”党员先锋队，年接待游客量132万余人次。聚焦党建+项目。实施“党旗插在项目上　党员领着项目跑”行动，全力助推项目落地，如大庄山谷·乡根一叶项目游客中心、度假屋首开区如期完成。聚焦党建+民生。建立“1+3+N”党群联防联控机制，发动党员干部700余人，打赢全员核酸检测“攻坚战”、疫苗接种“持久战”、重点人员摸排“保卫战”。

以队伍建强，塑造实干铁军变革力。深化激励关爱。坚持“青蓝锻造工程”、干部荣誉仪式等创新举措，配备3名“90后”中层干部，连续评选6批30名“实干之星”、5名“实干星中之星”。夯实基层队伍。开展2期“革新争优　勇立新功”活动，评选实干型村班子10个，实干型村干部10名。实施“金雁”工程，1名村书记获评省担当作为好支书，2名村书记获评市级兴村治社名师。优化党员结构。新发展党员26名，其中大专及以上学历15人，党员联户走访群众1600余人次，解决实际困难500余个。开展“彩虹桥”志愿服务205次，党员志愿者陈柯谷获国家无偿献血奉献奖。

以人才赋能，激活乡村振兴驱动力。搭建平台引才。“中国新乡村音乐创作体验营地”“浙师大（宁波）材料艺术研究所”“浙江师范大学艺术硕士专业学位研究生实践基地”相继落户温泉文化艺术村，助引青年艺术家3名。科创先行引智。1家企业获评国家级“专精特新小巨人”企业，1家企业列入市级绿色企业，4家企业列入县工程技术中心企业，4家企业列入高新技术企业，2家企业列入“215”企业。完善服务聚力，喊响天明山温泉大酒店、南溪拾贰亿·温泉山居“院士之家”口号，完善多元化服务保障。改造提升乡贤馆，邀请3名乡贤艺术家入驻，举办1期中国画作品展，2次乡贤联谊会，累计获捐200余万元。

1月26日，深甽镇举行老干部荣誉退休暨新干部光荣入职仪式

表31　深甽镇2021年规模企业主要经济指标统计表

单位：万元

序号	单位名称	工业总产值	工业销售产值	出口交货值	营业收入	利润总额	本期税金	平均用工人数
1	宁波五峰机械有限公司	18758.9	18052.5	9395.8	18330.5	612.5	491.1	446
2	宁波日信机电制造有限公司	2956.6	2954.2	1921.6	2878.4	-61.5	8.6	97

续表31

序号	单位名称	工业总产值	工业销售产值	出口交货值	营业收入	利润总额	本期税金	平均用工人数
3	宁海华晨机械有限公司	4631.2	4498.2	0	4498.3	396.4	354	130
4	宁海五峰振意机械有限公司	0	0	0	623	-129.6	142.6	20
5	宁海县五峰缝制设备有限公司	4511.3	4511.3	0	4890.3	379.5	156.9	66
6	宁波嘉裕光电科技有限公司	3035	2799.5	0	2799.4	421.6	210.4	142
7	宁波三才五金有限公司	4273.1	4103.8	0	4107.9	481.2	220.4	109
8	宁波阿诺丹机械有限公司	49052.9	47646.4	5982.3	47646.4	398.9	834.5	593
9	宁波市旭光机械有限公司	3184.4	3166.7	0	3190.3	108.1	84.3	59
10	宁波沃特汽车部件有限公司	36738.7	38404.4	0	38623.7	1989.5	1031.5	403
11	宁海县金马铸造有限公司	4241.3	4162.1	1108.3	4162.4	89	126.1	62
12	宁波东大恒丰汽车零部件有限公司	11587.2	11993.1	0	12312.6	1776.9	465.1	157
13	宁海永业汽车零部件有限公司	2134.3	2034.3	0	2025	17.8	85.3	58
14	宁海云大五金有限公司	2884	2829.5	0	2829.5	135.1	80.4	48
15	宁海县深兰精工机械有限公司	2622.3	2575.2	0	2575.2	211.3	152.6	90
16	宁波欧莱特机械有限公司	3051	3017.5	2790	3048.5	203.4	45.9	35
17	宁波永基机械有限公司	3500	3315.2	0	3441.2	210.6	66.8	67
18	宁海兴达旅游用品有限公司	15433	15432	14232.7	15445.7	699.7	81.3	344
19	宁海县三敏金属制品有限公司	11747.6	11343.5	10974.5	11347	249.1	243.8	130
20	宁波钧强电器有限公司	2584.9	2316	1831.9	2344	5.5	17.1	80
21	宁波利铭金属制品有限公司	14140	13740	12453	13740	237.3	261.1	200
22	宁波市东龙五金有限公司	4214.6	3414.1	2400.8	3469.5	94.1	12.7	149
23	宁波市金波金属制品有限公司	7398.5	7317.8	0	7322.5	260.2	251.6	168
24	宁海创新旅游用品有限公司	6301.7	5969.5	5969.5	5973.7	258.8	212.1	119
25	宁波博亿铜业有限公司	6642.8	6413.6	0	6413.7	99.9	70.9	24
26	宁波日谷电器有限公司	2173.8	2096.9	2096.9	1646.2	-185.1	3.8	74
27	宁波信豪铝业有限公司	9174.1	8776.5	0	8925.1	-92.1	195.7	150
28	宁海县银丰铝业有限公司	2223	2173.3	0	2163.8	45.9	15.6	24

续表31

序号	单位名称	工业总产值	工业销售产值	出口交货值	营业收入	利润总额	本期税金	平均用工人数
29	宁波环球铝业科技有限公司	18764.9	18864.9	0	18556.8	975.4	317.8	90
30	宁波国昌有色金属有限公司	2812.8	2799.713	0	2799.8	130.3	45.8	28
31	宁波环球输变电设备有限公司	2277.7	2272.6	81.1	2303.6	248.5	137.7	48
32	宁海天雷厨卫有限公司	1665.4	1665.4	0	1665.4	-7.4	48.1	45
33	宁海县馨源泰纸制品有限公司	0	0	0	945	-797.7	118.9	47
34	宁波双伟制药有限公司	8750	8515.3	8010.6	8196.9	241.7	-12.5	101

越 溪 乡

【概况】 位于县境东南部白峤港畔，乡人民政府驻越溪，以驻地得名，距县人民政府东南12千米。东临沿海，南连一市镇，西邻跃龙街道，北靠茶院乡。面积89.98平方千米，辖1个社区、15个村委会，人口约2万人。

省道盛宁线、县道亭柳线穿境而过，境内拥有1000吨的梅岙货运码头，是一个地理位置优越、交通便捷、环境优美的沿海乡。耕地2.1万亩，山林4.4万亩，村民主要从事养殖业，是名副其实的养殖大乡。

人文底蕴深厚，有巡检司城遗址。全国劳动模范应四官、医学女科学家夏海英博士、国家重点学科带头人杨肖娥教授等都出生在越溪。境内有王干山、油盐寺等风景名胜，自2008年起举办宁海（越溪）跳鱼节，2016年起推出沧海桑田节，越溪乡知名度和美誉度与日俱增。五年来，在县委、县政府的正确领导下，乡党委团结带领广大党员干部群众，一心一意谋发展，聚精会神抓建设，圆满完成乡第十五次党代会确定的各项目标任务，荣获国家卫生镇、省级小城镇环境综合整治样板乡镇、省级农业绿色发展示范区、省AAAA级景区镇、省语言文字规范化乡镇等15项市级以上荣誉称号，召开省市县各类现场会4场，被列为全域土地综合整治全国试点乡镇，整体呈现出较为良好的发展态势。

【党建工作】 守初心，筑牢政治思想凝聚力。坚持以习近平新时代中国特色社会主义思想为指导，深入学习贯彻中共十九大和十九届二中、三中、四中、五中全会精神，深刻学习领悟习近平总书记系列重要讲话精神和对浙江工作的重要指示精神，按照省市县委全会的决策部署，忠实践行“八八战略”、奋力打造“重要窗口”中的越溪“精品小窗口”。高质量开展“两学一做”“不忘初心、牢记使命”“党史学习教育”等党内集中教育活动，通过书记带头上党课、周一晨会领导干部集中领读、周二夜学、年轻干部交流论坛等形式，以上率下掀起热潮，党员干部思想意识不断提升，政治定力和执政能力明显提高。加强基层党员队伍建设，确保每村入党积极分子常态化保持2名以上，三年以上未发展村全面清零。

筑红心，增强干部队伍战斗力。完善容错纠错、信访澄清、职级激励机制，有计划地安排年轻干部到一线岗位历练，形成层层干事的良好氛围。选派5名“90后”干部挂职重点项目。选优配强锋领头雁，高质量完成村级组织换届，“一肩挑”达100%，实现村干部队伍年龄、学历结构双提升。实施村干部坐班、值班等制度，健全村干部绩效考核机制，实行薪酬“差异化”发放，提高村干部干事创业激情。严格把好程序关、纪律关，顺利推选产生乡第十六次党代会代表62名。

抓重心，提高基层党建向心力。强化党建引领乡村振兴，探索党建统领先富带后富的机制，成立越溪乡村企结对致富党建联盟、王干山旅游产业党建联盟、“15分钟生活圈”区域性党建联盟、“集士驿站”党建联盟等4个党建联盟，实现行政村全覆盖。全面筑强红色堡垒，突出以组织力提升战斗力，大力推进“十好”党建品牌创建，建立基层党建“双整两全”工作攻坚作战图及对账单，实行对账销号，累计完成党建精品点创建9个，打造党建精品线1条、示范片2个，实现全乡党建精品村达60%以上。五年来，荣获县级百村立功竞赛项目一等奖1次、二等奖4次、三等奖4次，建成5A级党群服务中心1个。成立中共越溪乡党校，全面构建党性教育+乡土文化教学+渔耕手作+农事体验等于一体的党校教学阵地格局。深化打造党建品牌，推行党员联户“一口清”工作机制，确保实现“三活、四清、五到位”，这一做法在市县媒体相继报道，并得到县领导批示肯定。全面推行“联村工作闭环机制”，强化联村干部队伍管理，通过每周梳理《联村对账单》，实现联村工作“事事有回应，件件需闭环”。

树恒心，强化拒腐防变免疫力。全面落实党风廉政“两个责任”，每年定期召开专题会议研究党风廉政建设和反腐败工作，落实党委书记第一责任人和班子成员“一岗双责”责任要求，认真实施“三书三查两报告”制度，健全《责任分工报告书》和《牵头责任科室任务函告书》，完善监督检查、专项工作落实报告、廉政约谈、重大事项报告等制度。深化落实“36条”规定，建立健全工程建设、小微权力运行、国有资产管理等重点领域风险防控制度。加强乡公共交易中心规范化建设，最大限度杜绝工程领域的腐败事件发生。五年来，累计对党员违纪立案并办结33件，开除党籍11名，实现进乡招投标平台交易项目199个，交易金额20572万元，节约资金335万元。

【经济建设】 现代农业特色优势凸显。海水养殖年均产值达3亿元，逐渐成为全县主要水产种苗培育基地。新增农牧业示范基地5个、示范性家庭农场和合作社9个，获评省级农业绿色发展示范区。实施“美丽渔园”项目，累计改造养殖管理房超5000平方米。推进农业基础设施建设，累计投入水利资金1.15亿元，完成水利项目24处。推进垦造耕地项目，总投资2600万元，新增耕地866亩。开展高标准农田建设，投资1000万元，新增高标准农田5036亩。

工业经济体量逐渐壮大。规模企业总量稳步增长，规上工业产值从1.32亿元增长到2.98亿元，年均增长率达31%。规上工业营业收入1.25万元增长到2.92亿元，年均增速32.6%。产业平台不断拓展，投资8亿元的置信智造谷顺利动工建设，目前已有55%的厂房达成购买意向。亭港工业区二期项目新增11家企业陆续建成投产。全力奋战“两手硬、两战赢”，全乡瞄准“内控”防扩散、“外堵”防输入、“中疏”防集聚等三个重点，制定“10+X”防疫复工清单，成立工作专班和驻企服务队，并争取到全县乡镇中唯一的中央直达资金抗疫特别国债1000万元。

全域旅游加速推进。编制完成《宁海县越溪乡全域旅游发展总体规划》，总投资10亿元的王干山沧海桑田小镇一期项目签约落地，田园综合体、东海半山居等项目相继开工。“乡叙”精品民宿一期、二期相继开业运营，辐射带动周边村庄累计新增民宿9家。特色旅游村庄建设进展显著，A级旅游村6个、AA级1个、AAA级2个，打造沧海桑田精品线、依山田园精品线，全域旅游由“盆景”向“风景”转变。

【革新争优】 高起点绘就发展蓝图，在更广的发展坐标中定位越溪。主动对接县“十四五”发展规划、国土空间总体规划，谋划重大项目22个、总投资约35亿元，为高质量发展蓄足动能。推进以人为核心的新型城镇化，用好人口“七普”成果，精细研判人口发展趋势，科学推进城乡空间重构，加速推动“撤乡设镇”工作。

高效率落实深化改革，在更活的创新思维中革新越溪。紧盯民生实事，成功申报全域土地综合整治全国试点乡镇。持续推进“最多跑一次”改革，创新育龄妇女“零次跑”、小分队“上门跑”等特色服务，159个涉及民生服务的办理事项全部实现“最多跑一次”。突出人性化服务，创新提出集镇标准化管理理念，通过政府购买社会服务形式，引入第三方公司管理集镇，打造“大物业”管理模式。

高标准聚焦“双优”目标，在更实的发展举措中建设越溪。用智用力打通农村物流“最后一公里”，创成全省首个乡村集士驿站。化解亭港工业小区二期项目、“农房两改”安置小区项目、白峤港河道整治合同纠纷等一批历史遗留问题。全面整改中央环保督察、省委巡视提及巡察反馈问题，其中双盘三山涂退包退养工作稳步推进。工业集聚区治理全域推进，拆违、建新、提标、提效同步开展。坚决打好创建全国文明城市攻坚战和持久战，通过实施五大行动助推文明程度大提升。

【乡村建设】 乡区面貌大幅提升。创成全县第一批小城镇环境综合整治“省级样板乡镇”，建立“大物业”基层治理模式，全面完成17个整治项目，在全省乡村振兴现场会上得到省市县领导的高度肯定，获省市县多家媒体宣传报道。交通道路全面升级，建成市级“四好农村路”示范乡镇。

生态环境加速改善。严格落实

河长制，创成市级“污水零直排区”。基础设施短板逐步补齐，全乡污水收集处理率、受益群众覆盖率达95%以上，农饮水达标提标行动覆盖率提升至100%。加快推进农村污水和供水管网建设，累计投资3500万元建成28个项目。开展“厕所革命”，累计投资320万元，完成70座公厕改造。“三改一拆”拆违26.3万平方米，采用“互联网+智慧管理”模式连续五年国土动态巡查无一例大面积违法，创成“宁波市无违建乡镇”。

美丽乡村逐步展现。累计创建村庄环境整治提升村9个、梳理式改造村2个、美丽乡村合格村、中心村、示范村分别为5个、2个、1个，省级卫生村9个、省级文明村2个、市级卫生村3个、县级卫生村3个，省级引领型农村社区1个，省级美丽乡村特色精品村2个，“美丽庭院”211家。持续推进垃圾分类处置，建立农村环卫管理一体化机制，建成国家卫生乡镇、省美丽乡村示范乡镇、省美丽城镇达标乡镇、市农村垃圾分类示范乡镇。

【社会事业】 社会保障制度不断改善。连续三年医保工作位列全县前茅。建立慈善工作站15个，累计募集善款241万元。坚持“源头查控+硬核隔离+精密智控”，设立“一点四队”守牢村庄“小门”。疫情防控期间，党员捐款和慈善捐款达60余万元。建成全国示范型退役军人服务站4个、“枫桥式”服务站2个。加强乡村两级基层武装规范化建设，获评市级征兵工作成绩突出单位。全力办好党代表和人大代表民生实事票决项目40个，其中越溪乡中心幼儿园获评“省一级幼儿园”，中学、卫生院相继完成改造，敬老院、居家养老服务中心投入运营。

文化文明基础持续夯实。建成越溪图书馆“越溪书房”并获二星评定，创成浙江省语言文字规范化乡镇。特等功臣应隆滚荣登市“六争攻坚”先锋榜、“初心榜样”，全市上下掀起学习老英雄的火热氛围。越溪成校“越韵渔耕”品牌获评2020年度全省社区教育进农村文化礼堂学习品牌。

平安越溪建设机制不断优化。“互联网+智慧管理”模式形成长效管理机制，交所一体化改革顺利完成，矛调中心投入运行，成功化解部分信访积案。完善精密智控体系，深化实施农村“雪亮工程”，实现对公共场所、治保重点单位、城乡居的全覆盖。深入开展扫黑除恶专项斗争，社会面稳定形势持续向好。

应急管理机制不断健全。加大安全生产监管力度，全领域拉网式开展安全生产和消防安全“四大会战”，完成道路交通安全隐患整治15处。

乡党委充分发挥总揽全局、协调各方的作用，武装、司法、工青妇、老干部、统战、关工委、老龄等事业也取得较好成效。

表32　越溪乡规上企业2021年与2020年工业产值对比表

单位：万元

序号	单位名称	2021年12月	2020年12月	同比	2021年	2020年	同比
1	宁海县宜宜园林工具有限公司	260	459.4	-43.40%	2835	4288.6	-33.89%
2	宁海县光辉灯饰有限公司	585.5	789.7	-25.86%	6025.8	4820.5	25.00%
3	宁波瑞成机械有限公司	108.1	412.8	-73.81%	1372.9	2321	-40.85%
4	宁海县厚德休闲用品有限公司	343.7	289.9	18.56%	4544	3743.2	21.39%
5	宁波超腾照明电器有限公司	413.9	516.2	-19.82%	4440.9	4342.3	2.27%
6	宁海县欣明清洗设备有限公司	258.7	173.2	49.36%	5730	2549.7	124.73%
7	宁波嘉润五金有限公司	423.5	365.9	15.74%	3301.2	3040	8.59%
8	宁波景杰电器有限公司	0	198.8	-100.00%	165.9	3344.2	-95.04%
9	宁海县雄达模塑有限公司	231.5	265.1	-12.67%	2254.2	2357.4	-4.38%
10	宁海博文燃气表具部件有限公司	0	90.9	-100.00%	0	1390.2	-100.00%

茶 院 乡

【概况】 位于县境中部，东临力洋镇，南濒白峤港，西接越溪乡，北靠茶山与桥头胡街道相邻。乡人民政府所在地下王村距县城22千米。面积78.41平方千米，其中陆域面积70.57千米，海岸线长4.5千米，辖茶院、杜岙、毛屿、庙岭4片、14个行政村，7794户、2.7万余人。

西北部为山地，东南部属平原，茶院溪纵贯全乡，清水常年不断。特产丰富，有大梁山啤酒、鹿茸、鹿茸酒、柑橘、杨梅、蜜梨、馨文名茶、宁友牌番薯面、山茶油、山黄金及虾、蟹、蛏、蚶、鱼等各类海鲜。1984年被宁波市划为15个贫困乡之一，1996年脱贫，并被评为宁波市脱贫致富先进单位。2018年获省级卫生乡镇、市五好镇乡关工委、市级平安综治先进单位等荣誉。2018年、2019年获省市“美丽乡村示范乡镇”。2019年成功打造“石里水乡”文明示范线。2020年获评浙江省AAA级景区镇、省级森林城镇。2021年创成国家级卫生乡镇，获省“美丽乡村示范乡镇”称号。

【经济建设】 受阶段性疫情影响，经济出现一定程度波动，但总体仍呈现稳中有升的态势。辩证长远看待经济下行压力，精准落实“六稳”“六保”。全乡实现地方税收1.98亿元，年均增长12.5%。实现国民生产总值达77.28亿元，年均增长1.93%；民生支出累计4.2亿元，同比增长38.1%。

坚持招商引资和淘汰落后产能并重，实现浙商回归3.26亿元，引进县外内资15.22亿元，是上一个五年的2倍。

4月22日，宁海乡村文旅投资运营人才对接会成功召开

狠抓工业全域治理，动真碰硬拆违拆旧，拆出近4万方新空间，整体拆除老旧企业6家、淘汰关停8家。

重视发展农业新组织，培育农民专业合作社、家庭农场、农业企业近200家，省级示范化家庭农场称号实现零的突破。因地制宜发展番薯面、茶叶、山黄精等产业，茶院番薯面进入“宁海珍鲜”供应名单。

继续把发展乡村旅游作为产业发展、乡村振兴的重要抓手，打好许家山这张金名片。引进安茉·心宿、静城山居、斑马家等品牌民宿，培育石村瓷坊、了月香馆等新业态，创成乡村音乐示范基地，以

6月21日，浙大宁波理工学院学生前来许民村艺术振兴乡村

艺术振兴乡村模式打造景区打卡点，年均接待游客超50万人次。

【新农村建设】 以小城镇环境综合整治、全国文明城市创建、卫生乡镇创建为抓手，持续补齐镇区基础配套设施、公共服务设施短板，全面实施垃圾分类，常态化开展乱搭、乱摆、乱停整治，镇区面貌和环境卫生显著提升，高分创成国家级卫生乡镇。

纵深推进三改一拆、五水共治等工作，全面完成农村生活污水提升改造，14个行政村实现污水管网全覆盖。

加强农业基础设施建设，投入3000多万元，用于节水灌溉、山塘水库除险加固、小型农田水利设施、高标准农田、小流域治理等项目建设。

封山育林4000多亩，绿化造林400多亩，对茶院溪、杜岙溪、红桩溪等流域进行绿化景观提升，获省“森林城镇”称号。投入2000多万元用于美丽乡村建设和村庄环境提升，建成美丽乡村精品村2个、示范村2个，获省“美丽乡村示范乡镇”称号。

【社会事业】 坚持兜底线、保基本，民生投入占年度公共财政支出稳定在70%以上，每年投入500余万元用于发放扶老、助残、救孤、济困、助学等救助金，投入150多万元用于补贴农村医保缴费，户籍人口参保率稳定在99.5%以上。加强低收入农户帮扶，发放扶贫小额信贷贴息贷款3000余万元。

重视教育事业，累计投入200多万元奖教助学资金，中考和小升初考试取得佳绩，宁中、知恩录取率创历史新高。

重视优化公共服务，敬老院管理服务水平全面提升，村级居家养老服务站实现全覆盖。关心关爱留守儿童，“向日葵成长计划”公益品牌得到省市领导的批示肯定。加快推进农房确权工作，累计完成7860户房屋信息联审，发放全县首批不动产权证。

2月14日，省文旅厅副厅长褚子育（左二）到庙岭考察

重视民生项目建设，投入近4000万元，用于海塘除险加固、农民饮用水提标达标、自来水改造等项目建设。建成茶院集市驿站，打通乡村物流“最后一公里”。加强农村机耕路和通村道路建设，宝岩寺自然村历史上首次公交通车。完成茶院村综合市场改造提升工程，惠民工作更加扎实。

2021年10月1日，村内最后一个自然村宝岩寺通公交车

【民生实事】 美丽乡村建设项目投资1000万元，其中下徐、道士桥村美丽乡村建设，两村创建工作于9月开工，已完成工程量的80%，预计于2022年1月完工。

固及提升二期工程。茶院乡有标准海塘5.7千米，受益人口1.1万人、企业30余家，保护耕地1.2万亩。标准海塘除险加固及提升一期工程（毛屿塘-南洋港段）启动，涉及海塘4.7千米，已完成工程量的50%，预计于2022年底完工。投资1500万元，对剩余的毛屿港港坝段1千米进行除险加固及提升，已完成项目设计，计划于2022年年初完成招投标。

污水管网提质增效工程项目投资200万元，其中茶院中学和六小行业污水管网整治，已于9月完工并投入使用。

通村道路改造提升工程项目投资400万元，主要为茶院村泥树岀自然村通村道路提升，该路起点接于西林水库道路终点，至终点K3+270，于12月进场施工，计划于2022年年底完成。

【党建工作】 坚持职能转变和作风改进双向发力，履职能力进一步提高。搭建青茶论坛、领雁学堂等平台，定期举办茶院乡机关干部业务能力素质提升班，进一步夯实作风建设基础。

严格落实“三重一大”实施办法，不断健全政府议事决策机制。制定《村级工程和三资项目申报备案监督制度》《村级工程建设项目管理工作规范》等制度办法，项目管控更加严谨。大力推进法治政府建设，建立政府法律顾问制度。深化“农村小微权力清单三十六条”体系建设，以“村民说事”平台为基础，推行集体议事、三务公开等一系列民主自治制度，下徐村入选省级“民主法治村”“善治村”，许民、毛屿、庙岭、塘厂被浙江省认定为“善治示范村”。牢固树立过“紧日子”思想，严控一般性支出和“三公”经费。落实“两个变革”要求，纵深推进自我革新，开展“双强”“双抓双比”和“跟办一件事、服务零距离”系列活动。

坚持政府统筹和共建共治双轮驱动，治理水平进一步彰显。建成新时代文明实践所1个、实践站14个、实践点6个，培育向日葵计划志愿服务团队成为宁海县新时代文明实践最佳服务组织。深入开展“我身边的道德榜样”评选表彰活动，毛屿杨贻初入选“浙江好人榜”，许民叶全奖入选“中国好人榜”。农村文化礼堂实现行政村全覆盖，8个被评为三星级以上文化礼堂，文化活动丰富多彩。

积极推进“雪亮工程”建设，各村安装视频监控探头299个。构建社会矛盾纠纷调处化解机制，及时化解各类矛盾纠纷近400件。打造“茶情地图”公共法律服务品牌，成立宁海首家律师调解工作室。着力防范化解各领域风险，成功抵御50年来致灾强度最大的“利奇马”台风；时刻以“9·29”重大火灾事故为警醒，狠抓安全生产不放松，应急管理能力持续加强。

6月28日，茶院乡庆祝建党100周年活动暨“抢争光、抓落实、开新局”重点工作推进会现场

表 33　　茶院乡 2021 年基本情况一览表

项　　目	单　　位	合　　计
全乡总面积	平方千米	78.41
种植面积	公顷	1349.8
村民委员会	个	14
常住人口	人	26276
地区生产总值	万元	161192
第一产业产值	万元	17171
第二产业产值	万元	104589
第三产业产值	万元	39432
村集体净资产	万元	1628.5

表 34　　茶院乡 2021 年规上企业一览表

序号	企业名称	负责人	产值（万元）
1	宁波新大梁山啤酒有限公司	刘建华	5563
2	宁海南湾同盛纸业有限公司	周必对	11026
3	宁波大梁山彩印有限公司	陈因木	1898
4	宁海隆元铝型材有限公司	王龙元	8090
5	宁波金达汽车部件有限公司	叶金毛	6097
6	宁波卡利特新材料有限公司	胡鹏华	3915
7	宁海县华天休闲用品有限公司	赵建国	14645

胡 陈 乡

【概况】 位于县境东部，以原驻地胡陈得名（1998 年乡政府驻地由胡陈村迁胡东村），距县人民政府东 24 千米。南连长街镇，西与力洋镇接壤，东北与象山毗邻，面积 106 平方千米。辖 1 个社区、18 个行政村，有 73 个自然村。

境内山水资源丰富，森林覆盖率达 76%，是国家级生态乡、国家卫生乡、省级森林城镇。荣膺中国最美村镇 50 强、中国美丽乡村创建先进镇、浙江省 100 个“最美田园”、省首批运动休闲小镇创建单位、第四批浙江省旅游风情小镇培育单位、省农业特色强镇创建单位、省级“平安农机”示范乡镇、省级“机器换人”示范乡镇、休闲农业和乡村旅游精品线路、省级示范性青创农场（青争果园）、宁波市乡村全域旅游示范区、宁波市多彩农业美丽田园示范基地等荣誉。2021年全乡实现工农业生产总值27.7亿元，年均增长8%；财政收入7018万元，年均增长4.94%。

乡政府驻地胡东村

【农业经济】 持续强化农业设施建设，完成高标准农田、排涝站建设、下涨塘清淤等项目，农业生产能力和安全保障系数显著提高。坚守“农地姓农、粮地生粮”底线，稳步推进耕地功能恢复工作，完成目标任务数的112.5%。加快推进农产品量质齐升，与市农科院等单位合作推动水蜜桃、柑橘、土豆等特色作物改良换种，完成1210亩水稻绿色防控试验工作，建成247亩抹茶种植基地。积极探索智慧农业，以大美农场为试点启动数字农业大数据平台建设工作，切实发挥科技引领作用。

【工业经济】 全年实现规上工业总产值83841.41万元，累计完成技改投资2790万元。积极开展“五问五帮”行动，协调解决企业用工用地、疫情防控等各类难题，协助博宇翔鹰注册宁海祥宁科技有限公司，指导润禾完成年产3万吨纺织印染助剂及后整理数字化车间改造项目入库，指导四家规上工业企业做好“亩产论英雄”综合评价工作，助推企业转型升级创新发展。下大力气抓好工业全域治理，拆除胡小龙加工厂、居美家具厂、博宇翔鹰、中瑞家具厂、西翁木材厂、立升电子科技、天阳塑业、西张麦芽厂、韩晨硅胶、车家水泥搅拌厂等11处违章建筑共计21052平方米，完成阶段性任务的105%，对辖区内居美家具厂和西张麦芽厂区的花岗岩石板厂进行依法关停，进一步推进企业安全生产。

6月，开展耕地功能恢复工作

【乡村建设】 建成区雨污分流改造项目，持续推进胡陈客运中心站、胡陈派出所迁建工程等前期工作，集镇设施进一步完善。

盛宁线连接线工程顺利完工，交通辐射效应进一步明显。

推进“三改一拆”、两路两侧、治危拆违等专项整治，持续巩固市级无违建乡镇创建成果。

加快推进国土空间规划调整工作，初步划定胡陈乡城镇开发边界，为下一步空间规划编制打下基础。

美丽城镇建设培育通过“省考”，获得“2021年度全市美丽城镇建设市级样板城镇”称号。

持续推动业态多元化培植，胡陈加油站投入运营，投资450万元的集镇区综合市场项目完成主体建设，加速推进集市驿站建设，农特产品电商化水平持续提升。

持续推动民宿精品化发展，完成归云山居项目土地摘牌工作，完成海棠郡项目方案设计工作。

持续推动旅游企业专业化运营，引入象山蟹钳港团队入驻经营。

创新办节模式，第十三届东山桃花节推出云上赏花、舌尖上的胡陈等活动，看宁海线上直播观看5万人次。

县委常委姚国中到润禾材料开展企业安全生产检查

【社会事业】 投入30万元打造两慢病一体化门诊，实现对慢性病患者的全周期健康管理。抓牢两个省市民生实事工程，高效完成70周岁以上老年人流感疫苗接种和重点人群结直肠癌筛查。成功创建张韩村一体化卫生室，进一步完善基层卫生服务网络。新建健康食堂两个（信用社、电管站）。

积极申报市级博爱家园创新项目，以中医康复特色为切入点，把中堡溪村博爱家园作为基层工作平台和项目载体，努力打造“群众身边的红十字会”。

加强垃圾分类减量体系建设，全年垃圾减量化总量2989.08吨，同比去年下降0.94%。胡陈村、长山主村获评省级卫生村。

严格规范殡葬行为，全乡规范化建设公益性墓地2处。

居家养老服务站实现全面覆盖，新创3个AAA级居家养老服务站、1处县级康养联合体，胡陈颐乐居家养老服务中心获评县级Ⅳ类“残疾人之家”。

6月，美丽城镇通过省级验收

【党建工作】 以“党群同心圆”为抓手，充分发挥支部和党员的先锋引领作用，开展志愿服务和群众微心愿活动，解决民生实事，提升党员服务实效和口碑。重点工作专班化运作，实行“点菜单、晒账单”工作机制，强势推进重点项目提速增效、难点问题拔钉清零，胡陈乡目标管理考核分数名列三类乡镇前茅。实施村干部坐班、值班和周二联合办公制度，健全村干部绩效考核机制，提高村干部干事创业激情。织密廉政责任网，严格落实党委书记第一责任人和班子成员“一岗双责”，认真实施“三书三查两报告”制度，创新微廉约谈，排摸廉政风险点。强化监督执纪问责，以清廉胡陈为抓手，畅通群众监督途径，拓宽信访举报渠道，充分结合县委巡察组巡察、村社巡察利剑，发现并整改问题，严格问责追责。

7月，市民政局对AAA级居家养老服务中心工作进行评估验收

9月，县机关党建督察组督导机关党建工作

【一方名人　尤洪章】 1951年7月1日，数十名土匪在向洋港附近登陆，解放军派一个团的兵力，驻扎在胡陈乡张韩村，和土匪展开战斗。战斗后，解放军把战死的战士抬下山埋在城志庙。1965年，迁到村里。

尤洪章说："我是那场战斗的亲历者，这些烈士是为了和平牺牲的，烈士就是我们的家人。"70年来尤洪章默默守护这座无名烈士墓，每年祭扫并且还当起义务讲解员，向来访者讲述解放军战士不屈不挠的革命故事。在他的感召下，每年清明节，村民都会自发到烈士墓前祭扫，学校组织学生到此接受红色教育，他的儿子和孙子也加入守护烈士墓的行列。

尤洪章近照

胡东村市级美丽宜居示范村验收

【一方名村　市级美丽宜居示范村——胡东村】 胡东村是胡陈乡政府驻地，由西张、东张、东下田三个自然村组成。中堡溪、虎溪两大河流交织，自然环境优越。村内有千年古樟、丹阳石桥，风景优美。村民347户、1040人，其中党员43人，村民代表47人。拥有耕地778亩，山林4391亩，

主要的农副产品有水稻、土豆、杨梅、水蜜桃、白枇杷等。村庄先后获得市卫生村、文明村、全面小康示范村、村务公开民主管理示范村等荣誉。

胡东村拥有深厚的人文底蕴。收集村史村情，挖掘兰花文化、农耕文化，构建村民的集体记忆场所，增强村民的认同感和归属感，并陈列祖制祖禁、制作家规族训展示牌，坚持“以族训带家风、以家风带民风、以民风扬乡风”。在文化礼堂展示中，融入道德模范、文明示范户等践行社会主义核心价值观的村庄典型人物，将文化礼堂打造成乡风文明宣传、文明礼仪教化及催人向善向美的新阵地。

2021年胡东村以市级美丽宜居示范村创建为契机，实施美丽庭院建设、村庄节点艺术亮化提升、古建筑公园改造等项目，进一步浓郁艺术气息，打造“慈孝文化”艺术特色村，与其他工程项目统筹推进。

【一方名企　宁波润禾高新材料科技股份有限公司】 宁波润禾高新材料科技股份有限公司是专业从事纺织印染助剂的研发、生产的高新技术企业，成立于2000年。公司在不断引进高级技术人员的同时，与武汉科技学院合作建立研究生教育创新基地和大学生就业实习基地。有了雄厚的技术保障，在羊绒超爽滑整理方面获得突破，在涤纶织物的蓬松柔软也取得进展；在纺织印染助剂的方面，新型的无醛固色剂、多功能精炼剂、代用碱都达到国内领先水平。已成为国内知名嵌段硅油、丝光平滑剂、纺织印染助剂供应商。

2021年，润禾相继获得省级企业技术中心、国家级绿色工厂、宁海县绿色发展示范企业、中国氟硅有机材料工业协会专利奖一等奖等各项荣誉。

润禾高新材料科技股份有限公司全景图

表35　　胡陈乡2021年基本情况一览表

指标名称	计量单位	数　量
一、基本情况	—	—
行政区域面积	公顷	9690
社区	个	1
村民委员会	个	18
其中：通公共交通的村	个	18

续表35

指标名称	计量单位	数　量
通宽带互联网的村	个	18
通有线电视的村	个	18
通自来水的村	个	18
生活垃圾全部集中处理的村	个	18
生活污水全部集中处理的村	个	17
二、人口	—	—
户籍户数	户	8192
户籍人口	人	22145
三、农业	—	—
耕地面积	公顷	1253.8
耕地灌溉面积	公顷	380
农业技术服务机构	个	1
农业技术服务机构从业人员	人	6
农业企业	个	8
家庭农场	个	93
有实际经营活动的农民专业合作社	个	53
有实际经营活动的农民专业合作社成员	户	320
四、财政、经济、贸易	—	—
地方一般公共预算收入	万元	3780
地方一般公共预算支出	万元	9035
资产总额	万元	4820
债务总额	万元	6840
工业企业	个	16

续表35

指标名称	计量单位	数　量
其中：规模以上工业企业	个	4
建筑业企业	个	4
住宿餐饮业企业	个	4
商品交易市场	个	3
营业面积在50平方米以上的综合商店或超市	个	31
五、教育、文化、卫生	—	—
幼儿园、托儿所	个	2
小学校	所	2
小学专任教师	人	34
小学在校学生	人	453
图书馆	个	0
电影院	个	0
体育场馆	个	0
医疗卫生机构	所	8（包括张韩）
医疗卫生机构床位	床	10
执业（助理）医师	人	21
兽医（防疫）技术人员	人	1
六、社会保障	—	—
提供住宿的民政服务机构	个	1
提供住宿的民政服务机构床位数	张	12
本级政府创办的养老机构	个	1
城乡居民基本养老保险参保人数	人	8361
城乡居民基本医疗保险参保人数	人	13257

续表35

指标名称	计量单位	数　　量
城乡居民最低生活保障人数	人	611
七、公用事业	—	—
自来水用户	户	5183
管道燃气用户	户	0
金融机构网点	个	2
公园	个	6

表 36　　胡陈乡 2021 年规上企业一览表

序号	企业名称	企业地址	企业负责人
1	宁波润禾高新材料科技股份有限公司	宁海县宁波南部滨海新区金海中路 168 号	叶剑平
2	宁海县博宇翔鹰汽车部件有限公司	宁海县桃源街道金山三路 6 号	赵方明
3	宁海求精门窗有限公司	宁海县宁波南部滨海新区启航路 5 号	严久辉
4	宁海县佳能汽车部件有限公司	宁海县梅林街道塔珠路 8 号	叶元校

人 物

纪念人物

【邹逸】 7月28日0时15分逝世，享年106岁。

邹逸，上海市闵行区人。1922年人杜行小学读书。因家境贫困辍学务农、做学徒。1936年4月，在上海北山西路燮昌号做职员。1937年5月，先后在上海吴淞邮局、上海邮政管理局、徐家汇邮政局做信差。1938年9月，加入中国共产党。1939年1月，任中共上海徐家汇邮政局支部书记。1942年7月，任中共上海邮政管理局工委组织委员。1945年1月被捕，营救释放后参加抗日武装斗争。同年6月，任新四军淞沪支队武工队长。11月，在江苏淮安中共中央华中局城工部任学习组长。1946年2月，任中共上海邮局联络支部书记。1948年5月，邹逸调浙东工作，任中共浙东临委干部队指导员。8月，任中共宁天新工委书记兼“洪流”部队政委。10月，任中共新天县工委书记兼新天县武工队政委。12月，兼任新天县大队政委。1949年5月，任中共天台县委书记兼县长、县大队大队长兼政委。

中华人民共和国成立后，邹逸先后担任台州专员公署秘书科长、台州纺织厂厂长、浙江省统计局财贸科长、浙江省百货公司经营指导科长、浙江省针织品公司秘书科长、浙江省文化用品公司储运科长、临海方溪水电站副指挥、临海县桔果办事处和副食品公司副经理、涌泉西岭桔场负责人等职。1955年4月遭到开除党籍、撤销职务的错误处分，1984年平反。1981年12月离休。

由天台县新四军研究会主办的《华顶风云》有邹逸回忆录专刊，近6万字，包括出年在上海、谋生在邮局、红色起点在淞沪、战斗在浙东、晚年在台州6个人生节点，分故乡往事、浦江风云、四明战火、华顶红旗、坎坷岁月、幸福晚年6个篇章，纪录邹老百年风雨历程，抒写一个真正共产党人的胸襟与豁达，乐观与洒脱。

【薛家柱】 9月6日，著名作家薛家柱先生去世。

薛家柱（1938—2021）笔名罗岩。浙江宁海人。1960年毕业于杭州大学中文系。历任《西湖》文艺副主编、市文联专业作家、杭州市文联副主席、市作协主席，浙江省作协第二、三、四届理事及第四、五届副主席。文学创作一级，被评为浙江文坛50杰。1982年加入中国作家协会，著有长篇小说《小城故事》《异国侠侣》《觉醒的警卫员》（合作）《铁血生涯》，诗集《金银岛》，中篇小说《台湾来的渔船》，散文集《西湖，祖国的明珠》《神奇的云南边疆》，童话集《冰人儿》，长篇纪实文学《魂断武岭》《筱丹桂魂断上海滩》《蒋介石在西安事变中》《蒋介石和他的元配夫人》《一代诗僧寒山》，电视剧剧本《盈盈一水间》 《为奴隶的母亲》《济公》 《烟雨黎明》等。此外，与著名作家二月河合作历史小说《胡雪岩》，引起文学界强烈反响。2010年由凤凰出版社出版的《寒山大师传》，一经面世，便在业内产生剧烈反响。

一门双院士

11月18日，《科技日报》发布两年一度的中国科学院院士增选结果，宁海籍科学家马余强当选中科院数学物理学部院士。而在四年前，其弟弟、著名核物理学家马余刚当选为中科院院士。兄弟双双当选院士，成就宁海“一门双院士”的佳话。

马余强出生于1964年11月，祖籍宁海县大佳何镇，南京大学理学博士，1997年入选教育部跨世纪优秀人才培养计划，1999年荣获国家杰出青年科学基金，2001年入选教育部奖励计划特聘教授，现为南京大学物质科学前沿理论研究中心主任。

马余强主要从事物理学与化学和生命科学交叉的软凝聚态物理领域研究，在活性物质的非平衡统计物理、纳米材料与生物界面作用、软物质可控组装的机理方面取得系统性、原创性成果。在国际知名学术刊物发表论文两百余篇，包括作为通信联系人身份发表在国际权威综合性刊物如 *Nature Nanotechnology*、*Nature Communications*、*PNAS*，以及多次受邀撰写综述性评述发表在 *Chem Soc Rev*、*Small*、*Soft Matter* 上等。他还曾担任中美前沿科学研讨会软物质专题主席，多次负责组织中国高等科学技术中心软物质物理工作月等重要学术会议，主持过国家杰出青年科学基金、国家自然科学基金重点项目、国家自然科学基金重大研究计划重点项目等国家级项目十多项。

【附】 贺信

尊敬的马余强院士：

欣闻您当选中国科学院院士，我们谨代表全体家乡人民，向您致以最热烈的祝贺和最崇高的敬意！一门双院士，家乡人民也深感荣幸、倍感自豪！

长期以来，您专注科研、励学敦行，在物理学与化学和生命科学交叉的软凝聚态物理领域求索创新，取得了令人瞩目的成果，为国家科技事业发展作出了重要贡献。此次获得院士殊荣，是科技界、学术界对您多年来不懈探索和杰出成就的高度认可，既是您个人的光荣，也是“读书种子之乡”宁海的骄傲！

当前，宁海在习近平新时代中国特色社会主义思想指引下，深入学习贯彻党的十九届六中全会精神，加快建设“双优”宁海，高质量发展建设共同富裕标杆县。敬请您一如既往地关心关注和指导帮助宁海发展，诚挚邀请您常回家走走看看，多为家乡发展建言献策。

衷心祝愿您在勇攀科学高峰的道路上捷报频传！祝您身体健康，工作顺利，阖家幸福！

中共宁海县委

宁海县人民政府

2021 年 11 月 18 日

好　人　榜

【张荷兰】 1 月，桃源街道宁波富艺长泓养老投资有限公司董事长张荷兰获“全国敬老爱老助老模范人物”称号。

张荷兰一路从泥泞的大山深处走来，办厂、开公司，繁忙的工作使得她照料家中老人的时间不多。为使自己不留遗憾，她一边考察附近的养老院，一边热心公益事业，时常到当地敬老院开展公益活动。当她看到村里还有很多孤寡老人得不到很好的照料，便萌发自己创办养老机构的想法。2015 年，张荷兰申请筹建宁波富艺长泓、东海康城智慧养老公寓和医院项目，确保老人进入就能包吃、包住、包医、包玩、包葬，彻底解决养老后顾之忧。该项目于 2020 年 7 月底开始施工，2021 年年底建成投入使用。

为给养老项目顺利开展提供基础保障，2019 年张荷兰还租用 3800 平方米房屋，投资 730 万元改造创办养老服务中心和技能培训学校，为老人们的家庭成员、社会用工提供就业和服务技能培训。技能培训学校已开设三期“养老护理员”培训班，共培训 123 人，经人社部门考核，合格率达 94.6%。

【裘银芳】 裘银芳入选 2 月浙江好人榜。裘银芳现为县圣猴果蔬专业合作社联合社理事长。她是从一线营业员成长起来的劳模，在她的带领下县果蔬市场从年成交额 1000 万元跃升到 18 亿元，获国家农业部定点市场、省农业龙头企业称号。退休后，她又创办宁海县圣猴果蔬专业合作社联合社，直接带动 20 多家农民专业合作社扩销增收。作为多届省、市人大代表，她积极建言献策，“培育农产品经纪人”“居家养老”等多项建议被市人大评为优秀建议。曾获得全国农产品百佳经纪人、全国城乡妇女岗位建功先进个人、浙江省优秀共产党员等多个荣誉称号，2020 年获全国劳动模范称号。

裘银芳登上 4 月份“中国好人榜·敬业奉献好人”榜。

【仇贤林】 县农业农村局副局长仇贤林入选 3—4 月“宁波好人·敬业奉献”榜单。详见第 385 页“新闻人物”。

【王平】 县第一医院医生王平获 9—12 月“宁波好人”称号。

王平，男，1981 年 5 月生，中共党员，宁海县第一医院 ICU 副主任。近两年来，他在宁海、贵州晴隆、浙江省人民医院等地辗转，把“家”安在了学有所用的战场上。帮助晴隆人民医院创建了重症监护病区，填补了技术空白。入选医院“培英计划”，赴浙江省人民医院深造。2020 年，驰援武汉抗击新冠肺炎。他的主战场是武汉科技大学天佑医院的 ICU，收治新冠肺炎危重症患者，在 ICU 里与病毒抢时间。他不怕被新冠病毒感染的风险，把患者当作亲人，利用自己的专业优势，刻苦工作，挽救了一个又一个危重症新冠肺炎患者。先后获浙江省抗击新冠肺炎疫情先进个人、浙江省医坛新秀、宁波市五一劳动奖章、宁海县抗击新冠肺炎疫情先进个人等荣誉。

【雪野】 儿童文学作家、诗人雪野入选2021年度浙江省“最美乡贤”人选名单。

雪野是宁海籍作家，2018年，他带着30年儿童诗写作和教学的全部“身家”，回到宁海，在力洋古村成立了全国首家“儿童诗研究中心”，用儿童诗浸润乡村的土壤，助力当地乡村文化发展。

把经典作品引入乡村，陪护孩子成长，让童诗的美好浸润孩子们的童年，在孩子心里播下美丽家乡的种子，这是雪野归乡的初心。每个周末，雪野都要和古村的孩子们一起创作童诗、感受童诗，共同徜徉在童诗的海洋里。带着儿童诗走进了当地所有的幼儿园和小学课堂，带入孩子们的世界。在前横幼儿园，用雪野的童话故事命名的“熊爸故事屋”，每周听讲故事，小朋友们通过剪纸二次创作诗歌。在力洋镇中心小学，每周都有一堂儿童诗教学课程，润物细无声，经过一年半的引导，力洋小学的孩子创作和录播了近二百首诗作。

带给孩子诗意的同时，回乡这几年，他也一直在为力洋古村筹建“中国童诗村”铺路。

【娄逢理】 12月，由省委宣传部、省文明办、省民政厅联合开展的2021年度志愿服务最美（最佳）典型宣传推选活动揭榜，宁海县红岩谷公益服务社的娄逢理获评最美志愿者。

2010年，娄逢理被查出患有风湿性心脏病，就在他身体垮下来、意志消沉的时候，在社会爱心人士的帮助下，病情得到有效控制。这件事让他感受到了帮助的力量和温暖。自此之后，娄逢理加入到学雷锋志愿服务队伍当中，且志愿服务全年无休。

为了让需要帮助的人更便捷地找到他，他印制分发个人名片，岔路镇老人几乎人手一张。他几乎每天都会到敬老院帮忙干活，为老人量血压、喂饭、擦身、理发、剪指甲等，对老人的照顾无微不至，至今已经义务照顾了近300位重病、独居、流浪老人，为13位老人送终。

十余年来，娄逢理相继荣获孝老爱亲类宁波好人、浙江好人、中国好人，第六届省、市级诚实守信道德模范，宁波市最美志愿者等荣誉称号。他用自己的实际行动践行着最初的诺言——用余生来回报社会，让爱的火种一直传播下去。

劳动模范

【浙江工匠】 **薛鹏林** 2014年，进入宁海建新胶管有限公司，负责公司工装治具设计制作、生产线技术改造、生产工艺优化等工作。7年来，主动担当、锐意进取，成绩卓著，由他牵头主持的大规模技术改造、生产工艺改进及新设计制作工装、模具项目多达40余项，创造巨大的经济和社会效益，为公司节约成本500多万元。其中，总成车间装配工艺由单工位装配改进为多工位流水装配工艺，生产效率达到最大化，日班产量从800套提升至1600套以上，提高100%以上。薛鹏林曾任县技工学校钳工及数控铣实训的指导教师，他所指导的技能班及培训班，五级鉴定通过率100%，四级鉴定通过率98%以上。在薛鹏林的带领下，工作室共培养高级工6人、技师4人、车间技术骨干10余人。

徐剑中 30多年来，他奔走在电网抢险工作一线，无论是服务县重点工程，还是援建雪域高原，凭着坚持和创新，在自我技能提升的同时，将技能传授给更多的人。在平凡的岗位上，用勤奋、执着和创新，以“工匠精神”坚守一线，诠释着供电人敢于担当、追求卓越的品质。徐剑中作为宁海配电系统中仅有的高级技师，管理电力工程相关建设。从城农网升级改造项目，到中心村建设、小城镇环境综合整治，他深入施工现场，全力推进工程进度。他还成立劳模创新工作室，通过劳模工匠引领职工学技术，打造出一支攻坚克难、创新创效的生力军。他所培养的学员中有多人荣获国网级、省市公司级技术能手称号，多名成员在各级各专业技术比武中取得良好的成绩，成为宁海电力的中坚力量。在他的带领下，团队获得各类科技创新奖和科技成果奖11项。

【市五一劳动奖章获得者】 **葛向荣** 在从事模具工作岗位上，勤勤恳恳地工作了二十多年，从职高毕业学生逐渐成长为公司技术部门的负责人。在模具教学的15年时间里，带出不少优秀的学生。2005年，葛向荣兼职成为宁海职教中心的一名实习老师。通过“以师带徒”、现代学徒制人才培养，为学校培养模具数控人才达到2000多人，指导学生及青年教师参加市赛、省赛、国家级比赛获得优秀成绩，多人次获“浙江省技术能手”等称号。

任圆圆 2009年进入奇精机械股份有限公司，13年的技工生涯里，他从一开始的小白，到现在的项目经理，一步一个脚印，让自己与企业共成长。任圆圆爱钻研、爱学习，除了提高理论水平和专业知识技能，还积极做好技术交流和创新，特别是近几年在新技术、新材料的推广、工装夹具设计、洗衣机离合器设计装配有很大提高和突破，为公司增效节约降本350余万元。任圆圆参与设计科技成果转化《全自动变频离合器关键制造技术研究及产业化项目》2015年获宁海县科技进步奖一等奖，2016年获得宁波市科技进步奖三等奖，产品年销售10亿元以上。参与设计的《变频洗衣机一体化直驱减速离合器研制及产业化项目》2019年获得宁波市科技进步奖三等奖。

胡迪　2005年，胡迪来到宁波方正汽车模具股份有限公司。他苦练技术，将掌握的知识、技能应用到生产中，多次针对模具结构大胆改进，自主设计，攻克一个又一个技术难题，为公司创造良好的经济效益。2013年，胡迪升为设计主管，有了自己的工作团队。团队成立后，每年的各项指标名列前茅。参与第一个刀口双色模具项目、第一个旋转双色模具项目、第一个叠模模具项目、第一个高光模具项目、第一个覆铝覆木模具项目、第一个BSH滚筒洗衣机项目、第一个一汽大众保险杠项目、第一个本田保险杠项目、第一个丰田保险杠项目。公司的重大项目都由胡迪带领的团队来完成。胡迪曾获优秀管理奖、优秀团队奖、高级模具设计师证书和AUTODESK颁发的模流铜牌证书等。

蔡能平　自担任县模具行业协会秘书长以来，以身作则，积极带领秘书处做好各项服务工作，做好会长的参谋和助手。编写《宁海模具》杂志，邀请专家学者来宁海传经送宝，开展到国内外先进模具企业参观考察，组织会员单位参加各类展会。蔡能平在其工作岗位上展现出极强的责任感和事业心。

他积极与县法院、先进成型技术学会等单位沟通联系，促成法官工作服务站、先进成型技术学会宁海服务站的落地。积极发动相关企业申报技师工作室、博士后工作站、院士工作站，其中，2家院士工作站被评为省级院士工作站。

王平　详见第381页“好人榜”。

【港城工匠】 **王朝阳**　从事阀门类产品的设计工作已有23年，身为宁波华成阀门有限公司设计中心主任，负责产品设计、技术研发及技术管理等工作。他刻苦钻研，熟练掌握本岗位的各项业务技能和理论知识，及时消化吸收执行国际先进标准、开展大量的研发及试验工作，带领团队每年开发新产品在50项以上，为公司培养4名高工和20多名中工，使技术工作始终走在国际阀门市场的前列，保持企业的持续竞争力。王朝阳多次主持浙江省、宁波市等重点新产品和市级新产品开发，先后获国家实用新型专利授权63项，多个产品获得省市科技进步奖；参与的减压式倒流防止器项目被列为国家火炬计划项目，新开发的产品基本上完成科技成果转化，多个产品实现产业化，每年为公司带来数亿元的产值。

严海斌　在2020宁波海丝之路文旅博览会上，一件精美华丽的鼓亭作品吸引了众人的目光。之所以众人瞩目，是因为这是严海斌花两年时间，用六七千张金箔制作而成的。严海斌是宁波市非物质文化遗产朱金漆木雕技艺的代表性传承人，与朱金漆木雕工艺结缘已有26年。高中毕业那年，严海斌拜师前童知名朱金漆木雕师傅童帝寿，看到师傅雕刻的一块浮雕花板无比精美，便立志学精这项技能，在艺术的高峰上越攀越高，在前童“鼓亭馆”里，他所参与制作的鼓亭占了近一半。

顾来法　无论是一线操作，还是模具产品设计，23年来，顾来法在宁波双林汽车部件股份有限公司有口皆碑。工作期间，顾来法攻克不少技术难关，他带领团队取得授权发明专利14个，授权实用新型专利20个，外观专利2个，不仅提高工作效率、降低生产成本，更提高了产品质量，每年推动企业新增产值1000万元以上，特别是2017—2019年主导设计研发一平台项目新增产值超4亿元。

娄建峰　2002年进入宁海县第一注塑模具有限公司，成为一名模具钳工。自2003年担任模具组长以来，积累了丰富的模具加工和装配经验，承担了许多公司重点研发的模具任务，始终保持良好的精神风貌和敬业的工作态度，以身作则，用一注精神，做好传、帮、带工作。积极参加公司组织的多项技术培训、技术革新和技术研讨活动，从而提升自身业务水平，并将自身的收获与大家共享。获得中国模具工业协会精模奖、宁波市模具协会“大虹”模具技术优秀人才奖，以及“缑城百佳模具工匠”称号。

赖忠义　坚持立足技术生产第一线，凭着过硬的技术水平、高度的责任感和强烈的事业心，赢得同事的公认和领导的肯定，连续多次被公司评为先进员工和技术标兵，是公司的骨干技术人员之一。其中，安全气囊模具技术的开发和研究填补国内空白，提升企业在该产品领域的地位，也为企业创造良好效益。

2019年，赖忠义入选宁波市领

军和拔尖人才培养工程“第三层次”，同年获得浙江省科技进步奖三等奖。在立志成为新型技术人才的道路上，赖忠义正在一步步实现自己的梦想。

王泉胜 自从在宁波永信汽车部件制造有限公司工作以来，一直保持敢于拼搏、勇于奋进和敬业奉献的精神，为企业发展作出了许多贡献。工作中，热爱学习和钻研，细心推敲和琢磨生产工序中的每个环节，碰到难题，就虚心向有经验的工友请教和探讨，逐步提高自己的工作技能。坚持科学创新，不断将研发新品推向市场。近三年由王泉胜主持研发的新产品有52项，其中有33项成功投产，给企业带来显著的经济效益。

王泉胜言传身教，身体力行，手下的多名员工，已成长为公司的技术能手，为公司新产品的开发贡献巨大的力量。

曹为接 是一名带电作业工程师，也是徐剑中劳模创新工作室的首批学员，他积极投身公司配网抢修、线路巡视，开关站投运等工作，编写《宁海县供电公司带电作业班发展规划》，公司带电班首次完成“旁路作业”四类复杂项目施工，带领团队成员率先在南三县实现“旁路作业法”零的突破。曹为接是岗位能手、技术之星，也是一个团队的好队长，带领着队友们不断向前，获得一个又一个荣誉。他充分发挥创新优势，积极投身部门科技创新等项目工作。在国家电网公司技能竞赛中创新研制出的J型线夹操作杆、多功能操作杆、绝缘操作杆挂架等新型工器具，目前相关研发工具器也已申请国家发明专利。

【缑城工匠】 章光辉 17岁时拜省工艺美术大师葛安飞为师，开始学习木雕工艺，打下扎实的基本功。学成之后，走南闯北开过店，也辗转到北京、象山等地家具公司做过雕刻设计。2014年，回到宁海，专注木雕作品创作。通过多年的实践摸索，独辟蹊径、自成一派，开拓“情景朽木雕”创作领域。2008年，章光辉的《山里人家》获中国（东阳）第三届木雕竹编及其他工艺美术优秀作品博览会银奖。

作为县工艺美术家协会理事，章光辉希望能组织建立起传统工艺产业研发创作基地，吸引更多的传统工艺大师集聚，设置体验打卡区，让更多人认识了解“五匠”文化，让传统工艺焕发生机。

孔建岳 作为县非物质文化遗产（宁海竹木根雕技艺）代表性传承人，孔建岳的根雕之路有些崎岖坎坷。16岁那年，拜著名根雕老艺人陈雨宝为师，一学就是三年半。孔建岳的根雕作品在全国各大根雕艺术精品博览会屡屡获奖，而他也被授予宁波市工艺美术大师荣誉称号。

葛招龙 出生于五匠文化浓厚的岔路，少年时跟当地木作师父学徒，练就一身扎实的基本功。当看到众多濒临抢修的古戏台时心急如焚，凭借少年时跟随师父学习的木作技艺，结合后期自身钻研，广纳能工巧匠，投身对古戏台、古建筑的修缮、保护、弘扬、传承工作。不断钻研古戏台、古建筑的修缮及建造技艺，为修缮、传承和弘扬传统古戏台文化默默耕耘。历年来，他先后主持修缮古戏台、古建筑等160余处，其中古戏台21座，参与梅林河洪长寿博物馆、岔路湖头葛洪文化纪念馆、岔路山洋红色革命基地等场馆的规划设计和打造。他创办葛招龙匠艺馆，为乡村文化的振兴展示当代匠人的担当，成为古戏台、古建筑修缮保护业界的中坚力量和引领者。

【全国优秀农民工】 陈刚满 致力于把青蟹等宁海特色农海产品搬上全国人民的餐桌，十多年来，勤于学习、与时俱进，研发蟹公寓让螃蟹住进“公寓”里实现工厂化养殖、搭建电商平台，2019年“双十一”当天网络销售额达100万元，在众多传统农海产品养殖销售户中一枝独秀。他还成立海山丰水产专业合作社，联结农户100余户，联合养殖基地面积3000余亩，带动周边农户年销售额累计突破8000余万元。

徐旭辉 宁波大云建设有限公司承接的温泉文化艺术村项目部一线工人，同事们口中的“泥水大师”。经他之手，水泥和水产生的反应恰到好处；经他砌筑的墙体成为“样板墙”，各项指标均超过国家验收标准，曾获宁海县首批缑城名匠、宁海县首席工人、宁波市五一劳动奖章等多项荣誉。技术高超的他还主动辅导农民工兄弟，先后培养10多名技术骨干，帮助他们取得职业资格证，从而提高农民工兄弟的收入。

新闻人物

【仇贤林】 2022年1月25日，全国脱贫攻坚总结表彰大会在京举行，对全国脱贫攻坚先进个人和先进集体进行表彰。宁海农业农村局副局长仇贤林获全国脱贫攻坚先进个人荣誉称号。

仇贤林从部队转业到地方，就一直从事扶贫工作。作为县东西部扶贫和山海协作工作领导小组办公室副主任、工作专班班长，他先后到访贵州省晴隆县 60 余次，跑遍晴隆下辖的 2 个街道、8 个镇、4 个乡、50 多个贫困村。他牵线 20 多家企业赴晴隆投资近 10 亿元，引进和扶持茶叶、薏仁米、牛羊、南美白对虾、水蛭和优果鲜蔬等成为当地主导或特色产业，直接带动晴隆县 3 万多人脱贫。协调落实帮扶财政资金 1.21 亿元、社会帮扶资金 3442 万元、帮扶项目 37 个，助力晴隆打好打赢基础设施建设、易地扶贫搬迁、产业扶贫、教育医疗住房“三保障”等硬仗。在他的带领下，宁海县东西部扶贫协作工作连续多年在省、市考核中名列前茅，对口帮扶工作组被评为宁波六争攻坚好团队，县扶贫办被评为贵州省社会扶贫先进集体，扶贫车间、就业扶贫和艺术扶贫等模式入选国家扶贫协作典型案例，30 多篇报道在国家级媒体刊出。他牵头撰写的《甬黔携手，共建贫困留守妇女家门口的“创业孵化基地”》上榜第二届“全球减贫案例征集活动”首批获奖名单。

入选 2021 年 3—4 月“宁波好人·敬业奉献”榜单。

【童松达　叶全奖　王寿松】 10 月，第七届宁波市道德模范名单出炉，宁海三人上榜。其中，王寿松被评为见义勇为模范，童松达被评为诚实守信模范，叶全奖被评为敬业奉献模范。王寿松生前系前童镇竹林村村民，于 2019 年 7 月因救落水群众而不幸牺牲；童松达是前童镇鹿分村村民，因其家族十代“烹茶以济行人”而广为人知；叶全奖生前系茶院乡许民村党支部书记，疫情发生以来带病工作，一直坚守在一线，最终因突发疾病去世。

【陈松长】 11 月 3 日，2020 年度国家科学技术奖励大会在京隆重举行，对为我国科学技术进步、经济社会发展、国防现代化建设做出突出贡献的科学技术人员和组织给予奖励，党和国家领导人出席奖励大会并为获奖科学家们颁奖。从宁海走出的科学家陈松长，以参与完成发育源性疾病和遗传性出生缺陷的机制研究及临床精准防控项目，获得国家科学技术进步奖二等奖。

陈松长，1986 年出生于跃龙街道双水村，宁海中学 2004 届学生，现为复旦大学附属妇产科医院遗传中心分子诊断平台负责人。陈松长在日常工作中围绕出生缺陷防控的关键科学技术问题，将基础研究和临床问题紧密结合，取得一系列具有影响力的创新性研究成果，并积极将研究成果转化为临床应用。连续 5 年被评为院级先进工作者，入选上海市扬帆人才计划（省部级）、上海市医苑新星医学人才计划和交大晨星计划。主持国家自然基金、上海市科委和卫健委项目各 1 项，国家重点研发项目“辅助生殖的遗传安全性研究”交大方负责人。3 项国家发明专利获得授权，实现 1 项成果转化，参编著作 3 部。参与创建了中国第一个系统化遗传病防控技术体系和规模化临床应用平台，即从携带者筛查—孕前胚胎遗传学诊断—宫内胎儿基因诊断—新生儿筛查—子代随访的全链条、系统化遗传病防控技术体系，惠及数千个遗传病家庭。在胚胎植入前诊断领域和基于 5G 的基因大数据平台建设方面发挥了突出作用，并取得一系列原创性成果。

【陈懿　俞千缘　王心雨　翁禧琛　麻忆天】 在全国第十一届残疾人运动会上，宁海健儿夺得 7 金、2 银、3 铜。

越溪乡的陈懿在女子 S10 级 50 米（破全国纪录）、100 米、400 米自由泳，100 米仰泳（破全国纪录），女子 34 分 4×100 米自由泳接力，女子 34 分 4×100 米混合泳接力中夺得 6 金，两次破全国纪录；深甽镇的俞千缘在男子坐式排球团体项目中作为主力队员，与队友一道为浙江代表团夺得一枚金牌；桥头胡街道的王心雨在冰雪项目中夺得一枚银牌一枚铜牌；黄坛镇的翁禧琛代表浙江山西联队在男子 VI-1 级 30 米团体赛中夺得一枚银牌；桑洲镇的麻忆天在跆拳道项目中夺得两枚铜牌。

【葛塔江】 11 月 28 日，由中共中央宣传部、中央文明办、全国妇联主办的加强家庭家教家风建设工作推进会在嘉兴市举行。会上，2021 年度全国最美家庭揭晓，宁海县葛塔江家庭上榜，成为此次全市入选的 5 户家庭之一。

据悉，葛塔江家庭是跃龙街道一户五口之家，全家人和谐相处、互敬互爱，爱岗敬业、积极进取，勤俭节约、热心公益，深受邻里和社会的好评。葛塔江夫妻俩结婚 40 多年，始终携手相伴，相敬如宾。家中婆媳关系融洽，还与亲家关系和睦，在亲家母遭遇车祸需要照顾时，葛塔江夫妻主动把亲家母接到家中悉心照料。一家人始终践行着爱党爱国的理念，形成了自尊自爱、时刻铭记党恩的家庭氛围。去年疫情防控期间，葛塔江虽已年逾 70，仍积极参加卡口执勤和巡逻宣传，儿子始终坚守在抗疫第一线，儿媳也第一时间报名参加兴圃社区防疫志愿活动。一家人以知足、感恩之心对待生活，用实际行动诠释着爱国守法、孝亲敬老、乐于奉献的光荣美德。

【王春秧　黄雍　柴世存】 11 月，浙江省文化和旅游厅公布第六批浙江省非物质文化遗产代表性传承人名单，共226名传承人获评。宁海县有3人上榜，分别是宁海平调传承人王春秧、清刀木雕传承人黄雍、宁海传统戏台建造技艺传承人柴世存，全县省级非遗传承人增至10人。

据悉，此次获评的226名传承人来自民间文学、传统戏剧、传统技艺等10个领域。宁海入选的3位传承人中，王春秧属于传统戏剧类传承人。王春秧于1988年进入县文化馆学习宁海平调表演，专工“长衫丑”，后又主工花脸、架子花脸，担任主角花脸。从艺30余年来，王春秧醉心于宁海平调事业的发展，曾获中国第五届“映山红”民间戏剧节演员一等奖等多项荣誉。

黄雍和柴世存属于传统技艺类传承人。黄雍毕业于中国美术学院，后跟随父亲黄才良学习清刀木雕佛像技艺。他建立了清刀木雕技艺研究团队，致力于传统技艺的传承和创新，推动清刀木雕走向现代、走向市场，使古老工艺焕发出新的光彩。

柴世存是宁海传统戏台建造界有名的木匠师傅，40多年的木匠生涯中，他综合运用榫卯结构、斗拱堆叠、雕刻画作等技艺，在县内外建造了多个传统戏台及藻井。他主持建造的戏台藻井美轮美奂，装饰考究。2013年，柴世存和宁海传统戏台建造技艺传承人王世春等人一起，历时两年建造了章氏宗祠传统戏台，成为宁海新建传统戏台的典型。同时，柴世存还培养了多名徒弟，将濒临消失的传统戏台建造技艺有效地传承下来。

【张和仙】 生于1924年，自幼随父习武。在近一个世纪的岁月里，她勤于修德、坚持练武、扶危济困。她曾考取接生资格证，为千户人家带来新生命；她对国内外慕名而来的习武者倾囊相授、分文不收。2017年，94岁的张荷仙因为高龄依然坚持练武而得到宁海外界的关注，《人民日报》曾为她做过网络直播。在2021年的乡村武林大会上，张和仙向全世界展示“自强不息”的中华武术精神，成为众多青年心目中的“90后网红”。

6月，中国外交部发言人赵立坚在推特上为“功夫奶奶”点赞，国内外600多家媒体争相报道。在Youtube、Tiktok以及新浪微博等冲上热搜。全网综合点击量超过1亿次。她的事迹充分体现了中国人生生不息传承悠久文化与美德的民族血脉，向全世界展示了浙江人最美的姿态。“功夫奶奶”张和仙作为代表人物之一赴省人民大会堂接受省委书记袁家军接见，并当选2021年度“最美浙江人——浙江骄傲”提名人物。

张和仙练功照

【娄逢理】 12月，由省委宣传部、省文明办、省民政厅联合开展的2021年度志愿服务最美（最佳）典型宣传推选活动揭榜，宁海红岩谷公益服务社的娄逢理获评最美志愿者。十余年来，娄逢理相继获孝老爱亲类宁波好人、浙江好人、中国好人，第六届省、市级诚实守信道德模范，宁波市最美志愿者等荣誉称号。

【乡建艺术家　第二批文化名家名匠　文化优才】 6月，宁海县启动新一批乡建艺术家星级评定工作并举办乡建文创产品设计大赛，评选出三星级以上乡建艺术家45名。其中，五星级5名，四星级10名，三星级30名。统筹考虑大赛组织、选手推荐及作品获奖等综合情况，评选出本届大赛优秀组织奖4名。

7月，组织开展2020年度宁海县优秀文艺作品评选，最终评选出156件各级优秀文艺作品。依据相关文件精神，今年，宁海县评选产生县第二批文化名家名匠10名，2021年度文化优才19名。

重要文件目录

表 37　　2021 年中共宁海县委部分文件一览表

序号	文　号	文 件 标 题
1	宁党发〔2021〕1 号	关于制定宁海县国民经济和社会发展第十国个五年规划二〇三五年远景目标的建议
2	宁党发〔2021〕8 号	印发《关于基层队伍高素质基层党建高质量助力“三个争先”和“双优”宁海建设五年行动计划》的通知
3	宁党发〔2021〕16 号	关于纵深推进清廉宁海建设的意见
4	宁党发〔2021〕19 号	关于建立问题及时发现有效解决闭环机制的实施办法
5	宁党发〔2021〕21 号	关于学前教育深化改革规范发展的实施意见
6	宁党发〔2021〕25 号	关于高水平推进乡村振兴加快建设农业农村现代化先行县的意见
7	宁党发〔2021〕28 号	关于印发《宁海高质量发展建设共同富裕标杆县行动方案（2021—2025 年）》的通知
8	宁党发〔2021〕68 号	关于强化使命担当勇于开拓争先聚力推动高质量发展建设共同富裕标杆县的决议
9	宁党发〔2021〕108 号	转发《中共宁海县委宣传部宁海县司法局关于在全县开展法治宣传教育的第八个五年规划（2021—2025 年）》的通知

表 38　　2021 年中共宁海县委办公室部分文件一览表

序号	文　号	文件标题
1	宁党办〔2021〕1 号	关于印发《宁海县新生代企业家培育三年行动计划（2021—2023）》的通知
2	宁党办〔2021〕2 号	印发《深化推进村级小微权力清单三十六条工作三年行动计划（2021—2023》的通知
3	宁党办〔2021〕3 号	关于印发《进一步加强检察机关法律监察工作的实施意见》的通知
4	宁党办〔2021〕7 号	印发《关于坚决打赢遏制重大生产安全事故攻坚战的实施意见》的通知

续表38

序号	文　　号	文件标题
5	宁党办〔2021〕8号	印发《关于进一步加强基层应急管理体系和能力建设的实施意见》的通知
6	宁党办〔2021〕11号	印发《关于巩固深化“不忘初心、牢记使命”主题教育成果的实施意见》的通知
7	宁党办〔2021〕12号	关于印发《宁海县生态环境问题“举一反三”大排查大整改工作方案》的通知
8	宁党办〔2021〕16号	印发《宁海县关于推进民生实事项目人大代表票决制工作数字化改革的实施方案》的通知
9	宁党办〔2021〕18号	关于印发《宁海县迎接国家卫生县城复审工作实施方案》的通知
10	宁党办〔2021〕21号	关于印发《县委常委会带头深入开展党史学习教育的实施方案》的通知
11	宁党办〔2021〕26号	关于印发《宁海县防范和惩治统计造假弄虚作假责任制实施办法》的通知
12	宁党办〔2021〕37号	关于进一步厉行节约坚持过紧日子的通知
13	宁党办〔2021〕39号	关于建设变革型组织提高塑造变革能力迅速开展“双抓双比”专项行动的通知
14	宁党办〔2021〕41号	印发《关于进一步完善企业诉求流转机制的实施办法》的通知
15	宁党办〔2021〕43号	关于完善“一肩挑”后村干部基本报酬制度进一步加强激励保障的意见
16	宁党办〔2021〕44号	印发《关于开展“跟办一件事、服务零距离”活动的实施方案》的通知
17	宁党办〔2021〕45号	关于印发《宁海县中小学生健康成长“三航式程”实施方案》的通知
18	宁党办〔2021〕53号	关于印发《宁海县行政争议发案量和败诉率“双下降”工作机制（试行）》的通知

表39　　2021年宁海县人民政府部分文件一览表

序号	文　　号	文件标题
1	宁政发〔2021〕1号	关于表彰2020年宁海县县长质量奖获奖企业的通报
2	宁政发〔2021〕5号	关于明确县政府领导班子成员工作分工的通知
3	宁政发〔2021〕3号	关于确定“胡陈洋芋”地理标志证明商标注册工作主体的通知
4	宁政发〔2021〕6号	关于印发宁海县青苗、地上附着物和构筑物（建筑物）补偿办法的通知
5	宁政发〔2021〕7号	关于印发宁海县企业国有资产监督管理办法的通知
6	宁政发〔2021〕8号	关于印发宁海县开发区（园区）整合提升方案的通知
7	宁政发〔2021〕9号	关于明确县政府领导班子成员工作分工的通知
8	宁政发〔2021〕10号	关于印发宁海县国民经济和社会发展第十四个五年规划和二〇三五年远景目标纲要的通知
9	宁政发〔2021〕11号	关于调整宁海抽水蓄能电站建设政策处理指挥部组成人员的通知
10	宁政发〔2021〕12号	关于调整宁海抽水蓄能电站建设政策处理指挥部组成人员的通知

表 40　　2021 年宁海县人民政府办公室部分文件一览表

序号	文　　号	文件标题
1	宁政办发〔2021〕6 号	关于公布宁海县 2021 年度第一批重大火灾隐患整改单位的通知
2	宁政办发〔2021〕7 号	关于印发 2021 年政府工作报告重点工作责任分解的通知
3	宁政办发〔2021〕8 号	关于印发 2021 年县重点工程、民生实事新建项目月度计划表和县重点工程、民生实事续建项目季度计划表的通知
4	宁政办发〔2021〕9 号	关于公布 2021 年度县政府重大行政决策事项目录的通知
5	宁政办发〔2021〕10 号	关于印发政府工作绩效考评指挥和责任体系的通知
6	宁政办发〔2021〕11 号	关于印发 2021 年宁海县有效投资“三抢一增”行动实施方案的通知
7	宁政办发〔2021〕12 号	关于明确县政府办公室（流管中心）领导工作分工的通知
8	宁政办发〔2021〕13 号	关于印发宁海县砂石场专项整治行动方案的通知
9	宁政办发〔2021〕14 号	关于印发 2021 年工业投资重点督查工作方案的通知
10	宁政办发〔2021〕15 号	关于明确农村生活用水水资源费免征范围的通知
11	宁政办发〔2021〕17 号	关于印发宁海县海上搜救中心建设实施方案的通知
12	宁政办发〔2021〕18 号	关于表扬 2020 年度重大项目建设成绩突出集体和个人的通报
13	宁政办发〔2021〕19 号	关于宁海森林温泉省级旅游度假区管委会更名的通知
14	宁政办发〔2021〕20 号	关于印发宁海县深化农村公路管理养护体制改革实施办法（试行）的通知
15	宁政办发〔2021〕21 号	关于印发 2021 年宁海县政务公开工作要点的通知
16	宁政办发〔2021〕22 号	关于印发宁海县殡葬设施布局专项规划（2020—2035）的通知
17	宁政办发〔2021〕23 号	关于印发宁海县港口岸线使用管理暂行办法的通知
18	宁政办发〔2021〕24 号	关于印发宁海县“十四五”电子商务发展规划的通知
19	宁政办发〔2021〕25 号	关于印发 2021 年宁海县“三抢一增”投资冲刺季专项行动实施方案的通知
20	宁政办发〔2021〕26 号	关于印发宁海县菜市场（菜篮子超市）布局规划（2020—2035）、宁海县成品油零售经营“十四五”发展规划、宁海县再生资源回收体系专项规划的通知
21	宁政办发〔2021〕27 号	关于聘请县政府法律顾问的通知
22	宁政办发〔2021〕28 号	关于印发宁海县近岸海域水污染防治攻坚战实施方案（2021-2022 年）的通知
23	宁政办发〔2021〕29 号	关于印发宁海县跨境电子商务五年发展行动方案（2021-2025 年）的通知
24	宁政办发〔2021〕30 号	关于印发宁海县人民政府重大行政决策事项标准的通知
25	宁政办发〔2021〕31 号	关于明确县政府办公室（流管中心）领导工作分工的通知（以此件为准）

续表40

序号	文　号	文件标题
26	宁政办发〔2021〕32 号	关于印发宁海县清理规范林权确权登记历史遗留问题试点实施方案的通知
27	宁政办发〔2021〕33 号	关于强化政府（国企）投资项目管控的通知
28	宁政办发〔2021〕34 号	中共宁海县委全面深化改革委员会办公室关于印发宁海县“婴育照护云健康”多跨场景改革实施方案的通知
29	宁政办发〔2021〕35 号	关于印发 2021 年度宁海县政务信息等工作目标管理考核办法的通知
30	宁政办发〔2021〕36 号	关于下达“十四五”期间年森林采伐限额的通知
31	宁政办发〔2021〕37 号	关于认真做好 2021 年由政府安排工作退役士兵和退出消防员接收安置工作的通知
32	宁政办发〔2021〕38 号	关于印发宁海“四好农村路”服务高质量发展建设共同富裕标杆县专项行动方案的通知
33	宁政办发〔2021〕39 号	关于加强征迁项目管理的通知
34	宁政办发〔2021〕41 号	关于支持企业留工优工促生产的通知

2021 年宁海县“三农”风云榜

2021 年，宁海县先后获评：国家生态文明建设示范区、全国“两山”百强县排名第二、省建设新时代美丽乡村（农村人居环境提升）工作优胜县、省结对帮扶考评优秀县、省农村生活垃圾分类处理工作优胜县、省级良种繁育基地县（水稻）、省第三批节水型社会建设达标县、省农村饮用水达标提标行动工作成绩突出集体、省“十三五”实行最严格水资源管理制度成绩突出集体。

【典型案例】

1. 第三批全国乡村治理典型案例：小微权力清单“36 条”构建乡村反腐新机制

2. 世界旅游联盟《旅游助力乡村振兴案例》：宁海—景宁协作案例《浙江丽水市景宁畲族自治县大均乡：文旅融合绽放“五朵畲花”》

3. 全国农民合作社典型案例：宁海富甬哈密瓜专业合作社《万亩飘香“富民瓜”》

4. 《浙江政研》第 4 期：艺术振兴乡村　推动共同富裕——宁海县葛家村的做法与启示

5. 《浙江信息》第 59 期：《宁海县以四制协同提升水产养殖行业治理效能》

【国家地理标志证明商标】

长街蛏子

【国家集体商标】

长街味道

【乡村治理】

1. 国家级农村综合改革标准化试点：县市场监管局（宁海县全国农村公共服务标准化项目试点）

2. 全国乡村治理示范村：力洋镇海头村

3. 全国民主法治示范村：岔路镇下畈村

【浙江省农业稳产保供成绩突出集体】

1. 生猪增产保供：县农业农村局

2. 粮食增产保供：长街镇

【浙江省美丽乡村建设先进单位】

1. 示范乡镇：桥头胡街道

2. 风景线：汶溪翠谷风景线

3. 特色精品村：长街镇西岙村、一市镇箬岙村、前童镇上溪村、黄坛镇弘杨村、深甽镇柘坑戴村

4. 农村生活垃圾分类：黄坛镇联溪村、桥头胡街道丁家村

【浙江省新时代美丽城镇建设先进单位】

1. 成绩突出集体：县住建局

2. 达标乡镇：强蛟镇、长街镇、深甽镇、胡陈乡、大佳何镇、岔路镇

【宁波市美丽城镇建设样板镇】

强蛟镇、长街镇、深甽镇、胡陈乡

【“三农”业务领域先进集体】

省级具备非洲猪瘟病毒核酸检测能力兽医实验室名单：

宁海县畜牧兽医实验室

【对口扶贫协作先进集体】

1. 宁波市对口扶贫协作攻坚组织工作奖：县农业农村局

2. 宁波市对口扶贫协作攻坚社会责任奖：县国有资产管理中心

【数字“三农”类】

1. 全国小微权力“监督一点通”服务平台先行先试单位：县纪委县监委机关

2. 浙江省殡葬数字化改革试点单位：县民政局

3. 浙江省第一批数字农业工厂：绿色城堡果蔬种植数字农场、大美有机蔬菜数字农场、瑞农生猪数字牧场、宁海农发生猪数字牧场

4. 宁波市第一批数字农业工厂：绿色城堡果蔬种植数字农场、大美有机蔬菜数字农场、瑞农生猪数字牧场、宁海农发生猪数字牧场、原坊南美白对虾繁育一体化数字渔场

5. 宁波市第一批数字化种养基地：丰瑞水产数字化鳗鱼养殖基地、广聚家庭农场数字化养殖基地、闻涛水产养殖场数字化养殖基地、越东家庭农场数字化养殖基地、贝贝乐水产数字化养殖基地、奔田农机数字化水稻育秧基地、晨曦水产数字化南美白对虾养殖基地、海联畜牧数字牧场、静涛果蔬数字化种植基地、林丰种业数字化种殖基地、约农家庭农场数字化草莓种植基地。

6. 宁波数字乡村“先锋”榜数字化场景先行村：力洋镇海头村

【农业产业类】

1. 浙江省特色农产品优势区名单：宁海县望海茶特色农产品优势

2. 浙江省级良种繁育基地（水产）：宁波华大海昌水产科技有限公司拟穴青蟹良种繁育基地

3. 浙江省级水产原种场：浙江宁海省级拟穴青蟹原种场（宁波华大海昌水产科技有限公司）

4. 浙江省级渔业健康养殖示范场：宁海县一市牛台惊天水产苗种场、宁海县长街宏翔家庭农场、宁海县佳远养殖有限公司、宁海县农丰水产育苗场、宁海县蛏盛水产养殖有限公司、宁海县力洋王有大海水养殖场、宁海县赵陆水产养殖有限公司、宁海县百洋仓虾业有限公司

5. 浙江省级美丽牧场：宁波瑞农牧业有限公司（岔路黑猪）

6. 浙江省级高品质绿色科技示范基地：宁波贝贝乐水产养殖有限公司、宁波俞氏五峰农业发展有限公司

7. 浙江省级“一亩山万元钱”科技推广高质量示范基地：香榧套种黄精复合经营基地

8. 浙江省级林下道地中药材种植基地：浙江回浦农业发展有限公司

9. 浙江省级香榧十大品牌：冬益（宁海县东盛林业专业合作社）、轩峰（宁波市轩峰农业发展有限公司）

10. 浙江省级示范性青创农场：宁海县长街慧强家庭农场

11. 宁波市级示范性青创农场：宁海县陆通家庭农场

12. 宁波市级农业龙头企业：宁海县下洋涂水产开发有限公司

13. 宁波市级农业产业化共富联合体：宁海县望海茶产业化联合体、宁海县黄精产业化联合体、宁海县竹笋产业化联合体

14. 宁波市带动共同富裕十佳农民专业合作社：宁海永丰水稻蔬菜专业合作社、宁海县富甬哈密瓜专业合作社

15. 宁波市引领乡村振兴10强农业龙头企业：宁海卡依之食品有限公司

16. 宁波市第五届红茶产品质量推选

金奖：宁海县望府茶业有限公司（望府金毫）、宁波俞氏五峰农业发展有限公司（俞峰堂红茶）、宁海县晶源茶叶专业合作社（丙辛红茶）、宁波望海茶业发展有限公司（望海茶红茶）、宁海县上湖太阳山茶场（岳峰山红茶）

银奖：宁海县天顶山茶场（裕竺红茶）、宁海县深甽镇茗雾茶叶专业合作社（茗雾红茶）、宁海县上湖太阳山茶场（清隐甬红）

17. 宁波市级精品甜瓜推选金奖：静涛（宁海县静涛果蔬专业合作社）、斌缘（宁海县志斌果蔬专业合作社）、龙乡园（宁海县富甬哈密瓜专业合作社）

18. 宁波市级精品番茄推选金奖：绿赢（宁海县绿色城堡蔬菜种植专业合作社）

19. 宁波市级精品草莓推选金奖：莓静（宁海县约农家庭农场有限公司）

20. 宁波市级种植业“六园”示范基地认定

放心菜园：宁海县立新特菜专业合作社、宁海县海航家庭农场有限公司

生态茶园：宁海县深甽镇太阳山茶场、宁海县桑洲镇紫云山茶场

精品果园：宁海县岔路镇娄氏欧贝拉家庭农场、宁海县小军香榧专业合作社

道地药园：浙江省回浦农业发

展有限公司

【生态建设类】

1. 浙江省美丽河湖：宁海县汶溪

2. 浙江省“五水共治”工作先进集体：市生态环境局宁海分局

3. 浙江省级海塘安澜千亿工程推进工作优秀组织单位：县水利局

4. 宁波市第九届水利大禹杯竞赛：

优秀集体：县农村水利工程管理所

优秀乡镇（街道）一等奖：桥头胡街道

5. 宁波市水利质量安全监督工作考核优秀：县水利水电工程质量监督站

【农村电商类】

1. 浙江省电子商务示范村：深甽镇望海村

2. 浙江省农村电商示范服务站、点：大佳何镇葛家村、胡陈乡西翁村、黄坛镇弘杨村、一市镇一市村

3. “之江创客”2021全球电子商务创业创新大赛农村电商赛区一等奖：宁波点对点电子商务有限公司

【美丽庭院类】

1. 宁波市美丽庭院创建特色带：岔路镇“悠然乡居　诗意田园”美丽庭院特色带、桥头胡街道“杜鹃溢彩　闲庭流芳”美丽庭院特色带

2. 宁波市美丽庭院创建示范村：岔路镇湖头村、强蛟镇骆家坑村

【对农节目所获荣誉】

1. 省广播电视对农节目奖电视对农节目一等奖：《守望乡村儿童赋能乡村振兴》　宁海传媒集团

2. 省电视对农节目服务工程建设考核优秀：《新农家》栏目　宁海传媒集团

2021年度宁海县企业风云榜

【民营制造业企业纳税十强】

得力集团有限公司

奇精机械股份有限公司

建新赵氏科技有限公司

宁海县集美特电器有限公司

宁波双林汽车部件股份有限公司

宁波光明橡塑有限公司

宁波如意股份有限公司

宁波方正汽车模具股份有限公司

宁波震裕科技股份有限公司

宁波中镕新材料有限公司

【首发上市企业】

宁波方正汽车模具股份有限公司

宁波震裕科技股份有限公司

【进出口五强企业】

进出口五强：东方日升新能源股份有限公司

宁波华成阀门有限公司

宁波得力进出口有限公司

宁波如意股份有限公司

宁波峰亚进出口有限公司

【出口成长型企业】

宁波奇亿金属有限公司

奇精机械股份有限公司

宁海县集美特电器有限公司

宁波安提西炊具有限公司

宁海县集美特电器有限公司

宁波吉德电器有限公司

【首次申请认定国家高新技术企业】

宁波中加低碳新技术研究院有限公司

宁波科强智能科技有限公司

宁波卡倍亿新材料科技有限公司

宁波绿豪照明科技有限公司

浙江慧冠休闲用品有限公司

宁海县友鑫模塑有限公司

宁海开泰管业科技有限公司

宁海县超研模具有限公司

宁波世嘉智能装备有限公司

双一力（宁波）电池有限公司

宁波迪恩天汇机械有限公司

宁波北极龙船艇科技股份有限公司

宁波翰文电器有限公司

浙江巨杰科技发展集团有限公司

宁波海连汽配科技有限公司

宁波能芯电子有限公司

宁波凯祥家居有限公司

宁波添也汽车部件有限公司

宁波光星健康科技有限公司

宁波泓谊塑胶科技有限公司

宁海创新旅游用品有限公司

宁波富丽佳涂料有限公司

宁波方正汽车部件有限公司

宁海凯特立电器有限公司

宁波立达智能控制技术有限公司

宁波日跃模塑有限公司

海通食品（宁海）有限公司

宁波盛麟电器有限公司

宁海县亚航电器有限公司

宁海县鑫鸿汽车部件有限公司

宁波玛仕电磁科技有限公司

宁波香木町日用品有限公司

宁波雷鸟新材料科技有限公司

宁波久生模具科技有限公司

宁波福可司五金配件有限公司

宁波林丰种业科技有限公司

宁波吉德电器有限公司
宁波环球输变电设备有限公司
宁波登煌医疗器材有限公司
宁波舸凯电子有限公司
宁波得力科贝技术有限公司
宁波九润机械有限公司
宁海县正达模塑有限公司
宁波锐星电机有限公司
宁海县兴亚电脑科技有限公司
宁波亚爱光电科技有限公司
宁波智鼎电器有限公司
宁海县乾元模塑有限公司

【制造业“亩均效益”领跑者企业】

宁波光明橡塑有限公司
宁海县集美特电器有限公司
宁波永和电子有限公司
得力集团有限公司
宁波亚达电器有限公司
宁波卡倍亿电气技术股份有限公司
宁波翰文电器有限公司
宁波海斯曼科技发展有限公司
宁波震裕科技股份有限公司
宁波华成阀门有限公司

【“215”工业企业培育工程年度定比增速达标企业】

得力集团有限公司
宁波卡倍亿电气技术股份有限公司
宁波海斯曼科技发展有限公司
宁海县集美特电器有限公司
宁波天虹文具有限公司
宁波永信钢管有限公司
宁波好孩子儿童用品有限公司
宁波峰亚电器有限公司
康迪泰克传动系统（宁海）有限公司
宁波伟书文具有限公司
宁波博孚电器有限公司
宁海县第一注塑模具有限公司
宁波崇期新材料有限公司
浙江峰利祥铜业科技有限公司
宁波新成包装有限公司
浙江雅颜生物科技有限公司
宁波光明橡塑有限公司
宁波中天家居用品有限公司
宁波吉宁汽车零部件有限公司

【“215”工业企业培育工程上台阶企业】

奇精机械股份有限公司
宁波华成阀门有限公司
宁波震裕科技股份有限公司
宁波奇亿金属有限公司
宁波中镕新材料有限公司
宁波润禾高新材料科技股份有限公司
宁波华平智控科技股份有限公司
宁波阿诺丹机械有限公司
宁波市高格卫浴产品有限公司

【“215”培育工程入围企业】

表41　　2021年宁海县培育企业一览表

序号	企业名称	所属乡镇	培育类型
1	国能浙江宁海发电有限公司	直属	强雁
2	奇精机械股份有限公司	长街镇	强雁
3	天虹文具合计	长街镇	强雁
	宁波天虹文具有限公司	长街镇	
	宁波天天文具有限公司	长街镇	
4	宁波好孩子儿童用品有限公司	长街镇	雏雁
5	宁波润禾高新材料科技股份有限公司	胡陈乡	雏雁
6	浙江海格威液压科技有限公司	力洋镇	雏雁
7	浙江雅颜生物科技有限公司	一市镇	雏雁
8	华英伦科技（宁波）有限公司	岔路镇	雏雁
9	宁波新成包装有限公司	前童镇	雏雁
10	浙江峰利祥铜业科技有限公司	前童镇	雏雁

续表41

序号	企业名称	所属乡镇	培育类型
11	得力集团有限公司	黄坛镇	头雁
	得力文具有限公司	黄坛镇	
	宁波得力胶粘制品有限公司	黄坛镇	
	宁波得力装订设备有限公司	黄坛镇	
	宁波思迈工业科技有限公司	黄坛镇	
	宁波得力科贝技术有限公司	黄坛镇	
	宁波得力工具有限公司	黄坛镇	
	宁波得力保险箱有限公司	跃龙街道	
	宁波百瑞门窗工程有限公司	跃龙街道	
	宁波捷光表面涂装有限公司	桃源街道	
	宁波海纳商品混凝土有限公司	桃源街道	
	宁波海纳节能墙体材料有限公司	强蛟镇	
12	宁波华成阀门有限公司	黄坛镇	强雁
13	华平金属合计	黄坛镇	雏雁
	宁波华平智控科技股份有限公司	黄坛镇	
	博铭顿（宁波）洁具装置有限公司	跃龙街道	
14	太中塑业合计	黄坛镇	雏雁
	宁波太中塑业有限公司	黄坛镇	
	宁波中俊汽车零部件有限公司	黄坛镇	
15	九隆五金合计	强蛟镇	雏雁
	宁波九隆五金有限公司	强蛟镇	
	浙江金龙机械索具有限公司	强蛟镇	
16	宁波吉德电器有限公司	西店镇	强雁
17	双林汽车合计	西店镇	强雁
	宁波双林汽车部件股份有限公司	西店镇	
	宁波双林模具有限公司	西店镇	
	宁波双林电子有限公司	西店镇	
	宁海鑫城汽车配件有限公司	西店镇	
18	海斯曼合计	西店镇	强雁
	宁波海斯曼科技发展有限公司	西店镇	
	宁波海斯曼商品混凝土有限公司	西店镇	
	宁波科丰管业有限公司	西店镇	

续表41

序号	企业名称	所属乡镇	培育类型
19	宁波震裕科技股份有限公司	西店镇	强雁
20	宁波中镕新材料有限公司	西店镇	雏雁
21	宁波峰亚电器有限公司	西店镇	雏雁
22	宁波兴伟刀具科技有限公司	西店镇	雏雁
23	伟书文具合计	—	雏雁
	宁波伟书文具有限公司	西店镇	
	宁波和逸文具有限公司	西店镇	
24	无边橡塑合计	西店镇	雏雁
	宁波无边橡塑有限公司	西店镇	
	宁波斗士油压有限公司	梅林街道	
25	宁波崇期新材料有限公司	西店镇	雏雁
26	宁波长荣光电科技有限公司	西店镇	雏雁
27	宁波沃特汽车部件有限公司	深甽镇	雏雁
28	宁波阿诺丹机械有限公司	深甽镇	雏雁
29	天普橡胶合计	跃龙街道	雏雁
	宁波市天普橡胶科技股份有限公司	跃龙街道	
	宁波市天基汽车部件有限公司	跃龙街道	
	宁波市天普新材料科技有限公司	跃龙街道	
30	第一注塑模合计	跃龙街道	雏雁
	宁海县第一注塑模具有限公司	跃龙街道	
	宁波明飞汽车零部件有限公司	梅林街道	
31	爱文易成文具有限公司	跃龙街道	雏雁
32	宁波中天家居用品有限公司	跃龙街道	雏雁
33	宁波如意股份有限公司	桃源街道	强雁
34	宁波方正汽车模具股份有限公司	桃源街道	强雁
35	宁海县集美特电器有限公司	桃源街道	强雁
36	宁波博孚电器有限公司	桃源街道	雏雁
37	东方日升合计	梅林街道	头雁
	东方日升新能源股份有限公司	梅林街道	
	浙江双宇电子科技有限公司	梅林街道	
	东方日升（宁波）新材料有限公司	梅林街道	
	双一力（宁波）电池有限公司	梅林街道	

续表41

序号	企业名称	所属乡镇	培育类型
38	建新赵氏合计	梅林街道	强雁
	建新赵氏科技有限公司	梅林街道	
	宁波建新华谊铝业有限公司	梅林街道	
	宁海建新自动化设备有限公司	梅林街道	
	宁海建新胶管有限公司	梅林街道	
39	宁波捷豹振动控制系统有限公司	梅林街道	雏雁
40	康迪泰克传动系统（宁海）有限公司	梅林街道	雏雁
41	宁波市高格卫浴产品有限公司	梅林街道	雏雁
42	翰文电器合计	梅林街道	雏雁
	宁波翰文电器有限公司	梅林街道	
	贝兹德智能科技有限公司	梅林街道	
43	永信钢管合计	梅林街道	雏雁
	宁波永信钢管有限公司	梅林街道	
	宁海永信轴承科技有限公司	梅林街道	
44	宁波永信汽车部件制造有限公司	梅林街道	雏雁
45	宁波光明橡塑有限公司	梅林街道	雏雁
46	卡倍亿合计	桥头胡街道	强雁
	宁波卡倍亿电气技术股份有限公司	桥头胡街道	
	宁波卡倍亿铜线有限公司	桥头胡街道	
	宁波卡倍亿新材料科技有限公司	桥头胡街道	
47	宁波永和电子有限公司	桥头胡街道	雏雁
48	宁波奇亿金属有限公司	滨海开发区	强雁
49	宁波吉宁汽车零部件有限公司	滨海开发区	雏雁
50	宁海强蛟海螺水泥有限公司	经济开发区	强雁
51	宁波北新建材有限公司	经济开发区	雏雁
52	宁波嘉瀚环保建材开发有限公司	经济开发区	雏雁

索　引

说明：

1. 本索引主要采用自然语言的关键词索引法，按关键词第一字的数字顺序、字母顺序或音序排列。

2. 本索引关键词取自类目、分目和条目。

3. 对比较复杂的标目，进行多次截取，获得多个关键词，以适应不同读者的取词习惯，提高查询速度与成功率。

4. 数字为页码。